Stefan Aust
Zeitreise

STEFAN AUST

ZEITREISE

Die Autobiografie

Mit 52 Abbildungen

PIPER

Mehr über unsere Autorinnen, Autoren und Bücher:
www.piper.de

Von Stefan Aust liegen im Piper Verlag vor:
Zeitreise
Der Baader-Meinhof-Komplex

Inhalte fremder Webseiten, auf die in diesem Buch (etwa durch Links) hingewiesen wird, macht sich der Verlag nicht zu eigen. Eine Haftung dafür übernimmt der Verlag nicht.

ISBN 978-3-492-07007-2
© Stefan Aust, 2021
© Piper Verlag GmbH, München 2021
Satz: Eberl & Kœsel Studio GmbH, Krugzell
Gesetzt aus der Minion Pro
Litho: Lorenz & Zeller, Inning am Ammersee
Druck und Bindung: GGP Media GmbH, Pößneck
Printed in Germany

Inhalt

Teil 1
1946–1979 7

Teil 2
1979–1994 169

Teil 3
1994–2009 371

Teil 4
2009–2021 549

Bildnachweis 641

Personenregister 642

Teil 1
1946 – 1979

*Zeit, das ist der Abstand zwischen Ursache und Wirkung.
In der Physik und genauso in der Geschichte. Und dazwischen
liegt unser Leben, unsere persönliche Zeitreise. Manches haben
wir selbst miterlebt, miterleben müssen – oder miterleben dürfen.
Und manches recherchieren, aufschreiben oder filmen können.
Beobachtungen am Rande der Geschichte.*

Die Elbe

1091 Kilometer lang sucht sie ihren Weg in die Nordsee. Am Anfang im Riesengebirge ein Bach, am Ende in Cuxhaven ein Strom, der sich breitmacht und in die Nordsee übergeht. Dann ist die Elbe kein Fluss mehr, sondern das Meer selbst. Die Gezeiten prägen die Unterelbe, und manchmal, wenn im Herbst oder im Winter der Nordwestwind das Wasser in die Elbmündung treibt, dann tritt sie über die Ufer, bis an die Deiche heran und manchmal über diese hinweg. Wer an der Elbe aufgewachsen ist, hat sie in den Adern.

Eine der größten Schifffahrtsstraßen der Welt, jedes Jahr transportieren Tausende Schiffe rund 800 000 Kreuzfahrtpassagiere und 8,8 Millionen Standardcontainer von Cuxhaven bis Hamburg. Und wieder zurück, hinaus in die Welt nach Singapur, Shanghai, Hongkong, Sydney, New York, Rio de Janeiro. Hier wurde die Globalisierung erfunden, bevor es den Begriff überhaupt gab. Hier gilt der Blick vom Elbufer auf ein Industriegebiet wie eine Werft oder ein Containerterminal als großartige Aussicht – solange dazwischen Wasser fließt und Schiffe darauf fahren. Und die feine Adresse Elbchaussee ist in eingeweihten Kreisen nur auf der nassen Seite eine wirklich feine Adresse, denn nur die Hausnummern mit den ungeraden Zahlen haben Elbblick.

Von den Hügeln Blankeneses aus kann man dem Kapitän der »Queen Mary 2« auf Augenhöhe begegnen. Und hier findet man in manchen Gärten noch kleine Kajüten mit Steuerrad, wo Seefahrer im Ruhestand über das Wasser blickten und von ihren Reisen über die sieben Weltmeere träumten.

An schönen Tagen ist der feine Strand am Elbufer zwischen Övelgönne und Wedel voll mit Touristen, und auf dem Wasser kreuzen zwischen gigantischen Containerschiffen und den schwimmenden Hotels der Kreuzfahrtschiffe kleine und große Segeljachten und Motorboote hin und her. Ein fröhliches maritimes Durcheinander, in das die Wasserschutzpolizei in ihren blauen Schnellbooten nur eingreift, wenn Sportbootfahrer die vorgeschriebene Höchstgeschwindigkeit von 22 Kilometern pro Stunde allzu auffällig überschreiten. Bis zum Tiensdahl, kurz vor Wedel, gilt die Elbe als Hafengebiet. Dann ist sie offene See – und hat damit theoretisch keine Obergrenze. Diese wird dann durch die Wellen der Schiffsgiganten definiert, die manchem Freizeitkapitän schon zum Verhängnis wurden.

Nur wer in Blankenese geboren ist, gehört wirklich dazu. Alle anderen sind Quittjes, Zugereiste. Auch auf die andere Seite der Elbe blickt der Blankeneser von seinem Treppenviertel eher herab. Nicht dass es alles Villen wären, die hier bunt gewürfelt zwischen engen Gassen eingepfercht einen Blick auf den Strom erlauben. Kapitänshäuser mit Strohdach, Jugendstilvillen und einfache Einfamilienhäuser, moderne Flachbauten und pompöse Gründerzeitpaläste liegen hier Garten an Garten. Eine gewachsene Architektur aus Gegensätzen, vereint durch den »Blankeneser Handlauf«, ein eisernes Treppengeländer, bei dem die senkrechten Stützen an der Spitze eine Öse haben, durch die der daumendicke Handlauf aus massivem Eisen verläuft, zu einer schier endlosen Schlange zusammengeschweißt.

Die andere Seite der Elbe, das ist Hamburg-Harburg mit seinen Seitenarmen der Elbe, die erst in den letzten Jahren mit attraktiven Geschäftsgebäuden aus dem nachindustriellen Dämmerzustand erweckt wurden. So wie der Freihafen, dessen Fläche der damalige Bürgermeister Henning Voscherau klammheimlich zusammenkaufte und wo die Stadt Hamburg ein wirklich visionäres Projekt errichtete, die Hafencity. Gekrönt am Ende mit der Elbphilharmonie. Damit wurde Hamburg, die »schlafende Schöne«, wie Helmut Schmidt sie einmal nannte, zum Leben erweckt.

Die andere Seite der Elbe, das ist auch Airbus. Für die Werkserweiterung wurde auf Kosten der Stadt das Mühlenberger Loch eingedeicht und zugeschüttet – während man die notwendige Fläche im Prinzip auch auf der Landseite hätte haben können. Das war aber niedersächsisches Staatsgebiet. Also wurde zu einer Zeit, als die Elbdeiche zurückverlegt wurden, um im Sturmflutfall dem »Blanken Hans« größere Überschwemmungsgebiete für die Wassermassen zur Verfügung zu stellen, hier wieder eingedeicht.

Je enger das Flussbett von Deichen eingeengt wird, umso höher steigt das Wasser, wenn der Sturmwind es von Cuxhaven in Richtung Hamburg treibt. Dabei kommt die steigende Flut auf halbem Weg an der kleinen Stadt Stade und ihrem noch kleineren Elbhafen an der Schwingemündung vorbei. Hier habe ich meine heidnische Taufe mit dem damals noch deutlich schmutzigeren Elbwasser erlebt. Wir hatten einen kleinen Hof im Außendeich und erlebten deshalb die Sturmfluten des Winters vor der Haustür und einmal auch dahinter.

Der Unternehmer

»Großpapa« war am 16. Mai 1865 im »Silbersack« auf St. Pauli geboren worden, als eines von zehn Geschwistern, sechs Brüdern und vier Schwestern. Sein Vater war »Klockenpüster«, hatte eine Uhrmacherei und war bekannt als Spezialist für das Anfertigen von Chronometern. Im selben Haus wohnten zwei Schiffszimmerleute, durch die der kleine Albert von Kind auf eine Beziehung zur Schifffahrt bekam. Zum Hafen waren es nur ein paar Hundert Meter die Davidstraße hinauf, vorbei an der Herbertstraße und einem schmalen Haus direkt daneben, in dem 1905 das italienische Restaurant Cuneo eröffnet wurde. Der Lebensplan meines Großvaters war für ihn klar: Er wollte einmal Schiffe besitzen, Reeder sein. Albert besuchte eine Privatschule. Dann schickte sein Vater ihn für drei Jahre nach Lübeck »hinter den Ladentisch«, um dort eine Krämerlehre zu machen. In der dritten Schwadron des Schleswig-Holsteinischen Dragonerregiments Nr. 13 wurde er Soldat. Die Kaserne stand in Metz, und hier mogelte der für den Proviant Verantwortliche angeblich Butter aus dem Margarinefass in die Verpflegung. Albert monierte lautstark das magere Fett. Das galt als schwerer Verstoß gegen die Disziplin, aber der Zahlmeister hatte die Mogelei auch entdeckt und sprang dem Rekruten zur Seite. Als Albert seine Militärzeit als Unteroffizier beendete, hatte er nur acht Strafen mit elf Tagen Arrest abgesessen.

Nach seiner Militärzeit in Metz machte er sich selbstständig – als Adressenschreiber. Für 1000 Adressen – nicht etwa heruntergetippt, sondern handkalligrafiert – gab es drei Mark. Albert wusste die Taler zu sparen. Als Ansichtskarten in Mode kamen, übernahm er die Vertretung für eine Leipziger Firma und verkaufte Alben. Er druckte Postkarten, die ein kleines rundes Foto von ihm oben links in der Ecke trugen, mit Schnurrbart, Stehkragen und einer leicht nach hinten gezogenen Prinz-Heinrich-Mütze. Darunter: »Albert Aust. Reederei, Import, von Rohprodukten u. Erzen, Export von Papierw., spez. Ansichtspostkarten, Hamburg«. Im März 1898 gründete er einen kleinen Postkartenverlag, den »Verlag Albert Aust«. Er beauftragte Seeleute, aus aller Herren Länder Bilder mitzubringen, aus denen er dann Postkarten machte, die von den Seeleuten an die Ursprungsorte in aller Welt zurückgebracht und dort an Postkartenhändler verkauft wurden. Mit der Post kamen sie dann zurück nach Hamburg und anderswo. Besonders aus den damaligen Kolonialgebieten lieferte er Ansichtskarten. Noch heute sind im Museum von Swakopmund in Namibia viele Hundert dieser Karten ausgestellt.

Es war das goldene Zeitalter der Bildpostkarte, und mein Großvater verdiente damit offenbar ein kleines Vermögen – jedenfalls so viel, dass er damit seinen Lebenstraum angehen konnte. Als er erfuhr, dass die Direktion der »Stade-Altländer Dampfschiffahrts- und Rhedereigesellschaft« über einen Verkauf der Schifffahrtslinie auf der Unterelbe nachdachte, machte er ein Angebot. Er bot per Aktie 900 Mark an, zusammen 532 800 Mark – für acht Schiffe, deren Bau einmal 738 382 Mark gekostet hatte, die aber noch mit gerade 302 916 Mark zu Buche standen. Sein Angebot verwandelte die Stader Gesellschaft in einen Hexenkessel. Andere Interessenten trieben den Preis am Ende auf 592 000 gute Goldmark. Dafür konnte er im Oktober 1905 Konzessionen und einige Landungsstege sowie acht ziemlich veraltete Schiffe übernehmen. Außerdem handelte er sich 20 schwierige Jahre ein. Er kaufte Schiffe dazu, brachte den Fahrgastverkehr mit vielen neuen Ideen in Schwung und baute Anleger an den Ufern entlang der Unterelbe. Im Verlauf eines knappen Jahrzehnts wurden aus acht Schiffen zwölf, doch alle waren nicht mehr ganz jugendfrisch.

Dann begann der Erste Weltkrieg und nahm den »Stader Dampfern« die Existenzgrundlage; der Ausflugsverkehr ging massiv zurück, die Vieh- und Stückguttransporte schrumpften, Brennmaterial wurde knapp und teuer. Er musste Schiffe verchartern und gegen Ende des Krieges auch verkaufen.

Danach begann ein schwieriger Wiederaufstieg in der Zeit der Inflation – gegen die Konkurrenz einer mit Hamburger Staatsfinanzen aufgebauten neuen Reederei, der »Hafen-Dampfschiffahrt AG«, der Hadag. Großvater schlug sich anfangs noch wacker. In einem Fahrplanheft für die Jahre 1926 und 1927 finden sich Fotos seiner Schiffe, die Raddampfer »Hamburg«, »Cuxhaven« und »Wittenbergen«, »Stade«, »Concordia« und »Elbe«, die Doppelschraubendampfer »Blankenese«, »Brunshausen«, »Schwinge« und das Motorschiff »Alte Liebe«. Die weißen Dampfer mit gelbem Schornstein und blauem Ring mit weißem Petrusschlüssel, dem Wappen der

Stadt Stade, fuhren von den St. Pauli-Landungsbrücken bis Cuxhaven. Rund fünf Stunden dauerte die Reise, je nachdem ob es mit der Tide oder gegen die Tide ging. Im Fahrplanheft wurde der Strom mit blumigen Worten beschrieben: »Ihr mögt den Rhein, den stolzen, preisen, ich lob dich, grünes Land am Elbestrand.«

Stade war einst so mächtig, dass es seit dem Jahre 1038 Elbzoll erhob, selbst dann noch, als es längst vom Elbufer abgedrängt war. Später wurde am Ufer, »bei des Rades brunes Huss, wo de Töllner wohnt«, der Zoll erhoben – daher der Name des Dorfes Brunshausen. Dieser Elbzoll wurde erst 1861 mit 3 Millionen Talern von Hamburg und Hannover abgelöst.

In Blankenese hatte mein Großvater im Jahre 1900 ein gerade fertiggestelltes Haus am steilen Hang des Elbufers gekauft. Das Fundament, Bollwerk genannt, war so massiv und damit teuer geraten, dass der Bauherr, ein englischer Kaufmann, mit der Fertigstellung der schlichten weißen Villa – mit Schieferdach, einem kleinen Garten und einem grandiosen Blick über die Elbe und das gesamte Blankeneser Tal – pleiteging.

Die Reederei meines Großvaters geriet in den Zwanzigerjahren ins Schlingern. Der Hamburger Staat hatte ihr mit immer neuen Schiffen der Hadag Konkurrenz gemacht. Mühsam erreichte er noch das Jahr 1929, doch auch der von ihm um Hilfe angeschriebene Altonaer Bürgermeister Max Brauer konnte ihm nicht mehr helfen. Altona und Hamburg hatten gerade ihre jahrhundertealte Rivalität begraben und im Dezember 1928 den preußisch-hamburgischen Hafen- und Unterelbevertrag unterschrieben. Und so verkaufte Albert Aust schließlich im Februar 1929 seine Reederei an die übermächtige staatliche Hadag. Zusätzlich zum Kaufpreis von 520 000 Reichsmark, mit dem er im Wesentlichen seine Kredite ablösen konnte, bekam er eine Leibrente von 6000 Reichsmark, die dann jeweils an die aktuelle Währung angepasst wurde. Davon lebte er knapp 33 Jahre – bis 1962. Das war seine Rache am Hamburger Staat.

Der Vater

Mein Vater, geboren am 21. Juli 1905, war vor dem Abitur von der Schule geflogen, weil er einen Lehrer im Streit buchstäblich am Portepee gepackt und ihm Schlips und Stehkragen aus Pappe abgerissen hatte. Er machte eine landwirtschaftliche Lehre und wanderte 1924 nach Kanada aus. Zwischen den Kriegen war er 15 Jahre lang in British Columbia, als Cowboy, Trapper und während der Weltwirtschaftskrise auch als Hilfsarbeiter. Aus dieser Zeit hat er uns Kindern nur wenig bis gar nichts erzählt. Während der großen Arbeitslosigkeit hatte er sich ein Pferd gekauft und war damit ein halbes Jahr unterwegs gewesen, von Farm zu Farm, wo er sich mit Gelegenheitsarbeiten durchschlug. Bei einem Imker hatte er hoch im Norden Kanadas die Bienenstöcke versorgt, und einmal war sein Vater aus Deutschland angereist, wie immer mit der Prinz-Heinrich-Mütze auf dem Kopf und im weißen Hemd mit Stehkragen. Sohn Reinhard ließ sich mit nach Hause nehmen, verließ Blankenese jedoch bald wieder in Richtung USA. Dort bemühte er sich einmal erfolglos um die US-amerikanische Staatsbürgerschaft, fiel jedoch beim Wissenstest durch. Er war nach der US-Hauptstadt gefragt worden und antwortete mit »Washington«. Die richtige Antwort wäre gewesen: »Washington DC, District of Columbia«. Er behielt seinen deutschen Pass und die deutsche Staatsbürgerschaft.

Am 29. November 1936 schrieb mein Vater seinen Eltern von der Woodgame Ranch in Horsefly, British Columbia: »Mir geht es, abgesehen von chronischer Schwindsucht im Geldbeutel sehr gut. Die 80 Dollar, die ich im Sommer erhielt, haben sehr geholfen, sind aber trotz größter Sparsamkeit doch alle geworden. Wir lassen trotzdem den Mut nicht sinken. Wir sind hier schon öfter ohne ein Cent Geld im Hause gewesen, aber wir haben doch immer genug zum Essen und zu viel zu tun, um dumme Gedanken zu kriegen.« Die Ranch gehöre dem »Farm

Loan Board«, das mit staatlichen Krediten und billigem Geld der Landwirtschaft auf die Beine helfen wolle. Auf der Farm würden Schafe zur Hammelfleischproduktion gezüchtet. All das gefiel seinem geschäftstüchtigen und immer noch wohlhabenden Vater ganz und gar nicht. Er wollte, dass Reinhard, das schwarze Schaf der Familie, nach Deutschland zurückkehrte und nach fast 15 erfolglosen Jahren in der Fremde auf heimischem Boden wieder neu anfangen würde. Curt Müller, der Ehemann von Ilse, der jüngeren Schwester meines Vaters, die zunächst mit ihm in Guatemala lebte, hatte Kontakt zu ihm. Am 9. Februar 1939 schrieb er seiner Schwiegermutter: »Reinhard hat mir aus Canada gerade wieder geschrieben. Er bestätigt mein Paket und hat sich sehr gefreut. Ob er Arbeit hat, glaube ich kaum.« Er werde ihm umgehend einige Dollars schicken. »Er ist ein braver Kerl und hat Vertrauen zu mir, nebenbei ist er Ilses Bruder. Ich freue mich, ihm etwas behilflich sein zu können.«

Curt selbst lebte inzwischen von seiner Frau getrennt. Ilse war mit den Kindern Reinhard und Thomas nach Hamburg zurückgekehrt. Er wolle im kommenden Jahr 1940 »kurz nach drüben« kommen: »Auf alle Fälle will ich meine Übung machen.« Als Offizier des Ersten Weltkrieges drängte es ihn wieder zu den Waffen. Vorher wollte er aber noch helfen, seinen Schwager Reinhard nach Hause zu holen.

Am 27. Mai 1939 schrieb er aus Guatemala einen Brief an seinen Schwiegervater Albert nach Blankenese: »Ich kenne Reinhard ja auch persönlich nur kaum, doch möchte ich annehmen, dass Du und Ihr zu Hause ihm doch wohl ein bißchen zu wenig zutraut und daß Ihr Euch ein falsches Bild macht.« Reinhard müsse davon überzeugt werden, dass es sich für ihn in Deutschland mit Ausblick auf die Zukunft günstiger entwickeln werde. Er habe niemanden jemals um irgendeine Unterstützung gebeten. Dennoch habe er, Curt, herausgefunden, dass es seinem Schwager »in Wirklichkeit durch die augenblicklichen Zeitumstände dreckig ging«. Die Dollars wüchsen nicht mehr auf den

Bäumen. »Ich kann sehr gut verstehen, dass Du mit Sorgen erfüllt bist und Dir die Zufriedenheit im hohen Alter etwas anders vorgestellt hast.« Reinhard habe sein Verantwortungsgefühl lange unter Beweis gestellt. »Sicherlich wirst Du sehr bald auch davon überzeugt sein, sobald er erstmal zu Hause bei Euch ist. Ihr müßt ihm aber auch etwas zutrauen.« Alles andere wäre großes Unrecht. Reinhard habe ihm auch einen zuversichtlichen Brief geschrieben, der klar zeige, dass er »frisch und ohne Hemmungen« sich auf Deutschland freue.

Zunächst sollte mein Vater nach Guatemala kommen, um von dort aus die Heimreise nach Deutschland anzutreten. Schwager Curt schrieb in einem Brief: »Er hat große Lust, zunächst seiner Militärpflicht zu genügen, und ich werde ihm auch zureden, daß das vernünftig von ihm ist.« Wenn er zunächst acht Wochen zur Artillerie ginge, »bekommt er wieder Bekanntschaft mit dem Geruch von Pferdemist und frischem Heu«. Er habe auch Lust, wieder in die Landwirtschaft zu gehen, und würde seine Familie jeder Sorge um Unterbringung entheben.

Am Ende schrieb er meinem Großvater noch, was ihm ein Bekannter über meinen Vater berichtet hatte, nachdem er ihn in Vancouver getroffen hatte: »Ihr Schwager ist ein ganz famoser Kerl, sehr für sich, fast etwas verstockt, doch mit einem prächtigen Charakter, der vielen Kameraden und Freunden den Beweis erbracht hat, daß man sich auf ihn verlassen kann und ein ganz verteufelter Arbeiter, der es mit jedem aufnehmen kann; nebenbei hat er Mordskräfte; er führt einen enthaltsamen Lebenswandel und hat unter den Kanadiern mit Recht das Prädikat ›He is a German‹.« Der Bekannte habe ihm nicht angemerkt, wie es ihm gehe. »Als ich ihm erzählte, daß es ihm dreckig geht, antwortete er sofort: Ja, so ist er. Er beißt sich die Zunge ab, doch helfen läßt er sich nicht.« Er würde sich riesig freuen, »wenn Reinhard bei Euch ein zu Hause findet, dafür ist es nicht notwendig, dass er bei Euch wohnt«.

Am 3. August 1939 kam mein Vater tatsächlich zurück nach

Hamburg – und fand sich wenige Wochen später als Wehrmachtssoldat in Polen wieder. Zeitunglesen war offenbar nicht seine Stärke. Auch Schwager Curt kehrte zurück nach Deutschland, zog als Reserveoffizier in den Krieg – und fiel.

Der Onkel in China

Der älteste Bruder meines Vaters, Helmut, arbeitete währenddessen in Shanghai als Kaufmann und schrieb am 15. September 1939, zwei Wochen nach dem Beginn des Zweiten Weltkrieges, an seine Eltern und Geschwister: »Der Kriegsausbruch hat mich, wie wohl auch Euch vollkommen überrascht, und ich war bis zum letzten Augenblick der Meinung, daß es ohne Krieg abgehen werde, was ja nun leider nicht den Fall war. Wie der Fall aber einmal liegt, müssen wir alle das Beste tun, uns damit abzufinden und die Sache zu einem für Deutschland günstigen Abschluß zu bringen, und da wir ja im Gegensatz zu 1914 die richtigen Männer an der Spitze haben, so kann man nur das Beste erhoffen.«

Was mein Onkel in China sonst noch gemacht hatte, erfuhr ich zufällig in den Siebzigerjahren, als ich für das Goethe-Institut in Indonesien ein Dokumentarfilm-Seminar abhielt. Am Ende des Kurses sollte ich mit ein paar Studenten einen Kurzfilm drehen. Der Leiter des Institutes schlug vor, doch eine kleine Dokumentation über die »Tausend Inseln« vor Jakarta zu drehen. Auf einer kleinen Insel lebe ein pensionierter Deutscher, der kenne sich dort aus. Der ehemalige Vertreter des Hoechst-Konzerns in Asien sei ein bisschen merkwürdig, aber wir könnten ja versuchen, ihn für unseren Film zum Reden zu bekommen. Wir fuhren also mit einem winzigen Motorboot los, gerieten in ein stürmisches Gewitter, liefen auf ein Riff und übernachteten im Ferienhaus eines Chinesen. Am nächsten Morgen setzten wir die Fahrt fort und legten am Steg der Insel des Deutschen an. Kaum hatte ich das Boot verlassen, kam ein älterer Herr auf mich zu. »Entschuldigen Sie«, sagte ich, »mein Name ist Aust ...«

Bevor ich weitersprechen konnte, sagte der Mann: »Aust ... ich kannte mal in Shanghai einen Helmut Aust ...«

»Das muss dann mein Onkel gewesen sein ...«

Daraufhin durften wir die Insel betreten. In seinem Wohnhaus kramte der ehemalige Manager ein Fotoalbum heraus und zeigte uns die Bilder meines Onkels in seinem Segelboot: »Wir haben uns immer gefragt, wo der das Geld für seinen aufwendigen Lebenswandel herhatte.«

»Ja«, sagte ich, »er war auch ein guter Segler und ist wohl auch ein paarmal von Shanghai nach San Francisco gesegelt.«

Der alte Deutsche grinste: »Wir haben immer angenommen, er hatte jeweils eine Ladung Opium an Bord, das würde viel erklären.«

Das erklärte für mich auch einiges, Onkel Helmuts Sohn Jan, ein paar Jahre jünger als ich, auch er ein vortrefflicher Segler, saß gerade wegen Drogenhandels im Gefängnis. Ein paar Jahre später schrieb ich ein Buch über ihn: *Der Pirat*. Ich nannte ihn Jan Christopher. Das waren aber nur seine Vornamen, der Nachname war Aust, und die Geschichte spielte sich in unserem Haus ab – und später im Gefängnis. Es war die Geschichte eines Junkies, der wie so viele andere, die in den Sog der Droge geraten, Opfer und Täter zugleich war. Ich kannte Jan seit frühester, gemeinsamer Kindheit, hatte aus der Distanz über viele Jahre seinen Weg in den Untergang verfolgt, ohne mich für die schrecklichen Details zu interessieren. Wie man eben gemeinhin einen großen Bogen um jeden Drogenabhängigen macht. Doch irgendwann kreuzten sich unsere Wege wieder.

1946–1965   19

Im Krieg

Nur wenige Briefe meines Vaters an seine Eltern sind erhalten geblieben. Einen schrieb er als Soldat einer Baueinheit am 2. Juni 1940, er klingt, als wäre er im Urlaub: »Gestern war ich mit ein paar Kameraden den ganzen Tag an der Weichsel, wir haben gebadet und in der Sonne gelegen. Die meisten von uns haben den schönsten Sonnenbrand. Ich auch. Bei der Arbeit haben wir auch meist nur die Badehose an. Ich habe vor ein paar Tagen eine ganz neue Uniform bekommen, meine alte war mit der Zeit furchtbar schäbig geworden. Jetzt brauch ich mich wenigstens nicht mehr genieren, mal spazieren zu gehen. Wir liegen hier schon 13 Monate in Polen. Wenn hier noch was los wäre, dann wüßte man wenigstens wofür. Wir werden wohl den ganzen Krieg hierbleiben.«

Am 23. Oktober 1940 schrieb er wieder an seine Eltern und Geschwister: »Dieses Deblin-Irena ist der größte Fliegerhorst Polens. Wir müßen hier zur Abwechslung mal schwer arbeiten. Sogar sonntags einen halben Tag. Abends ärgert man uns mit Appellen und sonstigen Kinkerlitzchen. Hoffentlich ist der Krieg bald vorbei, daß dieser Mist aufhört ... Was für Arbeit wir hier machen, dürfen wir nicht schreiben, obwohl das meiner Ansicht ganz harmlos wäre.« Dann bat er seine Familie noch, ihm ein Paket mit ein paar Äpfeln zu schicken.

Ganz selten sickerten später kleine Erinnerungen durch, wie er einmal mit dem Gewehr jüdische Frauen bewachen sollte, die mit einer kleinen Schaufel große Steine bewegen mussten. Da habe er sein Gewehr hingeworfen und den Befehl verweigert. Wo und wann das gewesen sein sollte, haben wir nie erfahren.

Weil er eineinhalb Jahrzehnte in den USA und Kanada zugebracht hatte, sprach er leidlich Englisch und wurde gegen Ende des Krieges in eine Sondereinheit versetzt. Unter der Führung des Mussolini-Befreiers Otto Skorzeny wurde eine Spezialeinheit von Soldaten aufgebaut, die nach der Ardennenoffensive mit Fallschirmen hinter der Front abgeworfen werden sollten. Verkleidet in amerikanische Uniformen, sei ihre Aufgabe dort, Brücken zu sprengen. Einmal erzählte mein Vater, dass sie trainiert worden seien, mit eisernen Drähten Soldaten die Kehle abzuschnüren. Sechs Mal war er mit dem Fallschirm abgesprungen. Zum Einsatz hinter der Front kam es nie.

Mein Vetter Reinhard, Sohn von Tante Ilse, erzählte mir Jahrzehnte später, dass mein Vater den Befehl verweigert hatte und deshalb in eine Strafkompanie versetzt worden war. Als ich meine Mutter nach dem Tod meines Vaters danach fragte, reagierte sie eher aggressiv: »Niemals!« Ich erfuhr nie, ob mein Vater meiner Mutter das verheimlicht hatte, ob sie es nicht wusste oder einfach abstritt – oder ob die Geschichte meines Vetters, der ein halbwegs Vertrauter meines Vaters war, überhaupt stimmte. Aber mein Vater hatte einen Wahlspruch, den er gelegentlich äußerte: »Besser einmal ein Feigling als das Leben lang tot.«

Tante Ilse, die mit ihrem Mann Curt vor dem Krieg gut zehn Jahre in Guatemala zugebracht hatte, führte ihren Eltern den Haushalt. Curt war im Krieg gefallen. Die beiden Söhne Reinhard und Thomas wohnten die ersten Jahre mit im Haus des Großvaters. Unterm Dach am Elbabhang von Blankenese lebte auch Tante Erika mit ihrem Sohn Peter. Sie hatte zwölf Jahre in China gelebt, dort einen Engländer geheiratet, ihn aber zu Beginn des Krieges verlassen und nie wieder gesehen. Mein Vetter Peter lernte seinen Vater erst Jahre nach dem Tod seiner Mutter kennen.

Der älteste Bruder meines Vaters, Onkel Helmut, war nach gut 20 Jahren China und der Internierung durch die Engländer in Manila nach Hamburg zurückgekehrt. Durch die Vermittlung eines britischen Besatzungssoldaten, den er aus Ostasien kannte, erhielt er einen Job beim Hamburger Flughafen Fuhlsbüttel, dazu eine Wohnung im fünften Stock mit Blick aufs Rollfeld.

Tante Ruth war Lehrerin.

Onkel Rolf hatte während des Krieges in Belgien eine »sehr nette und tüchtige Flämin« kennengelernt, »geradeaus im Charakter und prima in der Küche«, wie er am 13. Mai 1941 aus Brüssel seinem Vater schrieb. Onkel Rolf heiratete die damals 28-jährige Valerie nach Ende des Krieges und blieb in Brüssel.

Der jüngste Bruder Roland, Mitglied der Waffen-SS, war im Krieg gefallen. So musste mein Vater Reinhard, nach 15 Jahren Kanada, fünf Jahren Krieg und aus kurzzeitiger britischer Kriegsgefangenschaft zurückgekehrt, den kleinen Hof in Brunshausen übernehmen, jenen Ort, an dem sein Vater nach Aufgabe der Reederei das Grundstück der ehemaligen Glashütte erworben hatte.

Die Mutter

Meine Mutter wurde am 8. Oktober 1923 als Tochter des »Betriebsbeamten« August Hartig und seiner Ehefrau Elsa, geborene John, in Hamburg-Bergedorf geboren. Sie hatte eine zehn Jahre ältere Schwester, auf die wir noch zurückkommen werden. Meine Mutter beendete die Sachsenwaldschule Ostern 1939 mit der Mittleren Reife. Statt Abitur zu machen, ging sie ins »Pflichtjahr«. Gerade mal 16 Jahre alt, musste sie auf einen Bauernhof nach Norgaardholz an der Ostsee. Irgendwann gegen Ende der Fünfzigerjahre wollte sie noch einmal zu dieser Familie zurück. Wir fuhren mit unserem kleinen Motorroller in den Schulferien dorthin. Meine Mutter hatte wenig über ihr Pflichtjahr dort erzählt, auch nicht darüber, wie sie gelitten hatte. Nach ihrem Tod fand ich ein kleines blaues Tagebuch mit ihren Aufzeichnungen als 16-Jährige von damals:

»Dienstag, 4. 4. 39
Morgens ab Hamburg. Nach Norgaardholz, im Arbeitsamt von Herrn Lassen abgeholt. Nach Norgaardholz im Auto.

Schlecht geworden unterwegs. Geholfen. Abgewaschen. Hühner gefüttert. Beim Melken zugekuckt. Mit dem Lütten gespielt. Abends ich Idiot, Heimweh. Mußte bald weinen. Nach Mutti. Ein süßer kleiner Hund ist hier. Will früh ins Bett.

Donnerstag d. 6. 7. 39
Mein liebes Tagebuch! Ach, ich muß immerzu weinen, mir ist so klöterig zumute. Habe so ein Heimweh, möchte so gerne zu Mutti ... kann fast gar nichts essen ... lieb ist keiner zu mir. Wenn du sprechen könntest und mich hören, liebes Tagebuch. Ich brauche so sehr eine mitfühlende Seele ... Oh, liebes Tagebuch, tröste mich doch, ich bin ganz verzweifelt ...«

Dann ging es zum Reichsarbeitsdienst für ganze vier Jahre, mit einer Ausbildung zur Verwalterin. Im Tagebuch findet sich die Notiz:»Ich will überwinden, wenn der Mensch nur will, er kann ja alles!«

Ende 1944 nahm meine Mutter ein Sportstudium an der Universität der Hansestadt Hamburg auf – bei der jüngeren Schwester meines Vaters. Tante Ruth, resolute Lehrerin für Sport und Geografie, brachte sie nach Kriegsende auf dem kleinen Hof ihres Vaters in Brunshausen unter. Dort lernte sie meinen 18 Jahre älteren späteren Vater kennen.

Sie war eine hochintelligente fleißige Frau, die fünf Kinder zur Welt brachte, das marode Haus bewirtschaftete, mit auf dem kleinen Bauernhof arbeitete und dafür sorgte, dass die Kinder alle Abitur machten. Sie war nicht eigentlich streng, dazu hatte sie ohnehin zu wenig Zeit. Aber ihre Autorität wurde allseits respektiert. Wenn sie meinem Vater irgendwelche Vorhaltungen machte, reagierte der meistens eher hilflos mit den Worten: »Ach Ille, sei doch nicht so ...«

Körperliche Kontakte wie Küsse oder Umarmungen waren unüblich, das Thema Sex tabu. Sie war prüde und gab das auch an ihre Kinder weiter. Sie konnte tolerant und streng gleichzeitig sein. Einmal, ich musste gerade zur Schule gekommen sein, entdeckte ich auf dem Frühstückstisch ein Zehnpfennigstück. Ich deutete auf die Münze und fragte etwas undeutlich, ob ich den Groschen haben könnte. Meine Mutter antwortete ebenso undeutlich. Beim Abdecken des Tisches steckte ich den Groschen ein. Nach der Schule ging ich in den kleinen Wohnungsladen von Frau Preuss, die neben Briefmarken auch Getränke und Eis verkaufte. Für die zehn Pfennig kaufte ich ein Eis am Stiel. Aber weil ich mir nicht sicher war, ob ich den Groschen hätte einstecken dürfen, wickelte ich das Eis nicht aus. Als ich mit dem tropfenden Eis zu Hause auftauchte, sah meine Mutter mich mit strengem Blick an. Ob ich etwa den Groschen am Frühstückstisch eingesteckt hätte? Ich nickte. Da schickte meine Mutter mich zurück zu Frau Preuss. Ich musste das inzwischen geschmolzene und aus der Papierumhüllung tropfende Eis wieder abgeben. Sie gab mir den Groschen zurück, und ich lieferte ihn zu Hause wieder ab. Die peinliche Szene vergaß ich nie. Und ich habe in meinem Leben niemals irgendetwas in einem Kaufhaus oder einem Laden geklaut.

Als der Hof nicht genügend einbrachte, um die Familie zu ernähren, belegte meine Mutter an der Volkshochschule Stade einen Buchhaltungskurs und nahm eine Stelle bei einem Steuerberater und später bei einem Versandhandel an – und noch später beim *Spiegel*.

Kindheit am Strom

Am 1. Juli 1946 kam ich als erstes Kind meiner Eltern zur Welt, ein paar Tage zu früh, angeblich, weil die Mutter zu viele Erdbeeren gegessen hatte. Vier Kinder folgten in kurzem Abstand, immer abwechselnd: Junge, Mädchen, Junge, Mädchen, Junge. Nach mir Elisabeth, dann Christian, Sybille und Martin.

Die Söhne der Geschwister meines Vaters, die immer noch in dem Haus am Hang in Blankenese wohnten, segelten mit ihrem Piraten die Elbe auf und ab, machten Station bei uns in Stadersand – und so wie alle Segler aus Blankenese die Häfen unsicher. Wenn sie anlegten, so hieß es, holten die Anwohner die Wäsche von der Leine und sperrten die Mädchen ein, denn die Blankeneser hatten einen Ruf wie früher die Piraten. Sie klauten alles, was nicht niet- und nagelfest war, denn die Blankeneser Devise lautete: »Allens mien«, alles meins. Da waren wir in Stadersand nur zweite Elbwahl.

Wir liehen das Ruderboot eines Fischers heimlich aus und schipperten auf der Schwinge herum. Als wir eines Tages die jüngeren Geschwister mit an Bord nahmen und sie erst nach Stunden zurückbrachten, gab es heftige Prügel vom Vater mit dessen Ledergürtel, der aus einem russischen Gewehrriemen mit amerikanischem Army-Schloss bestand.

Irgendwann hatten wir auch ein altes Ruderboot, mit dem wir die Elbe – und vor allem uns selbst – unsicher machten. Es war ein altes Rettungsboot, das aus seiner Winde aufs Deck des Küstenfrachters gekracht war. Dabei waren ein paar Planken zerborsten, und wir bekamen das Boot geschenkt. Mein Vater baute neue Planken ein, und es schwamm wieder. Wir statteten es mit einem Mast aus und nähten aus einer alten Plane Segel. Zumeist reichte der Wind von achtern nur aus, um mit der Tide zu segeln. Zurück gegen die Strömung wurde es dann schwierig.

Schwinge und Elbe waren unser Revier. Da konnte uns auch die erbärmliche Wasserqualität nicht davon abhalten, baden zu gehen. Bevor wir in die braune Flut stiegen, wurde uns allerdings eindringlich klargemacht, dass wir am Strand nur bei auflaufendem Wasser in die Elbe dürften. Der sogenannte Hund, eine Tonne elbaufwärts vom Badestrand, markierte nämlich die Stelle, an der die Abwässer der Stadt Stade ungeklärt in die Elbe liefen. Bei ablaufendem Wasser hatte man dann den Dreck am Hals. Aber auch bei Flut galt die Devise: Nie beim Schwimmen Wasser schlucken. Auf jeden Fall waren wir abgehärtet gegen so ziemlich alle Krankheitserreger, die zwischen Dresden und Cuxhaven in die Elbe gelassen wurden.

Der Strand war schön wie in der Karibik, die Wellen der Schiffe hoch wie die Dünung an der Nordsee und die Partys auch nicht schlechter als bei Buhne 16 auf Sylt. An unserer Elbe, dem schönsten Fluss der Welt. Unser Haus und unser Hof in Brunshausen, dem winzigen Dorf an der Schwinge, einem Nebenfluss der Elbe, gehörte wie gesagt meinem Großvater und war gerade mal 15 Hektar groß. Der lehmige Boden war seit Jahrzehnten von den umliegenden Ziegeleien abgebaut worden. Nach dem Krieg wurde das tief liegende Gelände im Außendeich, das bei jeder Sturmflut unter Wasser lag, wieder aufgespült, mit dem Matsch, der bei den verschiedenen Elbvertiefungen ausgebaggert worden war.

Wir hatten zwei Pferde zum Mähen, Pflügen und für den Ackerwagen. Es waren Belgische Kaltblüter, die während des Krieges Kanonen geschleppt hatten. Als eines der beiden einging, bekamen wir ein neues Pferd, einen schwarzen Hannoveraner-Wallach, der ziemlich wild war und das Gespann nicht selten zum Durchgehen brachte. Einmal überfuhr es einen parkenden Volkswagen und wurden deshalb abgeschafft. Dafür kaufte mein Vater einen winzigen Trecker, einen Holder Diesel mit 15 PS und einer Antriebskurbel, die zu bedienen nicht einfach war. Mit kaum acht Jahren steuerte ich den Trecker gern mit Vollgas über den Hof und setzte ihn einmal mit der rechten Radnabe gegen eine Hausecke, was die Eisenachse verbog.

Zum Grundstück meines Großvaters gehörte eine heruntergekommene Villa, in der einmal der Direktor der Glashütte gewohnt hatte, die dort bis etwa zum Ersten Weltkrieg betrieben worden war. In mehreren nicht minder baufälligen Mietskasernen wohnten 93 Mieter in kleinen Wohnungen ohne fließend Wasser, Toiletten und Heizung. Aus zwei Wasserstellen mussten die Bewohner in Eimern ihr Wasser holen und in die Häuser schleppen. In einem Toilettenbau mit sogenannten Plumpsklos stand jeweils zwei Mietparteien ein abschließbares Klo zur Verfügung. Alle paar Monate musste die stinkende Kloake mit Eimern, die an einem langen Stiel befestigt waren, ausgeschöpft und in einen Jauchewagen umgefüllt werden. Das – und die wöchentliche Müllabfuhr mit einem Einachsanhänger – gehörte zu den Aufgaben meines Vaters auf dem Hof. Und als wir alt genug waren, den Trecker zu fahren, also mit zehn oder zwölf Jahren, halfen wir, den Abfall an das Ufer der Schwinge zu fahren und dort in den Zwischenraum zu den neu angelegten Uferbefestigungen aus kleingesprengten Betonklötzen der Stader Wehrmachtsbunker zu schütten. So hatten die Ratten immer genügend zu fressen.

Wir teilten uns die ursprünglich einmal elegante Villa im klassizistischen Stil mit drei anderen Familien, die in dieser frühen Nachkriegszeit dort vom Wohnungsamt eingewiesen worden waren. Die Nachbarn mussten sich ein paar Plumpsklos neben der Scheune teilen. Wir waren im Vergleich dazu privilegiert, hatten wir doch ein eigenes Badezimmer mit Badewanne und Heizofen. Einmal in der Woche wurde der Badeofen angeheizt, dann wurden wir Kinder jeweils zu zweit gebadet. Als größten Luxus hatten wir eine Spültoilette, deren Abflussrohr in einen Graben führte, der zur Schwinge ablief. Durch das Rohr kletterten nicht selten Ratten bis in unser Badezimmer und knabberten den hölzernen Toilettendeckel von innen an. Wir hatten strikte Anweisung, den Deckel immer geschlossen zu halten, damit die Ratten nicht ins Badezimmer springen konnten. Nicht jeder achtete immer darauf, wenn er die Toilette benutzt hatte. Einmal öffnete ich die Tür zum Bad, schaltete das

Licht an und sah, wie eine dicke Ratte ins Klo sprang und durch den Abfluss wegtauchte. Ich spülte nach. Und immer, wenn ich später zum Klo musste, zog ich vorher und hinterher den Abzugshebel, der jeweils zehn Liter Wasser aus dem Bottich ins Klo spülen ließ. Diese Erfahrung prägte bei mir eine lebenslange Abneigung gegen Ratten und Mäuse. Irgendwie wollte ich später mal anders wohnen und anders arbeiten als meine Eltern. Aber am besten immer noch an der Elbe.

Brunshausen

Am Wochenende fuhren wir regelmäßig mit der Fähre von Stadersand aus nach Blankenese, um »Großpapa« und »Großmama« sowie den sonst noch im weißen Haus am Elbabhang wohnenden Geschwistern meines Vaters einen Besuch abzustatten. Vom Verkauf seiner Reederei an die Hadag in den Zwanzigerjahren hatte mein Großvater noch seine Leibrente – und freie Fahrt auf den Elbfähren für alle Familienangehörigen.

In der Grundschule – damals Volksschule genannt – saßen bei uns in Brunshausen vier Jahrgänge in einem Klassenraum. Ich war ein ganz passabler Schüler mit lauter Zweien im Zeugnis. Einsen gab es grundsätzlich nicht. Manche Unterrichtsstunden wurden für die vier Jahrgänge gemeinsam geführt, bei anderen setzte sich der Lehrer mit der jeweiligen Altersklasse zusammen und unterrichtete sie, während die übrigen Schüler irgendwelche Aufgaben allein erledigen mussten.

Der Lehrer in dieser »Zwergschule« war zuvor im Krieg Oberst gewesen – und jüngster Ritterkreuzträger der Wehrmacht. Als wir im Religionsunterricht die Kreuzigung Jesu durchnahmen, sagte er, dass die Juden für diese Untat später ja schwer bestraft worden seien. Auf meine schnelle Frage nach der Strafe antwortete er: »Das wirst du schon noch früh genug erfahren.«

Irgendwann in der vierten Klasse, kurz vor den Sommerferien, lag ich bei den Rechenaufgaben etwas zurück. Mein Lehrer setzte sich links neben mich in die Bankreihe und ärgerte mich, da stieß ich ihn erst mit dem Ellbogen an, und als er nicht aufhörte, holte ich aus und gab ihm eine knallende Backpfeife. Ich glaube, ich war der einzige Neunjährige, der jemals einen Ritterkreuzträger geohrfeigt hat. Meine Backpfeife wurde zum Dorfgespräch, und irgendwann erfuhr das auch meine Mutter. Sie hielt mir eine Standpauke und verlangte, dass ich mich bei Lehrer Ebeling entschuldigte. Das war ausgerechnet am Anfang der großen Ferien, was mir den Sommer ziemlich verhagelte. Als die Schule wieder losging, war mein Lehrer wie immer. Er beauftragte mich, die Gruppen der Erstklässler zu betreuen, und erweckte den Eindruck, er habe den Vorgang längst vergessen. Doch jedes Mal, wenn ich aus der Schule nach Hause kam, fragte mich meine Mutter streng: »Hast du dich entschuldigt?«

Also blieb mir nichts anderes übrig, als nach der letzten Stunde Herrn Ebeling bei der Verabschiedung auf der Treppe leise und undeutlich zu sagen: »Würden Sie bitte entschuld...« Dann rannte ich die Treppenstufen nach unten. »Was hast du gesagt?«, rief er mir nach, und ich musste die Stufen wieder nach oben gehen. Ich wiederholte den Satz, diesmal verständlich. Da lachte der Lehrer, und ich konnte erleichtert nach Hause gehen. Ich verschwieg die peinliche Angelegenheit, so gut es ging. Erst in den rebellischen späten Sechzigerjahren konnte ich meinen Mangel an revolutionärer Entschlossenheit mit dem Hinweis auf diese spontane Handgreiflichkeit gegenüber einem Wehrmachtsoffizier, der inzwischen General der Bundeswehr war, kompensieren.

Als mein alter Grundschullehrer Ebeling 90 wurde, schrieb mir die Enkelin des von mir gut 50 Jahre zuvor geohrfeigten Ritterkreuzträgers und fragte, ob ich ihrem Großvater nicht zum Geburtstag einen Gruß schreiben könnte. Er spreche gelegentlich über seinen Schüler S., der es inzwischen zum Chefredakteur des *Spiegel* gebracht hatte. In ihrem Brief stand seine

Telefonnummer. Ich rief ihn spontan an. Er weinte und bot mir das Du an.

Wenige Wochen später starb meine Mutter. General Ebeling, Jahrzehnte zuvor von Verteidigungsminister Helmut Schmidt zusammen mit den anderen übrig gebliebenen Wehrmachtsgenerälen in den Ruhestand geschickt, ließ es sich nicht nehmen, als 90-Jähriger am Steuer seines Autos zur Trauerfeier zu fahren. Dort sah ich ihn zum ersten Mal seit einem halben Jahrhundert wieder. Bei Kaffee und Butterkuchen kamen wir auf die Schulzeit in Brunshausen zu sprechen – und auf die peinliche Ohrfeige. Diesmal entschuldigte er sich: »Ich hätte dich nicht dazu provozieren dürfen.« Damit war das Thema endlich erledigt.

Das Athenaeum

Nach der Grundschule und der Aufnahmeprüfung ging ich zum Athenaeum nach Stade. Viele der Lehrer waren alte Nazis, der Lateinlehrer ehemaliger Wehrmachtsgeneral. Wir nannten ihn Cato Senex, den alten Cato. Latein war nicht meine Stärke, obwohl ich nur durch den Lateinunterricht deutsche Grammatik lernte. Und einmal musste ich als Strafarbeit ein ganzes Kapitel aus dem Lateinbuch auswendig lernen. Das blieb hängen, sodass ich in späteren Jahren immer mit meinem fließenden Latein Eindruck machen konnte.

Ich fuhr mit dem Fahrrad nach Stade zur Schule, jeweils gut sieben Kilometer hin und zurück, im Sommer wie im Winter, bei Regen, Wind und Schnee. Wenn im Herbst die Elbe über die Ufer trat und die Straße bis zum dann geschlossenen eisernen Tor, der »Deichluke«, unter Wasser stand, konnten wir die Schule schwänzen. Politik erlebten wir nur am Rande mit.

Es war im Februar 1962, als wir gegen Mitternacht von unserem Vater geweckt wurden. Zwar hatte der Wetterbericht eine Sturmflut gemeldet, aber nicht so eine. Für uns war ein »Hochwasser« immer willkommen, auf der überfluteten Straße nach Stade ging es nicht mit dem Fahrrad, und es fuhr kein Bus. Manchmal, wenn das Wasser nicht allzu hoch war und etwa eine Klassenarbeit anstand, nahmen wir den Trecker. In dieser Nacht war alles anders. Mein Vater rief die Polizei in Stade an und meldete »Land unter«. Wir wussten, wenn bei einer Sturmflut das Wasser in unser Haus laufen würde, das auf einer hohen Warf lag, dann würde es auch über den Deich laufen – und bei uns damit nicht weiter steigen. Die Polizei war ahnungslos. Kurz darauf wurde der Deich überflutet, und die Sturzbäche höhlten ihn von der Innenseite her aus. Dann brach er – an vielen Stellen entlang der Elbe. An der Unterelbe war man Sturmfluten minderer Gewalt gewohnt. In den eingedeichten Siedlungsgebieten an den Hamburger Elbarmen in Wilhelmsburg aber war wirklich Land unter. Die Menschen versuchten, sich auf die Hausdächer zu retten, und wurden dort mit Schlauchbooten und von Helikoptern der Bundeswehr, die damals noch flugfähig waren, gerettet. 315 Menschen aber fanden den Tod.

Bei uns traf es sechs Kühe, die angekettet im Stall standen. Mein Vater, alter Cowboy, der er war, stapfte mit langen Gummistiefeln in die Scheune, um sie zu befreien. Eine Kuh schaffte er, die anderen ertranken. Der Hund kletterte auf einen Haufen Gerümpel und überlebte. Wir retteten uns ins obere Stockwerk des Hauses, dessen Bausubstanz am Ende den Fluten aber nicht gewachsen war.

Nach der Sturmflutkatastrophe zogen wir bis zum Abtrocknen unserer Wohnung im Erdgeschoss, wo das Wasser 60 Zentimeter hoch gestanden hatte, in den ersten Stock zu den Nachbarn. Die hatten einen Fernseher. Als wir die Bilder von der Besetzung des Pressehauses in Hamburg und der Verhaftung des *Spiegel*-Herausgebers Rudolf Augstein sahen, sagte mein Vater: »Sollen sie das Scheißblatt doch endlich verbieten!« Er war regelmäßiger Leser des Magazins, das bei uns gemeinsam mit anderen Zeitschriften als Lesezirkel-Ausgabe mit mehrwöchiger Verspätung ins Haus geliefert wurde. Zum Glück blieb ihm erspart mitzuerleben, dass sein Sohn gut 32 Jahre später Chefredakteur dieses »Scheißblattes« wurde.

Im Unterricht wurde nicht viel über die Kubakrise und noch weniger über die *Spiegel*-Affäre gesprochen. Aber jedem war klar, dass ein möglicher Atomkrieg wie ein gigantisches Damoklesschwert über Deutschland und der Welt schwebte. Es war die Zeit des Kalten Krieges und der Wiedereinführung der Wehrpflicht in Deutschland. Die Amerikaner probten den Atomkrieg in der Südsee. Das Schlachtfeld wollte ich mir 60 Jahre später einmal ansehen.

Der vergessene Atomkrieg

Verstrahlt, verbrannt, verlassen: 70 Jahre nach den ersten Bombentests ist das Bikini-Atoll noch immer unbewohnbar. Detlev Konnerth und ich flogen über San Francisco und Hawaii nach Majuro, der Hauptstadt der Marshallinseln, um einen Film über ein verstrahltes Paradies zu machen, in dem das nukleare Zeitalter noch nicht vergangen ist.

Vom gleichnamigen Atoll Majuro bis zu den Atollen am Rande der Marshallinseln Bikini und Eniwetok sind es gut 1000 Kilometer. Eine abgelegene Inselwelt, die sich nach Ansicht der Amerikaner bestens für Atomwaffenversuche eignete, zwölf Jahre lang. Von den Schäden hat sie sich bis heute nicht erholt.

Majuro ist wegen seiner besonderen Lage zwischen den Kontinenten ein beliebter Anlaufpunkt für Weltumsegler aller Herren Länder. Für Reisende auch eine Chance, gleichsam als Anhalter mitgenommen zu werden. Wir charterten eine moderne Jacht, gesteuert von einem holländischen Weltenbummler, und nahmen als Helfer noch ein junges Pärchen mit an Bord. Die beiden waren mit einem winzigen Segelboot von San Francisco aus in die Südsee gesegelt.

Gut 1000 Kilometer mussten wir von Majuro nach Eniwetok zurücklegen, einem der Atolle, die von den Amerikanern bombardiert worden waren. Um die Insel wieder bewohnbar zu machen, hatten die USA in den Siebzigerjahren hier den Schutt und die oberste Erdschicht abgetragen und auf der Insel Runit im Osten des Eniwetok-Atolls im Explosionskrater einer Wasserstoffbombe versenkt. Darüber schütteten sie einen gewaltigen flachrunden Betondeckel. Dieses Denkmal des nuklearen Wahnsinns wollten wir uns ansehen und packten zur Sicherheit auch einen Geigerzähler ein. Dann segelten wir bei heftigem Wind und hohen Wellen los. Kollege Detlev, dem ich die kleine Kajüte in der Mitte des Bootes abgetreten hatte, kotzte drei Tage lang im Quadrat.

Ich legte mich nachts in die Koje im Bug und wurde durch den heftigen Wellengang permanent an die Decke katapultiert. Seekrank wurde ich nicht. Vielleicht hat die Kindheit an der Elbe dazu geführt, dass ich mich weder beim Fliegen im Segelflugzeug noch bei halsbrecherischen Loopings in der Kunstflugmaschine »Extra 300« noch beim heftigen Sturm während der ersten Überquerung des Atlantiks übergeben musste. Selbst beim Parabelflug im umgebauten Airbus überstand ich den Steilflug, den anschließenden Sturzflug und die damit verbundene Schwerelosigkeit ohne Magenverstimmung.

Langsam besserte sich auf der Segeltour zum atomaren Testgebiet das Wetter. Weit und breit nichts als offenes Meer. Doch dann ein überraschender Funkspruch eines amerikanischen Kriegsschiffes, das irgendwo in der Nähe sein musste: »Sie befinden sich im Bereich des Kwajalein-Atolls. Hier wird eine militärische Operation durchgeführt.«

Unser Skipper fragte: »Können Sie uns ein Zeitfenster nennen?«

»Laut Ansage auf Frequenz 2716 beginnt die Operation heute Abend um sieben Uhr und dauert bis ein Uhr nachts. Aber wir glauben, alles läuft nach Plan, und wir melden uns wieder um neun Uhr«, lautete die Antwort über Funk.

»Vielen Dank.«

Der Skipper, der mit seiner Jacht die Welt schon ein paarmal umrundet hatte, war besorgt: »Der Weg zurück und dann wieder hierher wird uns jeweils rund acht bis zehn Stunden kosten. Insgesamt fast 24 Stunden.«

Dann meldete sich die US-Marine noch einmal: »Sie haben ein schönes Boot. Ich bin selbst Segler. Blicken Sie die nächsten 20 Minuten nach Nordwest. Und bleiben Sie auf jeden Fall, wo Sie sind.«

Offenbar wurde hier 70 Jahre nach den verheerenden Atomtests weiter scharf geschossen.

Dann erschienen sie am Himmel: Langstreckenraketen, abgeschossen vom 10 000 Kilometer entfernten Vandenberg in Kalifornien. Hier wurde getestet, wie man einen Raketenangriff aus Nordkorea abwehren kann. Star Wars in der Südsee.

Schließlich, nach fünf Tagen auf hoher See: Land in Sicht und die ersten Zeichen eines nie erklärten Krieges.

Das Bikini-Atoll lag im Zentrum des Infernos. Tausende Kilometer von allen großen Kontinenten entfernt. Weißer Sandstrand, warmes, glasklares Wasser, Kokospalmen. Doch was heute wieder aussieht wie ein Urlaubsparadies, ist eine strahlende Hölle. Die Inselgruppe ist radioaktiv verseucht und damit auf Dauer unbewohnbar. Diesen entlegenen und so idyllischen Ort hatten die USA gewählt, um Atombomben zu testen. Um die gewaltige Kraft der neuen Waffentechnologie auszuprobieren, aber auch, um ihre Macht und Überlegenheit der ganzen Welt zu zeigen, versenkten die Militärs hier unter anderem eine ganze Armada von Kriegsschiffen. Das war am 1. Juli 1946, dem Tag meiner Geburt.

Auch das etwa 500 Kilometer entfernte Eniwetok war nukleares Testgebiet – das Atoll ist bis heute davon gezeichnet. Eniwetok umfasst über 40 Inseln, deren Gesamtfläche nicht größer ist als die von zehn Fußballfeldern. Die vom Atoll umschlossene Lagune misst dagegen über 1000 Quadratkilometer. Vor den Atombombenversuchen lebten hier über 1000 Einwohner. Sie waren autark, lebten nur von dem, was der Ozean und der fruchtbare Boden hergaben.

Der Bürgermeister fuhr uns auf der Ladefläche eines Pickups über die gleichnamige Hauptinsel: »Als hier noch Kokosnüsse und Brotfrucht wuchsen, war alles gut. Aber nachdem sie die Atombomben auf Eniwetok geworfen hatten, hat sich alles geändert.«

Und so ist es bis heute, obwohl das Atoll wie gesagt in den Siebzigerjahren mit großem Aufwand gereinigt wurde. Der strahlende Unrat landete auf der Insel Runit, keine Bootsstunde von der Hauptinsel Eniwetok entfernt – unter einer gigantischen Betonkuppel. Ähnlich wie der Sarkophag in Tschernobyl oder das Kraftwerk von Fukushima ist der sogenannte Runit Dome ein Mahnmal des ungebremsten Atomwahns.

Wir fuhren mit einem wackeligen Motorboot, dessen Außenborder gelegentlich stehen blieb, zu dem Betonhügel, um ihn zu filmen. Wir kletterten auf den gigantischen Deckel über dem strahlenden Müll, ließen eine Drohne mit einer Kamera aufsteigen und blickten in die Runde. Überall blaues Wasser, Strände und Palmen. Und dazwischen der Betonhügel: surreal. Aber Radioaktivität konnte unser Geigerzähler nicht feststellen. Noch hält der Deckel.

Das Abenteuer »Stader Schlüssel«

Wir wohnten damals noch in unserer immer mehr verfallenden Villa in Brunshausen. Die Sturmflut hatte dem Haus und der Scheune den Rest gegeben. Mein Vater hatte alles aus dem Stall herausräumen lassen, was sich dort im Lauf der Jahrzehnte an funktionsunfähigen Gerätschaften, Kisten, Werkbänken und Gerümpel angesammelt hatte. Nun stand es verdreckt und verstaubt auf dem Hof – und niemand wusste, wohin damit. Die Apfelkisten wurden vor dem Wohnhaus gestapelt. Ein paar alte Autowracks standen herum, die Obstbäume hatten noch immer das Treibgut der Sturmflut im Geäst. Die Milchkühe waren in der Abdeckerei gelandet. Und auch an Partys in unserem mit Fischernetzen und *Twen*-Fotos ausstaffierten Keller war nicht mehr zu denken.

Aber mein Großvater, der mit fast 98 Jahren gestorben war und seine Frau Martha um gut 20 Jahre überlebt hatte, hatte ein immer noch ordentliches Vermögen vererbt: das Haus in Blankenese, ein paar Immobilien am Schäferkamp in Hamburg, den Hof und die Mietskasernen in Brunshausen, dazu ein ehemaliges Fährhaus auf dem Deich am Hafen von Stadersand. Alles ging an eine Erbengemeinschaft, bestehend aus Onkel Helmut, meinem Vater, Tante Ilse, Tante Ruth und Onkel Rolf.

Alle waren sich in einer Hinsicht einig, Großpapas Devise »Nichts verkaufen!« war mit ihm in der Urne beerdigt worden.

Alle Nachkommen meines Großvaters waren am Rande des Rentenalters und wollten endlich mal das Geld sehen, auf das sie ihr Leben lang gewartet hatten. Am schnellsten war das Grundstück zu verkaufen, auf dem mein Vater seit nunmehr fast 20 Jahren den Obsthof bewirtschaftete.

Die Stadt Stade brauchte Land für die Industrieansiedlung an der Elbe. Der Hof war nicht in die niedersächsische Höferolle eingetragen, was dazu geführt hätte, dass er nur an eine natürliche Person zu vererben gewesen wäre. Als derjenige, der den Hof seit langer Zeit betrieb, wäre mein Vater, obwohl nicht der Erstgeborene, rechtmäßiger Erbe gewesen. Der Erbschaftsstreit begann. Am Ende hatten sich alle mit meinem Vater überworfen. Der Hof wurde verkauft, wir zogen um in das Haus auf dem Deich in Stadersand, das meinem Vater übertragen worden war. Dazu hatte er einiges Geld geerbt.

Und dann kam er auf den wahnwitzigen Gedanken, dort ein Hotel mit Gaststättenbetrieb zu eröffnen. Name: »Stader Schlüssel« – so wie das Symbol auf dem Wappen der Schifffahrtslinie seines Vaters, gut 40 Jahre nach deren Untergang. Am Ende der aufwendigen Bauarbeiten hatte er genauso viele Schulden, wie er vorher an Kapital geerbt hatte. Es war abzusehen, dass das nicht gut gehen konnte. Ich wagte Widerspruch und flog um ein Haar zu Hause raus.

Damals begann auch unsere Pferdegeschichte. Sie wurde lang und teuer, mal mehr, mal weniger erfolgreich. Aber immer aufregend.

Pferdezeit

Am Anfang stand eine Anzeige im *Stader Tageblatt*: drei junge Stuten zu verkaufen. Das Geld aus der Erbschaft meines Großvaters hielt nicht lange vor. Aber die Pferde blieben, sozusagen als segensreicher, aber arm machender Fluch meines Großvaters.

Das war 1962. Der Trecker, der ein paar Jahre zuvor die Wagenpferde abgelöst hatte, sprang, nachdem wir das Dieselöl einmal durchgesiebt hatten, wieder an. Die Scheune war noch baufälliger als zuvor, die Apfelbäume mussten vom Reet, das von der Flut in die Kronen getragen worden war, befreit werden. Fünf unserer Kühe waren bei der großen Sturmflut ertrunken, die Weiden erholten sich schnell. Da brauchte man etwas zum Grasen. Zunächst bekamen wir von einem Stader Augenarzt zwei Ponys, die wir als Ausgleich für die Fütterung reiten durften. Wir galoppierten am Elbstrand entlang und drängten unseren Vater, uns endlich auch Pferde zu kaufen. Er sträubte sich monatelang, vermutlich ahnte er, was sonst auf ihn und uns zukommen würde.

Es war nichts Tolles, was mein Vater eingekauft hatte, eine dreijährige, eine zweijährige und eine einjährige Stute, Vorbuchstuten. Vater mittelmäßig, Mutterlinie eher unklar. Wir zogen sie auf, ritten sie in Wildwestmanier ein, schließlich war mein Vater ja vor dem Krieg 15 Jahre in Kanada gewesen, als Farmer, Trapper und Cowboy. An der Weide in Stadersand, wo wir die Pferde im Sommer anritten, bildeten sich manchmal lange Schlangen von Autos, deren Insassen beeindruckt beobachteten, wie wir serienweise in Rodeomanier von buckelnden Pferden abgeworfen wurden. Darin hatten wir später eine ziemliche Übung, ein Pferd musste sich schon ziemlich viel Mühe geben, uns, meine Brüder und mich, loszuwerden.

Die Schülerzeitung

Der Krieg und das Dritte Reich lagen bei meiner Einschulung sieben Jahre und bei meinem Abitur gerade mal 21 Jahre zurück. Zu Hause wurde nicht darüber gesprochen und in der Schule auch nicht – denn die meisten Lehrer hatten ja zu diesem epochalen politischen und moralischen Desaster beigetragen.

Am Athenaeum gab es eine Schülerzeitung mit dem Namen *Wir*, bei der ich mich bereits in der achten Klasse engagierte. Als Journalist – auch bei der Schülerzeitung – konnte man alles kritisieren, konnte seine Nase überall hineinstecken. Man war zudem irgendwie wichtig, was schon daraus ersichtlich war, dass die Schulleitung Zensurmaßnahmen einführen wollte. Am Widerstand konnte man wachsen.

Ein großer Schreiber war ich nie, also fing ich an, die Finanzen der Schülerzeitung zu betreuen. Ich ging in Buchhandlungen und Geschäfte in Stade und warb Anzeigen für die Zeitung ein. Als meine Mutter davon erfuhr, war sie bass erstaunt. Ich sei doch normalerweise zu schüchtern, um im Laden irgendetwas Gekauftes zurückzugeben. Und jetzt würde ich die Inhaber von Geschäften dazu überreden, uns Anzeigen zu geben? Die Erklärung war relativ simpel: Als Vertreter der Schülerzeitung war ich in einer Funktion tätig, das nahm mir die Schüchternheit.

Es lag etwas in der Luft, ein Hauch von Aufklärung und Rebellion. Man war nicht eigentlich links, eher ein wenig anarcho-liberal, kritisch nach allen Seiten. In unserem Dezemberheft 1964 stellten wir unser Motto sogar auf die Titelseite: »Als Sprachrohr der Jugend veröffentlicht WIR frank und frei die

Beobachtungen und Gedanken junger Menschen. Alle Artikel geben die persönliche Meinung ihrer Verfasser wieder. Sie sind keinesfalls mit den Ansichten aller Schüler oder gar der Schule gleichzusetzen.« Das gefiel nicht allen, vor allem unserem Schuldirektor Dr. Bartels nicht. Irgendeine eher nebensächliche Geschichte nahm er zum Anlass, die Vorzensur der Zeitung zu verfügen. Wir dürften einen Lehrer unseres Vertrauens aussuchen, der jeden Artikel vor der Veröffentlichung lesen und dann freigeben sollte. Dem wollte und konnte ich mich nicht fügen. Ich erklärte dem Direktor, dass wir das Heft dann außerhalb der Schule verkaufen würden. Das gefiel dem Direktor nicht besonders, und als dann das Hamburger *Sonntagsblatt* über unsere Differenzen mit der Schulleitung berichtete und einige Zeit danach sogar das Fernsehmagazin *Panorama,* war ziemlich dicke Luft.

Wir verkauften das neue Heft auf der Straße direkt vor dem Athenaeum, was manche Studienräte zum Anlass nahmen, den Schülern dringend vom Kauf des Blattes abzuraten. Mitglieder des Lehrerkollegiums suchten sogar die Stader Buchhandlungen auf und drückten ihr Missfallen darüber aus, dass die *Wir* dort zum Verkauf auslag.

Dafür kam uns damals *Panorama* zur Hilfe, und Joachim Fest moderierte am 29. November 1964 einen Beitrag, der sich mit Schülerzeitungen und deren Schwierigkeiten mit der Schulleitung beschäftigte. Dabei wurde ausführlich auf das Beispiel der *Wir* eingegangen, die, um keiner Zensur zu unterliegen, inzwischen außerhalb der Schule erschien.

Es gab einen ziemlichen Aufruhr am Athenaeum, als das Kamerateam von *Panorama* anrückte und von der Straße her die aus dem Fester lehnenden Lehrer filmte. Im klapprigen DKW-Kombi meiner Eltern, beklebt mit dem Titel der neuen *Wir*-Ausgabe, bog ich mit meiner Freundin Marlies auf dem Beifahrersitz eilig um die Ecken, um die Zeitung bei den zwei Buchhandlungen in Stade auszuliefern. Darunter der Song »Down around the corner in a little school« und der Text des

Redakteurs Christian Herrendörfer: »Was diese Schüler tun, sehen viele Lehrer nicht gern. Sie geben in Stade eine eigene unabhängige Zeitung heraus, und das alle sechs Wochen in über 1000 Exemplaren. Den Lieferwagen für den Vertrieb stellte der Vater des Chefredakteurs. Die Zeitung kostet 50 Pfennig, ihre Herstellung über das Doppelte, die Differenz wird durch Anzeigen gedeckt.« Dann sah man, wie wir die Stufen zum Keller meiner Großmutter Elsa, der Mutter meiner Mutter, hinunterliefen. »Aus der Schülerzeitung ist eine jugendeigene Zeitung geworden, im Asyl, das die Großmutter des Chefredakteurs in ihrem Keller gewährte.«

Ich hatte extra meinen Freund Rolf Heuer aus der Heide anreisen lassen. Er konnte für seine 18 Jahre nicht nur unglaublich schreiben, sondern auch formulieren: »Eine Schülerzeitschrift hat schon genug mit dem Desinteresse der Schüler zu kämpfen, als daß es für sie opportun wäre, jetzt in eine Zweifrontenstellung auch noch gegen die Lehrer gedrängt zu werden.«

Der Reporter wandte sich an mich: »Wie kommt denn Ihre Schülerzeitung bei der Lehrerschaft an?«

»Es hört sich paradox an, aber ich glaube, im Augenblick kommt unsere Zeitung bei den meisten Lehrern besser an, als sie es vor dem Auszug aus der Schule tat. Unsere Zeitung ist eben interessanter geworden.«

Rolf, der seinen Namen später auf meinen Vorschlag in Rolv änderte, übernahm wieder die Interpretation: »Der Lehrer ist in seinem beschränkten Radius eingefroren, und er versucht, die Schüler in die Lähmung mit einzubeziehen.«

38 Jahre später wurde das Video in einer Sendung von *3 nach 9* noch einmal gezeigt. Darauf schrieb mir Marlies einen kleinen Brief: »Wir waren so streng und ernst. Ich habe das Gefühl, dass wir uns die ganze Verantwortung und Sprachlosigkeit der Generation unserer Eltern auf unsere schmächtigen Schultern gepackt haben.«

Mein Klassenlehrer schrieb zu meinem Abitur in die interne Bewertung, die ich gut 50 Jahre später anlässlich der 425-Jahr-

Feier der Schule einsehen durfte, bei der ich die Ansprache hielt: »Eine gewisse Oberflächlichkeit, jugendlicher Überschwang und altersgemäße Protesthaltung führen zu leicht negativer, ablehnender Beurteilung von Lebensfragen. Überkommenen Werten und Lebensgewohnheiten gegenüber ist er sehr skeptisch, wobei er sich jedoch die Möglichkeit, sich zu arrangieren, offenhält. Ehrgeiz und Tatkraft führen zu selbständiger publizistischer Betätigung.« Doch dann kam es knüppeldick: »In einigen schulischen Sachgebieten zeigte er verschiedentlich provozierendes Desinteresse und mangelnden Fleiß. Gegenüber Älteren ist er gelegentlich respektlos und herausfordernd.«

konkret

Mit in der Redaktion unserer Schülerzeitung arbeitete Wolfgang Röhl, der zwei Klassen unter mir war. Durch ihn lernte ich damals auch Klaus Rainer Röhl und dessen Ehefrau und Kolumnistin Ulrike Meinhof kennen. Die Zeitschrift *Wir* war ziemlich gut gemacht, und so fragte *konkret*-Herausgeber Röhl mich, ob ich nach dem Abitur bei ihm anfangen wolle. Das fand ich sehr verlockend. Eigentlich wollte ich Verlagskaufmann werden. Ich konnte nämlich nicht schreiben, jedenfalls lange nicht so gut wie meine Schülerzeitungsautoren Rolv Heuer, Henryk Broder oder auch Wolfgang Röhl. Erst später wurde mir klar, dass es daran lag, dass ich einfach nichts zu erzählen hatte.

Ich trat meinen ersten Job am Morgen nach der Abiturparty an, mit dickem Kopf. Durch die Übung bei der Schülerzeitung konnte ich Layouts entwerfen. Ich lernte redigieren, Überschriften und Titelbilder entwickeln. Die Redaktion bestand aus drei Personen, dem Herausgeber Klaus Rainer Röhl, der Sekretärin Johanna und mir. Ulrike Meinhof schrieb ihre Kolumnen und arbeitete sonst vor allem für den Hörfunk, womit sie gut Geld verdiente. Damals wurde jede Wiederholung im Radio extra bezahlt.

Röhl setzte mich schon an meinem ersten Tag ein, das Layout zu machen. Wir saßen gemeinsam in der Setzerei Utesch am Ausschläger Weg und klebten mit Gummi arabicum die Textspalten auf eine Vorlage der Doppelseiten. Das war auch nicht viel anders, als ich es bei der Schülerzeitung gemacht hatte. Ich suchte Fotos aus, machte Überschriften, kürzte Artikel ein und machte Vorschläge für das Titelblatt, auf dem zur Steigerung der Auflage mehr oder weniger knapp bekleidete Mädchen gezeigt wurden.

Es war die Zeit der sexuellen Aufklärung. Ein gewisser Oswalt Kolle schrieb für *Quick* und *Neue Revue* gut bebilderte Serien. Vollständige Nacktheit auf Fotos war noch verboten und führte zu Indizierungen durch die Bundesprüfstelle für jugendgefährdende Schriften. Also galt auch für die *konkret*-Titel die Devise »keine nackten Busen«. Die Titelgestaltung war deshalb manchmal Millimeterarbeit. Im Heft selbst spielte Sex eher eine Nebenrolle.

Anfangs wohnte ich noch in Stadersand und fuhr manchmal mit Ulrike Meinhofs kleinem blauen R4 oder Röhls Opel Rekord Sport-Coupé, »der roten Mittelstreckenrakete«, im Morgengrauen nach Hause. Ich arbeitete viel, verdiente gut, legte mir ein altes VW-Cabrio zu – und dann hatten wir immer noch Pferde, jene drei Stuten und ein paar von deren Nachkommen, die mein Vater kurz nach der Erbschaft 1962 gekauft hatte, ohne groß darüber nachzudenken, welche Art von Pferden für sportliche oder auch züchterische Zwecke brauchbar sein könnten. Es wurden mehr. Meine Geschwister und ich trafen uns immer wieder am Wochenende auf dem Land, ritten durch die Gegend, misteten die Ställe aus und saßen abends gemeinsam beim Essen.

Dass es sich bei *konkret* um ein linkes Magazin handelte, störte mich nicht, auch wenn ich bei Weitem nicht so links war wie der Herausgeber oder gar dessen Kolumnistin Ulrike Meinhof. Eigentlich hatte ich ja Betriebswirtschaft studieren wollen, und ich war tatsächlich mehrmals in der Uni: einmal zum Anmelden, einmal zum Belegen und einmal zur Vorlesung, wie ich meiner Freundin Marlies am 9. Mai 1966 stolz mitteilte: »Ich habe das erste Mal studiert, d. h. eine Vorlesung besucht. Denk mal, ich konnte sogar folgen!« Am Wochenende ging ich zum Sommerfest der Uni. Damit war ich bereits viermal in der Universität gewesen. Das reichte mir dann als Studium der Betriebswirtschaft. In der *konkret*-Redaktion war es einfach spannender, denn es formierte sich erst langsam, dann immer hektischer die Studentenbewegung.

Die Einberufung

Kaum hatte ich mich bei *konkret* und in der Hamburger Szene einigermaßen eingelebt, bekam ich einen Einberufungsbefehl zur Bundeswehr. Röhl ließ alle seine Beziehungen spielen und erklärte mich gegenüber dem Hamburger Kreiswehrersatzamt, dessen Chef er gut kannte, für unverzichtbar. Aber es nützte alles nichts. Am Montag, dem 3. Oktober 1966, sollte ich um 14 Uhr bei der Bundeswehr in die Kaserne Stade-Süd einrücken. Stattdessen lag ich direkt daneben im Krankenhaus und konnte aus dem Fenster den Antritt der Wehrpflichtigen beobachten. Unser Hausarzt hatte mich nämlich aufgrund überzeugender Rückenbeschwerden ins Krankenhaus überwiesen. Dort sollte mein wahrscheinlicher Bandscheibenschaden durch eine neue Methode, bei der man den Patienten unter Betäubung kopfüber aufhängte, behandelt werden. Das dem Kreiswehrersatzamt übermittelte Attest wurde umgehend mit einem kurzen Schreiben quittiert: »Hiermit ist der Einberufungsbefehl außer Kraft gesetzt.« Auch die Rückenbeschwerden ließen plötzlich nach. Der Form halber musste ich noch ein paar Tage in der Klinik bleiben.

Ich bekam einen Brief von meiner Hamburger Freundin, der Fotografin Inge Peters, in dem sie mir schilderte, was ich in Hamburg gerade alles versäumt hatte. Da ich bei *konkret* auch für die Beschaffung der Bilder zuständig und das Porträt über Ulrike Meinhofs Kolumne schon ziemlich in die Jahre gekommen war, hatte ich Inge beauftragt, neue Fotos von ihr aufzunehmen. Sie schrieb mir, was sie am kommenden Montag vorhatte: »Porträtaufnahmen von Frau Röhl (weil neu erblüht frisch vom Schwarzwald zurück) – zu fotografieren in weicher Pose. Der Gatte meinte, den gewissen Blick könne nur er ihr entlocken. Da wird er sicher recht haben, und ich muß schon sehen, was sich machen läßt. Sie wollte sowieso nicht auf Sex. Intelligent und hübsch wäre also genug, meinte sie. Was meinst Du?«

Ich brauchte nur ein neues Foto für die Kolumne von Ulrike Meinhof alias Röhl. Inge machte eine ganze Serie, und eines der Bilder stand die nächsten Jahre über Ulrikes Kolumne. Dass dieses dann irgendwann abgemalt als Kunstwerk im New Yorker Museum of Modern Art hängen würde, war damals wirklich nicht abzusehen. Eines aus dieser Serie diente nämlich dem Künstler Gerhard Richter im Jahre 1988 als Vorlage für das »Jugendbildnis« von Ulrike Meinhof. »Bei der Adaption dieser Fotografie in die Malerei«, so heißt es auf der Website Richters, »hat der Künstler einige Änderungen vorgenommen.« Sie erscheine in dem Bild daher als »Individuum und nicht als ein von den Medien verzerrter Charakter, der wahlweise dämonisiert oder mystifiziert, immer aber entmenschlicht wurde«. So weit die Interpretation eines Kunstwerkes, das im Wesentlichen ein nachgemaltes Foto war.

Nachdem der Einberufungsbefehl außer Kraft gesetzt worden war, gab mir Klaus Rainer Röhl den Tipp, mich nach Hamburg umzumelden, um dort auf eine neue Vorladung zur Musterung zu warten. Die traf auch ein, ich ließ mich beim Kreiswehrersatzamt in der Sophienterrasse nachmustern – und hörte niemals wieder etwas von der Bundeswehr. Jahre später erfuhr ich von Röhl, dass ein guter Freund von ihm an höherer Stelle im Kreiswehrersatzamt gearbeitet hatte. Der hatte meine Akte angeblich einfach weggeworfen. Am 24. Oktober 1966 schrieb ich meiner Freundin Marlies, die damals eine Ballettausbildung in Hannover machte, einen siebenseitigen Brief, aus dem sie mir später, zu meinem 60. Geburtstag, eine Seite kopierte: »Du kennst ja meine Mentalität gut genug. Ich bin nun mal nicht der Typ, der jeden Sonnabend zu Hause rumsitzt und meterlange Liebesbriefe an sein Mädchen schreibt. Ich kann nicht allein sein. Ich brauche immer jemanden um mich rum. Und je mehr Leben und Aktivität um mich, desto besser. Du kennst das ja: ein bißchen Freiheit, Star-Club, Coca-Cola, frische Luft, am besten morgens, wenn das Gras noch vom Tau naß ist, dann einen Gaul zwischen den Schenkeln, Geschwindigkeit und Wind und Regen. Jede Menge Lärm, Beat-Musik, ein wenig Duft der großen weiten Welt, ein wenig Snobismus, Arroganz; dann Politik und oberflächlich Literatur und so. Und vor allem Tempo: beim Autofahren, beim Reiten, beim Essen und Schlafen, bei der Liebe und überall, weißt du, Marlies, so stell ich mir Leben vor ...«

Na ja.

Einfach unpolitisch

Für *konkret* flog ich oft nach Berlin und lernte dort auch die Anführer der Studentenbewegung kennen, Rudi Dutschke, Christian Semler, Bahman Nirumand, lud Peter Schneider auf Redaktionskosten zum Essen ein, traf die Anwälte Otto Schily, Christian Ströbele und Horst Mahler. Bei Demonstrationen lief ich am Rande mit – ich war ja Reporter und kein politischer Aktivist. Ich hatte Sympathien für manche Anliegen der Außerparlamentarischen Opposition, ihr Eintreten für die Befreiungsbewegungen der Dritten Welt, die Kritik am Vietnamkrieg und an ehemaligen Nazis im Regierungsapparat und in Behörden etwa. Aber die Sympathien vieler studentischer Aktivisten für die kommunistischen Regimes in Osteuropa konnte ich nicht nachvollziehen; die DDR war für mich vor allem ein sozialistischer Polizeistaat. Seine Bürger einzusperren war für mich vollkommen indiskutabel – da halfen auch die Kinderkrippen nicht. Schon die Grenzkontrollen bei der Autofahrt durch die DDR nach West-Berlin waren für mich geradezu unerträglich. Ost-Berlin war für mich weiter weg als New York. Ein Obrigkeitsstaat, der sich Sozialismus nannte. Beides war mir fremd und – wenn auch unterschiedlich – zuwider.

Meine politische Abstinenz war Ulrike Meinhof nicht verborgen geblieben, und sie meinte in manchen Redaktionsgesprächen ganz von oben herab: »Du bist einfach unpolitisch.« Das war die schlimmste Form der Verachtung, schlimmer noch, als von jemandem als »rechts« bezeichnet zu werden. Nachdem Adenauer gestorben war, sagte sie bissig: »Jetzt ist dein Vorbild tot.« Das war übertrieben.

Ich hatte durchaus meine Position zu bestimmten Dingen und Ereignissen, aber ich habe mich nie mit einer Sache, auch wenn ich sie für richtig hielt, gemein gemacht. Ich war bei vielen Demonstrationen dabei, habe aber meistens ganz buchstäblich am Straßenrand gestanden, weil ich als junger Journalist – ich war ja gerade Anfang 20 – Abstand zu den politischen Aktivisten der damaligen Zeit halten wollte. Manche Meinungen, wie etwa die Kritik am Vietnamkrieg, habe ich geteilt – ohne aber mit »Ho-Ho-Ho-Chi-Minh« auf den Lippen für den Sieg der nordvietnamesischen Kommunisten und ihres Vietcong Partei zu ergreifen. Und doch steckte man mittendrin.

Irgendwann saß ich mit einem Freund im Taxi. Wir unterhielten uns über die Demonstrationen, und plötzlich drehte sich der Taxifahrer zu uns um: »Sind Sie auch dabei?«

»Ja«, sagten wir. Darauf fuhr der Taxifahrer abrupt nach rechts und stoppte. Dann zog er einen Totschläger unterm Sitz hervor und schlug wild auf uns ein. Wir sprangen schnell, ohne zu bezahlen, aus dem Taxi und liefen weg.

Ich war skeptisch. Das war meine Grundhaltung. Skeptisch gegenüber den Regierenden, aber auch skeptisch gegenüber deren Gegnern. Die meisten von denen hätte ich nur ungern an der Macht gesehen. Und auch heute und in den vergangenen Jahren, als manche der kommunistischen Sektierer unter grüner Regenbogenfahne Minister wurden, konnte ich sie nur begrenzt ernst nehmen. Ich kannte sie noch aus einer Zeit, als sie für Lenin und Mao durchs Feuer gegangen wären, wenigstens theoretisch.

Ich wusste damals nicht, dass die Zeitschrift *konkret* vor meiner Zeit von der DDR mitfinanziert worden war. Bis der Herausgeber eine kritische Serie über den Arbeiter- und Bauernstaat schrieb. Da stellte die SED den Geldhahn ab. *konkret* musste sich selbst finanzieren. Das ging zur Zeit der Studentenbewegung auch recht gut. Ich war der Meinung, dass es richtig war, dass eine solche kritische Monatszeitschrift existierte, manches, was im Heft stand, habe ich gebilligt, manches nicht.

Der Schock des 2. Juni

In diesem Frühling 1967 erwartete die Bundesrepublik Deutschland den Besuch des Schahs von Persien Reza Pahlavi und seiner Frau, der Schahbanu. Die Regenbogenpresse schwelgte in märchenhaften Geschichten über den Glanz des Pfauenthrons. Kaiserin Farah Diba schilderte in einem »persönlichen« Beitrag für die Illustrierte *Neue Revue* ihr Familienleben. In Berlin bereiteten sich die Studenten auf Demonstrationen gegen den iranischen Potentaten vor.

Ulrike Meinhof schrieb in *konkret* einen »Offenen Brief an Farah Diba«:

»Sie erzählen da: ›Der Sommer ist im Iran sehr heiß, und wie die meisten Perser reise ich auch mit meiner Familie an die Persische Riviera am Kaspischen Meer.‹ Wie die meisten Perser – ist das nicht übertrieben? Die meisten Perser sind Bauern mit einem Jahreseinkommen von weniger als 100 Dollar. Und den meisten persischen Frauen stirbt jedes zweite Kind – 50 von 100 – vor Hunger, Armut und Krankheit. Und auch die Kinder, die im 14stündigen Tagwerk Teppiche knüpfen, fahren auch – die meisten? – im Sommer an die Persische Riviera am Kaspischen Meer? Sie schreiben: ›In diesem Punkt ist das iranische Grundgesetz sehr strikt. Der Schah von Persien muß einen Sohn haben.‹ Merkwürdig, daß dem Schah ansonsten die Verfassung so gleichgültig ist, daß keine unzensierte Zeile in Persien veröffentlicht werden darf, daß nicht mehr als drei Studenten auf dem Universitätsgelände von Teheran zusammenstehen dürfen, daß Mossadeghs Justizminister die Augen ausgerissen wurden, daß Gerichtsprozesse unter Ausschluß der Öffentlichkeit stattfinden, daß die Folter zum Alltag der persischen Justiz gehört ... Wir wollen Sie nicht beleidigen: Wir wünschen aber auch nicht, daß die deutsche Öffentlichkeit durch Beiträge wie den Ihren in der Neuen Revue beleidigt wird.

Hochachtungsvoll Ulrike Meinhof«

konkret-Herausgeber Röhl beauftragte mich, den Kommentar als Flugblatt drucken zu lassen, sodass er bei der anstehenden Demonstration verteilt werden konnte. Eine Lesung aus diesem Flugblatt, vorgenommen von Ulrike Meinhof selbst bei einer Party auf Sylt, gehörte gut 40 Jahre später zu den Einstiegsszenen des Filmes *Der Baader Meinhof Komplex*, den Bernd Eichinger und Uli Edel aus meinem gleichnamigen Buch machten.

Die durch ihre Demonstrationen gegen den Vietnamkrieg erprobten Studenten wollten dem Schah von Persien einen möglichst unfreundlichen Empfang bereiten. Am 2. Juni flog Reza Pahlavi nach Berlin. Anhänger des Schahs durften ihren Kaiser mit Jubel und Fahnen auf dem Flughafen begrüßen. Am Abend rollte das Kaiserpaar im Mercedes 600 am Eingang der Deutschen Oper neben der abstrakten Skulptur, in Berlin der »Schaschlikspieß« genannt, an. Auf der gegenüberliegenden Straßenseite, kaum 30 Meter von den Staatsgästen entfernt, hatten sich die ersten Demonstranten versammelt. Sie riefen: »Schah, Schah, Scharlatan« und »Mörder, Mörder«. Dann flogen Tomaten, Farbeier und Mehltüten auf die Straße, verfehlten aber das kaiserliche Ziel. Auch einzelne Steine wurden geworfen, doch auch sie trafen niemanden. Schah und Schahbanu konnten unversehrt das Opernhaus betreten.

Als die Zielscheibe des Protestes wohlbehalten in der Oper gelandet war, kühlte sich die Atmosphäre langsam ab. Die Demonstranten begannen sich auf die umliegenden Kneipen zu verteilen, um sich gegen 22 Uhr, nach dem Ende der »Zauberflöte«, zu einer erneuten Demonstration zu versammeln. Die Polizei verfolgte die abrückenden Demonstranten und knüppelte auf sie ein. In der Dunkelheit war kaum noch auszumachen, wer Polizist, wer Zivilbeamter und wer Agent des persischen Geheimdienstes Savak war. Einer der Nichtuniformierten war der 39 Jahre alte Kriminalobermeister Karl-Heinz Kurras aus der Abteilung 1, Politische Polizei, der zusammen mit seinen Kollegen einen Greiftrupp bildete. Gegen 20.30 Uhr hielten sich die Beamten in der Nähe des Grundstücks Krumme Straße 66/67 auf. Auf der einen Seite stand eine Kette von Polizisten, ihnen gegenüber ein letzter Pulk von Demonstranten. Sie riefen »Mörder« und »Notstandsübung«. Steine flogen in Richtung der Polizisten. Einer der Beamten meinte, einen Rädelsführer zu sehen: Er trug einen Schnurrbart, ein rotes Hemd und Sandalen ohne Socken. Der Kriminalbeamte stürzte auf ihn zu. Karl-Heinz Kurras folgte seinem Kollegen. Sie stellten den Verdächtigen und rissen ihn zu Boden. Uniformierte Beamte kamen ihnen zur Hilfe. Demonstranten liefen dazu, umringten die Polizisten, es kam zum Handgemenge. Der niedergeworfene Student riss sich los, versuchte zu entkommen. Schutzpolizisten setzten nach, erreichten ihn, traktierten ihn mit Schlägen. Regungslos hing der Student in ihren Armen, sackte langsam zu Boden.

In diesem Augenblick war auch Karl-Heinz Kurras zur Stelle, in der Hand seine entsicherte Pistole vom Kaliber 7,65 Millimeter. Die Mündung war kaum einen halben Meter vom Kopf des Demonstranten entfernt, so jedenfalls erschien es Augenzeugen. Plötzlich löste sich ein Schuss. Die Kugel traf über dem rechten Ohr, drang in das Gehirn und zertrümmerte die Schädeldecke. Einer der Polizeibeamten hörte den Knall, drehte sich um und sah Kurras mit der Waffe in der Hand. »Bist du denn wahnsinnig, hier zu schießen?«, schrie er. Kurras antwortete: »Die ist mir losgegangen.«

Die Schlacht vor der Deutschen Oper wurde für unseren Film *Der Baader Meinhof Komplex* 2007 fast bildgenau nachgespielt. Dabei kam sogar der originale Wasserwerfer vom 2. Juni zum Einsatz, gesteuert von demselben Mann, der ihn auch 1962 gelenkt hatte.

Der Demonstrant wurde in das städtische Krankenhaus Moabit gebracht, die Wunde zugenäht und als Todesursache zunächst Schädelbruch diagnostiziert. Rechtsanwalt Horst Mahler übernahm noch in der Nacht die Vertretung der Witwe des toten Studenten. Am Morgen war er bei der Obduktion dabei: »Ich hab halt die Kugel in die Schale klicken hören, die da unter seiner Kopfschwarte stecken geblieben war. Also, es war klar: Das war ein Schuss.«

Der Name des Toten war Benno Ohnesorg, 26 Jahre alt, Student der Romanistik, ein Pazifist und aktives Mitglied der evangelischen Studentengemeinde. Er hatte das erste Mal in seinem Leben an einer Demonstration teilgenommen. Der 2. Juni 1967 wurde zum historischen Datum, zum Wendepunkt im Denken und Fühlen vieler.

Geschlagen, verzweifelt und voller Hass trafen sich viele der Demonstranten noch in der Nacht im Berliner SDS-Zentrum am Kurfürstendamm. Erregt wurde hin und her diskutiert, wie man auf den Tod Benno Ohnesorgs reagieren könnte. Eine junge Frau, schlank, mit langen blonden Haaren, weinte hemmungslos und schrie: »Dieser faschistische Staat ist darauf aus, uns alle zu töten. Wir müssen Widerstand organisieren. Gewalt kann nur mit Gewalt beantwortet werden. Dies ist die Generation von Auschwitz – mit denen kann man nicht argumentieren!« Es war Gudrun Ensslin, und neben ihr stand Bommi Baumann, später ein Mitglied der Terroristengruppe »Bewegung 2. Juni«. Er hörte damals auch, wie sie sagte: »Diesmal trifft's uns, darum müssen wir uns bewaffnen.« Jahre später schilderte er mir seine Erinnerungen in einem Interview.

Es war ein langer Weg der Tochter eines evangelischen Pfarrers aus der Ortschaft Bartholomä am Rande der Schwäbischen Alb. Gudrun Ensslin hatte kurz vor Beginn der Studentenbewegung das Pfarrhaus verlassen. Sie war eingetaucht in das Leben der revoltierenden Studenten – nicht anders als viele, für die die antiautoritäre Bewegung der Sechzigerjahre gleichbedeutend war mit Befreiung – politischer und persönlicher.

Niemand kam damals auf den Gedanken, dass der West-Berliner Polizeibeamte Karl-Heinz Kurras Agent des Ministeriums für Staatssicherheit in Ost-Berlin und dazu auch noch Mitglied der SED sein könnte. Das kam erst im Mai 2009, 42 Jahre nach dem Tod des Studenten Benno Ohnesorg, eher zufällig heraus. Weder bei den Ermittlungen zum Tod Benno Ohnesorgs noch bei den zwei Gerichtsverfahren gegen Kurras kam jemals der Verdacht auf, der Polizeibeamte könnte für den Osten gearbeitet haben. Kurras wurde wegen fahrlässiger Tötung angeklagt, eine Anklage wegen Mordes oder Totschlags nicht zugelassen. Auch bei einem zweiten Prozess konnten die Richter keine Anhaltspunkte für eine vorsätzliche Tötung Benno Ohnesorgs feststellen. Kurras wurde erneut freigesprochen.

Wenn damals klar gewesen wäre, dass Kurras als Agent für den Osten arbeitete, wäre der Prozess wahrscheinlich anders verlaufen. Vielleicht hätte sich die Geschichte der Studentenbewegung auch anders entwickelt, vielleicht wären manche den Weg vom Protest zum Widerstand, von der Gewalt auf der Straße zum Terrorismus nicht mitgegangen.

Die Militanz der studentischen Protestbewegung, die später in Gewalt und Terror umschlug, nahm an diesem Tag ihren Ausgang. Am Tage nach dem Tod Benno Ohnesorgs war Gudrun Ensslin dabei, als eine Gruppe von acht Studenten und Studentinnen auf dem Kurfürstendamm eine Protestaktion unternahm, obwohl ein generelles Demonstrationsverbot verhängt war. Peter Homann, der in Hamburg Kunst studierte und 1962 nach Berlin gezogen war, hatte eine Idee, wie das Verbot, Transparente zu zeigen, unterlaufen werden konnte. Er malte Großbuchstaben auf weiße T-Shirts. Jeder trug auf seinem Hemd einen Buchstaben. Nebeneinanderstehend ergab dies den Namen des Regierenden Bürgermeisters: A – L – B – E – R – T – Z, dazu ein Ausrufezeichen. Auf ein Signal hin drehten sich einige um die eigene Achse oder tauschten die Position. Jetzt setzten sich die Buchstaben zu dem Wort A – B – T – R – E – T – E – N zusammen. Am Abend wurde die Aktion bundesweit in den Fernsehnachrichten gezeigt: »Albertz abtreten!« Fotos erschienen in den Tageszeitungen. Gudrun Ensslin stand rechts außen, in Minirock und weißen Stiefeln.

Es war eine der ersten Begegnungen Peter Homanns mit Gudrun Ensslin.

Das Jahr 1968

1968 wurde für mich zum Lehrjahr. Viele politische und gesellschaftliche Strömungen der folgenden Jahre kamen durch das Jahr 1968 an die Oberfläche, obwohl sie ihren Anfang oft schon lange zuvor hatten: das Ende der Rassentrennung in den USA, Gleichberechtigung, die zumindest scheinbare Befreiung der Dritten Welt, aber auch Terrorismus und – das Sendungsbewusstsein der Nach-68er mit ihrem Hang zum moralischen Narzissmus, dem arroganten Blick derer, die sich für moralisch bessergestellt halten und dabei die Realität gern ausblenden.

Als eine Aktionsgruppe im Mai 1968 zum »Sternmarsch« nach Bonn aufrief, lieh mir *konkret*-Herausgeber Klaus Rainer Röhl seinen weißen Mercedes, und gemeinsam mit ein paar Journalistenkollegen, darunter Manfred Bissinger, machte ich mich auf den Weg zu der großen Demonstration. Vorsichtshalber hatten wir eine rote Fahne im Gepäck.

In Bonn lernte ich über eine gemeinsame Freundin, die Fotografin Karin Rocholl, den Berliner Kunstmaler Peter Homann kennen, der im Jahr zuvor mit Gudrun Ensslin und anderen die Aktion »Albertz abtreten« inszeniert hatte. Ich schlug Homann vor, einen Artikel für *konkret* zu schreiben – über einen kurzen Gefängnisaufenthalt, den er in Berlin in Zusammenhang mit einer Demonstration hatte absitzen müssen. Der Text kam pünktlich, wurde gedruckt, und Peter Homann war nun freier Mitarbeiter – mit weitreichenden Folgen. Es war eine Zeit, in der sich Biografien schlagartig änderten.

In ihrer Jugendstilvilla im Hamburger Nobelvorort Blankenese lebte der Herausgeber der linken Monatszeitschrift *konkret* immer noch mit seiner Ehefrau, der Kolumnistin und gut verdienenden Rundfunkautorin Ulrike Meinhof. Dass es in der Ehe kriselte, bekam ich schon mit. Manchmal, wenn ich zu später Stunde am Layout der neuen Ausgabe arbeitete, rief Ulrike erkennbar angetrunken in der Redaktion an und fragte, wo ihr Mann stecke.

1961 hatten Röhl und Ulrike Meinhof geheiratet. Ein linkes Erfolgspaar mit Eigenheim und Urlaubsreisen nach Sylt. 1962 bekam sie Zwillinge. Sie wurde prominent, eine der wenigen Frauen in der bürgerlichen Presselandschaft. Röhls alter Freund Peter Rühmkorf erkannte die Widersprüche in ihrem Leben und sagte mir später in einem Interview: »Sie war einerseits Teil dieser gehobenen, feinen Society, andererseits führte sie ihre Arbeit aber so tief in die Unteranstalten hinein, das heißt, sie kriegte Kontakt mit Fürsorgezöglingen, sie machte Berichte über Fließbandarbeit und lebte auf einmal wirklich in zwei Welten. Und auf einmal sah sie, dass diese zwei Welten nicht mehr zu vereinbaren waren – die Society und die Gesellschaft ganz unten, die sie beide gut kannte. Und das konnte sie nicht mehr vereinigen.«

Anfang 1968 ließ sich Ulrike Meinhof scheiden und ging mit ihren Kindern ganz nach Berlin. Sie hatte *konkret* verlassen und arbeitete vor allem für Hörfunk und Fernsehen. Ihre Themen nahm sie aus dem sozialen Bereich, Fürsorgeerziehung, Randgruppen, Arbeitswelt, Frauenfragen. In Berlin aber ging es vor allem um die Revolution – und damit um Gewalt. Auch SDS-

Führer Rudi Dutschke propagierte sie: »Nun sind wir hier in den Metropolen dazu verpflichtet, wir, die wir ein bisschen Bewusstsein entwickeln dürfen, müssen gegen dieses System, was notwendigerweise zur Katastrophe drängt, müssen gegen das System mit aller Gewalt vorgehen. Wir dürfen aber von vornherein nicht auf eigene Gewalt verzichten, denn das würde nur einen Freibrief für die organisierte Gewalt des Systems bedeuten.« Hinter Dutschke an der Wand der Spruch aus einem Kommuneflugblatt: »Es brennt, es brennt, ein Kaufhaus brennt ...« Das galt noch als makabrer Scherz.

Eine Reise nach Prag

Ende März 1968 war Rudi Dutschke von der Jugendkommission der Christlichen Friedenskonferenz (CFK) nach Prag eingeladen worden, um dort den »Prager Frühling« aus nächster Nähe zu besichtigen; der neue Generalsekretär der Kommunistischen Partei Alexander Dubček wollte einen »Sozialismus mit menschlichem Antlitz« schaffen. Der weltweite Aufbruch hatte jetzt auch den Ostblock erreicht.

Dutschke und seine Frau Gretchen steckten ihren Sohn Hosea-Che in eine Tragetasche und fuhren nach Ost-Berlin, um den Zug nach Prag zu nehmen. Auf dem Bahnhof trafen sie Clemens Kuby, Sohn des bekannten Publizisten Erich Kuby. In Prag angekommen, zogen sie gemeinsam in ein kleines Hotel. Am nächsten Tag stieß ich selbst dazu. Ich wollte für *konkret* eine Geschichte über den »Prager Frühling« schreiben, da passte es gut, im Schlepptau des bekannten Studentenführers die Aktivisten der dortigen Revolution kennenzulernen. Bis dahin hatte ich Rudi Dutschke nur flüchtig bei verschiedenen Demonstrationen und Teach-ins in Berlin getroffen. »Während der Woche in Prag«, so schrieb Gretchen Dutschke später in ihren Erinnerungen, »waren wir unzertrennlich.« Das hatte auch seinen guten Grund, denn Clemens Kubys Vater hatte für die tschechoslowakischen Ausgaben seiner Bücher einige Honorare auf dem Konto liegen, die nicht aus dem Land herausgebracht werden durften. So gingen wir regelmäßig in das luxuriöseste Hotel Prags, das »Esplanade«, und bestellten, wie Gretchen schrieb, »ein mehrgängiges Luxusessen, das die halbe Nacht dauerte«.

Rudi Dutschke, so schrieb ich damals in *konkret* über die gemeinsame Reise, wollte feststellen, ob das, was sich in der ČSSR abspielte, »Demokratisierung war oder nur die Liberalisierung einer kommunistischen Diktatur, ob rote Palastrevolution oder antiautoritäre Massenbewegung, ob Veränderung auf dem Boden des Sozialismus oder Rückkehr zum bürgerlich-liberalen kapitalistischen System«. Eine Woche lang diskutierte er mit Studenten und Journalisten, mit marxistischen Theoretikern und liberalen Pragmatikern. Ein Ohr am Telefon nach Frankfurt, wo zur selben Zeit der SDS tagte, in Sorge um »die Bewegung«, erläuterte er Studenten die Ziele der Außerparlamentarischen Opposition in der Bundesrepublik.

Auf einer Diskussion in der philosophischen Fakultät der Karlsuniversität wurde Dutschke mit jenen Vertretern des neuen Kurses in der ČSSR konfrontiert, die fasziniert auf die wirtschaftlichen Errungenschaften des kapitalistischen Westens starrten. »Sprechen Sie als Prophet oder als Politiker?«, fragten Leute, denen man den Hang zur Utopie in 20 Jahren Stalinismus systematisch ausgetrieben hatte. Es wäre Dutschke ein Leichtes gewesen, seine rhetorische Überlegenheit ins Feld zu führen und die Skeptiker in Grund und Boden zu diskutieren. Doch es kam ihm nicht auf einen Schaukampf an. Er war bemüht, redliche Antworten zu geben, Missverständnisse auszuräumen, er übte offene Selbstkritik, gab Unsicherheiten zu.

Rudi Dutschke redete ebenso eindrucksvoll wie verschachtelt. Es war bei ihm der Ton, der die Musik machte. Mit seiner heiseren Stimme brachte er einen theoretischen Text zum Leben, auch wenn der oft alles andere als logisch war – und manchmal auch alles andere als antiautoritär. Er redete von einer »Produzentendemokratie«, von »Selbstorganisation« und »temporären Führungen, die kontrolliert sind«, und verstieg sich nicht selten in totalitäre Anwandlungen. Er begann mit einer maßvollen Kritik des real existierenden »autoritären« Sozialismus als »Herrschaft einer zentralen monopolistischen Bürokratie, die unnotwendig und zusätzlich ist«. Dann sprach er von der »notwendigen Repression über die Menschen« und korrigierte sich im selben Satz umgehend: »Sagen wir es positiv, das Maß der möglichen Freiheit wurde nicht bestimmt durch die Bewusstheit und das Bewusstsein der Menschen selbst, sondern wurde bestimmt durch bürokratische Entscheidungen von oben.« Was in der Tschechoslowakei geschehe, sei seiner Ansicht nach »der erste notwendige Schritt« in Richtung Revolution. Auf der anderen Seite seien damit auch Gefahren verbunden. Es könne »eine Palastrevolution« von oben werden oder gar »zu einer Übernahme bürgerlicher demokratischer Modelle« kommen, etwa einem Mehrparteiensystem. Das erzählte er einem Auditorium, das in seiner Mehrheit wohl eher die Abschaffung als die innere Demokratisierung des kommunistischen Machtapparates im Sinn hatte.

Irgendwann, als wir durch die Prager Altstadt schlenderten, fragte ich Rudi: »Was willst du denn eigentlich politisch erreichen, was sind deine Ziele?« Dutschke antwortete in seinem gestelzten Soziologendeutsch, dass es ihm vor allem um die Freiheit des Menschen ging, um die Befreiung des Menschen von seiner selbst verschuldeten Unmündigkeit. Immer wieder kam er auf die Freiheit zu sprechen.

»Aha«, sagte ich, »so ähnlich wie die FDP?« Er lachte, widersprach aber nicht.

Nach einer guten Woche in Prag fuhren wir zurück, die Dutschkes nach Berlin, ich nach Hamburg, wo das nächste Heft von *konkret* fertiggestellt werden musste.

Als der Redaktionsschluss näher rückte und Rudis Text immer noch fehlte, nahm ich das Flugzeug nach Berlin und traf mich mit Dutschke und unserem Prager Reisebegleiter

Clemens Kuby in einem italienischen Restaurant. Als wir uns verabschiedeten, versprach Rudi, seinen Text zügig fertigzuschreiben – er müsse nur noch ins SDS-Zentrum am Kurfürstendamm fahren, um Unterlagen für den Artikel abzuholen.

Das Attentat

Am nächsten Morgen, es war Gründonnerstag, der 11. April 1968, telefonierte ich noch einmal mit Rudi, und wir verabredeten uns für den kommenden Sonntag, um gemeinsam seine Prag-Geschichte zu redigieren. Strahlender Sonnenschein lag über Berlin. Über 100 000 Gäste hatten sich für die Ostertage angemeldet. Der Senat forderte über Rundfunk die Bevölkerung auf, Privatquartiere für Berlin-Besucher zur Verfügung zu stellen.

Morgens um 9.10 Uhr war der 24-jährige Anstreicher Josef Bachmann mit dem Interzonenzug aus München auf dem West-Berliner Bahnhof Zoo angekommen. Er war ein schmächtiger Bursche, blass und mit kurz geschnittenen, sorgfältig gescheitelten Haaren. Unter seiner hellbraunen Wildlederjacke steckte in einem Schulterhalfter eine Pistole. Er trug eine blaugrüne Tasche, darin eine zweite Waffe und Munition. In einem braunen Pappumschlag steckte ein Ausschnitt der rechtsradikalen *Deutschen Nationalzeitung* vom 22. März 1968. Die Schlagzeile lautete: »Stoppt Dutschke jetzt! Sonst gibt es Bürgerkrieg. Die Forderung des Tages heißt: Stoppt die linksradikale Revolution jetzt! Deutschland wird sonst das Mekka der Unzufriedenen aus aller Welt.« Auf der Titelseite, aufgereiht wie Fahndungsfotos: fünf Bilder von Rudi Dutschke.

Josef Bachmann versetzte in einem Geschäft für An- und Verkauf in der Nähe des Bahnhofs sein mitgebrachtes Kofferradio und erhielt dafür 32 Mark. Er kaufte sich Brötchen und Wurst und setzte sich zum Frühstück auf eine Bank. Dann lief er zum Einwohnermeldeamt und erkundigte sich dort nach der

Adresse von Rudi Dutschke. Man teilte ihm mit, Dutschke sei in Berlin 31, Kurfürstendamm 140, gemeldet. Es war die Adresse des SDS-Zentrums. Mit dem Autobus fuhr Bachmann zurück zum Bahnhof Zoologischer Garten, bestellte sich einen Teller Linsensuppe und zwei Buletten. Dann machte er sich zu Fuß auf den Weg zum SDS-Zentrum.

Etwa zur selben Zeit unterbrach Rudi Dutschke die Arbeit an seinem Artikel für *konkret*. Der Text trug die Überschrift »Von der Liberalisierung zur Demokratisierung«. Er kam nicht über zwei Schreibmaschinenseiten hinaus. Dann schwang er sich auf sein rostrotes Fahrrad und fuhr in die Innenstadt zum SDS-Zentrum, um, wie er mir am Abend zuvor gesagt hatte, das Material für den Artikel zu holen. Er parkte sein Fahrrad am Kantstein und lief die zwei Treppen hinauf zum SDS-Zentrum.

»Rudi, da hat eben jemand nach dir gefragt«, sagte ein SDS-Genosse, den er auf der Treppe traf. »Okay, soll unten warten«, antwortete Dutschke. Dann rannte er weiter nach oben, erledigte noch etwas, packte wohl auch die Unterlagen für seinen Artikel ein und ging nach einer halben Stunde wieder zu seinem Fahrrad, um zu einer Apotheke zu fahren. Er wollte noch Nasentropfen für Hosea-Che holen, seinen zwölf Wochen alten Sohn. Er schnappte sich sein Fahrrad und wollte in Richtung Gedächtniskirche fahren. Es war jetzt 16.30 Uhr.

Als Bachmann ihn aus dem Haus Kurfürstendamm 140 kommen sah, lief er auf ihn zu, stellte sich vor ihn und fragte: »Sind Sie Rudi Dutschke?«

»Ja.«

»Du dreckiges Kommunistenschwein«, sagte Bachmann. Dann zog er seine Pistole.

Der erste Schuss traf Rudi Dutschke in die rechte Wange.

Ein paar Passanten drehten sich erstaunt um. Andere gingen weiter, weil sie den Schuss für die Fehlzündung eines Autos hielten. Bachmann zog Dutschke vom Fahrrad. Erbittert wehrte der sich. Eng umklammert taumelten beide auf die Mitte der Fahrbahn zu. Obwohl er schwer verletzt war, gelang es Dutschke, den Attentäter auf den Boden zu werfen. Dann fielen zwei weitere Schüsse. Einer traf Dutschke in die Schulter, einer seinen Hinterkopf und einer das Gesicht. Dutschke brach zusammen. Blutüberströmt konnte er sich noch einmal aufrichten und taumelte in Richtung Bürgersteig. Bachmann flüchtete sich ein paar Hundert Meter weiter in den Keller eines Rohbaus. Rudi Dutschke schwankte auf das SDS-Zentrum zu und rief laut nach Vater und Mutter. »Ich muss zum Friseur, muss zum Friseur«, murmelte er noch, und: »Soldaten, Soldaten.« Dann brach er zusammen. Josef Bachmann wurde nach wenigen Minuten von der Polizei festgenommen. In seinem Kellerversteck hatte er 20 Schlaftabletten geschluckt. Im Krankenhaus konnte er gerettet werden.

Währenddessen war ich nichts ahnend zum Flughafen Tempelhof unterwegs, um die nächste Pan-Am-Maschine nach Hamburg zu nehmen. Als ich am Abflugschalter stand, dröhnte plötzlich mein Name durch den Lautsprecher: »Bitte sofort zur Information ...« Dort reichte man mir einen Telefonhörer. Am anderen Ende der Leitung war Clemens Kuby: »Etwas Fürchterliches ist passiert. Jemand hat Rudi niedergeschossen. Er ist im Krankenhaus. Wir wissen nicht, ob er noch lebt. Komm sofort zum SDS-Zentrum. Ich kümmere mich inzwischen um Gretchen.«

Ich nahm das nächste Taxi. Am Kurfürstendamm 140 stand eine Menschenmenge, die aufgeregt diskutierte, Fernsehkameras liefen. Die Polizei sicherte Spuren. Auf dem Asphalt, nahe am Bordstein, zwei weiße Kreidekreise, in denen zwei Wildlederschuhe lagen, Dutschkes Schuhe. Daneben – große dunkelrote Blutflecken.

Ich ging die Treppe zum SDS-Zentrum hinauf und stieß dort auf Ulrike Meinhof. Wir gingen in den großen Versammlungsraum. Dort saßen ein paar Dutzend ratlose Genossen, einige Mädchen weinten. Leise, aufgeregte Stimmen. Jemand berichtete über eine Nachricht im Radio: Dutschke ist tot. Verzweiflung breitete sich auf den Gesichtern aus, alle waren wie gelähmt. Um 18.30 Uhr kam die Nachricht, dass Rudi Dutschke lebte, seine Chancen stünden 50 zu 50, die Atmosphäre entkrampfte sich.

Die führenden Genossen des Berliner SDS tagten in einem geschlossenen Raum, Ulrike Meinhof und ich gingen mit hinein. Dann wurden Aktionen diskutiert, wieder verworfen. Soll man auf die Straße gehen? Die Auslieferung der Springer-Zeitungen verhindern? Den gesamten Straßenverkehr in Berlin lahmlegen? Die Zufahrtsstraßen an der Grenze zu West-Berlin blockieren? Auf keinen Fall, dann sei Bürgerkrieg! Das Rathaus besetzen? Sollte man zum aktiven Widerstand aufrufen? Gar nichts tun? Eine um 20 Uhr im Auditorium Maximum der Technischen Universität geplante Veranstaltung wurde »umfunktioniert« und zum Diskussionsforum über die nächsten Aktionen gemacht.

Ich verbrachte den Abend mit Ulrike Meinhof. Wir fuhren zur Technischen Universität, der Saal war überfüllt mit 2000 ratlosen, bedrückten, verzweifelten Menschen. Einige weinten. Mit Rudi Dutschke war eine Symbolfigur niedergeschossen worden, einer, den alle, über die verschiedenen Fraktionen hinweg, verehrt, geliebt hatten. Es war ein Anschlag auf sie selbst, auf alle, auf die gesamte außerparlamentarische Bewegung. Es war das blutige Ende einer außerparlamentarischen politischen Karriere, des charismatischen Sprechers der Berliner Studentenbewegung – und ein weiterer Meilenstein in der Eskalation der Gewalt der Sechzigerjahre. Und es war der tragische Ausgang einer gemeinsamen Reise in das Land, das einen »Sozialismus mit menschlichem Antlitz« schaffen wollte.

Gut zwanzig Jahre später hielt ich – damals Chefredakteur des *Spiegel* – einen Vortrag beim Goethe-Institut in Boston. Während ich sprach, sah ich Gretchen Dutschke in einer der vorderen Reihen sitzen. Ich unterbrach meine Rede und sagte: »Is it you, Gretchen?« Sie nickte, und wir verabredeten uns für später. Sie war gerade dabei, ihre und Rudis Geschichte aufzuschreiben. Eines wollte sie dafür unbedingt von mir wissen:

»Warum ist Rudi eigentlich zum SDS-Zentrum gefahren? Was wollte er dort?« Auch nachdem er das Attentat überlebt hatte, konnte er sich an die Minuten vorher nicht mehr erinnern.

Ich sagte ihr: »Er wollte Material für die *konkret*-Geschichte holen, das er dort gebunkert hatte.«

Springer-Demonstration

Die Schüsse auf Rudi Dutschke lösten die bis dahin schlimmsten Straßenschlachten in der Geschichte der Bundesrepublik aus. Jemand gab bekannt, dass Springers Pressehaus an der Mauer in diesen Minuten mit Stacheldraht abgesichert werde. Ulrike Meinhof und ich fuhren mit ihrem kleinen blauen R4 zur Kochstraße. Vierzig bis fünfzig Demonstranten hatten sich dort schon versammelt und warteten auf das Eintreffen des großen Zuges. Einzelne parkten ihre Autos so, dass sie die Ausfahrt der Zeitungslastwagen blockierten. Die Studenten hatten die Parole ausgegeben: Heute darf keine Springer-Zeitung die Druckerei verlassen. Als wir an einem der Tore zum Verlagsgelände hielten, kam ein Student auf uns zu.

»Wir brauchen noch Autos«, sagte er und zeigte auf das Straßenstück vor dem Portal. »Wenn wir eine Reihe von Wagen dicht an dicht nebeneinanderstellen, kommt hier kein Springer-Auto mehr durch.« Er drehte sich um und sprach andere Autobesitzer an.

Ulrike blickte mich irritiert an: »Mein Auto? Mensch, das brauch ich doch. Nachher geht das kaputt.«

»Pass auf, ich hab eine Idee«, antwortete ich. »Stell das Auto da hinten hin, auf den Fußweg, ganz dicht an die Hauswand. Dann gehört es irgendwie zur Barrikade, aber es blockiert die Ausfahrt nicht direkt.«

Ulrike nickte. Sie stieg in den blauen R4, rumpelte über die Kante des Gehweges und parkte das Auto an der Wand. Sorgfältig schloss sie die Tür ab und kam wieder zu mir herüber.

Gemeinsam beobachteten wir, wie die Barrikade langsam geschlossen wurde. Immer mehr Fahrzeuge wurden nebeneinandergestellt. Die Polizeibeamten, die an der Torausfahrt Posten bezogen hatten, griffen nicht ein. Diskutierend standen Studenten herum und wunderten sich, dass die Beamten seelenruhig dem Barrikadenbau zusahen. Plötzlich näherte sich von der Springer-Druckerei her ein Auslieferungsfahrzeug.

Blitzschnell rannten die Polizisten nach vorn, packten zu zehnt jeweils einen der Blockadewagen, kippten ihn um, zerbeulten ihn mit Fußtritten und Schlagstockhieben und schoben ihn kopfüber beiseite. Als die Straße freigeräumt war, jagte das Springer-Auto durch die Lücke. Ulrikes Auto blieb unversehrt stehen.

Später erhielt auch sie eine Strafanzeige wegen Nötigung. Im Prozess erklärte Meinhof, dass ihr Wagen zwar falsch geparkt, nicht aber Teil der Barrikade gewesen sei. Ich bestätigte das als Zeuge, doch ihr Verteidiger begründete in einer flammenden Rede die Notwendigkeit der Blockade. Dennoch plädierte der Staatsanwalt auf Freispruch. Das Gericht schloss sich dem an.

Gegen 22.30 Uhr traf der Demonstrationszug in der Kochstraße ein. Das Verlagsgebäude war von starken Polizeikräften umringt. Die Demonstranten, inzwischen weit über 1000, drängten auf das Eingangsportal zu. Steine flogen, Glasscheiben splitterten. Ulrike Meinhof und ich standen weit hinten in der Menschenmenge.

An diesem 11. April 1968 hatte der Verfassungsschutzagent Peter Urbach einen großen geflochtenen Weidenkorb dabei, vollgepackt mit zündfertigen Molotowcocktails. Er fand unter den Demonstranten bereitwillige Abnehmer für seine heiße Ware. Wenig später brannten die Auslieferungsfahrzeuge des Springer-Verlages, angesteckt mit Peter Urbachs Molotowcocktails. Die Fotos der lodernden Lastwagen gingen als Beleg für die Gewalttätigkeit der Berliner Studenten durch die Zeitungen.

Ulrike Meinhof erklärte einen Tag später auf einem Teach-in

im Audimax der Technischen Universität: »Wirft man einen Stein, so ist das eine strafbare Handlung. Werden tausend Steine geworfen, ist das eine politische Aktion. Zündet man ein Auto an, ist das eine strafbare Handlung, werden Hunderte Autos angezündet, ist das eine politische Aktion.«

Die Radikalisierung

Ulrike Meinhof überschrieb ihre Kolumne in *konkret* nach dem Dutschke-Attentat: »Vom Protest zum Widerstand«. »Protest ist, wenn ich sage, das und das passt mir nicht. Widerstand ist, wenn ich dafür sorge, dass das, was mir nicht passt, nicht länger geschieht. Gegengewalt, wie sie in diesen Ostertagen praktiziert worden ist, ist nicht geeignet, Sympathien zu wecken, nicht, erschrockene Liberale auf die Seite der Außerparlamentarischen Opposition zu ziehen.« Noch schien sie die Gewaltentwicklung skeptisch zu sehen, noch hatte sie die Gefahren einer solchen Eskalation im Blick. Nachdenklich ergänzte sie: »Gegengewalt läuft Gefahr, zu Gewalt zu werden, wo die Brutalität der Polizei das Gesetz des Handelns bestimmt, wo ohnmächtige Wut überlegene Rationalität ablöst, wo der paramilitärische Einsatz der Polizei mit paramilitärischen Mitteln beantwortet wird ...«

Die Redaktion von *konkret* war inzwischen vom Alten Steinweg in die Neue ABC-Straße direkt neben dem Hamburger Gänsemarkt umgezogen. Ich durfte die alte Redaktionswohnung übernehmen. Dort quartierte ich im Sommer 68 den Hamburger Studentenführer Karl Heinz Roth ein, der von der Polizei wegen Verletzung der Rathaus-Bannmeile anlässlich der Springer-Demonstrationen gesucht wurde. Unter höchst konspirativen Umständen hatten wir ihn zuvor irgendwo in Schleswig-Holstein getroffen und in einem Auto interviewt.

Nun wohnte er also bei mir in einem Hinterzimmer, hatte sich einen Bart wachsen lassen und ging nur nachts und unter

Wahrung aller möglichen Sicherheitsvorkehrungen nach draußen, um von einer Zelle aus zu telefonieren. Sonst saß er zu Hause und schrieb an seinem Buch über die Geschichte der deutschen Arbeiterbewegung. Am Wochenende fuhren wir auch schon mal zu uns aufs Land, wo er sich den Bart abrasierte. Das abgeschottete Leben als Untermieter in meiner Wohnung am Alten Steinweg entsprach offenbar doch nicht seinen Vorstellungen vom Untergrundkampf. Da wollte er sich lieber stellen und wenigstens für kurze Zeit klassenkämpferisch in eine Zelle einziehen. Dazu hatte er seine Zahnbürste und einige Utensilien für den erwarteten Gefängnisaufenthalt eingepackt und suchte gemeinsam mit seinem Anwalt eine Polizeiwache auf. Doch der diensttuende Beamte fragte ihn nur, wo er denn jetzt wohne und zu erreichen sei. Dann durfte er – einigermaßen erleichtert, aber wohl auch etwas enttäuscht – wieder abziehen.

Im Herbst des turbulenten Jahres 1968 begann der Prozess gegen die Frankfurter Kaufhausbrandstifter. Gudrun Ensslin, Andreas Baader und andere spätere RAF-Mitglieder hatten in einer Nacht drei Brände in zwei Frankfurter Kaufhäusern gelegt. Gut gelaunt präsentierten sie sich der Öffentlichkeit. Gegen eine Klassenjustiz, in der die Rollen verteilt sind, erklärten sie, lohnt sich eine Verteidigung nicht. Erst am dritten Verhandlungstag bekannten Baader und Ensslin sich zum Brand in einem der beiden Kaufhäuser.

Nach der Urteilsverkündung interviewte Lutz Lehmann für *Panorama* den Vater der Brandstifterin: Dabei sagte Pfarrer Ensslin etwas, das deutlich machte, wie tief er – vielleicht ohne es zu wissen – in die Seele seiner Tochter geblickt hatte: »Für mich ist erstaunlich gewesen, dass Gudrun, die immer sehr rational und klug überlegt hat, fast den Zustand einer euphorischen Selbstverwirklichung erlebte, einer ganz heiligen Selbstverwirklichung, so wie geredet wird von heiligem Menschentum. Das ist für mich das größere Fanal als die Brandlegung selbst, dass ein Menschenkind, um zu einer Selbstverwirklichung zu kommen, über solche Taten hinweggeht.« Terrorismus als Selbstverwirklichung. Vielleicht hatte der evangelische Pfarrer damit den Kern erkannt.

Viele Jahre später war dieses Gespräch Teil des Spielfilms *Der Baader Meinhof Komplex*. Interviewer war damals der Schauspieler Volker Bruch, der die Rolle des *konkret*-Redakteurs »Stefan« spielte. Bernd Eichinger, der aus meiner Vorlage das Drehbuch schrieb, hatte sich die dichterische Freiheit genommen, mir das Interview zuzuschreiben. Hier sei klargestellt: nicht ich hatte die Fragen an Pastor Ensslin gestellt, sondern *Panorama*-Redakteur Lutz Lehmann.

Am 31. Oktober 1968 wurde das Urteil gegen die Kaufhausbrandstifter verkündet: je drei Jahre Zuchthaus. Bei den Linken war die Kaufhausbrandstiftung fast einhellig abgelehnt worden. Aber viele waren doch durchaus angetan von der »Tat an sich«, der »Konsequenz«, jenem Mythos im Denken vieler in jener Zeit. So auch die Kolumnistin der Zeitschrift *konkret*, Ulrike Meinhof, die Gudrun Ensslin im Gefängnis besucht hatte und, tief beeindruckt von der schwäbischen Pfarrerstochter, in einem Kommentar schrieb: »Das progressive Moment einer Warenhausbrandstiftung liegt nicht in der Vernichtung der Waren, es liegt in der Kriminalität der Tat, im Gesetzesbruch.«

Vor der Entscheidung über die Revision durften die Angeklagten das Gefängnis verlassen. Als der Bundesgerichtshof die Revision aber verwarf, hätten Baader und Ensslin sich stellen müssen. Doch sie entschlossen sich unterzutauchen, statt ins Gefängnis zu gehen.

konkret verkaufte sich gut, bis zu 140 000 Exemplare monatlich. Da musste Verleger Röhl auf den ebenso naheliegenden wie abenteuerlichen Gedanken kommen, das Heft zweimal im Monat erscheinen zu lassen. Das dürfte die Einnahmen verdoppeln, hatte man in einfacher Berechnung herausgefunden. Dazu mussten Leute eingestellt werden, am besten junge, die nicht viel kosteten. Ich richtete ein »Volontärskollektiv« ein, das »Voll-Koll«, wie es bald hieß. Fünf junge Journalisten sollten es sein. Einer war ein alter Schülerzeitungskollege aus Stade, einer kam von einer Studentenzeitung.

Unter den fünfen, das stellte sich später heraus, waren zwei Agenten der Stasi – allerdings erst angeworben, nachdem wir sie eingestellt hatten. Zusätzlich kam nun auch Wolfgang Röhl, der Bruder des Herausgebers, mit dem ich auch in Stade die *Wir* gemacht hatte. Auch eine Layouterin wurde eingestellt, sodass ich den Umbruch alle 14 Tage nicht mehr machen musste. Trotzdem gab es viel zu tun. In seinen Erinnerungen schrieb Röhl: »Es blieb viel ermüdende und zeitraubende Puzzlearbeit in der Redaktion und bei der Herstellung, die der noch nicht 21-jährige Stefan Aust mit sportlicher Bravour, allerdings auch für ein Gehalt von 3250,- Mark erledigte.« Das war in der Tat viel Geld für einen 21-Jährigen. Zum Glück hatte ich so viel zu arbeiten, dass ich kaum Zeit hatte, das Geld auszugeben. Aber es gab mir die Freiheit, irgendwann einfach aufzuhören.

Die Scheidung

Auch nach der Scheidung und ihrem Umzug nach Berlin schrieb Ulrike Meinhof weiterhin ihre *konkret*-Kolumnen. Für jeden Kommentar erhielt sie 1500 Mark, das waren 3000 Mark im Monat, denn das Blatt erschien ja inzwischen alle 14 Tage.

Im Dezember 1968 besuchte Röhl sie und die Zwillinge in Berlin. Ulrike Meinhof legte ihm einen Artikel vor: »Lies mal, Klaus. Ich bin gespannt, ob du den drucken wirst.« Röhl war entsetzt, denn Ulrike hatte sich die Zeitschrift selbst vorgenommen und sich mit ihrer eigenen Rolle als Kolumnistin kritisch auseinandergesetzt: »Was erwartet der Geldgeber von seinem Kolumnisten? Dass er sich ein eigenes Publikum erschreibt, möglichst eins, das ohne ihn die Zeitung nicht kaufen würde. Das ist der Profitfaktor. Ein Kolumnist, der das nicht leistet, wird über kurz oder lang gefeuert. Die Kehrseite der Kolumnistenfreiheit ist die Unfreiheit der Redaktion.«

In ihrem Brief hatte sie auch eine hämische Bemerkung gemacht, die sich offenbar auf mich bezog. Es war darin von Mitarbeitern die Rede, die »das Profitinteresse des Verlegers verinnerlicht« hätten. Das stimmte auch in gewissem Sinne, denn mir war es tatsächlich immer um eine möglichst hohe Auflage von konkret gegangen. Dadurch galt ich für Ulrike als der Vertreter des »Illustriertenkurses« für das Blatt. Am liebsten, so hatte sie einmal gesagt, wäre es mir wohl, wenn konkret zu einer Mischung aus stern und Spiegel würde. Da hatte sie noch nicht einmal unrecht.

Mein politisches Sendungsbewusstsein hatte sich dagegen immer in Grenzen gehalten. Als Röhl mich abends zu Hause anrief und fragte, wie er denn meiner Ansicht nach mit Ulrikes Brief umgehen sollte, sagte ich ihm: »Ganz einfach – drucken!« Das taten wir dann auch, unter meiner Zeile auf der Titelseite: »Ulrike Meinhof: Ist konkret noch zu retten?« Ulrike schrieb auch danach weiter ihre Kommentare. Doch langsam zeichnete sich ein Ende der Zusammenarbeit ab. Röhl war häufig abwesend, ich musste in der inzwischen etwas größer gewordenen Redaktion die meisten Entscheidungen treffen, Titel und Titelüberschriften gestalten, das Layout beaufsichtigen, entscheiden, welche Geschichten ins Blatt kamen und welche nicht. Ich arbeitete viel und hart, oftmals, vor allem in der Woche vor dem Erscheinen des Magazins, bis tief in die Nacht.

Seitdem das Blatt alle 14 Tage erschien, war die Arbeitsbelastung noch beträchtlich gestiegen. Oft griff Röhl dann im letzten Moment ein und stellte alles auf den Kopf. Das war sein gutes Recht als Verleger und Herausgeber, aber als er dann die besonders dummerhafte Geschichte eines linken Schüleraktivisten von der Gymnasialfraktion des SDS auf den Titel heben wollte, hatte ich einfach genug.

Ich kündigte ihm an, die nächste Ausgabe noch fertig zu machen und dann zu gehen. Da ich nicht fest angestellt war und nur auf der Basis des – sehr guten – monatlichen Honorars gearbeitet hatte, konnte ich jederzeit aufhören. Röhl schob in seinen Erinnerungen die Schuld an meinem Weggang allein Ulrike und ihrer Kritik an *konkret* zu: »Kaum war der Artikel erschienen, teilte mir Aust, unser Chef vom Dienst, unser geschäftsführender Redakteur, unser Mädchen für alles, Hansdampf in allen Gassen, unentbehrlicher Kritiker und unerbittlicher Vertreter eines nur auf Lesbarkeit bedachten Illustriertenkurses mit, er wolle nicht mehr. Wir kannten uns seit langem und mochten uns (auf Distanz) gut leiden, also sprach er offen. Ulrike hatte mit ihm diskutiert, vier Tage lang. Am Ende war er überzeugt: Er hätte, für fast 3500 Mark, nur das Interesse seines Unternehmers ›verinnerlicht‹. Er hätte nur ›Scheiße gebaut‹ und sei nun kaputt. Er müsse nur noch weg, irgendwohin, vielleicht nach Amerika. Er wolle zu keiner anderen Zeitung, er würde auch nicht weitermachen, wenn Ulrike die Macht hätte, er sei einfach fertig. Ich ließ ihn sofort gehen, ich war etwas verärgert, aber er ging in Frieden.«

Fertig war ich nicht. Ich hatte nur die Schnauze voll. Drei Jahre *konkret* waren deutlich mehr, als ich ursprünglich vorgehabt hatte. Und natürlich hatte Ulrike in einem recht gehabt, ich hatte wirklich das Profitinteresse des Unternehmers verinnerlicht. Nur war ich leider nicht der Unternehmer.

Röhl stand ziemlich ratlos da. Dann boten sich ihm ein Filmkritiker der *Zeit*, Uwe Nettelbeck, und der Kunstmaler Peter Homann, den ich vom Notstandsmarsch auf Bonn als freien Mitarbeiter geholt hatte, für eine feste Anstellung an. Röhl wusste nicht, wen er sich da in die Redaktion geholt hatte: »Wie sollte ich ahnen, dass der mir von Anfang an (bis heute) sympathische Homann, der stets freundlich, bereitwillig und geradezu beflissen auftrat, seit kurzem der Liebhaber von Ulrike war?« Er habe es ihm nicht gesagt. Aber Röhl hatte ihn auch nicht danach gefragt.

Der *konkret*-Verleger mutmaßte später, dass es eine Verschwörung von Ulrike Meinhof und dem SDS war, ausgeheckt in einem wegen des Winters leeren Strandcafé am Wannsee. Auch Nettelbeck, so mutmaßte er, sei bei dieser »Wannseekonferenz« dabei gewesen, wie Röhl sich nicht scheute zu schreiben. Was auf dieser Konferenz beschlossen wurde, so meinte er, sollte ihm für immer verborgen bleiben. Allerdings seien auf jener Wannseesitzung zwei sieben Jahre alte Beobachter dabei gewesen, seine Zwillingstöchter Bettina und Regine. Sie hätten nicht jedes Wort erfassen können, wohl aber den Sinn des Besprochenen. Beim nächsten Telefongespräch mit ihrem Vater hätten sie es unaufgefordert auf die Kurzformel gebracht: »Mami will machen, dass Uwe Nettelbeck und die anderen dir nicht mehr gehorchen.«

Plötzlich hatte das Magazin, das Röhl und ich drei Jahre lang praktisch zu zweit gemacht hatten, nicht nur eine, sondern gleich zwei Redaktionen, die gegeneinander arbeiteten. »Es herrschte die totale Anarchie, oder besser gesagt ein Partisanenkampf mit den Redaktionsräumen als revolutionäres Objekt«, schrieb Röhl. »Tags amtierten die Redakteure und ich, nachts herrschte eine ominöse ›Gegenredaktion‹ unter Führung von Ulrike, die plötzlich häufiger nach Hamburg kam, um die ›emanzipatorischen‹ Bestrebungen persönlich zu leiten.«

Damit hatte ich zum Glück nichts mehr zu tun. Bevor ich mit dem immer wieder geplanten Studium anfing, wollte ich noch eine längere Reise in die USA machen. Ich beantragte beim amerikanischen Konsulat in Hamburg ein Visum, wurde dort ausgiebig vernommen und durfte dann für drei Monate in die Vereinigten Staaten reisen. Das Jahr ging zur Neige. Im Januar sollte es losgehen.

Apollo umkreist den Mond

1968 war ein blutiges Jahr. Krieg in Vietnam, das Wettrüsten zwischen den Supermächten, die Ermordung Martin Luther Kings, die Niederschlagung des Prager Frühlings – ein Jahr der Rebellion und der Gewalt. Ich bereitete mich auf die erste große Reise meines Lebens vor, nach Amerika, wo mein Vater 15 Jahre lang gelebt hatte – zwischen den Kriegen.

Weihnachten war ich noch zu Hause in unserem Hotel »Stader Schlüssel« in Stadersand. Noch sah alles ganz Erfolg versprechend aus, obwohl weder meine Mutter noch mein Vater über irgendwelche Erfahrungen mit dem Hotel- oder Gaststättengewerbe verfügten. In Wirklichkeit wird man wohl allein ihre Besuche in Restaurants oder Hotelübernachtungen an den wenigen Fingern einer Hand abzählen können. Es war ein Abenteuer, in das die gesamte Erbschaft meines Großvaters investiert wurde. Irgendwie wollte mein Vater es seinem Vater noch mal so richtig zeigen. Zum Glück war der schon tot und konnte den Untergang nicht mehr miterleben. Immerhin hatten wir durch das neue Hotel alle sehr schöne Zimmer und sogar einen Fernsehapparat.

Gemeinsam mit meiner Freundin Simone sah ich am Heiligen Abend im Fernsehen ein Abenteuer, von dem ich schon immer geträumt hatte, wenn auch nicht als Teilnehmer – der Reise zum Mond. Als Vorbereitung für die geplante Landung auf dem Erdtrabanten sollte die Apollo-8-Mission um den Mond herumfliegen. Dafür musste die Raumkapsel das Schwerefeld der Erde verlassen und in die Gravitation des Mondes eintauchen. Nie waren Menschen so weit weg von ihrem Heimatplaneten gewesen wie die Mannschaft der Apollo 8. Als sie ihre Fernsehkameras auf die Erde richteten, konnten sie zum ersten Mal die Erde als Kugel zeigen, wenn auch in Schwarz-Weiß.

»Die Erde ist winzig, ein unbedeutendes Sandkorn im Universum«, sagte mir Astronaut Bill Anders in einem Interview, das ich fast 50 Jahre später in seinem Flugzeugmuseum in der Nähe von Seattle mit ihm machte. Ich hatte ihn ein paar Jahre zuvor auf der Ranch des Hotelmoguls Baron Hilton kennengelernt. »Die Erde ist unser einziges Zuhause, also sollten wir besser darauf aufpassen«, sagte Bill Anders. Doch der Schutz des Planeten Erde war zur Zeit seiner Mission noch nicht das beherrschende Thema. Der Kalte Krieg regierte immer noch den Planeten.

Die Mission hatte ein ganz anderes, wichtiges Ziel, das von nationalem Interesse für die USA und ihre Verbündeten war. Sie sollte den Sowjets zeigen, wer die wahre Supermacht war, und der ganzen Welt die technische Überlegenheit des Westens demonstrieren, und zwar zur besten Sendezeit. Sie sollte den Mond erkunden, nach geeigneten Landeplätzen Ausschau halten, auf denen die Amerikaner bald landen und ihre Flagge in den Boden rammen wollten.

Doch die Machtdemonstration wäre nur halb so eindrucksvoll gewesen, wenn sie nicht zugleich ihr Gegenteil gezeigt hätte: die Zerbrechlichkeit der Erde. Dazu las der Astronaut Bill Anders am Heiligen Abend 1968 aus der Raumkapsel die wichtigsten Passagen der Genesis vor – dem Teil der Bibel, in dem Gott erst das Licht erschafft und dann eine lebenswerte Welt kreiert: Land, Meer, Tiere und Menschen. Die Stimme des Astronauten kam von ganz oben, tönte herab auf eine Welt, die in diesem Jahr 1968 ziemlich aus den Fugen geraten war.

Die Weltraumfahrt hatte mich seit frühester Jugend fasziniert. Als Schüler der vierten oder fünften Klasse bekam ich zu Weihnachten das Jugendlexikon *Die Welt von A–Z*. Den Umschlag konnte man zu einer großen Karte auseinanderfalten, darauf die genaue Darstellung eines Planes für die Reise zum Mond, erklärt von einem gewissen Wernher von Braun. Stundenlang brütete ich darüber und fragte mich, ob ich das einmal miterleben würde. Es kam schneller als erwartet: erst ein Sputnik, dann Juri Gagarin, und zehn Monate danach wagten die Amerikaner die erste Erdumrundung. Natürlich wussten wir alle, dass die enormen Anstrengungen in der Entwicklung der Raketentechnik nicht nur dem Schuss zum Mond dienen sollten. Und Wernher von Braun, hatte der nicht schon Hitlers V2 konstruiert? »Wir hatten einfach die besseren Nazis«, sagte mir mit einem Anflug von Ironie ein halbes Jahrhundert später US-Astronaut Bill Anders.

Nachdem sie die Erde zweimal umkreist hatten, starteten sie die letzte Stufe ihrer Saturn-V-Rakete, die ihnen genügend

Geschwindigkeit gab, um Kurs auf den Mond zu nehmen. Aus den schmalen Fenstern ihres Raumschiffs blickten sie zurück auf ihren Heimatplaneten, der immer kleiner wurde. »Wir waren wohl die Ersten, die die Erde als Kugel sahen«, erinnerte sich Bill Anders. »Sie ist übrigens wirklich rund und nicht, wie manche meinen, flach.« Dann war das ja auch geklärt.

Nach ihrer Umrundung des Erdtrabanten machte Bill Anders mit seiner Hasselblad-Kamera eines der berühmtesten Fotos der Geschichte: den aufgehenden blauen Planeten Erde über dem Horizont des Mondes. Das Bild gehört zu den meistgedruckten Fotos aller Zeiten. Inzwischen lehnt Anders es ab, das Bild zu signieren. Er hat oft genug erlebt, dass es dann bei Ebay verkauft wurde. Ich schaffte es dennoch – mit einem kleinen Trick. Als wir am Ende unserer Dreharbeiten 2018 in einem Restaurant in Seattle am Dinnertable saßen, sagte ich mit strengem Blick: »Bill, there are reasonable doubts, that you really took that picture.« Seine Frau blickte streng zurück.

»There is only one way to prove, that you actually took that photo. You have to sign it.« Bill Anders lachte und unterschrieb. Das signierte Foto ist nicht zu verkaufen.

Diese Szene 2018 in Seattle war Weihnachten 68 für mich so weit weg wie die Mondumkreisung selbst. Und natürlich konnte ich mir nicht vorstellen, Astronauten wie Bill Anders jemals persönlich zu treffen. Im Sommer nach unseren Dreharbeiten kam er mit seiner Frau nach Deutschland. Gemeinsam fuhren wir nach Peenemünde und besichtigten die Reste der Abschussbasen, wo Wernher von Braun im Zweiten Weltkrieg die Grundlagen der Raketentechnik entwickelt hatte.

Reise durch die USA

Ich kaufte mir ein Ticket für Air Bahama und flog nach Miami. Im Flugzeug lernte ich einen jungen Franzosen kennen, der seinen Bruder auf der Karibikinsel Tortola besuchen wollte, wo er eine kleine Marina betrieb. Kurz entschlossen stieg ich in Miami in eine kleine Maschine um und begleitete ihn. Ich konnte in der Kajüte eines Segelbootes schlafen, das so hieß wie meine Hamburger Freundin, »Simone«.

Wir halfen dem Bruder, der den Auftrag hatte, im Hafen von Tortola dicke geteerte Pfähle zu setzen. Dazu hatten wir ein Floß mit einem kleinen Kran, der die Duckdalben an der Spitze anhob. Eine Pumpe saugte Wasser, und wir spülten damit auf dem Boden des Hafens die Pfähle in den Untergrund. Es war eine schmutzige Arbeit, und die Teerspuren an Armen und Beinen brannten danach in der karibischen Sonne. Aber wir lernten, mit Tauchgeräten umzugehen.

Am Wochenende fuhren wir mit dem Motorboot in Sichtweite der zu den USA gehörenden Insel St. John, sprangen über Bord und schwammen unter Wasser zum Strand von Caneel Bay, ohne die amerikanischen Einwanderungsbehörden kontaktieren zu müssen. Dort brachten wir der einen oder anderen Touristin die Grundbegriffe des Amateurtauchens bei.

Nach ein paar Wochen nahm ich den Flieger zurück nach Miami. Ich kaufte mir für 725 Dollar, das waren damals 2900 Mark, in Reiseschecks einen gebrauchten VW-Käfer in Dunkelgrünmetallic und machte mich auf die Reise durch die USA.

Erste Station war Cape Kennedy, wo gerade die Vorbereitungen für die geplante Mondlandung durchgeführt wurden. Gern hätte ich den Start einer der neuen großen Saturnraketen miterlebt, aber so lange wollte ich nicht warten. In Miami hatte ich mir an einem Kiosk die neueste Ausgabe des *Spiegel* gekauft. Darin stand ein Artikel von Otto Köhler über den eskalierenden Streit bei *konkret*: »Meinhof will nicht länger Feigenblatt für Redaktionsunfreiheit sein. Sie verlangt, dass der Chefredakteur aufhören muss, Anweisungen zu geben – Befehlsempfänger können keine gesellschaftlichen Verhältnisse aufdecken.« Erster Erfolg, so schrieb Köhler: »Stefan Aust, der als geschäftsführender Redakteur mit straffer Hand die Redaktion des antiautoritären Blattes regiert, ist ›in aller Freundschaft‹ gegangen. Und Herausgeber Röhl, der einsame Entschlüsse liebt, sieht sich immer stärker mit dem Widerstand der von Meinhof aufgemunterten Redakteure konfrontiert.« Geärgert habe ich mich schon darüber, als ich in meinem grünen Volkswagen weiterfuhr. Im Zuge von Ulrike Meinhofs »Demokratisierung« von *konkret* sei mein Abgang also ihr »erster Erfolg« gewesen ...

Ich machte mich weiter auf die Reise, zunächst nach Tallahassee, der Hauptstadt von Florida. Ich schrieb an Simone, nicht ganz ohne Anflug von Heimweh: »Und da bist Du, und das billigste Hotel kostet 15 Dollar und da fragst Du Dich: Hast Du noch alle auf dem Sender? Ja, und dann geh ich in die Uni und quatsche irgendjemand an. Und das ist dann ein wahnsinnig netter Kerl, Musikstudent, und der nimmt mich mit in seine Wohnung, wo er mit seiner sehr netten und hübschen Freundin wohnt, und es gibt was zu Abendbrot und selbstgebrautes Bier und Beatmusik. Im Fernsehen die Beatles in Farbe mit Hey Jude, und ein paar Freunde kommen, und man sitzt zusammen und quatscht und redet über die Revo und raucht Marihuana. Und dann ist die Welt wieder in Ordnung. Und man weiß: es ist doch gut, solchen Trip zu machen. Am nächsten Morgen dann macht das Mädchen Dir Frühstück und packt Dir noch ein paar Brote ein, und bei Sonnenschein geht's weiter. Sieben Stunden bis New Orleans, zig Meilen Parkway an der Küste des Golf von Mexico, dann durch Wälder und durch Apfelsinen-Plantagen. Anhalten, ein paar Apfelsinen und Grapefruits klauen und weiter.

New Orleans! New Orleans! New Orleans! Das ist eine der fabelhaftesten Städte, die ich je gesehen habe. Wie bei Mark Twain. Der braunlehmige Mississippi, das riesige sumpfige

Delta, die Mississippi-Dampfer, die hier immer noch fahren, die Häuser, Palmen, und dann das French Quarter. Bourbon Street, Jazz, Preservation Hall, Striptease, Soul, Banjo-Bands, dann die feingemachte Landbevölkerung aus Alabama, Louisiana, Georgia, Texas. Wie aus dem Film; mit Cowboy-Hut, Lincoln-Schleife und Stiefeln. Und Bourbon-Whiskey und die Straßen benannt nach Andrew Jackson und Robert de la Salle und Jean Lafitte, dem Piraten.

Mitten im French Quarter eine Bruchbude, so etwas gibt es gar nicht. Zwei mal zwei Meter und ein Bett mit durchgelegener Matratze und statt Fensterscheiben Pappe und eine windschiefe Tür – aber kein Ungeziefer – und zweieinhalb Dollar pro Übernachtung, ein wahrhaft Bourbonen-haftes Hotel namens ›Savoy‹.«

Dann ging es weiter nach Arizona und Austin in Texas, wo ich im Hause des Philosophieprofessors Larry Caroline und seiner Frau unterkam. Auf der Fahrt nach Mexico City fragte ich mich gelegentlich, was das alles sollte, nachts hier allein durch die Wüste zu rollen und auf dem Rücksitz des engen Käfers zu schlafen. Aber morgens war die Laune schon wieder besser, und es ging weiter durch Berge, Wüsten Steppe, vorbei an ausgetrockneten Flüssen, Kakteen und großen Felsbrocken, durch Staub und Hitze. Nach einer Woche Mexico City hatte ich genug von der heißen Großstadt und fuhr 400 Kilometer weiter, durch die Sierra Madre nach Acapulco.

Dort quartierte ich mich bei einem Kanadier, zwei kanadischen Mädchen, die gerade aus Europa zurückgekommen waren, zwei Amerikanern, einem Mexikaner und einem japanischen Mädchen in einem billigen Hotel ein. Jeden Morgen am Strand, vormittags Caleta, »a good beach for the morning«, nachmittags Calessa Beach, »near ›Hilton Hotel‹«, und zum Sonnenuntergang nach Pie de la Cuesta, wo die Hippies abhingen. Baden in der Brandung, was manchmal lebensgefährlich war, bei Wellen drei oder vier Meter hoch. 40 Grad im Schatten.

Ich brachte ein paar Wochen in Acapulco zu, wo wir am

Strand den einen oder anderen Joint mit dem berühmten Acapulco-Gold rauchten und anschließend große Mengen Früchte verspeisten, denn Gras macht hungrig. Als ich einmal eine saftige Wassermelone aß, wurde mir gründlich schlecht. Um sie frisch zu halten, hatten die Händler auf dem Markt sie in den mit Abwässern verseuchten Bach geworfen. Sie war gründlich durchinfiziert. Nie wieder habe ich seitdem eine Wassermelone angerührt.

Generation Vietnam

Dann zurück nach Austin in Texas, wo gerade ein Kongress des amerikanischen SDS stattfand. Die »Students for a Democratic Society« wurden angeführt von Tom Hayden, der als der »amerikanische Rudi Dutschke« galt. Später wurde er berühmt, weil er Jane Fonda geheiratet hatte beziehungsweise sie ihn. Tom Hayden hatte schon Anfang der Sechziger auf seiner Universität in Michigan bei der Studentenzeitung mitgearbeitet. Als der Senator John F. Kennedy dort eine Rede halten sollte, drückte Hayden ihm ein Papier in die Hand, in dem er die Idee eines »Peace Corps« skizziert hatte. Kennedy warf einen Blick darauf und sagte: »Das werde ich in meiner Rede ansprechen.« Und tatsächlich kam er dann in seinem Vortrag darauf zu sprechen. Wenn er zum Präsidenten gewählt würde, dann würde er einen »Peace Corps« einrichten. Ein paar Tage später meldete Kennedy sich bei Tom Hayden und ließ sich von ihm seine Ideen dazu genauer schildern. »Ich hatte das Gefühl, gegen das Schweigen anzusprechen. Da war jemand, der zuhörte. Und vielleicht könnte man in kurzer Zeit einiges verändern, ohne allzu lange darauf warten zu müssen.«

Irgendwie kam mir damals die Zeile »There is a whole generation with a new explanation« aus dem Song »San Francisco« von Scott McKenzie durchaus realistisch vor. Es war eine neue Generation, die ich hier erlebte. Häufig fuhr ich nach Berkeley, wo ich mich mit den neu gewonnenen Freunden im Café Mediterraneum traf. Auf Partys lernte ich die Sprecher des »Free Speech Movement« und des amerikanischen SDS kennen. Doch es ging nicht nur um Politik. »Das hatte auch etwas Spirituelles«, sagte mir 40 Jahre später der frühere Studentenführer Tom Hayden. »Es war unsere Generation, der Ende der Sechzigerjahre deutlich wurde, wie zerbrechlich unser blauer Planet in diesem dunklen unendlichen Universum ist. Und das führte zu einem wachsenden Gefühl für die Ähnlichkeit und die Gemeinschaft der Menschen aus verschiedenen Ländern, mit unterschiedlicher Herkunft, Geschlechtern und Rassen. Vor allem gab es eine Idee davon, dass wir alle Teil der Natur und des Universums sind. Das war eine Bedrohung für die organisierten Religionen. Aber es ist das bleibende Vermächtnis auch heute noch – und ganz sicher eine der wichtigsten Ideen der Sechzigerjahre.«

Außer Tom Hayden lernte ich weitere studentischen Aktivisten kennen, die sich vor allem für die Bürgerrechte schwarzer Amerikaner und gegen den Vietnamkrieg engagierten: Abbie Hoffman und Jerry Rubin etwa. Sie gehörten damals zu den »Chicago 7«, denen vorgeworfen wurde, den Aufruhr auf dem Parteitag der Demokraten in Chicago 1968 angezettelt zu haben. Auch Bobby Seale, Anführer der Black Panther, gehörte dazu. Die »Seven« wurden nach einem aufwendigen Prozess später zu fünf Jahren Haft verurteilt. Das Urteil wurde aufgehoben, und die Staatsanwaltschaft verzichtete auf ein neues Verfahren. Es hatte sich herausgestellt, dass die Gewalt von der Chicagoer Polizei ausgegangen war. Es war die Zeit, in der die Flower-Power-Bewegung der Hippies sich in eine politische und eine eher dem Drogenkonsum zugeneigte Fraktion teilte. Es war damals sehr leicht, sich in der studentischen Politszene zu bewegen, man machte Kontakte und schloss Freundschaften, wurde ohne Probleme in Privathäusern oder Wohngemeinschaften untergebracht. Und gelegentlich zogen wir auch einen Joint durch, was bei mir kaum Wirkung hinterließ, denn ich hatte zuvor niemals geraucht. Erst durch häufigeres Ziehen an einem Joint, der die Runde machte, verlor sich das anfängliche Husten. Das brachte mich später dazu, Zigaretten zu rauchen – woran man sehen kann, dass Marihuana wirklich zu stärkeren Drogen führt.

Von Texas aus machte ich einen Abstecher nach Arizona, flog kurz zum Grand Canyon und lernte dort eine Gruppe von 15 Journalisten aus 15 Ländern kennen, die mich einluden, sie in Los Angeles zu besuchen und an ihrem Programm teilzunehmen. Ich wohnte für eine Woche im Hilton-Hotel, besichtigte mit der Gruppe Disneyland und die MGM-Filmstudios in Hollywood.

Am letzten Abend mit der Gruppe hatten wir ein Treffen mit Drehbuchautoren, von denen mich einer nach der Konferenz mit zu Freunden nach Beverley Hills nahm. Die Dokumentarfilmerin Flora Mock wohnte in Bel Air und hatte zwei Töchter, Laurie, 24, Schauspielerin, und Kathy, 23 und Malerin. Ich blieb dort eine gute Woche, und die Mädchen schleppten mich mit auf Partys mit all den verrückten Schauspielerkindern aus Beverley Hills. Gute Freunde von ihnen waren auch die Kinder von Burt Lancaster, bei denen wir im riesengroßen geheizten, mit Wasserfall und Sauna ausgestatteten Swimmingpool baden gingen. Flora war auch Professorin an der UCLA, und gemeinsam besichtigte ich mit ihr das dortige Filmdepartement. Ich erkundigte mich nach Studienmöglichkeiten, aber dort einen Platz zu bekommen war nicht leicht.

Golden Gate

Danach knatterte ich mit meinem alten Käfer über Highway Number 1 nach San Francisco, zum eigentlichen Ziel meiner Reise. Meiner Familie in Deutschland schrieb ich selten und knapp: »Ach ja, es geht mir gut – und wann ich zurückkomme, weiß ich nicht so recht. In San Francisco werde ich wohl etwas länger bleiben. Was ich anschließend mache, weiß ich noch nicht. Vielleicht fahr ich direkt zurück an die Ostküste, Chicago, Great Lakes, Montreal, New York, vielleicht nur bis Vancouver, oder weiter nach Norden, vielleicht Alaska. Oder ich verzichte auf die Ostküste und flieg nach Hawaii und nehme von da aus ein Schiff nach Japan – und zurück durch Asien. Aber das sind noch ungelegte Eier ...«

Es war die ganz große Freiheit. Die Golden Gate Bridge war für mich die schönste Brücke der Welt. Viele Male fuhr ich mit meinem dunkelgrünen Volkswagen über die rostrote Brücke nach Sausalito. Jedes Mal blickte ich nach oben auf die Pylone, an denen die mächtigen Drahtseile hingen, und dachte, da möchte ich gern mal rauf. Das dauerte ein bisschen.

Seit 1991, drei Jahre nach dem Start von *Spiegel TV*, hatte ich mit meinem ersten Mitarbeiter Thomas Schäfer über das Projekt geredet, die Kinofilmserie über den Panamerican Highway, die *Panamericana* von Hans Domnick, noch einmal zu machen. 1996 hatten wir endlich die richtigen Sendeplätze und das nötige Geld für dieses Projekt. Und natürlich wollte ich, wie seit Jahren verabredet, den Film gemeinsam mit Thomas machen und die Strecke von Alaska bis Feuerland mit ihm und dem Kameramann Rainer März selbst zurücklegen. Leider war ich inzwischen Chefredakteur des *Spiegel* geworden und konnte mich nicht so ohne Weiteres für ein halbes Jahr verabschieden.

Aber wenigstens die Passage über San Francisco und den Highway Number 1 wollte ich mitmachen, als kleinen Ausgleich für den Verzicht auf den Anfang und den Rest der Strecke. Eine Bedingung allerdings hatte ich: Thomas musste eine Drehgenehmigung für die Spitze der Pylonen beschaffen. Wir müssten dort unbedingt filmen, wie die Maler die Golden Gate ununterbrochen mit der Farbe »International Orange« anstreichen. Wenn sie auf der einen Seite fertig waren, fingen sie auf der anderen Seite wieder an. Und das seit 1937.

Unsere ziemlich aussichtslose Anfrage wurde über Monate

entsprechend beantwortet: No. Ein Maler an seinem Arbeitsplatz in luftiger Höhe? Unmöglich? Sicherheitsvorschriften, gewerkschaftliche Bestimmungen, Dienstpläne, Persönlichkeitsrechte – alles unüberwindliche Hindernisse für einen eigentlich simplen Wunsch: den ältesten Maler der Golden Gate mit einem in »International Orange« getunkten Pinsel bei der Arbeit zu filmen. Thomas hatte in der Kellerkantine der Brücke einige der Arbeiter angesprochen, die waren zwar gewillt, aber leider nicht entscheidungsbefugt. Doch irgendwann war der Brückenmanager weichgeklopft. Er genehmigte uns, auf der Spitze des Nordtowers einen der dienstältesten Maler zu interviewen.

Martin B. Gonzales hatte seit 29 Jahren praktisch jede Ecke der Stahlkonstruktion mit »International Orange« überpinselt. Gemeinsam mit einem Kollegen brachte er uns zum Fahrstuhl. In einem Pfeiler ging es auf nur drei Quadratmetern für drei Fahrgäste nach oben. Die Pylone sind 227 Meter hoch und in ihrer Dicke dreimal abgestuft. An jeder Abstufung sind sie durch Querriegel miteinander verbunden. Die letzte Strecke ging es auf einer schmalen Leiter weiter nach oben. Als ich meinen Kopf aus dem engen Rohr steckte und sah, auf was für einer schmalen Plattform wir angekommen waren, wäre ich fast wieder umgekehrt und zurück nach unten geklettert. Doch das kam nicht infrage.

Einer nach dem anderen kletterten wir aus der Luke, ich wagte mich in kleinen Schritten nach vorn. Die Plattform ganz oben auf dem Pfeiler besteht aus einem Gitter, durch das man nach unten durchblicken kann, eingezäunt von zwei schmalen Stangen, wie bei einem eisernen Gartenzaun. Hier oben war es windstill an diesem Tag. Doch unter uns trieben die Wolken in Fetzen über den sechsspurigen Fahrbahnen mit ihren endlosen Autokolonnen, 120 000 Fahrzeuge am Tag.

Die Hängebrücke hat eine Gesamtstützweite von 1966 Metern, bei höchster Flut ist die Fahrbahn 67 Meter über dem Meeresspiegel. Wir trauten uns auf die Plattform, und Kameramann Rainer März drehte die Maler, die, an dünne Drahtseile angeklinkt, auf den dicken Hängeseilen standen und ihre rostorangerote Farbe mit langen Pinseln sorgfältig auftrugen. Thomas Schäfer stand daneben im Bild.

»Thomas, du bist voll drinne ...«, sagte Rainer. »Du musst dich jetzt entscheiden, ob du Fotograf werden oder Regisseur bleiben willst.«

»One more minute«, sagte Thomas.

Dann richtete der Kameramann sein Objektiv auf mich. Mit grüner Pilotenbrille und einem Golden-Gate-Schutzhelm auf dem Kopf strahlte ich ihn an: »Zu unserem Zehnjährigen zeigen wir das, da werden sich alle wundern, da ist das drin, da könnt ihr Gift drauf nehmen.«

Ich machte ein paar Schritte auf das Brückenseil zu, auf dem der Maler immer noch stand: »Ja, Jungs, ich schnall mich auch gleich wieder an und geh da drauf.«

Dann machte ich einen Schritt auf die Reling zu, blickte in den Abgrund und tat so, als würde ich mich übergeben: »Dieser Nebel ...«

Die Schwaden trieben über der Fahrbahn.

»Sieh dir das an ... der absolute Wahnsinn.«

»Ruhe bitte«, sagte Rainer und drehte sich mit der Kamera einmal um 360 Grad. Unter der Brücke fuhr gerade ein Riesencontainerschiff von Evergreen auf den Pazifik und verabschiedete sich mit einem lauten Tuten.

»Warum haben wir eigentlich dieses Projekt gemacht?«, fragte ich. »Nur um hier raufzukommen?«

»Ganz tief hintergründig«, sagte Thomas.

»Wir wollten immer ziemlich hoch hinaus, war das nicht so?«, sagte ich.

»Sieh mal, wie die Wolken hier ziehen. Das ist der absolute Wahnsinn.«

Was man so spricht, wenn man in 220 Meter Höhe auf einem Pylonen der Golden Gate Bridge über den Wolken, der Fahrbahn und den Schiffen auf dem San Francisco Sound steht und gerade die Hügel von San Francisco aus dem Nebel auftauchen wie eine Burg im Märchen. Erst nach zwei Stunden konnten wir uns losreißen.

Black Power

Über *konkret* hatte ich Kontakt zum Managing Editor des linken Monatsmagazins *Ramparts* gehabt. Nach meiner Ankunft in San Francisco rief ich ihn an, und er lud mich sofort in sein Haus in North Beach ein, dem hügeligen Teil der Stadt mit Blick auf die Bay und die Golden Gate Bridge.

Ich klingelte zu später Stunde an der Tür, und es öffnete eine gut aussehende Frau mit üppiger Afro-Haartracht, die ich unschwer als Kathleen Cleaver erkannte. Sie war die Frau des Gründers der Black Panther Party, einer militanten schwarzen Bewegung, deren Mitglieder in schwarzen Lederjacken, Handschuhen und Hosen und vor allem mit einem schwarzen Barett herumliefen – und sich demonstrativ bewaffneten. Immerhin galt die amerikanische Waffenfreiheit auch für Schwarze, was in der weißen Öffentlichkeit – und vor allem bei der Polizei – nicht gut ankam. Ursprünglich hatten sie sich »Black Panther Party for Self-Defense« genannt, waren antikapitalistisch, antiimperialistisch und antirassistisch und neigten dem Maoismus und Leninismus zu. Die militante Gruppe war zwei Jahre zuvor von Huey P. Newton und Bobby Seale, unterstützt von David Hilliard, gegründet worden.

Im Oktober 1967 wurde Huey Newton von der Polizei angeschossen und anschließend wegen Mordes an einem Polizisten verhaftet und angeklagt. Sprecher der Black Panther war Eldridge Cleaver, der wegen Überfalls und versuchten Totschlags in den berüchtigten Strafanstalten San Quentin und Folsom Prison eingesessen hatte. Dort schrieb er das Buch *Soul on Ice*, das zum philosophischen Fundament der Black Panther Party werden sollte. 1966 war er aus dem Gefängnis entlassen worden und trat 1968 als Kandidat der Peace and Freedom Party zu den Präsidentschaftswahlen an. Er belegte mit 36563 Stimmen Platz sieben, geriet kurz danach in eine Schießerei in Oakland, wurde dabei verwundet und sollte anschließend wegen versuchten Totschlags verhaftet werden. Cleaver tauchte unter und floh aus den USA. Das FBI schrieb ihn zur Fahndung aus, als die Nummer eins aller Gesuchten. Ich spürte ihn ein gutes halbes Jahr später in Algier auf.

An jenem Abend in San Francisco war ich in ein Treffen der Black Panther geraten. Ich hörte mir die Diskussionen an und verabredete mich mit einigen der Anwesenden, um mir in den nächsten Tagen die Frühstücksaktion der Panther zeigen zu lassen. Sie luden regelmäßig die armen Kinder aus der schwarzen Community in Oakland ein, damit diese vor der Schule irgendetwas zu essen bekamen.

Spät nachts schrieb ich meiner Freundin Simone einen Brief über die Erlebnisse der letzten Monate. So schnell würde ich nicht nach Deutschland zurückkehren: »Und es gibt verflucht noch mal so viele wunderschöne Plätze auf der Erde, und so irrsinnig viele verschiedene Menschen, so viele interessante und nette und hilfsbereite und freundschaftliche Menschen. Da kommt mir also sowas wie *konkret* und die Druckerei und all der kleine Scheißdreck ziemlich blöd vor. Es ist schon eine tolle Sache, wirkliche Probleme kennenzulernen, wie die Probleme der Black Panther Party oder der mexikanischen Farmarbeiter oder wer-weiß-nicht-was.« Ein paar Tage zuvor hatte ich den Gründer der US-amerikanischen Farmarbeitergewerkschaft César Chávez zu Hause besucht. »Ich versuche, alles was damit zu tun hat zu lesen und zu verstehen. Und dann bin ich dabei, über viele Dinge zu schreiben, und morgen mache ich ein Interview mit Bobby Seale, dem Chef der Black Panther. Es ist nicht immer einfach, aber Du merkst, daß Du lebst ...«

In etwa 30 amerikanischen Städten führten die Panther damals ihr Frühstückprogramm für Schulkinder durch. In den Kirchen der schwarzen Gemeinden, die sonst vormittags leer standen, servierten sie jeden Morgen um halb acht. Sie begannen damit in der St.-Augustines-Kirche in Oakland. Die braune Holzkirche stand mitten im Getto von West-Oakland. Ich fuhr mit meinem dunkelgrünen VW vorbei an halb verfallenen Häusern mit zerbrochenen Fensterscheiben, an leer stehenden Krämerläden, abblätternden Plakatwänden, alten Autos und Abfällen auf den Straßen. Vor der Tür hielt gerade ein kleiner Lieferwagen, und ein paar Black Panther entluden Tütenmilch, Pakete mit Cornflakes, einige Bretter mit Eiern, Brot, Dosen mit Kakao. Im Inneren der Kirche waren ein halbes Dutzend Mädchen und genauso viele männliche Black Panther damit beschäftigt, Tische zurechtzurücken, weiße Papierdecken auszubreiten, Teller und Bestecke zu verteilen. Statt eines Gewehres balancierte ein Panther einen Stapel Pappbecher, und über die schwarze Lederjacke hatte er eine weiße Küchenschürze gebunden. In der Küche nebenan wurde das Menu vorbereitet.

Als ich Bobby Seale, den Boss der Panther, nach dem Frühstück in seinem Headquarter in Berkeley traf, sagte er mir: »Ich glaube, es ist vor allem die Presse des Establishments, die so viel Aufmerksamkeit auf diese Dinge richtet. Die bürgerlichen Journalisten beurteilen als Kaffeehaus-Dialektiker jede politische Bewegung vor allem nach ihrem Erscheinungsbild. Aus Gewehren und Uniformen kann man eben mehr Sensationen machen als aus politischen und sozialen Programmen.« Zuerst seien die Uniformen der Panther keine wirklichen Uniformen, sie würden nichts anderes tragen als die Bevölkerung auch, die Panther würden sie nur einheitlich tragen. Nicht jedes Mitglied laufe immer in der schwarzen Lederjacke herum, und die anderen auch nicht jeden Tag. Nur auf Demonstrationen, um die Ordner und Wachen besser kenntlich zu machen. In den Gettos zeige die Uniform der Bevölkerung, dass es eine Befreiungsbewegung des Volkes gebe. Und Ray »Masai« Hewitt, Minister of Education, ergänzte: »Wenn man so will, kann man das Propaganda nennen. Wir benutzen einige der Techniken, die auf der Madison Avenue benutzt werden. Die schwarzen Lederjacken und die Gewehre signalisieren den Leuten unsere revolutionäre Ideologie.«

Across the USA

Ich blieb noch ein paar Wochen in San Francisco, arbeitete ein wenig bei einer linken Zeitung mit, erlebte die Anfänge einer Straßenschlacht um den »People's Park« in Berkeley, wo auf einem Parkplatz zunächst ein Sportplatz und später ein Gebäudekomplex für die Universität errichtet werden sollte, die Studenten stattdessen jedoch einen grünen Park forderten. Der Streit eskalierte, und der kalifornische Gouverneur und spätere Präsident Ronald Reagan schickte massive Polizeikräfte, die sich am Ende mit bis zu 6000 Studenten eine blutige Schlacht lieferten. Schließlich ließ der ehemalige Westernstar Reagan die Nationalgarde anrücken.

Doch da war ich mit meinem kleinen grünen VW schon wieder auf dem Highway. Es ging nach Las Vegas und über die Rocky Mountains, wo der luftgekühlte Motor meines kleinen VW den Atem aushauchte. Im Leerlauf schaffte ich es noch in die Randbezirke von Denver, wo ich eine VW-Werkstatt fand, die mir einen Austauschmotor einbauen wollte. Das sollte aber dauern.

Von meinem kleinen Abstecher zum Grand Canyon ein paar Monate zuvor hatte ich eine Visitenkarte mitgebracht. Ein Ehepaar und dessen Tochter hatten sich dort lange mit mir über meine bisherige Reise unterhalten. Der Mann hatte mir anschließend seine Karte gegeben: »Wenn du mal nach Denver kommst, melde dich bei uns.«

Ich klingelte an der Tür, und die Familie brachte mich bei sich unter, bis mein VW wieder lief. Der Mann hatte eine Cadillac-Vertretung und ein kleines Privatflugzeug, mit dem wir morgens am Rande der Rocky Mountains herumflogen, bis nach

Laramie. Eine solche Gastfreundschaft habe ich nur in den USA erlebt, und nur 1969.

Zurück nach Deutschland wollte ich erst einmal nicht. In einem Brief an meine Hamburger Freundin Simone schrieb ich: »Ich weiß wirklich nicht, was ich da soll. Das Sommersemester hat ohnehin schon angefangen, zum *stern* gehe ich nicht jetzt. Zu *konkret* zurück natürlich auch nicht. Was soll ich schon machen – mein Geld in Deutschland in Langeweile aufbrauchen? Da bleib ich wirklich lieber hier, schreib Artikel, mach ein bisschen Geld. Oder fahr nach Südamerika, oder (mein neuester Plan) fahr nach Japan und kauf mir ein Motorrad und fahr den Weg über Thailand, Burma, Indien, Pakistan, Afghanistan, Persien, Türkei zurück. Dazu werde ich an die sechs Monate brauchen. Oder nach Mexiko. Ach, was weiß ich ...«

Ich wollte ihr den Mund wässrig machen. »Dein Job gibt dir keinen Lustgewinn? Verdammt, gib den Scheißdreck doch auf und komm her und lass uns zusammen für ein paar Monate rumgammeln, am Strand liegen, über die Revolution reden, gute Leute treffen, kennenlernen, was auf der Welt so gespielt wird. Mach doch Schluss ... Überleg dir das. Du findest immer wieder einen Job. Und Geld hab ich vorerst noch genug – für uns beide. Später, wenn ich studiere, musst du mich noch oft genug zum Essen einladen.

Simone, Simone, Simone, versteh das alles. Es gibt noch mehr als Modejournalismus und Weiberrat und so weiter ...

Wenn Ulrike Marie Meinhof mit Peter Homann nach Italien abhauen kann, dann kannst Du schon lange mal was Ungewöhnliches tun!!«

Weathermen

Als mein Käfer wieder lief, fuhr ich über Chicago weiter nach New York. Dort suchte ich Kontakt zu einer der vielen Underground-Zeitungen und klopfte bei einer kleinen linken Nachrichtenagentur am Rand von Harlem an, die in einem ehemaligen Laden im Souterrain in der Claremont Avenue residierte. In der Redaktion des *Liberation News Service* traf ich Mark Rudd, der die Studentenrevolte vom April 1968 an der New Yorker Columbia University angeführt hatte.

Es war ein heißer Sommer 1969 in New York. Ich hatte Unterschlupf in einer Wohngemeinschaft direkt gegenüber dem Büro des *LNS* gefunden. Eines Abends kamen Mark Rudd und ein paar Genossen vom amerikanischen SDS vorbei, darunter Bernardine Dohrn und Bill Ayers. Sie wollten mit den Redakteuren des *LNS* ein Papier diskutieren, das mit einem Zitat aus Bob Dylans Song »Subterranean Homesick Blues« überschrieben war: »You don't need a weatherman to know which way the wind blows«.

Das nächtliche Treffen in der Wohngemeinschaft in der Claremont Avenue fand kurz vor dem großen SDS-Kongress in Chicago statt, wo die Weathermen ihr Papier vorstellen wollten. Die Reaktion der Mitarbeiter des *LNS* war unterschiedlich, manche waren eher dafür, manche eher dagegen, aber niemand schien ernsthaft darüber nachzudenken, was eine Bewaffnung und ein Abtauchen in den Untergrund mit den entsprechenden Sabotageakten wirklich bedeuten würde.

Ich kratzte meinen ganzen Mut zusammen und meldete mich zu Wort, so oder so ähnlich sagte ich: »Ich war gerade in San Francisco und habe die Black Panther Party ein bisschen kennengelernt. Die haben sich bewaffnet. Jetzt sind ein halbes Dutzend Mitglieder der Black Panther tot oder im Gefängnis – oder auf der Flucht vor dem FBI wie Eldridge Cleaver. Glaubt ihr wirklich, dass das eine gute Idee ist, euch zu bewaffnen und in den Untergrund zu gehen? Meint ihr nicht, dass es euch dann genauso geht wie den Black Panther? Ihr werdet von den Bullen erschossen. Oder ihr erschießt jemanden. Und am Ende sitzt ihr, wenn ihr Glück habt, lebenslang im Knast. Ich glaube nicht, dass das eine gute Idee ist, sich zu bewaffnen und in den Untergrund zu gehen.« Das war irgendwie nicht auf dem Niveau der Diskussion über die anstehende Revolution in den Vereinigten Staaten und dem Rest der Welt und wurde mehr oder weniger schweigend übergangen. Wenige Tage später trafen sich 2000 Mitglieder des SDS im Chicago Coliseum, diskutierten ausgiebig, und dann tauchte die Weathermen-Fraktion ab in den Untergrund, mit dabei Mark Rudd.

40 Jahre später machte ich gemeinsam mit Lutz Hachmeister für das ZDF einen Film über das Jahr 1968, für den wir Aktivisten interviewen wollten. Ich fand im Internet eine Adresse von Mark Rudd, der inzwischen Mathematiklehrer in New Mexico war, und schrieb ihm. Ich wisse nicht, ob er sich an mich erinnern könne. Wir hätten uns im Sommer 69 beim *Liberation News Service* getroffen. Ich sei dieser kleine Deutsche mit der schönen Blondine namens Simone gewesen, die mich damals in New York besucht habe. Er antwortete sofort: »What is the nice blonde girl doing?« Ich schrieb zurück: »Even nice blonde Girls get older – but you can't see it, if you meet Simone these days.« Der Kontakt war wieder hergestellt – 40 Jahre später. Wir trafen uns in New York und machten ein Interview.

Mark Rudd war in einer jüdischen Familie in einem weißen Vorort in New Jersey aufgewachsen, der langsam schwarz wurde. »Rassismus und der Kampf gegen den Rassismus waren genau dort zu Hause«, erzählte er mir, »für mich waren der Rassismus und das unbestreitbare Böse in Nazideutschland dasselbe.« Nur dass in den Sechzigerjahren sein Land das Böse ausgeübt habe: »Ich hatte mich immer darüber gewundert, warum die Deutschen das alles mitgemacht haben. Wir nannten es damals das Phänomen des ›Guten Deutschen‹. Aber mit meinen 18 Jahren wollte ich nicht so ein guter Deutscher, so ein guter Amerikaner sein.« Die Revolte an der Columbia University war für Mark Rudd wie für viele andere der Wendepunkt: »1968, das war wirklich der perfekte Sturm der Ereignisse.«

Der Aufstand passte in die Strategie Che Guevaras, nach der eine kleine bewaffnete Gruppe einen revolutionären Kampf gegen eine Diktatur beginnt. »Das ist die klassische marxistische Avantgarde-Theorie. Wir sahen die Ereignisse an der Columbia University als Keimzelle, der sich viele, viele Menschen anschließen würden. Und dann würde sich das Beispiel von Columbia auf die gesamten Vereinigten Staaten übertragen.« Vier Jahrzehnte später fügte er hinzu: »Wenn man das heute so sagt, wirkt es ziemlich lächerlich.«

New York war immer noch brennend heiß, und ich hatte Besuch von meiner Hamburger Freundin Simone bekommen. Sie erzählte mir von den Ereignissen um Ulrike Meinhof und die Besetzung der Röhl-Villa in Hamburg-Blankenese. Eine gemeinsame Freundin von uns hatte ihr einen Zettel mit auf die Reise gegeben, auf dem der Name und die Telefonnummer der Korrespondentin des Burda-Verlages standen. Wir sollten sie doch mal anrufen und treffen. Leider hatte Simone den Zettel verloren. Doch als sie mich im Büro des *Liberation News Service* besuchte, lag dort auf einem Schreibtisch ausgerechnet eine Notiz mit dem Namen und der Telefonnummer von Constanze Regnier, jener Frau, deren Adresse Simone verloren hatte. Wir riefen Constanze an, trafen sie, und sie schlug vor, dass ich, wenn Simone wieder nach Hause musste, vorübergehend bei ihr wohnen könnte.

Wir fuhren mit meinem grünen VW nach Washington und zu den Outer Banks nach North Carolina und kehrten drei Wochen später nach New York zurück. Irgendwie hatte ich jetzt auch genug von der Reiserei. Ich wollte nur noch den Volkswagen verkaufen und dann nach Deutschland zurückkehren, um endlich mein Studium aufzunehmen. Außerdem hatte ich genug von den hohen Häusern, der Hitze und dem sommerlichen Regen in New York.

Constanze hatte Karten für ein Musikfestival oben im Staate New York an einem Ort namens Woodstock, aber ich hasste Menschenmengen, vor allem bei Matsch und Regen, und wollte lieber nach Hause. Unmittelbar nachdem ich mein Auto durch eine Anzeige in der *Village Voice* losgeworden war, setzte ich mich in den nächsten Flieger von Loftleidair, dem ersten Billigflieger, der damals auch »Hippie-Express« genannt wurde.

Rückkehr

Dem Hotel meiner Eltern, das sie in Stadersand aufgemacht hatten, ging es damals ziemlich schlecht. Der »Stader Schlüssel« brachte nur an schönen Sommertagen einigermaßen Geld ein. Die Zimmer waren selten ausgebucht, und auch die Gaststätte, in der mein Vater selbst bei spärlichem Besuch bis spät in die Nacht am Tresen stand, war ein Verlustbetrieb. Meine Mutter kochte redlich, aber es war abzusehen, dass es so nicht mehr lange weitergehen konnte.

Ich kam gerade rechtzeitig, um im Fernsehen die Landung auf dem Mond mit anzusehen. Das war am 21. Juli 1969. Ich saß vor einer Schwarz-Weiß-Röhre, als die Mondlandefähre auf dem Erdtrabanten aufsetzte. Die klobigen Umrisse von Armstrongs Raumanzug waren erkennbar und auch, wie der Astronaut an der Treppe hing und ganz langsam ein Bein nach unten streckte. Sekunden vergingen, bis er den Fuß aufsetzte, der berühmte Satz, den er dabei sprach, ging in der deutschen Übertragung unter. Es war ein kleiner Schritt für Neil Armstrong – ob es wirklich ein großer Schritt für die Menschheit war, ist noch ungewiss.

Und kleine Schritte lösen zuweilen große Folgen aus. So hatte der zufällig gefundene Zettel mit der Telefonnummer von Constanze Regnier bemerkenswerte Folgen. Als ich wieder in Hamburg war, rief mich ihr Vater an. Henri Regnier war Unterhaltungschef vom Norddeutschen Rundfunk – und der beste Freund des *Spiegel*-Herausgebers Rudolf Augstein. Er fragte mich, wie es seiner Tochter denn so gehe, er habe sie lange nicht gesehen, ich solle ihn doch einmal besuchen. Das tat ich gern.

Es wurde ein langes Gespräch nicht nur über seine Tochter, sondern auch über mich, vor allem über das, was ich bei *konkret* gemacht hatte. In der Hamburger Medienszene hatte sich herumgesprochen, dass ein gerade mal 20-Jähriger fast drei Jahre lang dort gearbeitet und am Ende den Laden weitgehend selbstständig geführt hatte. Was ich denn so vorhätte? Vielleicht mal für den NDR arbeiten? Hörfunk? Fernsehen? Warum nicht beides?

Zunächst machte ich für den NDR-Hörfunk eine Reportage über das, was junge Mädchen damals so dachten. Dazu führte ich zahlreiche Interviews über Gleichberechtigung, Beziehungen und die Sicht der jungen Frauen auf die Welt. Ich lernte, Tonbänder zu schneiden und aus O-Tönen Sendungen zusammenzukleben. Der Hörfunkchef war zufrieden und stellte mir weitere Projekte in Aussicht. Henri Regnier hatte aber noch mehr im Sinn. Er war der Meinung, ich müsste unbedingt seinen besten Freund, Rudolf Augstein, kennenlernen. So bekam ich die Einladung, den *Spiegel*-Herausgeber an einem Sonntagnachmittag in seinem Haus Elbhöhe 1 zu besuchen. Hoch über dem Ufer der Elbe lag ein gewaltiges Strohdachhaus, das aussah wie eine Fischerhütte, die sich zum Palast aufspielt, wie es Augsteins damalige Freundin Gisela Stelly ausdrückte. Wir hatten einen interessanten Nachmittag, in dessen Verlauf Augstein sagte: »Du wirst mal Chefredakteur des *Spiegel*.« Er ließ sich Zeit damit – rund 25 Jahre.

Wege in den Untergrund

Ulrike Meinhof war weiterhin eine viel beschäftigte Journalistin. Seit Jahren hatte sie sich mit dem Thema Fürsorgeerziehung auseinandergesetzt, zahlreiche Artikel und Hörfunkfeatures über Jugendliche in Erziehungsheimen geschrieben. Im Berliner Erziehungsheim Eichenhof hatte sie drei Mädchen kennengelernt, Jynette, Irene und Monika, deren Schicksal zur Grundlage des Drehbuches für den Film *Bambule* wurde. Die Dreharbeiten zum einzigen Fernsehspiel Ulrike Meinhofs begannen Ende 1969.

Bald standen sie vor ihrer Tür. Fürsorgezöglinge aus dem Frankfurter Projekt und Berliner Jugendliche, die um Einlass baten. Einige erhielten Quartier, legten sich in die Betten, bedienten sich aus dem Kühlschrank, klauten und brachten Geklautes in die Wohnung, lärmten und bewarfen die Nachbarn vom Balkon aus mit Eiern. Ulrike fiel es schwer, die Jugendlichen vor die Tür zu setzen. Sie selbst hatte Probleme genug. Sie stürzte sich in zahlreiche Projekte und Diskussionen, war nachts bis in den frühen Morgen unterwegs. Stunden später standen die Zwillinge in ihrem Schlafzimmer und riefen: »Aufstehen!« Ulrike Meinhof hatte Schuldgefühle, zu wenig für die Kinder zu tun.

Die Arbeit an dem Film zog sich über mehr als ein Jahr hin. Währenddessen versank Ulrike immer mehr in eine Depression, die sie politisch zu interpretieren versuchte. Ihre journalistische und schriftstellerische Arbeit genügte ihr immer weniger. Nicht im Beschreiben der Wirklichkeit sah sie ihre Aufgabe, sondern in der Veränderung. Theoretisch jedenfalls. Selbst aktiv geworden war sie so gut wie nie – von der gescheiterten Aktion gegen die eigene Zeitschrift *konkret* einmal abgesehen.

Ulrike lebte mit Peter Homann zusammen in der Kufsteiner Straße in Berlin. Dort besuchte ich die beiden im Herbst 1969 noch einmal. Ulrike machte einen depressiven und auch unfreundlichen Eindruck. Nach einem halben Jahr USA hatte sich das Umfeld, in dem ich mich zu *konkret*-Zeiten bewegt hatte, völlig verändert. Ich fuhr zurück nach Hamburg.

Der meistgesuchte Mann des FBI

Bei einem Besuch in meiner alten Redaktion traf ich Uwe Nettelbeck. Der ehemaligen *Zeit*-Redakteur residierte nun in einem hocheleganten Büro mit einem roten Sekretär, der, wie ich erfuhr, mehrmals angestrichen worden war, bis er den gewünschten Farbton hatte.

Ich erzählte Röhl beiläufig, dass ich bei den Black Panther erfahren hatte, dass sich der vom FBI gesuchte Eldridge Cleaver in Algerien aufhalten würde. Wenn er wolle, erklärte ich, könnte ich ja ein Interview mit Cleaver machen. Und ob er wollte.

Bisher gab es kein einziges Zeichen von dem untergetauchten Panther. *Konkret* besorgte mir ein Ticket, und am nächsten Tag flog ich über Paris nach Algier, wo gerade das Panafrikanische Kulturfestival stattfand. Ich hatte nicht die geringste Ahnung, ob Eldridge Cleaver tatsächlich hier war, und schon gar nicht, wo ich ihn suchen, geschweige denn finden könnte. Ich mietete mich in einem kleinen Hotel ein und ging abends zum Konzert von Miriam Makeba.

Am nächsten Tag lief ich durch die von Besuchern des Festivals überrannte Stadt. Wie wollte ich hier Eldridge Cleaver aufstöbern? Doch plötzlich sah ich in der Menschenmenge einen jungen Schwarzen, der mir irgendwie bekannt vorkam. Er sah mich auch und steuerte auf mich zu. Es war Ray Hewitt, ein junger Black Panther, den ich beim Frühstücksprogramm in Oakland getroffen hatte.

»What are you doing here?«, fragte er.

»I am looking for Eldridge. Is he here?«

»Sure he is. Come on, I'll take you to the Black Panther office.«

Ein paar Minuten später traf ich den meistgesuchten Mann des FBI und machte ein Interview mit ihm, das bei *konkret* veröffentlicht wurde. Ich hatte den Text auch dem *Liberation News Service* geschickt. Gedruckt wurde es dann auch im *Black Panther Paper,* dort unter der Überschrift »Eldridge Cleaver discusses Revolution: An Interview from Exile«.

Ich fragte ihn: »Sie haben jetzt viel Zeit in der Dritten Welt zugebracht. Hat das Ihren Blick auf die amerikanische Politik verändert? Welche Erfahrungen haben Sie gemacht, seitdem Sie die USA verlassen haben?«

»Wir in den Vereinigten Staaten werden unterdrückt. Aber im Vergleich zu dem, was ich auf der Welt gesehen habe, sieht es so aus, als würden wir zwischen Seidentüchern unterdrückt. Es gibt bei uns in den Vereinigten Staaten nichts Vergleichbares mit der Armut, die ich auf der Welt gesehen habe, nicht einmal in den am meisten unterdrückten Regionen. Aber ich habe auch erkannt, dass die Regierung der Vereinigten Staaten der Feind Nummer eins der Menschheit ist und sehr stark daran beteiligt, alle diese Dinge, die ich gesehen habe, aufrechtzuerhalten.« All das habe einen großen Einfluss auf ihn gehabt, genauso wie die revolutionäre Entschlossenheit, die er auf seiner Reise kennengelernt habe.

Es war das erste Mal, dass der vom FBI mit Hochdruck gesuchte Eldridge Cleaver wieder auftauchte – wenn auch nur in einem Interview. Das beeindruckte sogar meine alte Kollegin Ulrike Meinhof, und sie stellte einen Kontakt zu einem guten Bekannten beim SFB in Berlin her, der mir den Auftrag für eine längere Hörfunksendung im Dritten Programm gab: »Zwischen Harlem und Watts – Formen schwarzer Organisation«. Sie lief am 15. April 1970, einen Monat bevor Ulrike Meinhof in den Untergrund ging.

St. Pauli-Nachrichten

An einem Freitagabend, dem 29. Januar 1970, war ich mit meinem alten Freund Manfred Bissinger in einem italienischen Lokal namens Fontana di Trevi, wo eine deutsche Köchin hervorragende italienische Speisen zubereitete. Viele Journalisten, vor allem vom *stern*, gingen dort ein und aus. Manfred war immer noch der erste Mann hinter dem Chefredakteur Henri Nannen. Er hatte mir in Aussicht gestellt, möglicherweise für den *stern* als Reporter nach New York zu gehen, was sich im Laufe der Zeit aber in Luft auflöste.

Da klingelte das Telefon, und der Wirt rief mich an den Apparat an die Bar. Es war ein junger Layouter, den ich aus den Tagen der Schülerzeitung kannte. Jetzt arbeitete er bei der neuesten Publikation auf dem Zeitungsmarkt, die sich im Zuge der »sexuellen Befreiung« in den Auflagen ziemlich nach oben gearbeitet hatte. Die Redaktion war auf der Reeperbahn, und ich hatte den *St. Pauli-Nachrichten* ein paar Wochen zuvor einen Besuch abgestattet.

Der Hamburger Fotograf Günter Zint, den ich aus der linken Szene der Stadt kannte, hatte sie gegründet und dann dem Trödelhändler Helmut Rosenberg verkauft. Dieser hatte ein gewaltiges Potenzial darin gesehen, das Blatt wöchentlich herauszubringen – und vor allem mit Kontaktanzeigen zu füllen. Und die waren der Renner, ähnlich den Online-Dating-Portalen des digitalen Zeitalters. Die Auflage der *St. Pauli-Nachrichten*, im normalen Zeitungsformat und mit dem vorwiegenden Thema Sex, war in astronomische Höhen geklettert und näherte sich den Verkaufszahlen des *stern* von damals über einer Million.

Der Anrufer hatte ein dringendes Anliegen. »Die *SPN* sind von der Bundesprüfstelle für jugendgefährdende Schriften dreimal indiziert worden«, erklärte er mir. »Wegen der Kontaktanzeigen. Und nun darf die Zeitung für sechs Monate nur noch unter dem Ladentisch verkauft und nicht mehr offen ausgelegt werden.«

»Dann sind die platt«, stimmte ich ihm zu.

»Aber Rosenbergs Anwältin hat da eine Idee.«

Ich kannte Gisela Wild. Sie war eine vorzügliche Juristin und brachte Jahre später gemeinsam mit ihrer Kollegin Maja Stadler-Euler durch eine Klage vor dem Bundesverfassungsgericht die geplante Volkszählung zu Fall. Außerdem war Gisela die Ehefrau des langjährigen Auslandschefs des *Spiegel*, Dieter Wild, den ich wiederum knapp 25 Jahre später als Stellvertretenden Chefredakteur bei dem Magazin übernahm.

Gisela Wild hatte herausgefunden, dass Tageszeitungen von der Bundesprüfstelle nicht dauerindiziert werden durften. Also musste aus dem Wochenblatt eine Tageszeitung gemacht werden.

»Kannst du das machen?«, fragte mich der Anrufer.

»Ab wann?«, fragte ich, abenteuerlustig wie immer.

»Montag muss die erste Ausgabe erscheinen«, sagte er und fügte beruhigend hinzu: »Eine Druckerei haben wir schon. Und wir kennen jemanden, der bei DPA arbeitet und uns den Basisdienst zustecken kann.«

»Das kann ich aber nicht alleine machen«, antwortete ich. »Dazu brauche ich meinen Freund Horst Tomayer, und der ist in Berlin.«

Tomayer, den ich über Peter Homann in Berlin kennengelernt hatte, schrieb Texte für den Kabarettisten Wolfgang Neuss. Ich rief ihn an und schilderte ihm die Lage.

»Wenn das Montag losgehen soll, wann ist dann am Sonntag Redaktionsschluss?«, fragte er.

»16 Uhr«, sagte ich.

»Dann reicht es ja, wenn ich Sonntagmittag da bin.«

Ich war einverstanden. Das würde reichen.

Am nächsten Tag tauchte ich in der Redaktion der *St. Pauli-Nachrichten* in der Hein-Hoyer-Straße, gleich neben der Reeperbahn, auf und sprach mit dem Verleger. Die neue Zeitung, so sagte er, sollte ein echtes Boulevardblatt werden und an fünf Tagen in der Woche erscheinen. Sie musste Nachrichten aus Politik und anderen Bereichen haben, aktuell sein, also eine »richtige« Tageszeitung, wenn auch nur auf sechs Seiten. Das war mithilfe von DPA und einigen »Lohnschreibern«, wie Tomayer sie später nannte, machbar. Die »reguläre« Ausgabe der *SPN* erschien dann am Samstag mit ihrer Millionenauflage und brachte das Geld ein, mit dem Verleger Rosenberg die täglichen Blätter finanzierte. Es war eine clevere Idee der Anwältin, denn im Gesetz stand nur, dass die Zeitung denselben Titel haben musste, der Inhalt konnte durchaus variieren.

In der ersten Ausgabe machte ich – wie bei *konkret* geübt – die Schlagzeile. Doppeldeutig hieß es »Darum täglich eine Nummer«. Um zu zeigen, wie breit das Themenspektrum war, gab es schon auf der Titelseite mehrere politische Meldungen, eine über US-Atombomben, deren Zielkoordinaten nach einer Studie der US-Luftwaffe auf Deutschland gerichtet waren, und eine über die Investition des amerikanischen Präsidenten Nixon in eine Anti-Raketen-Rakete. Es war außer dem Titelfoto eines leicht bekleideten Mädchens kaum Sex in dieser ersten Nummer, und in der Kolumne »Hein und Fietje«, ausgestattet mit einem Foto von uns beiden, schrieb Kollege Horst Tomayer einige Worte über die politische Linie der *SPN*: »Wir werden von Fall zu Fall prüfen, wem wir unsere Stimme geben …, aber immer werden wir jene gesellschaftlichen Kräfte unterstützen, die wie wir eintreten für soziale Gerechtigkeit, Mitbestimmung … insbesondere für die Ächtung des imperialistischen Krieges der USA in Vietnam und die Auflösung der Bundesprüfstelle für jugendgefährdende Schriften …«

Es war eine wilde Zeit auf dem Kiez. Die Schlagzeilen waren die einer linken Boulevardzeitung, einer etwas ärmlichen Mischung aus *taz* und *Morgenpost,* aber durchaus lustig.

Der erste Film zum Baader-Meinhof-Komplex

Ich arbeitete unterdessen immer noch an meinen Sendungen für den NDR-Hörfunk und war am 14. Mai auf dem Weg ins Studio. Plötzlich entdeckte ich an einem Zeitungsstand die Schlagzeile für ein Extrablatt der *Hamburger Morgenpost*.

Andreas Baader war von Ulrike Meinhof und anderen aus der Haft befreit worden. Dabei war ein Angestellter des Instituts für soziale Fragen durch einen Schuss lebensgefährlich verletzt worden. Ich fuhr in die Redaktion der *St. Pauli-Nachrichten* und schrieb gemeinsam mit Horst Tomayer in der Kolumne »Hein und Fietje« unter der Zeile »Baader außerhalb der APO«: »Andreas Baader hätte noch einige Monate auszusitzen gehabt … Baader war Gesinnungstäter. Von ihm war zu verlangen, dass er die insgesamt drei Zuchthausjahre nach dem Vorbild Lenins, Bebels, Luxemburgs und anderer Revolutionäre diszipliniert absitze, um sich die Möglichkeit weiterer legaler politischer Arbeit nach der Entlassung nicht zu nehmen. Zwei Drittel seiner Strafzeit waren ohnehin um. Baader machte Politik auf eigene Faust. Handelte seinen Helfern Haftbefehle wegen Mordversuchs und sich selber für drei Vierteljahre möglicherweise fünf oder zehn Jahre Zuchthaus ein. Andreas Baader hat sich mit diesem Schritt außerhalb der Außerparlamentarischen Opposition gestellt. Er hat das Recht auf Solidarität verwirkt.«

Ob der Text nun primär von mir oder von Tomayer stammte, weiß ich nicht mehr. Er traf jedenfalls meine Einschätzung der Aktion ziemlich genau – auch wenn ich mich damals nicht so sehr als APO-Aktivist gesehen habe, wie der Kommentar andeuten mag.

Kurz nach der Baader-Befreiung rief ein *Panorama*-Redakteur an, den ich aus den *konkret*-Tagen kannte, und gab mir den Auftrag, die Hintergründe der Baader-Befreiung zu recherchieren. Ich nahm einen Flug nach Berlin und versuchte dort, Peter Homann zu finden, von dem ich ja wusste, dass er mit Ulrike zusammengelebt hatte. Der war verschwunden. Ich rief Jan-Carl Raspe an, der zusammen mit Marianne Herzog in einer Wohnung wohnte, in der ich Ulrike Meinhof Anfang 1970 am Vorabend ihres Prozesses wegen des Falschparkens am Gründonnerstag 1969 vor dem Springer-Haus das letzte Mal gesehen hatte.

Raspe traf sich mit mir in einem Café am Kurfürstendamm, wusste aber angeblich nichts von den Untergetauchten. Ich interviewte die Mädchen aus dem Eichenhof, wo Ulrike Meinhof ihren Film *Bambule* gedreht hatte. Wir filmten den Leseraum im Institut für soziale Fragen in Dahlem, wo Ulrike Meinhof und Baader aus dem Fenster gesprungen waren. An jeder Litfaßsäule klebte ein Fahndungsplakat mit dem Foto von Ulrike Meinhof. Der Film wurde nicht bei *Panorama*, sondern nur in einem Magazin des Dritten Programms gesendet. Es war mein erster Fernsehbeitrag. Und nicht der letzte über Ulrike Meinhof und die RAF.

Baader-Meinhof und andere Themen

Die Fahndung lief auf Hochtouren. Die Rote Armee Fraktion wurde das beherrschende Thema in den Medien, der Politik und der Öffentlichkeit. Ich machte weiter bei den SPN, denn wir mussten ja das halbe Jahr schaffen, um die Dauerindizierung zu verhindern. Zwischendurch aber begann ich, mich neu zu orientieren. Nach dem Beitrag über die Baader-Befreiung bekam ich einen weiteren Auftrag der Redaktion. In der angespannten Lage zwischen linker Szene und der Polizei in Berlin sollte ich einen Beitrag über linke Frauen und die Frauen von Polizisten machen.

Henri Regnier bekam mit, dass ich angefangen hatte, kleine Fernsehbeiträge zu machen, und schlug der damaligen Freundin von Rudolf Augstein vor, doch ein Filmprojekt mit mir zusammen in Angriff zu nehmen. Sie wollte für seinen Sendeplatz am Frühabend in der ARD, wo das Frauenmagazin *Sie – Er – Es* sich mit einer Reportage abwechselte, einen Film über das Wohnen in Neubauvierteln machen.

Wir trafen uns abends in der Augstein'schen Villa an der Elbhöhe 1 und besprachen das Projekt, bei dem es um die eingeengten Wohnverhältnisse der Bevölkerung ging, was in dem doppelstöckigen Wohnzimmer der Strohdachvilla am Elbhang einigermaßen skurril war. Wir verstanden uns gut und nahmen den Film in Angriff. In den Tagen und Wochen danach fuhren wir immer wieder nach Hamburg-Bergedorf, wo wir in dem Neubaugebiet Lohbrügge-Nord filmen wollten. Das zog sich hin, denn schon die gemeinsamen Recherchen machten Spaß, und meine Freundin Simone war ohnehin die meiste Zeit auf Fotoshootingreisen für die Moderedaktion des *stern*.

Homann taucht auf

Im Spätsommer 1970 erhielt ich plötzlich in Hamburg einen Anruf. Ich sollte sofort zu einer Wohnung in der Himmelstraße kommen. Dort stand Peter Homann im Bad und färbte sich die Haare. Noch immer war sein Name ganz oben auf der Fahndungsliste, denn die Ermittler vom Bundeskriminalamt gingen nach wie vor davon aus, dass Homann an der Baader-Befreiung mitgewirkt hatte und derjenige Maskierte gewesen war, der auf den Institutsangestellten Georg Linke geschossen hatte. Das wäre als Mordversuch gewertet worden.

Homann hatte keine Lust, ins Gefängnis zu gehen, und wollte auch nicht als Kronzeuge gegen seine ehemaligen Genossen aussagen. Deshalb bat er mich darum, ihn zu unterstützen, sich vor der Polizei zu verstecken. Als Erste Hilfe gab ich ihm meine dunkle Hornbrille. Damit ausgestattet und mit dunkel gefärbten Haaren, tauchte er in unserer Wohnung in der Friedensallee auf. Simone kam und erkannte ihn nicht, obwohl sie ihn früher häufig gesehen hatte.

»Wer ist das?«, fragte sie verwirrt, bis er sie in die Arme nahm.

»Mensch, Simone, kennst du mich nicht mehr?«

Ich beschaffte ihm eine Unterkunft und versorgte ihn mit dem Nötigsten.

Eine Reise nach Sizilien

Peter berichtete mir, dass er von der Baader-Befreiung gewusst habe, aber nicht daran beteiligt gewesen sei. Trotzdem war er mit der Gruppe nach Palästina geflogen, weil er Angst hatte, von der Polizei gefasst und wegen einer Tat, die er nicht begangen hatte, inhaftiert zu werden. In einem Lager der El Fatah habe er sich mit Baader, Ensslin und Meinhof total überworfen. Baader und Ensslin hätten ihn als potenziellen Verräter erschießen wollen. Die Palästinenser hätten ihn in Schutz genommen und ihm sogar ermöglicht, das »Volkstribunal« gegen ihn zu belauschen. Er habe auch mitbekommen, dass Ulrike Meinhofs Kinder, die seit der Baader-Befreiung verschwunden waren, irgendwo von der Gruppe versteckt würden. Er wusste nicht, wo, hatte aber in Jordanien mitbekommen, dass die Gruppe plante, die beiden damals siebenjährigen Zwillinge Bettina und Regine in ein palästinensisches Ausbildungslager für Kinderguerillas zu bringen. Klaus Rainer Röhl, der Vater der Zwillinge, ließ sie seit Monaten erfolglos über Interpol suchen. Immer wieder führten wir lange Gespräche darüber, dass das für die Kinder höchst gefährlich sein würde.

Was dort vor sich ging, war mir aus dem Artikel in *konkret* durchaus bewusst. Zudem waren die Beziehungen zwischen der El Fatah und den Jordaniern sehr gespannt. Jeden Tag konnte es zu bewaffneten Auseinandersetzungen zwischen den verfeindeten Gruppen kommen. In diese explosive Zone wollte die Gruppe Ulrike Meinhofs siebenjährige Zwillingstöchter schicken. Homann und ich beschlossen, etwas dagegen zu unternehmen. So nahm Homann in den ersten Septembertagen 1970 Kontakt zu einer gewissen Hanna auf, die daran beteiligt gewesen war, die Kinder wegzuschaffen. Was ich nicht wusste, war, dass Peter sie in dem El-Fatah-Camp in Jordanien getroffen hatte. Das erfuhr ich erst ein halbes Jahrhundert später von ihr selbst. Nachdem Hanna die Zwillinge auf Sizilien abgeliefert hatte, war sie nach Berlin zurückgefahren und hatte dort erfahren, dass die Gruppe in den Nahen Osten abgereist war. »Ich war noch überzeugt von der Sache«, sagte sie. Als Hanna in dem staubigen Lager angekommen war, fand gerade eine Gruppenbesprechung statt. Sie merkte schnell, dass es gegen das »Herrscherpaar« Baader und Ensslin keine Widerworte gab. Ein Vertrauter aus Berlin, der schon länger am Militärtraining teilgenommen hatte, nahm sie auf die Seite und sagte: »Das, was hier abläuft, ist ganz, ganz furchtbar. Und zur Krönung wollen sie auch noch Peter Homann erschießen, prophylaktisch, denn sie haben sich in den Kopf gesetzt, dass er zum Verräter werden würde.« Das war für Hanna der Punkt zum Ausstieg. Man ließ sie gehen, und Gudrun Ensslin sagte zu ihrem Abschied: »Die ist so 'ne feige, vorsichtige Fotze. Die macht nix, die kann gehen.« Peter hatte herausgefunden, wie er sie erreichen konnte, und bat sie, nach Hamburg zu kommen.

An einem Samstag trafen wir uns in der konspirativen Wohnung, die ich für Homann organisiert hatte. Hanna berichtete, dass die Gruppe inzwischen nach Berlin zurückgekehrt sei und jemanden nach Sizilien schicken wolle, um die Kinder ins Waisenlager nach Jordanien zu bringen. Der Entschluss war schnell gefasst. Hanna erzählte später Bettina Röhl: »Stefan wollte sich als Gruppenmitglied ausgeben und sie am nächsten Tag in Sizilien abholen. Das sei doch Quatsch, sie müssten zum Vater! Ja, das fand ich auch. Ich sagte den beiden, wo und wie ihr genau abgeholt werden könnt. Dann sauste ich wieder nach Berlin zurück.« Man musste dem Abgesandten der Gruppe zuvorkommen. Hanna hatte uns die Telefonnummer des italienischen Kontaktmannes in Sizilien gegeben. Homann, der etwas

Italienisch konnte, rief dort an, nannte das Kennwort »Professor Schnase« und kündigte an, dass am nächsten Tag um 14.14 Uhr auf dem Flughafen in Palermo jemand ankäme, um die Kinder abzuholen.

Es war Wochenende, und obwohl ich aus meiner Zeit bei *konkret* noch einige Ersparnisse auf dem Konto hatte, kam ich so schnell nicht an das Geld heran. Deshalb lieh ich mir von Gisela, die immer genügend Bargeld im Hause Augstein zur Verfügung hatte, 4000 Mark, um Tickets zu kaufen und noch etwas Geld für alle Fälle in Reserve zu haben. Am nächsten Morgen um sieben Uhr saß ich in der Maschine nach Rom. Ich hatte mit Homann und Hanna ausgemacht, dass ich vom Flughafen noch einmal anrufen würde, um mir endgültig grünes Licht für die Aktion zu holen. Ich meldete mich zwar, hängte aber schnell wieder auf. Ich wollte mich durch mögliche Bedenken nicht am Weiterflug nach Sizilien hindern lassen. Auf dem Flughafen Palermo traf ich einen hippiemäßig gekleideten Mann, der deutsch aussah, und einen Italiener.

»Ich bin Professor Schnase«, sagte ich.

Die beiden blickten auf den Gepäckaufkleber auf meinem Koffer: »Wieso kommst du aus Hamburg und nicht aus Berlin?«

»Ich war früher mal bei *konkret,* mit Ulrike ...«

Die beiden waren nicht gut auf die Gruppe zu sprechen. »Die haben sich monatelang nicht bei uns gemeldet. Wir wussten überhaupt nicht, wohin mit den Kindern. Geld haben wir auch nicht mehr«, sagte der Hippie. Da konnte ich aushelfen.

In einem kleinen Fiat mit italienischem Kennzeichen fuhren wir zur Küste. An einem menschenleeren Strand wartete ein vergammelter VW-Bus. Darin saßen zwei braun gebrannte Mädchen mit sonnengebleichten blonden Haaren, Ulrike Meinhofs Töchter. Bettina und Regine hatten mich oft bei *konkret* gesehen, in der Röhl'schen Villa in Blankenese, auch noch später in Berlin, wo ich Ulrike manchmal besucht hatte.

»Wir nehmen gleich die nächste Maschine«, sagte ich.

»Das geht nicht«, meinte der Hippie. »Auf dem Flughafen

werden die Pässe kontrolliert. Wir haben keine Ausweise für die Kinder. Wir haben uns aber schon nach Zugverbindungen erkundigt.«

Wir stiegen in einen übervoll besetzten Zug und saßen die Nacht über auf dem Gang vor der Toilette. Ich erzählte den Kindern Geschichten, und sie sangen mir Revolutionslieder vor, die sie in Sizilien gelernt hatten: »Avanti popolo, alla riscossa, bandiera rossa, bandiera rossa ...« Zu ihrem Vater wollten sie auf keinen Fall zurück, denn der, das hätten sie inzwischen gelernt, sei ein Faschist und Kapitalist. Ich tröstete sie damit, dass sie zu uns nach Hause aufs Land kommen könnten.

Morgens um sieben Uhr waren wir in Rom und kamen bei einem mit Simone befreundeten Modefotografen in Ostia unter. Ich versuchte, mit Klaus Rainer Röhl Kontakt aufzunehmen, doch der war in Urlaub, und aus Sicherheitsgründen durfte niemand seine Adresse oder seinen Urlaubsort nennen. Ich rief Gisela Stelly an und bat sie, ein paar Telefonate zu führen, um Röhl aufzuspüren, und nach fünf Tagen hatte ich ihn endlich am Telefon. Zufällig machte er in der mittelitalienischen Stadt Pisa Urlaub.

»Ich habe Ihre Kinder«, sagte ich über eine sehr schlechte Telefonverbindung.

»Nein«, schrie Röhl zurück, »das glaube ich nicht!«

»Sie können sie hören«, sagte ich und reichte den Hörer an Regine weiter.

»Papi ...«, piepste sie.

Dann nahm ich wieder den Hörer: »Kommen Sie schnell die Kinder abholen. Kommen Sie heute noch. Die Gruppe ist möglicherweise schon hinter uns her und weiß, dass wir in Rom sind. Die haben hier mehr Anhänger, als es Polizisten gibt.«

Wir verabredeten uns für den Abend an einem Brunnen auf der Piazza Navona. Ich fuhr mit den Kindern dorthin und brachte sie bei Freunden in einer Seitenstraße unter. Dann wartete ich am Brunnen auf Röhl, der irgendwann gegen Mitternacht mit dem Auto aus Ronchi in der Nähe von Viareggio in

Rom eintraf. Er entdeckte mich zwischen »Hunderten von ungeachtet der Uhrzeit umhertollenden Kindern, flanierenden Liebespärchen und malerisch hingelümmelten Hippies«, wie Röhl später schrieb. Ich führte ihn in die Wohnung zu den Zwillingsmädchen, die ganz hinten in der Küche auf dem Fußboden saßen und malten. Sie sahen kaum hoch. Röhl erinnerte sich: »Irgendjemand sagte: ›Papa ist da, er bringt euch jetzt nach Hause.‹ – ›Okay‹, sagte eine, ›aber wir müssen noch erst das Bild zu Ende malen.‹ Sie standen einfach auf und kamen mit. Sie weinten nicht, sie freuten sich nicht. Sie fielen mir nicht in die Arme. Das alles kam alles erst später.«

Röhl wollte sie sofort in seinem Leihwagen mit nach Ronchi nehmen, von dort aus bei den deutschen Behörden Pässe für sie besorgen und dann mit ihnen zurück nach Deutschland fliegen. Die Mädchen wollten aber nicht mit ihm fahren. Ich musste mit. So setzte ich mich ans Steuer und chauffierte Röhl und seine Zwillinge in nächtlicher Fahrt nach Norden. Von Mailand aus flog ich am nächsten Tag zurück nach Hamburg.

Als Erstes zahlte ich den Kredit aus dem Hause Augstein zurück, denn ich hatte aus *konkret*-Zeiten und der Tätigkeit bei den *St. Pauli-Nachrichten* genügend Geld auf dem Konto. In der Zwischenzeit hatte jemand aus Berlin in Sizilien angerufen: »In den nächsten Tagen holen wir die Kinder ab.«

»Wieso, ihr wart doch schon hier. Die Kinder sind weg.«

In der Gruppe wurde überlegt, wer den Aufenthaltsort der Kinder gekannt haben könnte. Man kam auf Hanna und machte sich auf die Suche. An der Tür einer Wohngemeinschaft fragte Baader: »Wo ist Hanna?«, und zog die Pistole.

»Sie ist nicht hier«, sagte man ihm, gab aber einen Tipp, wo sie sein könnte. Als sie aufgespürt worden war, wurde auch ihr eine Pistole vorgehalten. Hanna sagte, wer die Kinder geholt hatte. Kurz darauf reisten Baader und Mahler nach Hamburg.

Hanna – 50 Jahre danach

Ich hatte Hanna nie wieder gesehen, ich kannte noch nicht einmal ihren vollen Namen. Dann, ein halbes Jahrhundert später, bekam ich eine E-Mail von einem »Max Müller«:

»Privat nur an Herrn Aust bitte!!
Lieber Stefan Aust,
Nach langen, langen Jahren (fast fünfzig?) melde ich mich, weil ich – schon lange! – immer mal wieder dachte:
Wir trafen uns damals soo kurz, und haben doch etwas Entscheidendes miteinander gemacht.
In allen Büchern, auch Artikeln, geistert nun immer wieder diese ›Hanna K‹ rum. Ich dachte schon oft: mal zusammen einen Kaffee, ein Bier trinken? Und bitte OHNE dass das dann durch die Gazetten geht?
Bei der Trauerfeier neulich waren Sie dann ja nachher nicht mehr da.
Keine Ahnung, wo Sie wohnen, keine Ahnung, ob Sie es auch eine Idee finden, sich mal ganz privat zu treffen …
Es grüßt herzlich: eben diese.«

Ich schrieb sofort zurück:

»Lieber Max Müller,
wahrscheinlich liegt es an meinem fortgeschrittenen Alter. Aber an einen Max Müller kann ich mich im Augenblick nicht erinnern, auch nicht daran, dass wir uns vor gerade mal 50 Jahren getroffen haben. Geben Sie mir einen Tip?
Tatsächlich war ich auf der Trauerfeier – es war wirklich unglaublich traurig. Dass Bettina das jetzt noch passieren musste, ist einfach furchtbar.
Und der Name Hanna K. ist mir vor allem durch Bettinas neues Buch bekannt geworden. Für mich war sie bisher

immer nur Hanna. Aber offenbar hat sie sich ja bei Bettina gemeldet. Heißt sie jetzt vielleicht Max Müller? Über ein Treffen würde ich mich sehr freuen.«

Wir trafen uns, nicht nur einmal. Es war wirklich Hanna, die uns damals gesagt hatte, wo Ulrike Meinhofs Zwillingstöchter versteckt waren – und die dafür, genau wie Peter Homann und ich, beinahe erschossen worden war. Sie hatte sich Jahre später bei Bettina Röhl gemeldet und ihr die Geschichte der Entführung nach Sizilien geschildert.

Besuch von der RAF

Wir waren am Wochenende auf dem Land, und meine Mutter sagte mir, Karl Heinz Roth habe nach mir gefragt. Sie kannte den ehemaligen Hamburger Studentenführer, der im Glauben, von der Polizei gesucht zu werden, im Sommer 68 mit in meiner Wohnung am Alten Steinweg in Hamburg gewohnt hatte und auch einmal mit aufs Land gekommen war. Wir fuhren zurück nach Hamburg, und ich klingelte an Roths Wohnungstür in der Langen Reihe. Niemand öffnete.

Wir übernachteten in meiner Wohnung in der Friedensallee in Altona; fünf Personen waren in dieser Nacht dort: meine Freundin Simone und ihre Schwester Andrea, deren Freund, Peter Homann und ich. Um drei Uhr morgens klingelte es an der Tür. Draußen stand Karl Heinz Roth, der ehemalige SDS-Aktivist, normalerweise ein Bär von einem Mann, immer souverän, immer überlegen. Jetzt war er völlig aufgelöst und kritisierte erst einmal heftig, dass wir Klaus Rainer Röhl seine Töchter, »die Meinhof-Zwillinge«, zugeführt hatten. »Ihr müsst hier weg, sofort. Die wollen euch umlegen.«

Baader und Mahler seien in seiner Wohnung gewesen. Mit vorgehaltener Pistole hätten sie ihn nach meiner Adresse gefragt. Zum Schein habe er sich auf ihre Seite geschlagen, sei mit ihnen zu meiner Wohnung gefahren und habe sie dazu gebracht, draußen im Wagen zu warten, bis er geklärt habe, ob nicht möglicherweise die Bullen bei mir seien.

Ohne Licht zu machen, schlichen wir die drei Stockwerke nach unten und kletterten in einen Betongraben, der vor den Kellerfenstern des Hauses verlief. Geduckt liefen wir bis zur Hausecke und krochen aus dem Graben. Und während Baader und Mahler auf die Rückkehr Karl Heinz Roths warteten, verschwanden wir in der Dunkelheit.

Wir übernachteten in einem guten Hotel an der Alster. Am nächsten Morgen musste Simone einen Flieger nach Paris nehmen, zur Modewoche. Wir beschlossen, die kurze Beinahebegegnung mit der Baader-Meinhof-Gruppe für uns zu behalten. Immerhin wurde Peter Homann immer noch mit Hochdruck von der Polizei gesucht.

Zehn Jahre später wollte Horst Mahler, nachdem er zwei Drittel seiner 14-jährigen Haftstrafe abgesessen hatte, vorzeitig entlassen werden. Dafür sollte ein Interview hilfreich sein, in dem er seine Abkehr von der RAF erklären wollte. Sein Anwalt war Gerhard Schröder, späterer Bundeskanzler. Mit dessen Hilfe gelang es damals, die Genehmigung für ein Fernsehinterview im Gefängnis Berlin-Tegel zu bekommen. Neben Horst Mahler war auch Hans-Jürgen Bäcker, der bei der Baader-Befreiung mitgemacht und sich inzwischen von der RAF abgewandt hatte, zum Gespräch bereit.

Während das NDR-Team die Kamera und die Lampen aufbaute, kam Horst Mahler in die Besucherzelle. Er ging auf mich zu, begrüßte mich und sagte freundlich: »Wann haben wir uns das letzte Mal gesehen? Bei den Springer-Demos?« Ich antwortete: »Ja, könnte sein – bis auf die eine Beinahebegegnung.«

Mahler wies mit einer Kopfdrehung auf den Wachbeamten hin, der mit in der Zelle saß, und sagte leise: »Darüber sollten wir hier jetzt nicht reden.«

Dann führten wir unser Interview, es dauerte eine gute Stunde. Der wachhabende Beamte war mehr oder weniger eingeschlafen, sodass ich im Anschluss meine Frage noch etwas konkretisierte: »Sag mal, Horst, wie ernst war denn das damals wirklich?«

»Bitterernst«, antwortete Mahler.

»Hättet ihr uns damals wirklich umgelegt?«

»Bei euch weiß ich das nicht so genau. Aber den einen ganz bestimmt.« Er meinte damit Peter Homann, den Baader als angeblichen Verräter schon in Jordanien hatte liquidieren wollen. Der Dialog wurde nicht aufgezeichnet, aber genau so habe ich ihn in Erinnerung.

Die Beinahefestnahme

Am Tag nach dem Besuch von Baader und Mahler in der Friedensallee wollten Homann und ich uns aus Hamburg absetzen. Es war ein schöner Tag, also beschlossen wir, nach Sylt zu fahren, dort hatten wir Bekannte. Ungeschützt wollten wir uns jedoch nicht auf die Reise begeben. Wir kauften in einem Waffengeschäft im Chilehaus, wo ich viele Jahre später die *Spiegel TV*-Redaktion einrichtete, ein Kleinkalibergewehr mit zehnschüssigem Magazin und brachen auf. Der Wahnsinn jener Zeit hatte auch uns ergriffen.

In der Ortschaft »Königreich Appen« bogen wir in einen Feldweg ein. Dort stand das Wrack eines alten DKW-Kombiwagens, in dem Gartengeräte abgestellt waren. Wir gaben eine Serie von Schüssen auf das Schrottauto ab. Plötzlich kam ein gutes Dutzend Jäger, Schrotflinten im Anschlag, aus dem Dickicht. »Hände hoch!«, rief einer. Wir gehorchten. Einer nahm uns das Kleinkalibergewehr ab und triumphierte: »Endlich haben wir euch.«

»Was soll das?«, fragte Peter Homann.

Man hielt uns für Wilderer und schickte nach dem Dorfpolizisten. Der örtliche Polizeibeamte fuhr im Streifenwagen den Feldweg herauf. Die Jäger übergaben uns als Beute. Der Polizist verstaute das Kleinkalibergewehr und forderte Homann auf, sich neben ihn zu setzen. Ich durfte in meinem tomatenroten VW-Cabrio hinterherfahren – zur Polizeiwache.

Der Beamte war nicht gut auf die Jäger zu sprechen. Sie hatten ihn vom Abendbrottisch weggeholt. Er fand die Aktion der Grünröcke übertrieben. Homann stand immer noch auf der Fahndungsliste gesuchter Terroristen. Und dann bei Schießübungen ertappt?

An der Wand der Dienststelle hing ein Fahndungsplakat, darauf ein Foto von ihm, ganz vorn in der Reihe der am dringendsten Gesuchten. Wir fragten den Polizeibeamten, was er denn zu Abend gegessen habe.

»Bratkartoffeln«, sagte der Beamte.

»Mit Speck und Zwiebeln?«

»Aber immer.«

Wir lachten. Der Polizist ließ sich die Pässe geben und begann, das Protokoll aufzunehmen. Er rief bei der Polizei in Hamburg an, um meine Personalien zu überprüfen. Alles war in Ordnung. Der Pass war nicht gestohlen, keine Fahndungsersuchen, nichts. Dann nahm er Homanns Pass, der in Bremen ausgestellt war – und auf einen anderen Namen lautete.

»Können Sie mir die Vorwahlnummer von Bremen sagen?«

Homann kannte die Vorwahlnummer seines angeblichen Heimatortes nicht. »Nun gut«, sagte der Polizist, »dann muss ich eben im Telefonbuch nachsehen.«

Es war nach 18 Uhr, die Amtsleitung nach Bremen war ständig besetzt. Schließlich, nach einer halben Stunde fruchtloser Dreherei an der Wählscheibe, sagte ich: »Wissen Sie was? Sie wollen nach Hause, wir wollen nach Hause. Jetzt schreiben Sie das alles auf meinen Namen, und die Sache ist okay. Dann bezahle ich das Bußgeld eben allein.« Der Polizeibeamte nickte. Ich unterschrieb das Protokoll, wir konnten uns verabschieden und fuhren zurück nach Hamburg. Das Kleinkalibergewehr blieb in polizeilichem Gewahrsam.

Kurz darauf beschaffte Peter über einen kleinen Umweg von

der El Fatah eine Pistole; es war eine kleine »Erma«, Kaliber 6 Millimeter. Für eine geraume Zeit schleppte ich die Waffe im Handschuhfach meines roten VW-Cabrio mit mir herum. Man konnte ja nicht wissen, ob Baader oder Mahler oder irgendein anderer Abgesandter der RAF noch einmal bei uns auftauchen würde.

Zu dieser Zeit recherchierte ich gemeinsam mit Gisela Stelly unser Filmprojekt *Die Zelle* und war deshalb sehr häufig im Strohdachhaus an der Elbhöhe, wo sie gemeinsam mit Rudolf Augstein lebte. Eines Tages war auch dort Gefahr angesagt. Ein Mann hatte sich gemeldet, der behauptete, Augstein sollte entführt und in einer Kalkgrube ermordet werden. Vorsorglich brachte ich die kleine »Erma« mit ins Haus auf dem Elbhang. Im Garten zeigte ich Rudolf, wie man das Magazin der »Erma« lud, wie man die Waffe sicherte und entsicherte und wie man Schüsse abfeuerte. Dann ließ ich sie dort.

In der Woche darauf, am 9. November 1970, schrieb Rudolf Augstein einen Kommentar im *Spiegel*, in dem er seine Erfahrungen an Willy Brandt weitergab, an dessen Stuhl gerade der Kanzlerkandidat der CDU, Rainer Barzel, sägte: »Kanzler ... Geh auf Neuwahlen zu, aber riskiere auch gleichzeitig schadenfroh ein konstruktives Mißtrauensvotum zugunsten des Dr. Barzel. Rüste dich fürs Duell, übe täglich im Garten das Schießen mit Pistolen ... Das Duell kommt.«

Homann stellt sich

Inzwischen war die Gruppe nach Deutschland zurückgekehrt und begann mit den Vorbereitungen für den Untergrundkampf. Schon die erste Aktion nach der Rückkehr nach Berlin zeigte den revolutionären Größenwahn der Gruppe: Innerhalb von zehn Minuten wurden drei Banken überfallen. Gut 200 000 Mark wurden bei diesem Dreierschlag erbeutet. Es war die Übungsphase der Stadtguerilla. Und niemand konnte erahnen, dass die RAF das Land über Jahre in Geiselhaft nehmen würde.

Am 8. Oktober 1970 wurde Horst Mahler nach einem anonymen Anruf in Berlin verhaftet. Kurze Zeit später wurde auch Hans-Jürgen Bäcker festgenommen. Er war der Mann, der bei der Baader-Befreiung die Pistolen vertauscht und auf den Institutsangestellten Linke geschossen hatte. Damit war der Verdacht gegen Homann ausgeräumt, und er konnte sich der Polizei stellen, ohne eine lange Gefängnisstrafe zu riskieren. Über den *Spiegel*-Herausgeber Rudolf Augstein nahm ich Kontakt zu dessen Bruder, dem Rechtsanwalt Josef Augstein, in Hannover auf. Der übernahm den Fall. Augstein informierte Bundesinnenminister Hans-Dietrich Genscher, und der unterrichtete das BKA. Am 17. November 1971 brachte ich Peter Homann mit meinem tomatenroten VW-Cabrio nach Hannover und lieferte ihn in der Kanzlei des Rechtsanwaltes Dr. Josef Augstein ab. Dort wurde er von BKA-Beamten entgegengenommen und in die Haftanstalt nach Bonn gebracht.

Aus der Zelle schrieb mir Peter Homann in einem langen Brief, er habe gerade Besuch aus Berlin von einem hohen Beamten der Polizei bekommen. Man wolle ihn in Bonn lassen, weil in Berlin das Sicherheitsrisiko zu hoch sei: »Die sollen da dauernd befreit werden. Ich lehne sowas ja strikt ab, und darum auch die behördlichen Maßnahmen, die getroffen werden, um sowas zu verhindern.« Das würde ihn in Moabit aber erwarten. »Außerdem sind die Leute da so unhöflich.« Womit er wohl eher die Gefangenen aus dem linken Lager meinte als die Belegschaft. Bonn sei eher ein freundlicher Provinzknast. An seiner Tür stehe: Einzelhaft, Einzelfreistunde, kein Fernsehen, kein Kino, kein Kirchgang. Die Kirche werde ihm fehlen, aber beim Sinnieren komme er auf allerhand schrullige Einfälle, etwa wieder einmal das *Prinzip Hoffnung* von Bloch zu lesen, dazu Hegel und Heine und Abenteuerliteratur wie *Das Totenschiff* von B. Traven oder den *Simplicius Simplicissimus*. Und natürlich Herman Melvilles *Moby Dick*. Da konnte Homann noch nicht wissen, dass dieser Roman später auch die Gefängnislektüre von Ulrike Meinhof und Gudrun Ensslin wurde. Welchen Namen sie ihm wohl aus der Crew der »Pequod« gegeben hätten?

Homann wünschte sich noch einen Füllfederhalter mit dunkler Tinte, Tabak, Kaffee-Extrakt, Tee, ein Feuerzeug und jede Menge Obst. Der Berliner Landgerichtsdirektor genehmigte die von mir eingereichte Bücherliste und den Füllfederhalter.

Homann antwortete zwei Wochen vor Weihnachten und bedankte sich für die »vielen Wege«, die ich für ihn gegangen sei. Er habe zurzeit nur einen knappen Weg, rundherum auf dem Hof, vier Schritte hin und zurück: »Den werde ich morgen mal für Dich laufen.« Die Entlassung werde sich wohl noch hinziehen. Seine Vernehmungsbeamten seien nicht so recht zufrieden mit ihm: »Man wird ja auch in der Schule dafür bestraft, wenn man zu wenig weiß.« Also könne man ihm wünschen, mehr mit diesen Verbrechern zu tun zu haben, als er es leider ohnehin schon habe. Der Spitzel Urbach habe ihn verschiedener Delikte beschuldigt, »Bomben und Feuerlegen u. solchen Kinderkram«. Er sei ein Christenmensch und würde an keines ehrlichen Mannes Haus Feuer legen. Nebenbei solle er auch zweimal irgendwo in eine Bank gesprungen sein. Ausgerechnet mit Baader sei er zusammen auf der Straße gesehen worden. »Ich mit dem auf der Straße, da geht doch nun bestimmt einer zuviel neben mir.« Er habe von heftiger Kritik von linken Chaotikern an ihm gehört: »Gibt es denn so viele, die Revolver mit Revolution verwechseln?«

Einen Tag vor Heiligabend teilte ihm Anwalt Dr. Josef Augstein über meine Adresse mit, dass der Haftbefehl vom 21. Mai 1970 aufgehoben und durch einen neuen ersetzt worden sei. Jetzt gehe es nur noch um Beihilfe zur Gefangenenbefreiung. Er habe die Kopie eines Autokennzeichens in Auftrag gegeben, mit dem der zur Flucht Baaders benutzte Alfa Romeo versehen worden sei. Mehr blieb nicht übrig. Homann wurde aus der Untersuchungshaft entlassen – unter einer Bedingung: »Jeden

Kontakt zu Personen, die an der Befreiung Baaders beteiligt waren, zu unterlassen.« Dass es ein halbes Jahr zuvor beinahe eine Begegnung mit Baader gegeben hatte, war nicht herausgekommen.

Beim Fernsehen

Im Frühsommer 1971 wurde es eng für meine Eltern und ihr Hotel. Die Gäste blieben aus, die Zinsen für ihre Kredite stiegen. Die Zwangsversteigerung drohte. Ich hatte Rudolf und Gisela, bei denen ich mehr oder weniger ein und aus ging, davon erzählt. Augstein wollte sich den Laden einmal ansehen. So fuhren wir an einem Samstag mit seinem goldenen Cadillac Eldorado Cabrio nach Stadersand. Er saß am Steuer, Gisela in der Mitte der Fahrerbank und ich rechts. Wie immer, wenn er fuhr, redete Rudolf fast ununterbrochen und fuhr dabei immer langsamer.

Meine Eltern waren nicht zu Hause, und Augstein ließ sich von mir herumführen, durch die Küche, die Gastwirtschaft, die Hotelzimmer. Am Ende sagte er: »Das ist nicht gut geführt. Ich könnte das jetzt kaufen, aber dann müsstest du den Laden hier übernehmen. Sonst wird das nichts. Aber das kann ich nicht verantworten.« Dann sattelten wir unsere Pferde und galoppierten gemeinsam am Elbstrand herum. »Können wir nicht etwas langsamer reiten?«, fragte Rudolf. Aber er blieb im Sattel.

Ein paar Tage später rief Augstein meine Mutter an und bot ihr einen Arbeitsplatz in der Vertriebsbuchhaltung des *Spiegel* an. Sie akzeptierte freudig und fuhr dann jeden Tag von Stade mit der Bahn nach Hamburg zum *Spiegel*-Verlag – vom 11. Juni 1971 bis zum 30. September 1973.

In diesen Tagen wurde unser Film *Die Zelle – Träume und Alpträume vom Wohnen* fertig. Augstein riet Regnier, mir weitere Aufträge zu geben, aber besser ohne die Co-Autorin Gisela. Das tat er dann auch, und ich drehte zwei kleine Reportagen, eine unter dem Titel *Schäferhund begeht Selbstmord – Die Vermenschlichung der Tiere* und eine mit dem Titel *Besuch bei vier alten Damen*, unter anderem über das Leben einer Putzfrau und über die legendäre Klofrau in der großen Disco »Grünspan« in der Großen Freiheit auf St. Pauli.

Die Filme brachten zwei leitende Kulturredakteure des NDR dazu, mir weitere Aufträge zu geben. Für Dieter Zilligen in Hamburg machte ich einen Beitrag über Diebstahl in Supermärkten, wozu ich die Ehefrau des Dichters Peter Rühmkorf interviewte, die als Psychologin in einer Werbeagentur arbeitete. Die Message war: Wo nicht geklaut wird, wird auch nichts gekauft. Ich filmte in Supermärkten, wie Ladendiebe aufgespürt und anschließend vom Geschäftsführer unwürdig zur Schnecke gemacht wurden. Der Beitrag kam an, und ich erhielt weitere Aufträge. Für einen Magazinbeitrag über Gefängniszeitungen besuchte ich ein halbes Dutzend Haftanstalten und sprach mit den Gefangenen, die dort eigenständig Zeitungen machten, so wie wir früher in der Schule.

Ich machte auch einen Film über jugendliche Selbstmörder, *Mit fünfzehn in den Tod*. Einer der Fälle, die ich schilderte, war der eines Mädchens aus Hamburg, das sich das Leben genommen hatte. Ich drehte in der Schulklasse ihres Gymnasiums mit ihren Klassenkameradinnen. Ein Mädchen saß in der letzten Reihe, kippelte mit ihrem Stuhl und sagte: »Wir haben so wenig Freiheiten, dann sollten wir wenigstens die Freiheit haben, über unser eigenes Leben zu entscheiden.« Kurze Zeit nach Ausstrahlung des Filmes war sie verschwunden. Gemeinsam mit den Eltern und Lehrern starteten wir eine Suchaktion, in die wir auch den NDR einschalteten. Sie wurde gefunden. Tot. Auch sie hatte sich das Leben genommen. Es war furchtbar. Es hatte familiäre Probleme gegeben, aber niemand konnte wirklich ausschließen, dass der Film sie weiter in die Depression getrieben hatte. Da war es eine Erleichterung, dass ihre Mutter mir nach der Trauerfeier in einem Brief schrieb: »Für Ihre spontane und unermüdliche Hilfe meinen Dank! Es gibt leider so wenig Menschen Ihrer Art. Bleiben Sie weiter so, wie Sie sind.«

Nicht lange danach spielten auch andere Mädchen in der Schule mit dem Gedanken an Selbstmord. Auch Drogen spielten eine Rolle. Als mich die Mutter eines Mädchens anrief und darum bat, mit ihrer Tochter zu reden, war ich kurz vor dem Abflug zu einer Amerikareise. Ich schlug ihr vor, ihre Tochter solle mit mir, meiner damaligen Freundin Irmgard und meinem Bruder in die USA fliegen. Das fand die Mutter eine gute Idee, und so machten wir gemeinsam mit der Tochter eine Tour durch Kalifornien und British Columbia. Fröhlich kehrten wir nach ein paar Wochen zurück. Die Selbstmordgedanken des Mädchens waren auf der Reise verloren gegangen.

Als mein Vater mich fragte, wo wir denn in Kanada gewesen seien, zeigten wir ihm auf der Karte die Ortschaften nördlich von Vancouver, darunter Ashcroft. Es war genau dort, wo mein Vater die meiste Zeit seiner Auswanderung zugebracht hatte.

Das Forsthaus

Als wir gerade mit den Dreharbeiten zu einem NDR-Film über die Olympischen Spiele 1936 – unter dem Titel *36 Jahre danach* – in Berlin fertig waren, rief mich meine Mutter an: »Ich habe da in der Zeitung eine Annonce gesehen. Da ist ein Forsthaus zu verpachten. Wollen wir uns das mal ansehen?« Das Hotel in Stadersand war inzwischen in den Besitz der Bank übergegangen, immerhin hatten meine Eltern keine Schulden übrig behalten. Sie waren gemeinsam mit meinen jüngeren Geschwistern, die bis auf die älteste Schwester noch zur Schule gingen, in ein leer stehendes Schulgebäude in einem kleinen Dorf an der Bundesstraße 73 gezogen. Die drei oder vier Pferde, die wir immer noch hatten, waren bei einem Bauern nebenan untergestellt. Aber wir suchten etwas Besseres, was auch bezahlbar war. Ich fuhr also in diesem September 1972 gemeinsam mit meiner Mutter in der Nähe der Ortschaft Lamstedt in einen Waldweg hinein. Rechts und links standen gewaltige Douglasien. Am Ende des Weges, mitten im Wald, sollte das Forsthaus stehen. Überwältigt blickte ich aus dem Fenster: »Das es so was noch gibt ...«

Wir beschlossen, das bescheidene Forsthaus im Wald zu pachten. Dazu gehörten ein paar Hektar Weiden und ein kleines Stallgebäude, alles perfekt für die Familie und die paar Pferde, die wir unterbringen mussten. Der Waldbesitzer Hubertus Freiherr Marschalck von Bachtenbrock war nach anfänglichen Bedenken gegen den »linken Journalisten« bereit, uns das Gehöft zu verpachten. Jetzt konnten wir ungestört ausreiten, in einem gewaltigen Waldgelände, stundenlang und jedes Wochenende. Und irgendwann kam ich auf die ebenso naheliegende wie folgenreiche Idee, die Qualität der Pferde durch Zucht zu verbessern.

Das Leben spielte sich am Wochenende auf dem Land ab: reiten, füttern, ausmisten, Zäune reparieren, Heu machen. Meine Brüder machten tatkräftig mit. Es war eine Art verlängerte Kindheit, in der wir viel zusammen arbeiteten und kochten. Und immer waren jede Menge Freunde und Freundinnen dabei.

Augstein geht in die Politik

Nachdem auch die *Spiegel*-Belegschaft Ende der Sechziger-, Anfang der Siebzigerjahre für mehr Mitbestimmung gekämpft hatte, schenkte Rudolf Augstein ihr in einer beispiellosen Großzügigkeit die Hälfte des Unternehmens. Nun zog es ihn an eine neue Front, den Bundestag.

Ausgerechnet im katholischen Wahlkreis Paderborn trat Rudolf Augstein für die FDP an.

Rückblickend meinte Augstein in unserem Gespräch zu seinem 70. Geburtstag: »Erst jetzt stellte sich die Möglichkeit, aktiv in der Politik weiterzuwirken und das fortzusetzen, was man bisher als Journalist jahrelang mit Hartnäckigkeit betrieben hatte.« Er blickte mich an und ergänzte: »Ich sehe also hier eine konsequente Fortsetzung, kann aber niemanden zwingen, das genauso zu sehen wie ich.« Das war eine leichte Anspielung auf den Konflikt, den wir 21 Jahre zuvor gehabt hatten, als ich einen *Panorama*-Beitrag über seinen Wahlkampf gemacht hatte.

Zu diesem Zeitpunkt arbeitete ich für die Kulturredaktion des NDR-Fernsehens und hatte gut zu tun. Dann fragte Peter Merseburger mich, ob ich für *Panorama* einen Beitrag über Augsteins Wahlkampf machen wolle. Ich würde ihn doch gut kennen und käme deshalb sicher dicht an ihn heran. Natürlich wollte ich. Also ging in der zweiten Oktoberwoche die Reise los, nach Rheda-Wiedenbrück, wo der *Spiegel*-Herausgeber ausgerechnet gegen den Kanzlerkandidaten der CDU, Rainer Barzel, antreten wollte. Wir drehten alles, was sich auf Marktplätzen und in Gemeindesälen filmen ließ.

Einmal sah ich auf dem Marktplatz in Paderborn, wie eine Gruppe von Nonnen auftauchte. Ich rief Augstein zu: »Rudolf, mit denen musst du jetzt über 218 diskutieren!« Aber er war schon auf dem Weg. Die Kamera fing ein, wie Augstein neben den Nonnen herrannte, um ihnen Flugblätter in die Hand zu drücken. Sie würdigten ihn keines Blickes.

Aus dem Umfeld des Wahlkämpfers Augstein hatte ich erfahren, dass er eine Meinungsumfrage bei den Wählern seines Wahlkreises in Auftrag gegeben hatte. Das Ergebnis sollte eher ernüchternd sein. Ich fragte, ob ich die Untersuchung haben könne. Auf keinen Fall. Es gebe auch gar keine Umfrage. Kurz danach machten wir ein Interview mit der Wahlkampfmanagerin der FDP. Während des Interviews wurde sie plötzlich zu einem Telefonat abgerufen. Als sie ihr Büro verlassen hatte, sah ich plötzlich auf ihrem Schreibtisch die Broschüre mit den Umfrageergebnissen liegen. Ich nahm sie in die Hand und blätterte darin herum. Auf einer Seite stand, dass die Mehrheit der Befragten Rudolf Augstein als »zynisch, clever und kalt« eingestuft habe. Ich drehe mich zu unserem Kameramann um und sagte: »Kuck mal hier, das ist die Umfrage, die ich gern gehabt hätte. Soll ich sie einstecken?«

»Auf keinen Fall«, sagte der Kameramann.

Ich legte das Heft wieder auf den Schreibtisch. Dann kam die FDP-Frau von ihrem Telefon zurück. Wir konnten das Interview fortsetzen. Als die Kamera noch lief, fragte ich: »Ich habe gehört, es gibt eine Umfrage unter den Wählern über den Kandidaten Augstein. Was waren die Ergebnisse?«

»Ich kenne eine solche Umfrage nicht.«

Ich deutete auf das Papier und sagte: »Aber da liegt sie doch.«

Die Wahlkampfmanagerin griff die Broschüre und schob sie in ihren Schreibtisch: »Nein, nein, das ist etwas anderes.« Aber ich hatte mir ja schon einen Teil der Ergebnisse angesehen und gemerkt.

Später im Schneideraum, als ich das aufgenommene Material sichtete, kamen mir erhebliche Bedenken. Wenn ich aus diesem Material einen *Panorama*-Beitrag machte, würde Augstein nie wieder mit mir reden. Wenn ich die besten Szenen weglassen würde, wäre ich wiederum für die *Panorama*-Redaktion eine schlechte Wahl. Und mein erster Beitrag vermutlich mein letzter. Ich stellte mir einfach die Frage: Was würde Augstein an meiner Stelle tun? Der kannte in journalistischen Fragen auch keine Kameraden. Die Antwort war ganz einfach: aus dem vorhandenen Material den bestmöglichen Film machen. Das tat ich dann auch. Und setzte auch den Satz aus der Umfrage ein, den ich mir gemerkt hatte.

Der Beitrag fing harmlos an: »26 Jahre lang versuchte Rudolf Augstein, die Politik vom Schreibtisch aus zu beeinflussen. Jetzt will der 49-Jährige an die Schalthebel der Macht in Bonn. Durch das Netz eines guten Listenplatzes abgesichert, macht der Jungpolitiker seine ersten Schritte ... Den meisten Paderborner Wählern erscheint Rudolf Augstein – das ergab eine von ihm in Auftrag gegebene Image-Analyse – clever, zynisch und kalt ... Der Mann, der 25 Jahre lang mit Kritik nicht zimperlich war, reagiert gelegentlich gereizt auf Kritiker. »Wenn die Staatsmacht auf den Plan trete, sei für ihn die Republik in Ordnung, von Schönheitsfehlern wie einem möglichen Sieg des Gegners abgesehen.

Die Ansprache auf dem Marktplatz in Rheda missriet dem einst so obrigkeitsfeindlichen und stilsicheren *Spiegel*-Herrn zu einer provinziellen Huldigung an den Bundesinnenminister: »Lieber Hans-Dietrich Genscher, wir heißen Sie hier in Rheda-Wiedenbrück willkommen. Ihre Begleiter und vielleicht Sie selbst werden vielleicht unterwegs gemerkt haben, wie dringend Rheda-Wiedenbrück eine Umgehungsstraße benötigt ...«

Dann sprach Genscher, und Augstein sah, dass wir ihn mit der Kamera im Visier hatten. Neben ihm stand ein kleiner Junge mit einem Roller, Augstein machte einen Schritt auf ihn zu, um sich mit dem Kind auf dem Roller filmen zu lassen. Da begann der Junge, bestialisch zu schreien. Verschreckt zog sich Augstein zurück. Aber wir hatten alles im Kasten.

So war der Beitrag von gerade mal acht Minuten und zwölf Sekunden eine bunte Reportage über einen großen Journalisten im kleinen Wahlkampf. Der Herausgeber beschwerte sich bitterlich bei Merseburger, und ich musste auf die Vorwürfe schriftlich antworten.

»Zusammenfassend möchte ich sagen«, schloss ich meine Stellungnahme, »dass ich aus den ca. 1500 Metern Filmmaterial keinen grundsätzlich anderen Film hätte schneiden und texten können.« Und auch nicht wollte. Das ging mir später beim *Spiegel* immer wieder durch den Kopf, wenn wir irgendjemanden, den ich vielleicht gut kannte, ins Visier nahmen. Rücksichtsvoller als damals mit Rudolf Augstein würde ich mit niemandem umgehen.

Vielleicht war der *Panorama*-Beitrag auch die Basis unseres späteren Vertrauens. In einem Interview viele Jahrzehnte später sagte ich: »Diese Erfahrung ist für mich so etwas wie eine Messlatte in Sachen Rücksichtnahme. Ich glaube, er wusste, dass ich unser Verhältnis aufs Spiel gesetzt habe. Das war mein Urerlebnis mit ihm. Dass ich mich kontrovers mit ihm auseinandergesetzt habe. Mit dem Risiko, dass er nie mehr ein Wort mit mir reden würde. Dadurch wusste er, dass er auch mit mir nicht alles machen konnte.«

Ich wollte ja auch nie etwas von ihm, auch nicht eine Anstellung beim *Spiegel* oder etwa die Chefredaktion. Irgendwann, zwischen dem *Kandidaten* und *Spiegel TV*, saßen wir in einem Restaurant in Saint-Tropez, und er erzählte mir, das Trauma seines Lebens sei, dass immer irgendjemand etwas von ihm wolle: die Journalisten einen Job beim *Spiegel*, die *Spiegel*-Redakteure eine Beförderung, die Politiker eine positive Geschichte oder am besten überhaupt keine – und jeder andere Geld.

Der *Spiegel*-Herausgeber konnte 1972 trotz eines mageren Wahlergebnisses durch seinen sicheren Listenplatz in den Bundestag einziehen. Sein Bundestagsmandat hielt nicht mal eine Legislaturperiode. Da passte es gut, dass *Spiegel*-Chefredakteur Günter Gaus beschloss, Politiker zu werden. Er wurde Erster Ständiger Vertreter der Bundesrepublik in Ost-Berlin. Augstein war froh, einen Grund zu haben, wieder nach Hamburg zurückgehen zu können.

Weitere Experimente auf ungewohntem Parkett riskierte der *Spiegel*-Gründer hinfort nicht mehr. Der Herausgeber blieb Herausgeber, schrieb seine Kommentare, führte *Spiegel*-Gespräche. Er ahnte aber auch, dass die Zeit des *Spiegel* als »Sturmgeschütz der Demokratie« ohnehin dem Ende zuging. In unserem Gespräch zu seinem 70. Geburtstag sagte er: »So viel Einfluss, wie wir hatten und vielleicht noch haben, kann es künftig nicht mehr geben. Die Gründer hatten es immer leichter. Auch bei uns. Und die jetzt nachkommen, können nicht die gleiche Chance haben, sich zu entfalten. Sie sind eingeengter.« Insgesamt werde der Einfluss der veröffentlichten Meinung, so fürchte er, kontinuierlich zurückgehen. »Was aber an die Stelle tritt, weiß man nicht. Nun, ich bin vielleicht einseitig belichtet, weil ich immer nur auf unsere Medien gucke, aber dasselbe wird man in der Politik auch erleben. Wir werden vielleicht unregierbarer, als wir bisher waren, und das ist eine allgemeine Erscheinung.« Damals konnte er noch nicht die Macht der sozialen Medien erahnen. Aber er sollte langfristig recht behalten.

Bei Panorama

Immerhin durfte ich jetzt für *Panorama* arbeiten. Das Magazin war damals das amtliche Spielfeld des Chefredakteurs. Peter Merseburger leitete die Sendung, moderierte sie aber nicht allein. Im Zuge von Willy Brandts »Mehr Demokratie wagen« hatten die Redakteure Gerhard Bott, Lutz Lehmann, Ulli Happel und Horst Hano die sogenannte Gruppenmoderation durchgesetzt. Das bedeutete, jeder Autor moderierte seinen Beitrag selbst an. Ein Privileg, das es damals bei keiner anderen Sendung gab und das dann später auch wieder abgeschafft wurde. Ich war natürlich ein großer Anhänger dieser demokratischen Moderationsform, bis ich dann später *Spiegel TV* gründete und meine Meinung interessenbedingt ändern musste.

Mit Bott, Lehmann, Happel und Hano hatte ich die besten Lehrmeister, die man sich im Fernsehen wünschen konnte. Sie machten umschichtig Redaktionsdienst, leiteten also de facto die Sendung. Wenn die Beiträge am Sonntagnachmittag fertig waren, die Sendung lief ja am Montag, kam Merseburger zur Chefvisite. Er blickte dann meistens aus dem Fenster, während alle gemeinsam die Beiträge anschauten. Der Autor trug am Schneidetisch seinen Text vor, und Merseburger sagte dann: »Na, was meinen die Kollegen?«, und dann ging das Hauen und Stechen los. Es wurden ja immer fünf oder sechs Beiträge produziert, und es war nur Platz für vier. Ein oder zwei fielen durch.

Die Politik betrachtete das Fernsehen als ihre Spielwiese. Der Parteieinfluss reichte über die abwechselnd rot und schwarz besetzte Hierarchie bis in den letzten Schneideraum. Wer damals wie ich kein Parteibuch hatte, konnte seine Karriereplanung schon mal vergessen. Da war *Panorama* eine kleine Nische der Unabhängigkeit, abgesichert durch das geschickte Lancieren Peter Merseburgers durch den schwarz-roten Wald des Proporzes.

Konkret sah das dann so aus: Merseburger kam zur Chefvisite, die Beiträge wurden zur Sendung ausgewählt und fertiggestellt, dann kam der Programmdirektor und sah sich die Filme in zumeist stummem Ärger an. Nur in Ausnahmefällen, wie dem berühmten Abtreibungsfilm von Alice Schwarzer, wurde er aktiv. Das führte dann zu einer weiteren Zensurrunde, erst mit dem stellvertretenden Intendanten, dann mit dem Intendanten. Die Positionen waren immer abwechselnd rot oder schwarz besetzt und verhielten sich zumeist so, wie es ihre Parteifarbe verlangte. Es gab auch Ausnahmen, und wir bekamen natürlich nicht immer mit, welche Deals Merseburger durch glühende Telefonleitungen zur Baracke, der Parteizentrale der SPD, oder anderswohin aushandelte.

Im Fall des Abtreibungsbeitrags von Alice ging es ziemlich hoch her, und am Ende beschloss Merseburger, dass wir bei der Sendung – der Film war auf Anordnung der Spitze des Hauses rausgeflogen – aus Protest nicht im Studio auftreten sollten. Die Moderationen wurden vom Tagesschausprecher verlesen. Es war ein ziemlich wichtiger Abend für uns alle und die Pressefreiheit im Besonderen. Am meisten aber für Alice. Sie telefonierte bei offener Tür aus dem Schneideraum heraus mit ihrer Mutter: »Mami, Mami, alle reden nur über mich.«

Der Terror beginnt

Im Mai 1972, zwei Jahre nach der Baader-Befreiung, hatte der Krieg der RAF wirklich begonnen. Die Gründergeneration der RAF eröffnete ihre sogenannte Frühjahrs-Offensive: Bombenanschlag auf die US-Armee in Frankfurt, ein Toter. Einen Tag später explodierten zwei Stahlrohr-Sprengkörper in der Augsburger Polizeidirektion. Sieben Verletzte. Drei Tage danach: Sprengstoffanschlag auf das Auto des Bundesrichters Buddenberg in Karlsruhe. Seine Frau wird schwer verletzt. Vier Tage später: In Hamburg verübt die dortige RAF-Gruppe einen Bombenanschlag auf das Springer-Verlagshaus. Ermittlungen ergaben später, dass Ulrike Meinhof maßgeblich beteiligt war. 38 Menschen wurden zum Teil schwer verletzt. Weitere fünf Tage später: Im Abstand von fünf Sekunden explodieren im Europa-Hauptquartier der US-Armee in Heidelberg zwei mit Sprengstoff beladene Autos. Es war ein regelrechtes Massaker: Die Explosionsopfer waren in Stücke gerissen worden. Immer wieder wurde ich für *Panorama* oder für verschiedene *Brennpunkt*-Sendungen beauftragt, Beiträge über diese Terroranschläge zu machen.

Zwei Jahre Untergrundkampf der RAF waren seit der Baader-Befreiung im Mai 1970 vergangen. Das innenpolitische Klima der Bundesrepublik hatte sich verschärft. Erst zögernd, dann immer schneller, war der Polizeiapparat verstärkt worden. Spezialeinheiten zur Terrorismusbekämpfung wurden aufgebaut. Die RAF hatte – wenigstens teilweise – ihr Ziel erreicht. Ihrem ersten Manifest hatte sie ein Mao-Zitat vorangestellt: »Wenn der Feind uns bekämpft, ist das gut und nicht schlecht. Wenn uns der Feind energisch entgegentritt, dann ist das noch besser; denn es zeugt davon, dass unsere Arbeit glänzende Erfolge gezeitigt hat.«

Die RAF hatte die Bombenserie vom Mai »Frühjahrsoffensive« genannt. Doch jetzt machte auch das Bundeskriminalamt mobil. Für die »Aktion Wasserschlag« wurden alle Helikopter in die Luft beordert, über die Polizei und Grenzschutz verfügten. Straßensperren überall. Und tatsächlich rührte sich etwas. Ein Anwohner wies die Polizei auf eine verdächtige Garage in Frankfurt hin.

Der BKA-Beamte Hans Fernstädt, der bei dem Einsatz dabei war, erklärte mir in einem Interview später den Ablauf: »Wir sind in einer Nacht-und-Nebel-Aktion einfach in diese Garage gegangen, und wir haben alle beweglichen Gegenstände, die wir erst mal finden konnten, mitgenommen und haben sie untersucht. Und da hatten wir das allererste Mal einen wirklich forensisch haltbaren Beweis an einem Kennzeichen. Auf diesem Kennzeichen war der Fingerabdruck von Gudrun Ensslin.« Jetzt war man dem harten Kern der RAF auf den Fersen. Fernstädt bot sich an, das Problem ein für alle Mal eigenhändig zu lösen. Doch seine Vorgesetzten lehnten ab.

»Ich habe vorgeschlagen, dass ich in dieser Garage mit einer Waffe und einem Funkgerät warte, um diese Leute zu stellen«, sagte er mir vor der Kamera. »Und wenn sie sich nicht stellen lassen, dann hätte ich auch geschossen. Und seien Sie sicher, da wären alle drei zweiter Sieger geblieben. Für mich war das eine Lösung, wo ich gedacht habe: Dann hat man noch einmal mit diesen Menschen Ärger. Und zwar bei ihrer Beerdigung.«

Doch der Showdown am Hofeckweg verlief ziviler, als der Beamte Fernstädt ihn sich ausgemalt hatte. Holger Meins musste sich bis auf die Unterhose ausziehen, dann wurde er abgeführt. Das Bild wurde zur Ikone für RAF-Sympathisanten: der Märtyrer des Widerstandes. Andreas Baader wurde von einem Scharfschützen im Gesäß getroffen. Das RAF-Umfeld sah im Fernsehen zu. Es war der bis dahin größte Fahndungserfolg: die Anführer der RAF in Haft. Doch jetzt hatten sie eine neue Rolle gefunden.

Auch der wirkliche Kopf der Gruppe, Gudrun Ensslin, war eine Woche nach Baader festgenommen worden. In einer Hamburger Modeboutique hatte sie Pullover anprobiert. Dabei war aufgefallen, dass sie in ihrer Jacke eine Pistole trug. Die Verkäuferin rief die Polizei. In einem Kassiber an Ulrike Meinhof schrieb Gudrun Ensslin: »Ging auch irre schnell, sonst wäre jetzt eine Verkäuferin tot, ich und vielleicht zwei Bullen.« Der Kassiber wurde bei Ulrike Meinhof gefunden, als sie kurz darauf in Hannover festgenommen wurde. Eine Unbekannte hatte bei dem linken Lehrer Fritz Rodewald anfragen lassen, ob er zwei Leute unterbringen könnte. Rodewald hatte zunächst zugesagt und dann kalte Füße bekommen. Er besprach die Lage mit seiner Freundin, wie er mir später in einem unserer Interviews berichtete: »Wir sind da zu dem Ergebnis gekommen, wenn es keine von der RAF sind, haben sie von der Polizei nichts zu befürchten. Wenn es welche von der RAF sind, haben wir für unser Leben ganz viel zu befürchten. Und daraufhin bin ich zur Polizei gegangen.« Und die rückte an. Auf der Straße konnten die Beamten Gruppenmitglied Gerhard Müller festnehmen. Sie ließen sich vom Hausmeister die Tür öffnen und stießen in der Wohnung auf eine Frau. Es war Ulrike Meinhof. Sie hatte keine Ähnlichkeit mehr mit ihren Fotos auf den Fahndungsplakaten. Die Wohnung des Lehrers war voll von Waffen, Sprengstoff und Munition. In einer Tasche fanden die Beamten eine Ausgabe des *stern* mit dem Röntgenbild von Ulrike Meinhofs Gehirn. Man brachte sie ins Krankenhaus, um das Bild mit ihrem Gehirn abzugleichen. Das Konzept Stadtguerilla war gescheitert.

»Sie auf dem Turm und wir unten drin«

Ich hatte mich inzwischen bei der *Panorama*-Redaktion als freier Mitarbeiter gut eingerichtet. Jede Sendung ohne einen Beitrag von mir, so hatte ich mir geschworen, ist eine verlorene Sendung. Nebenbei machte ich auch noch Filme für die Kultur-Redaktion des NDR. Wenn ich Geld brauchte, legte ich »ein Brikett mehr ein« und machte ein zusätzliches Stück. So verdiente ich allein im Jahr 1971 immerhin über 70 000 Mark, was damals sehr viel Geld war. Nach dem Beitrag über Augstein, der ziemliche Wellen schlug, lud Merseburger mich in sein Büro ein, erzählte mir, dass der Herausgeber sich beschwert hatte, ermunterte mich aber gleichzeitig, weitere Filme für *Panorama* zu machen. Es war die Zeit der »Berufsverbote« für Mitglieder der Deutschen Kommunistischen Partei oder anderer linker Gruppierungen. Lehrer oder auch Lokomotivführer durften, wenn sie DKP-Mitglied waren, nicht im Staatsdienst arbeiten. Das war höchst umstritten. Aber die Partei merkte schnell, dass sie hier ein Wahlthema erster Güte geschenkt bekommen hatte. Für einen *Panorama*-Beitrag zum Thema »Berufsverbote« interviewte ich den baden-württembergischen Innenminister Karl Schiess, dessen Verfassungsschutz in den zurückliegenden 18 Monaten insgesamt etwa 40 000 Bewerber überprüft hatte. In rund 360 Fällen führten die gesammelten Erkenntnisse zu weiteren Nachforschungen und Befragungen. 22 Bewerber wurden in Baden-Württemberg daraufhin nicht eingestellt. In den meisten Fällen ging es um eine Mitgliedschaft in der DKP. Am Schluss des Interviews fragte ich den Minister bei laufender Kamera: »Herr Schiess, wenn die ehemaligen Mitglieder der NSDAP so behandelt worden wären wie die Mitglieder der DKP heute – hätten Sie als ehemaliges Mitglied der NSDAP jemals eine Chance auf eine Anstellung im öffentlichen Dienst Ihres Bundeslandes gehabt?« Auf eine solche Frage war der Innenminister nicht vorbereitet, aber er fing sich schnell. Er sei wie die meisten damals ja nur ein »Mitläufer« gewesen, die DKP-Mitglieder heute seien dagegen »Aktivisten der DKP«. Tatsächlich war Schiess bei der Entnazifizierung als »Mitläufer« eingestuft worden – und Mitläufern stand nichts im Wege. Sein Pressesprecher sagte mir hinterher, mit einer Akkreditierung für den Stammheimer Prozess, der kurz darauf beginnen sollte, wäre das jetzt wohl etwas schwierig.

Ich machte mehrere Beiträge zu diesem Thema, und natürlich geriet ich deshalb umgehend in den Verdacht, nahe zur DKP zu sein – nichts lag mir tatsächlich ferner. Machte ich einen Beitrag über die Hungerstreiks der RAF gegen die Einzelhaft, von ihren Anhängern »Isolationsfolter« genannt, war ich nahe an der RAF, und das war mindestens genauso absurd. Machte ich einen kritischen Beitrag über Störungen bei Kernkraftwerken und die ungelöste Frage der Endlager für radioaktiven Müll, schon war ich bei den Grünen – nicht einmal das konnte man mir nachsagen oder gar nachweisen.

Einmal, kurz vor Weihnachten, nahm der damalige Programmdirektor beim NDR die *Panorama*-Sendung ab, in der wir einen Beitrag über den Nutzen von Blockheizkraftwerken gemacht hatten. Am Beispiel der Stadt Flensburg in Schleswig-Holstein zeigten wir, dass eine Koppelung von Stromherstellung und Fernwärme äußerst energieschonend war. Programmdirektor Friedrich Wilhelm Räuker, ein eingefleischter Atomkraft-Befürworter, vermutete natürlich sofort, dass wir damit die Kernkraft infrage stellen wollten. Er lief wie immer, wenn er ärgerlich wurde, erst rot, dann etwas bläulich an und brüllte: »Wenn ihr so weitermacht, werden wir uns noch alle im Konzentrationslager wiedersehen!« In die betretene Stille hinein sagte ich: »Ja, Herr Räuker, Sie auf dem Turm und wir unten drin.«

Darauf schwieg auch er, erhob sich und sagte im Hinausgehen: »Na, dann fröhliche Weihnachten!« Meiner Karriere beim NDR war das nicht gerade förderlich, zumal Räuker später Intendant wurde.

Im Gefängnis und auf Hoher See

Im Dezember 1972, noch während des Hungerstreiks der Inhaftierten, schrieb Ulrike Meinhof Briefe an ihre Kinder, die mir ihre Tochter Bettina später für mein Buch zur Verfügung stellte: »Als Ihr hier wart, war ich ziemlich sauer über den Adventskranz. Ich dachte, das dient nur dazu, Euch zu täuschen, daß das Gefängnis in Wirklichkeit alles andere als freundlich ist. Aber die Wärterin, die ihn aufgestellt hat, hat es – glaube ich – wirklich gut gemeint – das habe ich inzwischen eingesehen. Sie wollte Euch wohl wirklich was Schönes machen. Dagegen kann man nix sagen.

Wenn Ihr Onkel Ebi wieder besucht, dann nehmt ihm mal das Buch ›Lord Jim‹ von Josef Conrad mit. Das ist ein schönes Buch fürs Krankenhaus falls er's nicht schon kennt.

Es ist schön lang und auch spannend. Ein Seemannsgarn. Und ›Moby Dick‹, das ist auch gut, wenn man schön viel Zeit hat. Das habe ich aber noch nicht gelesen – da warte ich selber noch drauf, daß ich das hier kriege …«

Gudrun Ensslin hatte gerade Decknamen für die Gruppenmitglieder ersonnen, um die Postüberwacher irrezuführen. Fast alle Namen entlehnte sie Herman Melvilles Roman *Moby Dick*. »Ahab« stand für Baader. »Starbuck« für Holger Meins. »Zimmermann« für Jan-Carl Raspe. »Queequeg« für Gerhard Müller. »Bildad« für Horst Mahler. »Smutje« für sie selbst. Nur Ulrike Meinhof hatte keinen Platz in der Geschichte von der Jagd auf den weißen Wal. Für sie wählte Gudrun Ensslin den Namen »Theres«. In *Meyers Konversationslexikon*, 1897, steht unter dem Stichwort »Therese«: »Therese von Jesu, Heilige, geb. 1515 zu Avila in Altkastilien, wo sie 1535 in ein Karmeliterkloster eintrat. Sie stellte in den von ihr reformierten Klöstern der unbeschuhten Karmeliterinnen den Orden in seiner ursprünglichen Reinheit wieder her und hatte schwere Verfolgungen vonseiten der Karmeliter der laxen Observanz auszustehen, die selbst gegen sie einen Ketzerprozeß anstrengten. Sie starb 1582 im Kloster zu Alba de Liste in Altkastilien und ward 1622 kanonisiert.«

Bei einigen der Decknamen lieferte Gudrun Ensslin die Interpretation teilweise mit. »Smutje«, der Koch, so schrieb sie an Ulrike Meinhof, das sei sie selbst: »Du erinnerst, der Koch hält die Töpfe spiegelblank und predigt gegen die Haie.« Aber: »An Bord ist der Koch ja eine Art Offizier.« So war es auf der »Pequod«, und so war es wohl auch bei der RAF.

Ahab war der Kapitän, der sich auf der Jagd nach Moby Dick, dem weißen Wal, verzehrte. Ahab wurde der Deckname für Baader. Auch hier gab Gudrun Ensslin ihren Mitgefangenen Verständnishilfe. Sie schrieb an »Theres«: »An der Stelle tritt niemand Geringeres als Ahab zum ersten Mal in Moby Dick auf, sehr kunstvoll, nach diesen Gesetzen.« Sie zitierte Melville: »… sichtbar vor aller Welt. Und sollte von Geburt an oder durch besondere Umstände hervorgerufen tief auf dem Grunde seiner Natur etwas Krankhaftes sein, eigensinnig grillenhaftes Wesen treiben, so tut das seinem dramatischen Charakter nicht den geringsten Eintrag. Alle tragische Größe beruht auf einem Bruch in der gesunden Natur, des kannst du gewiß sein ...«

Kapitän Bildad, dessen Namen Gudrun Ensslin »in Großmut«, wie sie schrieb, Horst Mahler zugedacht hatte, war ein wohlhabender Waljäger im Ruhestand, dessen »Ozeanleben ... diesen Erzquäker nicht um Haaresbreite vom Wege abgebracht, nicht den winzigsten Zipfel seines Rockes berührt« hatte. Bildad alias Horst Mahler: der Scheinheilige in der Gruppe?

Holger Meins erhielt den Namen des Ersten Steuermannes, »Starbuck«. Über ihn heißt es in *Moby Dick*: »Er war ein langer, ernster Mann, und obwohl an einer eisigen Küste geboren, schien er wohlgeeignet, Tropenhitze zu ertragen ... Starbucks Leib und Starbucks unterjochter Wille gehörten Ahab, solange Ahab die magnetische Kraft seines Geistes auf Starbucks Hirn ausstrahlen ließ; allein ihm war bewußt, daß der Steuermann trotz allem den Kriegszug seines Kapitäns in tiefster Seele verabscheute.« Starbuck alias Holger Meins: der von Baader Unterjochte?

Jan-Carl Raspe erhielt den Decknamen »Zimmermann«. In *Moby Dick* baut der Zimmermann unablässig Särge für die Opfer der Jagd nach dem weißen Wal, er schnitzt Ahab ein neues Bein aus Walknochen und macht sich überall nützlich: »Er glich den nicht selbst denkenden, aber höchst sinnreich erdachten und vielseitig verwendbaren Werkzeugen aus Sheffield, die, multum in parvo, wie ein – nur ein wenig angeschwollenes – gewöhnliches Taschenmesser aussehen, jedoch nicht bloß Klingen jeder Form enthalten, sondern auch Schraubenzieher, Pfropfenzieher, Pinzetten, Ahlen, Schreibgerät, Lineale, Nagelfeilen und Bohrer. Wollten seine Vorgesetzten den Zimmermann als Schraubenzieher benutzen, so brauchten sie nur diesen Teil seiner Person aufzuklappen, und die Schraube saß fest; oder sollte er Pinzette spielen, so nahmen sie ihn bei den Beinen, und die Pinzette war fertig ...« Zimmermann alias Jan-Carl Raspe: das willenlose Werkzeug?

Gerhard Müller hieß »Queequeq«. Der Harpunier auf dem Walfangschiff war ein »edler Wilder« aus der Südsee, der mit seiner Waffe, der Harpune, ins Bett ging. Bei Melville heißt es über ihn: »So blieb er in seinem Herzen ein Götzendiener wie eh und je und lebte doch unter der Christenheit, trug ihre Kleidung und mühte sich, in ihrem Kauderwelsch mitzuplappern.« Queequeg alias Gerhard Müller: der Verräter?

Als Gruppe, isoliert von der Welt wie die Besatzung eines Totenschiffes, führten die RAF-Kader ein geradezu mystisches Eigenleben. So war es kein Zufall, dass Gudrun Ensslin und ihre Genossen in der Einsamkeit ihrer Zellen auf den Romanklassiker von Herman Melville stießen. Die Geschichte von der fanatischen Jagd des Kapitäns Ahab auf den weißen Wal trägt alle Züge einer revolutionären, antikapitalistischen Parabel. Schon im Vorspann seines Buches breitet der amerikanische Autor, Zeitgenosse von Karl Marx, das ganze Spektrum mythischer Verklärung des Meeresmonsters aus. Er zitiert einen Satz aus der Einleitung zu Thomas Hobbes' *Leviathan*: »Künstlich erschaffen ist jener gewaltige Leviathan, den man Gemeinwesen oder Staat (lateinisch ›civitas‹) nennt und der nichts anderes ist als ein künstlicher Mensch.« Für sie, die Gruppe, die sich »Rote Armee Fraktion« nannte, war die Idee der Revolution, für die sie ihr Leben und das von anderen nicht schonen, so etwas wie die Jagd auf den weißen Wal, den Leviathan, den Staat, den sie immer wieder als »die Maschine« bezeichneten.

Das mörderische Wüten Baaders und seiner Crew gegen den Leviathan Staat trug Züge eines metaphysischen Endkampfes, ähnlich jenem, den der monomanisch rasende Kapitän Ahab bei seinem Krieg gegen den Wal führt. Eine Mannschaft in einem Boot, inmitten eines feindlichen Meeres, so etwa muss Gudrun Ensslin die RAF gesehen haben, als sie die Decknamen der Mannschaft der »Pequod« entlehnte, um draußen, jenseits der Gefängnismauern, die Truppen zusammenzuhalten und sie zu immer grausigeren Taten gegen den gemeinsamen Feind zu motivieren.

Expedition nach Nantucket und Hawaii

Als ich 2013 eine zweiteilige Dokumentation für das ZDF über die damals angeblich schwindenden Vorräte von fossilen Brennstoffen machte und wir mit den Dreharbeiten auf Bohrplattformen im Südatlantik vor Patagonien und einem Abstecher zu den Ölsänden im Norden Kanadas fertig waren, machten wir einen Ausflug zur Insel Nantucket vor der amerikanischen Ostküste. Hier beginnt die Geschichte von Moby Dick und seinem Jäger, dem Walfänger Kapitän Ahab.

Eine Insel im Atlantik, 50 Kilometer vor der Küste Nordamerikas: Nantucket. Einst war hier die Basis einer globalen Ölindustrie. Der Rohstoff durchpflügte die Weltmeere, ein Lebewesen: der Wal. Und Nantucket war das Zentrum. Von hier aus traten die Walfänger, die blutigen Jäger des größten Säugetiers dieser Welt, ihre Jagdzüge an. Ein, zwei, drei Jahre waren sie unterwegs auf ihren Segelschiffen, auf dem Atlantik und dem Pazifik, bis sie, vollgeladen mit Fässern von Öl, zurückkehrten in den Hafen von Nantucket.

Ein globaler Goldrausch inmitten des Ozeans. Ein Blutrausch. Der Schriftsteller Herman Melville hat ihnen ein literarisches Denkmal gesetzt.

Vorbild für Melvilles Geschichte vom weißen Wal, der am Ende den fanatischen Kapitän Ahab, sein Schiff und seine Mannschaft zerstört, war das Schicksal des Walfängers »Essex«, von dem der Erzähler Ismael in *Moby Dick* berichtet. Im Jahre 1820 kreuzte das Vollschiff »Essex« unter Kapitän Pollard aus Nantucket im Stillen Ozean. Eines Tages sichtete man einen Schwarm Pottwale. Nach kurzer Zeit waren etliche Tiere verwundet, als plötzlich ein gewaltiger Wal geradewegs auf das

Schiff zuhielt ... Der Walfänger stammte aus Nantucket. Die Reise ist im Detail belegt.

Am 12. August 1819 hatte die »Essex« den Hafen von Nantucket verlassen. Im Dezember segelte sie um Kap Hoorn und erreichte die Galapagosinseln im Oktober 1820, im Laderaum bereits 900 Barrel Pottwalöl. Bis dahin eine erfolgreiche Reise. Doch dann, am 16. November 1820, etwa auf der Mitte zwischen Südamerika und den Marquesainseln, geschah plötzlich etwas, das in der Geschichte des Walfangs noch nie passiert war. Getroffen von Harpunen, hatten Wale sich gewehrt, hatten mit ihrer gewaltigen Schwanzflosse die Jäger und deren Boote zerschmettert oder sie, durch Harpune und Seil an den fliehenden Wal gekettet, unter Wasser gezogen. Aber einen scheinbar kalkulierten Angriff auf das Mutterschiff der Walfangflotte hatte es noch niemals gegeben.

Thomas Nickerson, Kajütenjunge auf der »Essex«, sah den Wal als Erster und schätzte ihn auf etwa 27 Meter. Offensichtlich handelte es sich um den Anführer der Walgruppe. Plötzlich benahm er sich seltsam, er bewegte sich schneller und schneller in Richtung Bug und krachte schließlich hinein. Tom Nickerson stürzte auf die Planken, raffte sich wieder auf und kroch zur Glocke, um sie zu läuten. Pollard, der Kapitän der »Essex«, hörte das, rief die anderen Boote zusammen und fragte: »Tom, was ist los?«

»Käpt'n, wir wurden von einem Wal gerammt.«

Binnen weniger Minuten begann das Schiff zu sinken. Kapitän Pollard gab die Anweisung, das Schiff zu verlassen. Innerhalb einer halben Stunde sank die »Essex« auf den Grund des Pazifiks. In ihren kleinen Ruderbooten waren sie nun allein auf dem Meer. Tausende Meilen vom Festland entfernt. In drei Booten machten sie sich auf die Reise über den Stillen Ozean.

Als die Vorräte zu Ende gingen und einer nach dem anderen an Hunger und Durst starb, begannen die Überlebenden, die Leichenteile auf einer mitgebrachten Steinplatte zu braten und zu essen. Es sah so aus, als müssten sie alle sterben. Doch plötzlich tauchte am Horizont der Walfänger »Dolphin« aus Nantucket auf. Mehr tot als lebendig wurden Pollard und der einzige Mitüberlebende seines Bootes an Bord gezogen. Seine Bibel wurde ebenfalls gerettet. Sie liegt heute im Museum von Nantucket, zusammen mit einer Seekiste von Bord der »Essex«.

Kapitän Pollard hatte immer noch nicht genug. Etwa einen Monat nach seiner Ankunft erhielt er das Angebot, den Walfänger »Two Brothers« als Kapitän zu übernehmen. Er akzeptierte und wurde weiter vom Pech verfolgt. Sie waren unterwegs nach Hawaii und liefen in einer dunklen Nacht auf eine Untiefe namens »French Frigate Shoals«. Das Schiff sank innerhalb von Stunden. Die Mannschaft konnte sich retten. Der unglückliche Kapitän kehrte nach Nantucket zurück. Sein Schiff, die »Two Brothers«, blieb verschollen auf dem Meeresgrund.

Ich hatte immer geplant, einen Film über den »Mythos Moby Dick« zu machen. Dafür nahm ich Kontakt zu dem jungen Dokumentarfilmer Daniel Opitz auf, der sich immer wieder mit Walen beschäftigt hatte. Er wollte gerade mal wieder nach Hawaii fahren, wo er meistens seine Wintermonate auf den Spuren der Wale zubrachte. Spontan entschloss ich mich, samt Frau und Töchtern mitzufahren. Der Flug war schon gebucht, da fiel mir eine winzige Meldung in einer Tageszeitung auf. Angeblich hatten amerikanische Taucher auf dem Meeresgrund vor den Inseln im Norden von Hawaii Reste vom Wrack eines alten Walfängers gefunden. Wir nahmen Kontakt zur National Oceanic and Atmospheric Administration (NOAA) auf, verabredeten uns für einen Besuch in Honolulu und hörten dort eine abenteuerliche Geschichte.

188 Jahre nach dem Untergang der »Two Brothers« hatten Taucher im Auftrag der US-amerikanischen Regierungsbehörde für Ozeane und Atmosphäre die Unterwasserwelt der Inselkette im Norden von Hawaii untersucht. Plötzlich stießen sie auf einen großen Anker, dann auf drei gusseiserne Töpfe mit drei Beinen, wie sie zum Kochen von Walspeck benutzt wurden, und schließlich auf einen weiteren großen Anker und

Metallteile der Takelage. Die Forscher hatten zunächst keine Ahnung, um was für ein Schiff es sich handelte, dessen Überreste sie auf dem Meeresboden gefunden hatten. Dann begann die akribische Untersuchung und Katalogisierung der Wrackteile.

Es gab keine weiteren Eisenteile am Meeresboden, also tippten sie auf ein Holzschiff. Aber erst, als sie Teile der Ausrüstung entdeckten, war ihnen klar, dass es sich um einen Walfänger handeln musste. Die nächste Frage war: Welches Walfangschiff könnte hier, bei den French Fregate Shoals, gesunken sein? Sie studierten Seekarten und alte Berichte von Schiffsuntergängen und stießen auf die Unterlagen, die ihre erste Vermutung bestätigten: Es war die »Two Brothers«, das zweite Schiff, mit dem der unglückliche Kapitän Pollard, das literarische Vorbild des Kapitäns Ahab, untergegangen war. Für die Forscher der NOAA war es, als wäre Moby Dick, der weiße Wal, wieder aufgetaucht. Stolz präsentierten sie uns die von ihnen im Sommer 2010 bei vielen Tauchgängen auf dem Meeresgrund eingesammelten Fundstücke vom Wrack der »Two Brothers«: Teile von Harpunen, mit denen man Wale erlegt hatte, Haken, mit deren Hilfe die erlegten Wale damals ans Schiff herangezogen wurden. Und sie überließen uns die Videoaufnahmen, die sie von ihren Tauchgängen gemacht hatten.

Es war geradezu ein wissenschaftlicher Epilog zu dem von Melville dichterisch, technisch, wissenschaftlich, psychologisch und philosophisch verarbeiteten Untergang des Walfängers »Essex« alias »Pequod«, dem fanatischen Kampf von Kapitän Ahab gegen das Böse – oder gegen das Gute, je nach Interpretation.

Unterwegs mit Schleyer

Während die RAF-Gefangenen in den Hochsicherheitstrakt in Stammheim einzogen, war ich unterwegs mit einem ihrer späteren Opfer. Von *Panorama* hatte ich den Auftrag bekommen, ein Doppelporträt des Arbeitgeberpräsidenten Hanns Martin Schleyer und seinem Gegner, dem Gewerkschaftsführer Heinz Oskar Vetter, zu machen. Auf welcher Seite die Sympathien der Redaktion lagen, war ziemlich klar. Ich rief im Büro Schleyer an und erklärte mein Projekt. Kurz darauf rief Schleyer persönlich zurück. Er habe seinen Sohn Eberhard gefragt, mit wem er es zu tun habe. Der hatte einige Beiträge von mir gesehen und riet dringend ab. Schleyer sagte: »Sie wollen mich ja bloß in die Pfanne hauen. Aber kommen Sie ruhig mal vorbei.« Ich besuchte ihn in seinem Bonner Büro und konnte ihn von dem Projekt überzeugen. Dann durfte ich ihn eine Woche lang mit der Kamera begleiten.

Als wir in Düsseldorf abends noch ein Interview machen wollten, sagte er: »Nur wenn wir anschließend noch eine Runde Wein in der Altstadt trinken.« Ich war einverstanden, und es wurde ein langer Abend mit viel Rotwein. Der Film wurde dennoch ziemlich kritisch.

Nicht lange nach der Ausstrahlung des »Doppelporträts Schleyer/Vetter« musste ich zum FDP-Bundesparteitag in Hamburg. Plötzlich sah ich in der Messehalle Schleyer und wollte mich schon verkrümeln. Aber er hatte mich auch entdeckt, kam auf mich zu und sagte: »Na, da haben Sie mich ja ganz schön in die Pfanne gehauen. Mein Sohn hat das genau so vorausgesagt und mir dringend abgeraten, mich von Ihnen filmen zu lassen. Aber wir sollten unbedingt demnächst mal wieder in der Düsseldorfer Altstadt eine Rotweintour machen.« Dazu kam es dann nicht mehr. Drei Jahre später wurde Schleyer von der RAF entführt und nach 44 Tagen Geiselhaft ermordet.

Der Prozess

Ein Denkmal aus Stahl und Beton hatte man ihnen schon zu Lebzeiten errichtet. Für den Prozess gegen den »harten Kern« der Baader-Meinhof-Gruppe ließen die baden-württembergischen Justizbehörden auf einem Kartoffelacker neben der modernsten Strafanstalt Europas ein neues Prozessgebäude bauen. Die »Mehrzweckhalle«, in wenigen Monaten aus Fertigteilen montiert, kostete 12 Millionen Mark. Das fensterlose Gebäude sollte später als Werkhalle für die Häftlinge der Vollzugsanstalt Stuttgart-Stammheim genutzt werden.

Im Sitzungssaal, 610 Quadratmeter groß und hoch wie eine Turnhalle, konnten 200 Zuhörer untergebracht werden. Weder die Heizungs- und Belüftungsrohre unter der Decke noch die Stahlkonstruktion des Daches wurden verkleidet. Die Wände bestanden aus nacktem Beton. Gelbe Plastiksitze für das Publikum, weiße Tische für Richter, Staatsanwälte, Verteidiger und Angeklagte. Der Saal hätte auch die Aula einer modernen Gesamtschule sein können, eine notdürftig möblierte Sporthalle oder ein Dorfgemeinschaftshaus.

Für alle Beteiligten war es der Prozess ihres Lebens. Die Justizbehörden wollten ein normales Strafverfahren führen, die Angeklagten und ihre Anwälte einen politischen Prozess. Ensslin-Verteidiger Otto Schily, viele Jahre später Bundesinnenminister, sagte 1975: »Ein politischer Prozess würde bedeuten, dass in dem Prozess dargestellt werden kann, was die politischen Auffassungen, die politischen Ziele der Rote Armee Fraktion sind.«

Bei allen lautstarken Differenzen zwischen Angeklagten und Verteidigung auf der einen, Gericht und Bundesanwaltschaft auf der anderen Seite hatte man sich von Anfang an auf eines geeinigt: Der Prozess sollte vollständig auf Tonband aufgenommen und abgeschrieben werden.

Einige der Bänder sind erhalten geblieben und erst 2007 entdeckt worden, als Helmar Büchel und ich für die zweiteilige ARD-Dokumentation *Die RAF* recherchierten. Und das kam so. Wir wollten für dieses große Projekt versuchen, an einige Materialien zu kommen, die noch nicht bekannt waren. »Es gibt doch diese 30 Aktenordner mit den Wortprotokollen des Prozesses«, sagte ich dem Kollegen. »Die sind doch mal von Tonbändern abgeschrieben worden. Vielleicht gibt es die noch.« 30 Jahre danach – und noch nie waren die Bänder irgendwo aufgetaucht. Wir konnten uns nicht vorstellen, dass die noch irgendwo herumlagen. Es war immer derselbe Beamte gewesen, der damals die Bänder hatte wechseln müssen. Und meistens waren die Sekretärinnen im Abschreiben nicht nachgekommen, sodass er neue Tonbandspulen auf das Uher-Gerät gelegt hatte. Mithilfe eines höheren Beamten, der sich selbst für den Fall interessierte, gelang es dann festzustellen, dass der inzwischen Pensionierte einen Teil der Bänder nicht vernichtet hatte.

Sie lagen in einem Pappkarton in einer Abstellkammer des Oberlandesgerichts Stuttgart. Als wir sie im Rahmen unserer Recherchen gefunden hatten, sollten sie auf Anordnung der Justizverwaltung umgehend vernichtet werden. Erst unter erheblichen Mühen und mithilfe der Bundesanwaltschaft gelang es uns durchzusetzen, dass die Bänder an das Staatsarchiv Ludwigsburg herausgegeben wurden. Dort konnten wir sie dann unter bestimmten Auflagen offiziell anfordern. Es waren insgesamt 21 Tonbandspulen mit insgesamt 708 Minuten, also knapp zwölf Stunden Mitschnitte aus dem Prozess, und derjenige, der sie damals vor der Vernichtung bewahrt hatte, schien gewusst zu haben, was er tat. Die wichtigsten Passagen des Prozesses mit Ausführungen von Andreas Baader, Gudrun Ensslin, Ulrike Meinhof und Jan-Carl Raspe blieben erhalten.

Darunter war auch die Tonaufnahme vom 41. Verhandlungstag, an dem Ulrike Meinhof über die Möglichkeit und Unmöglichkeit des Aussteigens aus der RAF sprach, ohne dass der Richter mitbekam, dass sie sich damit praktisch aus der RAF verabschiedete.

Der letzte Akt der Rebellion

Am 41. Prozesstag, dem 28. Oktober 1975, machte Ulrike Meinhof auch im Gerichtssaal deutlich, wie weit sie sich von der Gruppe entfernt hatte. Ein Dialog zwischen ihr und Richter Theodor Prinzing, auf den wieder aufgefundenen Tonbändern zu hören. Es ging um die Isolationshaft, und Ulrike Meinhof hatte das Wort:

»Wie kann ein isolierter Gefangener den Justizbehörden zu erkennen geben, angenommen, dass er es wollte, dass er sein Verhalten geändert hat. Wie? Wie kann er das in einer Situation, in der bereits jede, absolut jede Lebensäußerung unterbunden ist? Ihm bleibt, das heißt, dem Gefangenen in der Isolation bleibt, um zu signalisieren, dass sich sein Verhalten geändert hat, überhaupt nur eine Möglichkeit. Und das ist der Verrat. Eine andere Möglichkeit, sein Verhalten zu ändern, hat der isolierte Gefangene nicht. Das heißt, es gibt in der Isolation exakt zwei Möglichkeiten: Entweder sie ...«

Der Vorsitzende Richter fiel ihr ins Wort: »Frau Meinhof, es ist kein Zusammenhang mehr zum Ablehnungsantrag zu sehen. Bitte, entweder ...«

Ulrike Meinhof ließ sich nicht so einfach stoppen. Offenbar hatte sie etwas Wichtiges mitzuteilen. Sie fuhr fort: »Ich will das jetzt ausführen. Entweder sie bringt einen Gefangenen zum Schweigen, das heißt, man stirbt daran ...«

Wieder griff Dr. Prinzing ein: »Frau Meinhof ...«

Doch die Angeklagte redete weiter: »... oder sie bringt einen zum Reden, und das ist das Geständnis und der Verrat ... Das ist Folter, exakt Folter. Durch Isolation, definiert an diesem Zweck, Geständnisse zu erpressen, den Gefangenen einzuschüchtern, um ihn zu bestrafen und um ihn zu verwirren ... Und zweitens ...«

Dr. Prinzing machte seine juristische Macht geltend: »Ich entziehe Ihnen hiermit das Wort.«

Niemand merkte offenbar, dass Ulrike Meinhofs Überlegung auszusteigen so viel war wie der Ausstieg selbst. Zweifel waren in der RAF gleichbedeutend mit Verrat. Das war ein halbes Jahr vor Ulrike Meinhofs Selbstmord. Und wenn jemand im Saal auf der Seite des Gerichtes oder der Bundesanwaltschaft ihr zugehört hätte, wäre die Geschichte der RAF hier vielleicht durch den Ausstieg Ulrike Meinhofs vorbei gewesen.

Am 4. Mai 1976 erklärte Gudrun Ensslin öffentlich das Ende der Gemeinsamkeit mit Ulrike Meinhof. Sie distanzierte sich vom Anschlag auf das Springer-Haus, für den Ulrike Meinhof wesentlich verantwortlich war. Gudrun Ensslin erklärte – und auch diese Passage ist auf dem Tonband erhalten geblieben: »Wenn uns an der Aktion der RAF '72 etwas bedrückt, dann das Missverhältnis zwischen unserem Kopf und unseren Händen und den B52. Hier noch mal einfach: Wir sind auch verantwortlich für die Angriffe auf das CIA-Hauptquartier und das Hauptquartier des 5. US-Corps in Frankfurt am Main. Und auf das US-Hauptquartier in Heidelberg, insofern wir in der RAF seit '70 organisiert waren, in ihr gekämpft haben und am Prozess der Konzeption ihrer Politik und Struktur beteiligt waren. Insofern sind wir sicher auch verantwortlich für Aktionen von Kommandos zum Beispiel gegen das Springer-Hochhaus, deren Konzeption wir nicht zustimmen und die wir in ihrem Ablauf abgelehnt haben.«

Ulrike Meinhof hatte den Gerichtssaal verlassen und musste sich nicht anhören, wie Gudrun Ensslin sich vom Anschlag auf Springer distanzierte. Sie betrat ihn niemals wieder. Vier Tage später, am 8. Mai, war sie tot, erhängt in ihrer Zelle. Einen Abschiedsbrief hinterließ sie nicht, aber schon Monate zuvor hatte sie an den Rand eines Zellenzirkulars geschrieben: »Selbstmord ist der letzte Akt der Rebellion.«

Vielleicht war es am Ende auch eine Rebellion gegen die Gruppe, die sie selbst mit aufgebaut hatte. Ihr geschiedener Ehemann, *konkret*-Gründer Klaus Rainer Röhl, erzählte mir in einem Interview mehr als 30 Jahre später, wie er auf die Nachricht vom Selbstmord Ulrike Meinhofs reagiert hatte: »Es war auch eine gewisse Erlösung von einer Spannung. Jetzt ist das passiert, was sowieso eintreten musste. Und da war auch mein erster Gedanke, wie man die Kinder davon ablenkt.« Er habe sich die Frage gestellt, ob er es ihnen langsam beibringen sollte oder sofort. »Da habe ich einfach gesagt: Eure Mami ist heute tot, seit heute, sie hat sich aufgehängt. Anders ging das nicht. Das war auch die einfachste Lösung. Warum soll man da lange drum herumreden.«

Jenseits der RAF

Nach dem Selbstmord von Ulrike Meinhof machte ich gemeinsam mit dem Kollegen Lutz Mahlerwein einen Film über ihr Leben, *... und am Schluss sie selbst,* dann wandte ich mich wieder anderen Themen zu. Am liebsten, wenn ich dafür mal wieder in die USA reisen konnte. Für das *Bücherjournal* sollte ich einen Beitrag über den Autor Tom Wolfe machen, der gerade überschwänglich gefeiert wurde als »Amerikas rasender Popreporter«, als literarisches Äquivalent zu den Popmalern, als Chronist der swingenden Sechzigerjahre. Bekannt wurde er mit seinem Buch *Das bonbonfarbene tangerinrot-gespritzte Stromlinienbaby.* Das Stakkato seiner Sprache, die artistische Mischung aus Werbesprüchen, Teenagerslang und Plastikkultur passte genau in die Szene.

Er empfing uns, picobello in seinen üblichen weißen Anzug gekleidet, in einem kleiner New Yorker Apartment und sprach druckreif über seine neue Art des Journalismus: »Die Journalisten haben entdeckt, dass man im Journalismus dieselben Muster anwenden kann wie im Roman. Sie haben gemerkt, dass man nicht warten muss, um irgendwann einmal einen Roman zu schreiben.« In den Sechzigerjahren hätten einige Leute begonnen, etwas Neues zu entdecken. »Nämlich wenn man genug recherchiert hat, Material, Dialog und Ereignisse zusammen hat, dass man die Wirklichkeit genauso komponieren kann wie einen Roman oder eine Short Story. Nur dass diese Wirklichkeit viel interessanter ist.« Das leuchtete mir ein.

Den politischen, antirassistischen und sozialen Aufbruch der Sechzigerjahre empfand Tom Wolfe auch als eine Art Modeerscheinung. So nahm er in seinem Buch *Radical Chic* die modische Vorliebe der liberalen Schickeria für schwarze Revolutionäre aufs Korn: »Für mich war das eine gigantische Komödie. Das war keine Politik. Ich hatte den Eindruck, dass die New Yorker Gesellschaft einfach umgezogen war von der Peppermint-Lodge, wo Twist und all die anderen Teenagertöne der Sechzigerjahre erfunden worden waren. Und nun sagte jeder: ›Wir leben in einer ernsten Phase, wir hatten eine Serie politischer Morde, wir haben einen Krieg, jetzt ist es Zeit, ernst zu werden.‹ Sie sind einfach aus den Diskotheken ausgezogen und haben sich die Black Panther gekrallt. Für sie waren die Black Panther eine wunderbare revolutionäre Gruppe mit dem großen Vorzug, 3000 Meilen entfernt in Kalifornien zu leben. Das ist natürlich viel bequemer, als sich zum Beispiel dafür einzusetzen, dass schwarze Arbeiter in die Gewerkschaften aufgenommen werden. Das nämlich erfordert Kleinarbeit und Organisation. Aber für die Black Panther veranstaltet man schnell eine Wohltätigkeitsparty, und am nächsten Tag sind sie schon wieder 3000 Meilen weg.«

Tom Wolfe war ein Einzelgänger, ein extremer Individualist, der sich nicht in eine politische Ecke stellen lassen wollte. Er nahm teil am Jahrmarkt der Eitelkeiten in der New Yorker Kultursociety und machte sich gleichzeitig über sie lustig.

Knapp zehn Jahre später schrieb Tom Wolfe sein Buch *The Right Stuff* über die Geschichte der amerikanischen Luft- und Raumfahrt vom Beginn des Überschallflugs bis zum Ende des Mercury-Programms. Es ging um den Wettstreit zwischen den Piloten, die das Weltall erobern wollten, und den Astronauten, die mit Raketen in den Himmel geschossen wurden. Hauptperson war Chuck Yeager, der als Erster die Schallmauer durchbrochen hatte. Auch er war später Gast auf der Ranch des Hotelbarons Barron Hilton in Nevada, wo ich ihn und viele der Astronauten kennenlernen konnte.

Nach dem Dreh in New York wollte ich für *Sie – Er – Es,* das »Frauenmagazin auch für Männer«, noch nach Los Angeles fliegen und dort ein Interview mit Marisa Berenson machen, die in Stanley Kubricks nostalgischem Filmepos *Barry Lyndon* die Hauptrolle spielte und von dem französischen Modejournal *Elle* zum »schönsten Mädchen der Welt« erklärt worden war. Am Abend wurde ich aber noch von Freunden mit auf eine Party geschleppt. Dort traf ich einen Fotografen, der mir erzählte, dass er gerade ein Buch über einen Bodybuilder mit dem Titel *Pumping Iron* gemacht hatte. Der sei doch viel interessanter als diese Schauspielerin. Und er lebe auch in Los Angeles. Er gab mir Arnold Schwarzeneggers Telefonnummer, und ich rief ihn am nächsten Tag an. Ich erklärte ihm, dass ich für ein Magazin in der ARD gern einen kleinen Beitrag über ihn machen würde. Schwarzenegger fragte sofort nach der Höhe des Honorars. »Nun ja«, druckste ich herum. »Das ist deutsches Fernsehen. Vielleicht ein paar Hundert, vielleicht kann ich tausend Mark rausschlagen …«

Da lachte Arnold Schwarzenegger: »Was glaubst du, was ich kriege, wenn ich alte Frauen b…«

Aus dem Filmprojekt wurde nichts.

Dafür traf ich dann Marisa Berenson, die wirklich so schön war, wie *Elle* behauptet hatte. In unserem Gespräch gab sie zu erkennen, dass das Sittengemälde in Kubricks Film durchaus mit ihrer Haltung übereinstimmte. »Ich bin ein sehr romantischer Mensch, und ich sehne mich voll Nostalgie nach den Gefühlen und Stimmungen vergangener Zeiten zurück. Ich glaube, ich hätte auch in einem anderen Jahrhundert leben und sehr glücklich sein können.«

Kein Wunder, dass Marisa nicht viel mit der modernen Zeit, ihren Spannungen, ihren Problemen und raschen Veränderungen im Sinn hatte. »Politik«, schrieb ich damals im Text des Filmes, »interessiert sie in ihrem Elfenbeinturm der oberen Zehntausend nur ganz am Rande. Die ersten Worte, die sie als Kind lernte, so schwört Marisa Berenson, waren ›Call the waiter! Ruf den Kellner!‹.«

Jahrzehnte später traf ich sie auf der Geburtstagsparty des Aga Khan wieder. Dann holte mich die deutsche Wirklichkeit wieder ein.

Deutschland im Herbst

Am 28. April 1977 wurde in Abwesenheit der Angeklagten das Urteil gegen die RAF-Gründer Baader, Ensslin und Raspe verkündet: Lebenslängliche Freiheitsstrafe wegen gemeinschaftlichen Mordes.

Drei Monate später, am 30. Juli 1977, klingelte es an der Gartenpforte des Bankiers Jürgen Ponto in Oberursel im Taunus. Es war Susanne Albrecht, die Schwester seines Patenkindes. Peter Jürgen Boock wartete im Fluchtfahrzeug vor der Tür. Er erinnert sich in unserem Interview Jahre später, wie die Gruppe Susanne Albrecht zur Tatbeteiligung anstachelte: »Du wolltest, dass die Gefangenen rauskommen, jetzt kannst du dabei mithelfen. Wenn du dich als Revolutionärin siehst, dann musst du kämpfen.« Sie war der Türöffner für die Mörder Jürgen Pontos. Als der Bankier sich seiner Entführung widersetzte, wurde er von Brigitte Mohnhaupt und Christian Klar kaltblütig zusammengeschossen.

Spätsommer 1977: In Stammheim befanden sich die Gefangenen wieder einmal im Hungerstreik. Er richtete sich an die RAF-Genossen im Untergrund, wie das damalige Gruppenmitglied Peter Jürgen Boock schilderte: »Von den Stammheimern kam immer wieder die Frage: Wann seid ihr soweit, was habt ihr vor? In welchem Stadium seid ihr dabei? Auf was können wir uns da einstellen? Und dass sie langsam die Geduld verlieren. Und diese Drohung bis Erpressung, die wurde immer stärker. Bis hin zu dieser Drohung: sonst nehmen wir unser Schicksal selbst in die Hand.« Unter dem Druck der Stammheimer Gefangenen wurden die Planungen für eine Entführung im Kölner Raum vorangetrieben. Zielperson: Hanns Martin Schleyer, Präsident des Bundesverbandes der deutschen Industrie und des Arbeitgeberverbandes.

Es ging ums Prinzip. Für eine kleine Gruppe, die in ihrer Hybris glaubte, dem Staat den Krieg erklären zu können. Das Opfer Hanns Martin Schleyer war Symbolfigur der Wirtschaft, des Kapitalismus, des Systems.

Am Montag, dem 5. September 1977, war es so weit. Auf dem Weg vom Büro zu seiner Kölner Wohnung sollte Schleyer entführt werden. Um jeden Preis. Peter Jürgen Boock war maßgeblich daran beteiligt: »Wir haben das alles durchgespielt auf einem Stück Packpapier. Und das Ergebnis war ziemlich klar: Es wird nicht gehen, ohne dass wir die begleitenden Polizisten und den Fahrer töten.«

Es wurde ein Massaker. Schleyers Fahrer und die drei Polizeibeamten, die ihn schützen sollten, wurden erschossen, Hanns Martin Schleyer entführt. Es begann das blutige Finale. Der deutsche Herbst des Terrors.

Die Stimmung unter den Entführern beschrieb Boock so: »Keinerlei Freude, oh, wunderbar, es hat geklappt, sondern schon das Gefühl, jetzt haben wir was Ungeheuerliches gemacht.«

Die Entführer hatten Schleyer in die Tiefgarage des Hochhauses am Renngraben 8 in Erftstadt-Liblar transportiert. Dort lag er bis nach Mitternacht im Kofferraum eines Mercedes 230, hinter ihm einer der Entführer mit schussbereiter Pistole, fünf Stunden lang.

Unbemerkt schafften sie es dann, ihr Opfer in das Appartement 104 zu bringen. Die Nachbarn in dem anonymen Wohnsilo merkten nichts. Peter Jürgen Boock: »Wir haben ihn raufgeschafft in die Wohnung. Das gab diese Matratze in dem Zimmer, es war ja gleich zwei Schritte über den Flur, und ein bestimmtes abgestecktes Gebiet, wo gesagt wird, okay, da kannst du dich bewegen, wenn du auf und abgehen willst oder dich recken, strecken oder die Beine vertreten, genau in dem Radius. Gehst du darüber hinaus, wirst du erschossen. Fängst du an zu schreien, wirst du erschossen. Ja, es wurde ihm doch sehr drastisch am Anfang gesagt, wie die Machtverhältnisse einzuschätzen sind.«

Etwa zehn Tage blieb Schleyer im Hochhaus-Appartement in Erftstadt-Liblar. Von hier aus lief – über Kontaktpersonen – die Kommunikation mit der Bundesregierung. Diese spielte auf Zeit. Oberstes Ziel war, die Entführer möglichst lange hinzuhalten und in der Zwischenzeit verdeckt zu fahnden, um das Versteck Schleyers aufzuspüren.

Bundeskanzler Helmut Schmidt sagte später in einem unserer Interviews: »Wir haben damit gerechnet, dass wir ihn finden würden, dass wir das Versteck finden würden, und dass wir ihn würden befreien können. Wir haben unglaubliche Anstrengungen unternehmen lassen, um das Versteck zu finden. Und man weiß heute, dass es durch einen dummen Zufall innerhalb eines behördlichen Apparates missglückt ist. Es hätte genauso gut glücken können, und dann wäre Schleyer nicht von vornherein zum Tode verurteilt gewesen.«

Der Hinweis kam aus dem Hochhaus. Es war am Tag zwei der Entführung, da glaubte die Polizei im rheinischen Erftstadt zu wissen, wo er versteckt war. Jeder Beamte kannte mittlerweile die Kriterien, die für konspirative Wohnungen der RAF galten: Hochhaus, nahe der Autobahn, Tiefgarage mit direktem Liftzugang, größtmögliche Anonymität.

Der 15-geschossige Bau an der Straße Zum Renngraben 8 im Ortsteil Liblar könnte es sein, dachten die Polizisten des Ortes und schickten ihren erfahrenen Kollegen Ferdinand Schmitt dorthin. »Ich suche Herrn Schleyer«, sagte er dem Hausmeister, und der verwies ihn an eine Angestellte des Malerbüros.

Was Schmitt von ihr erfuhr, elektrisierte ihn: Am 17. Juli 1977, gerade mal sieben Wochen zuvor, hatte eine junge Frau die Wohnung gemietet. Als sie die Kaution in Höhe von 800

Mark an Ort und Stelle bezahlte, zog sie aus ihrer Handtasche ein Bündel mit Fünfzig-, Hundert- und Fünfhundertmarkscheinen hervor. Schmitt erfuhr auch, dass sie direkt nach der Anmietung das Türschloss hatte auswechseln lassen. Am Tag vier der Entführung wurde diese heißeste aller Spuren nach Köln gemeldet – mit dem Fernschreiben 827. Es war adressiert an den »Koordinierungsstab«, der Großeinsätze vorbereiten sollte. Und ein Durchschlag ging an die Sonderkommission des Bundekriminalamtes. Nichts passierte. Das Fernschreiben ging im Gewühl der Ermittlungen verloren.

In der Polizeistation Erftstadt, nicht einmal 20 Kilometer von Köln entfernt, war man mehr denn je davon überzeugt, Schleyer könnte in der Wohnung 104 gefangen gehalten werden. Wenn der Polizeibeamte Schmitt mit seiner Frau oder mit Kollegen auf Streife am Hochhaus vorbeikam, zeigte er nach oben: »Da sitzt er«.

Nach zehn Tagen, die Schleyer in seinem Versteck zugebracht hatte, wurden die Terroristen nervös. Man beschloss, die Geisel wegzuschaffen – in die Niederlande. Nach kurzem Aufenthalt in Den Haag wurde Schleyer nach Brüssel verfrachtet. Nur wenige Gruppenmitglieder sollten zu seiner Bewachung dortbleiben, die übrigen flogen nach Bagdad.

Die Suche nach Schleyer zog sich über Wochen hin, der BKA-Beamte Alfred Klaus, genannt der »Familienbulle« führte verschiedene Gespräche mit Baader und Ensslin im Hochsicherheitstrakt von Stammheim. Videos mit Erklärungen des Entführten wurden über Mittelsmänner an die Bundesregierung geschickt. Die Fahndung lief auf Hochtouren. Gleichzeitig hatte die Bundesregierung eine Nachrichtensperre verhängt. Ich war zu dieser Zeit bei *Panorama*, arbeitete auch gelegentlich für *Brennpunkt*-Sendungen, aber die Berichterstattung über die aktuelle Lage war begrenzt. Eigentlich hatte ich Urlaub genommen.

In diesem Herbst 1977 wollte ich endlich mal einen Film gemeinsam mit meinem alten Freund Gordian Troeller machen.

Der entsprach so ziemlich meinem Ideal eines Journalisten. Gemeinsam mit seiner Frau, der Fotografin Marie-Claude Deffarge hatte er über Jahre Geschichten aus aller Welt für den *stern* geschrieben.

Er kannte die wichtigsten Revolutionäre der Welt, angefangen mit Che Guevara und Fidel Castro, hatte aus Krisenregionen und Kriegsgebieten berichtet und so etwa an jeder Revolution seiner Zeit teilgenommen und darüber geschrieben. Irgendwann verließ er den *stern* und begann, Filme zu machen, Dokumentarfilme für die ARD. Radio Bremen gab ihm immer wieder Aufträge für ganze Serien – etwa *Die Kinder dieser Welt*. Er drehte selbst mit einer kleinen 16-Millimeter-Kamera und war oft monatelang in aller Welt unterwegs.

Immer wieder hatten wir darüber gesprochen, ein gemeinsames Projekt anzupacken. Dann, im Sommer 1977 wurde es konkret. Gordian wollte eine Film über die Nomaden in Somalia drehen und mit ihnen ein paar Wochen lang auf Kamelen durch die Wüste ziehen. Ich sollte dabei sein und den Ton machen. Das Visum war erteilt, das Flugticket lag bereit. Ich hatte Urlaub bei *Panorama* genommen. Doch plötzlich wurde Schleyer entführt und Peter Merseburger verhängte eine Urlaubssperre. Jetzt wurde jeder *Panorama*-Reporter gebraucht. Gordian musste in letzter Minute einen Ersatz für mich beschaffen. Er flog ohne mich los.

Unterdessen wurde in Palma de Mallorca eine Flugzeugentführung vorbereitet. Ein palästinensisches Kommando sollte den Schleyer-Entführern helfen, die Stammheimer Gefangenen freizupressen. Die zwei Frauen und zwei Männer quartierten sich auf Mallorca ein und fotografierten sich gegenseitig wie normale Touristen. Sie waren ohne Waffen auf die Insel gekommen. Die wurden ihnen nachgeliefert. Ziel war die Lufthansa-Maschine »Landshut«, die von Palma de Mallorca nach Frankfurt fliegen sollte.

Als die Maschine startete, saßen Flugkapitän Jürgen Schumann und Co-Pilot Jürgen Vietor im Cockpit. Für unseren Film über den Deutschen Herbst, dreißig Jahre danach, interviewten wir den Co-Piloten: »Es hat so gepoltert und ich dachte eigentlich erst, es wäre irgendwas runtergefallen, ein Container oder so«, erinnerte er sich, »aber eine oder zwei Sekunden später wurde ich eines Besseren belehrt. Da kam nämlich Mahmud ins Cockpit, Pistole auf den Kapitän Schumann gerichtet und mich hat er in die Rippen getreten und hat geschrien out, out, out.«

Die Lufthansa Boeing vom Typ 737 City Jet wich vom Kurs ab. Um 14.38 Uhr erklärte die Bundesregierung, dass es sich um eine Flugzeugentführung handeln könnte. Doch auch jetzt blieb Bundeskanzler Helmut Schmidt hart. In unserem Interview 30 Jahre später sagte er: »Die Sache kriegte ja eine zusätzliche Dimension. Bisher war das Leben eines Menschen, Dr. Schleyers, in höchster Gefahr. Jetzt handelte es sich um mehr als 90 Menschen, deren Leben in höchster Gefahr war«. Und doch blieb der Bundeskanzler hart. Er entschied, eine Maschine hinterher fliegen zu lassen, an Bord die 1973 aufgestellte Spezialeinheit des Bundesgrenzschutzes, die Bundesgrenzschutzgruppe 9, kurz GSG 9. Trainiert und ausgerüstet speziell dafür, Geiseln aus jeder erdenklichen Lage zu befreien. Die Truppe war bis dahin nie entsprechend eingesetzt worden.

Die Maschine folgte der entführten Landshut über Rom und Larnaka auf Zypern nach Dubai. An Bord spielten sich fürchterliche Szenen ab, von denen uns der Co-Pilot, die Stewardess Gaby Dillmann, später verheiratete von Lutzau, und einige Passagiere danach in Interviews berichteten.

Nach einer Landung in Dubai gab Mahmud den Befehl zum Abflug. Es sollte nach Aden gehen, doch die dortigen Behörden gaben – zur Überraschung der Entführer – keine Landeerlaubnis. Co-Pilot Vietor setzte die Maschine auf einer Sandpiste auf.

Als Flugkapitän Schumann die gelandete Maschine inspiziert hatte und nach geraumer Zeit an Bord zurückkehrte, wollte der Chef der Entführer »Captain Mahmud« ein Exempel statuieren. Co-Pilot Vietor stand daneben: »Kapitän Schumann musste sich hinknien, und da hat der Mahmud die Pistole Kapitän

Schumann ins Gesicht gehalten und hat gesagt are you guilty or not guilty.«

Stewardess von Lutzau in unserem Interview: »Das war so fürchterlich, er wurde wirklich vorn in der Kabine, vorne neben den Kindern erschossen. Er hatte wahnsinnige Angst, das sah man ihm an, als er reinkam, aber ich habe mich dann versteckt, ich habe mir eine Decke oder irgendwas über den Kopf gezogen und gedacht, ich bin jetzt gar nicht hier, ich bin überhaupt nicht hier. Und nachdem er dann erschossen worden war, habe ich angefangen zu heulen, weil alle ruhig waren. Es hieß, wenn einer weint oder wenn einer schreit, wird er sofort erschossen. Und jetzt hatte er, irgendwo ist es ja das Gemeine daran, jetzt hatte er ja seine Leiche, die er schon die ganze Zeit haben wollte. Eine zum Vorzeigen, schaut, wir meinen es ernst.«

Schließlich nahm die »Landshut« Kurs auf die Hauptstadt Somalias.

Dort war inzwischen mein Freund Gordian Troeller eingetroffen, zusammen mit dem Kollegen, der mich bei den Dreharbeiten zu dem Nomaden-Film ersetzen sollte.

Als er auf dem Flughafen von Mogadischu sein Gepäck vom Band nahm, landete eine weitere Maschine. Es war die entführte »Landshut«. Gordian Troeller verfolgte die Ereignisse vor Ort. Er filmte nicht, obwohl er seine Kamera dabeihatte. Sein Projekt waren die Nomaden in der Wüste, nicht die Terroristen an Bord der Lufthansa-Maschine. Er befürchtete, dass man ihn sonst des Landes verwiesen hätte. Wäre ich dabei gewesen, hätten wir gedreht, darüber waren wir uns später einig. Aber wenn ausgerechnet ich erklärt hätte, dass ich rein zufällig auf dem Flughafen von Mogadischu war als die »Landhut« dort landete, hätte mir das wohl keiner abgenommen.

Statt in Mogadischu die dramatischen Ereignisse zu beobachten, machte ich einen Beitrag über ein junges Mädchen, das fälschlicherweise in den Verdacht geraten war, in den Ponto-Mord verstrickt zu sein. Ich wollte von Hamburg aus nach Bonn fliegen und dort ein Gespräch über den Fall im Innenministerium zu führen. Damals musste man auch bei Inlandsreisen den Pass vorlegen. Das tat ich auch. Gleich anschließend wurde ich in einen Nebenraum geholt. Dort saß ein Grenzschutzbeamter am Computerterminal und fragte mich, wohin ich denn fliegen wolle.

Ich sagte, nach Köln/Bonn, aber das reichte ihm nicht. Wo ich denn dort genau hinwollte? Ich fand, das ginge ihn nichts an und sagte das auch.

»Dann können Sie nicht abfliegen,« antwortete der Beamte.

Ich hatte es eilig und fand das Ganze auch irgendwie komisch, deswegen sagte ich ihm, dass ich zu seinem obersten Chef, dem Bundesinnenminister Baum wollte. Damit war er dann zufrieden. Ich nicht so ganz. Deshalb fragte ich ihn, warum er das denn wissen wollte.

Da sagte er: »Wieso, wussten Sie nicht, dass Sie der Beobachtenden Fahndung unterliegen?«

Das wusste ich nicht, aber ich wusste, was die Befa 7 K war, Kontaktperson Terrorismus. In dieser Datei waren alle Leute erfasst, die jemals einen Terroristen im Gefängnis besucht hatten.

»Und was liegt sonst noch gegen mich vor?« fragte ich den Grenzschützer. Der blickte auf seinen Computer: »Sie haben 1970 gegen das Waffengesetz verstoßen.«

Was er nicht wusste: Das war bei Schießübungen mit einem Kleinkalibergewehr in einem Garten bei Pinneberg, gemeinsam mit einem damals als Baader-Befreier Gesuchten.

Der Beitrag wurde nicht gesendet, denn in der Nacht vor der *Panorama*-Sendung wurden die Geiseln von der GSG-9 befreit. Nach der Landung in Mogadischu hatten die Entführer das Ultimatum für den Austausch der Gefangenen auf 15.00 Uhr festgelegt. Wenn die Bundesregierung bis dahin nicht einlenkte, werde die Maschine gesprengt. Stewardess Gabriele von Lutzau später in unserem Interview: »Wir bekamen eine Mordswut auf die Regierung und auf alles. Auf einmal waren die Terroristen und wir im selben Boot.«

Das Ultimatum um 15.00 Uhr verstrich, die Terroristen lehnen jede weitere Verzögerung ab.

Staatsminister Wischnewski verhandelte fieberhaft mit der somalischen Regierung, um die Erlaubnis zum Einsatz der GSG 9 zu erhalten. Im Cockpit von Wischnewskis 707 saß Rüdiger von Lutzau, der Freund der Landshut-Stewardess Gaby Dillmann. Er hatte die Aufgabe, den Funkverkehr zwischen der »Landshut« und dem Tower mitzuhören und aufzuschreiben.

Mahmud sagte den Passagieren, dass ihre Regierung sie sterben lassen wolle. Die Stewardess Gaby Dillmann bat ihn, noch einmal mit dem deutschen Botschafter sprechen zu dürfen. Mahmud übergab ihr das Mikrophon.

Am Funkgerät in der Boeing 707 hörte Rüdiger von Lutzau mit. Die Worte kamen aber so verzerrt bei ihm an, dass er nicht merkte, wer dort sprach. Gaby Dillmann sprach Englisch, und erst viele Jahre später tauchte das Tonband mit ihrer Rede auf.

»Ich möchte sagen, dass es der Fehler der deutschen Regierung ist, dass wir sterben müssen. Und wir werden sterben. Ich weiß, dass sie es tun werden, sie haben uns schon alle gefesselt. Und dieses ist, was wir auf Deutsch ein Himmelfahrtskommando nennen. Denen ist ihr eigenes Leben egal. Und auch die deutsche Regierung sorgt sich kein bisschen um unser Leben. Wir werden jetzt sterben. Ich habe versucht, das hier so gut es geht, zu ertragen. Aber die Angst ist einfach zu mächtig. Aber wir möchten, dass Sie wissen, dass die deutsche Regierung nicht geholfen hat, unser Leben zu retten. Sie hätte alles tun können, alles. Wir verstehen die Welt nicht mehr. In Ordnung, dies ist wahrscheinlich die letzte Botschaft, die ich jemals übermitteln kann: Mein Name ist Gaby Dillmann und ich möchte nur meinen Eltern und meinem Freund sagen – sein Name ist Rüdiger von Lutzau – dass ich so tapfer sein werde, wie möglich. Dass ich hoffe, es wird nicht zu sehr weh tun. Bitte sagen Sie meinem Freund, dass ich ihn sehr liebe und sagen Sie meiner Familie, dass ich sie liebe, dass ich sie auch liebe.«

Erst jetzt merkte Rüdiger von Lutzau, dass es seine Verlobte war, deren Worte er mitschrieb. Gaby Dillmann stockte, dann drückte sie noch einmal die Sprechtaste: »Sagen Sie allen meinen Dank, und wenn es noch irgendeine Möglichkeit gibt, bitte ich Sie, versuchen Sie alles. Denken Sie an all die Kinder, denken Sie an all die Frauen, denken Sie an uns. Ich kann das nicht verstehen, wirklich nicht. Können die wirklich für den Rest ihres Lebens mit dieser Last auf ihrem Gewissen leben? Ich weiß es nicht. Wir werden alles versuchen, so tapfer wie möglich zu sein, aber es ist nicht leicht. Ich bete zu Gott, bitte, wenn es irgendeine Möglichkeit gibt, irgendeine Möglichkeit, hilf uns. Es ist nicht mehr viel Zeit übrig ist. Wenn es irgendeine Möglichkeit gibt, bitte helft uns.«

Rüdiger von Lutzau schrieb bis zuletzt mit. Um 2.03 Uhr somalischer Zeit erfolgt der Einsatz der GSG 9.

Gabriele von Lutzau wurde von einer explodierenden Handgranate verletzt: »Als sie schon kullerte, habe ich gedacht, wie muss man das jetzt machen. Man darf die Luft nicht anhalten, wenn es eine Explosion ist, sondern man muss die Luft rauslassen, oder wie war das. Also ich habe ausgeatmet, dann explodierte etwas, dann hab ich geguckt, aha, das Rückgrat funktioniert, dann hab ich meinen Fuß, der betroffen war, bewegt, sag ich, och, die Zehen scheinen noch dran zu sein. Aber wenn er ab gewesen wäre, Hauptsache lebendig.«

Oberstleutnant Wegener später in unserem Interview: »Die gesamte Aktion war nach 7 Minuten praktisch beendet, einschließlich die Evakuierung. Und dann bin ich raus zu den Passagieren und habe mit denen gesprochen. Und dann wurde mir so langsam klar, dass das ohne Opfer abgegangen war.«

Bundeskanzler Helmut Schmidt wusste, was auf dem Spiel stand. In unserem Interview 30 Jahre später sagte er: »Wenn wir nicht hätten verhindern können, dass die Terroristen in Somalia oder Mogadischu das Flugzeug in die Luft sprengen, wenn wir das nicht hätten verhindern können, wäre ich am nächsten Tag zurückgetreten.«

Tod in Stammheim

Meldung Deutschlandfunk, 18. Oktober 1977: »00 Uhr 38, hier ist der Deutschlandfunk mit einer wichtigen Nachricht. Die von Terroristen in einer Lufthansa-Boeing entführten 86 Geiseln sind alle glücklich befreit worden. Dies bestätigte ein Sprecher des Bundesinnenministeriums soeben in Bonn.«

Auch im Hochsicherheitstrakt von Stammheim wurde die Nachricht über ein verstecktes Radio gehört. Danach müssen sich die Gefangenen über ihre geheime Gegensprechanlage zum Selbstmord verabredet haben.

Die Nachricht vom Selbstmord der Stammheimer Gefangenen traf die in Bagdad weilende RAF-Gruppe wie ein Schlag. Peter Jürgen Boock erinnerte sich: »Die Leute saßen da wie betäubt. Sehr lange gab es überhaupt keine Diskussion. Einige haben geweint. Dann ist einer Person von uns der Kragen geplatzt, die zweite Person, Brigitte Mohnhaupt, die ja wusste, dass die Waffen da reingegangen waren, die auch wusste, dass da so was passieren würde, weil der Tenor aller übrigen war, die sind umgebracht worden und nun haben die Schweine das also wahrgemacht. Die armen Leute und wie das wohl gewesen sein mag. Sie konnte das wohl nicht mehr ertragen und hat dann sehr energisch und aggressiv eingeworfen: ›Ihr könnt Euch wohl nur vorstellen, dass die Opfer gewesen sind. Ihr habt die Leute nie gekannt. Die sind keine Opfer, und die sind es nie gewesen, zum Opfer wird man nicht gemacht, sondern zum Opfer muss man sich selber machen. Sie haben ihre Situation bis zum letzten Augenblick selber bestimmt.‹ – ›Was heißt den das?‹ – ›Ja, das heißt, dass sie das gemacht haben, nicht dass es mit ihnen gemacht worden ist.‹ Und da war natürlich eisiges Schweigen.«

Der Tod der Stammheimer Häftlinge war der letzte Auslöser für die Ermordung Hanns Martin Schleyers. Auch Helmut Schmidt war klar, was das bedeutete: »Mit der Möglichkeit, dass diese Kerle den Hanns Martin Schleyer umbringen würden, musste man immer rechnen. Auch vor Mogadischu. Und auch hinterher.«

In der Nähe von Mühlhausen fand die Polizei in einem grünen Audi Schleyers Leiche.

Zwei Tage nach der Trauerfeier für ihn wurden auch Andreas Baader, Gudrun Ensslin und Jan Carl Raspe beigesetzt, auf dem Stuttgarter Dornhaldenfriedhof in einem Gemeinschaftsgrab.

Wie viele in ihrer Generation waren sie angetreten gegen den alten und den angeblichen neuen Faschismus. Mit Gewalt hatten sie diese tötende Welt zu verändern gesucht, hatten sich selbst zu Herren über Leben und Tod gemacht und waren schuldig geworden wie viele aus der Generation ihrer Väter. Manche aus der RAF sahen das ein. Andere bis heute nicht.

Der Begriff vom »Deutschen Herbst« ist seither geblieben. Synonym für den Anschlag einer Gruppe politischer Desperados auf das Machtsystem des deutschen Nachkriegsstaates, Synonym für die staatliche Reaktion, für die Härte und ihren Preis.

Es waren sieben Jahre, die die Republik veränderten. Sie hatte aufgerüstet, juristisch und politisch und im Bewusstsein der breiten Bevölkerung. Das Land hatte an Liberalität verloren. Doch auch der hochgezüchtete Polizeiapparat hatte den Krieg der nächsten Generation der RAF nicht stoppen können. Das blutige Ende des »Deutschen Herbstes« war nicht das Ende des Terrorismus in Deutschland. Die neue RAF hatte nur dazugelernt.

Ich filmte am Ort der Beisetzung auf dem Dornhaldenfriedhof für *Panorama*. Dort traf ich den Filmemacher Alexander Kluge und den Regisseur Volker Schlöndorff. Sie waren dabei, für eine Gemeinschaftsproduktion über »Deutschland im Herbst« zu drehen. Ich besuchte Kluge eine Zeit später in seinem Schneideraum und gab ihm einige Szenen, die ich im Stammheimer Untersuchungsausschuss gedreht hatte, so die Befragung des Gefängnisbeamten Bubeck über die Zusendung eines Kälberstrickes an die Gefangenen im 7. Stock.

Leider ging das Material irgendwie verloren, landete nicht in dem Film und blieb auch später unauffindbar.

Dafür durfte ich aber beim nächsten großen Filmprojekt dabei sein. Nachdem »Deutschland im Herbst« als kollektive Gefühlspräsentation der deutschen Filmemacher von Fassbinder bis Schlöndorff ein großer Erfolg war, sollte auch im kommenden Wahlkampf die Kunst eingreifen.

Vorher hatte ich noch bei *Panorama* zu tun. Aus manchen Projekten wurde etwas, aus manchen – jedenfalls kurzfristig – nichts.

Der Nachrichtenhändler

Ich hatte ihn beim NDR kennengelernt. Sein Name war Frank Peter Heigl. Eigentlich war er Kriminalkommissar beim BKA, ausgebildet für den Untergrundeinsatz im Organisierten Verbrechen. Dann stieg er aus und wurde eine Art Reporter, hart auf der Grenzlinie zwischen Geheimdiensten auf der einen und dem Journalismus auf der anderen Seite. Er hat unsere Freundschaft manchmal auf die Probe gestellt. Oft tauchte er einfach ab, weg, verschwunden. Und dann meldete er sich irgendwann wieder. Wir trafen uns wieder, aber fast immer unter südlicher Sonne. In der Karibik, in Südfrankreich oder in Florida.

Wovon er lebte, war nicht immer klar. Auf jeden Fall schrieb er unter zahlreichen Pseudonymen für bunte Illustrierte in Deutschland. Er kannte sich aus mit Königshäusern und Kriminellen, mit Geheimdiensten und Gangsterbanden. Und nicht selten fragte ich mich, mit welchem Fuß er nun wieder in welchem Schlamassel steckte.

Er war ein großer Kerl, immer zu lange Haare, immer unrasiert, immer lässig gekleidet. Und fast immer mit einer schönen Frau an seiner Seite. Manchmal war er treu, sogar ziemlich lange. Und dann war er plötzlich wieder verschwunden und gab kein Lebenszeichen von sich. Nicht selten meldete sich dann jemand bei mir und erkundigte sich nach seinem Verbleib. Manchmal wusste ich es und manchmal nicht. Aber jedes Mal sagte ich, ich hätte keine Ahnung. Ob ich irgendetwas ausrichten könne, falls er sich mal bei mir melde? So wurde ich gelegentlich zum toten Briefkasten.

NDR-Chefredakteur Winfried Scharlau hatte ihn in Thailand am Swimmingpool des Luxushotels »Siam Interconti« kennengelernt. Als langjähriger Auslandskorrespondent spürte er, dass dieser junge Reporter, der gerade für den *stern* unterwegs war, Kontakte hatte, die man auch beim Fernsehen nutzen konnte. So traf ich ihn in der *Panorama*-Redaktion, wo ich gerade an einer Geheimdienstaffäre in Berlin, dem Mordfall Ulrich Schmücker, herumrecherchierte. Es ging um den Fememord in der linksradikalen Szene, bei dem der Verfassungsschutz eine undurchsichtige Rolle gespielt hatte.

Unsere Zusammenarbeit führte dazu, dass mir ein paar dubiose Akten zugespielt wurden. Offenbar mit dem Ziel, mich auf eine falsche Fährte zu locken. Zum Glück war ich misstrauisch. Ich habe damals nicht erfahren, ob er eingesetzt wurde, um mich reinzulegen, oder ob man ihn selbst reinlegen wollte. Vielleicht aber auch beides. Denn in dem Spiel, das er spielte, wurde manchmal mit der Wahrheit gelogen und manchmal mit der Lüge die Wahrheit gesagt oder auch verdeckt. Er war ein Spieler, aber nicht immer wusste er selbst, welche Rolle er in dem Spiel spielte und wer gerade die Fäden zog.

Er hatte vieles zu erzählen, und später, als er in einem Untersuchungsausschuss zu der Münchner Geheimdienstaffäre um den Ministerialbeamten und ehemaligen BND-Mitarbeiter Hans Langemann die zentrale Rolle spielte, wurde ich über ihn befragt. »Es war immer lustig mit ihm«, sagte ich. »Und ich traue ihm etwa so weit, wie ich meinen Kühlschrank werfen kann.«

Bis heute haben wir ein Geheimnis miteinander. Er hatte mich an einem bestimmten Tag in sein Haus an der Côte d'Azur eingeladen. Wie immer tauchte ich mit einer Stange zollfreier

Marlboro auf. Zwei Tage rauchten wir um die Wette, tranken weißen und roten Wein. Und ich wusste nicht, warum er mich unbedingt hatte sehen wollen. Und dann plötzlich, am letzten Abend, platzte es aus ihm heraus. So hatte ich meinen stabilen, unerschrockenen Freund, den mit allen Wassern gewaschenen Ex-Polizisten, noch nicht gesehen. Abgehackt und in Kürzeln, unterbrochen von echtem Schrecken in der Stimme, erzählte er mir davon, dass er in eine dramatische Politaffäre verwickelt sei, in deren Verlauf ein Mensch zu Tode gekommen sei. Er habe nur eine kleine Rolle gespielt, aber die würde ausreichen, ihn in tödliche Gefahr zu bringen – oder ins Gefängnis oder beides. Ich habe diese Geschichte für mich behalten, sie muss noch warten.

1979 nahm er mich mit auf eine Art Expedition in den Untergrund der Polizei. Es ging um den Geheimagenten Werner Mauss. Im Amt hieß der Mann nur »M«. Wenn er durchs Haus ging, mussten vorher die Türen zugemacht werden. Niemand durfte auf dem Flur sein. »M« war das bestgehütete Geheimnis des Bundeskriminalamts. Einige Jahre später konnte ich es – wenigstens teilweise – lüften.

Der furchtbare Jurist

Der Matrose Walter Gröger war 22 Jahre alt. Vier Wochen lang versteckte er sich Ende 1943 bei seiner norwegischen Freundin Marie Lindgren und überlegte gemeinsam mit ihr, sich ins neutrale Schweden abzusetzen. Doch Marie erzählte einem befreundeten Polizisten von dem Plan, und der ließ Gröger am 6. Dezember festnehmen. Wegen »vollendeter Fahnenflucht im Felde« wurde er am 14. März 1944 zu acht Jahren Zuchthaus verurteilt. Doch der Gerichtsherr, Generaladmiral Otto Schniewind, hob das Urteil wieder auf, weil »auf Todesstrafe hätte erkannt werden sollen«. Der Fall zog sich hin, und ein knappes Jahr später, am 15. Januar 1945, wurde ein neuer Anklagevertreter für den Fall ernannt. Es war der Marinerichter Dr. Hans Filbinger, späterer Ministerpräsident des Bundeslandes Baden-Württemberg. Und der forderte die Todesstrafe.

Marineoberstabsrichter Adolf Harms verurteilte den nun 24-jährigen Gröger am 22. Januar 1945 als »einzig angemessene Sühne« zum Tode. Militärstaatsanwalt Filbinger kümmerte sich um die Bestätigung des Urteils durch das Oberkommando der Marine und ordnete am 15. März 1945 die Vollstreckung an. Einen Tag später ließ er ihn um 16.02 Uhr erschießen. Als leitender Offizier gab er den Feuerbefehl.

Der Fall kam 1978 ans Tageslicht, als Rolf Hochhuth in einen Rechtsstreit mit Filbinger verwickelt wurde. Er hatte im Vorabdruck seines Romans *Eine Liebe in Deutschland* Filbinger als »furchtbaren Juristen« und »Hitlers Marinerichter« bezeichnet. Sogar nach Kriegsende und in Gefangenschaft hatte er einen deutschen Matrosen mit Nazigesetzen verfolgt. Dieser hatte sich in einem britischen Kriegsgefangenenlager die Hakenkreuze von der Kleidung gerissen mit den Worten: »Ihr habt jetzt ausgeschissen. Ihr Nazihunde, ihr seid schuld an diesem Krieg.« Dafür verurteilte ihn Marinerichter Filbinger am 1. Juli 1945 wegen »Gesinnungsverfall« zu sechs Monaten Gefängnis. Der Fall schlug hohe Wellen, und im Verlaufe der Auseinandersetzung erklärte Filbinger: »Was damals rechtens war, kann heute nicht Unrecht sein.«

Im Übrigen sei er auch im Fall Gröger als Marinestaatsanwalt weisungsgebunden gewesen und habe nicht anders gekonnt, als die Todesstrafe zu fordern. Und dann legte er sich in einem Fernsehinterview fest: »Es gibt kein einziges Todesurteil, das ich in der Eigenschaft als Richter gesprochen hätte.«

Das machte auch uns bei *Panorama* neugierig. Ich schlug einen Beitrag darüber vor, ob Marinestaatsanwälte tatsächlich die Todesstrafe verlangen mussten oder selbst darüber entscheiden konnten, welche Strafe sie forderten. Und natürlich wollte ich wissen, ob Filbinger als Marinerichter nicht doch ein Todesurteil unterschrieben hatte.

Ich hatte einen gewissen Verdacht. Ich wusste, dass Militärjuristen mal als Staatsanwalt und mal als Richter tätig gewesen waren. Wie wäre es, wenn Filbinger in der Rolle als Richter ein Todesurteil verhängt hatte? Ich rief an einem Freitagnachmittag beim Bundesarchiv in Koblenz an und ließ mich mit dem Sachbearbeiter verbinden, der für Todesurteile bei der Marine zuständig war. Es war nicht der erste Anruf, den er in der Affäre Filbinger bekommen hatte. Nein, sagte er, sie hätten alle Urteile des Marinegerichts Oslo durchgesehen, auch alle Todesurteile. Ein von Marinerichter Hans Filbinger unterschriebenes Urteil sei nicht dabei. Ich könnte mir die Reise nach Koblenz sparen, aber er würde mir die Urteile gern zeigen, damit ich ihm glaubte.

Am Montag fuhr ich nach Koblenz und wälzte stundenlang Akten. In der Tat war kein Todesurteil dabei, das von Filbinger unterschrieben war. Als ich mit den Akten durch war, fragte ich den Sachbearbeiter, ob es denn nicht sein könnte, dass hier einfach ein Urteil fehle.

»Ja«, sagte er. »Theoretisch natürlich schon, aber nach meiner Ansicht ist alles vollständig.«

»Gibt es denn irgendeine weitere Möglichkeit, die Todesurteile eines Gerichtes nachzuvollziehen, als die Urteile selbst?«

»Ja, da gibt es die sogenannten Strafverfahrenslisten. Also Bücher, in denen alle Urteile eingetragen sind.«

Die wollte ich doch gern mal sehen. Der Sachbearbeiter erkundigte sich, wo denn die Strafverfahrenslisten des Gerichtes in Oslofjord waren. Dort hatte Filbinger als Marinerichter gewirkt. Er fand heraus, dass die Akte in der Außenstelle des Bundesarchivs in Kornelimünster bei Aachen sein müsste. Also fuhr ich dort hin.

Die Mitarbeiter holten extra den zuständigen Sachbearbeiter von zu Hause, denn der war schon seit einiger Zeit im Ruhestand. Der Archivar erklärte mir, dass es natürlich kein von Filbinger unterschriebenes Todesurteil gebe, sonst hätte man es ja gefunden. Als er merkte, dass ich nicht so leicht zu überzeugen war, kramte er endlich die Strafverfahrensliste hervor. Sie trug die Aufschrift »JI 1945 Strafverfahrensliste Nr. 1 bis 283 Oslofjord«. Er hatte sie vorher noch nie in der Hand gehabt und gab sie auch nicht her. Dann blätterte er das Buch vor meinen Augen durch, um mir zu zeigen, dass da nichts war.

Doch plötzlich sah ich eine Seite mit der Aufschrift »Todesurteile«. Unterschrieben von Filbinger – und darüber der Name des zum Tode Verurteilten. Der Name, so konnte ich gleich erkennen, war Steffen. Auch den Vornamen merkte ich mir. Der pensionierte Sachbearbeiter klappte die Strafverfahrensliste vor Schreck gleich wieder zu, weil er sie mir wegen der Persönlichkeitsrechte eigentlich gar nicht hätte zeigen dürfen. Aber ich hatte mir den Namen gemerkt.

Ich rief bei der Wehrmachtsauskunftsstelle in Berlin an, die alle Akten der ehemaligen Angehörigen der Wehrmacht verwaltet. Ich fragte den stellvertretenden Leiter, ob es eine Akte über diesen Mann gebe. Günter Bogdanski suchte nach der Akte und wurde fündig: Ja, es gebe eine Wehrmachtsakte dieses Mannes, er habe den Krieg überlebt, sei aber inzwischen verstorben. Er nannte mir den Namen und die Adresse der Ehefrau, seiner Witwe. Ich setzte mich mit ihr in Verbindung, besuchte sie, und sie schrieb mir eine Einverständniserklärung, dass ich die Seite aus der Strafverfahrensliste des Gerichtes Oslofjord, in der ihr Mann genannt wurde, abfilmen und kopieren durfte. Als ich mit der Erklärung wieder in der Außenstelle des Bundesarchivs in Kornelimünster auftauchte, lag die Strafverfahrensliste schon griffbereit, die entsprechende Seite war mit einem Einlegezettel für das Abfilmen vorbereitet.

Am 4. Juli 1978 zeigte *Panorama* den Beitrag. Er begann mit einer Szene aus Kurt Meisels Spielfilm *Kriegsgericht* aus dem Jahre 1959, in dem ein Marinesoldat im Zweiten Weltkrieg wegen Fahnenflucht zum Tode verurteilt wird. Der Archivar aus Kornelimünster erklärte dann, wie viele Todesurteile im Zweiten Weltkrieg verhängt und vollstreckt wurden: »Gesicherte Zahlen darüber gibt es nicht. Wir sind auf Schätzungen angewiesen und glauben, dass etwa 16 000 Todesurteile ver-

hängt wurden, von denen 8000 bis 10 000 vollstreckt wurden.«
Im Archiv waren nur 941 Todesurteile registriert, weil »die Überlieferung beim Heer und bei der Luftwaffe sehr schlecht ist«.

Im Ersten Weltkrieg waren in der Reichswehr 150 Todesurteile verhängt und 48 vollstreckt worden. Die Amerikaner hatten im Zweiten Weltkrieg lediglich einen einzigen Soldaten wegen Fahnenflucht zum Tode verurteilt. Ein Militärhistoriker erklärte: »Besonders unerbittlich urteilten die Marinerichter. Vor allem in der Endphase des Krieges gab es in der Marine gleichsam Todesurteile am Fließband.« Die Richter wollten unter allen Umständen verhindern, dass die Marine wie 1918 den Anstoß zu Gehorsamsverweigerung und zur Revolution gab. Ankläger und Richter wechselten einander ab. Auf Verteidiger wurde häufig verzichtet. Manchmal dauerte die Verhandlung gerade mal 20 Minuten.

Sorgfältig erklärte der Historiker an verschiedenen Beispielen, dass die Marinestaatsanwälte zwar an die Weisungen ihrer vorgesetzten Generäle gebunden waren, einige sich aber auch darüber hinweggesetzt hatten. Es war jedoch kein einziger Fall bekannt, in dem ein Anklagevertreter selbst vor ein Kriegsgericht gestellt wurde, weil er die Anweisungen seines Gerichtsherrn nicht befolgt hatte.

Im Falle des Matrosen Gröger hatte der Ankläger Dr. Filbinger die Anordnungen seines Gerichtsherrn widerspruchslos befolgt. Nach Paragraf 7 der Kriegsgerichtsverfahrensordnung hätte er zumindest seine Zweifel zu der Anordnung schriftlich zu den Akten geben können. Er verzichtete darauf. Der Matrose Gröger wurde zwei Monate vor Kriegsende hingerichtet.

In dem Fernsehinterview, das wir in dem Beitrag zitierten, wurde Filbinger von einem Reporter gefragt: »Herr Ministerpräsident, ist das das einzige Todesurteil, an dem Sie als Anklagevertreter oder später als Richter mitgewirkt haben?«

Filbinger antwortete: »Ich habe kein einziges Todesurteil selbst gefällt. Ich habe dieses Verfahren in die Hand bekommen, als bereits keine andere Möglichkeit als die Verhängung der Todesstrafe bestanden hat.« Die mildernden Umstände aus dem ersten Verfahren seien »in Wegfall geraten«. Deshalb sei die Höchststrafe unausweichlich gewesen. Der Reporter erkundigte sich, ob noch ähnliche Urteile auftauchen könnten, und Filbinger erklärte, dass er bei der Kapitulation dafür gesorgt habe, dass alle seine Verfahrensakten sorgfältig verwahrt und nicht vernichtet worden seien.

Das traf zumindest auf die Strafverfahrensliste des Gerichtes am Oslofjord zu. Sie war in der Außenstelle des Bundesarchivs in Kornelimünster archiviert. Entweder der beteiligte Richter selbst oder sein Justizinspektor hatten den Namen des jeweiligen Richters, der das Urteil gefällt hatte, sorgfältig eingetragen.

Der Archivar schlug die Seite auf, die ich bei meinem ersten Besuch beim schnellen Durchblättern entdeckt hatte, und ich sagte im Beitrag: »Unter dem Datum des 19. April 1945, also 19 Tage vor Kriegsende, findet sich ein bemerkenswerter Vorgang, der die mehrfache Aussage des Dr. Filbinger, er habe nie als Richter ein Todesurteil gefällt, zweifelhaft erscheinen lässt: Auf der linken Seite steht der Name eines Verurteilten, den *Panorama* auf Bitten seiner Angehörigen nicht nennt. Darunter die Einheit: ›Kommando der Hafenschutzflottille Oslo und 14 andere Besatzungsmitglieder des Bootes NO 21‹. Auf der rechten Seite der Wortlaut der Strafverfügung oder des Urteils: ›Der Angeklagte wird wegen Fahnenflucht im Felde und wegen Zersetzung der Wehrkraft zum Tode, zum Verlust der Wehrwürdigkeit und aller bürgerlichen Ehrenrechte auf Lebenszeit verurteilt.‹ Darunter: ›Marinestabsrichter Dr. Filbinger‹.«

Das Urteil, das Dr. Filbinger gegen den Obersteuermann des Hafenschutzbootes verhängte, wurde nicht mehr vollstreckt. Der Steuermann und seine Besatzung konnten mit ihrem Boot »NO 21« nach Schweden entkommen. Sie überlebten. Aber das war nicht das Verdienst des Marinerichters Dr. Filbinger. Nach der *Panorama*-Sendung, die einige Wellen schlug, versuchte sich der Ministerpräsident damit herauszureden, dass es sich ja nur um ein »Phantomurteil« gehandelt habe, die Angeklagten seien ja entkommen. Doch er war der Lüge überführt. Das von mir entdeckte Todesurteil schaffte es sogar auf den Titel des *Spiegel* mit der Zeile »Phantom-Richter Filbinger«. Wenige Wochen später musste der Ministerpräsident zurücktreten.

M – ein deutscher Agent

Ex-Polizist Frank Peter Heigl, inzwischen eine Art Journalist, erzählte aus seiner Vergangenheit. Wir saßen in seinem schwarzen Porsche Targa. Vor und hinter uns kilometerlange Autoschlangen. Es goss in Strömen, Blitze, Donner.

»Das erste Mal habe ich ihn in der BKA-Außenstelle in der Biebricher Allee in Wiesbaden gesehen. Das muss so um 1970 gewesen sein. Er war in einem grünen Mercedes 280 vorgefahren, mit Autotelefon, schon damals. Ich saß im Zimmer eines Vorgesetzten, als ›M‹ hereinkam.

›Herr Heigl, stellen Sie sich mal mit dem Gesicht zur Wand‹, sagte mein Chef. Aber ich hatte den Mann schon gesehen. Er war ziemlich klein, hatte einen runden Kugelkopf, trug ein Nyltesthemd und eine eng geknotete Hillbilly-Krawatte. Italienische Schuhe, alles ganz auf chic.«

Im Schneckentempo ging die Fahrt weiter. Wir waren auf dem Weg nach Altstrimmig nahe der Mosel. Dort, so hatte Heigl gesagt, sollte der geheimnisvolle »Super-V-Mann« des BKA wohnen. Ein ganzes Tal besitze er, abgesichert durch einen zwei Meter hohen Zaun, darin künstlich aufgerichtete Felsen, ein privater Zoo mit Mufflons, Steinböcken, Gämsen und Pfauen.

Später hatte Heigl den »James Bond des BKA« dann selbst genauer kennengelernt. Bei der Ermittlungsarbeit im Bereich der organisierten Kriminalität war »M.« als Undercoveragent in Einbrecher- und Hehlerbanden eingeschleust worden. Heigl und andere BKA-Beamte hatten ihm zur Hand gehen müssen, widerwillig, denn der geheimnisvolle Privatdetektiv hatte die polizeilichen Einsätze gesteuert, sich selbstherrlich als Chef aufgespielt und die Beamten des BKA wie Puppen für sich tanzen lassen. »M.« hatte Feinde unter den Fahndern des Bundeskriminalamts. Aber in den höheren Etagen des Hauses schien man ihn bedingungslos zu decken.

Wir bogen von der Autobahn ab und fuhren durch die grüne, hügelige Landschaft an der Mosel. Der Regen hatte nachgelassen. Endlich erreichten wir die kleine Ortschaft Altstrimmig.

»Hier lebt Mauss unter dem Namen Richard Nelson«, sagte Heigl. Wir parkten den Wagen neben der Dorfkirche. Nicht weit entfernt davon lag hinter einem schmiedeeisernen Tor das Haus des geheimnisvollen Herrn »M.«: ein weiß getünchter Flachbau mit mindestens zehn Zimmern, einem schiefergedeckten Walmdach und großflächigen Panoramafenstern. Der repräsentative Bau im Stil der Fünfzigerjahre klebte förmlich am Hang, und darunter erstreckte sich ein bewaldetes Tal von rund zehn Hektar. Büsche und Bäume verdeckten notdürftig die Sicht.

Über einen matschigen Feldweg gingen wir am Rande eines übermannshohen Maschendrahtzaunes entlang zu einem kleinen Privatflugplatz mit Hangar und Rollfeld. In der spitzgiebeligen Flugzeughalle stand eine zweimotorige Cessna.

»Ob Mauss der Flugplatz allein gehört, weiß ich nicht«, sagte Heigl. »Aber im Amt hat man sich immer gewundert, wie ein V-Mann zu so viel Geld kommt, dass er ein eigenes Flugzeug von dieser Größenordnung für seine Einsätze benutzen kann.«

Niemand störte uns bei der Besichtigung der einsamen Feldmark am Rande des Hunsrücks. Wir liefen zurück ins Dorf. Als wir die kleine Straße »Borwiese« erreichten, öffnete sich ein Fenster des Hauses gegenüber der Nelson'schen Villa.

»Zu wem wollen Sie?«, fragte ein älterer Mann.

»Zu Herrn Nelson«, antwortete Heigl.

»Keiner da.«

»Aber da steht doch ein Auto vor der Tür.«

»Keiner da«, sagte der Mann.
»Das wollen wir mal sehen.« Heigl drückte den Klingelknopf an der Pforte des Hauses Nummer 5. Im nächsten Moment tauchte ein großer gelber Hund aus dem Gebüsch auf, knurrte, fletschte die Zähne und sprang am Pfortengitter hoch. Wir wichen ein paar Meter zurück. Eine Frau trat aus dem Haus und kam zum Tor. Sie war klein und zierlich, hatte mittelblondes, halblanges Haar – und schien über den Besuch alles andere als erfreut zu sein.

»Das ist Frau Mauss«, sagte Heigl leise, »Deckname Karin Nelson.«

»Was wollen Sie?«

»Guten Tag, ich bin Frank Heigl, ein alter Kollege vom BKA.«

»Ach ja, ich weiß.« Die Frau öffnete die Pforte, und der Hund begann, knurrend an unseren Beinen herumzuschnüffeln.

»Was wollen Sie?«

»Ich bin jetzt Journalist. Wir wollen eine Geschichte über Sie und Ihren Mann machen.«

»Das sollten Sie besser nicht tun.« Ihre Stimme klang kalt und schroff, nicht ohne Nervosität.

»Darüber würde ich gern mit Ihrem Mann sprechen.«

»Der ist nicht da.«

»Aber das Auto ...«

Die Frau ging nicht darauf ein. »Wenn Sie unsere Identität preisgeben, wenn ein Foto von uns erscheint, bringe ich Sie persönlich um! Von diesem Stück Land vertreiben Sie uns nicht.«

Ohne auf eine Reaktion zu warten, drehte sie sich um und ging ins Haus zurück. Der gelbe Hund folgte ihr.

An diesem Tag im Sommer 1979 besuchten wir noch einen weiteren ehemaligen BKA-Mann, der ebenfalls mit dem Superagenten Mauss zusammengearbeitet hatte. Er leckte gerade an einer großen Eistüte, als wir sein Büro betraten. »Mauss? Ja«, an den könne er sich gut erinnern. »Ich hatte immer den Eindruck, er war der Anführer der Gangsterbanden, so gut war er über geplante Verbrechen informiert. Einmal wurden wir zu einer groß angelegten Razzia auf einen jugoslawischen Hehler- und Einbrecherring abkommandiert. Mauss hatte genau gesagt, wo und wann ein Pelzgeschäft überfallen werden sollte. Die Typen hatten nur noch kein Fahrzeug, mit dem die Beute abtransportiert werden konnte. Da wurden vom BKA 5000 Mark lockergemacht, mit denen Mauss einen grauen Ford Transit kaufte, den er an die Täter übergab. Den Lieferwagen haben wir dann später – mit Pelzen und Lederwaren gefüllt – wieder aufgefunden. Von den Tätern haben wir wie immer nur die kleinen Lichter erwischt.« Er griff in seine Schreibtischschublade und zog ein paar Fotos heraus: »Das ist er.«

Die Bilder zeigten Mauss unscharf im Halbprofil. Auf einem der Fotos hatte er ein Schlüsselbund in der Hand und spielte damit, eine seiner typischen Posen. Geschickt verstand er es dabei, ein unveränderliches Kennzeichen zu verdecken: die fehlende Kuppe seines linken Mittelfingers. Die drei Fotos, heimlich aufgenommen bei einem Einsatz in London, blieben für fast zehn Jahre die einzigen, die von Werner Mauss in der Öffentlichkeit bekannt waren.

Wir verabschiedeten uns und fuhren zurück ins Frankfurter »Hotel Intercontinental«. An der Rezeption lag eine Nachricht: »Bitte sofort die *Panorama*-Redaktion des Norddeutschen Rundfunks in Hamburg anrufen.« Die Sekretärin dort, von allem Konspirativen fasziniert, erklärte aufgeregt: »Ein Herr Folger vom BKA hat angerufen. Ganz dringend. Auf keinen Fall mit den Recherchen weitermachen. Er erbittet sofortigen Rückruf unter seiner Privatnummer. Zu jeder Tages- oder Nachtzeit.«

Der geplante Film über den »Superagenten Mauss« blieb vorerst ungedreht. Das BKA hatte mich gewarnt: »Wenn Sie die Identität dieses Mannes preisgeben, ist er in drei Tagen tot. Wollen Sie das?«

Nein, das wollten wir nicht. Damals nahmen wir die angebliche Lebensgefahr für den Agenten noch ernst. Später wurde zunehmend deutlich, dass diese immer dann vorgeschoben wurde, wenn es etwas zu vertuschen gab. Der Fall Mauss sollte mich über Jahre begleiten – in immer wieder neuen und abenteuerlichen Episoden. Genauso wie mein Freund Frank Peter Heigl, der mir die ersten Hinweise auf »M. « gegeben hatte – und nicht nur auf den.

Teil 2
1979−1994

Ende des Schweigens

Rudolf Augstein war inzwischen Mitbesitzer des Filmverlags der Autoren und sehr angetan von der Idee, dass Alexander Kluge & Co. einen Film über Franz Josef Strauß machen wollten. Der beabsichtigte nämlich, gegen Helmut Schmidt in die Entscheidungsschlacht »Freiheit oder Sozialismus« zu ziehen.

Augstein hatte auch einen Vorschlag, wer mit zum Erfolg des Projektes beitragen könnte. Da gab es doch diesen jungen *Panorama*-Reporter, der ihn zwei Legislaturperioden zuvor so in die Pfanne gehauen hatte. Ich konnte es kaum glauben, als mir Alexander Kluge das erzählte und fragte, ob ich mitmachen wollte. Natürlich wollte ich, aber vorher musste ich mich wohl einmal mit Rudolf Augstein aussprechen, der inzwischen immerhin gut acht Jahre nicht mit mir geredet hatte.

Wir trafen uns im Separee in Schümanns Austernkeller. Ein winziger Blick in die Vergangenheit, und dann nach vorn. Der Film über – und damit gegen – Strauß müsste das Beste werden, was deutsche Filmemacher hinbekommen konnten. Geld würde keine Rolle spielen.

Ich durfte dabei sein und nahm ein halbes Jahr Urlaub von *Panorama*. Gemeinsam mit dem jungen Filmer Alexander von Eschwege, der praktischerweise in Hamburg lebte, sollte ich den dokumentarisch-journalistischen Teil vorbereiten. Dass wir dazu Material von den öffentlich-rechtlichen Anstalten bekommen würden, hatte ich von Anfang an bezweifelt: »Ich weiß, wie empfindlich die Sender auf Parteidruck reagieren.«

Also mussten wir uns Material von ausländischen Sendern und der alten Wochenschau besorgen. Dazu setzten wir uns erst einmal in den Schneideraum der Deutschen Wochenschau im Studio Hamburg und sichteten endlos Material, das irgendetwas mit der Geschichte des großen Bayern zu tun hatte. Wir ließen jede Menge Filmsequenzen kopieren und gingen dann in unseren eigenen, extra für das Projekt eingerichteten Schneideraum, um einen Rohschnitt zusammenzubasteln. Aus dem Wochenschaumaterial hatten wir noch Fotos und einige ausländische Dokumentationen über FJS, darunter eine großartige Reportage des amerikanischen Dokumentarfilmers D. A. Pennebaker, dessen Film über Bob Dylan, *Dont Look Back,* ich 1969 in Los Angeles gesehen hatte.

1965 hatte sich Strauß, kurz zuvor als Verteidigungsminister gefeuert, von dem damals unbekannten amerikanischen Dokumentarfilmer begleiten lassen. Zu sehen war ein, wie Willi Winkler zu Pennebakers Tod 2019 schrieb, »gedemütigter Berufspolitiker, der sich zu Unrecht in seinem Ehrgeiz beschnitten fühlt, ein gnadenloser Populist, der seine Heerscharen für seine Rückkehr nach Bonn mustert«.

In einer Szene bittet Strauß seinen Begleiter: »Aber die schlechten Bilder nehmen Sie raus?«, was der natürlich nicht tat. So konnten wir grandiose Szenen von Pennebaker übernehmen, zum Beispiel ein beeindruckendes Gespräch Strauß' mit seiner Frau Marianne oder eine Auseinandersetzung mit seinem Parteifreund und Rivalen Richard Jaeger, genannt »Kopfab-Jaeger« wegen dessen Eintreten für die Todesstrafe.

In seinem Nachruf auf Pennebaker schrieb Willi Winkler: »Der Blick der wilden Kamera war so direkt, dass Szenen aus dem Kurzfilm ›Hier Strauss‹ fünfzehn Jahre später eine prominente Rolle in dem deutschen Gemeinschaftsprojekt ›Der Kandidat‹ von Alexander Kluge, Volker Schlöndorff, Stefan Aust und Alexander von Eschwege spielen, mit dem ein Sieg von Strauß bei der Bundestagswahl 1980 verhindert wurde.« Das Letztere war nett, aber vielleicht doch etwas übertrieben.

Aber unser Ziel war das schon. Als *Panorama*-Journalist hatte ich natürlich die Idee, noch etwas Besonderes aufzutreiben, was Strauß im Wahlkampf möglicherweise zu Fall bringen würde.

Da fiel mir als Erstes mein Freund, der ehemalige BKA-Beamte Frank Peter Heigl, ein. Vielleicht könnte der noch etwas Neues ausgraben. Schließlich kannte er viele Leute im Sicherheitsapparat.

Nach unserem kurzen Ausflug zum Geheimagenten Mauss und der Warnung des BKA vor Konsequenzen hatte Heigl vorsichtshalber seine Wohnung in Wiesbaden von alten Akten geräumt und diese in seinem Aluminiumkoffer bei mir zur Aufbewahrung abgestellt. Ich hatte ihm versprochen, nicht hineinzusehen, und mich auch daran gehalten. Nun engagierte ich ihn als Rechercheur für unseren Film und drückte ihm, knapp, wie er immer war, erst einmal 5000 Mark in bar in die Hand, die ich per Scheck bei der Dresdner Bank am Hamburger Jungfernstieg abgehoben hatte. Natürlich hatte ich gegenüber Produktionsleiter Eberhard Junkersdorf in höchsten Tönen von den investigativen Qualitäten meines Freundes geschwärmt, wusste aber auch nicht so richtig, was er denn heranschleppen könnte.

Aber ich hatte eine Idee.

Eine Recherche in Sachen Strauß

Anfang 1978 war der Referent für Auslandsbeziehungen in der CSU-Landesleitung in München entführt worden – so sah es jedenfalls aus. Ein aus Kunststofffolie gestanzter Brief von zehn Zeilen landete bei der Deutschen Presse-Agentur: »Jetzt kann Strauß zeigen, wie viel ihm die Freiheit und ein menschliches Leben wert sind.«

Georg Dieter Joachim Huber blieb verschwunden. Bis 44 Stunden später, knapp zwei Stunden nach Mitternacht, ein Mann in die Notrufsäule bei Kilometer 25,3 der Autobahnumgehung A99 nahe Aschheim östlich von München sprach: »Hier Huber.« Nothilfe und Polizei waren schnell zur Stelle, ausgerüstet mit Wolldecken und Medikamenten, denn es war klirrend kalt.

Der mit einem Schock im Krankenhaus liegende 30-jährige Huber erzählte, er sei von drei bewaffneten Männern entführt, in Kofferräumen verschiedener Autos transportiert und mehrmals umgeladen worden. Dann sei er plötzlich nach einem »kurzen Geraufe« aus dem fahrenden Bus gesprungen und wieder frei gewesen. Außer seinem weißgoldenen Ehering und der Armbanduhr von Marke Seiko fehlte ihm nichts.

Strauß schickte seine Referenten ans Krankenbett und ließ Huber samt Frau und Hund in die Berge auf Urlaub schicken. Im CSU-Hauptquartier schloss man keine Version aus: von der »Entführung, wenn es eine Entführung war«, bis zur »Selbstinszenierung, wenn es eine Selbstinszenierung war«.

Inzwischen hatte sich Huber mit seiner schwedischen Frau Britt nach Schweden abgesetzt. Der Fall blieb mysteriös. Aber immerhin hatte Huber als enger Vertrauter von FJS gegolten. Er war Politologe, konnte fünf Sprachen und war zwei Jahre zuvor von der Deutschen Botschaft in Peking abgeworben worden. Huber hatte für Strauß einen Nahosttrip organisiert, mal sah man ihn auf den Golanhöhen, mal in Venezuela, mal mit Strauß beim Volksfest in München.

Ein interessanter Mann, so dachte ich, vielleicht wusste der noch etwas über Strauß, was keiner wusste. Also schlug ich Frank Peter Heigl vor, sich doch als Erstes um Huber zu kümmern. Schließlich hatte auch er eine schwedische Freundin, Kiki, und konnte etwas Schwedisch. So war ich einigermaßen sicher, dass ich für unsere 5000 Mark irgendetwas bekommen würde.

Heigl nahm Kontakt zu Huber auf und stellte umgehend fest, dass der tatsächlich einiges an Materialien hatte mitgehen lassen. Und das war natürlich deutlich mehr wert als die lumpigen 5000, die ich ihm gegeben hatte. Er meldete sich nicht mehr, was ich bei ihm nicht zum ersten und auch nicht zum letzten Mal erleben sollte. Stattdessen nahm er Kontakt zum *stern* und auch zum *Spiegel* auf. Ich bekam davon nichts mit, hatte aber mit unserem Filmprojekt auch genügend zu tun.

Heigl nahm Huber mit nach Haut-de-Cagnes, einem kleinen Dorf in der Nähe von Nizza, wo er mit seiner bildschönen schwedischen Freundin in einem schmalen Häuschen unweit der Grimaldi-Burg lebte. Am 15. Januar 1980 tauchten dort zwei *stern*-Redakteure auf, die im Auftrag des *stern*-Chefredakteurs Peter Koch die von Heigl angebotenen Strauß-Papiere kaufen wollten. Redakteur Jürgen Petschull machte von vornherein klar, dass die Bäume hier nicht in den Himmel wachsen würden: »Für die Ballonflieger, die über die Zonengrenze abhauten, haben wir 120 Mille hingeblättert. Aber das war eine Superstory. Für Strauß ist da nicht viel drin.« Da klingelte das Telefon. Am Apparat war Dirk Koch vom *Spiegel,* der Bruder des *stern*-Chefredakteurs: »Heigl, schmeißen Sie die *stern*-Leute aus dem Haus. Brechen Sie sofort die Verhandlungen ab. Wir zahlen allein dafür 15 000 Mark.« Er komme mit dem nächsten Flieger.

Am nächsten Abend landete Koch in Nizza und steckte Heigl sofort die zugesagten 15 Tausender in einem Umschlag zu. Nachdem Koch die Unterlagen gesichtet hatte, wurden sie in der Nacht handelseinig. Koch rief Augstein an und schilderte ihm, was er gesehen hatte: »Belege, wie Strauß mit Hunderttausenden D-Mark, zum Teil in bar, zum Teil in Schecks, mit und ohne Quittung, ultrarechte, neofaschistische Politiker, auch solche mit Blut an den Händen, in Spanien, Portugal, Italien unterstützt; wie er engste Verbindungen zu internationalen schwarzen Geheimbünden, zu den rechtsradikalen türkischen ›Grauen Wölfen‹ pflegt, denen Hunderte politische Morde vorgeworfen werden; wie er hinter dem Rücken der Bundesregierung auf eigene Faust Außenpolitik treibt, PLO-Chef Jassir

Arafat umwirbt, insgeheim ein Palästinenserlager besucht, in dem Baader-Meinhof-Terroristen ausgebildet wurden ...« Augstein unterbrach ihn: »Müssen wir haben. Pack Akten und Lieferanten ein. Ich schicke ein Flugzeug. Steht schon hier bereit.«

Früh am Morgen des 17. Januar wurden Heigl, Huber und Koch mit einer zweistrahligen Cessna 500 abgeholt und nach Hamburg geflogen. Im elften Stock des *Spiegel*-Hochhauses wurden sie von Rudolf Augstein und Chefredakteur Erich Böhme empfangen. Sieben Stunden lang wurde jedes Blatt aus den Strauß-Dokumenten gesichtet. Augstein hielt, wie er das oftmals tat, mit der Hand das rechte Auge zu und las mit dem anderen Auge Zeile für Zeile. Oft lachte er und schlug sich auf die Schenkel.

Am Nachmittag, als es um den Preis ging, wurde es ernst, aber nach knapp zwei Stunden war man sich einig. Huber sollte offiziell nichts bekommen, damit er notfalls vor Gericht beeiden konnte, dass er kein vom *Spiegel* gekaufter Zeuge sei.

Zwei Tage interviewten die *Spiegel*-Redakteure Heigl und seinen sachverständigen Kronzeugen, alles wurde auf Tonband aufgenommen und später abgeschrieben. Die 448 Seiten Protokoll wurden von Huber als »Eidesstattliche Versicherung« abgezeichnet. Am letzten Tag wurde Heigl in bar ausbezahlt, brutto für netto. Eine Quittung brauchte der *Spiegel* nicht. Für solche Fälle gab es eine Abmachung mit dem Hamburger Finanzamt, die fälligen Steuern wurden vom Verlag obendrauf gelegt. Der Informant konnte anonym bleiben. In einem chinesischen Restaurant auf der Reeperbahn wurde der Deal gefeiert. Natürlich war ich nicht eingeladen, und die 5000 Mark aus dem Filmbudget sah ich auch nie wieder. Aber immerhin stand die Geschichte, auf die ich Heigl angesetzt hatte, am 25. Februar im *Spiegel*. Überschrift: »Das Sicherheitsrisiko«.

Einige Wochen später erhielt Heigl von Kontaktleuten beim BKA ein weiteres Papier, es ging um die Observation eines Strauß-Freundes, der vom Bundeskriminalamt wegen Verdachtes auf illegalen Waffenhandel observiert worden sei. Er gab das

Papier an *Spiegel*-Redakteur Koch weiter, doch es stellte sich schnell heraus, dass es eine Fälschung war.

Am 5. März flog Dirk Koch nach Nizza. Am Flughafen wurde er von Heigl und dessen Anwalt, Dr. Hans Kollmar, seinem früheren Chef beim BKA, abgeholt. Koch war aufgebracht: »Sie haben uns da in eine gefährliche Position gebracht mit diesen falschen Dokumenten.« Heigl antwortete: »Ich habe Ihnen doch gesagt, Sie müssen das Dokument bei Ihren Vertrauensleuten vom BKA erst prüfen lassen, bevor Sie damit losziehen.«

Als Koch hörte, dass Dr. Kollmar im Auto auf sie wartete, sagte er: »Heigl, dieser Kollmar ist ein ganz gefährlicher Mann.« Heigl lachte. Sein alter Kollege und jetziger Anwalt – auch in der Auseinandersetzung mit seiner Frau – hielt sich im Hintergrund, als Heigl und Koch die Abschrift des Interviews vom Januar beim *Spiegel* durchgingen. Heigl sollte auspacken, was seine Quellen beim BKA waren und wer ihm die gefälschten Papiere zugeschoben hatte. Heigl hatte die Vermutung, man habe ihm bewusst falsche Papiere geliefert, um ihn in Zukunft als Quelle unschädlich zu machen. Das Transkript seines Interviews mit dem *Spiegel,* gemeinsam mit dem Kronzeugen Dieter Huber, fand er später in der Ermittlungsakte gegen sich selbst wieder.

Der Kandidat

Inzwischen arbeiteten wir weiter an unserem FJS-Film. Eschwege und ich waren nach München umgezogen und stellten fest, dass vor allem Kluge ganz andere Vorstellungen von dem Projekt hatte als ich, »der Journalist«. Schlöndorff war kurz nach Hollywood geflogen, wo er für seinen Film *Die Blechtrommel* den Oscar bekam. Als er über allen Wolken schwebend zurückkehrte und von Kluge über unsere unterschiedlichen Auffassungen zum Filmprojekt *Der Kandidat* unterrichtet wurde, schrieb er einen kurzen Brief. Darin hieß es, »der Journalist« habe nun seine Aufgaben erfüllt und könne aussteigen. Ich hatte aber gerade meine Teile fertiggestellt, getextet und vertont und bestand darauf, dass die beiden sich diese in meinem Beisein ansehen würden. Dazu waren sie gerade noch bereit.

Dann änderte sich plötzlich die Stimmungslage. In seinem *Filmalbum* beschrieb Kluge das später so: »Zunächst völliges Unverständnis gegenseitig. Am Tag, als Schlöndorff und Kluge sich von Aust trennen wollten, beobachteten sie, wie er an einer 17,5-Perfo-Maschine seine Kommentare für seinen Filmteil selbst überspielte. Dass er die Technik anfasste und die überraschende Qualität der Kommentare, überzeugten binnen weniger Minuten: Aust verhielt sich wie ein Filmemacher. Es blieb bei der Zusammenarbeit.«

Nicht dass es nun alles ohne Streitereien abging. Jeder kämpfte für seine Teile. Wenn wir gemeinsame Kürzungen vorgenommen hatten, nahm jeder seine Filmrolle wieder mit, damit der andere nicht weiter darin herumschnippeln konnte. Es war wie bei den damals stattfindenden Strategiegesprächen zwischen der Sowjetunion und dem Westen, und so nannten wir unsere Meetings »Salt 1«, »Salt 2« oder »Salt 3«.

Am Ende aber kam ein durchaus respektabler Film heraus, kein Agitationskino, keine Polemik gegen Strauß, sondern eine Bestandsaufnahme bundesdeutscher Politik, erzählt anhand des »Manns von Gestern«, FJS.

In einer Rezension für den *Spiegel* schrieb der Theaterregisseur Ivan Nagel damals: »Das Resultat ist nicht Wahlpropaganda geworden, eher Denkaufgabe als Überredungsangriff.« Über Strauß, so schrieb er, sei kein Film zu machen, der nicht auch ein Film über Angst sei. »In jeder Rede, die er hält, sprühen ihm die Gefahren für Deutschland nur so aus dem Mund ... Er allein könnte die Gefahren abwenden; aber seine Rezepte erzeugen oft mehr Angst als die Gefahren.« Strauß verordne seit fast 30 Jahren keine Heilmittel, sondern eine Krankheit: die ständige Angstbereitschaft des deutschen Volkes.

Mit Angst hatten wir es schon bei den Dreharbeiten zu tun.

Öffentlich-rechtliche Fernsehsender rückten keinen Meter Film heraus, nicht einmal die Bundestagsdebatte zur *Spiegel*-Affäre konnten wir aus dem *Tagesschau*-Archiv bekommen. Zum Glück lag im Hausarchiv des *Spiegel* eine auf 16-Millimeter-Material abgefilmte Fernsehübertragung von damals. Grau in Grau bauten wir sie in den Film ein. Doch Adenauers Rede über den »Abgrund von Landesverrat« und die lügenhaften Ablenkungsmanöver von seiner eigenen Rolle in der Aktion gegen den *Spiegel* wirkten dadurch fast künstlerisch.

Die Mischung aus schwarz-weißem Dokumentarmaterial, neu gedrehten 35-Millimeter-Farbszenen und Kluge'schen Märchensequenzen gaben dem Film einen merkwürdigen Reiz und damit eine gewisse Zeitlosigkeit.

Der Kandidat war ein großes Abenteuer und eine große Lehrstunde für mich. Danach war jeder *Panorama*-Beitrag, den ich machte, ein wenig von Kluge beeinflusst. Und ohne die gemeinsame Arbeit an diesem Film wäre es niemals zu *Spiegel TV* gekommen, und ich wäre niemals als Chefredakteur beim *Spiegel* gelandet. Dank an Strauß und seine Gegner.

DDR und RAF

Nach der Befreiung Andreas Baaders aus der Haft am 14. Mai 1970 war die Gründungstruppe der RAF über den Ost-Berliner Flughafen Schönefeld in den Nahen Osten gereist. Die Stasi bekam das alles mit. Bei ihrer Rückkehr ein paar Monate später wurden einige der Revolutionsreisenden sogar kurzzeitig festgenommen, entwaffnet, ausführlich befragt und dann freigelassen. Sogar ihre Pistolen bekamen sie wieder ausgehändigt.

Selbst Ulrike Meinhof persönlich war nach ihrem kurzzeitigen militärischen Training in einem Palästinenserlager mehrmals von West-Berlin in den Osten gefahren, um mit alten Genossen der FDJ und der SED über eine Unterstützung der RAF durch die DDR zu verhandeln. Doch weder Partei noch

Stasi wollten sich direkt mit der Roten Armee Fraktion einlassen. Man blieb in der Rolle des teilnehmenden Beobachters beim Privatkrieg der RAF gegen den westdeutschen Klassenfeind.

Das sollte sich knapp zehn Jahre später ändern – nach der Ermordung des Bankiers Jürgen Ponto und des Generalbundesanwaltes Siegfried Buback, nach der Entführung und Ermordung des Arbeitgeberpräsidenten Hanns Martin Schleyer, der Entführung und Befreiung des Lufthansa-Flugzeuges »Landshut«, nach dem Selbstmord der RAF-Gründer Andreas Baader, Gudrun Ensslin und Jan-Carl Raspe im Hochsicherheitstrakt der Haftanstalt Stuttgart-Stammheim. Jetzt wechselte das MfS aus der Rolle des Beobachters zum teilnehmenden Beobachter.

Das Ministerium für Staatssicherheit hatte für die Bekämpfung des Terrorismus die Abteilung XXII eingerichtet. Am 6. Juni 1978 wurde der junge Stasi-Offizier Voigt von der Bezirksverwaltung Halle für vier Wochen zur »Unterstützung der operativen Tätigkeit« der XXII nach Berlin abkommandiert. Voigt war einer von 15 neuen Mitarbeitern, die der Truppe helfen sollten, aufzuklären, ob es Bezüge, Verbindungen oder Stützpunkte terroristischer Organisationen auf dem Territorium der DDR gab. Die Operation stand unter dem Decknamen »Express«. 16 Jahre später wurde Voigt aufgrund seiner Verwicklung in den Terroranschlag vom 25. August 1983 auf das Kulturzentrum »Maison de France« wegen »Beihilfe zum Mord« zu einer Gefängnisstrafe verurteilt.

Ich lernte ihn 1991 kennen, und das hatte ebenfalls eine Vorgeschichte. Durch den Mordfall Ulrich Schmücker, über den ich das Buch *Der Lockvogel* geschrieben hatte, beschäftigte ich mich intensiv mit der »Bewegung 2. Juni«, die 1975 den Kandidaten für das Amt des Regierenden Bürgermeisters Peter Lorenz entführt hatte. Einer der dafür Verurteilten war Till Meyer, der 13 Jahre in Haft saß. Nach seiner Entlassung arbeitete er als Journalist für die *taz* und half uns gelegentlich bei Recherchen für *Spiegel TV*. Was ich zunächst nicht wusste, war, dass Till

Meyer auch noch eine spezielle Beziehung nach Ost-Berlin hatte – zu einem Oberstleutnant der Abteilung XXII des Ministeriums für Staatssicherheit. Wie es dazu kam, ist eine andere Geschichte, die im Jahr 1991 spielt.

Voigt wurde damals von der Bundesanwaltschaft gesucht – wegen seiner angeblichen Verwicklung in den Anschlag der Carlos-Gruppe auf das französische Kulturinstitut in Berlin und wegen angeblicher Unterstützung der RAF bei dem Versuch, den amerikanischen General Frederick Kroesen mit einer sowjetischen Panzerfaust in die Luft zu sprengen. Voigt hatte sich abgesetzt, und Till Meyer verschaffte mir einen Kontakt zu ihm. So traf ich mich immer wieder mit dem Gesuchten, einmal in Wien für ein Interview mit *Spiegel TV* und dem *Spiegel* und dann in Rom, Neapel und Mailand – und am Ende sogar im Gefängnis in Athen.

Bei all diesen Treffen schilderte er mir seine Zeit in der Terrorismusabteilung der Stasi und vor allem seine Begegnungen mit den Aussteigern und auch aktiven RAF-Mitgliedern. Wir wollten ursprünglich ein Buch darüber schreiben, doch irgendwie wurde nichts daraus. Voigts gemeinsame Geschichte mit der Roten Armee Fraktion begann eher bürokratisch; wenn das, was sich daraus entwickelte, damals bekannt geworden wäre, hätte das die Beziehungen zwischen den beiden deutschen Staaten auf den Gefrierpunkt gebracht – oder zum Sieden.

Die Aktion »Express« bestand aus einem Leiter, seinem Stellvertreter, je einem Verantwortlichen für Auswertung und Information, operative Aufgaben und Information sowie 25 Mitarbeitern unterschiedlicher Qualifikation, dazu Sekretärinnen, Schreibkräften und Kraftfahrer. Drei konspirative Objekte standen zur Verfügung. »Objekt 73« war eine mehrstöckige Villa in Karlshorst. »Objekt 74« das »Forsthaus an der Flut« in der Nähe der Ortschaft Briesen bei Frankfurt an der Oder, bestehend aus einem zweistöckigen Wohnhaus, einem Bettenhaus, Werkstatt, Garagen und zwei Bungalows. »Objekt 75« ein Bungalowkomplex bei Klein Köris im damaligen Kreis Königs Wusterhausen.

Nach der Befreiung Till Meyers 1978 aus dem Gefängnis in Berlin hatten sich die daran beteiligten Mitglieder der »Bewegung 2. Juni« über die DDR nach Bulgarien abgesetzt. Die der Stasi unterstellten DDR-Grenzer wussten davon. Der Urlaub am Sonnenstrand wurde jedoch zügig beendet, weil ein Berliner Justizbeamter die Terroristen zufällig am Strand entdeckte – so hieß es in den Medien. Tatsächlich hatte einer der Flüchtigen etwas leichtfertig vom Schwarzen Meer aus telefoniert.

Auf jeden Fall konnte eine Spezialeinheit der Bundesrepublik gerade mal drei Wochen später auf bulgarischem Territorium vier deutsche Terrortouristen aus dem Umfeld des »2. Juni« festnehmen, darunter Till Meyer. Drei weitere konnten sich in die ČSSR absetzen, darunter Inge Viett. Um von dort nicht in die Bundesrepublik abgeschoben zu werden, verlangte sie eine Auslieferung an die DDR. »Auf höchster Ebene« wurde daraufhin entschieden, dass zwei Stasi-Offiziere sie und zwei weitere Genossinnen in Prag abholen und in die DDR überführen sollten. »Unsererseits bestand großes Interesse an der Gewinnung operativ bedeutsamer und auswertbarer Erkenntnisse für die Arbeit auf dem Gebiet der Terrorismusabwehr«, erklärte mir Voigt Jahre später die Motive der Stasi. Es sei ihnen auch um die Verhinderung terroristischer Anschläge gegangen, immerhin sei eine Racheaktion gegen Bulgarien wegen der Auslieferung von Till Meyer und Genossen an die Bundesrepublik abgeblasen worden. Nach eher ergebnisarmen Verhören und heimlichen Abhöraktionen durften Inge Viett und ihre beiden Genossinnen die DDR wieder verlassen, um in den Nahen Osten zu reisen. Für den Notfall bekamen sie eine Telefonnummer mit auf den Weg.

Im Frühjahr 1980 meldete sich Inge Viett und wurde vom Chef der XXII, Harry Dahl, den sie von ihrem ersten Ausflug in die DDR kannte, im »Objekt 75« empfangen. Voigt wurde dazugeholt.

»Das ist Helmut, ein neuer Genosse von uns, der sich mit euren Problemen beschäftigen soll«, stellte Dahl ihn vor.

Inge Viett wendete sich zu ihm: »Wer ich bin, muss ich dir wohl nicht sagen.«

»Nein.«, Voigt schüttelte den Kopf.

»Harry und ich haben uns auf den Decknamen ›Maria‹ geeinigt, den sollten wir verwenden.«

Voigt nickte zustimmend, und Harry Dahl ließ ein Tablett mit drei gefüllten Kognakgläsern kommen: »Da können wir ja jetzt einen Begrüßungsschnaps trinken.« Inge Viett wies darauf hin, dass sie grundsätzlich keinen Alkohol trinke, und nippte nur kurz. Dann erklärte sie die Lage: »Nach langen Diskussionen haben wir uns geeinigt, den Zusammenschluss von RAF und ›2. Juni‹ zu vollziehen.« Das sei den verbliebenen Mitgliedern des »2. Juni« nicht leichtgefallen. »Dabei war in ihrer Stimme eine gewisse Wehmut unverkennbar«, erinnerte sich Voigt Jahre später.

»Als eine der ersten gemeinsamen Maßnahmen zwischen RAF und ›2. Juni‹«, erklärte Inge Viett den Stasi-Offizieren, »wollten wir das Geld, welches der ›2. Juni‹ durch die Entführung des österreichischen Industriellen Palmers erhalten und in einem Erddepot in Jugoslawien versteckt hatte, holen, um so eine solide finanzielle Basis für das weitere gemeinsame Agieren in der Illegalität zu schaffen.« Sie hatten zwar eine Skizze, fanden aber die Stelle nicht: »Graben und graben, aber ohne Erfolg. Ich selbst zweifelte an mir und meinen Fähigkeiten, ein so solide angelegtes Depot zu finden. Wir hatten auch schon begonnen, auch wahllos an Erhebungen und Senken im Boden zu wühlen. Immer in der Hoffnung, das Geld müsse doch zu finden sein.«

Erst am übernächsten Tag entdeckten sie eine weitere Zufahrt zu dem Areal und buddelten erneut: »Ein Freudenschrei durchbrach nach fast zwei Tagen angestrengter, ungewohnter niederer Erdarbeiten die Stille des Waldes. Das Depot war gefunden. Ein Plastikbeutel, gut konserviert, gefüllt mit fast nur 1000-DM- und 500-DM-Scheinen, wurde ans Tageslicht gebracht. Alle waren erleichtert und froh.« In gelöster Stimmung hätten sie sich zurückbegeben: »In der festen Überzeugung, die materielle Basis für den weiteren Kampf um die Lösung der angestauten komplizierten Probleme mit diesem Geld geschaffen zu haben.« 100 Tage hatte der bei seiner Entführung 1977 bereits 74-jährige österreichische »Strumpfkönig« Walter Palmers im »Volksgefängnis« zugebracht, bis er gegen ein Lösegeld in verschiedenen Währungen im Wert von heute rund 6 Millionen Euro freigelassen worden war.

In einer Hinsicht konnte Inge Viett die Stasi-Offiziere beruhigen: »Ich wurde autorisiert, euch mitzuteilen, dass die neu formierte RAF die DDR nicht als Operations- und Aktionsfeld ansieht.« »Maria« schlug einen fast offiziellen Ton an und fuhr mit gesenkter Stimme fort: »An dieser Stelle der Ausführungen und dem Übermitteln der Nachricht der neuen RAF an euch wollte ich eigentlich den Hauptgrund meines Besuches darlegen und ein Anliegen vorbringen.« Allerdings hätten die Genossen von der Stasi im Vorgespräch die innere und äußere Lage der DDR als so schwierig dargestellt, dass sie Zweifel bekommen habe, ob sie das noch tun solle.

Stasi-Offizier Dahl antwortete ebenfalls im Verhandlungsmodus: »Fragen kannst du alles, aber du darfst nicht erwarten, dass du bei diesem für die DDR äußerst diffizilen Problemkreis sofort oder immer befriedigende Antworten erhältst.« So weit reichten seine Befugnisse und die seines Kollegen nicht aus. Sie solle das, was sie auf dem Herzen habe, aufschreiben, sie würden es dann weiterleiten. Bei ihrem nächsten Besuch in der DDR würde sie dann die Antwort bekommen.

Die RAF war damals in einer Krise, wie Voigt aus den Gesprächen mit Inge Viett wusste. Nach der Entführung und Ermordung Schleyers, nach der Festnahme von Gruppenmitgliedern, der Entdeckung konspirativer Wohnungen und dem ungeheuren Fahndungsdruck hatten sich die »logistischen und materiellen Bedingungen« wesentlich verschlechtert. Dazu kamen Diskussionen und Zweifel innerhalb der Gruppe über die Schleyer-Entführung, die Entführung der Lufthansa-Maschine und den Selbstmord der RAF-Gründer in Stammheim. Einige Gruppenmitglieder hatten dabei festgestellt, dass sie »den psychischen und physischen Anforderungen des bewaffneten Kampfes aus der Illegalität heraus auf längere Sicht nicht gewachsen« waren. Nach langen schwierigen Gesprächen hatte man sich geeinigt, dass für diejenigen, die den bewaffneten Kampf verlassen wollten, eine Lösung »in einem Land gesucht wird, wo ein würdevoller Ausstieg aus der RAF, ohne Verrat – aber auch eine einigermaßen solide Perspektive für ein sinnvolles persönliches Leben in Freiheit möglich ist«.

Die RAF hatte sich schon mit verschiedenen revolutionären Organisationen mit Beziehungen zu Mosambik und Angola in Verbindung gesetzt. Nun sollte die DDR helfen. »Es geht also praktisch um die Frage, ob ihr, die Vertreter der DDR, bereit und in der Lage seid, acht ehemaligen Mitgliedern der RAF einen annehmbaren Ausstieg aus der RAF zu ermöglichen«, beendete »Maria« alias Inge Viett die Verhandlung. Die Stasi-Offiziere blickten einander an. Dann sagte Harry Dahl: »Das ist ja nicht nur eine Anfrage, das ist ein Paket mit Mehrfachsprengladungen.«

Voigt sollte ein Protokoll der Gespräche schreiben, ohne den brisanten Teil des Hilfsersuchens. Das wolle er dem zuständigen Minister nur mündlich vortragen.

Für Voigt selbst, so erzählte er mir Jahre später, gab es nur eine richtige Entscheidung: die Ablehnung des Ersuchens. »Die Gefahren für das so mühsam errungene internationale Ansehen der DDR wären bei der Entdeckung einer Hilfestellung für solche Personen so erheblich, dass eine nachhaltige zwischenstaatliche Belastung zu erwarten war.« Aber er war auch Geheimdienstler und schon von Berufs wegen an allen Informationen interessiert, die für die Sicherheit der DDR wichtig sein konnten. Er tippte weiter an seinem Protokoll und notierte sich Fragen zur RAF, die er Inge Viett am nächsten Tag bei einem »Abschöpfungsgespräch« stellen wollte.

»Maria« saß vor ihrem Bungalow und las im *Neuen Deutsch-*

land, als Voigt auftauchte. »Du kommst ja allein. Die Entscheidung über mein Anliegen ist wohl eine schwere Geburt?«

»Ich glaube schon«, antwortete Voigt. »Aber wenn es länger dauert, ist es ein gutes Zeichen in eurem Sinne, denn eine Ablehnung bedarf keiner langen Überlegung.«

Auch am dritten Tag besuchte Voigt sie im »Treffobjekt« und arbeitete seinen »Fahrplan für die Gespräche« Punkt für Punkt ab. Während der gemeinsamen Mahlzeiten und bei Spaziergängen wurden die Gespräche auch persönlicher, und Voigt schaffte so eine Grundlage, um später auch »teilweise außerhalb des Protokolls« Probleme mit ihr besprechen zu können.

Am Abend kam auch Harry Dahl dazu; er strahlte Optimismus aus, sprach über innen- und außenpolitische Probleme, streute kleine Scherze ein und wartete bis nach dem Abendessen, um dann eine Zwischenlösung vorzuschlagen. Inge Viett sollte zu den RAF-Kadern zurückkehren und ihnen mitteilen, dass die DDR ihr Anliegen gründlich prüfen werde. Sie sollten für jeden Aussteigewilligen ein Auskunftspapier über Persönlichkeitsentwicklung, ihre Fähigkeiten und Fertigkeiten anlegen. »Maria« war erst einmal zufrieden: »Ich hätte mich auch gewundert, wenn ihr zu diesem tatsächlich außergewöhnlichen Anliegen sofort eine Zustimmung gegeben hättet.« In etwa vier Wochen, meinte Dahl, könne die RAF mit einer Antwort rechnen.

All das schilderte mir Voigt gut zehn Jahre später bei unseren heimlichen Treffen in Österreich, Italien und Griechenland. Wir hatten eine einfache, aber wirkungsvolle Tarnung vereinbart. Er rief mich von irgendeiner Telefonzelle in irgendeinem Land auf meinem Diensttelefon an. Er nannte keinen Namen, aber ich kannte seine Stimme. Dann vereinbarten wir einen Termin an einem bestimmten Tag an einem viel besuchten Ort, etwa dem Hauptbahnhof in Mailand. Einen festen Punkt machten wir nicht aus. Ich flog also nach Mailand, nahm mir ein Taxi zum Hauptbahnhof und schlenderte dort zur abgemachten Zeit herum. Ich trank einen Cappuccino, blätterte am Kiosk in Büchern und Zeitschriften, studierte die Fahrpläne – und irgendwann stand er neben mir. Zuvor hatte er abgeklärt, ob ich von irgendjemandem verfolgt oder observiert wurde. Es klappte jedes Mal. Ich wusste auch nicht, aus welcher Stadt oder welchem Land er zu unseren Treffen angereist kam. Ich wollte es auch nicht wissen, um nicht im Falle seiner Festnahme in den Verdacht des Verrates zu kommen.

Wir suchten uns immer Ziele aus, die eine Reise wert waren. So verbanden wir unsere Gespräche über seine Tätigkeit bei der Hauptabteilung XXII mit ausgedehnten Sightseeingtouren durch die italienischen Städte. In Neapel machten wir einen Ausflug nach Pompeji und besichtigten dort die Ruinen der antiken Stadt. Zwischendurch gingen wir gut essen und trinken. Er wohnte niemals im selben Hotel wie ich.

Die Reise nach Rom schloss natürlich einen Besuch des Vatikans ein. Zufällig trat der Papst Johannes Paul II. gerade im Petersdom zu einem Gottesdienst auf. Brav ordneten wir uns in die lange Reihe der Besucher ein, Schlange zu stehen war für den Stasi-Offizier nichts Ungewohntes. Er gab sein Schweizer Taschenmesser ab, und wir durften im Gotteshaus Platz nehmen. Dann lauschten wir der Predigt des polnischen Papstes, dessen politisches Engagement nicht wenig zum Untergang des europäischen Kommunismus beigetragen hatte. Am Abend sprachen wir dann wieder bei Spaghetti und Wein über die Besuche der RAF-Kader bei der Stasi.

Als Inge Viett das nächste Mal in der DDR auftauchte, musste Voigt eine ganze Weile überlegen, wer ihr modisch gekleideter Begleiter mit seiner Brille und einer modernen Kurzhaarfrisur war. »Erst als ›Maria‹ ihn mit seinem Vornamen und als Führungskader der RAF vorstellte, war ich mir über seine Identität völlig sicher.« Er war Christian Klar, neben Brigitte Mohnhaupt der meistgesuchte Terrorist der Bundesrepublik. Voigt brachte sie zum »Objekt 75« und zeigte ihnen den für sie reservierten Bungalow. Dann rief er Harry Dahl an. Mit einem zuvor ausgemachten Nummerncode signalisierte er am Telefon, um wen es sich bei »Marias« Begleiter wirklich handelte. »Dass gerade er, dem neben Brigitte Mohnhaupt eine Führungsfunktion zugeschrieben wurde, so ohne Ankündigung, ohne jegliche Hemmungen zu uns einreiste – also einfach hier war –, löste bei allen Beteiligten Verwunderung, aber auch gewisse Befürchtungen aus«, erklärte mir Voigt später. Daraufhin sei entschieden worden, dass künftig eine Zustimmung des Ministeriums eingeholt werden musste, wenn weitere RAF-Mitglieder zu Gesprächen in die DDR kommen wollten.

Klar hatte den Decknamen »Georg«. Er erklärte den Stasi-Offizieren, die RAF habe im engen Führungskreis beschlossen, dass man selbst mit den DDR-Genossen sprechen wolle, da die Aussteiger sämtlich aus der RAF und nicht aus der »Bewegung 2. Juni« stammten. Auch sei nur er autorisiert und besser in der Lage als »Maria«, zu den einzelnen Personen Auskünfte zu geben. »Ergänzend legte er dar, dass sich die DDR voll darauf verlassen könne, dass die Entscheidung der Personen, sich vom bewaffneten Kampf abzuwenden, absolut und endgültig sei«, berichtete Voigt. Auch im Namen der Aktiven habe »Georg« erklärt, dass die Trennung unwiderruflich sei und es keine Versuche geben werde, Personen aus dem Kreis der Aussteiger wieder zu rekrutieren. Dann übergab er den Stasi-Offizieren acht eng beschriebene Blätter. Klar schrieb die Namen der Personen auf das jeweilige Blatt und machte ein paar Erläuterungen zum jeweiligen Lebenslauf mit Bildungsstand, Berufs- oder Studienabschluss, Fähigkeiten und Fertigkeiten, Sprachkenntnissen und Wünschen für eine berufliche Tätigkeit. Es war eine Art Bewerbungsgespräch für müde gewordene Terroristen.

Die Berichte gingen ganz nach oben. Bei allen Zweifeln, die er hatte, sah Voigt dennoch ein übergeordnetes Ziel für die DDR: »Vorbeugende Verhinderung« möglicher Terroranschläge, die sich aus den Aufklärungsergebnissen erkennen ließen, zumindest in der DDR.

Die »Abschöpfungsgespräche« mit »Maria« und »Georg«

zogen sich über mehr als zwei Tage hin. Die Stasi-Offiziere versuchten, die Terroristen von der Politik der DDR zu überzeugen. »Wir vertraten die Auffassung, dass die einzige Alternative zum Kapitalismus als Gesellschaftsordnung der Sozialismus/Kommunismus ist«, erinnerte sich Voigt. »Die RAF wollte dem nicht folgen, da sie am real existierenden Sozialismus eine Reihe von Kritikpunkten hatte, wie die mangelnde Presse- und Reisefreiheit, das Eingehen zu vieler Kompromisse mit dem Kapitalismus, die Übernahme als schädlich zu beurteilender Produkte der Unterhaltungsbranche, wie Sex- und Gewaltfilme, oder die Duldung der Kopie der westlichen Umweltzerstörungen und des Konsumverhaltens der Menschen.«

Besonders interessierte Voigt und seine Kollegen der missglückte Anschlag der RAF auf den damaligen NATO-Oberbefehlshaber in Europa Alexander Haig. »Beide ließen dabei erkennen, dass sie zumindest an den Vorbereitungen des Anschlags beteiligt waren. Sie schilderten Details der Vorbereitung und offenbarten, dass der Anschlag missglückt sei, weil der Zeitpunkt der Zündung des Sprengsatzes nicht exakt errechnet gewesen sei.«

Am Abend des dritten Besuchstages erhielten die beiden RAF-Leute die Bestätigung, dass die acht Aussteiger in der DDR aufgenommen werden sollten. Sie würden mit neuen Identitäten »ins berufliche und gesellschaftliche Leben« der DDR eingegliedert. »Maria« und »Georg« waren erkennbar überrascht, dass ihr Anliegen »ganz oben« genehmigt worden war. Dann wurden die Bedingungen festgelegt.

Die Führung des MfS, so erklärte mir Voigt bei unseren vielen Gesprächen unter der Sonne Italiens, habe die Weisung erteilt, der RAF unter keinen Umständen Hilfe oder Unterstützung zu gewähren, die in irgendeiner Form zur Vorbereitung oder Durchführung von Terroranschlägen beitragen könne. Am Tage ihrer Abreise wurde den RAF-Kadern mitgeteilt, dass das MfS weiterhin an einem konspirativen, streng geheim zu haltenden Kontakt mit der RAF interessiert sei. Dazu wurde vorgeschlagen, mehrmals jährlich in der DDR zusammenzutreffen.

Nach drei Tagen reisten die beiden Emissäre der RAF wieder ab. Vom Berliner Flughafen Schönefeld ging es nach Zagreb in Jugoslawien, von dort mit dem Zug bei Triest über die Grenze nach Italien, dann weiter nach Frankreich und schließlich über die grüne Grenze von Belgien nach Deutschland.

Kurz danach ereilte Voigt die Nachricht von einem Autounfall, bei dem die beiden RAF-Leute Wolfgang Beer und Juliane Plambeck umgekommen waren. Was die Terrorspezialisten des MfS damals nicht wussten: Sie waren auf der Flucht vor dem Privatagenten Werner Mauss verunglückt. Aber das fand ich auch erst Jahre später heraus, als ich das Buch *Mauss – ein deutscher Agent* schrieb.

Mauss gegen die RAF

Der geheimnisvolle Agent »M« betätigte sich um das Jahr 1980 herum auch für den Bundesnachrichtendienst. Der ehemalige BKA-Präsident Horst Herold selbst hatte dazu geraten, den »in der Kriminalitätsbekämpfung erfolgreichen V-Mann Mauss für die Zwecke des Verfassungsschutzes oder des BND einzusetzen«. Er sollte vor allem seine Möglichkeiten nutzen, »um den Aufenthalt mutmaßlicher Terroristen im Ausland aufzuklären«. Mauss schaffte sich eine V-Frau an, die er in die RAF-Szene infiltrierte. Es war eine Holländerin namens Veronika B., deren oberstes Lebensziel es war, »so wenig wie möglich zu arbeiten und dabei so viel wie möglich von der Welt kennenzulernen«, wie sie mir später selbst erzählte.

Nachdem sie wenig ergiebige Kontaktversuche in der linken Szene unternommen hatte, traf sie Ende 1969 auf eine Gruppe in Heidelberg, die offenbar Beziehungen nach Nordirland, zur RAF, zu den Revolutionären Zellen und zur »Bewegung 2. Juni« hatte. Dazu gehörte auch eine gewisse Renate, zu der Agentin

Veronika offenbar ein gewisses Vertrauensverhältnis entwickelt hatte. Am 18. Juni 1980 konnte Mauss seinem Ansprechpartner beim BND etwas Sensationelles vermelden. Unter der Überschrift »Bitte sofort weiterleiten!« teilte er mit, »Renate XX« hätte am 31. Mai 1980 versucht, »über Quelle vier Maschinenpistolen zu erwerben, mit dem Ziel, diese eigenen Angaben zufolge an gesuchte deutsche Personen weiterzuleiten, zwecks Ausübung einer Straftat mit politischem Hintergrund«.

Gegen Mittag habe sich seine Quelle mit Renate XX getroffen. Sie sei nervös und unruhig gewesen und habe angegeben, »im Auftrag Dritter vier MPs, möglichst kleine handliche, egal zu welchem Preis beschaffen zu müssen«. Das war endlich eine Aktion nach dem Geschmack von Werner Mauss. Er riet seiner Agentin Veronika, den Auftrag der Waffenbeschaffung anzunehmen. BND und Generalbundesanwalt stimmten seinem Plan, Maschinenpistolen an Terroristen zu liefern, jedoch nicht zu. Doch der Plan war zu schön, als dass man ihn ohne Weiteres aufgeben wollte. Veronika richtete Renate aus, sie könne die Waffen besorgen. Obwohl er von seiner Behörde gestoppt worden war, gab Mauss das Projekt noch nicht auf. Er nannte Veronika einen Termin und einen Ort, an dem die Übergabe der Maschinenpistolen stattfinden sollte. Veronika informierte Renate: »Morgen um zwölf Uhr in München.« Sie beschrieb ihr den Treffpunkt an einer Telefonzelle beim Münchner Hauptbahnhof. Renate sollte die Kunden dorthin bestellen.

Am Morgen um acht Uhr rief Mauss bei Veronika an. Sie möge Renate ausrichten, die Lieferung könne an diesem Tage doch nicht über die Bühne gehen. Die Waffenbeschaffer seien an der Grenze aufgehalten worden. Offenbar hatte Mauss kalkuliert, dass es für Renate zu spät sein würde, ihre Leute vor dem Mittagstermin noch zu erreichen. Er wollte die Waffen wohl weisungsgemäß nicht liefern, die Abholer aber dennoch am Treffpunkt observieren.

Mauss hatte richtig kalkuliert. Beim nächsten Treffen mit Veronika konnte er ihr Fotos der angeblich düpierten Waffenkunden vorlegen. Renate flog derweil nach Berlin und hinterließ Veronika eine Telefonnummer, über die sie einen neuen Termin mit dem MP-Lieferanten mitteilen sollte. Doch dazu kam es nicht mehr.

Am 25. Juli 1980, unmittelbar nach dem Münchner Übergabetermin, verunglückten die zwei RAF-Mitglieder Juliane Plambeck und Wolfgang Beer tödlich mit dem Auto. In einer so angespannten Situation, ließ der Agent daraufhin Veronika an Renate ausrichten, sei eine Waffenübergabe zu gefährlich.

Sieben Jahre später, am 22. November 1987, bekundete Werner Mauss in einer eidesstattlichen Versicherung: »Ich musste zum Schein auf das Angebot, Maschinenpistolen zu liefern, eingehen. Es sollten aber unbrauchbare MPs geliefert werden. In der Nähe des vorgesehenen Übergabeortes sind Videokameras aufgebaut worden. Auf diese Weise sollte festgestellt werden, wer die Maschinenpistolen abholt. Die Terroristen scheinen bemerkt zu haben, dass sie observiert werden. Jedenfalls sind sie mit einem Auto überstürzt davongefahren. Dabei sind sie in einen Lkw hineingerast. Sie sind an den Unfallfolgen gestorben.«

Kein Zweifel, die beiden angeblichen Maschinenpistolenempfänger müssen Juliane Plambeck und Wolfgang Beer gewesen sein. Ihr Tod auf einer Landstraße in der Nähe von Stuttgart war bis dahin offiziell immer als normaler Verkehrsunfall ausgegeben worden. Mauss in einer weiteren eidesstattlichen Erklärung: »Die Angelegenheit war keine Pleite, sondern ein voller Erfolg.«

In den Trümmern des roten Golf, mit dem Juliane Plambeck und Wolfgang Beer verunglückten, fand die Polizei Waffen, darunter auch Maschinenpistolen. Aus einer dieser Waffen waren bei der Entführung des Arbeitgeberpräsidenten Hanns Martin Schleyer 1977 etwa 50 Schüsse abgegeben worden.

Drehkreuz Ost-Berlin

Schon für September war ein neues Treffen mit RAF-Kadern vereinbart worden. Aber nur Inge Viett tauchte auf. Aufgrund des Todes von Wolfgang Beer sei Christian Klar nicht in der Lage, seine »illegalen Strukturen in der BRD« zu verlassen und eine risikoreiche Reise in die DDR zu unternehmen.

»Maria« hatte ein neues Anliegen an die Genossen vorzubringen. Mitglieder der Gruppe seien auf dem Weg von Aden in die Bundesrepublik, aber das »konspirative Eindringen in die illegalen Strukturen in der BRD« sei nicht vollständig vorbereitet worden. Ob sie in der Zwischenzeit in der DDR unterkommen könnten? Auch das klappte, nachdem auf Ministerebene ein paar Schwierigkeiten beseitigt worden waren.

Es wurde ein konspiratives Objekt einer anderen Diensteinheit nahe der Ortschaft Briesen bereitgestellt. Damit wurden fünf ausgestiegene und vier aktive RAF-Mitglieder gerade mal vier Kilometer voneinander entfernt in den Objekten »74« und »75« untergebracht, ohne voneinander zu wissen. Damit sie sich nicht bei Waldspaziergängen zufällig trafen, wurde für die Aussteiger im »Objekt 74« ein Ausgehverbot verhängt.

Harry Dahl wies seinen Untergebenen auf die Brisanz hin: »Die Maßnahme wurde zwar genehmigt, aber die Bundestagswahl steht vor der Tür. Wenn da etwas schiefgeht oder eine Panne passiert, ist das ein Debakel ersten Ranges. Alle Bemühungen der DDR, die Wiederwahl des Bundeskanzlers Helmut Schmidt zu unterstützen, wären hinfällig.« Also seien die höchsten Maßstäbe an Sicherheit und Zuverlässigkeit zu stellen. »Auch wenn du Geburtstag hast, kümmere dich selbst darum«, wies er Voigt an. So gab es nur die obligatorische kleine Geburtstagsfeier für Voigt. Danach musste er sich zügig zum üblichen Treffpunkt im Kaufhaus am Ostbahnhof begeben. Inge Viett hatte Henning Beer, den Bruder des Verunglückten, Helmut Pohl und Adelheid Schulz im Schlepptau.

Gemeinsam fuhren sie in Richtung Frankfurt (Oder) zum »Objekt 75« im Wald bei Briesen. Voigt führte sie in den Speiseraum: »Macht es euch bequem, ich bestelle Kaffee für alle.« Als er den Raum wieder betrat, lagen auf dem Tisch eine SIG, ein 38er Colt und noch zwei weitere Pistolen sowie Reservemagazine und Munition. »In diesem Moment, als ich die Waffen auf dem Tisch liegen sah«, erinnerte sich Voigt zehn Jahre später, »wurde mir voll bewusst, dass die Tätigkeit in einer Abteilung der Terrorabwehr ein tatsächliches Risiko darstellt.«

Voigt schlug den RAF-Gästen vor, die Waffen in einem Stahlschrank im Obergeschoss zu deponieren. Dann begannen die ersten Abtastgespräche. Am Abend verließ Voigt das konspirative Objekt und berichtete am nächsten Morgen seinem Vorgesetzten über die ersten Eindrücke. »Es wurde festgelegt, tatsächlich mit ihnen ausführlich und tiefgründig über das Thema einer SPD-geführten Regierung in der BRD zu sprechen, mit dem Ziel, die RAF-Kader von der Nützlichkeit der Erhaltung der Regierung Schmidt/Genscher zu überzeugen.«

Solange sich die vier RAF-Kader in der DDR aufhielten, würde die RAF in der Bundesrepublik nur schlecht in der Lage sein, eine große spektakuläre Aktion durchzuführen. Auch sei deren Festnahme während dieser Zeit ausgeschlossen, was für die Medien ein zusätzliches Wahlkampfthema gebracht hätte. So wurden bei reichlich Konsum von Roth-Händle, Gitanes und selbst gedrehten Zigaretten stundenlange Gespräche über den Sozialismus und die Rolle der Sozialdemokratie geführt. Nach Ansicht der RAF-Kader versuchte die SPD mit ihrer Ostpolitik, die sozialistischen Staaten und vor allem die DDR mit einer »Politik der Umarmung« zu erdrosseln. Alle zwei Stunden wurde eine Gesprächspause eingelegt, um Sauerstoff zu tanken. Diese Pausen, so notierte Voigt, nutzten die vier, um ihre Positionen abzustimmen. »Zu diesem Zweck zogen sie sich stets an einen Platz im Garten des Objektes zurück, wo sich ein großer, mit reifen Früchten behangener Bauernpflaumenbaum befand. Die wohlschmeckenden süßen Früchte verzehrend und heftig miteinander diskutierend bot sich ein Bild, das noch lange in meinem Gedächtnis erhalten blieb.«

Am Ende der »Gespräche unterm Pflaumenbaum«, wie es bei den MfS-Leuten hieß, erklärten sich die RAF-Mitglieder einverstanden, bis zum 5. Oktober 1980, also 17 Tage, in der DDR zu bleiben und erst dann über die ČSSR, Österreich und die Schweiz in die Bundesrepublik zurückzukehren. Immerhin, so war Voigt bei unseren Gesprächen in Italien zehn Jahre später überzeugt, hatte das MfS vielleicht einen Anteil daran, dass es zur Bundestagswahl 1980 keinen Terroranschlag in der BRD gegeben hatte.

Hintergrund einer Fahndungspanne

Nebenbei erfuhr Voigt auch, wie nah der bundesdeutsche Geheimdienst den RAF-Kadern im März 1980 gewesen war. In der *Welt* und dann auch im *Spiegel* war gemeldet worden, dass der Hamburger Verfassungsschutz mehrere zur Vorrangfahndung mit Haftbefehl ausgeschriebene RAF-Mitglieder längere Zeit observiert hatte, ohne die Bundesanwaltschaft oder das BKA zu informieren. Durch eine Panne in der Observation hätten sich die RAF-Mitglieder einer angeblich geplanten Festnahme entziehen können.

Voigt bekam von den Besuchern eine ganz andere Geschichte erzählt. Sie hätten sich in Hamburg eine neue solide Ausgangsbasis schaffen wollen. »Die Nutzung der Hafenstraße und der dort lebenden Personen wurde durch die RAF schon damals aus Sicherheitsgründen ausgeschlossen. In die engere Auswahl geriet ein älteres Ehepaar, welches durch seine ›kommunistische Vergangenheit‹ bekannt war.«

Erste Gespräche seien nach den Erwartungen der RAF positiv verlaufen. »Daher entschloss man sich, die Wohnung des Ehepaares als konspirative Unterkunft für Übernachtungen während ihrer Aufenthalte in Hamburg zu nutzen.«

Bei den ersten Übernachtungen sowie auf den An- und Abfahrwegen führten sie umfangreiche Sicherheitskontrollen durch. Alles schien normal.« Auch die Quartiergeber verhielten sich, anfänglich nervös und angespannt, später jedoch gelassen – wie das bei anderen Quartiergebern ebenfalls feststellbar war – und normal.« Kein Grund also für die RAF-Mitglieder zur besonderen Sorge. Außerdem gingen sie davon aus, dass die Wohnungsgeber, juristisch gesehen, mit ihnen in einem Boot saßen.

Mehrere RAF-Mitglieder übernachteten zeitweilig bei dem Ehepaar. Zu dieser Zeit hielten sich fünf Mitglieder der RAF, darunter Christian Klar, längere Zeit in Hamburg auf und trafen sich mit Unterstützern und Sympathisanten, um eine neue Logistik für die RAF aufzubauen. Bei manchen Treffen mit Verbindungspersonen hatten sie hin und wieder den Eindruck, dass irgendetwas nicht stimmte. Manchmal kamen ihnen Personen so vor, als seien es Polizisten, aber sie hatten nie den Eindruck, dass sie verfolgt wurden. »Vor allem beruhigte sie«, so Voigt, »dass in der Nähe ihrer konspirativen Wohnung absolut nichts Verdächtiges bemerkt wurde.« Sie waren deshalb völlig überrascht, als nach geraumer Zeit ihres Aufenthaltes in der Hansestadt ein Sympathisant sie ansprach und warnte: »Haut schnell ab, die Bullen observieren euch mit einem riesigen Aufgebot.« Er hatte von linken Radiofreaks gehört, dass es einen umfangreichen Sprechfunkverkehr über observierte Personen gegeben hatte. Als Beweis übergab er den RAF-Mitgliedern eine Kopie von Tonbandaufzeichnungen des Polizeifunks.

Ohne Hektik, aber schleunigst, setzten sich die RAF-Leute aus Hamburg ab. In ihrem sicheren Quartier angekommen, hörten sie sich den Mitschnitt des Polizeifunks an. Und wie in einem Kriminalfilm lief der riesige Polizeieinsatz gedanklich vor ihren Augen noch einmal ab.

»Sie konnten anhand der Anweisungen des Polizeieinsatzleiters sowie der Rückinformationen und Standortmeldungen der Observationskräfte exakt ihre Aktivitäten in Hamburg rekonstruieren«, schilderte Voigt, was er von den RAF-Mitgliedern damals erfahren hatte. »Bitter war für sie die Erkenntnis, dass faktisch viele ihrer Bewegungen in Hamburg unter Kontrolle der Polizei gestanden hatten und sie die Gefahr nicht erkannten.« Deutlich hörten sie vom Tonband, wie der Einsatzleiter der Polizei die vielen Observanten durch seine perfekte Ortskenntnis so dirigierte, dass sie zumeist vor den RAF-Kadern gingen oder ihnen entgegenkamen. Dadurch hatten die durch lange Jahre illegaler Tätigkeit geschulten RAF-Leute keine Auffälligkeiten entdeckt. Begaben sie sich in die Nähe der Wohnung ihres Quartiergeberpaares, wurde die Observation schlagartig eingestellt. »Wir können jetzt abbrechen. Die gehen jetzt in ihre Wohnung. Da gibt es andere Kontrollmöglichkeiten«, sagte der Einsatzleiter. Verließen die RAF-Mitglieder morgens das Quartier, setzte in gebührender Entfernung sofort der Polizeieinsatz wieder ein. Das Tonband ließ nur einen Schluss zu: Die Quartiergeber mussten mit der Polizei oder dem Verfassungsschutz zusammenarbeiten. Die Tatsache, dass diese nach dem Untertauchen der RAF-Leute nicht wegen »Unterstützung einer kriminellen Vereinigung« festgenommen wurden, bestärkte sie darin, dass ihr Verdacht begründet war.

Unerschrocken tauchte das Ehepaar auch danach wieder in der linken Hamburger Szene auf. Das machte dann doch einige Sympathisanten stutzig. Gelüftet wurde das Geheimnis dann von der Hamburger Gruppe »Frauen gegen den imperialistischen Krieg«. Der Mann, Kind einer jüdischen Familie, war während der Nazizeit gemeinsam mit seinem jüngeren Bruder in Hamburg versteckt worden. Nach Kriegsende wurde er Mitglied der Kommunistischen Partei. Als diese vom Bundesverfassungsgericht verboten wurde, betätigte er sich weiter für die illegale KPD. Über seine Verfolgung vor und nach Kriegsende hatte er in der Szene der jungen Linken der Siebziger- und Achtzigerjahre immer wieder erzählt. So wurden er und seine Ehefrau fast so etwas wie Ikonen der Hamburger Linken. Was die Genossen bis dahin nicht wussten – das Ehepaar arbeitete für das Hamburger Landesamt für Verfassungsschutz. Die Frau habe sich »unter Ausnutzung unserer Hochachtung vor ihrem Alter und ihrer Erfahrung im NS-Faschismus bei uns reingedealt«, hieß es später in der Stellungnahme der linken Kriegsgegnerinnen.

Der Vizepräsident des Hamburger Verfassungsschutzes Christian Lochte erklärte das später so: Man habe aufgrund sehr konkreter Erkenntnisse davon ausgehen müssen, dass die RAF ein Attentat auf Bundeskanzler Helmut Schmidt plane. Eine rasche Festnahme von Christian Klar und Adelheid Schulz hätte die große Chance, dieses Verbrechen zu vereiteln und einen großen Teil der RAF-Kerngruppe auf einen Schlag zu fassen, ruiniert. Der Verfassungsschutz begnügte sich also damit, die beiden ab den ersten Märztagen 1980 wochenlang zu observieren.

Die Hamburger Verfassungsschützer unterrichteten den Chef des Bundesamtes Richard Meier über ihre Entdeckung der meistgesuchten RAF-Terroristen, und der informierte Bundesinnenminister Gerhart Baum. Eine Sondereinheit der GSG 9 wurde auf Abruf in Stellung gebracht Der Generalbundesanwalt und das BKA wurden nicht darüber unterrichtet, dass zwei der wichtigsten RAF-Kader im Visier des Verfassungsschutzes waren. Observierer saßen mit den Gesuchten im ICE nach Frankfurt, standen neben ihnen, als sie auf dem Hauptbahnhof Geld wechselten. Kollegen des hessischen Verfassungsschutzes leisteten Amtshilfe, ohne dass man ihnen sagte, um wen es sich bei dem beobachteten Pärchen wirklich handelte. Zugegriffen wurde trotz eines Haftbefehls der Bundesanwaltschaft nicht. Man wartete darauf, dass Klar und Schulz sich irgendwann mit den übrigen RAF-Kadern treffen würden. Doch den Gefallen tat ihnen die RAF nicht.

Die missglückte Geheimdienstoperation wurde, so gut es ging, unter Verschluss gehalten. Doch langsam sickerte die peinliche Verfassungsschutzpanne durch. Als der BKA-Präsident Horst Herold davon erfuhr, tobte er und erklärte auf einer Pressekonferenz mit mühsam unterdrückter Wut in der Stimme:

»Die Vorstellung, dass sich die RAF-Führer wie die Räuber im Wirtshaus zum Spessart treffen und sich anschließend gemeinsam auf die Pferde schwingen und dann festgenommen werden können, ist einigermaßen romantischer Natur.«

Im Juni 2016, gut 35 Jahre später, fragte ich bei Horst Herold noch einmal nach. Der inzwischen 93 Jahre alte legendäre Präsident des BKA antwortete: »Mein mehrfach verwendetes Zitat ist richtig wiedergegeben, wenngleich die Wortwahl differieren mag. In der Sache selbst habe ich vor ein paar Jahren meinen Frieden mit Baum geschlossen.« In einem langen Gespräch habe jeder von beiden die Argumente des anderen zu verstehen gelernt. »Die Vorgehensweise des Verfassungsschutzes«, so Herold, »ist hingegen unter keinem Blickwinkel zu rechtfertigen.«

Dass die Stasi-Abteilung XXII bestens über den Vorfall Bescheid wusste, ahnte indessen niemand.

Zurück im Kampfgebiet West

Nach der Bundestagswahl, in der Helmut Schmidt gegen Franz Josef Strauß und dessen Parole »Freiheit oder Sozialismus« gewonnen hatte, wurden die RAF-Kader wieder aus der DDR in den Westen losgelassen. »Aufzeichnungen wurden vernichtet, der mit uns vereinbarte neue Trefftermin und die an die RAF übergebene Decktelefonnummer verschlüsselt.« Dann holten sie ihre Waffen aus dem Stahlschrank und kontrollierten ihre Funktionstüchtigkeit. »Wie ein dazugehörendes Kleidungsstück«, erinnerte sich Voigt, »verstauten sie ihre Pistolen in dem am Hosengürtel befindlichen Holster.« Nach einem kurzen »Tschüss« stiegen sie in einen von der Stasi bereitgestellten Wagen und fuhren in Richtung Berlin.

Das nächste Treffen, diesmal wieder mit Christian Klar, fand im Dezember 1980 statt. »Georg« erkundigte sich nach den inzwischen acht Aussteigern, die ihre Eingliederungsphase in den real existierenden Sozialismus ohne Vorkommnisse absolviert hatten. Dann informierte er die Stasi-Genossen darüber, dass die RAF-Gefangenen in westdeutschen Gefängnissen einen neuen Hungerstreik planten: »Ich sage euch das, damit ihr es nicht aus der Presse erfahren müsst.« Vielleicht könnte die DDR den Kampf der Gefangenen durch Aktivitäten in der UN-Menschenrechtskommission unterstützen. Da war Voigt eher skeptisch: »Niemand würde so etwas bestätigen.«

Im März kam Christian Klar erneut in die DDR, berichtete über den Hungerstreik. Er sagte nichts davon, dass die RAF einen Anschlag auf den US-General Kroesen vorbereitete. Doch der Kontakt wurde weiter intensiviert. »Wir richteten eine konspirative Wohnung im Neubauviertel in Berlin-Marzahn ein. Selbstständig suchten die RAF-Kader künftig die Wohnung auf. Wir sicherten nur noch ihre Annäherung an dieses Wohnhaus ab«, schilderte Voigt mir die nächste Etappe der Zusammenarbeit.

Dann, im August 1981, erschoss Inge Viett in Paris einen Polizisten, der sie einer Verkehrskontrolle unterziehen wollte. Der Fall machte international Schlagzeilen. »Nach dem Lesen der Meldungen«, so bekannte Voigt Jahre später, »stellte sich Unbehagen bei mir ein. Denn wahl- und ziellos auf einen Menschen zu schießen und ihn lebensgefährlich zu verletzen, wo zur Flucht ein Schuss ins Bein bestimmt ausgereicht hätte, wollte ich nicht einsehen. Politisch motivierten Straftaten mochte ich damals noch eine gewisse Akzeptanz abringen, aber die Handlung von ›Maria‹ warf bei mir Fragen nach der Toleranzgrenze solchen Vorgehens auf.« Dass ihr Vorgehen in Paris auch ein Kritikpunkt der RAF an ihr war, erfuhr Voigt erst später. »Auch sie selbst bereute durchaus, so leichtfertig geschossen zu haben.«

Am 31. August 1981 verübte die RAF einen Anschlag auf die amerikanische Air Base Ramstein, bei dem 20 Personen zum Teil schwer verletzt wurden. Die Nachrichten erreichten Voigt in seinem Bürozimmer. Die erste Frage, die er seinen Vorgesetzten beantworten musste, war: »Kann es tatsächlich wie gemeldet die RAF gewesen sein, und habt ihr von dem Anschlag gewusst?«

»Ehrlich konnte ich sagen, dass wir von dem Anschlag keine Kenntnis hatten«, erklärte er mir Jahre später.

Am Abend konnten Millionen Fernsehzuschauer in der DDR die Gesichter der RAF-Mitglieder sehen, nach denen in der Bundesrepublik gefahndet wurde – darunter auch die Aussteiger, die jetzt in der DDR lebten.

Am 15. September 1981 schoss die RAF mit einer Panzerfaust des Typs ROG-7 sowjetischer Bauart auf die Mercedes-Limousine des US-Generals Frederick J. Kroesen in Heidelberg. Das Geschoss traf das Auto, verfehlte aber den General. Der reagierte gelassen: »Gut, dass sie keine amerikanischen Waffen verwendet haben.«

Hausbesetzer

Zu dieser Zeit bildete sich in Berlin und auch in anderen Großstädten eine ganz neue linke Szene. Diese griff das »Modell Deutschland« gleichsam mit seinen eigenen Mitteln an. »Eigentum verpflichtet«, so steht es im Grundgesetz. Doch viele Berliner Wohnhäuser standen trotz Wohnungsnot leer und verrotteten. Also wurden sie kurzerhand besetzt. In Kreuzberg und anderswo nistete sich in den heruntergekommenen Wohnblocks alternatives Leben ein. Doch die Besetzungen riefen die Polizei auf den Plan. Und schon begann eine neue Gewaltwelle die eingemauerte Stadt zu erschüttern. Die Insellage Berlins forcierte die Stimmung, Konflikte eskalierten in Sekunden. Anfangs friedliche Demonstrationen endeten regelmäßig in Straßenschlachten.

Dienstag, 22. September, gegen sieben Uhr morgens. Die Hausbesetzer schliefen noch. Ich auch. Nach langer abendlicher Diskussion im Hause Winterfeldtstraße 20 im Berliner Stadtteil Schöneberg hatte ich mich in mein Hotel zurückgezogen. Eine Übernachtung im besetzten Haus, um auf die Polizei zu warten, war nicht mein Ding. Ich war Reporter bei *Panorama* und kein Hausbesetzer.

Fast hätte ich den Einsatz verpasst, aber Kuno Haberbusch, damals eine Art Sprecher der Hausbesetzerszene, hatte mich noch rechtzeitig im »Schweizer Hof« aus dem Bett geklingelt. So konnte ich mit meinem Kameramann Dieter Herfurth doch noch rechtzeitig vor Ort sein. Die Besetzer ließen uns ins Haus, bevor die Polizei die Tür einrammen konnte.

Gegen neun Uhr rückte die Polizei an. Während die Bewohner sich ins Haus zurückzogen, bauten andere draußen Barrikaden, gruben Pflastersteine aus und bewarfen die Polizei. Wir filmten alles aus dem Fenster im zweiten Stock mit.

Die Räumung begann, als die ersten Beamten ins Haus vordrangen. Abgeordnete der Alternativen Liste hatten mit der Polizei verhandelt und erreicht, dass jeweils drei Besetzer herausgeführt oder -getragen würden. Zwischendurch diskutierten Beamte und Besetzer miteinander, ein seltenes Bild. Einer der Hausbesetzer sagte: »... wenn ihr unsere Träume zerstört, was bleibt uns anderes übrig als Steine? Ja, wir haben keine Macht ...«

Ein Polizeibeamter antwortete: »Wissen Sie, junger Mann, ich hab auch so manchen Traum, und wenn mir den einer zerstört, da schmeiß ich keine Steine.«

Zwei Tage vor der Räumung hatten wir eine Musikgruppe hinter dem Haus Winterfeldtstraße 20 aufgenommen. Unter den Zuhörern war ein 18-Jähriger aus der Stadt Kleve am Niederrhein. Sein Name war Klaus-Jürgen Rattay. Er drängte sich geradezu vor die Kamera.

»Ja ich bin nach Berlin gekommen, um einfach hier teilzunehmen an der Hausbesetzerszene. Ich bin aus der Gesellschaft ausgestiegen, weil ich einfach keinen Bock hatte und weil mir das auch stinkt, weil man dauernd unterdrückt wird.«

»Hast du Angst vor morgen oder übermorgen, wenn geräumt werden soll?«
»Ich hab gleichzeitig Angst, und ich hab gleichzeitig auch Mut zum Kämpfen.«
Zwei Tage später war er tot.

Nach der Räumung der Häuser fand sich Berlins Senator Heinrich Lummer im geräumten Haus Bülowstraße 89 ein und sprach mit der Presse. Vor dem Haus hatten sich zahlreiche Demonstranten versammelt und riefen in Sprechchören: »Lummer raus!« Draußen ließ die Polizei derweil die Straße räumen. In wilder Flucht liefen die Demonstranten auf die viel befahrene Potsdamer Straße. Es war das absolute Chaos, in dem Sekunden später ein junger Mann von einem Bus überfahren wurde.

Ein Filmamateur hatte mit seiner Super-8-Kamera den Ablauf gedreht. Nur wenige Minuten später räumte die Polizei die Unfallstelle. Die Räumungsaufforderung war noch nicht zu Ende ausgesprochen, da flogen die ersten Tränengasgranaten. Menschen, die schockiert und diskutierend am Unfallort gestanden hatten, stürmten davon. Der Wasserwerfer wusch die Spuren des tödlichen Ereignisses von der Straße. Doch im Laufe des Nachmittags und des Abends fanden sich immer wieder Jugendliche am Unfallort ein. Und ebenso oft wurde die mit Blumen bedeckte Stelle von Wasserwerfern und Polizeistiefeln wieder geräumt. Keine Zeit für Trauer.

Noch war nicht bekannt, wer der Tote war. Doch als ich am nächsten Morgen mit der *taz*-Reporterin Sabine Porn beim Frühstück saß, las ich plötzlich im *Tagesspiegel*, dass der junge Mann, der unter den Bus gekommen war, aus Kleve am Niederrhein stammte. »Der Junge, den ich am Samstagabend interviewt habe, kommt aus Kleve am Niederrhein«, sagte ich. Es war Klaus-Jürgen Rattay, und er wurde durch seinen Tod zu einer Symbolfigur der Hausbesetzerszene.

Wir sendeten das Interview und den Super-8-Film in voller Länge bei *Panorama*.

Ein Hilfeersuchen der RAF

Im Oktober 1981 bekam Voigt eine Mitteilung der Fahndungsleitstelle am Flughafen Schönefeld, dass der von ihm dort unter einer Avisierungsnummer registrierte »Georg«, also Christian Klar, aus Kopenhagen eingereist war. Voigt fuhr in die konspirative Wohnung »Siedlung« nach Marzahn. Vom Fenster des Hochhauses hatte er einen weiten Blick auf die Umgebung. So konnte er feststellen, ob seinem Gast irgendjemand folgte. Gelassenen Schrittes näherte sich »Georg«. Voigt drückte auf den Summer an der Haustür, damit Klar nicht erst läuten musste. Sie hatten mit den RAF-Mitgliedern genau vereinbart, welche Vorsichtsmaßnahmen eingehalten werden mussten, damit niemand im Haus merkte, dass die Wohnung ein Treffpunkt war.

Voigt ließ ihn herein und servierte erst einmal einen Kaffee. »Georg« berichtete über die Anreise und sagte dann mit einem Lächeln im Gesicht: »Euch interessieren doch bestimmt die Anschläge auf die US-Air-Base und den General Kroesen?«

»Nicht nur. Aber wir würden schon gern wissen, wie das alles war und wie es gelungen ist, der riesigen Fahndung zu entkommen.«

»Georg« erklärte die Details der Planung in Ramstein und machte aus seiner Enttäuschung keinen Hehl: »Wir haben alles genau und gründlich vorbereitet. Der Pkw stand an der richtigen Stelle und war voller Sprengstoff, es waren so 150 Kilogramm. Trotzdem war die Wirkung gering. Bei richtiger Brisanz des Sprengstoffs hätte es das gesamte Gebäude wegpusten müssen.« Offensichtlich sei die Verwendung von selbst hergestelltem Sprengstoff doch nicht so effektiv. Dann schilderte er den Anschlag auf US-General Kroesen, der mit dem Leben davongekommen war: »Wir waren ganz schön sauer, als wir nach den umfangreichen Vorbereitungen feststellen mussten, dass die Generalskutsche nur beschädigt war und der General mit einem Schrecken davongekommen ist.«

Dabei habe derjenige in der Gruppe, der die Panzerabwehrrakete abgefeuert habe, genau das getan, was ihnen ihr palästinensischer Ausbilder erklärt habe. Doch der Benzintank explodierte nicht. Da brauchten sie Rat von der Stasi. Aber die DDR-Geheimdienstler wollten vor allem selbst wissen, was bei dem Anschlag schiefgegangen war. Immerhin könnte es ein solches Attentat auch in der DDR geben.

Voigt befragte einen Waffenexperten des MfS. Er wollte wissen, was passiert, wenn der Benzintank eines Pkw von einem Geschoss getroffen wird. Das Geschoss durchschlägt den Tank, und das Benzin läuft aus, war die Antwort. Die Granate entzieht beim Auftreffen auf das Ziel für ihre eigene Verbrennung der Luft so viel Sauerstoff, dass sich das Benzin nicht entzündet. Die Geschosse sollten den Kofferraum der sonst durch starke Panzerglasscheiben und dicke Blechverkleidungen geschützten Sicherheitslimousine treffen.

Um einen Anschlag so lebensnah wie möglich nachzuspielen, hatten sie eine alte Mercedes-Limousine besorgt und mit vier Strohpuppen sowie einem lebenden, wenn auch alten Schäferhund besetzt. Nach einem Volltreffer mit der sowjetischen Panzerfaust RPG-7 wurde der Wagen zerstört. Der verletzte Hund bekam einen Gnadenschuss.

»Grund für diese Übung war«, erklärte mir Voigt, »den Tathergang zu analysieren, um daraus konkrete Schlussfolgerungen für den Schutz der führenden Repräsentanten der damaligen DDR zu ziehen.«

Nach dem Aufspüren der RAF-Aussteiger im Juni 1990 fand die Bundesanwaltschaft Unterlagen über die Schießübungen mit der Panzerfaust und vermutete zunächst, dass die Stasi die RAF vor dem Anschlag auf den US-General Kroesen trainiert hatte. Doch später stellte sich heraus, dass die Übung erst nach dem Anschlag auf Kroesen stattgefunden hatte.

Christian Klar hatte drei Wünsche im Gepäck. Die RAF wolle die Bewegung gegen die US-Atomwaffen in der Bundesrepublik unterstützen. Vielleicht könnte das MfS mit einigen Informationen über die Geheimdienststellen in den Kasernen etwas dazu beisteuern. Voigt war sofort klar, dass sein Ministerium dazu nicht bereit sein würde.

Der zweite Wunsch war die Ausrüstung der RAF mit bundesdeutschen Reisepässen, die von der DDR für Kuriere in bester Qualität nachgedruckt würden, wie er in der Zeitung gelesen hatte. Als Drittes drückte er Voigt einen englischen Reisepass in die Hand und bat darum, dass die Experten der Stasi das Bild auswechselten. Voigt notierte alles in seinem Bericht unter der Rubrik »Hilfeersuchen der RAF«.

Am nächsten Tag erhielt er die Order, wie damit umzugehen sei: »Informationen über Geheimdienste sowie Reisepässe werden durch das MfS an die RAF nicht übergeben, da dies eine direkte Unterstützung darstellen würde.« Voigt erklärte »Georg« die Ablehnung: »Wenn euch mit einem solchen Reisepass die Polizei schnappt, kann man nachweisen, dass eine Beziehung zum MfS besteht, und im Handumdrehen werdet ihr zu Spitzeln des MfS gemacht. Die großen Bemühungen, eure Autonomie und Selbstständigkeit zu erhalten, wären mit einem Mal nutzlos.«

Das leuchtete »Georg« offenbar ein. Der Bitte, den englischen Pass mit einem neuen Bild auszustatten, wurde im Interesse einer Fortführung des Kontaktes zugestimmt. Anfang der Achtzigerjahre ahnte niemand in der Bundesrepublik, dass die RAF enge Kontakte in die DDR hatte.

Im Krieg

Irgendwie wollte ich immer mal als Reporter in einen richtigen Krieg. Über einen Kameramann, mit dem ich zum fünften Jahrestag der Revolution in Äthiopien war, bekam ich Kontakt zum iranischen Botschafter in Berlin. Der beschaffte mir eine Akkreditierung für die iranische Seite im Krieg gegen den Irak. Im September 1980 war Saddam Hussein in den Iran eingefallen und hatte unter anderem die Stadt Chorramschahr besetzt. Unterstützt wurde der irakische Diktator von Saudi-Arabien und auch von den USA. Bis dahin war es westlichen Reportern nicht erlaubt worden, auf der iranischen Seite vom Krieg zu berichten. Ich wollte für den NDR eine Dokumentation machen, die dann später unter dem Titel »Mit dem Glauben gegen Panzer« gesendet wurde.

Ich flog mit dem Kameramann Lutz Möhring nach Teheran, und dort arbeiteten wir uns durch die Mullah-Bürokratie. Wir wollten direkt an die Front. Doch bis wir die Genehmigung dazu erhielten, schauten wir uns in Teheran und Umgebung um. Wir fuhren ans Kaspische Meer, wo deutsche Ingenieure in der Nähe der stillgelegten Baustelle für ein Atomkraftwerk an der Konstruktion eines Ölkraftwerks arbeiteten. Beim Frühstück hieß es dort immer: »Reich doch mal die Brombeermarmelade rüber« – und dann wurde fingerdick Kaviar aufs Brot geschmiert.

Nach geraumer Wartezeit erhielten wir tatsächlich die Erlaubnis zur Reise ins Kriegsgebiet. Mohammed, ein Angehöriger der Revolutionsgarden Pasdaran, war unser Begleiter, Dolmetscher und Aufpasser. Er war mit einer, immer wenn wir die beiden trafen, gut verschleierten Deutschen verheiratet und sprach auch recht gut Deutsch.

Am 22. September 1980 hatte der Krieg mit massiven Luftschlägen der Iraker begonnen. Gleichzeitig war die iranische Armee mit 100 000 Mann in die erdgas- und erdölreiche Provinz Chuzestan eingerückt. Am 24. Oktober nahm sie die Stadt Chorramschahr ein und hielt sie besetzt. Die Iraner konnten ihre reguläre Armee durch mehr als 200 000 junge Revolutionsgardisten aufstocken, die zwar kaum eine militärische Ausbildung hatten, das aber durch Kampfwillen ersetzten.

Kaum waren wir in Abadan nahe der damaligen Front angekommen, traf unser Mohammed einen alten Freund von den Pasdaran, der bei einem Kampfeinsatz einen Splitter in den Kopf bekommen hatte. Gerade aus dem Krankenhaus entlassen, hatte er sich wieder zum Fronteinsatz gemeldet – mit dem Metallteil im Kopf. Er galt bei den Revolutionsgarden als Held und brachte uns direkt in die Nähe der irakischen Linien.

Es war gegen Abend, und wir überlegten, ob wir noch in die iranische Stellung am Fluss fahren sollten. Da tauchte ein weiterer Jeep mit einem jungen iranischen Offizier auf. Er meinte, wir sollten erst einmal ein wenig schießen üben, und gab uns seinen großen Revolver. Damit ballerten wir dann auf einen vertrockneten Baumstamm.

In das Lager am Fluss wollten wir dann doch lieber erst am nächsten Morgen fahren. Normalerweise schossen die Iraker nachts auf die gegnerischen Lager. Wir übernachteten auf dem Fußboden einer Moschee in der vollkommen leer geräumten Stadt Abadan. Am nächsten Morgen jagten wir im Zickzackkurs mit dem Jeep zu dem iranischen Camp direkt am Shatt al-Arab, dem gemeinsamen Mündungsfluss von Euphrat und Tigris. Die Straße hatte überall Löcher von Granateneinschlägen. Wir filmten aus dem Schützengraben heraus die iranischen Soldaten auf der anderen Seite des Flusses. Dann machten wir uns schnell wieder auf den Weg zurück.

Dieser Krieg hatte irgendwie nichts mit uns zu tun. Und das gab uns das surrealistische Gefühl, dass uns hier nichts passieren konnte. Angst hatte ich nur ein einziges Mal, als wir nämlich mit unserem Jeep von einem iranischen Militärlager wegfuhren und plötzlich unter höllischem Lärm ein Kampfflugzeug knapp über unseren Köpfen entlangdonnerte.

Unser Pasdaran-Freund führte uns an ein Feld, das von den Irakern mit Tretminen übersät worden war. Die jungen iranischen Revolutionsgardisten waren von ihren Vorgesetzten im Namen Allahs über diesen Acker gejagt und von den irakischen Minen zerrissen worden. Die Knochenreste konnten wir noch erkennen.

Nach einer guten Woche lief unsere Drehgenehmigung ab, und wir wollten zurück nach Teheran fahren. Unser Führer Mohammed hatte beim Militär ein Abteil für uns in einem Zug mit irakischen Kriegsgefangenen und verletzten iranischen Soldaten organisiert. Kurz vor der Abfahrt konnten wir mit unserem Equipment in den Waggon klettern. Als wir das Gepäck verstaut hatten und es uns so bequem wie möglich machten, nervte uns eine Fliege, die durch das Abteil brummte. Mohammed stand auf und fing sie mit der Hand ein. Dann riss er ihr die Flügel aus und setzte sie auf das Brett des Abteilfensters. Er sagte: »Jetzt muss sie zu Fuß zurück nach Teheran laufen.« Da wurde mir das erste Mal auf dieser Reise übel.

Als wir zurück in Teheran waren, startete die iranische Armee eine Offensive, um die vom Irak besetzte iranische Stadt Chorramschahr zurückzuerobern. 70 000 iranische Soldaten und Revolutionsgardisten konnten die Stadt am 24. Mai 1982 einnehmen. Diesmal waren wir nicht die einzigen westlichen Journalisten, die ins Kampfgebiet durften. Gemeinsam mit einem Reporter und einem Kamerateam von CBS flogen wir mit einer Militärmaschine nach Abadan. Von da aus ging es mit einem Bus nach Chorramschahr. Die Stadt war von einem Gürtel senkrecht aufgestellter Eisenbahnschienen umgeben – zum Schutz vor iranischen Fallschirmjägern, die sich bei einer Landung daran aufgespießt hätten. In der zerbombten Stadt selbst lagen noch Berge von Leichen irakischer Soldaten herum. Es roch nach Verwesung.

Genau 24 Jahre später hatten wir für den *Spiegel* einen Interviewtermin mit dem neuen iranischen Präsidenten Mahmud Ahmadinedschad bekommen. Er galt als islamistischer Hardliner des Mullah-Regimes, kein westlicher Politiker hatte ihn bis dahin getroffen. Als wir aus dem Flugzeug stiegen, fiel mein Blick auf die englischsprachige iranische Tageszeitung. Die Schlagzeile erinnerte an den iranischen Sieg, an die Rückeroberung von Chorramschahr heute vor genau 24 Jahren.

Wir wurden durch umfangreiche Sicherheitskontrollen geschleust und durften im Präsidentenpalais auf den neuen Machthaber warten. Dann erschien ein etwas grimmig aussehender Ahmadinedschad. Wir setzten uns und wollten mit dem Interview beginnen.

Ich sagte: »Herr Präsident, es freut mich ganz besonders, hier und heute ein Gespräch mit Ihnen zu führen.«

Er fiel mir ins Wort: »Das sagen Sie zu jedem, mit dem Sie reden wollen ...«

»Nein«, antwortete ich. »Ich habe auf dem Titel der Zeitung gesehen, dass heute der Jahrestag der Rückeroberung von Chorramschahr ist. Da bin ich gewesen. Heute vor 24 Jahren.«

»Ich auch«, sagte er. »Was haben Sie da gemacht?«

»Ich war da als Reporter für das deutsche Fernsehen. Unmittelbar nachdem die iranische Armee die Stadt zurückerobert hatte. Die Leichen lagen noch auf der Straße.«

»Ich habe für die Befreiung gekämpft, mit den Pasdaran«, sagte er.

Wir legten unsere vorformulierten Fragen beiseite und begannen ein Gespräch, das wir in der folgenden Woche als Titelgeschichte druckten, fast wortwörtlich so, wie wir es geführt hatten.

Es begann mit Fußball.

»Es hat in Deutschland eine große Entrüstung gegeben, als bekannt wurde, dass Sie womöglich zur Fußballweltmeisterschaft kommen werden. Hat Sie das überrascht?«

»Ich habe gar nicht verstanden, wie das zustande kam«, antwortete er. »Ich kann diese ganze Aufregung nicht verstehen.«

»Sie hat mit Ihren Bemerkungen über den Holocaust zu tun«, erklärte ich ihm. »Dass der iranische Präsident den systematischen Mord der Deutschen an den Juden leugnet, löst zwangsläufig Empörung aus.«

»Ich verstehe den Zusammenhang nicht genau.«

»Erst machen Sie Ihre Bemerkungen über den Holocaust, dann kommt die Nachricht, Sie reisen eventuell nach Deutschland. Das sorgt für Aufregung. Also waren Sie doch überrascht?«

»Nein, in keiner Weise«, antwortete Ahmadinedschad,

»denn das Netzwerk des Zionismus ist weltweit sehr aktiv, auch in Europa, daher habe ich mich nicht gewundert ...«

»Das Leugnen des Holocaust steht in Deutschland unter Strafe. Ist es Ihnen gleichgültig, wenn Ihnen Entrüstung entgegenschlägt?«

Es wurde eine heftige Diskussion um den Holocaust, Israel und Palästina.

»Wir wollen den Holocaust weder bestätigen noch leugnen«, sagte Ahmadinedschad. »Wir sind gegen jede Art von Verbrechen an jedwedem Volk, aber wir wollen wissen, ob dieses Verbrechen wirklich geschehen ist oder nicht. Wenn ja, dann müssen diejenigen bestraft werden, die dafür die Verantwortung tragen, und nicht die Palästinenser. Warum ist es nicht erlaubt, über eine Tatsache zu forschen, die vor 60 Jahren passiert ist?«

»Herr Präsident, mit Verlaub, der Holocaust hat stattgefunden«, erwiderte ich. »Es gibt Akten über die Vernichtung der Juden, es ist viel geforscht worden, und es gibt nicht den geringsten Zweifel am Holocaust und auch nicht an der Tatsache, dass die Deutschen – wir bedauern das sehr – dafür verantwortlich sind.«

Das wollte der iranische Präsident nicht gelten lassen. Er fordere eine internationale Gruppe von Forschern, um »ein für alle Mal Klarheit zu schaffen«.

»Stellen Sie Israels Existenzrecht in Abrede?«, fragte ich weiter.

»Schauen Sie, meine Ansichten sind ganz klar«, antwortete der Präsident. »Wir sagen, wenn der Holocaust passiert ist, dann muss Europa die Konsequenzen ziehen und nicht Palästina dafür den Preis zahlen. Wenn er nicht passiert ist, dann müssen die Juden dahin zurückkehren, wo sie hergekommen sind.«

»Die Palästinenser haben das Recht auf einen eigenen Staat«, sagte ich. »Aber die Israelis unserer Ansicht nach selbstverständlich auch.«

»Wo sind die Israelis hergekommen?«

»Wissen Sie, wenn wir aufrechnen wollten, woher die Menschen gekommen sind, dann müssten auch die Europäer zurück nach Ostafrika, wo alle Menschen ursprünglich herkommen.« Müsse nicht irgendwann der Zeitpunkt kommen, an dem man sage: Die Welt ist, wie sie ist, und wir müssen mit dem Status quo, so wie er ist, fertigwerden?

Das Gespräch dauerte mehrere Stunden. Wir schrieben es ab und schickten es zur Autorisierung an das Büro des Präsidenten. Es gab so gut wie keine Änderungswünsche.

Die Hitler-Tagebücher

Am 25. April 1983 tauchte die Kollegin Petra Nordhausen in meinem Büro bei *Panorama* auf und legte mir die neueste Ausgabe des *stern* auf den Schreibtisch. Sie kam gerade von einer Pressekonferenz, auf der die Chefredaktion die Entdeckung der Hitler-Tagebücher verkündet hatte. Ich sah mir den Titel an und blätterte das Heft durch, dann blickte ich wieder auf das Cover. »Komisch«, sagte ich zu Petra, »das sind ja immer die gleichen Tagebücher. Hat der Führer etwa in einem Papiergeschäft in München so viele Kladden gekauft, dass sie als Tagebücher bis zu seinem Ende reichen – oder hat er immer wieder im selben Geschäft ein neues, identisches Exemplar gekauft? Da stimmt doch was nicht.«

Petra erzählte mir, wie sicher die *stern*-Chefredaktion auf der Pressekonferenz gewesen war, dass die Tagebücher echt seien. Ich las die dazugehörige Geschichte. Sie begann so: »Am Montag, dem 13. Oktober 1980, wählte der *stern*-Reporter Gerd Heidemann die Telefonnummer 030/419040 in Berlin-Reinickendorf. Bei der früheren Wehrmachtsauskunftsstelle (WASt), heute ›Deutsche Dienststelle für die Benachrichtigung der nächsten Angehörigen von Gefallenen der ehemaligen Deutschen Wehrmacht‹, erkundigte er sich nach dem Schicksal des

Fliegermajors Anton Gundlfinger. Heidemann erfährt: Der Offizier ist am 21. April 1945 bei Börnersdorf, südöstlich von Dresden, gefallen. Mit dieser Anfrage begann eine Spurensuche, die zweieinhalb Jahre dauerte. An ihrem Ende steht eine historische Sensation: die Entdeckung der geheimen Tagebücher Adolf Hitlers.«

Die Maschine, so die Geschichte im *stern*, sei in Börnersdorf abgestürzt, Heidemann und ein Kollege hätten die Namen des Piloten und der übrigen Passagiere von den Holzkreuzen der 16 Soldatengräber abgeschrieben. »In Berlin-Reinickendorf lässt Heidemann sich die Daten der Toten geben. Dann fragt er sich über die Einwohnermeldeämter durch.« So habe der *stern*-Reporter den letzten Flug der JU 352 Stück für Stück rekonstruiert. Und am Ende habe er die wertvolle Fracht des Flugzeuges gefunden, die Hitler-Tagebücher.

Die Telefonnummer kannte ich. Ich rief die Wehrmachtsauskunftsstelle in Berlin an und ließ mich mit Günter Bogdanski verbinden, der mir im Fall Filbinger geholfen hatte, die Familie des zum Tode verurteilten Deserteurs Steffen zu finden. Er war inzwischen zum Chef der WASt aufgerückt. Ich sprach mit ihm über den sensationellen Fund des *stern* und darüber, dass seine Behörde bei den Recherchen geholfen hatte.

»Nach wie vielen Namen hat Heidemann bei Ihnen angefragt? Laut *stern* waren ja 16 Passagiere und Besatzungsmitglieder in der bei Börnersdorf abgestürzten Maschine.«

Bogdanski versprach, den Mitarbeiter zu befragen, der für Heidemann in den Akten nach den Namen und nach Angehörigen der Opfer gesucht hatte. Kurze Zeit später rief er zurück: »Er hat sich nach drei Namen erkundigt.« Damit war für mich klar, dass die Geschichte nicht stimmen konnte. Wenn Heidemann über die in Börnersdorf Abgestürzten auf die Hitler-Tagebücher gekommen sein sollte, dann hätte er nach allen 16 Namen fragen müssen – und nicht nur nach dreien.

Am Abend lief im ZDF die Dokumentation *Der Fund*. Anschließend diskutierten Gerd Heidemann, *stern*-Chefredakteur

Peter Koch und Historiker Eberhard Jäckel über die sensationelle Entdeckung. Jäckel war skeptisch und äußerte ganz am Rande, dass er auch schon mal ein Hitler-Tagebuch in der Hand gehabt hatte; das kam aber aus einer Quelle, die ihm schon einmal gefälschte Hitler-Gedichte zugespielt hatte. Peter Koch bügelte ihn sofort ab. Das war sicher eine Fälschung, die Tagebücher, die der *stern* habe, seien aber echt. Das habe nichts miteinander zu tun. Dann ging die Diskussion weiter.

Merkwürdig, dachte ich, erst gibt es fast 30 Jahre lang keine Spur von Adolf Hitlers Tagebüchern, und jetzt tauchen plötzlich zwei Versionen auf, eine echte und eine falsche. Ich rief Eberhard Jäckel an und bat ihn um ein Interview. Dabei erklärte er mir, wo er das eine Exemplar der Tagebücher gesehen hatte – bei einem Sammler namens Fritz Stiefel in der Nähe von Stuttgart.

Also rief ich den ominösen Sammler an. Der wollte nicht mit mir reden und legte schnell wieder auf. Da Jäckel mir gesagt hatte, dass die verschiedenen Hitler-Materialien, die er bei Stiefel gesehen hatte, von einem Militariahändler aus Stuttgart stammten, machte ich mich auf die Suche. Ich klapperte eine Reihe von Antiquitätenläden in der Stuttgarter Innenstadt ab und fragte, ob sie Militaria verkaufen würden. Man sah mich schief an, aber beim dritten oder vierten Laden bekam ich einen Hinweis. In der Aspergstraße 20 habe es ein Militaria-Geschäft gegeben.

Ich fuhr hin, doch der Laden war geschlossen und leer. Ich rief den Hauswirt an, und der erzählte mir, dass ein gewisser Konrad Kujau-Fischer bis vor zwei Jahren den kleinen Laden für Militärantiquitäten geführt habe. Jetzt habe der Dokumentenhändler einen neuen Laden, auch in Stuttgart, in der Schreiberstraße 22. Ich fuhr dorthin und stellte fest, dass der Laden ebenfalls geschlossen war. Ich sah den Klingelknopf und daneben ein offenkundig frisch aufgeklebtes Namensschild. Das zog ich vorsichtig ab und entdeckte darunter den Namen Fischer-Kujau. Das elektrisierte mich, denn in dem *stern*-Artikel war im Zusammenhang mit den Tagebüchern immer ein ominöser DDR-General namens Fischer genannt worden. Fischer und Fischer-Kujau? Das konnte kein Zufall sein.

Ich rief noch einmal den Sammler Stiefel an: »Ich würde Sie doch noch gern besuchen und mit Ihnen über Herrn Fischer-Kujau sprechen.« Als er den Namen hörte, sagte er: »Kommen Sie vorbei. Ich habe gerade mit ihm telefoniert. Gegen 17 Uhr ruft er noch einmal an.«

Ich fuhr nach Bietigheim-Bissingen, und Stiefel ließ mich in sein Haus. Und tatsächlich rief um 17 Uhr der ominöse Herr Kujau an. Stiefel reichte mir den Hörer weiter.

»Professor Jäckel hat mir gesagt, dass er bei Herrn Stiefel ein Tagebuch von Hitler in der Hand gehabt hat. Stammte das von Ihnen?«, fragte ich ihn.

»Ja«, sagte Kujau, »das habe ich beschafft.«

»Und die anderen, die der *stern* jetzt gerade veröffentlicht?«

Dazu wollte er sich nicht weiter äußern. Aber ich hatte ja schon genug gehört. Jäckel hatte das von ihm gesehene Tagebuch im Detail beschrieben. Es sah genauso aus wie die *stern*-Tagebücher. Keine Frage, das musste dieselbe Quelle sein. Und aus der war Jäckel mit falschen Hitler-Texten beliefert worden. Ich war sicher, der Fälschung auf der Spur zu sein, und stellte aus den vorhandenen Materialien meinen Beitrag für *Panorama* zusammen. Er begann mit dem Text: »Eine Weltsensation sollten sie werden, und das wurden sie dann auch: Hitlers angebliche Tagebücher. Vor zwei Wochen stellten die stolzen *stern*-Leute der Presse ihren Fund vor. Mindestens 8 Millionen Mark hat der *stern* für die falschen Tagebücher bezahlt. Der Finder, Gerd Heidemann, laut *stern* Deutschlands hartnäckigster, raffiniertester Reporter, hatte das Geld in Koffern bar aus dem Hause getragen, um es angeblich auf der Transitstrecke nach West-Berlin in James-Bond-Manier seinem Informanten in der DDR zuzuspielen, einem Informanten, so wurde der Illustrierten jetzt zu spät klar, den es überhaupt nicht gibt.«

Die mit den falschen Tagebüchern gelieferte Legende von dem Flugzeugabsturz sei als Beweis für die Echtheit verkauft worden. In Wirklichkeit aber seien in der abgestürzten Maschine keine Akten und schon gar keine Hitler-Tagebücher gewesen.

Ich machte ein Interview mit dem Historiker Professor Jäckel, und der erklärte mir, dass ihm bei der Vorbereitung eines Buches mit Hitlers Aufzeichnungen (1905–1924) einige Papiere angeboten worden seien, die ebenfalls aus dem Flugzeugabsturz in Börnersdorf stammen sollten. Diese hätten sich bei der Überprüfung als Fälschungen erwiesen. Die *stern*-Behauptung, die angeblichen Hitler-Tagebücher seien in dem Flugzeug gefunden worden und Heidemann habe über das Wrack ihre Spur entdeckt, traf offenkundig nicht zu. Die Spur der falschen Tagebücher führte ganz woanders hin: nach München und Stuttgart. In München saß der Archivar Dr. August Priesack, Geschichtslehrer im Ruhestand und vor dem Krieg Mitarbeiter im Hauptarchiv der NSDAP. Wie kaum ein anderer kannte sich Priesack mit Hitler-Zeichnungen, Aquarellen und Handschriften aus. Ende der Siebzigerjahre wollte er ein Buch mit Hitler-Handschriften herausgeben, die aus dem Besitz des Sammlers Fritz Stiefel stammten. Priesack bot Teile des Materials unter anderem dem Schriftsteller David Irving, aber auch dem Historiker Eberhard Jäckel in Stuttgart an.

Einige der von Priesack gelieferten Blätter ließ Jäckel beim Bundeskriminalamt untersuchen. Und sie stammten von ebenjenem Sammler Fritz Stiefel. Jäckel sagte: »Dabei hat sich herausgestellt, dass ein Papier, angeblich aus der Zeit des Ersten Weltkrieges, eine chemische Substanz zu enthalten scheint, Blankophor genannt, die erst in den Vierzigerjahren entwickelt worden ist und seitdem verwendet wird. Bei Begleitschreiben, die dabeilagen, auf dem Briefpapier der Reichsleitung der NSDAP, wurde eine Schreibmaschine benutzt, die erst im Jahre 1956 gebaut worden ist.«

August Priesack hatte aber noch mehr, nämlich einen Halbjahresband 1935 vom angeblichen Tagebuchschreiber Adolf Hitler. Ich fragte Professor Jäckel: »Wie sah dieser Band aus, den Sie da in der Hand hatten?«

Jäckel antwortete: »Der Band, den ich gesehen habe, entstammte dem Jahr 1934 oder 1935, daran kann ich mich nicht mehr erinnern. Darin waren Blätter, nach meiner groben Schätzung so 60 bis 100 Blätter liniert ... Ich habe diesen Band nicht genauer untersucht.«

Ich fragte nach: »Aber es war so etwas Ähnliches wie ein Siegel auf dem Band?«

»Ja, das ist meine Erinnerung, dass da aus rotem Siegellack ein Siegel angebracht war, in das ein Hoheitsadler eingeprägt war, und das schien einmal dazu gedient zu haben, den Band zu verschließen, zu versiegeln.«

Ich wagte mich im Text des *Panorama*-Filmes weit vor: »Verdächtige Ähnlichkeiten mit den vom *stern* veröffentlichten Tagebüchern. Dazu dieselbe Legende. Kein Zweifel, es ist dieselbe Quelle, aus der Heidemann und Priesack gefälschte Tagebücher erhielten. Sicher ist: Konrad Kujau-Fischer ist der Lieferant der gefälschten Dokumente. Höchstwahrscheinlich ist er auch der Lieferant der falschen Hitler-Tagebücher im *stern*. Der Kreis schließt sich. Der Händler Kujau-Fischer ist zurzeit unauffindbar. Dabei hat er so schöne Dokumente im Angebot.«

Dass er geliefert hatte, war mir klar. Dass er die Tagebücher alle eigenhändig verfasst hatte, das konnte ich mir noch nicht vorstellen. Ein Jahr später saß Konrad Kujau im Gefängnis. Weil ich ihn zuerst als Lieferanten, wenn auch nicht als Schreiber der Hitler-Tagebücher entlarvt hatte, gab er mir auch das erste Interview. Es half auch, dass sein Anwalt Kurt Groenewold, Ex-Verteidiger von Ulrike Meinhof, ein guter alter Bekannter war.

Besuch beim Fälscher

Ich besuchte Kujau im Untersuchungsgefängnis am Holstenglacis in Hamburg, wo zwei Jahrzehnte zuvor auch Rudolf Augstein in U-Haft gesessen hatte. Vor laufender Kamera demonstrierte er seine schriftfälscherischen Fähigkeiten. In der Handschrift Adolf Hitlers schrieb er inzwischen schneller als in seiner eigenen. Insgesamt 60 Tagebuchbände hatte Konrad Kujau verfasst. Ich erkundigte mich, ob er denn jeden Tag geschrieben hatte, und er antwortete: »Natürlich konnte ich nicht jeden Tag an der Sache bleiben, da werden Sie ja verrückt.«

»Haben Sie sich schon fast mit Hitler identifiziert, während Sie das geschrieben haben?«

»Hab ich. Als ich etwa die Zeit schilderte im Bunker in Berlin, da musste ich teilweise auf den Balkon rennen und musste eine Zigarette rauchen, weil ich spürte, was ich da aus den Geheimaufzeichnungen des Hitler-Arztes Dr. Morell hatte, Sodbrennen und Magenschmerzen. Das habe ich dann selbst so gespürt und so in die Tagebücher geschrieben. Und die Enge im Bunker und das alles erlebte ich selbst, am Schreibtisch, und da musste ich oft auf den Balkon laufen und eine Zigarette rauchen, dass dieser ganze Druck von mir abfällt.«

Die Kunde von der Existenz eines Hitler-Tagebuches sprach sich in der Gemeinde der Sammler von Reliquien aus dem Dritten Reich schnell herum. Und bald wurden aus dem einen Hitler-Tagebuch ganze 60 Stück, die diebstahlsicher in einem Tresor einer Schweizer Bank gelagert wurden. *stern*-Reporter Heidemann hatte von dem einen Tagebuch erfahren, war bei Kujau aufgetaucht und hatte ihn mit Geld und guten Worten zu weiteren Lieferungen angespornt.

Insgesamt 9,34 Millionen Mark hatte der *stern* für die Tagebücher an seinen Reporter Gerd Heidemann ausgezahlt. 1,1 Millionen wollte der Autor Konrad Kujau davon abbekommen haben. Der Großteil des Geldes aber blieb unauffindbar.

Kujau erinnerte sich gut an die erste Begegnung mit dem Reporter: »Er sagte dann: ›Sie haben doch einige Dokumente von Adolf Hitler‹, und ich sagte: ›Nö, ich habe überhaupt nichts.‹

»Ja, aber Sie waren im Besitz.«

»… ich sag: ›Nein.‹ Dann macht er den Innenteil seines Koffers auf, der quoll von Geld über, Hunderter- und Fünfzigerbündel. Und er sagt: ›Diese 150 000 Mark sind Handgeld, wenn Sie mir die Tagebücher besorgen.‹«

Mit seiner leisen, durchdringenden Art habe Heidemann ihn geradezu verrückt gemacht. Immer habe er geflüstert, wer alles hinter den Dokumenten her sei. Er könne sie auch alle beschlagnahmen lassen. »Und Menschenskinder«, sagte Kujau, »ich hab schon gedacht: Ist der beauftragt vom Führer persönlich?«

Nach einer eher oberflächlichen Prüfung veröffentlichte der *stern* die Tagebücher und feierte Reporter Heidemann als die größte Spürnase im deutschen Journalismus. Kujau war inzwischen mit seinem Abnehmer per Du und erzählte mir, wie sich bei diesem Wahn und Wirklichkeit immer mehr verschoben.

»Als ich ihn wegen des Geldes ansprach, fragte er mich ganz plötzlich, und das im Ernst, ich kann es Ihnen beschwören: ›Glaubst du, Hitler ist im Himmel?‹ Und da sag ich: ›Was?‹ Und er: ›Ja, Konni, ist Hitler im Himmel?‹ Da sag ich: ›Mag sein.‹ Mich interessierte da mein restliches Geld. Da sagt er zu mir: ›Dann bekommen wir unseren Dank, wenn wir da oben ankommen.‹ Da hab ich geguckt: ›Was kriegen wir?‹ – ›Unseren Dank. Mich befördert er zum Gruppenführer und dich zum Standartenführer.‹ Da wusste ich, der ist nicht mehr ganz normal. Ich kann's ehrlich sagen, der hat das ernst gemeint. Stellen Sie sich das vor.«

Ich stellte mir nur eines vor: So etwas wie die Hitler-Tagebücher dürfte mir nie passieren. Niemals. Ich nannte das, was sich beim *stern* abgespielt hatte, später immer das Kujau-Syndrom: »Wenn eine Sache schon viel Geld gekostet hat, dann darf sie nicht falsch sein.«

Carlos und die Stasi

Er war der meistgesuchte Terrorist der Welt. Der Venezolaner Carlos, mit richtigem Namen Ilich Ramírez Sánchez, war von Libyens Staatschef Gaddafi bezahlt worden, um kurz vor Weihnachten 1975 die zum OPEC-Kongress in Wien versammelten Ölminister zu entführen. Angeblich hatte er den Auftrag, den saudi-arabischen und den iranischen Ölminister zu töten. Nach der Landung in Algerien ließ er sich das Leben der Minister allerdings von kapitalkräftigeren Ölstaaten abkaufen. Carlos verschwand eine Zeit lang von der Bildfläche.

1979 tauchte er zum ersten Mal in der DDR auf. Die Einzelheiten versuchte später der Berliner Staatsanwalt Detlev Mehlis herauszufinden. Er ermittelt in der Sprengstoffsache »Maison de France«, dem Attentat auf das französische Kulturinstitut 1983 in West-Berlin. Das Ministerium für Staatssicherheit war damals gut im Bilde, wie uns 1991 die für Terroristen zuständigen Stasi-Offiziere Oberst Horst Franz und Voigt vor der Kamera bestätigten.

Carlos war nicht allein nach Ost-Berlin gekommen. Mit dabei: sein deutscher Adjutant, für den der Staatssicherheitsdienst sich umgehend besonders interessierte. Ein Landsmann – wenn auch einer aus dem Westen – bot sich als Quelle geradezu an. Sein Name war Johannes Weinrich, Deckname »Steve«. Er kam aus den »Revolutionären Zellen«.

Voigt erinnerte sich, dass die Gespräche mit Weinrich dem MfS in der Anfangsphase ein hohes Maß an Informationen brachten, mit großem Neuheitswert für das gesamte Ministerium. »Vor allen Dingen die Verbindungen und Zusammenhänge in den arabischen und palästinensischen Kreisen wurden uns von ihm als Deutschen natürlich treffender dargestellt, als das aus anderen Quellen zu erarbeiten war.«

Ebenfalls aus dem Umfeld der »Revolutionären Zellen« kam Magdalena Kopp, Tochter eines Postbeamten aus Ulm. Sie reiste gemeinsam mit Carlos und »Steve«. Magdalena Kopp war die Freundin von Weinrich und wandte sich später Carlos zu. Unter dem Namen »Lilly« wurde sie hinfort bei der Stasi aktenmäßig bearbeitet.

Bei einem seiner ersten Besuche in Ost-Berlin brachte Carlos umfangreiches Gepäck mit. Die Maschine war aus Aden im Südjemen über Moskau nach Schönefeld gekommen. Carlos wollte sich als Weltrevolutionär mit jemenitischem Diplomatenpass nicht durchchecken lassen. Franz wurde informiert: »Nichtsdestotrotz hat natürlich der Zoll sein Großgepäck kontrolliert, als er mit einem Metallbehältnis hier einreiste. Dabei wurde bei den Röntgenaufnahmen festgestellt, dass sich Waffen in diesem Behältnis befanden. Ich erhielt den Auftrag vom stellvertretenden Minister, dort hinzugehen und die Geschichte mit ihm zu klären. Und nach Rücksprache mit den verantwortlichen Leuten habe ich ihm mitgeteilt, dass die Waffen beschlagnahmt sind. Und das ist auch so durchgeführt worden. Die ganze Kiste wurde in Beschlag genommen.«

Sie wanderte in die Asservatenkammer des Ministeriums für Staatssicherheit, Abteilung »Bewaffnung Chemische Dienste«, und dort blieb sie auch, trotz aller Proteste. Carlos war empört, hatte er doch angenommen, in der DDR wie die palästinensischen Kollegen behandelt zu werden.

Die Akte Carlos wurde unter dem Codewort »Separat« geführt. In belauschten Gesprächen hatte Carlos nämlich angekündigt, den Separatfrieden zwischen Israel und Ägypten mit Terror zu bekämpfen. Doch dann hatte er plötzlich andere Probleme: Seine Freundin saß in französischer Haft. Voigt sagte uns: »In dieser Phase, als die Frau Kopp inhaftiert war, da mussten wir feststellen, dass die Gruppe immer mehr versuchte, durch spektakuläre Anschläge die französischen Behörden zur Freilassung der Frau Kopp zu bewegen.«

Im Mai 1982 brachte Carlos' Gehilfe Weinrich 24 Kilo Sprengstoff nach Ost-Berlin, der ihm zunächst von der Stasi abgenommen wurde.

»Es gab mehrfach Versuche von Weinrich, diesen Sprengstoff wiederzubekommen, um – wie er damals behauptete – ihn an eine Befreiungsbewegung weiterzugeben«, erklärte mir Voigt. »Da uns das aber zu allgemein war, wurde diesem Ansinnen von Weinrich nicht stattgegeben.« Dann habe er versucht, die Stasi unter Druck zu setzen. Wenn der Sprengstoff nicht zurückgegeben werde, gebe es vonseiten der syrischen Botschaft eine Intervention auf diplomatischem Wege. Voigt sagte: »Soweit mir noch erinnerlich ist, wurde der Sprengstoff Weinrich zur Deponierung in der syrischen Botschaft übergeben. Ich habe aber weder einen Befehl dazu gegeben, noch habe ich selber den Sprengstoff dort hingetragen.« Über die weitere Verwendung des Sprengstoffes hatten bundesdeutsche Ermittler später kaum noch Zweifel. Am 25. August 1983 um 11.22 Uhr explodierte eine Bombe im West-Berliner »Maison de France«, dem französischen Kulturinstitut. Ein 26-jähriger Maler aus Charlottenburg fand in den Trümmern den Tod. Die Bilanz des Terroranschlags: 22 Menschen wurden verletzt, neun davon schwer.

Die Staatsanwaltschaft war später der Auffassung, dass die beteiligten Stasi-Offiziere den Sprengstoff an Weinrich zurückgegeben hatten, obwohl sie wussten, dass ein Anschlag auf das »Maison de France« geplant war. Voigt bestritt das: »Wir haben bis zum Zeitpunkt des Anschlages gegen ›Maison de France‹ keine glaubhafte Kenntnis über einen solchen Anschlag gehabt. Dann hätten wir sofort reagiert, und es wäre auf keinen Fall eine Übergabe des Sprengstoffes erfolgt.«

Für den damals flüchtigen Voigt war es von eminenter Bedeutung, ob der Sprengstoff in Kenntnis des geplanten Attentats zurückgegeben worden war. Denn darauf gründete sich unter anderem der Haftbefehl. Auf jeden Fall war der Anschlag das Ende der Stasi-Carlos-Connection.

Voigt und sein Vorgesetzter Stasi-Oberst Horst Franz machten sich auf die Reise nach Budapest, um die ungarischen Kollegen ebenfalls auf Anti-Carlos-Kurs zu bringen. Denn dort hatte der Terrorist einen regelrechten Stützpunkt. Die Budapester Geheimdienstler ließen Carlos und Johannes Weinrich in ihre Dienststelle kommen und nahmen das Treffen heimlich mit der Videokamera auf. Tatsächlich schaffte es der ungarische Sicherheitsdienst, Carlos aus dem Land zu drängen.

Der Grat, auf dem die Stasi mit den Terroristen wandelte, war schmal. Die zuständigen Stasi-Offiziere hatten uns immer wieder erklärt, dass sie die Terroristen durch ihre Gespräche »einlullen« wollten. Doch so erfolgreich, wie die »Lullermasche«, das Eingehen von Scheinbündnissen für die Informationsgewinnung, gewesen sein mochte, auch von einem Scheinbündnis haben immer beide Seiten Vorteile. Und wer beim »Zu-Tisch-Gehen mit dem Teufel« wirklich den längeren Löffel hat, ist dann oft nicht mehr zu entscheiden. So sah ich das in der Moderation – 1990 – fast zehn Jahre danach.

Von *Spiegel TV* zurück zu *Panorama*.

Ein Film verschwindet

Inzwischen war Chefredakteur Winfried Scharlau Leiter des ARD-Büros in Washington geworden. Peter Merseburger wechselte als Korrespondent nach Ost-Berlin. Die Leitung von *Panorama* wurde vorübergehend von Luc Jochimsen übernommen. In diese Übergangsphase fiel mein meistdiskutierter Film – einer, der nicht gesendet wurde.

Es war ein Beitrag über die Affäre um den bayerischen Ministerialbeamten Langemann, der als oberster Aufseher des Verfassungsschutzes seine Kompetenzen überschritten und Papiere aus seiner BND-Zeit an einen Nachrichtenhändler – meinen Freund Frank Peter Heigl – gegeben hatte.

Wir saßen im Studio, die Moderationen waren vorbereitet, die Sendung lief, und plötzlich meldete sich der Produktionsleiter und fragte, wo denn der Langemann-Film sei. Auf dem Filmgeber, von wo er ausgestrahlt werden sollte, war er nicht. Es begann eine hektische Suche bei laufender Sendung, eigentlich rechneten wir damit, dass er noch im Schneideraum lag und schon noch rechtzeitig herbeigeschafft werden konnte.

Die Minuten vergingen, nach einer kurzen Unterbrechung waren wir wieder auf Sendung, und Luc Jochimsen erklärte: »Wir haben im Moment ein Problem. Wir können in unserem Programm, so wie vorgesehen, nicht fortfahren«, es sei etwas passiert, was es in der Geschichte von *Panorama* noch nie gegeben habe.

Dann war ich mit der Moderation dran, und wir wussten im Studio immer noch nicht, ob der Film gestartet werden konnte. Ich sagte: »Wir hatten einen Film vorbereitet über den Fall Langemann in München, über den sogenannten Langemann-Skandal. Und dieser Film ist weg. So einfach ist das. Und wir wissen nicht genau, wie wir jetzt weitermachen sollen. Ich werde Ihnen erzählen, was in dem Film sein sollte, also sozusagen die Anmoderation dazu machen. Wenn er sich in der Zwischenzeit wieder einfindet, werden wir den Film zeigen, wenn nicht, sehen Sie wahrscheinlich nichts.« Der Film blieb verschwunden, und wir sendeten einen Ersatzbeitrag.

Das gab eine ziemliche Aufregung und jede Menge Mutmaßungen in der Presse, denn schließlich handelte es sich um einen Film über eine Geheimdienstaffäre. Umfangreiche Nachforschungen wurden angestellt, aber aufgeklärt wurde der Fall nie, obwohl es eine Menge Indizien gab, dass es sich wohl um eine hausinterne Panne mit anschließender Vertuschung gehandelt hatte. Die Cutterin, so wurde später kolportiert, habe beim Zusammensetzen der Filmrollen für die Ausstrahlung Besuch im Schneideraum bekommen. Sie hätten Wein getrunken und aus Versehen ein Glas umgestoßen und über den Film auf dem Schneidetisch gegossen. Zum Trocknen war keine Zeit geblieben. Also hatte sie den Film in den Müllschlucker auf dem Gang geworfen und die anderen Beiträge zusammengeklebt und in der Sendezentrale abgegeben.

Luc Jochimsen wurde später dafür gerügt, dass wir im Studio

die Wahrheit gesagt und nicht irgendwelche technischen Probleme vorgeschoben hatten.

Irgendwie war damals alles politisch. Und Qualität war bei uns schon, wenn ein Beitrag möglichst kontrovers war. Interviewpartner wurden oft so ausgewählt, dass sie die Meinung des Autors wiedergaben. Und im Zweifel findet man ja für jede Position einen eloquenten Kronzeugen. Die berühmte Ausgewogenheit des Programmes wurde dann durch die verschiedenen Magazinsendungen hergestellt. Zwei links, zwei rechts. Die parteipolitische Trennungslinie verlief durch jede Redaktion. Ausnahmen gab es wenige.

Es war auch kein Wunder, dass die Parteien so um die Macht im Fernsehen rangen. Es gab ja praktisch nur das Erste und das Zweite Programm, das Dritte war noch Bildungsfernsehen. Da hatten die beiden Kanäle zusammen immer fast 100 Prozent Marktanteil. Die Zuschauerzahlen von *Panorama* erreichten schon mal hohe einstellige Millionen. Das war eine reale publizistische Macht. Die Sendungen waren am nächsten Tag Gesprächsthema, und wenn kontroverse Themen angeschnitten wurden, konnte das ein politisches Beben auslösen.

Die politischen Fronten gingen mitten durch den Sender. Bei jedem Thema, das man behandelte, wurde man als Reporter der einen oder der anderen Fraktion zugeordnet. Befasste man sich mit den Berufsverboten für DKP-Postboten oder Lokomotivführer, galt man als DKP-Sympathisant, berichtete man über einen Hungerstreik der RAF-Häftlinge gegen die angebliche Isolationshaft, war man ein halber Terrorist. Aber es war eine riesengroße Bühne, auf der wir agieren konnten. Kein Wunder, dass die Politiker das als Herausforderung betrachteten.

Minna von Barnhelm und der Baader-Meinhof-Komplex

Am Züricher Schauspielhaus wurde für die neue Aufführung geprobt. *Minna von Barnhelm* von Gotthold Ephraim Lessing stand im Programm. Und meine Freundin Marina Wandruszka spielte die Hauptrolle. Da musste ich unbedingt zur Premiere am 14.10.1982 fahren.

Im Anschluss an die Aufführung traf ich bei der Premierenparty den aus der DDR ausgebürgerten Schriftsteller Thomas Brasch. Wir hatten viele gemeinsame Bekannte, waren einander aber noch nie begegnet. Thomas kam gerade aus New York, wo er an einer Veranstaltung des Goethe-Instituts teilgenommen hatte. Es ging um »Nonfiction Literature«, also Bücher mit realem Hintergrund, die erzählt waren wie Romane – Truman Capotes *Kaltblütig* etwa oder *The Family* von Ed Sanders über die Manson-Family, die Sharon Tate bestialisch ermordet hatte. Es war eine Erzählweise, wie sie mir Tom Wolfe skizziert hatte. Sie hätten die Frage diskutiert, warum es diese Erzählweise in Deutschland nicht gebe.

Thomas Brasch meinte, dass es durchaus ein paar Autoren gebe, die das sicher könnten, und er erwähnte meinen Namen. Ich wusste von meinem alten Freund Peter Schneider, dass Brasch mein Buch über den Mordfall Ulrich Schmücker gelesen hatte und es gut fand. »Warum schreibst du nicht die Geschichte der Baader-Meinhof-Gruppe?«, fragte Thomas mich.

Ja, warum eigentlich nicht? Bis dahin hatte ich mich nur mit Filmbeiträgen an die RAF herangetraut. Vielleicht, weil ich Ulrike Meinhof gekannt und viel von ihren intellektuellen und journalistischen Fähigkeiten gehalten hatte. Wer war ich, mich an die große Gescheiterte heranzuwagen?

Ganz sicher kannte ich den Fall und seine Vorgeschichte besser als die meisten anderen Journalisten. Aber ein Buch darüber zu schreiben, wo schon so viel über die Gruppe geschrieben worden war? Neben zahlreichen politischen Analysen gab es auch eine Art historische Reportage, *Hitlers Children* von Jillian Becker. Und daran hatte ich sogar ein wenig mitgewirkt, indem ich ihr bei einem längeren Mittagessen eine ganze Menge von dem, was ich wusste, erzählt hatte.

Ich fuhr mit meinem roten VW-Cabrio von Zürich zurück nach Hamburg. Unterwegs überlegte ich, ob Thomas Brasch mir nicht genau das Richtige geraten hatte. In Hamburg angekommen, suchte ich den Verlag Hoffmann und Campe auf, mit dem ich schon ein paar kleine Bücher, *Hausbesetzer* und *Brokdorf – Symbol einer politischen Wende*, gemacht hatte. Wir waren uns schnell über das Projekt einig. Am Tag darauf ging ich zum NDR, kündigte meinen Vertrag und wandelte ihn in eine halbe Stelle um. Der Norddeutsche Rundfunk wollte ohnehin Personal loswerden. Da passte es gut, dass ich nur noch die Hälfte der Zeit arbeiten wollte. Ich sagte ihnen auch, warum, dass ich nämlich ein Buch über Baader-Meinhof schreiben wollte. Gleichzeitig schlug ich dem Featurechef Ludwig Schubert eine zweiteilige Dokumentation zum selben Thema vor. Dann könnte ich die Recherchen für das Buch, die ich in meiner freien Zeit machte, auch für die Filme verwenden – und umgekehrt das Filmmaterial für das Buch nutzen. Er biss an.

Bei einer halben Stelle konnte man sich aussuchen, ob man halbtags arbeiten wollte oder jeweils ein halbes Jahr. Ich entschied mich für die Halbjahreslösung. So bekam ich monatlich ein halbes Gehalt, musste aber nur sechs Monate arbeiten. Ich beschloss, im ersten Jahr das zweite Halbjahr zu arbeiten und im zweiten Jahr das erste. So konnte ich ein ganzes Jahr mit den Recherchen und Dreharbeiten für die beiden 60-Minuten-Filme verbringen und anschließend ein ganzes Jahr mit dem Schreiben des Buches. Wenn ich Kollegen von meinem Projekt erzählte, meinten fast alle: »Was vergeudest du deine Zeit. Das will doch heute keiner mehr lesen.« Doch je tiefer ich in die Akten einstieg, desto interessanter wurde die Geschichte für mich.

Die Schimmelreiterin

Jeden Tag saß ich von morgens bis abends in meiner kleinen Wohnung in Hamburg-Eppendorf und tippte Seite um Seite in meine immerhin schon elektrische Schreibmaschine. Am späten Abend ging ich meistens zu meinem Stammitaliener Cuneo. Und dort nahm mein Leben plötzlich eine weitere Wendung.

Zu später Stunde saß ich mit Freunden am runden, für Stammgäste reservierten »Famiglia«-Tisch. Plötzlich kam eine attraktive Blondine vorbei und fragte mich: »Haben Sie vielleicht vor elf Jahren bei dem Tierarzt Dr. Klute in Lamstedt eine Jagd geritten?«

»Ja«, sagte ich.

»Ich war das kleine Mädchen, das damals auf einem Schimmelpony mitgeritten ist. Ich habe neulich bei meiner Großmutter in Lamstedt alte Fotos angesehen, da waren so ein paar Gestalten dabei, die ziemlich wild aussahen, auf ihren Pferden. Waren Sie einer von denen?«

»Ja, meine Brüder und ich sind damals mitgeritten. Ich kann mich gut an den Tag erinnern. Dann warst du das Kind, das damals mit diesem Pony wie eine Wilde mitgeritten ist.«

Dann verließ die junge Frau mit ihrem männlichen Begleiter das Lokal.

Ein knappes halbes Jahr später war ich am Wochenende auf unserem Hof in Lamstedt, zufällig war gerade der St.-Bartholomäus-Markt. Gemeinsam mit meinem Freund Kuno Haberbusch von *Panorama* fuhren wir zur Kirmes. Dort traf ich die junge Frau wieder, die gerade gemeinsam mit ihrer jüngeren Schwester ihre Großmutter besucht hatte. »Mutti Martha« war die Witwe des langjährigen Direktors der Molkerei in Lamstedt. Wir fuhren auf der Kirmes mit der Raketenbahn einige Runden und kamen uns näher. Dann verabredeten wir uns für den nächsten Tag zum Ausreiten, und es stellte sich heraus, dass die 22-jährige Katrin noch genauso gut ritt wie als Elfjährige auf der

Jagd bei Tierarzt Klute. Von da an blieben wir zusammen und zogen Jahre später ins Haus meines Großvaters, in das ich mich inzwischen Stück für Stück eingekauft hatte. Dort kamen unsere beiden Töchter Antonia, 1990, und Emilie, 1997, zur Welt. Und geheiratet wurde zwischendurch auch. Die Ehe hält bis heute.

Der Stand der Recherche

Doch zurück zum Jahr 1982 und den zwei Dokumentationen für die ARD. Der erste Teil bekam den Titel »Baader-Meinhof: Wege in den Untergrund«, der zweite Teil »… und am Schluss sie selbst«. Ich tauchte tief in die Recherchen ein, beschaffte mir die Prozessakten, anfangs etwa 60 laufende Meter Leitz-Ordner, mit der ich meine 70-Quadratmeter-Wohnung in Eppendorf vollstellte. Ich führte endlose Gespräche mit Rechtsanwälten, Politikern, ehemaligen Gruppenmitgliedern, Familienangehörigen der Opfer und der Täter.

Ich entschied mich genau für die Art eines Buches, die Thomas Brasch mir geraten hatte und die auch dem Stil meines ersten Buches über den Mordfall Schmücker entsprach. Eine Erzählung, bestehend aus Recherchen, so dicht wie irgend möglich an den Ereignissen, aber lesbar wie ein Roman. So eine Art »Nonfiction Literature«, wie sie im Angelsächsischen sehr verbreitet ist. Es sollte kein wissenschaftliches Werk sein, nicht wie eine Doktorarbeit voll mit Fußnoten und Erklärungen, woher welche Information stammte. Das machte ich auch schon im Vorwort des Buches klar, das ich in den verschiedenen Auflagen immer wieder ergänzte. Es war ein Blick zurück. Die letzte Version erschien 2020, da hatte *Der Baader-Meinhof-Komplex* fast 1000 Seiten: »Dieses Buch ist keine Anklageschrift und nicht das Plädoyer eines Verteidigers. Es ist auch kein Urteil, weder in juristischer noch in moralischer Hinsicht. Es soll ein Protokoll sein, eine Chronik der Ereignisse vom Juni 1967 bis zum ›Deutschen Herbst‹ 1977, der Entführung und Ermordung des Arbeitgeberpräsidenten Hanns Martin Schleyer, der Entführung und Befreiung der Passagiere und Besatzungsmitglieder der Lufthansa-Maschine ›Landshut‹ und den Selbstmorden im Hochsicherheitstrakt von Stammheim.«

Der Baader-Meinhof-Komplex erschien zum ersten Mal 1985, acht Jahre nach den Selbstmorden der Gefangenen Andreas Baader, Gudrun Ensslin und Jan-Carl Raspe und neun Jahre, nachdem sich Ulrike Meinhof in ihrer Zelle in Stammheim das Leben genommen hatte.

Der blutige »Deutsche Herbst« des Jahres 1977 markierte den Gipfelpunkt eines Weges in die Gewalt, der mit zunächst friedlichen Protesten gegen den Krieg der Amerikaner in Vietnam begonnen hatte. Moralische Empörung war erst langsam, dann immer schneller in krasse Unmoral umgeschlagen.

Seit 1967 hatte ich – zunächst bei der Zeitschrift *konkret*, dann als Mitarbeiter des Magazins *Panorama* beim NDR – die Entwicklung vom Protest über den Widerstand zum Terrorismus verfolgt. Dabei begegnete ich vielen, die zur Zeit der Studentenbewegung und der Außerparlamentarischen Opposition (APO) auf die Straße gegangen waren und später in den Untergrund abtauchten. Einige traf ich bei den Recherchen zu diesem Buch wieder, manche von ihnen saßen im Gefängnis, andere waren nach vielen Jahren Haft wieder in Freiheit. Ich führte Interviews, sammelte und sichtete bis 2017 gut 100 laufende Meter Aktenordner und versuchte, daraus die Geschichte der »Baader-Meinhof-Gruppe«, die sich später »Rote Armee Fraktion« nannte, zu rekonstruieren. Vom Prozess in Stammheim gibt es außerdem Wortprotokolle, insgesamt gut 30 Aktenordner.

Von denjenigen, die später in den Untergrund abtauchten, habe ich einige intensiver kennengelernt, wie Ulrike Meinhof, andere nur flüchtig. So sind persönliche Begegnungen in die Recherchen eingeflossen, später Hintergrundgespräche oder Interviews, viele davon vor laufender Kamera. Ich habe das Buch damals wie heute nie als die quasi in Stein gemeißelte Geschichte der RAF betrachtet, sondern als den Stand meiner Recherchen. Wann immer etwas Neues auftauchte, habe ich es in die verschiedenen Ausgaben des Buches aufgenommen oder auch Details korrigiert.

Inzwischen sind 40 Jahre vergangen. Der Schilderung vergangener Ereignisse sind Grenzen gesetzt, das habe ich beim Schreiben der ersten Version des Buches genauso gespürt wie 2020 bei der Aktualisierung und Ergänzung. Zum einen ist nicht jeder bereit, Auskunft zu geben. Zum anderen sind auch Augenzeugenberichte immer subjektiv gefärbt. Ich habe damals und heute versucht, aus den verschiedenen Aussagen herauszufiltern, was sich tatsächlich abgespielt hat. Gab es einander krass widersprechende Versionen, so habe ich diese gegenübergestellt. Soweit es möglich war, habe ich im Fluss der Erzählung deutlich gemacht, auf welche Quellen ich mich stütze. Eine ganze Reihe von Informanten haben aber darum gebeten, anonym zu bleiben. Wertungen habe ich möglichst vermieden. Dennoch ist die Auswahl des Materials, die Gewichtung, die Zusammenstellung meine subjektive Entscheidung.

Im Keller des Hamburger Anwalts Kurt Groenewold, den ich lange kannte und der Ulrike Meinhof eine Zeit lang vertreten hatte, stieß ich auf die Protokolle des Prozesses. Es waren 15 800 Seiten wörtliche Abschriften aller Gespräche, Verhöre, Plädoyers, Auseinandersetzungen und Beschimpfungen an 192 Prozesstagen. Ein Dokument der Zeitgeschichte. Groenewold wollte mir die Protokolle nur ausleihen, und so kopierte ich sie in meiner Wohnung Blatt für Blatt. Es wurden 32 Leitz-Ordner.

Obwohl ich den Prozess die gesamte Zeit verfolgt hatte – ohne ein einziges Mal im Gerichtssaal zu sein –, wusste ich nicht, dass das Verfahren auf Tonband aufgenommen und abgeschrieben worden war. Es war kein Geheimnis, blieb aber merkwürdigerweise trotzdem weitgehend unbekannt. Nur von drei großen Prozesskomplexen in der deutschen Nachkriegsgeschichte gibt es Wortprotokolle: Nürnberg, Auschwitz, Stammheim.

Bei allen Differenzen zwischen Anklage und Verteidigung, zwischen Angeklagten und Richtern hatte man sich zu Beginn des Prozesses darauf geeinigt, dass der gesamte Wortlaut protokolliert werden sollte. Und so geschah es – und kaum jemand, außer den direkt Beteiligten, hatte es mitbekommen.

Stammheim – der Film

Nun saß ich also an meinem Schreibtisch und studierte die Akten und die Protokolle des Prozesses. Es war ein tiefer Einblick in das Wesen dieses Verfahrens, dieser Gruppe – und in den Terrorismus generell. Fast alles, was über Terrorismus, politische und staatliche Gewalt, über Widerstand, Polizeigewalt, legale und illegale Aktionen von Einzelpersonen und Gruppen diskutiert werden konnte, wurde hier in der »Mehrzweckhalle« neben dem Gefängnis Stuttgart-Stammheim ausgetragen.

Nachdem ich Tage allein mit der Lektüre der Prozessprotokolle verbracht hatte, wurde mir klar: Das war der Stoff für einen Kinofilm. Ich erzählte meinem Freund Jürgen Flimm, dem Intendanten des Thalia-Theaters in Hamburg, und einem anderen Freund, dem Regisseur Reinhard Hauff, davon. Und wir beschlossen, aus dem Stammheimer Prozess einen Spielfilm zu machen.

In den Akten befand sich der Bauplan des Gerichtssaals und des Hochsicherheitstraktes von Stammheim. Unser Plan war es, beides so genau wie möglich nachzubauen – mit Spanplatten und Pappe. Ich schrieb das Drehbuch beziehungsweise destillierte aus den 15 800 Seiten Akten die wichtigsten Passagen in ein Skript von knapp 100 Seiten. In dem Skript stammte praktisch jedes Wort aus den Protokollen des Prozesses oder aus schriftlichen Unterlagen.

Während der Dreharbeiten in einer stillgelegten Hamburger Fabrikhalle sah alles täuschend echt aus. Auch der Hochsicherheitstrakt war nach Originalzeichnungen nachgebaut worden.

Eines Tages hatte ich mich mit einem alten Bekannten, dem BKA-Terroristenfahnder Alfred Klaus, verabredet. Er war beim BKA zuständig für die Kontakte der Familienangehörigen von RAF-Mitgliedern und trug deshalb den Spitznamen »Familienbulle«. Er hatte über Jahre die internen Kassiber der RAF-Gefangenen untersucht und war so in die Gedankenwelt von Gudrun Ensslin und Ulrike Meinhof eingestiegen. Während der Schleyer-Entführung hatte er die Gefangenen in Stammheim mehrmals besucht und die letzten bekannten Gespräche mit ihnen geführt. Wir trafen uns in einem Café in Hamburg. Von den Dreharbeiten erwähnte ich nichts. Aber als wir fertig waren, sagte ich: »Herr Klaus, wenn Sie jetzt noch etwas Zeit haben, dann zeige ich Ihnen etwas, was Sie kennen, aber nicht hier vermuten.« Er schaute mich fragend an und willigte ein. Dann fuhren wir auf das Fabrikgelände, auf dem mehrere Filmfahrzeuge standen.

»Wird hier ein Film gedreht?«, fragte der ehemalige BKA-Beamte.

»Warten Sie ab.« Dann führte ich ihn mitten in den Stammheimer Prozesssaal. Und dann in den Hochsicherheitstrakt. Er überlebte seinen Schock.

Es wurde eine Co-Produktion des Thalia-Theaters in Hamburg mit Bioskop-Film in München. Jürgen Flimm stellte die Schauspieler seines Theaters zur Verfügung. Therese Affolter spielte Ulrike Meinhof, Ulrich Pleitgen den Gerichtsvorsitzenden Prinzing. Nur Andreas Baader wurde von einem Schauspieler außerhalb des Thalia gespielt: Ulrich Tukur in einer seiner ersten Filmrollen. Nach der Premiere in der Kampnagel-Fabrik sollte ein von dem berühmten Theaterregisseur George Tabori inszenierter »Epilog«, ebenfalls aus authentischen Texten montiert, aufgeführt werden. Danach war eine Diskussion geplant, die sogar vom Fernsehen übertragen werden sollte, das sich bei der Finanzierung des Filmes sehr zurückgehalten hatte. Öffentlich-rechtliche Gelder, sonst die Grundlage fast jedes deutschen Filmes, standen für das Projekt nicht zur Verfügung.

Nun wollte die ARD das Gespräch zum Thema »Hat Stammheim die Republik verändert?« unerschrocken aufzeichnen. Helmut Schmidts ehemaliger Regierungssprecher Klaus Bölling war vor Ort, außerdem Otto Schily, Daniel Cohn-Bendit und der ehemalige Terrorist der »Bewegung 2. Juni«, Bommi Baumann.

Doch aus der Diskussion wurde nichts. Und auch nicht aus der Premiere. Als wir den Film vom Empfang des Thalia-Theaters abholen und in die Kampnagel-Fabrik bringen wollten, war uns jemand zuvorgekommen. Der Film war weg, vermutlich hatten Sympathisanten der RAF aus den besetzten Häusern in der Hafenstraße die Kopie abgeholt und verschwinden lassen. Wir schafften es noch, aus dem Schneideraum eine zweite Kopie zu beschaffen, doch die lag auf Ende und musste erst umgespult werden. Dafür waren keine Geräte vor Ort. Und dann gab es auch noch Randale in der Kampnagel-Fabrik. Klaus Bölling wurde angegriffen und bekam einen Fausthieb aufs Auge. Das wurde ziemlich blau und gab der Hamburger *Bild* die Schlagzeile für den nächsten Tag. Der Abend endete im Chaos.

Stammheim wurde als deutscher Beitrag bei der Berlinale ins Rennen geschickt. Bei der von einem größeren Aufgebot an Polizei abgesicherten Premiere verpesteten Stinkbomben den Saal des Zoopalastes. Und am Ende gewann unser Film sogar den Goldenen Bären – gegen die Stimme der Jurypräsidentin Gina Lollobrigida, die auf der Pressekonferenz erklärte, sie finde den Film lausig. Das hatte es vorher auch noch nicht gegeben und bescherte uns einige Medienöffentlichkeit. Als wir den Preis dennoch entgegennehmen konnten, entschuldigte ich mich auf der Bühne bei ihr: »I am really sorry that you have to hand us this prize.«

Dann wurde heftig gefeiert. Am nächsten Tag flog ich mit dickem Kopf nach Hamburg, wo ich auf einem Reiterhof in der

Nähe des Flughafens die Prüfung zum bronzenen Reiterabzeichen ablegen musste. Ich bestand und durfte nun an kleinen Springturnieren teilnehmen. Gold und Bronze an zwei aufeinanderfolgenden Tagen, das war schon mal was.

Eigentlich sollte das Buch »Das Baader-Meinhof Protokoll« heißen. Aber dann stieß ich beim Studium der Ermittlungsakten auf den Begriff, den das Bundeskriminalamt dem Fall gegeben hatte: »Baader-Meinhof Komplex«. Da wusste ich: Das war der Titel. Es war die Doppeldeutigkeit des Begriffes, die mich faszinierte. Nach der BKA-Lesart war der »Komplex« eben die Sammlung der verschiedenen Themen, aber »Komplex« bedeutete auch ein ungelöstes Problem. Und das war der Fall zweifellos – in mehrfacher Hinsicht.

Das Buch erschien 1985 in der ersten Fassung und stand über zwei Jahre ganz oben auf der Bestsellerliste, jedes Mal wenn nachgedruckt werden musste, ergänzte ich den Text, wenn ich wieder neue Informationen hatte. Das Buch sollte nicht die in Stein gemeißelte Geschichte der ersten Generation der RAF sein, sondern meinen jeweiligen Recherchestand spiegeln. So wurden aus anfangs knapp 600 inzwischen fast 1000 Seiten. Nach dem schwarzen, dem roten und dem weißen Cover hat die neueste Fassung, erschienen 2020 als aktualisierte und erweiterte Taschenbuchausgabe, wieder ein rotes Cover, diesmal mit weißer Schrift. Der BMK schaffte es immerhin, in »Das Buch der 1000 Bücher« des Harenberg-Verlags (2005) über »Werke, die die Welt bewegten« aufgenommen zu werden.

Atomkraft? Nein danke

Als nicht lange danach mein Onkel Helmut starb und seine beiden Söhne die Wohnung und seinen Anteil am Haus meines Großvaters in Blankenese nicht haben wollten, konnte ich es mir leisten, ihnen ihr Erbe abzukaufen. Katrin und ich zogen an die Elbe. Ich blieb auf meiner halben Stelle beim NDR und begann, an einem zweiten Buch zu arbeiten. Es sollte um den Agenten Mauss gehen, von dem mir mein Freund, der ehemalige BKA-Beamte Frank Peter Heigl, eine geraume Zeit zuvor erzählt hatte.

Es war die Zeit der Anti-Atomkraft-Bewegung. Das Thema Kernenergie war das heißeste Eisen der damaligen Zeit. Es führte fast zur Kernschmelze der Dreiländeranstalt NDR. Und das AKW Brokdorf wurde zum »Symbol einer politischen Wende«, wie ich es schon 1981, im Untertitel eines kleinen Buches, bezeichnet hatte. Über die »Schlacht um Brokdorf« sollte am besten überhaupt nicht berichtet werden. Reporter wurden so eingeteilt, dass die als Sympathisanten von Atomkraftgegnern geltenden Reporter nur an harmlosen Fronten in der Wilstermarsch eingesetzt und die brisanten Orte von vermeintlich stromlinienförmigen Kernkraftfreunden beobachtet wurden.

Doch der Plan der Senderchefs ging nicht auf, und das gehört zu meinen besten Erinnerungen an diese Zeit: Die »rechten« und die »linken« Kollegen arbeiteten über alle Fronten hinweg hervorragend zusammen. Ich sollte im Helikopter die Materialien aller Kollegen einsammeln und daraus eine Schwerpunktsendung für *Panorama* zusammenbauen. Nach der Sendung – ich werde es nie vergessen – rief mich einer der »rechten« Kollegen an und bedankte sich für meinen Beitrag. Er weinte.

Jahre später war Brokdorf wieder einmal Thema. Jetzt eskalierte der Kampf zwischen den Gegnern und den Verteidigern der Nuklearenergie, und auf dem Schlachtfeld der Wilstermarsch waren das vorwiegend Polizisten. Da durfte *Panorama* nicht abseitsstehen. Mit gesammelter Reporterkompetenz drehten wir einen Schwerpunkt für die Sendung am 17. Juni 1986.

Es war ein Kollektivprodukt – mit gedreht hatten Bernd Jacobs, Thomas Kühn, Thomas Schäfer und Manfred Schröder. Geschnitten und getextet hatte ich den Beitrag, er war mein letzter Film für *Panorama*, und ich nahm im Grunde vorweg, was wir etwas später bei *Spiegel TV* versuchten. Jacobs und Schäfer waren dann auch meine beiden ersten Redakteure bei dem neuen Magazin.

Der Brokdorf-Film begann mit Trommeln, als gälte es, böse Geister zu verjagen. Und dann schilderte er mit eindrucksvollen Bildern einen Eskalationsprozess zwischen gewaltbereiten Demonstranten und nicht minder gewaltbereiten Polizisten. Der Beitrag war wie eine Blaupause von Auseinandersetzungen zwischen Staatsapparat und Opposition. Wobei beide Seiten die Regeln des Rechtsstaates mit Füßen traten. Der Film endete mit den Sätzen: »Geschossen wurde nicht. Noch nicht. Höchste Zeit zum Umdenken auf beiden Seiten. Es geht nicht nur um die Kernenergie. Es geht auch um die Frage, mit welchen Mitteln politische Auseinandersetzungen geführt werden. Sonst ist das im Grundgesetz verankerte Demonstrationsrecht nicht mehr wert als das Papier, auf dem es steht.« Als Peter Gatter den Film abmoderierte, hatte er feuchte Augen, und seine Stimme stockte, als er sagte: »Wollt ihr Vermummten und Bewaffneten auf beiden Seiten eigentlich wirklich einen neuen Benno Ohnesorg?«

Im kleinen Bundesland Schleswig-Holstein war einiges los in diesem Jahr. Eine Affäre um den Ministerpräsidenten und seinen Herausforderer wurde zum politischen Drama, an dessen Ende ein Toter in einer Badewanne gefunden wurde.

Die Barschel-Affäre

Der Fall begann mit einem Flugzeugabsturz auf dem Flughafen Lübeck-Blankensee, den der schleswig-holsteinische Ministerpräsident Uwe Barschel schwer verletzt überlebte. Pilot und Co-Pilot kamen ums Leben. Kaum halbwegs genesen und noch an Krücken, musste Barschel einen Wahlkampf führen, in dem sein Herausforderer Björn Engholm die besseren Karten zu haben schien.

Da kam ein Helfer wie gerufen, empfohlen vom damaligen Chef des Springer-Verlages Peter Tamm. Es war ein dubioser Journalist namens Reiner Pfeiffer. Dieser entfachte eine Schmutzkampagne, in der Engholm mithilfe von Privatdetektiven ausspioniert werden sollte, verdächtigt wurde, Aids zu haben, und beim Finanzamt anonym der Steuerhinterziehung beschuldigt wurde. Und bei all diesen Aktionen gab es Hinweise auf eine Mitwisserschaft Barschels. Dass auch die SPD frühzeitig über die dunklen Machenschaften aus der Staatskanzlei informiert war, kam erst sehr viel später heraus. Die Geschichte flog auf, als der *Spiegel* – basierend auf den Erzählungen Pfeiffers – eine Titelgeschichte über die »Waterkant-Affäre« veröffentlichte. Hier war Barschel der Anstifter, obwohl die Beweise dafür eher dürftig waren.

Am 7. September 1987 hatte der *Spiegel* zum ersten Mal darüber berichtet, dass im schleswig-holsteinischen Wahlkampf offenbar »Dirty Tricks« gegen Barschels Herausforderer Björn Engholm angewandt würden: »Ein Anonymus verbreitet Details aus illegal beschafften Steuerakten über den SPD-Spitzenmann Engholm. Mitarbeiter eines Detektivbüros beschatteten den populären Sozialdemokraten im Auftrag geheimer Hintermänner.« Einem aus Engholms Crew sei dazu das Wort »Waterkantgate« eingefallen. Der Begriff, abgeleitet von der Watergate-Affäre des amerikanischen Präsidenten Nixon, tauchte dann auch prompt auf der Titelseite des *Spiegel* auf: »Watergate in Kiel: Barschels schmutzige Tricks«.

Der verantwortliche Ressortleiter beim *Spiegel*, später Chefredakteur des Magazins und noch später Chefredakteur der *Süddeutschen Zeitung*, fühlte sich später nicht mehr so recht wohl mit dieser Zeile. In einem Interview für den Film zum 70. Geburtstag des *Spiegel* sagte Hans Werner Kilz, statt der Zeile »Barschels schmutzige Tricks« wäre die passendere Titelzeile wohl besser »Schmutzige Tricks in Kiel« gewesen. Im Heftaufmacher hieß es: »An Eides statt versichert einer der engsten Mitarbeiter des Kieler Ministerpräsidenten Uwe Barschel, der

CDU-Spitzenkandidat höchstpersönlich habe den Auftrag erteilt, das angeblich ›ausschweifende Sexualleben‹ seines ›homosexuellen‹ SPD-Gegenspielers Björn Engholm auszuspionieren ...« Dann präsentierte der *Spiegel* den Zeugen: »Am Mittwoch letzter Woche gab der Barschel-Berater Reiner Pfeiffer, 48, vor einem Hamburger Notar an Eides statt zu Protokoll«, Barschel persönlich habe ihn beauftragt, Engholms Steuererklärungen überprüfen zu lassen, und ihm selbst den »Textentwurf für eine anonyme Anzeige« gegen den SPD-Spitzenkandidaten diktiert; er habe ihn beauftragt, Engholm überwachen zu lassen.

Die Aussagen, dokumentiert auf 22 DIN-A4-Seiten, lagen dem *Spiegel* vor. Der Notar, der die Aussage des Zeugen zu Protokoll nahm, war der ehemalige SPD-Bürgermeister von Hamburg, Peter Schulz. Der Täter, der zugleich auch Enthüller war, heute würde man ihn einen »Whistle Blower« nennen, bekam vom *Spiegel* – so jedenfalls schrieb der *Spiegel*-Reporter Cordt Schnibben in seinem Buch *Macht und Machenschaften* – seit dem 12. September 1987 bis Ende 1988 eine monatliche Zahlung von 5700 Mark »Verdienstausfall«, was insgesamt etwa 85 000 DM wären.

Im Grunde gab es nichts als diese eidesstattliche Erklärung und die Aussagen von Reiner Pfeiffer, der offenkundig die schmutzigen Maßnahmen gegen Engholm organisiert hatte und immer wieder Spuren auslegte, um Barschel damit in Verbindung zu bringen. Aber im Zeitalter der Watergate-Enthüllungen waren journalistische Lorbeeren nur beim Kampf gegen die Mächtigen zu erringen. Und schließlich war Pfeiffer ja auf Vermittlung des Springer-Verlages in die Kieler Staatskanzlei eingerückt. Der Ministerpräsident hatte ihn eingestellt; da war er ohnehin verantwortlich für alles, was Pfeiffer so anrichtete, ob er davon nun etwas wusste oder nicht.

Der angeschlagene Ministerpräsident versuchte, sich aus der Affäre herauszuwinden, und sagte in einigen eher nebensächlichen Punkten nachweislich die Unwahrheit. Im Zuge der öffentlichen Aufregung wurde Barschel von seiner eigenen Partei fallen gelassen, und in der Tat sah anfangs alles eher danach aus, dass Barschel die Schmutzkampagne gegen Björn Engholm initiiert hatte.

Die fragwürdige Rolle der SPD kam erst später heraus, als im Verlauf der sogenannten Schubladen-Affäre klar wurde, dass der SPD-Vorsitzende von Schleswig-Holstein dem Drahtzieher der verdeckten Kampagne gegen die SPD hohe Summen in Bargeld gezahlt hatte. Da war Barschel aber längst tot.

So hatte Reiner Pfeiffer aus drei Kassen Geld bezogen – zunächst von der Landesregierung, dann vom *Spiegel* und schließlich von der SPD. Ich hatte ihn im Laufe der Jahre öfter mal getroffen, und natürlich erzählte er mir auch keine andere Geschichte, als er sie immer erzählt hatte. Doch einmal baute ich ihm eine goldene Brücke: »Herr Pfeiffer, haben Sie das Ganze nicht so ähnlich gemacht wie Günter Wallraff bei der *Bild*?« Er horchte auf.

»Also, Wallraff fängt bei *Bild* in Hannover an, gibt sich als ein gewisser Herr Esser aus, und dann spielt er durch, was man in einer *Bild*-Redaktion so alles machen kann. Und dann macht er es. Er lotet die Grenzen aus. Und stellt fest, dass alles machbar ist. Und das tut er dann auch. Und anschließend schreibt er darüber einen Bestseller.«

Pfeiffer schien geradezu erleichtert: »Endlich kapiert das mal jemand.«

Und ich fürchte, so oder so ähnlich dürfte es gewesen sein. Pfeiffer lotete die Grenzen aus. Er spielte ein Spiel mit verschiedenen Optionen. Wenn er Erfolg gehabt hätte, wollte er – allen Ernstes – Innenminister werden. Oder die SPD über die Sauereien der CDU informieren. Oder die Geschichte im Watergate-Fieber an die Medien verkaufen. Oder beides.

Als Barschel politisch stürzte, waren fast alle Medien, die meisten seiner Parteifreunde und auch seine Gegner von seiner Schuld überzeugt. Was lag da näher, als an Suizid zu glauben, als Barschel tot in der Badewanne des Zimmers 317 im Genfer

Hotel »Beau Rivage« aufgefunden wurde. Ein Selbstmord war das Eingeständnis von Schuld und gab damit allen recht, die Barschel als Anstifter der Schmutzaffäre betrachtet hatten. Mögliche Zweifel an einem Selbstmord wurden umgehend als nachträgliche Reinwaschung vom Schmutz der Kampagne betrachtet. Vor allem denjenigen Medien, deren wichtigster Zeuge der Haupttäter Pfeiffer war, kam der Selbstmord gelegen, um ihre Berichterstattung nicht nachträglich infrage stellen zu müssen. Jede Recherche, die in eine andere Richtung führte, wurde als Versuch der Rehabilitierung Barschels oder als substanzlose Verschwörungstheorie denunziert. Und vor allem jene, die Barschel zu Fall gebracht hatten, weigerten sich konsequent, alle Möglichkeiten zu nutzen, um den Fall tatsächlich aufzuklären. Stattdessen wurde das Feld denjenigen überlassen, die allerlei konspirative Fantastereien unters Volk brachten.

In der Tat kreuzten sich im Fall Barschel die Spuren zahlreicher Geheimdienste, deren Aktivitäten Ende der Achtzigerjahre entdeckt wurden. Mit alldem sollte Uwe Barschel in irgendeiner Verbindung stehen, von den Waffengeschäften der »Iran-Contra-Affäre« bis zu den Machenschaften des Ministeriums für Staatssicherheit der DDR, deren Aktenbestände nach dem Fall der Mauer zugänglich wurden.

Es stellte sich heraus, dass Uwe Barschel tatsächlich verdächtig oft in der DDR gewesen war, dass es eine umfangreiche Akte unter dem Decknamen »Hecht« über ihn gab, dass er sich auf kaum fassbar leichtsinnige Weise in DDR-Hotels zur Zielscheibe der Stasi gemacht hatte. Es gab allerhand Informationen, die ihn mit dem Waffenhandel in Verbindung brachten, doch bewiesen wurde das nie.

Dabei geriet aus dem Blick, dass es zur Zeit der »Barschel-Affäre« einen Untersuchungsausschuss im Deutschen Bundestag gab, der sich mit der Aufklärung eines Falles von großer politischer Tragweite beschäftigte, den illegalen Lieferungen von Blaupausen für U-Boote an das einem UNO-Embargo unterliegende Apartheidregime in Südafrika.

Die HDW, Howaldtswerke-Deutsche Werft in Kiel, hatte unter Umgehung aller internationalen Verbote Baupläne für Unterseeboote nach Südafrika geliefert. Das konnte nicht ohne das Wissen von Teilen der schleswig-holsteinischen Landesregierung erfolgt sein, denn diese war einer der Hauptgesellschafter der Werft. Der kriminelle Deal war aber schon unter Barschels Vorgänger im Amt des Ministerpräsidenten eingefädelt worden. Mit von der Partie war der Aufsichtsratsvorsitzende von HDW, inzwischen Finanzstaatssekretär in der Landesregierung von Uwe Barschel.

Ausgerechnet jener Staatssekretär war es, der in der schleswig-holsteinischen Bespitzelungsaffäre seinem Regierungschef den politischen Todesstoß versetzte, indem er ihn in bei einem eher nebensächlichen Thema der Lüge bezichtigte. Seine Aussage bewies für die Öffentlichkeit, dass Barschels berühmtes Ehrenwort hohl war. Damit schien klar, dass Barschel tatsächlich der Anstifter der Bespitzelung und Denunziation seines politischen Kontrahenten Engholm gewesen war. Kaum jemand machte sich damals Gedanken darüber, dass zum Beispiel die Erkundigungen Barschels nach dem Fortgang des Steuerverfahrens gegen Engholm keinesfalls bewiesen, dass er dieses Verfahren auch selbst hatte in Gang setzen lassen.

Sein Mann fürs Grobe hatte nämlich systematisch Spuren gelegt, die auf Barschels Mitwisserschaft hindeuteten. Gleichzeitig hatte er Verbindungen zu den Opfern seiner Aktion aufgenommen, der schleswig-holsteinischen SPD. Die war über Pfeiffers Unternehmungen offenbar besser unterrichtet als der vermeintliche Auftraggeber Barschel. Es war auch die SPD, die Pfeiffer an den *Spiegel* vermittelte. Auch die eidesstattliche Versicherung, die Pfeiffer gegenüber dem Nachrichtenmagazin abgab, war von einem Anwalt, der zugleich ein wichtiger SPD-Politiker war, entgegengenommen worden. Damit soll nicht gesagt werden, dass die SPD selbst hinter der Engholm-Bespitzelung stand. Eines ist allerdings sicher: Der Mann fürs Grobe in Barschels Staatskanzlei trug auf mehreren Schultern.

Barschel schien nach dem Flugzeugabsturz und in seiner Angst vor dem Verlust der Macht die Übersicht über das, was sich in seiner nächsten Umgebung abspielte, verloren zu haben. Als er nicht nur von den oppositionellen Medien angegriffen, sondern auch von seiner eigenen Partei fallen gelassen wurde, deutete er gegenüber seinen Parteifreunden an, im Untersuchungsausschuss sein gesamtes Wissen zu offenbaren. Da dürften an einigen Stellen die Alarmglocken geläutet haben. An welchen, ist bisher unbekannt.

Die Logik allerdings spricht dafür, dass es in gewissen Kreisen nicht gern gesehen worden wäre, wenn Uwe Barschel über die Geheimnisse der U-Boot-Blaupausen für Südafrika geplaudert hätte. Vielleicht wusste er einiges, vielleicht wenig, aber vielleicht hätte das wenige auch ausgereicht, um dem gleichzeitig laufenden Untersuchungsausschuss in Bonn neue Nahrung zu geben.

In dieser Situation trat ein Unbekannter auf den Plan, der unter dem Namen Roloff dem auf den Kanarischen Inseln weilenden Barschel Entlastungsmaterial anbot und ihn zu Verhandlungen darüber nach Genf bestellte. So jedenfalls steht es in den bei Barschel später gefundenen Notizen. Es ist darin etwa die Rede von Beziehungen Pfeiffers zur SPD. Kurz nach Barschels Tod wurden diese angeblichen Entlastungsmaterialien als plumpe Erfindung des scheinbar der Anstiftung überführten Ministerpräsidenten betrachtet. Erst beim zweiten Untersuchungsausschuss zur »Schubladen-Affäre«, lange nach Barschels Tod, wurde klar, dass seine handgeschriebenen Notizen durchaus in das Raster der neuen Erkenntnisse passten.

Insofern ist es durchaus denkbar, dass der ins Bodenlose gestürzte Politiker nach jedem Strohhalm griff, um zu beweisen, dass er Opfer eines politischen Komplotts war. Das gelang ihm nicht, weil sein Entlastungszeuge entweder nicht kam oder ihn nur nach Genf lockte, damit ihm dort andere auf den Zahn fühlen konnten – was für Uwe Barschel tödlich endete.

Eine solche Version der Ereignisse im Hotel »Beau Rivage«

ist sicher nicht unwahrscheinlicher als die offizielle Selbstmordtheorie. Insofern ist es ein großes Verdienst, dass der im Todesfall Barschel ermittelnde Staatsanwalt Heinrich Wille seine eigenen Erlebnisse um diese größte Politaffäre in der Geschichte der Bundesrepublik Deutschland Jahre später in Buchform publizierte.

Er hatte seine eigene Geschichte mit diesem Fall – eine Geschichte von Ermittlungen, aber auch der Behinderung von Ermittlungen –, die perfekt in das Raster einer multiplen Vertuschungsaktion passt. Aus den verschiedensten Gründen waren die verschiedensten Kreise offenbar daran interessiert, die Wahrheit nicht ans Tageslicht kommen zu lassen.

Aber alle Ermittlungsergebnisse und alle Obduktionsbefunde deuten darauf hin, dass Barschel nicht allein war, als er die tödlichen Medikamente zu sich nahm, und dass er nicht freiwillig in die Badewanne stieg, um dort zu sterben. Seine Enthüllungsdrohungen dürften für gewisse Gruppierungen ein Motiv gewesen sein. Vielleicht haben die schleswig-holsteinische Bespitzelungsaffäre und der Tod im Hotel »Beau Rivage« nur sehr indirekt etwas miteinander zu tun, dass der so tief gefallene Politiker plötzlich zu einer Gefahr geworden war, und zwar für ganz andere als die SPD im Norden.

Zum Beispiel für ein Apartheidregime im Süden Afrikas, das mit einer Werft ganz oben im Norden Deutschlands illegale Geschäfte machte. Aber das ist natürlich auch nur eine Spekulation, wenn auch eine ziemlich simple.

Während der Barschel-Affäre war ich dabei, *Spiegel TV* vorzubereiten – und hatte davor ein Buch über den Agenten Werner Mauss geschrieben. Nach den ersten Informationen über »M«, den geheimnisvollen Agenten, die ich von dem ehemaligen BKA-Beamten Frank Peter Heigl bekommen hatte, war ich tiefer in die Recherchen eingestiegen. Es war mir gelungen, mit seiner inzwischen von ihm geschiedenen Frau in Kontakt zu treten, und ich hatte auch zahlreiche Aktenordner mit seinen

Arbeitsberichten aufgetan. Manche der Recherchen hatte ich gemeinsam mit dem *stern*-Redakteur Rudolf Müller gemacht, und daher sollte zum Erscheinen des Buches auch eine Geschichte über Mauss im *stern* stehen.

Zu seiner Zeit als Versicherungsdetektiv mit enger Bindung an das BKA hatte Werner Mauss sein eigenes Flugzeug geflogen. Inzwischen ließ er sich fliegen. Wir hatten herausgefunden, wo er sich regelmäßig ein Flugzeug samt Piloten charterte, und es gelang uns, an die Flugbücher dieser Maschine zu kommen. Als wir in den Unterlagen herumblätterten, glaubten wir plötzlich, unseren Augen nicht zu trauen. Ausgerechnet an dem Wochenende, an dem Uwe Barschel im »Beau Rivage« in der Badewanne starb, war Werner Mauss in Genf gewesen. Und nicht nur das.

Am Freitag hatte Barschel vormittags der *Bild*-Zeitung ein Telefoninterview gegeben und ein Telex an die CDU in Kiel abgeschickt, in dem er ankündigte, im Untersuchungsausschuss auszupacken. Zugleich versuchte er, einen Flug von Gran Canaria entweder über Zürich oder über Genf nach Deutschland zu bekommen.

Um 12.32 Uhr an diesem Tag starte Mauss von Frankfurt aus zusammen mit seiner Frau Alida und einem Unbekannten an Bord einer in Düsseldorf gecharterten zweimotorigen Mitsubishi-Turboprop-Maschine nach Genf, wo sie um 13.32 Uhr landeten. Während der unbekannte Mann dort blieb, flogen Mauss und seine Frau kurz vor 14 Uhr nach Zürich weiter.

Um kurz nach 18.30 Uhr landeten auf dem Flughafen Zürich nacheinander zwei Linienmaschinen aus Gran Canaria. Theoretisch hätte Mauss also Barschel bei der Ankunft in Zürich treffen können, nur war er nicht in der Maschine. Mauss und seine Frau starteten wieder nach Genf, wo sie Freitagabend gegen 21 Uhr landeten. Dort schrieb er sich unter dem Namen »Lange« im Hotel »Le Richemond« ein. Er blieb dort bis Sonntagvormittag.

Im unmittelbar angrenzenden Hotel »Beau Rivage« quartierte sich am Samstag, dem 10. Oktober, gegen 17 Uhr der ehemalige schleswig-holsteinische Ministerpräsident Uwe Barschel ein.

Am Sonntag um 12.30 Uhr entdeckte *stern*-Reporter Sebastian Knauer die Leiche Barschels in der Badewanne des Zimmers 317 im Hotel »Beau Rivage«.

Um 21.41 Uhr desselben Tages startete Mauss' Flugzeug wieder von Genf nach Frankfurt, traf dort nach einer knappen Flugstunde ein und startete von dort nach zweieinhalb Stunden wieder in Richtung Genf. Nach der Landung blieb die Maschine dort gerade mal eine halbe Stunde stehen und flog dann nach Düsseldorf zurück, wo sie gemietet worden war.

Die Flugbewegungen passten theoretisch mit den geplanten Flügen von Barschel zusammen. Wenn er die Maschine nach Zürich genommen hätte, wäre er genau zu dem Zeitpunkt gelandet, als Mauss gerade dort war. Danach kam nur noch Genf infrage, wohin Mauss danach geflogen war. Als Passagier im Flugbuch stand jedoch nicht Mauss, sondern Lange. Wir wussten, dass Mauss aus einer Operation in Niedersachsen einen Pass auf diesen Namen hatte. Aber das war kein Beweis, dass Lange und Mauss identisch waren.

Wir ließen über einen Kollegen in Genf die Hotels abklappern. Das erste, in dem er nach Monsieur Lange fragte, war das »Beau Rivage«. Fehlanzeige. Doch direkt daneben, Wand an Wand, liegt das Hotel »Le Richemond«. Und dort war Lange in Barschels Todesnacht tatsächlich gebucht. Der Kollege fragte an der Rezeption, ob Monsieur Lange eine Adresse hinterlassen oder gesagt habe, wohin er anschließend wolle. Nein, das nicht. Aber ein kurzer Blick in die Reservierungsliste reichte: »Am kommenden Freitag, dem 23. Oktober, ist er wieder hier gebucht.«

Wir flogen nach Genf und setzten uns in die Empfangshalle des »Le Richemond«, von morgens bis zum späten Abend. Um 23.18 Uhr fuhr der Agent mit einem weißen Rolls-Royce vor.

Ich sprach ihn an: »Guten Tag, Herr Mauss.«

Er stammelte: »Ich kenne Sie nicht. Ich kenne Sie nicht«, und verließ fluchtartig das Hotel.

Er war es wirklich. Ich hatte ihn nicht nur an seinem fehlenden Finger erkannt. In dem Prozess, den er später gegen mich und mein Buch über ihn führte, behauptete er, wir hätten ihm im »Le Richemond« aufgelauert und ihn fotografiert. Das Erste konnten wir bestätigen, das zweite leider nicht. Fotos hatten wir nicht gemacht.

Mauss und seine Anwälte behaupteten damals, er sei nicht wegen Barschel in Genf gewesen, sondern in einer geheimen Mission zur Befreiung der deutschen Industrievertreter Alfred Schmidt und Rudolf Cordes aus nahöstlicher Geiselhaft. Das stimmte offenbar auch. Aber es gab ein paar merkwürdige Überschneidungen der beiden Fälle.

Die Bespitzelung des damaligen SPD-Kandidaten für das Ministerpräsidentenamt in Schleswig-Holstein war von der Haarwaschmittelfirma Schwarzkopf mitfinanziert worden – angeblich ohne den wirklichen Zweck des Detektiveinsatzes zu kennen. Diese Firma war wiederum damals zum großen Teil im Besitz des Chemie-Giganten Hoechst. Und das war wiederum genau jener Konzern, der zu dieser Zeit Mauss beschäftigte, um den im Nahen Osten entführten Manager Cordes zu befreien.

Als die Affäre aufgedeckt war und Barschel sich bereit erklärte, vor dem Untersuchungsausschuss auszusagen, hätte es jedenfalls theoretisch im Interesse der Firma Hoechst gelegen, vorab zu erfahren, welcher Ärger auf ihr Tochterunternehmen und damit auf den Konzern zukommen könnte. Was hätte da näher gelegen, als den Agenten, den man ohnehin gerade unter Vertrag hatte, zu bewegen, Barschel genauer unter die Lupe zu nehmen?

Zudem hatte Mauss Jahre zuvor Kontakt zum Drahtzieher der gesamten Barschel-Affäre, Reiner Pfeiffer, gehabt, es gab sogar ein Foto, auf dem beide nebeneinander abgelichtet waren. Doch eine solche denkbare Verwicklung in den Fall Barschel hat Mauss immer bestritten – auch später, als ich ihn persönlich ganz gut kennenlernte. Aber das war Jahre nach unserer kurzen Begegnung im Genfer Hotel »Le Richemond« und Jahre, nachdem er gegen die Veröffentlichung meines Buches *Mauss – ein deutscher Agent* erfolglos prozessiert hatte.

Dennoch war es merkwürdig, wie viele Personen, die sich im Umfeld von Mauss bewegten, sich an Uwe Barschels Todestag in der unmittelbaren Nähe aufgehalten hatten.

Auf dem Foto, das zeigt, wie Barschel am Flughafen von Genf ein paar Reportern zu entrinnen versucht, ist ein weiterer Mann mit dem Rücken zur Kamera zu entdecken. Er trägt lange Haare, einen hellen Anorak oder Mantel, steht etwas krumm nach vorne gebeugt und trägt über der linken Schulter einen dünnen Riemen, wie den Tragegurt einer Kamera. Ich glaube, ich weiß, wer das ist. Und ich erahne, was er dort, auf dem Flughafen von Genf, in diesem Augenblick zu suchen hatte. Aber immer, wenn ich meinen langjährigen Freund Frank Peter Heigl fragte, wo er denn an diesem Tag gewesen sei, hüllte der sich in Schweigen und wies darauf hin, dass in diesen Tagen auch einiges los war in Genf. Der Chef der P2-Loge, der vier Jahre zuvor aus dem Gefängnis in Champ-Dollon geflohen war, hatte sich am 21. September 1987 dem Untersuchungsrichter gestellt. Am 13. September 1982 hatte Licio Gelli Geld von einem Nummernkonto der SBG-Bank transferieren lassen und wollte mit einem Helikopter nach Monaco fliegen. Dort fuhr an diesem Tag Fürstin Gracia von Monaco mit ihrem Rover in den Tod. Viele ungeklärte Fragen, mit denen sich ein Nachrichtenhändler auch noch beschäftigen konnte, wie er mir versicherte.

Ein weiterer Mann, mit dem Mauss und auch Heigl zu tun hatten, war an diesem Tag ebenfalls in Genf. Es war der ehemalige BND- und spätere BKA-Beamte Walter Schill, der sich beim Bundeskriminalamt als Erster kritisch mit dem System »M« befasst hatte. Inzwischen war er pensioniert, hatte aber einen neuen Job als Sicherheitsberater für den griechischen Multimillionär, Reeder und Banker Spiro Latsis, der mit einem

Familienvermögen von 4 bis 5 Milliarden Dollar als der reichste Grieche gilt.

Walter Schill erzählte mir, als er längst in einem Seniorenheim wohnte, stolz und im Detail, wie er auf Latsis' 117 Meter langer Motorjacht »Alexander« für die Sicherheit gesorgt hatte. Das Schiff war 1965 bei den Flender-Werken in Lübeck gebaut worden. Auf der Jacht, so erzählte mir Schill, seien sehr interessante Personen gewesen, so der südafrikanische Staatspräsident Willem de Klerk sowie ein hochkarätiger griechischer Kaufmann namens Georgiades. Dessen Ehefrau Elisa habe der südafrikanische Regierungschef ihm ausgespannt und später geheiratet.

Viel mehr erzählte Schill nicht. Aber es war klar, dass sich hier auf der »Alexander« diejenigen trafen, die Südafrika, das zur Zeit der Apartheid unter einem Embargo stand, mit Rohstoffen und Industriegeräten ausstatteten. Das dementierte auch Georgiades nicht, als ich ihn Jahrzehnte später zu einem Gespräch in London traf. Er hatte sich Zeit genommen und einen Vertrauten mitgebracht, um sich unsere Fragen und unsere Theorien über die Nacht in Genf anzuhören. Helmar Büchel, mit dem ich inzwischen gemeinsam recherchierte, und ich erklärten ihm kurz den Fall Barschel, die schmutzigen Tricks gegen den Gegenkandidaten Engholm, die Rolle Reiner Pfeiffers und den tiefen Sturz des Ministerpräsidenten – sowie dessen Ankündigung, vor dem Untersuchungsausschuss auszupacken. Was könnte er gewusst haben, das auf keinen Fall an die Öffentlichkeit kommen durfte? Könnte das mit den U-Boot-Blaupausen, die von HDW in Kiel an Südafrika verkauft worden waren, zu tun haben?

Spätestens seit einer *Spiegel*-Titelgeschichte von 2012 war klar, dass U-Boote desselben oder ähnlichen Typs an Israel verkauft worden waren. Und diese U-Boote waren atomwaffenfähig. Konnte es sein, dass das auch für die Pläne der U-Boote für Südafrika galt? Immerhin hatte Israel dem Apartheidregime ohnehin bei der Entwicklung von Atombomben geholfen.

Was wäre geschehen, wenn der gestürzte Ministerpräsident

im Untersuchungsausschuss auch nur eine winzige Andeutung gemacht hätte, bei den Blaupausen für Südafrika sei es um atomwaffenfähige U-Boote gegangen? Wenn es jemals für einen Geheimdienst einen Grund gegeben hätte, jemanden zum Schweigen zu bringen, dann diesen. In einem solchen Szenario könnte plötzlich einiges an den rätselhaften Vorgängen um Barschels Genfreise Sinn ergeben: der Mann, der ihn mit der Aussicht auf Entlastungsmaterial in der Pfeiffer-Engholm-SPD-*Spiegel*-Angelegenheit nach Genf gelockt hatte, die Unterkunft im Hotel »Beau Rivage«, Abhörmaßnahmen dort, von denen mir ein Beteiligter schon unmittelbar nach Barschels Tod berichtete. Angeblich soll es davon sogar Bänder geben, auf denen Gespräche mit Uwe Barschel kurz vor seinem Tode zu hören seien.

Fehlt nur noch ein Täter. Doch auch damit könnte das Apartheidregime aushelfen. Im südafrikanischen Geheimdienst gab es ein Projekt »Coast«, ursprünglich gegründet, um sich gegen den befürchteten Einsatz von biologischen und chemischen Kampfstoffen bei Konflikten in Afrika zu schützen. Bald wurde daraus ein Entwicklungslabor für ebendiese Waffen und mehr noch für die Erprobung von tödlichen Giften zum gezielten Einsatz. Damit sollten Apartheidgegner diskret beseitigt werden.

Zentrale Figur in dem Killerprojekt war ein südafrikanischer Kardiologe namens Wouter Basson, genannt »Dr. Death«. Der leitete von 1982 bis 1993 das »Project Coast« des südafrikanischen Militärgeheimdienstes. Nach späteren Aussagen von Mitgliedern der Truppe tötete »Dr. Death« auch eigenhändig durch die Verabreichung von Killercocktails. Er wurde auch vor Gericht gestellt, schwieg dort, lieferte jedoch einen Bericht »Top Secret« an den Generalstab über das »Project Coast«, in dem er die Vorwürfe indirekt bestätigte.

Und eine Beziehung nach Norddeutschland gab es auch. In dem in England erschienenen Buch *Secrets and Lies: Wouter Basson and South Africa's Chemical and Biological Warfare Programme* von Marléne Burger und Chandré Gould gibt es einen Bildteil, darin ein undatiertes Foto, das angeblich aus der zweiten Hälfte der Achtzigerjahre stammt. Es zeigt »Dr. Death« vor einer King Air, dem Privatflugzeug von »Project Coast«, in winterlicher Kleidung, mit Mantel und rotem Schal, eingerahmt von den beiden Piloten und seinen zwei Mitarbeitern. Darunter steht: »Auf dem Weg zu Geschäften nach Landung in Lübeck«.

Alles keine Beweise für die Beteiligung an einem Mord. Aber merkwürdig viele Verbindungen. Alles Zufall? Unsere Londoner Gesprächspartner hörten sich das schweigend an. Aber wir hatten auch nicht erwartet, dass sie uns jetzt die Beweise liefern würden. Für gänzlich absurd hielten sie das alles nicht.

Geklärt wird das Geheimnis von Zimmer 317 vermutlich erst, wenn die in einem Schweizer Banktresor sicher gelagerten Tonbänder eines Tages auftauchen. Wo auch immer. Warten wir es ab.

Das Projekt *Spiegel TV*

Privatfernsehen gab es schon seit einigen Jahren, verbreitet über Satelliten und Kabel. Doch kaum jemand konnte es empfangen. Nur die Sender RTL und Sat.1 hatten die Dürreperiode überstanden. Dann stellte sich plötzlich heraus, dass es – im Gegensatz zu dem, was die Post immer behauptet hatte – doch noch freie Frequenzen gab. Ein oder maximal zwei weitere Programme könnten über normale Sendemasten ausgestrahlt und mit normalen Fernsehgeräten empfangen werden.

Es waren öffentliche Konzessionen, die natürlich an jene vergeben wurden, die einen Sendebetrieb unterhielten, wie ärmlich der auch immer war. In dieser kurzen Episode, vergleichbar mit der Zeit nach dem Krieg, in der die Lizenzen für Zeitungen und Zeitschriften und damit die Lizenz zum Gelddrucken vergeben wurden, hatte der Schriftsteller, Filmemacher und nicht zuletzt Jurist Alexander Kluge eine geniale Idee.

Wenn die Sender schon die Lizenz zum Senden geschenkt bekamen, könnten sie ja auch gewisse Sendezeiten an unabhängige Dritte abgeben, zum Beispiel an ihn. Natürlich nicht wirklich an ihn, sondern an eine neu gegründete Gruppe namens »dctp«, was die Abkürzung von »Development Company for Television Program« ist. Es sollte eine Entwicklungsplattform für Fernsehprogramme sein, die in eigener Verantwortung Programmfenster bei RTL, Sat.1 und VOX mit Sendungen bestückte. Die Anteile wurden zu 50 Prozent von einer Gesellschaft namens AKS (Arbeitsgemeinschaft für Kabel- und Satellitenprogramme), mit 37,5 Prozent von der japanischen Werbeagentur Dentsu und mit 12,5 Prozent vom *Spiegel* gehalten. AKS bestand offiziell wiederum aus diversen Kulturorganisationen, wobei die Abkürzung AKS eher für »Alexander Kluge seins« stand. Später gingen Anteile auch an die *Neue Zürcher Zeitung*.

Herz, Hirn, Seele und Hauptprofiteur des ebenso komplizierten wie raffinierten Konstruktes war aber Alexander Kluge. Ohne ihn hätte es *Spiegel TV* nie gegeben, aber ohne den Erfolg von *Spiegel TV* hätte es die dctp sicher nicht so lange gegeben. Dieses Fenster zum Hof des kommerziellen Fernsehens öffnete sich, als die »terrestrischen Frequenzen« vergeben wurden. Damit konnten RTL und Sat.1 mit normalen Fernsehern empfangen werden. Und wir waren dabei.

Durch die Zusammenarbeit bei dem Film *Der Kandidat* hatte ich viel mit Kluge zu tun gehabt, wir stritten und zankten, am Ende aber hatten wir uns gegenseitig achten und schätzen gelernt, der intellektuelle Autor und Filmemacher Kluge, ein echtes Gesamtgenie, und ich, der pragmatische, einsatzbereite, durch 15 Jahre *Panorama* geschulte Fernsehmagazin-Reporter. Und seit der Arbeit an *Der Kandidat* war das Verhältnis zu Rudolf Augstein auch wieder in Ordnung. Kluge schlug dem *Spiegel* vor, auf seiner Programmschiene eine Sendung zu machen. Augstein willigte ein, unter einer Bedingung: Ich müsste das übernehmen.

Also schrieb ich ein Konzept inklusive Kalkulation. Es war gerade mal eine halbe Seite lang. Ich wollte ein politisch-gesellschaftliches Magazin machen, das sich an die öffentlich-rechtlichen Magazine wie *Panorama* anlehnte, sich aber in einigen gravierenden Punkten von diesen unterschied: keine Interviews mit Politikern oder Experten, denn die konnte man sich nach Belieben suchen. Wollte man jemanden pro Kernkraft, konnte man ihn finden, wollte man jemanden kontra Kernkraft, konnte man ihn ebenfalls finden. Und so war es praktisch mit jedem Thema.

Ich wollte, dass wir – nach dem alten Spruch von Augstein – »sagen, was ist«. Die Kamera sollte zeigen, was sich abspielte. Ich wollte die Reportage zurück in das politische Magazin bringen. Kontrovers, aber auch nicht zu ernst. Am besten am Anfang ein Beitrag, bei dem man die Faust ballte und sich sagte: »So eine Sauerei!« In der Mitte ein Beitrag, bei dem man den Kopf schüttelte und dachte: »Was es nicht alles gibt!« Und am Schluss ein Beitrag, bei dem man sich auf die Schenkel schlug und lachte: »So was Irres!«

Ein Reportage-*Panorama* mit einem Touch von *Extra 3*. So schrecklich die Ereignisse, über die wir berichteten, auch sein würden, wir wollten cool bleiben, keine Empörung, keine Gefühle zeigen. Die Emotionen und die Empörung sollten beim Zuschauer sein, nicht beim Reporter oder Moderator. Grundprinzip: Glaubt bloß nicht, dass wir heulen!

Der Moderator sollte weder der anklagende Staatsanwalt à la *Monitor*-Bednarz sein noch der Prediger à la *Report*-Alt. Er sollte der Redakteur im Studio sein, der die Beiträge kurz und knapp anmoderierte, einen eher sarkastischen Ton anschlug und dabei keine Gefühle zeigte. Rudolf Augstein ergänzte: »Niemals lächeln, du musst kucken wie Buster Keaton.« Das war die einzige Anweisung, die ich vom Herausgeber mit auf den Weg bekam.

Ich hatte das Programm für damalige Verhältnisse niedrig kalkuliert, auf 1000 Mark pro Minute, obwohl der *Spiegel* damals reichlich Geld verdiente. Ich wollte nämlich nicht auf Dauer vom Verlag subventioniert werden, sondern möglichst schnell in die schwarzen Zahlen kommen. Da musste man sparsam wirtschaften. Irgendwann würde sich sonst die Frage stellen: Wozu stecken wir da so viel rein? Und dann müsste es mindestens eine Werbeplattform für den *Spiegel* sein. Ich sagte dem Geschäftsführer Adolf Theobald: »Wenn es aussieht wie Werbung für den *Spiegel*, dann ist es keine Werbung mehr.«

Ich wollte ein eigenständiges Fernsehmagazin, das zwar Themen aus dem *Spiegel* aufgreift, aber auch eigene Themen findet. Damit diese Kombination funktioniert, waren zwei Dinge erforderlich: Das Magazin sollte *Spiegel TV* heißen, und es müsste am Sonntagabend um 22 Uhr ausgestrahlt werden. Der Sonntag war notwendig, weil wir dann Themen aus dem *Spiegel* nutzen konnten; das Heft war fertig und lag den übrigen Medien vor, konnte also zitiert werden – war aber noch nicht am Kiosk.

22 Uhr war nach den großen Abendsendungen, gegen die wir sowieso nicht konkurrieren konnten, immer noch in der Primetime. Es war ein schlichtes, aber ziemlich logisches Konzept. Absolute Bedingung für mich war, dass der *Spiegel* das Projekt für zwei Jahre festschreiben und finanziell absichern müsse. So viel Zeit bräuchte ich, um es in die schwarzen Zahlen zu bringen. Wenn das nicht gelänge, sollten wir es lieber wieder einstellen. Ein andauerndes Subventionsprojekt wollte ich nicht machen.

Im Oktober 1987 begann ich mit den Vorbereitungen für *Spiegel TV*. Wir erhielten zwei kleine Räume im Chilehaus auf der dem *Spiegel* gegenüberliegenden Seite der Ost-West-Straße. Die Einrichtung stellten wir aus dem Asservatenlager des Verlages zusammen. Schreibtische, Regale und ein großer, etwas angegrauter Chefsessel, den offenbar niemand mehr haben wollte. Das *Spiegel*-Hochhaus war zur Zeit der Pop-Art mit farbigen Teppichfußböden ausgestattet worden. Weil sich ein Ressort, ich glaube, es war das Ausland, heftig und erfolgreich gegen einen leuchtend violetten Bodenbelag gewehrt hatte, lagen davon einige Rollen im Lager. Die nahmen wir dann für das erste *Spiegel TV*-Büro.

Auf der anderen Straßenseite

Ich durfte jetzt auch an *Spiegel*-Konferenzen teilnehmen. Bei der Montagskonferenz saßen in der Mitte des Bürosaals an einem gewaltigen Konferenztisch die Ressortleiter und die Chefredakteure, damals zwei, und, wenn er im Hause war, auch der Herausgeber Rudolf Augstein. Für ihn blieb immer ein Stuhl frei, auch wenn er sich schon seit Wochen nicht hatte sehen lassen. Rundherum hatten die normalen Redakteure und Dokumentaristen ihren Platz. Es war die einzige Konferenz, zu der jedes Redaktionsmitglied zugelassen war.

Ich hatte eine Probesendung für *Spiegel TV* hergestellt. Faul und sparsam, wie ich war, wollte ich dazu keine Dummys entwickeln, die niemals gesendet würden. Dass ich Magazinbeiträge machen konnte, hatte ich 15 Jahre lang bei *Panorama* gezeigt; für ein TV-Dummy Produkte herzustellen, fand ich überflüssig. Deshalb baute ich aus einer Dokumentation, die ich gerade gemeinsam mit Christoph Maria Fröhder für die ARD hergestellt hatte, einen Prototyp für *Spiegel TV* inklusive Moderation. Es war ein Film über den Privatdetektiv Werner Mauss, über den ich gerade ein Buch geschrieben hatte.

Als ich die Probesendung den beiden *Spiegel*-Chefredakteuren Erich Böhme und Werner Funk vorstellte, fragte einer: »Und wer nimmt die Sendung dann vor der Ausstrahlung ab?«

»Ich«, sagte ich.

Die beiden Chefredakteure schauten mich verwundert an.

»Wie soll das sonst gehen? Ich kann doch nicht am Wochenende die Sendung fertig machen und dann am Sonntagnachmittag darauf warten, dass ein *Spiegel*-Chefredakteur schlecht gelaunt vorzeitig aus Sylt zurückkommt und die Filme abnimmt. Und dann ist sowieso keine Zeit mehr, die Beiträge umzubauen.«

Damit war die Frage der Abnahme erledigt.

Die Frage der Mitarbeiter noch lange nicht. Eigentlich wollte mein alter Kumpel aus der Berliner Hausbesetzerszene Kuno Haberbusch, der inzwischen die »Regenbogen-Fabrik« verlassen hatte und sich als freier Mitarbeiter bei *Panorama* verdingte, mit zu *Spiegel TV* kommen. Er hatte auch schon einen Vertrag vorliegen, ihn aber noch nicht unterschrieben. Irgendwie hatte er Angst, sich auf das Abenteuer einzulassen, der NDR war seine neue »Regenbogen-Fabrik«. Als er sich nicht entscheiden konnte, bat ich ihn, den Vertrag zurückzuschicken. Stattdessen stellten wir als ersten Redakteur Thomas Schäfer ein, der als freier Mitarbeiter bei *Extra 3* gearbeitet hatte, ein paar Tage später auch Bernd Jacobs, ebenfalls vom Satiremagazin beim NDR. Sie waren, neben Ute Zilberkweit, der ich von Anfang an die Produktionsleitung übertrug, die ersten Mitarbeiter der neuen Sendung.

Unser 8. Mai

Wie geplant starteten wir am 8. Mai, dem Tag der Kapitulation, der Befreiung vom Hitler-Faschismus, dem Neuanfang. Und später begannen wir jedes neue Projekt immer am 8. Mai. Die erste Sendung fing mit einer Flugaufnahme vom zerbombten Berlin an. Darunter der Ton einer alten Radiosendung: »Am 8. Mai, 23 Uhr, schweigen die Waffen ...« Und dann weiter im Text: »Heute vor 42 Jahren: Kriegsende, Tag der Kapitulation, Tag der Befreiung. Der Großdeutsche Rundfunk verabschiedete sich und Großdeutschland mit der Kammermusikversion der Nationalhymne. Am Ende wurden 55 Millionen Tote gezählt: 7,35 Millionen Deutsche, 6 Millionen Polen, 320 000 Amerikaner, 537 000 Franzosen, 390 000 Engländer, 20 Millionen Russen, 485 Jugoslawen, 5,7 Millionen KZ-Morde, vor allem an Juden. 570 000 deutsche Luftkriegsopfer. In zwölf Jahren, davon die Hälfte Krieg, hatten die Nationalsozialisten etwas geschafft, was deutschen Politikern bis dahin noch nie gelungen war. Ein ganzer Kontinent lag in Trümmern.«

Ein weiterer Beitrag von Thomas Schäfer beschäftigte sich mit Gerhard Stoltenberg und dessen Nähe zu Uwe Barschel, der im Zuge der gleichnamigen Affäre ein gutes halbes Jahr zuvor erst als Ministerpräsident des Landes Schleswig-Holstein zurückgetreten und dann tot in einer Badewanne aufgefunden worden war. Schäfer rückte dem damaligen Finanzminister Stoltenberg mit der Kamera und frechen Fragen so auf die Pelle, dass der jede weitere Auskunft verweigerte. »Schon ein tolles Stück, was Sie hier machen«, raunzte er in die Kamera.

Nach der Sendung sprach mich Chefredakteur Böhme mahnend an: »Wollen Sie mit Politikern in Zukunft immer so umgehen?« Ich antwortete ausweichend. Vielleicht nicht genauso, aber abgesprochene, gesetzte Interviews wollten wir nicht machen, sondern Politiker lieber bei öffentlichen Auftritten direkt mit laufender Kamera ansprechen. So machten wir es dann auch. Nicht um ein einziges Interview haben wir vorab bei irgendeiner Pressestelle angefragt.

Über die erste Sendung gab es ein paar mehr oder weniger wohlwollende Artikel in den Medienspalten. Der *taz*-Redakteur Klaus Hartung schrieb in einem Mediendienst: »Stefan Aust moderierte die erste Ausgabe. Er platzierte sich dabei nicht vor einem Studio-Himmel, sondern an seinem Redaktionsschreibtisch, der in seiner Schlichtheit mit dem Kalender und den Schreibgeräten an den öffentlichen Dienst erinnerte. Eine latente Komik in der Premiere. Aust erschien wie Otto, der Aust spielt.« Und aus dem frechen Interview, das Thomas Schäfer mit Stoltenberg geführt hatte, leitete Hartung gleich eine ganz neue Art von Journalismus ab: »Nicht Information, nicht die These des Beitrags war das Brisante, sondern die Botschaft einer öffentlichen Haltung: Hemmungslosigkeit gegenüber einem amtierenden Politiker, Mangel an öffentlich-rechtlichem Amtsrespekt. In der Dekompensation des Mächtigen zeichnet sich die Grundlinie eines aggressiven, personenbezogenen Journalismus ab, der den tiefverankerten Respekt vor diesen unseren Demokraten aufkündigt.« Darin erkannte er die »bewusste

Umkehr öffentlich-rechtlicher Demut« und damit »Elemente einer zukünftigen Fernsehform, die auch politisch überzeugt«. So weit hatten wir noch gar nicht gedacht.

Niemand in der Redaktion ahnte, dass knapp anderthalb Jahre später die Nachkriegszeit vorbei sein würde, dass wir darüber berichten konnten, wie die Mauer fiel, wie die Teilung Deutschlands und der Welt zu Ende ging. Dass wir mit unseren Kamerateams im bis dahin streng abgeriegelten deutschen Osten so frei recherchieren und filmen konnten wie in keinem anderen Land der Welt.

Es war für mich, und sicher auch für die meisten meiner damaligen Kollegen, die journalistisch interessanteste Zeit überhaupt. Wahrlich paradiesische Zeiten für junge Fernsehjournalisten, die bereit waren, jeden Tag und jedes Wochenende zu arbeiten, ihre Nase und das Objektiv ihrer Kamera in jede Angelegenheit zu stecken und das dokumentarische Fernsehen neu zu entdecken.

Manche unserer Reporter waren mehr oder weniger Berufsanfänger, aber höchst talentiert, neugierig und motiviert bis in die tiefe Nacht hinein. Und zu Hause, in der Redaktion im Hamburger Chilehaus, saßen Cutter und erfahrene Fernsehredakteure, die das Material in kürzester Zeit zu Filmbeiträgen verarbeiten konnten. Nach Thomas Schäfer und Bernd Jacobs kamen Georg Mascolo, Erwin Jurtschitsch, Tamara Duve, Maria Gresz, Katrin Klocke, Cassian von Salomon, Claudia Bissinger, Helmar Büchel, Christiane Meier, Gunther Latsch, Thilo Thielke, Wolfram Bortfeldt dazu. Die Produktion organisierten Suse Schäfer, vormals eine erfolgreiche Theater- und Filmschauspielerin, und Ute Zilberkweit, die beide rund um die Uhr im Einsatz waren. Auch die Kameraleute Dieter Herfurth, Bernd Zühlke und Rainer März kannte ich aus NDR-Zeiten. Von ihnen stammten die meisten und besten Bilder aus jener Zeit. In den Schneideräumen bei *Spiegel TV* bauten Cutter wie Erwin Pridzuhn, Steffen Brautlecht, Sven Berg, Betina Fink,

Holger Grabowski, Sabine Herres und Ute Kampmann aus den Rohmaterialien die Filme zusammen, meistens unter der Leitung von Bernd Jacobs und mir. Am Sonntag tippte ich dann einen Großteil der Texte, dazu die Moderation, mit der wir abends auf Sendung gingen.

Wir bildeten eine verschworene Gruppe, die Tag und Nacht zusammenarbeitete, manchmal nannten wir uns eine »Wohngemeinschaft mit Sendeerlaubnis«. Und ganz sicher waren wir damals die beste Redaktion eines Fernsehmagazins in Deutschland. Die Quoten stiegen von anfangs wenigen Hunderttausend auf durchschnittlich über 4 Millionen.

Sekretärin gesucht

Die Sekretärin Ute Zilberkweit, mit der ich ein halbes Jahr das Magazin vorbereitet hatte, wurde zur ersten Produktionsleiterin ernannt. Da hatte ich plötzlich keine Sekretärin mehr. Stephan Burgdorf, den ich von *Monitor* kannte, war in die Wirtschaftsredaktion des *Spiegel* gewechselt und hatte mir die ersten Monate beim Aufbau von *Spiegel TV* geholfen. Er schlug eine Bekannte als Sekretärin vor und rief sie sofort an. Sie kam auch gleich ins Chilehaus, fand sich aber mit ihrer akademischen Bildung etwas überqualifiziert. Aber sie wüsste ein junges Mädchen, gerade mal 20 Jahre alt, das bei einem der neu entstandenen privaten Musikradios arbeite. Die sei ein großer Fan von *Spiegel TV* und würde liebend gern bei uns arbeiten.

»Okay, ruf sie an«, sagte ich, »kann sofort vorbeikommen.«

Eine halbe Stunde später war sie da. Sie wollte den Job unbedingt haben. Ich war skeptisch: »Kannst du denn überhaupt tippen? Es müssen ja auch Briefe und Texte geschrieben werden.«

»Nein, aber das lerne ich in drei Wochen.«

»Ich glaube, Sekretärin ist nicht der richtige Job für dich.«

Ich nahm das Telefon und rief den damals für TV zuständigen Verlagsleiter Karl Dietrich Seikel an, der auch für *Spiegel TV* zuständig war. »Herr Seikel, ich habe hier ein junges Mädchen sitzen, das unbedingt bei uns arbeiten möchte. Auch als Sekretärin, aber ich glaube, das ist nicht das Richtige für sie. Können wir ihr nicht ein Volontariat anbieten?«

»Volontäre gab es beim *Spiegel* noch nie«, sagte er.

»Dann haben wir jetzt eine Jungredakteurin«, sagte ich. »Sie heißt Maria Gresz.«

Maria fing umgehend an, machte schnell eigene Beiträge für das Magazin. Dann beauftragte ich sie, für die neue Zusammenstellung von Magazinbeiträgen auf einem internationalen Fernsehsatelliten meine Moderationen anzupassen. Wenn ich von einer kurzen Reise zurück sei, würde ich sie aufzeichnen. Bis dahin solle sie die Texte fertig haben und mir bei der Moderation helfen.

Wir trafen uns abends in unserem Schneideraum, der auch als Studio diente. Als die Technik eingerichtet war, sagte ich: »So, Maria, setz dich da mal hin und trag die Texte vor. Du weißt ja, wie das geht, auch wenn du es noch nie gemacht hast.«

Ich hatte geahnt, dass sie das könnte; dass sie es aber so gut machte, hatte ich nicht erwartet. Ich sah den Cutter Erwin Pridzuhn an, der neben mir hinter der Glasscheibe saß: »Erwin, a star is born.«

Dann brach ich die Aufzeichnung ab und holte Maria aus dem Studio. Sie war erschrocken. »Maria, wenn du mir jetzt nicht vor Zeugen versprichst, die nächsten zwei Jahre kein Angebot eines anderen Fernsehsenders anzunehmen, machen wir hier nicht weiter.« Sie versprach es.

Nachdem sie zum ersten Mal auch das Magazin und die Reportage moderiert hatte, sagte ich: »In einem halben Jahr ist sie auf dem Titel der *Hörzu*.« Es dauerte drei Wochen, da rief ein Redakteur an und wollte sie für den Titel fotografieren. Sie lehnte ab. Ich sagte: »Maria, es ist für *Spiegel TV* wichtig. Ein Titel auf der *Hörzu*!«

»Okay«, sagte sie. »Aber nur gemeinsam mit dir.«

Als der Reporter kam, machte er zunächst ein Polaroidfoto

von uns beiden. Dann knipste er los – immer uns beide zusammen. Als er seine Lampen und sein Stativ wieder eingepackt hatte und verschwunden war, nahm ich das Polaroid, knickte es in der Mitte senkrecht durch und gab ihr das Bild mit ihrem Konterfei. »Siehst du, Maria. Das wird der Titel.« Und es wurde der Titel der *Hörzu*.

Das war 1988, und Maria Gresz ist immer noch bei *Spiegel TV*. Nunmehr seit über 30 Jahren, als Redakteurin, Moderatorin und Leiterin des Magazins. Dabei wollte sie doch so gern Sekretärin bei uns werden.

Die Neuen vom TV

Es war eine bunte Palette von Themen, die wir behandelten. Als Franz Josef Strauß am 3. Oktober 1988 starb, widmeten wir ihm einen Nachruf mit der ganzen Sendung. Rudolf Augsteins Text im *Spiegel* war die Basis des Films *Tod und Verklärung des Franz Josef Strauß*. Die Bilder und Szenen stammten vorwiegend aus unserem Film *Der Kandidat*. Der *epd*-Redakteur schrieb darüber: »Augstein über Strauß (auch umgekehrt galt dies) – da horcht jeder auf, erst recht, wenn er noch einige brave, unkritische und mittelmäßige geheuchelte Nachrufe auf den Politiker im Ohr hat. Augsteins kritische, aber nicht unfaire Würdigung bringt da ein fulminantes Stück Meinungsvielfalt – ganz generell und insbesondere im Fernsehen.«

Der damalige Chefredakteur von RTL sah das ganz anders. Wenn er darüber zu bestimmen gehabt hätte, wäre dieser Film nie gelaufen. Aber zum Glück hatten wir ja das unabhängige dctp-Fenster. Für die Sendung bekamen wir dann den ersten Adolf-Grimme-Preis für *Spiegel TV*. In der Begründung der Jury hieß es: »Der Nachruf von Rudolf Augstein auf Franz Josef Strauß hätte in dieser Form wohl kaum in einem Programm des öffentlich-rechtlichen Fernsehens laufen können.« Das war wohl so. Und in Wirklichkeit war es nur ein von Rudolf Augstein geschriebener und gesprochener Text, den ich dazu mit Archivaufnahmen bebildert hatte.

Wir machten einen zweiteiligen Drogenreport, für den wir die Geschichte meines Vetters Jan über die »Sieben von Zelle 1«, die sich in einer Nacht mit Aids angesteckt hatten, verwendeten. Wir brachten einen Bericht über die Gefährlichkeit von Kindersitzen im Auto, zeigten Videoaufnahmen vom Nachtanken libyscher Jagdflugzeuge in der Luft mithilfe deutscher Technik, für den wir die Informationen von den *Spiegel*-Kollegen bekommen hatten. Wir zeigten einen sowjetischen Dokumentarfilm über die Reaktorkatastrophe von Tschernobyl, berichteten über Prozesse gegen Kurden in der Türkei und glossierten den Wiener Opernball.

Ich wollte die Redaktion noch nicht vergrößern, denn wir wollten dem *Spiegel* und deren Mitarbeiter-KG nicht mehr als nötig auf der Tasche liegen. Von dort aus wurde das Projekt ohnehin argwöhnisch betrachtet, und manche unserer Redakteure bekamen von *Spiegel*-Kollegen zu hören, sie würden auf deren Kosten in der *Spiegel*-Kantine speisen. Dabei wurde von Anfang an eine beträchtliche Summe unseres Etats als fixe Kosten für die Nutzung des *Spiegel*-Apparates – von der Dokumentation über das Justiziariat bis zur Kantine – an den *Spiegel* zurückerstattet.

Zu Beginn waren wir eine neue Abteilung im *Spiegel*, doch vor allem auf Veranlassung der Kollegen von der Mitarbeiter-KG wurden wir zügig ausgegliedert und zu einer Tochtergesellschaft des Verlages gemacht. Damit würden auch unsere zukünftigen Gewinne dem Verlag zufließen und so zur Hälfte an die Mitarbeiter des *Spiegel* ausgeschüttet. Die *Spiegel TV*-Mitarbeiter erhielten dafür eine – ziemlich geringe – Jahrestantieme. Die war auch nach oben hin gedeckelt und wurde im Laufe der Jahre auf immer mehr Mitarbeiter von *Spiegel TV* verteilt. Es war Ausbeutung pur – durch die privilegierten Kollegen auf der anderen Straßenseite. In welchem Umfang das geschehen sollte, stellte sich allerdings erst einige Jahre später heraus.

Die ersten Sendungen wurden noch in Köln bei RTL plus, wie der Sender damals hieß, moderiert und ausgestrahlt, dann gingen wir für kurze Zeit vom Studio Hamburg aus auf Sendung. Und dann bauten wir unser eigenes Studio und zeichneten die Sendung auf.

Die Spielbankenaffäre

Nicht alle Kollegen beim Print-*Spiegel* waren begeistert davon, dass jetzt eine kleine Fernsehtruppe in derselben Wildnis jagte wie sie selbst. Vor allem das Ressort Deutschland II, das sich mit der Enthüllung von großen und kleinen Affären befasste, witterte offenbar Konkurrenz, was in Anbetracht unserer Handvoll Jungredakteure etwas übertrieben war.

Es war das D II, das alle größeren Affären der Vergangenheit aufgedeckt hatte, von Flick über Barschel bis später Bad Kleinen. Dass ich den Fall Barschel etwas anders sah als der *Spiegel*, hatte sich schon herumgesprochen, bevor unsere erste Sendung lief. Die Kollegen von D II waren todsicher, dass Barschel sich in seiner Badewanne selbst umgebracht hatte, war doch der Selbstmord des vom *Spiegel* wegen seiner dunklen Machenschaften gestürzten Ministerpräsidenten der ultimative Beweis für die Richtigkeit der Recherchen.

Zum ersten richtigen Zoff kam es im Zuge der Spielbankenaffäre in Hannover. Anfang Juni 1988 berichtete der *Spiegel* über »die parlamentarische Untersuchung der ersten deutschen Kasino-Pleite und legte schmierigen Filz bloß, der von Politikern, Beamten und einem spielsüchtigen Kasinobesitzer gewirkt wurde«.

Da wollten wir gern dabei sein. So fuhr ich am 15. Juni nach Hannover zum Untersuchungsausschuss und lernte dort einen smarten jungen Reporter des niedersächsischen Privatsenders Radio FFN kennen, Georg Mascolo. Er war bestens über den Fall informiert und hatte auch Kontakt zu einem ominösen ehemaligen Spendensammler der CDU, der inzwischen in Florida lebte. Kurz entschlossen lud ich ihn ein, mit mir zusammen nach Palm Beach zu fliegen, um den Informanten Laszlo von Rath zu interviewen.

Bevor wir am nächsten Tag losflogen, informierte ich die beiden mit der Spielbankenaffäre befassten *Spiegel*-Redakteure und schlug ihnen vor, jemanden vom Printmagazin mitzuschicken. Das lehnte D II ab. Wir setzten uns also allein ins Flugzeug nach Miami, machten unser Interview, und schon am 18. Juni wurde der Film gesendet.

Am nächsten Morgen lieferte ich alle Materialien, Fotos etc. beim *Spiegel* ab. Im neuen Heft wurden viele unserer Bilder und Informationen gedruckt. Zwei Wochen später legten wir nach. Diesmal stellte uns der Hannoveraner *Spiegel*-Korrespondent einen Brief unseres Zeugen an den CDU-Politiker Wilfried Hasselmann zur Verfügung, den er von Laszlo von Rath erhalten hatte. Dessen Bereitschaft zur Kooperation mit dem *Spiegel* war nicht zuletzt auf unseren Besuch in Florida zurückzuführen. Auch in den Wochen darauf berichteten wir immer wieder über die Spielbankenposse. Georg Mascolo hatte sich so in den Fall verbissen, dass wir immer neuen Stoff hatten, den wir auch brav mit dem *Spiegel* teilten.

Eines Tages rief mich Ressortleiter Kilz an und bat mich, ihm alle Briefe von Rath, die wir hatten, zum *Spiegel* rüberzuschicken. Da Georg, der die meisten davon besorgt hatte, nicht da war, stöberte ich in seinem Schreibtisch herum und packte die Papiere zusammen. Dann lieferte ich den Packen bei Kilz' Co-Ressortleiter Jochen Bölsche ab. Der zeigte sich zunächst erstaunt, dass ich so dringend mit diesen Briefen ankam. Aber dann fiel ihm ein, wofür Kilz die Unterlagen brauchte, und er erwähnte einen Anruf des *Panorama*-Chefs Joachim Wagner. Das erstaunte mich. Ich ging zu Kilz und fragte ihn, ob ich die Briefe erst an ihn oder gleich an unsere Konkurrenz schicken sollte.

Die nächste Episode in der Spielbankenrecherche ging dann vom *Spiegel* aus. Mascolo hatte von D II erfahren, dass dort eine sehr große Geschichte über eine angebliche Bespitzelung von Rath in Palm Beach in Arbeit sei. Ein amerikanischer Detektiv namens Nolen hatte dem *Spiegel* Materialien angeboten, die angeblich bei einem Psychiater, bei dem von Rath in Behandlung war, bei einem Einbruch erbeutet worden seien. Der Auftrag dazu sei über einen Mittelsmann in Göttingen von der CDU in Niedersachsen erteilt worden. Das roch nach Watergate, diesmal nicht an der Kieler Förde, sondern am Maschsee. Und so hatte der *Spiegel* angeblich die Materialien von Detektiv Nolen gekauft. Per Luftfracht sollten sie auch schon abgeschickt worden sein.

Um einen Film machen zu können, wollten wir versuchen, Nolen und dessen Auftraggeber, einen Amerikaner, zu interviewen. Sein Name war Ken Svenson, er sollte längere Zeit in Deutschland gelebt haben und mit dem CDU-Mann in Verbindung stehen. D-II-Redakteur Norbert Pötzl hatte keine Einwände und freute sich darüber, über uns möglicherweise zusätzliche Informationen aus erster Hand zu bekommen. Pötzl gab mir die Telefonnummer des Detektivs Nolen, ich rief ihn an, sprach auf seinen Answering Service und bat um einen Rückruf. Nolen meldete sich umgehend. Ich fragte ihn nach der Möglichkeit eines Interviews, er selbst zögerte etwas, meinte aber, sein Auftraggeber sei sicher dazu bereit. Er sprach mit Svenson und rief ein weiteres Mal an, um mir zu sagen, dass dieser für ein Interview zur Verfügung stehe.

Daraufhin flog Georg Mascolo mit der nächsten Maschine in die USA. Der Detektiv hatte uns eine Adresse außerhalb von New Orleans gegeben. Als Georg dort nach langem Flug und langer Autofahrt angekommen war, stellte er fest, dass unter der Adresse nur ein Postfach des Detektivs Nolen zu finden war. Es begann eine Irrfahrt durch die gesamten USA. Immer wieder gab der Detektiv neue Adressen durch, wo Georg den Mittelsmann auf jeden Fall treffen könnte. Doch immer war der gerade wieder weg. Mascolo blieb auf seiner Spur, und ich begleitete ihn telefonisch von Stunde zu Stunde.

Endlich sollte das Treffen stattfinden, in einem Hotel in Denver, Colorado. Leider hatte Svenson gerade wieder ausgecheckt. Doch dann ließ ich mich mit der Rezeption verbinden und fragte, ob Svenson eine Adresse hinterlassen habe. Tatsächlich schaute eine freundliche Dame in die Unterlagen und gab mir die Adresse durch. Sie war identisch mit der Postfachadresse des Detektivs. Damit war ziemlich klar: Der Detektiv und sein Auftraggeber waren wohl ein und dieselbe Person.

Als ich Georg wieder am Telefon hatte – es gab ja noch keine Handys –, hatte er Svenson tatsächlich aufgespürt und ihn irgendwo in San Francisco getroffen. Und Svenson hatte ihm nicht nur ein Interview gegeben, sondern auch eine mehrseitige eidesstattliche Erklärung geschrieben und unterzeichnet. Außerdem hatte er ständigen telefonischen Kontakt zu seinem deutschen Auftraggeber, der wiederum eng mit der CDU-Geschäftsführung in Hannover war. Als Svenson ihn wieder einmal anrief, war Mascolo dabei, sprach auch direkt mit dem CDU-Mann und ließ sich von ihm seine Telefonnummer geben.

Georg meinte, ich sollte den Mann umgehend kontaktieren und ihm auf den Zahn fühlen. Angeblich war er es ja, der Svenson im Auftrag der CDU Niedersachsen dazu gebracht hatte, in die Räume des Psychiaters des Hauptbelastungszeugen in der Spielbankenkaffäre einzubrechen. Aber nach der Hotelauskunft über die identische Adresse von Auftraggeber und Detektiv bekamen wir mehr und mehr das Gefühl, dass hier der *Spiegel* hereingelegt werden sollte.

Wir schickten die eidesstattliche Erklärung Svensons an das *Spiegel*-Büro in Hannover und erklärten unsere Zweifel an der Geschichte. Am nächsten Tag rief ich den Kontaktmann an. »Kommen Sie umgehend vorbei«, sagte der. »Lassen Sie sich nicht länger von einem bekannten Betrüger an der Nase herumführen.« Er wollte mich noch am Wochenende sehen. Ich verschob den Termin auf Montag, denn ich wollte vor dem Treffen mit D II Rücksprache nehmen und auch nicht allein fahren.

Doch niemand aus dem Ressort wollte mit. Daraufhin machte ich mich allein auf den Weg.

Der CDU-Mann erzählte mir eine wahrlich irre Geschichte. Er kannte Svenson und seine Betrügereien gut. Einmal hatte er bei Audi im Auftrag einer nicht existenten Firma ein gutes Dutzend Fahrzeuge der gehobenen Klasse bestellt und dafür einen Wagen als Provision erhalten. Dann hatte er bei einer Frau zur Untermiete gewohnt, deren Tochter ausgezogen und irgendwie verschwunden war. Daraufhin zeigte Svenson einen Bekannten mit dem Spitznamen Blondie wegen Mordes an, der daraufhin verhaftet wurde. Nach einiger Zeit tauchte die Tochter wieder auf. Svenson musste sich in die USA absetzen.

Kurz darauf rief er spätnachts eine Familie an, deren Tochter gerade in den USA zum Schüleraustausch war. Er gab vor, Chefarzt einer Klinik zu sein, der die schreckliche Aufgabe hätte, die Eltern davon zu unterrichten, dass ihre Tochter gerade im Krankenhaus verstorben sei. Das Mädchen, so stellte sich kurze Zeit später heraus, war quietschfidel und dachte gar nicht daran, tot zu sein.

Svenson war ein Betrüger aus Lust am Betrug. Als mir der junge CDU-Politiker dann ein Button von Svenson mit der Aufschrift »Ich bin ehrlich« auf den Tisch legte, war ich schon fast überzeugt. Dann aber schmiss er noch eine Handvoll Kugelschreiber daneben, die Svenson anlässlich der Mordgeschichte über die Tochter seiner Vermieterin hatte beschriften lassen. Darauf stand fein eingraviert, wenn auch grammatisch nicht ganz korrekt: »Hörzu Blondie hat Leiche im Fluss geworfen, fang ihn bevor es ist zu späte.«

Als ich D II vom Tod ihrer Story berichtete, warf man uns unprofessionelles Vorgehen in der Enthüllungsgeschichte »Bespitzelung von Rath« vor und beschwerte sich darüber bei der Chefredaktion. Unser freundliches Angebot, das gefilmte Interview mit Svenson einmal anzusehen, wurde abgelehnt.

Damit wir in der Angelegenheit nicht wie die totalen Blödmänner dastanden, die eine neue Watergate-Enthüllung vermasselt hatten, schrieb ich die genauen Abläufe in einem Protokoll an die Chefredaktion und schloss mit den Worten: »Die Affäre ›von-Rath-Bespitzelung‹ hat uns sehr viel Zeit und sehr viel Geld gekostet. Es gibt nicht den geringsten Zweifel daran, dass die Geschichte eine Ente war. Ich halte es für abenteuerlich, wenn uns in dieser Angelegenheit mehr oder weniger deutlich der Vorwurf gemacht wird, wir hätten die Geschichte kaputtgemacht.« Freunde im Hause machte man sich so allerdings auch nicht.

Währenddessen stiegen bei *Spiegel TV* die Zuschauerzahlen. Hatten wir mit rund 200 000 im Mai angefangen, so lagen wir im Spätsommer schon bei einer guten halben Million. Das lag nicht nur an der Sendung, sondern auch an den ohnehin bei den neuen Privatsendern steigenden Quoten. Aber immerhin konnten wir mithalten, lagen auch nicht selten vorn. Auch die Medienjournalisten hatten erkannt, dass sich da im Hamburger Chilehaus etwas Neues entwickelte. Das war einerseits gut für uns, weil dadurch die Aufmerksamkeit für *Spiegel TV* stieg, andererseits wurde die »andere Straßenseite«, wie wir den Print-*Spiegel* nannten, der schräg gegenüber der Ost-West-Straße lag, zunehmend gereizt.

Der letzte Sommer der DDR

Dann kam der Sommer 1989. Es rumorte im Ostblock. Der Springer-Verlag, der jahrzehntelang den Namen »DDR« nur in Anführungszeichen geschrieben hatte, ließ plötzlich die Gänsefüßchen weg. Das konnte nicht gut gehen. Es wurde der letzte Sommer der DDR.

Wir berichteten jede Woche über die Entwicklung. Jeden Tag waren mehrere Kamerateams von *Spiegel TV* unterwegs. Mehr als 30 000 Bürger der Deutschen Demokratischen Republik hatten sich im Juli und August 89 über die Nachbarstaaten auf und davon gemacht. Endgültige Ferien vom Sozialismus. Und bald auch für den Sozialismus.

Vor allem die Hauptstadt des sozialistischen Bruderlandes der DDR, der Tschechoslowakei, wurde zum sinnbildlichen Zwischenstopp ganzer Bevölkerungsteile auf dem Weg nach Westen. Ziel der sommerlichen Polit-Reisewelle: die Botschaft der Bundesrepublik Deutschland in Prag. Die neue Freiheit begann hinter Gittern im Schlamm der diplomatischen Immunität. Innerhalb weniger Tage suchten hier über 4000 Flüchtlinge Asyl und die Genehmigung, endlich in den westlichen Teil der Welt ausreisen zu dürfen.

Bundesaußenminister Hans-Dietrich Genscher war angereist, um die Genehmigung für den ersten legalen Massenexodus seit Bestehen der DDR zu verkünden. Vom Balkon der Botschaft verkündete er die Nachricht. »Wir sind zu Ihnen gekommen ... Ihre Ausreise ...« Der Rest seiner Worte ging im Jubel der Massen im Botschaftsgarten unter.

In der Nacht zum 1. Oktober 1989 verließen die ersten 600 Besetzer die bundesdeutsche Botschaft Prag in Richtung Bahnhof. Gemäß Vereinbarung mit Erich Honecker sollte die Reise nach Westen über das Territorium der DDR gehen. Der DDR-Chef wollte noch einmal Souveränität beweisen.

40 Jahre DDR

Standhalten und warten auf bessere Zeiten? Oder flüchten? Der 40. Jahrestag der DDR rief vielen ins Bewusstsein, wie lange man schon auf Veränderung gewartet hatte. Am 7. Oktober wurde noch einmal die heile Welt des Sozialismus vorgegaukelt. Unter den Klängen von Beethovens »Opferlied« marschierte die Partei- und Staatsführung der DDR in einer langen Schlange zur letzten Kranzniederlegung am Mahnmal für die Opfer des Faschismus und Militarismus. Die DDR hatte sich immer als antifaschistisches und antimilitaristisches Projekt der deutschen Geschichte verstanden. Das Staatsjubiläum sollte die Krönung der politischen Biografien ihrer Führungsgruppe werden, die bei fast allen im kommunistischen Widerstand während der Nazizeit begonnen hatte.

Die Volksarmee stand Spalier. Trommelwirbel, Soldaten präsentierten stramm das Gewehr. Honecker und seine Genossen standen an der Gruft. Die Greise aus dem Politbüro hatten bereits signalisiert, dass sie auf dem 12. Parteitag der SED im kommenden Jahr das Feld räumen wollten. Für Kontinuität schien gesorgt. Ein Militärorchester spielte die Nationalhymne der DDR. Auferstanden aus den Ruinen des Zweiten Weltkrieges schien die DDR bei allen ihren Mängeln für die politische Ewigkeit gedacht. Die Teilung der Welt in Ost und West war die Grundlage der gesamten Nachkriegspolitik. Und die DDR hatte als Frontstaat und treuester Vasall der Sowjetunion ihren festen Platz darin. Von der Stunde null an bestimmte der große Bruder die Richtlinien der Politik. Die Souveränität der DDR war immer eine Fiktion gewesen. Jeder politische Schwenk in Moskau hatte Resonanzwellen in Ost-Berlin zur Folge. Ohne sowjetische Rückendeckung stand die Existenz der DDR auf dem Spiel. Russische Panzer und später die Mauer waren die einzige Garantie für den Fortbestand des kommunistischen Sozialismus auf deutschem Boden. Und auch die Mauer war nicht allein auf ostdeutschem Boden gewachsen. Als es im Osten taute, musste die DDR untergehen.

Der russische Reformer Michail Gorbatschow wollte nicht nur zum 40. Jahrestag der DDR gratulieren. Er wollte den deutschen Genossen auch etwas mit auf den Weg geben. Vor der Neuen Wache gab er spontan ein Interview. Unser Team von *Spiegel TV* war dabei.

»Ich freue mich sehr, dass die Umgestaltung an Tempo gewinnt«, sagte Gorbatschow den Reportern, als er aus seiner Limousine geklettert war. »Und ich bin sicher, dass jedes Volk selbst bestimmen wird, was in seinem eigenen Land notwendig ist. Wir kennen unsere deutschen Freunde gut, ihre Fähigkeiten, das zu durchdenken und vom Leben zu lernen und die Politik vorherzubestimmen, entsprechende Korrekturen einzubringen, wenn das notwendig ist. Ich glaube, Gefahren warten nur auf jene, die nicht auf das Leben reagieren.« Vor dem Politbüro der SED variierte er diesen Satz später: »Wenn wir zurückbleiben, bestraft uns das Leben sofort.« Daraus machte am späten Abend sein Pressesprecher Gennadi Gerassimow den berühmten Ausspruch »Wer zu spät kommt, den bestraft das Leben«.

Zum Jubeltag hatte die Parteiführung die normalerweise üblichen Restriktionen für Fernsehteams aus dem Westen gelockert. So konnte auch die Reporterin Christiane Meier von *Spiegel TV* am Vorabend des Jubelfestes ungehindert drehen. Uns war nur nicht ganz klar, wie wir das Material am nächsten Tag unkontrolliert in den Westen bringen konnten. Wir engagierten einen Privatflieger, der über Dänemark nach Schönefeld fliegen und die Bänder abholen sollte. Das fanden wir höchst konspirativ und trickreich. Zur Absprache mit der Redaktion in Hamburg ging Christiane jeweils in das West-Berliner *Spiegel*-Büro, um von dort aus ungestört zu telefonieren. Später fielen uns die Abschriften unserer Gespräche in die Hände. Die Abhörabteilung II des Ministeriums für Staatssicherheit hatte sämtliche Telefonate, die über Richtfunkstrecken von West-Berlin nach Hamburg gesendet worden waren, abgehört und abgetippt.

Am Abend marschierte die Parteijugend zur letzten Massenkundgebung der DDR auf. Aus allen Teilen der DDR waren die FDJ-Mitglieder in Bussen herangekarrt worden. Ein Sprecher begrüßte den Gast aus Moskau: »Herzlich willkommen, liebe Gäste aus aller Welt. Unter euch die Repräsentanten der mit uns brüderlich verbundenen sozialistischen Länder, der Genosse Michail Sergejewitsch Gorbatschow.« Doch das Staatstheater hatte leichte Fehler. Selbst die Blauhemden der Freien Deutschen Jugend setzten offenbar mehr auf den Reformer aus Moskau als auf die heimischen Betonköpfe. »Gorbi, Gorbi«, intonierte die Menge. In den Sprechchören ging beinahe unter, wie der Sprecher »unser Staatsoberhaupt, Genosse Erich Honecker«, begrüßte. Nur einige jubelten noch protokollgemäß: »Erich, Erich …« Dann beleuchtete ein letzter Fackelzug den Weg der DDR in den Untergang. Ein paar Straßen weiter flackerten Kerzen für die Zukunft. Das Team von *Spiegel TV* filmte ein Dissidententreffen in der Erlöserkirche.

Am nächsten Morgen, es war der 7. Oktober, marschierten Soldaten vor dem Palast der Republik auf. Noch einmal zeigte der Sicherheitsapparat einen Ausschnitt seiner Stärke. Die Nationale Volksarmee der DDR hatte 168 000 Mann, die Volkspolizei 60 000, die Staatssicherheit 91 000, Betriebskampfgruppen 189 000. Zusätzlich gab es die halb militärische Gesellschaft für Sport und Technik. Insgesamt hatte die DDR 1,2 Millionen Mann unter Waffen, alle dazu da, das Regime weniger nach außen als nach innen abzusichern. Pünktlich um zehn Uhr morgens verabschiedete sich die DDR mit einer großen Militärparade in die Geschichte. Der anachronistische Zug mit Stechschritt, Panzern und Raketen galt offiziell als machtvolle Demonstration gegen den Militarismus. Es war die Abschiedsvorstellung auch für die pazifistischen Lebenslügen der hochgerüsteten DDR. Am Rande zeigten sich leichte Auflösungserscheinungen des roten Preußen. Uniformierte Soldaten knutschten ungehemmt vor westlichen Fernsehkameras mit ihren Freundinnen. Und selbst die martialischen Schlachtrufe der Marinetruppen klangen plötzlich vergleichsweise zivil und fast ironisch: »O-he-le-le … o-ma-lu-e, o-ma-lu-um.«

Neben dem organisierten Spektakel im Zentrum hatte sich klammheimlich eine eigene Geburtstagskundgebung gebildet. Punkt 17 Uhr traf sich wie zufällig eine kleine Menschentraube auf dem Alexanderplatz. Minuten später strömten von allen Seiten her langsam und zunächst unauffällig Hunderte von DDR-Bürgern zusammen. Sie riefen: »Neues Forum, neues Forum« und »Wir bleiben hier, wir bleiben hier …« Das klang fast wie eine Drohung. Und das war es auch. Abmarsch in Richtung Palast der Republik. Eine real existierende Demonstration vor den Augen der sozialistischen Staatselite und ihren Gästen aus den Bruderländern. Und während sich draußen vor »Erichs Lampenladen« immer mehr Demonstranten zum Protest versammelten, wurde drinnen mit einer Riesentorte eine Republik aus Sahne und Zuckerguss gefeiert.

Erich Honecker hob das Glas mit Krimsekt und rief mit brüchiger Stimme: »Unsere Freunde in aller Welt seien versichert, dass der Sozialismus auf deutschem Boden, in der Heimat von Marx und Engels, auf unerschütterlichen Grundlagen steht. Auf die internationale Solidarität und Zusammenarbeit, auf den Frieden und das Glück aller Völker, auf den 40. Jahrestag der Deutschen Demokratischen Republik!« Es war ein letztes Prosit auf die sozialistische Gemütlichkeit. Wenige Monate später wurden die kommunistischen Staatschefs fast aller Ostblockstaaten vom Wind der Wende hinweggefegt. Einige wie Rumäniens Diktator Ceaușescu, der noch mit Honecker angestoßen hatte, überlebten das Jahr 1989 nicht.

Der Fall der Mauer

»Das war der Tag, an dem der Zweite Weltkrieg zu Ende ging...« Es war Donnerstag, der 9. November 1989, als ich diese Zeile in meine Schreibmaschine tippte. Ich saß in einem Büro des Studios Hamburg und sollte den Abendkommentar für RTL sprechen. Auf dem Fernseher lief die Zusammenfassung eines Fußballspiels. Die ARD hatte den Beginn der *Tagesthemen* nach hinten verlegt, um die Sendung nicht zu unterbrechen. Ich schaltete weiter. Im gemeinsamen Dritten Programm des Norddeutschen Rundfunks und des Senders Freies Berlin mühten sich Reporter, die undurchsichtige Lage an der Westseite der Berliner Mauer zu analysieren.

Gegen 19 Uhr an diesem Abend hatte das Mitglied des SED-Politbüros Günter Schabowski am Ende einer Pressekonferenz fast beiläufig und in geübter Bürokratensprache eine weltpolitische Sensation verkündet: »Dann haben wir uns dazu entschlossen, heute eine Regelung zu treffen, die es jedem Bürger der DDR möglich macht, über Grenzübergangspunkte der DDR auszureisen.«

»Gilt das auch für West-Berlin?«, fragte ein Journalist.

»Also, doch, doch«, antwortete der DDR-Politiker. »Ständige Ausreise kann über alle Grenzübergangsstellen der DDR zur BRD bzw. Berlin-West erfolgen.«

Ständige Ausreise? Ungläubiges Staunen machte sich in den Gesichtern der westlichen Korrespondenten breit. Ein italienischer Journalist fragte, ab wann denn diese Regelung gelte. Scheinbar irritiert blickte Schabowski auf seine Vorlage. Dann stammelte er: »Das tritt nach meiner Kenntnis, ähh, ist das sofort, unverzüglich.«

Die Nachricht hatte mich im Auto erreicht. Maggie Deckenbrock, stellvertretende Chefredakteurin des neuen kommerziellen Fernsehsenders RTL, rief an und fragte mich, ob ich nicht den Kommentar zur Maueröffnung sprechen wolle, der Chefredakteur des Senders sei gerade in Urlaub. Man könne ihn nicht erreichen.

»Zur was?«, fragte ich.

»Zur Maueröffnung.«

Sie haben es tatsächlich gemacht, dachte ich und willigte ein. Zum Studio Hamburg musste ich durch die ganze Stadt fahren. Während ich mich durch den Verkehr quälte, gingen meine Gedanken zurück.

Am Montag jener Woche hatte mich abends der damalige Chefredakteur des *Spiegel*, Werner Funk, zu Hause besucht. Wenige Tage zuvor hatte Egon Krenz, Nachfolger des abgelösten Staats- und Parteichefs Erich Honecker, die im Oktober verhängte Visasperre für die Tschechoslowakei aufgehoben. Jetzt durften DDR-Bürger wieder nach Prag reisen – und hatten dadurch die Möglichkeit, sich von dort aus über Ungarn in den Westen abzusetzen. Funk fand das politisch höchst gefährlich. Als er sich vor der Haustür verabschiedete, sagte er: »Der ist völlig verrückt. Die laufen ihm doch jetzt alle weg.«

»Dem bleibt nichts anderes übrig«, sagte ich. »An der Stelle von Krenz würde ich jetzt die Mauer aufmachen.« Funk lachte laut: »Du immer mit deinen Ideen ...« Er lief die Treppe nach oben. »Weißt du was«, antwortete ich. »Wenn du ein Loch in der Badewanne hast, dann ziehst du besser den Stöpsel raus. Dann läuft das Wasser durch den Abfluss und nicht in die Wohnung ...« Funk lachte noch immer, und ich ging ins Haus zurück. Währenddessen schoss mir ein Gedanke durch den Kopf. Die sind auch nicht blöder als du. Die machen das.

Am nächsten Morgen, es war Dienstag, der 7. November 1989, suchte ich mir bei *Spiegel TV* den besten Reporter, der im Hause war. Ich stieß auf Georg Mascolo, den ich ein gutes Jahr zuvor beim privaten Rundfunksender Radio FFN abgeworben hatte.

»Georg, schnapp dir ein Kamerateam und fahr nach Ost-Berlin«, sagte ich.

»Und welche Geschichte soll ich da machen?«, fragte Mascolo.

»Keine bestimmte«, antwortete ich. »Bleib in der Nähe der Mauer. Da passiert irgendetwas.«

Ungläubig schüttelte der Reporter den Kopf. »Und wie stellst du dir das vor?«

»Keine Ahnung. Fahr nach Ost-Berlin, pass auf, was passiert, und geh dahin, wo die Menschen hingehen.«

Georg machte sich mit dem Kamerateam auf die Reise zur Beobachtung der Mauer in Berlin. Es war eine Mauer, die zwei Weltsysteme trennte, den Ostblock und den Westen, Kapitalismus und Sozialismus. Hochgerüstete Armeen standen sich hier gegenüber, bis an die Zähne bewaffnet, mit nuklearen Sprengkörpern ausgerüstet, mit denen die Welt mehrfach hätte in die Steinzeit zurückbombardiert werden können.

In Berlin war sie 44,8 Kilometer lang und vier Meter hoch. Nach 28 Jahren sollte sie ihren schrecklichen Sinn verlieren.

Niemand schien zu merken, dass dieser Tag unmittelbar bevorstand. Nach 40 Jahren und 30 Tagen probten Staat und Bevölkerung der DDR einen neuen Umgang miteinander.

Donnerstag, der 9. November 1989, war ein ruhiger Herbsttag. Das Kamerateam fing eine symbolträchtige Szene ein. Am Ufer der Spree wanderten ein paar Schwäne über einen Fußweg, auf den sie nicht gehörten. Zwei Volkspolizisten nahten mit einer volkseigenen Wolldecke und warfen sie über die Vögel. Die Schwäne wurden eingefangen und zurück ins Wasser geworfen. Es war wie ein Sinnbild der kommenden Ereignisse: Der Obrigkeitsstaat entließ seine Kinder – von der behördlich reglementierten sozialistischen Geborgenheit in die Freiheit.

Das Kamerateam war in der Nähe der Mauer geblieben, in einer Kneipe am Prenzlauer Berg. Dort lief ein Fernseher mit DDR-Programm. In den 19.30-Uhr-Nachrichten meldete die Sprecherin Angelika Unterlauf die Neuregelung der DDR-Ausreisebestimmungen: »Die zuständigen Abteilungen der Volkspolizei sind angewiesen, auch Visa zur ständigen Ausreise unverzüglich zu erteilen.« Es war der Startschuss für ein neues Zeitalter.

Das Kamerateam stürzte auf die Straße. Innerhalb weniger Minuten machte sich ein Trabi-Rennen auf den Weg nach Westen. Es begann ein Massenansturm auf den nächsten Grenzübergang, Bornholmer Straße, Prenzlauer Berg. Das Prinzip Freiheit sollte ausgetestet werden. Doch vor die Ausreise hatten die Behörden den Stempel gesetzt. Nur mit aufgedrucktem Visum sollte die spontane Reise in den Westen möglich sein. Der Stempel wurde zur Hälfte auf das Passfoto gesetzt, um die Drängler später zu identifizieren und ihnen möglicherweise die Rückkehr zu verweigern. Ein letzter Betrug an der Bevölkerung. Die Grenzer arbeiteten zügig, die Schnecke drehte auf. Der Atem der Geschichte bestand hier aus einer Dunstwolke aus Zweitaktabgasen. Der Aufbruch in ein unbekanntes Land in derselben Stadt endete zunächst im Verkehrsstau.

Tausende versammelten sich und riefen immer wieder im Chor »Aufmachen, aufmachen!« und »Wir kommen zurück, wir kommen zurück!«. Das Kamerateam war auf einen Zaun geklettert und filmte ununterbrochen, was sich hier zusammenbraute. Die Menschen standen an, um einmal im Westen ein Bier zu trinken. Selten war beim Warten in einer Schlange so viel Jubel aufgekommen. Doch ohne Pass und Visumstempel lief hier noch immer nichts. Ordnung musste sein im Staate der DDR.

Binnen weniger Minuten war der volkseigene Personalausweis zum Fahrschein in die Freiheit geworden. Die Masse harrte aus. Nur die Geduld kannte in der DDR keine Grenzen. Man hatte seine Bürger erzogen. Die DDR-Grenzer, alle Stasi-Mitglieder, verstanden die Welt nicht mehr. Hier, vor ihren Augen, zeigte sich, dass die Staatspartei ihre Massenbasis verloren hatte. Und das Volk hatte seine Angst verloren.

Die *Tagesschau* der ARD verkündete um 20 Uhr die Weltsensation, als handelte es sich um eine Routinemeldung aus dem ost-westlichen Alltag: »Ausreisewillige DDR-Bürger müssen nach den Worten von SED-Politbüromitglied Schabowski nicht mehr den Umweg über die Tschechoslowakei nehmen ...« Dann sendete das Erste Deutsche Fernsehen die Liveübertragung eines Fußballspiels. Es war das DFB-Pokal-Achtelfinale zwischen dem VfB Stuttgart und Bayern München. Als die Tagesthemen um 22.30 Uhr beginnen sollten, hatten die Bayern mit 3:0 gewonnen. Doch statt auf den Fall der Mauer umzuschalten, sendete die ARD die Zusammenfassung des Spiels Kaiserslautern gegen Köln (2:1), das gleichzeitig stattgefunden hatte. Dafür wurde der Beginn der *Tagesthemen* an diesem historischen Tag um elf Minuten verschoben.

In der Bornholmer Straße wurde währenddessen Geschichte gemacht. Diensthabender Offizier war der stellvertretende Leiter des Kontrollpunktes, Oberstleutnant Harald Jäger. 23 Jahre lang hatte er im Dienst des Ministeriums für Staatssicherheit an der Bornholmer Straße die Grenze bewacht. In dieser Nacht öffnete er den Schlagbaum, entgegen den Anweisungen seiner Vorgesetzten.

Fünf Grenzsoldaten, 16 bis 18 Zollkontrolleure und 15 Mitarbeiter der Staatssicherheit waren an diesem Tag an dem Grenzübergang im Einsatz. Sie alle wussten nichts davon, dass am Morgen das Zentralkomitee der SED getagt und über eine neue Ausreiseverordnung debattiert hatte. Das Innenministerium der DDR arbeitete unter Hochdruck an den Ausführungsbestimmungen.

Gegen 19 Uhr hatte Oberstleutnant Jäger im Dienst sein Abendbrot gegessen und im Fernsehen Schabowskis Pressekonferenz verfolgt. Als der SED-Funktionär lakonisch mitteilte, dass DDR-Bürger ab sofort ausreisen dürften, horchte er auf. Jäger ließ das Essen stehen und rief von seinem Dienstzimmer aus seinen Vorgesetzten, Oberst Rudolf Ziegenhorn, an.

Ziegenhorn sagte: »Hast du auch diesen Quatsch gehört?«

»Ja«, antwortete Jäger, »deshalb rufe ich Sie an.«

»Ist schon irgendwas bei euch unterwegs?«

»Ja. Die ersten zehn Bürger stehen schon bei uns am Kontrollpunkt.«

Oberst Ziegenhorn blieb ruhig: »Beobachten Sie die Situation und informieren Sie mich nach einer halben Stunde, oder wenn sich eine konkrete Situation ergibt, noch mal.«

Währenddessen waren immer mehr DDR-Bürger zur Bornholmer Straße geströmt. Niemand ahnte, wie ratlos die DDR-Grenzer waren. Ohne Anweisungen von oben waren sie auf sich allein gestellt. Erneut telefonierte Jäger mit seinem Vorgesetzten, um zu erfahren, was er tun sollte. Stasi-Oberst Ziegenhorn sagte ihm, er müsse erst mit Generaloberst Gerhard Neiber Rücksprache halten, im MfS zuständig für Fragen der Grenzsicherheit. Fünf Minuten später meldet sich Ziegenhorn mit dem Befehl von ganz oben: »Die Ausreise wird den DDR-Bürgern nicht gestattet. Sie haben die Bürger zu beruhigen bzw. ins Hinterland zurückzuweisen.«

Gegen 20 Uhr spitzte sich die Lage zu. Auch der diensthabende Offizier der Grenztruppe in der Bornholmer Straße, Manfred Sens, fragte bei seinen Vorgesetzten an. Auch sie wussten nicht, wie sie sich verhalten sollten. Irgendwann an diesem Abend war vom Dienstposten aus nicht mehr zu überblicken, wie weit die Autoschlange vor dem Schlagbaum zurück ins Stadtgebiet reichte. Sämtliche Nebenstraßen waren verstopft. Von der Spitze der Ministerien hörten die Grenzer nichts. Der Grenzübergang Bornholmer Straße wurde zum Wartezimmer einer historischen Wende. Schließlich erhielt Oberstleutnant Jäger einen Anruf und damit den ersten Befehl des Abends. »Die provokativen Bürger, also die am lautstärksten sind, werden aus den Massen herausfiltriert«, teilte ihm Oberst Ziegenhorn mit. »Ihnen ist die Ausreise zu gestatten.«

Und so wurden die ersten DDR-Bürger nach Vorlage ihres Personalausweises in den Westen entlassen. Keiner der freudestrahlenden, jubelnden Freigänger, die den schmalen Durchgang in den Westen passierten, wusste, dass sein Pass gerade ungültig gestempelt worden war. Der Stempel auf dem Lichtbild bedeutete nämlich: Dieser Bürger sollte nie wieder in die DDR zurückkehren dürfen. Und so lief in der Bornholmer Straße die bis dahin größte Ausbürgerungsaktion der DDR-Geschichte ab.

Die ersten Bürger, die herausgelassen worden waren, kamen nach einer halben Stunde zurück. »Logischerweise auch welche von denen, die den Kontrollstempel auf dem Lichtbild hatten«, erinnerte sich später Oberstleutnant Jäger. »Wir teilten ihnen mit, dass ihre Einreise nicht mehr möglich ist, dass sie praktisch ausgewiesen worden sind aus der DDR.« Nach langem Hin und Her wurden sie zurück in den Westen geschickt. »Einige haben dann doch geweint, dass sie zu Hause ihre Kinder haben, die sie versorgen müssen«, sagte Jäger. »Wir haben dann mit Ausnahmen noch einige reingelassen. Den Rest haben wir nach West-Berlin zurückgeschickt.«

Die sogenannte Ventillösung, besonders aufmüpfige Bürger in den Westen zu lassen, entspannte die Lage nicht. Niemand der in der Menge ausharrenden Bürger konnte verstehen, warum manche rüberdurften und andere nicht.« »Wir kommen doch alle wieder«, beteuerten manche. »Nur eine halbe Stunde mal kucken.«

Plötzlich hatten die Grenzer an zwei Fronten Druck. Die Ausgewiesenen wollten raus aus der DDR, die anderen wollten wieder rein. Bis gegen 22 Uhr hielt die Ausreisebürokratie ihre Bremserfunktion aufrecht. Dann geriet sie in Bedrängnis. Vor dem Schlagbaum, im gelben Licht der Scheinwerfer und vor dem Objektiv der Fernsehkamera aus dem Westen wurden die Bürger in den ersten Reihen mutiger. »Wir kommen doch alle wieder. Wir kommen ja wieder, wirklich.« Die Grenzer verzogen keine Miene. Und wurden doch nervös. Die Menge rief: »Aufmachen, aufmachen.« Und: »Tor auf, Tor auf, Tor auf.«

Schließlich konnte die Bürokratie mit der Geschichte nicht mehr Schritt halten. Die Beamten begannen, an ihrer Mission zu zweifeln. Der Druck der Menschenmassen nahm so zu, dass sich die sogenannten Hinterlandzäune verbogen. Oberstleutnant Jäger hatte zuvor »stillen Alarm« ausgelöst und damit alle erreichbaren Grenzer angewiesen, zum Kontrollpunkt zu kommen. Er verfügte aber immer noch nicht über mehr als 50 Einsatzkräfte, die Hunderten von Bürgern gegenüberstanden. Es war zu spät.

Jäger kam es vor, als würde sich ein Druck bis zur Explosion aufbauen. Er hatte vorher noch nie erlebt, dass ihm kalter Schweiß den Rücken herunterlief. Im Bauch fühlte er ein Kribbeln. Er empfand keine Angst, aber er wusste: »Jetzt musst du entscheiden, spätestens jetzt musst du etwas tun. Egal, was kommt.« Und dann gab Oberstleutnant Harald Jäger den Befehl: »Jetzt Kontrollen einstellen. Alles rauslassen.«

Der Schlagbaum wurde geöffnet. Einige Grenzer versuchten noch halbherzig, ihn festzuhalten. Auf den Bildern, die *Spiegel TV* später zeigte, sah es aus, als würden sie sich selbst am Schlagbaum festhalten wollen. Dann gaben sie auf und blickten fassungslos auf das, was sich vor ihren Augen, an ihrem Grenzübergang abspielte. Unkontrolliert strömten die Ost-Berliner gen Westen. Der Staat hatte die Kontrolle aufgegeben, um die Kontrolle nicht ganz zu verlieren. Der Versuch, die DDR mit einer Mauer vor dem Exodus zu bewahren, war nach 28 Jahren gescheitert.

Jäger ging zum Leitzentrum und rief bei seinem Vorgesetzten Oberst Ziegenhorn an. »Wir konnten es nicht mehr halten. Wir haben alles aufgemacht. Wir haben die Kontrollen eingestellt.«

»Ist gut«, antwortete der Stasi-Oberst, der für den Kontrollpunkt Bornholmer Straße verantwortlich war, »ist gut.«

Währenddessen saß ich im Hamburger Studio an der Schreibmaschine. Die Nachrichtenlage war dürftig, aber ich war sicher, dass unser Kamerateam an der richtigen Stelle sein würde. Ich studierte die Agenturmeldungen.

Dann begannen die *Tagesthemen* in der ARD – mit elf Minuten Verspätung. Hanns Joachim Friedrichs moderierte. »Im Umgang mit Superlativen ist Vorsicht geboten«, sagte er, »sie nutzen sich leicht ab. Heute darf man einen riskieren: Dieser 9. November ist ein historischer Tag. Die DDR hat mitgeteilt, dass ihre Grenzen ab sofort für jedermann geöffnet sind. Die Tore der Mauer stehen weit offen.« Die ARD schaltete um zu Robin Lauterbach, der vor dem Grenzübergang Invalidenstraße stand. Doch dort geschah nichts.

»Gespanntes Warten hier am innerberliner Grenzübergang Invalidenstraße. Journalisten und Neugierige hoffen, hier schon heute Abend den DDR-Bürger zu treffen, der als Erster aufgrund der neuen Bestimmungen ausreisen darf. Und sei es auch nur, um am Kurfürstendamm ein Bier zu trinken.« Kurz danach ergänzte der Reporter: »Die Lage an den innerstädtischen Grenzübergängen ist im Moment recht konfus und unübersichtlich. Hier hat sich am ganzen Abend noch nichts getan.«

Ich war zuversichtlich, das Team von *Spiegel TV* würde an der richtigen Stelle stehen, und tippte den ersten Satz meines Kommentars: »Das war der Tag, an dem der Zweite Weltkrieg zu Ende ging ...« Ich zögerte. War das nicht etwas übertrieben? Sollte jetzt wirklich die gesamte Nachkriegsordnung, die Teilung Deutschlands, die Teilung Europas zu Ende sein? Ich schränkte die Analyse etwas ein und fuhr fort: »Jedenfalls für jene 16 Millionen Deutschen, die unter den Folgen am längsten zu leiden hatten – die DDR-Bürger. Aber nicht nur für sie. Kein Zweifel: die Öffnung der Grenzen ist das Ende eines Obrigkeitsstaates. Der Anfang der Demokratie. In einer geschlossenen Anstalt können die Insassen herumkommandiert werden. Sobald die Tür offen ist, hat die Obrigkeit ausgespielt. Wer sich jederzeit verabschieden kann, ist kein rechtloser Untertan mehr. Kein Zweifel: eine historische Stunde. Die DDR-Führung hat das einzig Richtige getan: die Flucht nach vorn. Sie behebt damit einen wesentlichen Grund für die Flucht ihrer Bürger – nämlich das Eingesperrtsein. Das ist so banal, wie es grotesk war, zu glauben, ein Land könnte durch eine feste Grenze stabilisiert werden. Diese Lebenslüge, seit dem Tag des Mauerbaues in Berlin, hat verhindert, dass aus der DDR ein Staat werden konnte, in dem Menschen gern und freiwillig lebten.

Dieser Tag ändert alles. Wer seine Bürger nicht festhalten kann, muss um ihre Zustimmung werben. Das ist die Aufgabe des absoluten Machtanspruchs der SED. Falls in dieser unkalkulierbaren Zeit nicht eine Katastrophe eintritt, die auszumalen man sich besser hüten sollte, ist der Weg vorgezeichnet – freie Wahlen, ein Mehrparteiensystem. Wie aber der zukünftige Staat DDR aussehen wird – das müssen seine Bürger entscheiden. Die dagebliebenen. Oder die wieder zurückgegangenen.

Und wenn Bürger freiwillig Bürger eines Staates sind, und nicht zwangsweise, wird sich die Frage der Staatsbürgerschaft neu stellen – Wiedervereinigungsgebot des Grundgesetzes hin oder her.«

Dass an diesem Abend auch der Weg in die Einheit begonnen hatte, konnte ich mir nicht vorstellen. Zu stark, zu mächtig erschien immer noch das Sowjetreich. Anzunehmen, dass Staats-

und Parteichef Michail Gorbatschow die Satellitenstaaten von Polen bis zur DDR, von Bulgarien bis zu den baltischen Ländern aufgeben würde, schien unvorstellbar. Trotz Glasnost und Perestroika.

Ich schrieb weiter: »Die DDR-Führung hat mit ihrer Entscheidung, die Grenzen zu öffnen, auch ein Stück Problem an die Bundesrepublik delegiert. Bisher haben wir anklagend, manchmal mit der Hybris des Bessergestellten, auf die Mauer hingewiesen, dieses steingewordene Monument von Unterdrückung und Unzulänglichkeit, diesen monumentalen Offenbarungseid eines sich sozialistisch nennenden Staates. Jetzt werden Flüchtlings- oder besser gesagt Aussiedlerzahlen vorwiegend unser Problem sein. 30, 40 Jahre hat man gerufen: Macht das Tor auf. Und jetzt, da es offen ist? Konzepte, Ideen? Wie das Wirtschaftsgefälle beseitigen – ohne, worauf einige sicher spekulieren, die DDR zu kaufen, zu kolonialisieren? Die Probleme beginnen erst richtig. Die Mauer hat auch uns geschützt – vor dem Nachdenken nämlich. Ein historischer Tag auch noch in einem anderen Sinne: die erste gelungene Deutsche Revolution. Friedlich. Und wir waren dabei.«

Irgendwie war ich unsicher, ob ich mich in meinen Einschätzungen nicht zu weit vorgewagt hatte. Ich sprach den Text trotzdem an diesem Abend gegen 23 Uhr in die Kamera. Wenige Tage und Wochen später war klar, dass ich zwar weitergegangen war als jeder andere Kommentator in dieser Nacht, aber längst nicht weit genug. Die Wirklichkeit war schneller als alle Gedanken.

Die Nacht, die alles veränderte

Georg Mascolo und das Kamerateam von *Spiegel TV* hatten kurz nach Mitternacht die Bornholmer Straße verlassen und waren zum Brandenburger Tor gefahren. In rötlichem Licht marschierten dort Einheiten der Nationalen Volksarmee auf.

Die Soldaten warfen gespenstische Schatten an die Mauer. Sie sollten den »antifaschistischen Schutzwall« vor dem Volk schützen. Hier, am Symbol der Teilung, war die Nervosität am größten. Auf beiden Seiten.

Doch in dieser Nacht war alles möglich. Auch die letzte Bastion der deutschen Teilung wurde genommen: das zugemauerte Brandenburger Tor. Zunächst erklommen die Menschen von West-Berlin aus die drei Meter breite Krone der Mauer, die in einem eleganten Bogen das Brandenburger Tor nach Westen hin absicherte. Obwohl die Mauer selbst zum Ostterritorium gehörte, griffen die DDR-Truppen nicht ein.

Die Zurückhaltung wurde genutzt. Zunächst sprangen zwei Männer von der Mauer und gingen in Richtung Osten auf das Tor zu. Niemand hielt sie auf. Ein DDR-Grenzer im langen Mantel machte sogar eine einladende Handbewegung. Das gab den anderen Mut. Und erst wenige, dann immer mehr sprangen von der Mauer, nahmen den Platz vor dem Tor in Besitz, spazierten zwischen den Säulen des Symbols der Teilung durch. Und es fiel kein einziger Schuss.

Dann nahte der Bürger auch vom Osten her. Grenzüberschreitender Mut traf auf die strikte Anweisung der neuen DDR-Führung, jede Konfrontation zu vermeiden und auf keinen Fall zu schießen.

Unser Team ging mit laufender Kamera unter dem Brandenburger Tor durch und filmte die Ost-Berliner, wie sie die Befestigungsanlage von innen her einnahmen. Das Bauwerk war an dieser Stelle über drei Meter breit. Auf der Krone drängten sich die West-Berliner.

Dann hatten sich die Grenzer von ihrem Schreck erholt. Mit einem Lautsprecherwagen nahte die Volkspolizei und rief ihre Bürger zurück: »Berliner, verlassen Sie das Brandenburger Tor ...«

Die Menschen fügten sich. Volkspolizisten formierten sich zu einer Kette und ermunterten die Bürger freundlich, aber unerbittlich zum Rückzug. »Gehen Sie bitte zurück. Sie werden aufgefordert zurückzugehen.« Die Bürger zeigten sich flexibel, drei Schritte vor, zwei zurück, aber dann wieder drei Schritte vor. Das verlangte Nervenstärke auf beiden Seiten. Dann waren Ruhe und Ordnung wieder hergestellt. Bis eine einzelne ältere Frau erschien und auf die Volkspolizisten zutrat. Sie hatte Tränen in den Augen: »Wenn ihr alle so weitermacht, kommen wir nicht dazu, und zwar überhaupt nicht mehr …« Sie wollte nur einmal unter dem Brandenburger Tor durchgehen, nicht mehr, aber auch nicht weniger. Doch sie war einige Minuten zu spät gekommen. Die Szene, eingefangen von *Spiegel TV*-Kameramann Rainer März, wurde zum Symbol dieser Nacht, die alles veränderte.

»Lasst sie rüber«, riefen Einzelne aus der Menge der Beobachter, »rüberlassen …!«

Noch zögerten die Grenzer, sie hatten ihre Anweisungen. Doch sie wussten, dass sie hier auf verlorenem Posten standen.

»Ich geh auch wieder zurück, das schwöre ich Ihnen beim Leben meiner Kinder. Zwei Jungs sind bei der Armee, möchte ich Ihnen noch sagen. Die tun ihre Pflicht wie Sie, und zwar drei Jahre. Beide! Der eine möchte anschließend studieren. Lehrer werden will er, in dieser, unserer Republik. Ist das alles so schwer zu verstehen?«

Und sie verstanden es. Die Frau wurde von einem Offizier zum Brandenburger Tor begleitet. Dann wollten die Volkspolizisten den Platz geräumt sehen, am liebsten freiwillig.

»Hier passiert heute nichts mehr«, sagte ein Vopo.

»Wir halten länger aus«, antworteten die Bürger.

Reporter Georg Mascolo und Kameramann Rainer März hatten alles im Bild eingefangen. So dicht an den Ereignissen war in dieser Nacht kein anderes Team.

Reise nach Kaliningrad

Kurz nach dem Fall der Mauer und den Umbrüchen in der Sowjetunion meldete sich der Sohn eines ehemaligen Feuerwehrmannes aus Königsberg beim *Spiegel*. Er habe von seinem Vater erfahren, wo das legendäre Bernsteinzimmer versteckt sei. Auslandsredakteur und Russlandkenner Fritjof Meyer war elektrisiert. Er berichtete Rudolf Augstein von dem Gespräch, und der war ebenfalls Feuer und Flamme. Die Geschichte, die Vater und Sohn zu berichten hatten, klang auch durchaus plausibel.

In den letzten Tagen der Schlacht um Königsberg, im Januar 1945, habe der Feuerwehrmann einem Kollegen sein Spezialfahrzeug ausgeliehen, einen Lastwagen, der über eine hydraulische Hebebühne verfügte. Als er den Lkw zurückbekam, habe er den Kollegen gefragt, wofür er das Ding denn so dringend gebraucht habe. Wir mussten große lange Kisten vom Schloss zur Ordensburg Lochstedt bringen, habe der Kollege geantwortet, gut 25 Stück. Darin seien die abgebauten Wandpaneele des Bernsteinzimmers gewesen, das während der deutschen Belagerung aus dem Zarenschloss bei Leningrad nach Königsberg gebracht worden sei. Die Kisten seien im unteren Geschoss des doppelstöckigen Kellers in der mittelalterlichen Burg Lochstedt versteckt worden. Er habe diese Information seit seiner Flucht aus Königsberg für sich behalten. Jetzt, im Zeichen des politischen Tauwetters, könnte man doch mal nachsehen.

Rudolf Augstein versprach eine Belohnung von einer Million D-Mark, wenn der verschollene Schatz dort tatsächlich gefunden würde. Aber die *Spiegel*-Leute wollten die brisante Information nicht so ohne Weiteres an die Russen weitergeben, dann hätten sie ja auch auf eigene Faust nach den Kisten suchen können. Also wurde eine komplizierte Strategie entworfen. Über Gorbatschows engen Berater Walentin Falin, zu dem die Auslandsredaktion gute Kontakte hatte, wurde der Vorschlag unterbreitet, dass der Tippgeber und sein Vater gemeinsam mit *Spiegel*-Redakteuren nach Kaliningrad, dem ehemaligen Königsberg, fahren sollten. Erst an Ort und Stelle würden sie den russischen Kontaktleuten den Fundort mitteilen, dann sollte die Suche sofort beginnen. Büroleiter Jörg Mettke sollte gemeinsam mit seinem Dolmetscher Andrej Batrak die Vorbereitungen treffen.

Tatsächlich willigte die russische Regierung auf Anweisung von Gorbatschow persönlich ein. Ich durfte mit einem Kamerateam von *Spiegel TV* mitreisen. Schließlich sollte der große Moment des Auffindens des verschollenen Schatzes auch gebührend gefilmt werden.

Kaliningrad war aufgrund seiner militärischen Bedeutung für die Sowjetunion vor allem für ausländische Journalisten bis dahin ein absolutes Sperrgebiet gewesen. In großer Besetzung ging es nach Moskau, ausgerüstet mit allem, was man für eine solche Expedition brauchte. Selbst einen Stromgenerator und Scheinwerfer hatten wir im Gepäck.

Moskau war bitterkalt und verschneit. Wir kamen in einem eleganten Touristenhotel unter, aus dessen Fenster man sehen konnte, wie auf der anderen Straßenseite eine endlose Menschenschlange nach Lebensmitteln anstand. Nach einigen Verzögerungen, die wir mit reichlich Wodka und Kaviar gut überstanden, konnten wir nach Kaliningrad weiterfliegen. Dort wurden wir in einem heruntergekommenen Hotel, dem besten am Platz, untergebracht.

Ein örtlicher Kontaktmann in einem langen hellen Mantel, den Dolmetscher Batrak fortan »Genosse Weißkittel« nannte, sollte von uns das Geheimnis erfahren. Vermutlich war er der örtliche KGB-Mann. Auch ein Experte war dabei. Awenir Osjanow hatte selbst einen guten Teil seines Lebens mit der Suche nach dem Bernsteinzimmer verbracht. Als Angehöriger einer sowjetischen Pioniereinheit war er 1957 am Abbruch der Königsberger Schlossruine beteiligt gewesen. In der Zwischenzeit hatte er ein Gesamtverzeichnis aller Baugruben, Gräben,

Schürfe und Bohrlöcher angefertigt, wo irgendwann einmal von Schatzsuchern gebuddelt worden war.

Wir teilten ihm unser Wissen mit. Die Kisten sollten im Tiefkeller der mittelalterlichen Ordensburg Lochstedt, auf dem nördlichen Ausläufer der Frischen Nehrung, südwestlich der Stadt Fischhausen, liegen. Obwohl es schon Nachmittag war und leicht schneite, machten wir uns mit einem Kleinbus auf den Weg.

Die Burg war bis 1270 eine Holzwallanlage gewesen und zwischen 1275 und 1285 in Stein neu aufgebaut worden. Ihre strategische Bedeutung verlor sie wenige Jahrzehnte später, als das Lochstedter Tief versandete. Schon kurz nach dem Dreißigjährigen Krieg galt das Gebäude, das aus einem vierflügeligen Haupthaus mit Turm bestand, als baufällig. Allein die Kapelle bewahrte die Burg vor dem vollständigen Abriss. 1937 erfolgten die Sicherung und eine teilweise Restaurierung, bis der Zweite Weltkrieg und anschließende Abbrucharbeiten – angeblich durch die Suche nach dem Bernsteinzimmer – ihr den Rest gaben.

Entsprechend schwer war es für uns, 44 Jahre danach, die Ruine zu finden. Es wurde auch schon dunkel, und es schneite. Im Schatzsucherfieber stapften wir durch den Schnee und durch dichtes Gestrüpp. Außer den Mauerresten und einigen Gräben konnten wir in der einsetzenden Dunkelheit nichts entdecken. Wir vertagten uns auf den nächsten Morgen.

Tatsächlich waren in den Gewölben der Burg vor Kriegsende Kunstgüter, Archivalien und Teile der Königsberger »Prussia-Sammlung« eingelagert worden. Als die Keller aber später ausgeräumt wurden, war von den 27 Kisten mit den Wandpaneelen des Bernsteinzimmers nichts zu finden. Aber unser alter Feuerwehrmann hatte von seinem Kumpel ja auch erfahren, dass die Schatzkisten tief unten in einem zweiten Kellergeschoss eingelagert worden seien.

Gleich nach dem Frühstück ging es weiter. Das Wetter wurde nicht besser. Anhand alter Pläne und Zeichnungen versuchten wir, uns einen Überblick über die möglichen Lagerstätten zu verschaffen. Das Gelände war sehr unübersichtlich. Wo genau die gesuchten Kasematten sein könnten, war schwer auszumachen. Es half alles nichts, wir mussten auf gut Glück buddeln. Zum Glück gab es gleich in der Nähe, bei der Ortschaft Fischhausen, eine sowjetische Kaserne. Nach kurzen Verhandlungen stellte uns der örtliche Kommandant einige Pioniere mit schwerem Gerät zur Verfügung, einen Bagger und einen Bergepanzer.

Die Suche konnte beginnen. Kollege Fritjof Meyer war in seinem Element. In seinen Erinnerungen schrieb er: »Bei Tageslicht zeigte sich, dass der Krieg von der Ordensburg nur Trümmer übrig gelassen hatte. So mussten die mit Schutt gefüllten Keller durchsucht werden. ZK-Sekretär Falin hatte einen Leutnant und zehn Mann der Armee samt einem Räumpanzer vom Typ ›BAT‹ in Marsch gesetzt, sie gruben eine Woche lang unter dem Kommando Karls (wie sich Fritjof Meyer in seinem Buch selbst bezeichnete), welcher sich auf einem Haufen Aushub wie auf einem Feldherrnhügel vorkam. Und die Fernseh-Kameraleute filmten, angeführt von ihrem Chef, den sie als ›unseren Sonnenschein‹ titulierten.«

Endlich konnte Fritjof eine – wenn auch kleine – sowjetische Armee-Einheit befehligen. Zunächst wurden Gestrüpp und Bäume mit dem Bergepanzer beiseitegeschoben. Dann nahte schon wieder die Dunkelheit mit Schneegestöber. Wir fuhren zurück nach Kaliningrad. Weil es dort praktisch keine Gaststätten und damit nichts zu essen und zu trinken gab, mussten wir abends zu Tanzveranstaltungen gehen. Dort gab es wundersamerweise Bier, Wodka und etwas zu essen. Und reichlich Musik. Vor allem: »In The Army Now« und »Lambada«.

Am nächsten Morgen ging es weiter. Mithilfe eines Gebäudegrundrisses, den Fritjof Meyer aus einem Archiv besorgt hatte, wurden sämtliche Keller der Ordensburg ausgehoben. Mit dem schweren Gerät und unter gewaltigem Getöse gelang es den Soldaten, bis in die unteren Kellergeschosse der Ruine vorzudringen. Es fanden sich eine verrostete deutsche Maschinenpistole und eine Tube Wehrmachtsleberwurst, die Meyer kostete und für essbar befand. Wir gruben bis unter die Grundmauern des Schlosses. Doch darunter gab es kein weiteres Kellergeschoss und damit auch keine Kisten mit kostbaren Wandpaneelen. Bevor wir nun aber die gesamte historische Ruine mit dem Bagger beseitigten, gaben wir die Suche auf. Wir besichtigten noch den wieder aufgebauten Dom, nahmen am Weihnachtskonzert in einer zum Konzertsaal umgebauten Kirche teil und machten uns auf den Weg zurück. Kaliningrad war eingeschneit, und nach vielen Stunden Wartens auf einen Rückflug nach Moskau setzten wir uns schließlich in die Bahn. Wir waren die ganze Nacht unterwegs. Ich blickte stundenlang aus dem Fenster. Draußen war eine endlose, weitgehend flache Landschaft, bedeckt von Schnee. Ich sagte zu unserem Kameramann: »Und das wollten die Deutschen mal erobern?«

Aber das Bernsteinzimmer begleitete mich weiter. Denn wie hieß es noch so schön bei Mark Twain: »Jeder Junge möchte gern mal einen Schatz finden.«

»Gewinner des Ausflugs«, so schrieb Fritjof Meyer alias »Karl« verschlüsselt in seinen Memoiren, »war der ›Sonnenschein‹, den nach intensiven Gesprächen Karl – gegen die Mehrheit der Ressortleiter – dem Bernstein (alias Augstein) als künftigen Chefredakteur empfahl, mit Erfolg.«

Der Stasi-Staat

Das Ministerium für Staatssicherheit der DDR hatte 85 000 feste und 109 000 freie Mitarbeiter. Wir wussten das ziemlich genau, und in einer Moderation nannte ich die Zahlen. Am darauffolgenden Tag rief mich mein alter Chef Peter Merseburger an und sagte, das sei doch ziemlich übertrieben. Selbst der BND sei immer von sehr viel niedrigeren Zahlen ausgegangen. Merseburger musste es wissen, schließlich war er jahrelang Korrespondent der ARD in Ost-Berlin gewesen.

Ich musste ihm widersprechen. »Warten Sie bitte einen Moment«, sagte ich, »bin gleich zurück am Telefon.« Dann holte ich die Liste, die wir ein paar Tage zuvor bekommen hatten. Es war die Computerliste aller Stasi-Mitarbeiter einschließlich Rang und Gehalt. Unsere Zahlen stimmten, sie kamen direkt aus dem Computer der Stasi. Und waren keine Schätzungen des BND.

Insgesamt waren es knapp 200 000 Spitzel und Hilfsspitzel, die für die Stasi arbeiteten – fast halb so viele, wie damals die Bundeswehr Soldaten hatte. Kein Wunder, dass die Abschaffung des Geheimdienstes für die Opposition in der DDR oberste Priorität besaß. Bürgerkomitees überwachten die Auflösung der Stasi-Stützpunkte und sorgten dafür, dass belastende Unterlagen nicht klammheimlich vernichtet wurden. Dabei wurden die Kontrolleure nicht selten an der Nase herumgeführt, denn der Geheimdienstapparat war noch immer aktiv.

Die *Spiegel TV*-Mitarbeiterin Katrin Klocke hatte aus Kreisen der Bürgerrechtsbewegung den Tipp bekommen, man plane eine Besetzung der Geheimdienstzentrale in der Berliner Normannenstraße. Unter strengster Geheimhaltung schickten wir die Reporterin mit einem Kamerateam zur Stasi-Zentrale. Als sie dort ankam, wurde das Gebäude bereits von Demonstranten belagert. Formvollendet begehrte ein Bürger beim Pförtner Einlass: »Wir möchten gerne einen Arbeitsraum hier drinnen haben für die Auflösung dieses Ministeriums durch das Bürgerkomitee. Können Sie das bitte mal in die Reihe kriegen?«

Die Objekte der Observation von gestern übten sich in der Rolle der Kontrolleure. Das Wachpersonal hatte die Zeichen der Zeit erkannt: »Hier kommen nur Leute vom Bürgerkomitee DDR rein.« Das Bürgerkomitee, legitimiert vom Runden Tisch, konnte seine Arbeit aufnehmen. Doch am Abend erschien das Volk persönlich. Die Oppositionsgruppe Neues Forum hatte zur Demonstration aufgerufen. Für manche war es nicht die erste Begegnung mit der Stasi.

Aber das MfS war längst raus aus seinem Hauptquartier. Als

letzte Amtshandlung und unfreundliche Geste wurde das Tor geöffnet. Das Volk konnte hineinmarschieren. Verwundert schaute man sich in der geheimnisumwitterten Hochburg der Staatskontrolleure um. Mit revolutionärem Elan stürmte man ein leeres Treppenhaus im Versorgungstrakt des riesigen Stasi-Komplexes.

Das Kamerateam mit Katrin Klocke war inzwischen vom *Spiegel TV*-Reporter Georg Mascolo aufgespürt worden. Der hatte etwas zu spät von der Besetzung der Behörde erfahren und war hinterhergeeilt. Jetzt schloss er sich dem Team der Kollegin an. Gemeinsam mit den Bürgerrechtlern durchstreiften sie das Mammutgebäude und machten sich auf die Suche nach dem Büro des Hausherrn. Auf einem langen Korridor wurden die Reporter fündig und fragten einen Uniformierten: »Ist das hier das Büro von Herrn Mielke gewesen?«

»Hier ging es rein.«

Und während sich die Demonstranten an Blechtüren, Propagandabroschüren und Akten vergingen, saß der kommissarische Chef des Hauses im konspirativen Dunkel des Mielke-Büros. Das Team von *Spiegel TV* besuchte ihn dort und ließ sich seine neue Aufgabe erklären.

Generalmajor Heinz Engelhardt gab bereitwillig Auskunft: »Meine Aufgabe besteht darin, auf Entscheidung der Regierung dieses Amt aufzulösen und die Geschäfte hier abzuwickeln. Es muss ja Leute geben, die hier bestimmte Sach- und Fachkompetenz haben.«

Georg Mascolo erkundigte sich: »Sie sind auch ehemaliger Angehöriger der Staatssicherheit?«

»Ja, ja, sicherlich. Ich bin hier ausschließlich wegen dieser Aufgabe hierher versetzt worden, aus dem Bezirk Frankfurt (Oder). Aus dem ehemaligen Ministerium gibt es natürlich keine Kader mehr, Führungskader. Wie Sie wissen, Herr Mielke sitzt, alle anderen sind entlassen. Und einer muss, sagen wir mal, die Konkursmasse verwalten. Und das bin ich.«

Schwert und Schild der Partei sollte der Geheimdienst sein,

ein ausführendes Organ der sozialistischen Einparteienherrschaft. Jetzt in der Wendezeit war die Stasi von den SED-Strategen praktisch zum Abschuss freigegeben. Der Zorn des Volkes sollte sich gegen die Geheimdienstler richten, die praktisch einen Staat im Staate DDR gebildet hatten. Mielke und seinen Mannen sollte die gesamte Schuld am DDR-Desaster in die Schuhe geschoben werden. Nur die inoffiziellen Mitarbeiter waren im Begriff, neue Aufgaben zu übernehmen.

Demokratischer Aufbruch

Am 17. Dezember 1989 war in Leipzig die Partei »Demokratischer Aufbruch« im Umfeld der evangelischen Kirche der DDR neu gegründet worden. Gründungsmitglieder waren die prominenten Theologen Rainer Eppelmann und Friedrich Schorlemmer sowie der Jurist Wolfgang Schnur. Angela Merkel, die sich direkt nach der Maueröffnung nach einer Partei umgesehen hatte, wurde zur Pressesprecherin ernannt. Anfangs vertrat die Partei eine Art »Dritten Weg« zwischen Sozialismus und Kapitalismus, was schon auf dem Gründungsparteitag zu heftigen Kontroversen führte. Zur Volkskammerwahl am 18. März 1990 trat der »Aufbruch« gemeinsam mit der DSU und der CDU im Wahlbündnis »Allianz für Deutschland« an. Eine Woche vor der Wahl kam heraus, dass der Parteivorsitzende Schnur, mit dem Kanzler Kohl mehrmals gemeinsam aufgetreten war, als inoffizieller Mitarbeiter für die Stasi gearbeitet hatte.

Die Enthüllung war ein schwerer Schlag für die Bürgerbewegung in der DDR. In Rostock hatten fast alle prominenten Oppositionellen vor der Wende bei Schnur Rat und Hilfe bekommen. Schnur besaß das Vertrauen höchster Kirchenkreise. Falls die Vorwürfe stimmten, war er eine erstklassige Quelle für den Staatssicherheitsdienst gewesen. Noch eine Woche zuvor hatte Schnur selbst versucht, die Vorwürfe aus der Welt zu schaffen. Ein Untersuchungsausschuss in Rostock hatte ihn vorgeladen und mit den Anschuldigungen konfrontiert. Nicht lange danach war er mit Kreislaufkollaps zusammengeklappt.

Der Fall Schnur war die erste einer ganzen Reihe von Enthüllungen über Politiker der neuen oder gewendeten DDR-Parteien. Das Ministerium für Staatssicherheit hatte seine Leute überall in Spitzenpositionen gehievt. Über den »Demokratischen Aufbruch« war man bestens informiert. Schnur gab genaue Spitzelberichte über den Aufbau der Partei im vergangenen Jahr. Die Akte war im Stasi-Bezirksamt Berlin von dem dort tätigen Bürgerkomitee gefunden worden. In ihr waren sogar Vieraugengespräche an den unterschiedlichsten Orten im Detail festgehalten. Einer, der die Akte gesehen hatte, sagte: »Dreiergespräche, Zweiergespräche, Eppelmann sagt, Schnur sagt, Neubert sagt. Und dann kommt die Thematik der jeweiligen Aussage.«

Die Materialien wurden der Ost-Berliner Staatsanwaltschaft übergeben. Darunter war eine Verpflichtungserklärung von Wolfgang Schnur als inoffizieller Mitarbeiter des Staatssicherheitsdienstes vom 4. Juni 1965. Er gab seine IM-Tätigkeit schriftlich zu.

Später kamen noch ganz andere Dinge über Schnur heraus. Er war auf Anweisung des Ministeriums für Staatssicherheit von Rostock nach Berlin umgezogen und bekam dort von dem Kirchenjuristen Manfred Stolpe, bei der Stasi als »IM Sekretär« geführt, eine Villa am See zugeschanzt, worüber wir ebenfalls einen Beitrag für *Spiegel TV* machten.

Die erste und letzte freie Wahl der DDR

Am 18. März wurde in der noch existierenden DDR gewählt. Es wurde ein Traumergebnis für Helmut Kohl, obwohl er nicht zur Wahl stand. Seine »Allianz für Deutschland« verfehlte nur knapp die absolute Mehrheit. Sieger war der Rechtsanwalt Lothar de Maizière, der enge Kontakte zur evangelischen Kirche der DDR – und nicht nur dorthin – hatte. Plötzlich war er der Kandidat für das Amt des ersten frei gewählten Ministerpräsidenten der Deutschen Demokratischen Republik, die es nicht mehr lange geben sollte. Er wurde so etwas wie der Konkursverwalter des Arbeiter-und-Bauern-Staates. Ganz wohl schien ihm nach diesem Triumph nicht zu sein. »Eher erschrocken schien er über den Wahlsieg, den ihm die DDR-Bevölkerung und der westdeutsche Kanzler Helmut Kohl eingebrockt hatte«, schrieb der *Spiegel*. »Ein unerwartet gutes Ergebnis«, das war zunächst alles, was der abgekämpft wirkende Neupolitiker auf der Bühne der CDU-Wahlparty sagen mochte.

Die CDU gewann mit 40,82 Prozent vor den Sozialdemokraten mit 21,88 Prozent und der auf PDS umgetauften SED mit 16,40 Prozent die Wahlen. Der »Demokratische Aufbruch« dessen ursprünglicher Spitzenkandidat Wolfgang Schnur wenige Tage vor der Wahl als inoffizieller Mitarbeiter der Stasi entlarvt worden war, erhielt gerade mal 0,9 Prozent der Stimmen. Lothar de Maizière wurde Ministerpräsident. Und Angela Merkel seine stellvertretende Regierungssprecherin.

Am 4. August 1990 fusionierte der »Demokratische Aufbruch« mit der ehemaligen DDR-Blockpartei CDU. Als die dann zwei Monate später mit der West-CDU vereinigt wurde, war die ehemalige Pressesprecherin des Parteivorsitzenden, des Stasi-IM Wolfgang Schnur, plötzlich CDU-Mitglied. Und ziemlich schnell kam heraus, dass auch Lothar de Maizière IM der Stasi gewesen war.

Wir konnten Angela Merkel damals einmal mit der Kamera einfangen, als das Team de Maizière hinterherrannte. Er verschwand in einem Büro, und Angela Merkel, modisch gekleidet in dunkelblau-violetter Flatterbluse mit Schulterpolstern, stellte sich den Reportern in den Weg: »Wir machen hier jetzt nichts. Lassen Sie doch den Mann mal ohne Kamera bis in die Volkskammer gehen. Und stellen Sie sich wenigstens dorthin.« Sie schloss die Tür und drehte sich zu den Reportern um: »Das ist doch wirklich nicht schön, kaum dass der zur Tür kommt …

immer so 'n Mikrofon in die Hand gehalten kriegt. Der sagt sowieso nischt. Sie haben außer ein paar blöden Aufnahmen nischt ...« Leise fügte sie hinzu: »Das nimmt hier Formen an. Wenn ich hier was zu sagen hätte in der Kammer, dann würde ich also ...« Das dauerte dann noch etwas.

Das Kinderlager von Cighid

Inzwischen waren auch die übrigen kommunistischen Diktaturen Osteuropas ins Wanken geraten. Auch dort konnten nun die Hinterlassenschaften von 40 Jahren Misswirtschaft und Unterdrückung der Bevölkerung besichtigt werden.

Im Januar 1990 bekam ein junger Mann aus Hannover, sein Name war Thilo Thielke, eine Anfrage der *Neuen Presse,* ob er für sie einen Hilfstransport nach Rumänien begleiten könne. Sie wollten keinen Redakteur mitschicken, und Thielke, der gerade Abitur gemacht hatte, arbeitete seit ein paar Jahren als freier Mitarbeiter für die Zeitung. Inzwischen war er Zivildienstleistender und hatte seinen Urlaub schon hinter sich. Er ließ sich krankschreiben und fuhr mit einem Transport von Exilungarn los, die ihre Landsleute in Rumänien versorgen wollten. Über Budapest ging es nach Oradea. Dort trafen sie auf eine Gruppe junger Menschenrechtler, die ihnen eine Horrorgeschichte über ein Kinderheim mit Namen Cighid südlich von Oradea erzählten. Sie hatten auch ein unterbelichtetes und ziemlich verwackelte VHS-Video, das Thielke ihnen für 100 Mark abkaufte. Dann fuhren sie gemeinsam in das Heim und waren erschüttert über das, was sie dort sahen. Weil die Ungarn es eilig hatten weiterzukommen, lieh Thilo Thielke sich einen Kleinlaster und blieb einen Tag länger, um Fotos zu machen und aufzuschreiben, was er dort sah.

In Siebenbürgen holte er seinen ungarischen Hilfstransport wieder ein. Sie gerieten in einen Schneesturm, steckten fest und kamen erst einige Tage später als geplant wieder in Hannover an. Der Pastor, bei dem Thilo Thielke seinen Zivildienst ableistete, wusste nicht, dass er in Rumänien gewesen war – und drohte, ihn wegen Fahnenflucht anzuzeigen.

Thielke wollte gern eine Geschichte für den *stern* schreiben, rief den Auslandsressortleiter an und schickte seine Freundin mit den Fotos und dem Text nach Hamburg, weil er sich eine weitere Abwesenheit bei seinem Zivildienst nicht leisten konnte. Ein paar Tage später fuhr er selbst zum NDR nach Hamburg, weil er dachte, die *Tagesthemen* könnten an dem VHS-Material Interesse haben. Doch den dortigen Redakteuren war die Qualität des Videos zu schlecht. Sie rieten Thilo Thielke, es doch einmal bei *Spiegel TV* zu versuchen.

Weil er wieder zum Dienst musste, schickte Thilo seine Freundin ins Chilehaus. Sie traf dort auf den diensthabenden Redakteur des Magazins, der ihr erklärte, *Spiegel TV* sei eher an Deutschland-Themen interessiert. Und das Material sei auch zu schlecht, um es zu senden. Ich selbst war gerade auf Reisen.

Als Thilo vom *stern* nichts hörte, wandte er sich an den Auslandsressortleiter des *Spiegel*, Dieter Wild, der Thielkes Text an die Reporterin Ariane Barth weiterreichte. Die war sofort elektrisiert und rief ihn in Hannover an. Er solle um Gottes willen die Fotos umgehend vom *stern* zurückholen und ihr schicken. Das sei ja eine unfassbare Geschichte, sie würde gern etwas darüber schreiben. Sie rief mich an und fragte, ob ich mir das Material nicht noch einmal selbst ansehen wolle. Natürlich wollte ich und rief Thilo Thielke an: »Könnten Sie sofort kommen und mir das Video noch einmal vorführen?«

Er kam. Ich war schockiert – über die Bilder, die ich sah, und darüber, dass unser Redakteur die Bedeutung nicht erkannt hatte. Ich kaufte ihm das Video ab und schickte ihn mit einem Kamerateam und unserem Reporter Gunther Latsch sofort noch einmal los. Für den *Spiegel* fuhren Ariane Barth und der Fotograf Detlev Konnerth mit, der als Rumäniendeutscher in Reps bei Kronstadt in Siebenbürgen geboren war und deshalb Rumänisch konnte.

Als ich an diesem Buch arbeitete, wollte ich von Thilo all diese Einzelheiten nach nunmehr 30 Jahren noch einmal in aller Ausführlichkeit geschildert bekommen. Er war inzwischen für die *Frankfurter Allgemeine* als Korrespondent in Kapstadt und hatte sich eine kleine Lodge in Tansania direkt am Kilimandscharo zugelegt. Am Montag, dem 26. Oktober 2020, rief er mich morgens von der Lodge aus an. Am Ende unseres Gespräches erinnerte ich ihn noch einmal daran, dass er mir noch seine Geschichte zu Cighid aufschreiben wollte. Das tat er dann auch.

Am Mittwoch bekam ich morgens um 10.41 Uhr die E-Mail. Sie begann mit den Worten: »Lieber Stefan, ich sollte dir doch kurz aufschreiben, wie das mit Cighid war.« Dann schilderte er die Ereignisse, so wie ich sie oben wiedergegeben habe. In der folgenden Nacht starb er, wohl an einem Herzinfarkt. Mein Freund Thilo Thielke wurde gerade mal 52 Jahre alt. Sein journalistisches Leben hatte 1990 mit Cighid begonnen – und es endete 2020 mit Cighid.

Nach einer guten Woche waren Thilo und die Kollegen aus Rumänien zurückgekommen. Sie hatten Material gedreht, das so entsetzlich war, dass der Reporter Latsch beim Schneiden des Films weinte. Es war eine Reise in die Hölle des Ceaușescu-Staates. Der Horror einer Diktatur hatte ihren Machthaber überlebt. In einem Heim für angeblich geistig behinderte Kinder wurden die Insassen systematisch durch Hunger, Dreck und Elend vernichtet.

Der Film begann mit den Aufnahmen dreier verwahrloster Kinder auf einer verstaubten Landstraße. »Immer, wenn sie es nicht mehr aushalten, machen sie sich auf den Weg«, begann der Text. »Dann gehen Margit, Mindra und Daniel zur Bahnstation Cighid. Dort gibt es Musik aus dem Radio, dort können sie tanzen. Tanzen, um dem Grauen zu entfliehen – für zwei Stunden nur.« Ihre Hölle war nur eine Viertelstunde Fußweg entfernt. Am Ende einer sechs Kilometer langen Schotterpiste lag das ehemalige Jagdschloss des ungarischen Grafen Tisza. Doch der war schon lange nicht mehr hier gewesen. In diesem Waldstück im Nordwesten Rumäniens endete die Zivilisation.

Seit drei Jahren war in dem gräflichen Palais ein Heim für angeblich behinderte Kinder und Jugendliche untergebracht. Die Dezember-Revolution hatte diesen Ort nie erreicht. Der einzige Fortschritt: Die Verwahrstation durfte jetzt besichtigt werden. Unter Führung einer Ärztin aus der nahe gelegenen Kreisstadt Oradea erhielt das Team von *Spiegel TV* einen Ortstermin im Wartezimmer des Todes.

Wer hier nicht krank war, musste es werden. 119 Kinder vegetierten unbeaufsichtigt vor sich hin. Auf Matratzen, durchnässt von Urin, nackt in unbeheizten klammen Räumen. Moder, Fäulnis und Verwesung lagen in der Luft. Hier mischte sich der Dreck von Jahrzehnten mit dem Gestank von Kot und Erbrochenem. Eine Badewanne und zwei Toiletten für mehr als hundert Menschen. Auf dem Gang zwischen den sogenannten Salons: ein Käfig, Behausung für zwei Mädchen. Beide galten als aggressiv, also wurden sie weggeschlossen – Tag und Nacht. Unheilbar geistesgestört. Dieses Verdikt schwebte über den Insassen des Schreckensschlosses. Aber wer konnte schon sagen, was bei den Kindern von Cighid auf das Konto ihrer Krankheit ging und was auf das Konto ihrer kranken Umgebung.

Die einzige Aufmerksamkeit, die den Kindern vonseiten des Personals zuteilwurde, war die tägliche Abfütterung. Eine schmierige Pampe aus Bohnen, Mais und ranzigem Fett. Schweinefraß aus dem Blecheimer, unbekömmlich selbst für Erwachsene. Die einzige Sensation im Einerlei der Tage – für den siebenjährigen Tiberius Varga war sie ohne Reiz. Mit einer einzigen hilflosen Handbewegung wies er das Essen zurück. Er aß schon seit Langem nichts mehr. Als ob er abgeschlossen hätte mit diesem Leben. Das Personal gab sich ratlos: »Was sollen wir machen? Ich weiß es nicht.«

»Also einfach abwarten, bis sie sterben?«

»Man hätte sie gleich nach der Geburt töten müssen. Dann

wäre es gar nicht erst so weit gekommen. Wir haben doch gar keine andere Möglichkeit, als sie sterben zu lassen.« Eine Zentralheizung wäre gut und in jedem Zimmer warmes Wasser. Aber so wie jetzt gehe es nicht anders: »Wir müssen das Wasser Eimer für Eimer aus der Küche holen.«

Doch das Personal in diesem Horrorkabinett menschlicher Erniedrigung war weit davon entfernt zu tun, was man hätte tun können. In einem abgelegenen Winkel des heruntergekommenen Schlosses lagerten Hilfsgüter aus dem Westen, Windeln und Babynahrung, seit Wochen unberührt. Den Schlüssel für die Kammer hatte der Lagerverwalter. Keiner wusste, wo er sich aufhielt. Und der zuständige Mann von der Sozialbehörde war schon zufrieden, wenn noch alles da war: »Wo Lebensmittel sind, wird auch gestohlen. Nicht nur hier. Überall in Rumänien. So war das immer. Eine Revolution ändert nicht die Mentalität.«

Der Schlüssel für die Kleiderkammer fand sich nach längerer Suche. Kinderkleidung und Wolldecken lagen überall herum. Spenden aus der Bundesrepublik und Österreich. Doch die Kinder saßen nackt auf verrosteten Bettgestellen. Und niemand kümmerte sich um sie. Niemand nahm sich die Zeit, die kotverschmierten Laken zu wechseln. Niemand befreite die Hilfsbedürftigen von ihren Exkrementen. Die Kinder waren abgeschrieben und aufgegeben, nicht nur vom Pflegepersonal in Cighid. Auch vom zuständigen Kinderarzt im Krankenhaus von Salonta.

»Wir konnten nichts tun«, sagte Dr. Szabo den Reportern.

»Sie haben doch gewusst, dass Sie die Kinder in den Tod schicken?«

Dr. Szabo antwortete: »Die akuten Krankheiten haben wir doch geheilt. Aber wir wussten, wenn sie zurückgehen, werden sie wieder krank. Verstehen Sie mich? Es gab keinen Ausweg. Diese Bedingungen dort, in Katanga, habe ich immer gesagt, Katanga oder Nigeria, wie Sie wollen, das ist nicht Europa, das ist Afrika.«

»Und wer ist schuld?«, fragte Reporter Gunther Latsch.

»Na, wer schon? Das Regime. Ceaușescu, wer sonst?«, sagte der Arzt.

Doch hinter der verriegelten Tür des Kinderheims begann nicht die Dritte Welt. Hier herrschte die Nacht der Zivilisation – mitten in Europa. Im Monat drei nach Ceaușescu.

Im ständigen Halbdunkel des finstersten und schmutzigsten Winkels der Hölle von Cighid vegetierten 15 Kinder im Alter von 6 bis 16 Jahren. Der Kachelofen mit dem zerbrochenen Schutzgitter war nicht geheizt. Ein Feuer wäre zu gefährlich für die Gefangenen in dem unbeaufsichtigten Verlies, Isolator genannt. Dieser Raum der Hoffnungslosigkeit war die Endstation eines langen Weges in den Tod.

Begonnen hatte er für die meisten im Waisenhaus von Oradea. Ausgangspunkt der Selektionsmaschinerie einer gnadenlosen Diktatur. Im Hungerland Ceaușescus, wo selbst kranke Frauen ihren kranken Nachwuchs gegen ihren Willen zur Welt bringen mussten, war die Produktion von Kindern ohne Zukunft – zwangsläufig. Im ersten Lebensjahr wurde alles getan, um die Kinder am Leben zu erhalten. Der »Conducător« wollte eine geringe Säuglingssterblichkeit, um jeden Preis. Sie galt in den Statistiken der Weltgesundheitsorganisation als Maß für die Zivilisiertheit einer Nation. Und dieser Schein sollte gewahrt bleiben. Wenn die Kinder das erste Lebensjahr überstanden hatten, war ihr statistischer Zweck erfüllt. Danach war alles egal. Manche dieser Kinder hatten die ersten drei Jahre ihres Lebens im Bett verbringen müssen. Sie konnten weder laufen noch sprechen. Es war niemand da, der sich um sie hätte kümmern können.

Stufe zwei der Selektion: Wenn die Kinder das dritte Lebensjahr erreicht hatten, wurden sie von einer Kommission, bestehend aus Jugendpsychiatern und Verwaltungsbeamten, begutachtet. Wer als zurückgeblieben und damit als nutzlos eingestuft wurde, den schob man ab in Lager wie Cighid.

Am zweiten Tag des Aufenthalts des Kamerateams aus dem

Westen schien sich das Palais des Todes über Nacht verwandelt zu haben. Der Boden in den »Salons« genannten Ställen, noch am Vortag mit glitschigem Schleim bedeckt, war feucht gewischt worden. Die Kinder waren gewaschen und neu eingekleidet. Intaktes Spielzeug machte die Illusion fast perfekt. Doch der schöne Schein hielt nur bis zum Abend. Dann begann für Maria Deutsch der alltägliche Leidensweg. Nach zwölf Stunden in ihrem Käfig wurde sie für die Nacht präpariert. Damit das Wachpersonal seine Ruhe hatte, spritzte man ihr ein starkes Betäubungsmittel: Chlorpromazinhydrochlorid. Ein Psychopharmakon der ersten Generation, im Westen längst aus dem Verkehr gezogen.

Und am nächsten Tag würden sich Margit, Mindra und Daniel wieder auf den Weg zum Bahnhof machen. Sie würden Musik hören, und sie würden wieder tanzen. Tanzen, um Cighid zu überleben.

Wir sendeten den Film, und auch der *Spiegel* druckte Ariane Barths Geschichte. Die Reaktion der Zuschauer war unbeschreiblich. Viele riefen an oder schrieben und wollten Geld für die Rettung der Kinder von Cighid spenden. Plötzlich mussten wir eine Hilfsorganisation aus dem Boden stampfen. Die Justiziarin des *Spiegel,* Brigitte Rolofs, organisierte ein Spendenkonto. Innerhalb von 14 Tagen gingen 3 Millionen Mark auf dieses Konto ein. Davon kam eine Million von einer Spenderin, die anonym bleiben wollte.

Zwei Wochen nach der Sendung fuhren Reporter und ein Kamerateam von *Spiegel TV* wieder nach Cighid und filmten die Überstellung der Kinder ins Krankenhaus der nächstgelegenen Stadt, Salonta. Damit waren sie zunächst der akuten Lebensgefahr entronnen. Nach der Veröffentlichung der Bilder aus dem Kinderheim starb nur noch ein Junge, Chandor Balogh, 13 Jahre alt.

Unmittelbar danach begann die Sanierung des Jagdschlosses mit den Hilfsgeldern des *Spiegel*-Kontos. Das Heim wurde gründlich renoviert und ein Jahr später wieder an das Kinderheim übergeben, es wurde Personal eingestellt, und die Kinder wurden ärztlich und psychologisch betreut. Und plötzlich stellte sich heraus, dass viele der Kinder keinesfalls debil waren. Einige von ihnen machten Abitur, und Renata, die in jedem der vielen Filme bei Spiegel TV vorkam, studierte später Psychologie.

Der neu eingestellte und zu 50 Prozent vom *Spiegel*-Spendenkonto bezahlte Direktor des Heims, Dr. Pavel Oarcea, führte das Haus bis zu seinem Tode »in unserem Sinne«, wie Detlev Konnerth immer wieder feststellte. 15 Mal war er selbst in Cighid, anfangs als Fotograf und später als Reporter und Kameramann für *Spiegel TV*. Immer wenn die Probleme im Heim zu groß wurden, rief der Direktor über sein »rotes Telefon« Konnerth an, und der machte sich auf die Reise, um zu berichten und um den örtlichen Behörden Druck zu machen.

Der junge Abiturient Thilo Thielke, der den Fall entdeckt hatte, wurde als Reporter bei *Spiegel TV* eingestellt, berichtete immer wieder aus dem Jugoslawienkrieg, wechselte später als Auslandskorrespondent zum *Spiegel* und schrieb bis zu seinem frühen Tod für die *FAZ* aus Afrika. Er war es, der mein Interesse für Afrika weckte, mit dem zusammen ich eine Reihe von Interviews mit afrikanischen Politikern, mit dem südafrikanischen Bischof Tutu und dem ehemaligen Präsidenten Willem de Klerk machte.

Gemeinsam führten wir im Oktober 2005 in Nairobi ein Interview mit dem Paläoanthropologen Richard Leakey, der nach einem Flugzeugabsturz beide Beine unterhalb des Knies verloren hatte und deshalb nicht mehr an der Fossiliensuche am Turkana-See teilnehmen konnte. Danach flogen wir selbst mit einer kleinen Maschine an die Fundstelle, wo seine Frau Meave und seine Tochter Luise mit ihren Helfern seit Jahrzehnten nach den Knochen der ersten Menschen suchten. 1967 hatte Leakey die Gegend am Großen Afrikanischen Graben bei einem zufälligen Überflug als »fossilienverdächtig« ausgemacht. Zusammen mit seiner Frau grub er 1984 Teile eines

»Homo erectus« aus, der später als »Nariokotome-Junge« bezeichnet wurde.

Es war unfassbar heiß und schwül am Turkana-See, dem zweitgrößten Binnengewässer in Afrika, der 375 Meter über dem Meeresspiegel liegt und dessen Wasser immer weiter versalzt. Eigentlich sollte man in dem See nicht baden, weil er von Krokodilen wimmelt. Doch Meave Leakey beruhigte uns. Die Turkana-Krokodile fräßen nur Fische, sie seien an Warmblütern nicht interessiert. Also gingen meine Tochter Antonia, damals 15 Jahre alt, und ich kurz ins Wasser. Die Krokodile verschmähten uns.

Der Fotograf Detlev Konnerth wurde Kameramann und Reporter und arbeitete mehrere Jahrzehnte bei *Spiegel TV*. Fast alle meine Auslandsreportagen, von den USA über Feuerland bis in die Südsee, mache ich immer noch mit ihm zusammen. Und 22 Jahre nach der ersten Sendung traf ich die Frau, die eine Million Mark für die Kinder von Cighid gespendet hatte und ungenannt bleiben wollte, wieder – auf einer Reise in die Antarktis. Bei einem Wodka auf dem russischen Stützpunkt Nowolasarewskaja konnte ich mich noch einmal für ihre Hilfe bedanken. Und ohne den gerade mal 20-jährigen Zivildienstleistenden Thilo Thielke, der damit seine journalistische Laufbahn begann, wäre das Kinderheim des Todes niemals entdeckt, wären die Kinder von Cighid nicht gerettet worden.

Die Konkurrenz

Am 16. März 1990 hatte Rudolf Augstein als »Besondere Ehrung« den Adolf-Grimme-Preis für seine »verlegerische Entscheidung«, *Spiegel TV* aus der Taufe zu heben, erhalten. Wir flogen gemeinsam nach Marl und anschließend nach Berlin, wo zwei Tage später die erste und letzte freie Wahl in der Geschichte der DDR stattfand.

Der *Spiegel* war in den Jahren zuvor unter Druck geraten. Das

Anzeigenmonopol mit 7000 Anzeigenseiten pro Jahr schmolz als Erstes dahin, als das Privatfernsehen über normale Hausantennen zu erreichen war und sich die Werbung auf den Bildschirm verlagerte. Das journalistische Monopol schien immer noch gesichert, denn an die 50 Versuche, den *Spiegel* zu imitieren oder ihm auf andere Weise Konkurrenz zu machen, waren gescheitert.

Doch dann erschien im Münchner Burda-Verlag ein neues buntes Wochenmagazin. Unter dem Namen »Zugmieze« hatte Helmut Markwort im Sommer 1991 mit den Arbeiten an einem neuen Magazin begonnen. Die erste Ausgabe kam unter dem Namen *Focus* am 18. Januar 1993 in den Handel und war schon am folgenden Tag ausverkauft. *Focus* war auf sauberem weißem Papier gedruckt, von vorne bis hinten in Farbe, hatte viele Fotos, Grafiken und viele kurze und einige lange Geschichten. Das Magazin glich im Design einem Online-Portal, man konnte es schnell durchblättern, die Texte und Schaubilder überfliegen und wusste, was im Heft stand, ohne auch nur eine einzige Geschichte vollständig gelesen zu haben.

So wie sich Zuschauer durch die neu entstandenen TV-Kanäle zappten, so konnte sich ein Leser durch *Focus* zappen. Dadurch war eine Art »Häppchenjournalismus« entstanden, die papiergewordene Fernbedienung. Dass sich hier ein ganz neuer Markt auftat, hatte der Monopolist *Spiegel* komplett übersehen. Auch Herausgeber Rudolf Augstein hielt die neu entstandene Konkurrenz für todgeweiht und bot dem *Focus*-Verleger Hubert Burda für den Fall seines Scheiterns an, bei ihm in Hamburg immer eine warme Suppe zu bekommen.

Die RAF-Seniorenresidenz

Sieben Monate waren seit dem Fall der Mauer vergangen. Zum ersten Mal seit Kriegsende war es möglich, in der DDR unbehelligt von der Staatsmacht und ihrem Sicherheitsdienst Filmaufnahmen zu machen. Wir nutzten das aus, soweit wir personell dazu in der Lage waren. Manchmal waren vier bis fünf Reporter und genauso viele Aufnahmeteams im Osten unterwegs. Inzwischen sendete auch das gewendete DDR-Fernsehen in einer Wiederholung die Magazinsendung von *Spiegel TV*. Jeden Sonntagabend lief die Sendung mit inzwischen 2 bis 3 Millionen Zuschauern in dem neuen kommerziellen Sender RTL. Auch in der DDR, mit Satellitenschüsseln neuerdings reichlich ausgestattet, sahen sehr viele Menschen das Programm. Einmal brachte eins unserer Teams ein Foto einer Pension im Sächsischen mit, vor der ein großes Plakat hing: »Zimmer mit Frühstück, Dusche, Spiegel TV«.

Während die Reporter und Kameraleute ihre Expeditionen in den unbekannten Osten unternahmen, koordinierten Bernd Jacobs und ich in der *Spiegel TV*-Redaktion im Hamburger Chilehaus die Einsätze. Dann, ab Freitagabend, wenn die Reporter mit ihrem Material zurückkamen, setzten wir uns mit ihnen in den Schneideraum und machten aus den Videobändern Filme. Das dauerte regelmäßig bis weit über Mitternacht hinaus. Am Sonntag tippte ich dann zumeist die Texte in die Maschine. So ging das Wochenende um Wochenende. Wir waren ein sehr gutes Team: junge Reporter, die ausschwärmten, und erfahrene, die wie am Fließband Filme schnitten und texteten. Und jede Woche kam wieder ein Ereignis dazu, das man sich niemals hätte vorstellen können.

So war es auch im Juni 1990. Plötzlich stellte sich heraus, dass die DDR gesuchten RAF-Terroristen Unterschlupf gewährt hatte. Susanne Albrecht, die ein Todeskommando in die Villa des Bankiers Jürgen Ponto, des Patenonkels ihrer Schwester, geführt hatte, wurde in Ost-Berlin aufgespürt. Im Stadtteil Marzahn, einem ehemaligen Stasi-Wohnviertel, hatte sie jahrelang ein bürgerliches und gänzlich unauffälliges Leben geführt, verheiratet mit Kind. Sie war die Erste aus der RAF, die vom DDR-Innenminister Peter-Michael Diestel der Bundesanwaltschaft übergeben wurde.

Nicole Brock, Katrin Klocke und Cassian von Salomon machten sich auf die Spurensuche. Man hatte sie im Nahen Osten vermutet, in Südamerika oder den USA. Doch sie lebte in einer Trabantenstadt am Rande Ost-Berlins. Eine der meistgesuchten Terroristinnen hatte in der Anonymität der Betonburg Marzahn, Rosenbeckerstraße 3, zweiter Stock links, Unterschlupf gefunden. Perfekte Tarnung in sozialistisch-kleinbürgerlicher Umgebung.

Der Diplomphysiker Claus Becker erfuhr erst kurz vor ihrer Enttarnung die wahre Geschichte seiner Ehefrau: Susanne Albrecht, Tochter aus großbürgerlichem Hause in Hamburg, geboren 1951. Mit 20 Jahren zu Hause ausgezogen, weil sie die ewige »Kaviarfresserei« satt hatte. So begann die terroristische Karriere einer behüteten Bürgertochter. Nach einem kurzen Gastspiel in der Hausbesetzerszene gelangte sie über die sogenannten Folterkomitees in den harten Kern der Roten Armee Fraktion – und stand schon bald, seit 1977, ganz oben auf der Fahndungsliste. Und genauso lange gab es Gerüchte, dass sie sich längst aus dem Terrorismus abgesetzt hatte.

Der Hausmeister in Marzahn hatte keine Ahnung, wer da mit ihm im Block gewohnt hatte. »Wir haben da nischt mit zu tun«, erklärte er unserem Kamerateam.

»Auch beim Einzug ist nichts aufgefallen?« Er schaute in die Unterlagen und schüttelte den Kopf.

»1987 wurden die Schlüssel übernommen von der Familie Becker.« Sie hatten die Schlüssel nicht selbst abgeholt. Das hatte der Staatssicherheitsdienst für sie erledigt. Die untergetauchte Westterroristin stand unter östlichem Staatsschutz. Die Stasi besorgte ihr neue Papiere, auf den Namen Ingrid Jäger, und gab ihr sogar die Genehmigung zu Reisen in die Sowjetunion.

Eine Woche nach unserer Sendung stellte sich heraus, dass Susanne Albrecht nicht die einzige Terroristin war, die mithilfe der Stasi in der DDR untergetaucht waren. Die letzten Worte des greisen Stasi-Chefs Erich Mielke in der Volkskammer waren mittlerweile zum Volksgut geworden: »Ich liebe euch doch alle«, hatte er den Abgeordneten zum Abschied zugerufen. Wie groß sein Herz wirklich war, konnte man erst ermessen, als sich herausstellte, dass in der DDR eine halbe Terroristengeneration Zuflucht gefunden hatte.

Geruchskonserven – der Schnüffelstaat

Spiegel TV-Reporter Gunther Latsch hatte zuerst davon gehört. Lachend kam er in die Redaktion und schilderte das neueste Gerücht aus dem Horrorkabinett des Ministeriums für Staatssicherheit. Der Schnüffelstaat hatte angeblich Gerüche von Oppositionellen gespeichert. So ein Unsinn werde jetzt in den Kreisen der Bürgerkomitees verbreitet.

»Das stimmt«, sagte ich spontan. »Das ist logisch. Das passt ins Bild.«

Gunther Latsch und Georg Mascolo machten sich auf den Weg. Zunächst besuchten sie die Hundestaffeln der DDR-Polizei. Gehorsam, treu und allzeit bereit: der deutsche demokratische Schäferhund. Kein Wunder, dass die Obrigkeit ihn besonders ins Herz geschlossen hatte. Spürhunde waren die Geheimwaffe eines Staates, der auf einem Sektor keine Grenzen kannte: bei der Bespitzelung seiner Bürger.

Der Einsatz von Vierbeinern überschritt in der DDR das ansonsten vergeblich angestrebte Weltniveau ganz erheblich. Der Schnüffelstaat nahm sich selbst beim Wort und legte systematisch Geruchskonserven von Oppositionellen an. In Weckgläsern hortete der Geheimdienst Duftproben von Tausenden von Regimekritikern, um jederzeit feststellen zu können, wer ein bestimmtes Flugblatt verteilt oder sich an einer geheimen Zusammenkunft beteiligt hatte. Da funktionierten Spürhunde besser als Videokameras und Computer.

Was klingt wie eine makabre Horrorvision, war in der DDR Realität – und eines der am besten gehüteten Staatsgeheimnisse.

Mithilfe des Bürgerkomitees machten sich die *Spiegel TV*-

Reporter auf die Spurensuche. Die Geruchsproben des Staatssicherheitsdienstes sollten inzwischen auf das Gelände der Diensthundestaffel der Volkspolizei in Leipzig gebracht worden sein. Dort unterhielt die Kripo ein eigenes Geruchsarchiv für kriminologische Zwecke.

Es war der erste Besuch der Stasi-Auflöser vom Bürgerkomitee. Nach einigem Hin und Her wurden sie gemeinsam mit dem Kamerateam in einen Nebenraum gelassen, wo die Reste der anrüchigen Stasi-Hinterlassenschaft auf Regalen ruhten. Die Weckgläser waren inzwischen leer. Stasi-Geruchsproben hatten keine Konjunktur mehr. Der Mann vom Bürgerkomitee begann, in den Regalen zu stöbern. Es waren normale Einweckgläser mit Glasdeckel und Gummiring, beklebt mit Etiketten, auf denen der Name des Geruchslieferanten stand. Vor laufender Kamera nahm er ein Glas in die Hand und studierte das Etikett: »Ich krieg es im Kopf. Das ist ein ehemaliger Kollege von mir, der 88 über die Ostsee gepaddelt ist ...« In Hunderten von Gläsern waren die Körpergerüche von Regimegegnern konserviert und archiviert worden. Der Mann vom Bürgerkomitee las vor: »Öffentliche Herabwürdigung, SAK Arbeitskittel-Achselprobe. Geruchsprobe von Stuhl, Deckname: Boykott. Untersuchung unter dem Decknamen ›Schwarze Kreide‹. Missachtung staatlicher Symbole. Deckname ›Emigrant‹. Operative Personenkontrolle-Verleumder, von der Sitzfläche seines Stuhls genommen.« Der Schnüffelstaat hatte sich selbst auf den Begriff gebracht.

Der Tag der Einheit

Um fünf Tage hatte die DDR ihren 41. Geburtstag verpasst, wegen Zu-spät-Kommens von der Geschichte gründlich bestraft. Am 3. Oktober 1990 wurde die Bundesrepublik um ein Drittel größer und hatte damit, wie ich in der folgenden Sendung sagte, »ihre kritische Masse hoffentlich nicht überschritten«. Wieder waren alle Reporter und Kamerateams von *Spiegel*

TV in der DDR unterwegs, um die letzten Stunden vor der Einheit zu dokumentieren. Auch ich war diesmal mit den Kollegen nach Berlin gefahren, um ihnen nicht – wie ein Jahr zuvor beim Mauerfall – allein die Anwesenheit bei diesem geschichtsträchtigen Ereignis zu überlassen. Wir hatten eigens einen Hubschrauber gechartert, um den Einzug der Polizei aus der Luft zu filmen. Am späten Nachmittag rollte der grün-weiße Konvoi wie eine Besatzungstruppe durch das Brandenburger Tor. Die West-Berliner Polizei bezog Stellung in Ost-Berlin. 2. Oktober 1990, der letzte Tag der DDR.

Das Erfolgsstück »Deutschland, einig Vaterland« wurde noch einmal, zum letzten Mal aufgeführt. Dann war Wachwechsel Unter den Linden und anderswo. In der Neuen Wache hütete die DDR ihr antifaschistisches Erbe. Oder das, was sie dafür ausgab. Ein neues, ein besseres Deutschland sollte es sein. Doch der Versuch war misslungen. Nun sollte Abschied genommen werden. Vor acht Wochen hatte der Verteidigungsminister den preußischen Stechschritt abgeschafft. Jetzt paradierten die Soldaten, als hätte es diesen Befehl nicht gegeben. Es war die erste und letzte Rebellion der Volksarmee gegen ihre Führung. Eine Armee zeigte, was sie gelernt hatte. Im Stechschritt ging sie aufs Volk zu. Ängstlich wichen die Schaulustigen zurück.

Georg Mascolo schaffte es, sich mit seinem Kamerateam in die Mannschaftsräume der Neuen Wache zu drängen.

»Was ist das für ein Gefühl?«, fragte er die Soldaten.

»Ein trauriges, sehr trauriges.«

»Und? Begeisterung für die deutsche Einheit?«

»Begeisterung? Ich freue mich, aber Begeisterung kann man nicht sagen.«

Auf dem Rasen vor dem wieder aufgebauten Reichstagsgebäude sollte das neue Deutschland eingeläutet werden. Doch zuvor waren noch etliche Festivitäten zu bewältigen. Im Ost-Berliner Schauspielhaus sammelten sich am frühen Abend die politischen Würdenträger, um den Abschied von gestern gebührend zu feiern. Manche Bürger klatschten Beifall, andere pfiffen auf die Einheit. Ein schwarz gekleideter Jugendlicher reckte die Faust und rief: »Deutschland verrecke, Deutschland verrecke!« Andere blickten nostalgisch noch weiter zurück. Scheinwerfer strahlten vor dem Reichsparteitag in den Himmel wie die Suchscheinwerfer der Flak in den Bombennächten des Zweiten Weltkriegs. Doch alle warteten auf etwas, was schon längst geschehen war. Der 9. November 1989, der Tag des Mauerfalles, war der wirkliche Tag der Vereinigung gewesen. Man spielte ihn nach, so gut es ging.

Dann rollte der Kanzler der Einheit an. »Helmut, Helmut ...«, riefen einige. Nur der große Oggersheimer lud noch zu gelinder Euphorie ein. Freude ja, aber der schöne Götterfunken, er sprang nicht über. Es war wie eine Meldung an das Grundgesetz: Auftrag ausgeführt. Alles andere regelt die Wirtschaft – und im Notfall das Arbeitsamt.

Business as usual, nur mit mehr Land, mehr Menschen und mehr Problemen. Die unpatriotische Bundesrepublik bestimmte die Geschäftsordnung – noch jedenfalls. Das Pathos mancher Politiker dröhnte ins Leere. 60 Quadratmeter Tuch waren im Anmarsch, eine riesige deutsche Fahne, getragen von gesamtdeutschen Jugendlichen. Noch wenige Minuten bis zur Stunde null. Ein deutsches Silvester mitten im Jahr.

Bundespräsident Richard von Weizsäcker trat ans Mikrofon: »In feierlicher Stimmung wollen wir die Einheit und Freiheit Deutschlands vollenden. Für unsere Aufgaben sind wir uns der Verantwortung vor Gott und den Menschen bewusst. Wir wollen in einem vereinten Europa dem Frieden der Welt dienen.« Er machte eine kleine Pause und ergänzte leise, wenn auch über alle Lautsprecher hörbar: »Jetzt muss die Nationalhymne kommen.« So stand es im Protokoll – und so kam es dann auch. Ein Chor nahm den Deutschen das Singen ab.

Im Czerny – die Enttarnung

Nach dem 3. Oktober, dem Tag der Einheit, war Lothar de Maizière nicht mehr Ministerpräsident der DDR. Aber in der ebenfalls vereinigten CDU hatte er immer noch die Position des stellvertretenden Parteivorsitzenden. De Maizière war nach der Wende höher aufgestiegen als jeder andere DDR-Bürger. Deshalb konnte er auch tiefer fallen. Das war seit geraumer Zeit abzusehen. Es mehrten sich die Gerüchte, dass auch er – so wie praktisch alle Vorsitzenden der in der DDR gewendeten oder neu gegründeten Parteien – als IM für die Stasi gearbeitet hatte.

Als er mit Unterlagen konfrontiert wurde, die seine Tätigkeit als inoffizieller Mitarbeiter des Staatssicherheitsdienstes belegten, entschloss er sich, die Vorwürfe zu bestreiten. Eine Überprüfung der Stasi-Karteien, so de Maizière, habe schon Anfang des Jahres ergeben, dass es keine belastenden Vorgänge über ihn gebe. Da hatte de Maizière recht, denn die Karteien waren zuvor gründlich gesäubert worden. Man übersah eine sogenannte Territorialkartei, amtsinternes Kürzel »F 78«. Und in der fand sich die Karteikarte eines inoffiziellen Stasi-Mitarbeiters mit dem Decknamen »Czerny« und der Adresse »Am Treptower Park 31«. Dort wohnte Lothar de Maizière.

Erhalten blieb auch eine umfangreiche MfS-interne Ermittlungsakte gegen Stasi-Offiziere, die in ihrer Zersetzungsarbeit sogar für Stasi-Verhältnisse über die Stränge geschlagen hatten. Mit dabei war ausgerechnet der Führungsoffizier des inoffiziellen Mitarbeiters Czerny. Auch aus dieser Akte ging hervor, wer sich hinter dem Decknamen »Czerny«, manchmal auch »Czerni«, versteckte. Das Material lag *Spiegel TV* vor. Georg Mascolo und ich zeichneten damals die Vorgänge nach.

Seit dem 3. Oktober war de Maizière nur noch Minister und stellvertretender CDU-Vorsitzender. Die Frage war, wie lange noch?

Lothar de Maizière hatte sich immer wieder mit Abscheu und Empörung über das Spitzelsystem geäußert: »Was in den 6 Millionen Akten der Staatssicherheit aufgezeichnet und abgeheftet wurde, das dokumentiert die Menschenverachtung des alten SED-Staates. Hier bespitzelte der Nachbar den Nachbarn, der Bruder den Bruder, der Sohn den Vater, die eigene Frau ihren Mann, der Freund den Freund.« Und offenbar der Rechtsanwalt und Kirchenpolitiker kirchliche Würdenträger und bundesdeutsche Politiker.

Auftraggeber von IM Czerny war die Bezirksverwaltung der Staatssicherheit in Berlin-Lichtenberg, zuständig für die Beobachtung und Zersetzung der in Berlin besonders in Kirchenkreisen aktiven politischen Opposition. Federführend war das Referat 4 der Abteilung 20, die Kirchenabteilung. In Berlin eine besonders rabiate Stasi-Gruppe. Das ging aus einer Stasi-internen Untersuchung hervor, die *Spiegel TV* damals vorlag.

1988 hatten drei Führungsoffiziere des Kirchenreferates auch für Stasi-Verhältnisse weit über die Stränge geschlagen und mussten sich dafür verantworten. Unter dem Fachbegriff »Zersetzung« wurden die hinterhältigsten Aktivitäten geplant. Zielpersonen für Zersetzungsmaßnahmen waren vor allem Pfarrer Rainer Eppelmann, Friedensaktivist Reinhard Schuldt und der Bürgerrechtler Ralf Hirsch. Neben »normalen« Schmutzkampagnen gab es in der Kirchenabteilung der Stasi auch ganz verwegene Gedankenspiele, die in der Untersuchung aufgedeckt wurden. So erwogen die Stasi-Offiziere zum Beispiel, dem besonders aktiven Bürgerrechtler Ralf Hirsch in einer strengen Winternacht Alkohol einzuflößen, damit er erfror. Auch gegen Rainer Eppelmann gab es Überlegungen zur »theoretischen Möglichkeit physischer Vernichtung«. Im Untersuchungsbericht hieß es, man habe einen Autounfall ins Auge gefasst, mithilfe gelockerter Radmuttern zum Beispiel. Die physische Vernichtung Eppelmanns, so hieß es wörtlich in dem Bericht, sei einkalkuliert worden. Die Vorgesetzten hätten die Aktion aber nicht genehmigt.

Auch Eppelmann erfuhr erstmalig von *Spiegel TV*, was die Stasi gegen ihn geplant hatte: »Ja, man freut sich ja, wenn man das so liest, über die Menschlichkeit einzelner Vorgesetzter der Staatssicherheit, wenn hier steht, die Aktion wurde durch die Abteilungsleitung abgelehnt, da das Zu-Schaden-Kommen von unbeteiligten Personen nicht ausgeschlossen werden konnte. Im Normalfall habe ich in diesem Auto nicht allein gesessen, sondern meine Frau ist da mit dabei gewesen, Mutter von vier Kindern.«

Die tatsächlich durchgeführten Aktionen, zum Beispiel gegen Reinhard Schuldt, waren gemein, aber nicht mörderisch. Manchmal waren sie genauso lächerlich wie hinterhältig. So wurden Schuldt etwa die Ventile aus dem Fahrrad gestohlen, um seine Mobilität einzuschränken.

Die Untersuchung wurde zu DDR-Zeiten von der ZAIG, der Zentralen Aufklärungs- und Informationsgruppe, geführt. Die Einheit, die Stasi-Chef Erich Mielke direkt unterstand, war so etwas wie die »Innere Revision« des Ministeriums für Staatssicherheit, verantwortlich für Disziplinarverfahren. Der Stasi-Apparat war wie jeder Geheimdienst nach dem Prinzip »Need to know« geführt worden. Die verschiedenen Abteilungen waren untereinander strikt abgeschottet, so wie sich die Schotten im Rumpf eines Schiffes im Falle eines Lecks schließen und den Untergang verhindern sollen. Um aber das Funktionieren des Geheimdienstapparates zu gewährleisten, gab es die ZAIG; sie führte praktisch Aufsicht über alle Abteilungen. Untersuchungen durch diese interne Ermittlungsabteilung waren das Schlimmste, was einem Stasi-Mitarbeiter passieren konnte.

Die ZAIG stand unter dem Kommando des Stasi-Generals Werner Irmler. Sein persönlicher Adjutant war Oberst Gerd Becker. Pikanterweise war dieser nach der Wende dem Runden Tisch bei der Aufklärung der Stasi-Struktur behilflich. Als nach der Wiedervereinigung die Gauck-Behörde die Aktenbestände der Stasi übernahm, wurde Oberst Becker als ranghöchster ehemaliger Stasi-Offizier dort angestellt. Er arbeitete direkt dem

Direktor der Gauck-Behörde, Dr. Hansjörg Geiger, zu. Der zweite Mann der ZAIG kannte sich im Labyrinth der MfS-Bürokratie bestens aus und war an allen wichtigen Ermittlungen gegen ehemalige inoffizielle Mitarbeiter der Stasi beteiligt. In Stasi-Kreisen war er der meistgehasste Mann, hatte er sich doch in den Dienst des Feindes begeben.

Ausgerechnet jener Oberst Becker hatte die Ermittlungen gegen die Abteilung »Schmutzige Tricks« der Stasi-Bezirksverwaltung Berlin geführt. Offizielle und inoffizielle Mitarbeiter wurden durchleuchtet. In der Akte waren die Deck- und die Klarnamen aller Spitzel verzeichnet, die für die Abteilung in Kirchenkreisen tätig waren. Insgesamt einige Dutzend. Und es wurde nicht nur geschnüffelt.

Starker Mann der Truppe war Major Edgar Hasse, der bis dahin immer blendende Zeugnisse erhalten hatte. Zitat aus der Ermittlungsakte: »Genosse Major H. zeigt seit seiner Einstellung in das MfS stets hohe Einsatzbereitschaft und Engagement in der operativen Arbeit.« Und jener besonders tüchtige Stasi-Offizier hatte auch eine besonders hochkarätige Quelle, die er manchmal sogar in seinem Büro aufsuchte, den Rechtsanwalt Lothar de Maizière, Kanzleiadresse Berlin, Friedrichstraße 114. Das ging eindeutig aus den Akten der Stasi-internen Untersuchung gegen Hasse und andere hervor. So wurde auf einem Aktenstück unter dem Namen »Hasse, Major« handschriftlich akribisch aufgelistet, mit welchen inoffiziellen Mitarbeitern er arbeitete. Darunter aufgeführt auch »Czerny«.

Die Untersuchungsführer aus der ersten Kontrollbrigade notierten fein säuberlich Decknamen, Registrationsnummer und Klarnamen des »IMB Czerni«: Lothar de Maizière. Und weiter: »Treffs finden unter anderem in Wohnung, Büro des IM statt. Bundessynodaler als Rechtsanwalt für Kirche tätig. Verbindung zu leitenden Mitarbeitern der ständigen Vertretung.«

Tatsächlich war Lothar de Maizière 1985 zum Synodalen des Bundes der Evangelischen Kirchen der DDR gewählt worden, 1986 sogar zum Vizepräsidenten der DDR-Synode. Kraft Person und Amt hielt de Maizière nicht nur Kontakt zu den höchsten Kreisen der Kirche, sondern auch zur ständigen Vertretung der Bundesrepublik in Ost-Berlin. Die amtlichen Prüfer aus der ZAIG, der Zentralen Auswertungs- und Informationsgruppe im Stasi-Ministerium, fanden nach Studium aller Akten den IM Czerny so wichtig, dass sie anregten, ihn aus der Bezirksverwaltung abzuziehen und ihn direkt dem Ministerium zu unterstellen. Damals bestritt Lothar de Maizière die sich aus den Akten ergebenden Vorwürfe.

Doch dann suchten Georg Mascolo und ich Major Hasse zu Hause auf. Wir klingelten an der Tür, wiesen uns als *Spiegel TV*-Redakteure aus und baten ihn etwas frech, mit uns über seinen IM Czerny zu sprechen: »Sie können sich jetzt entscheiden, ob Sie lieber Teil der Lösung oder lieber Teil des Problems sein möchten.«

Er ließ uns in die Wohnung, wollte aber auf keinen Fall ein Interview vor der Kamera geben. Aber zu einer schriftlichen Aussage war er bereit. De Maizières Führungsoffizier gab zu Protokoll: »Er, de Maizière, ist mit Wissen und freiwillig zu Gesprächen mit dem MfS bereit gewesen. Diese haben auch in konspirativen Wohnungen stattgefunden. De Maizière kannte den Namen Czerni. Ich glaube, er hatte ihn sich selbst ausgesucht. Ich wäre auf diese Idee nicht gekommen. Ich traf ihn etwa zehn bis zwölf Mal im Jahr. Major Hasse, am 7.12.1990.«

Nach der Veröffentlichung in *Spiegel* und *Spiegel TV* wurden die Archive des Staatssicherheitsdienstes von einer speziellen Arbeitsgruppe des Beauftragten der Bundesregierung für die Stasi-Akten durchforstet. Dabei stellte sich heraus, dass die über 1000 Seiten starke IM-Akte de Maizières entfernt oder vernichtet worden war – nur die leeren Aktendeckel waren noch vorhanden. Dennoch wurden Dutzende anderer Papiere gefunden, aus denen sich die Tätigkeit des Informanten Czerny alias de Maizière rekonstruieren ließ.

Es stellte sich zweifelsfrei heraus, dass der IMB Czerny mit Klarnamen Lothar de Maizière hieß und dass er vor allem aus dem Bereich der evangelischen Kirche der damaligen DDR berichtet hatte.

Den Bundeskanzler und die gesamte CDU-Spitze schienen all die Beweise für de Maizières Spitzeltätigkeit nicht weiter zu beunruhigen. Oder man wollte sich die Peinlichkeit ersparen, dass der Mann, mit dem die CDU die Einheit organisiert hatte, ein früherer Stasi-Spitzel gewesen war.

In der Abmoderation unseres *Spiegel TV*-Beitrags sagte ich: »Bleibt nachzutragen, dass jener Jahresarbeitsplan für 1989 noch eine weitere Perspektive für IM Czerny enthielt. Man wollte ihn langfristig in leitende Positionen der evangelischen Kirche schleusen. Das gelang nicht mehr. Denn im Herbst 1989 gab es die große Wende. Da wurde de Maizière Chef der neuen CDU in der DDR. Und Chef des ›Demokratischen Aufbruchs‹ wurde Rechtsanwalt Wolfgang Schnur, ebenfalls inoffizieller Stasi-Mitarbeiter. Und Chef der SPD wurde Ibrahim Böhme, auch er IM für die Staatssicherheit.« Ich schloss mit den Worten: »Ziemlich erfolgreich: Mielkes Truppe – selbst noch in ihren letzten Tagen.«

Die Recherche »Im Sekretär«

Es war einmal ein inoffizieller Mitarbeiter der Stasi, der keiner war. Er hatte zwar einen Decknamen und auch einen Führungsoffizier, mit dem er sich in konspirativen Wohnungen traf. Er berichtete heimlich, präzise und prompt über alles, was das MfS interessierte, aber ein IM war er natürlich nicht. Dass ein solches Märchen geglaubt wurde, wünschte sich in der Nachwendezeit so mancher, der für Mielke gespitzelt hatte. Doch nur einer kam damit gut über die Runden: der IM Sekretär. Dessen Glaubwürdigkeit stand über den Fakten.

Schließlich war Manfred Stolpe nicht nur verdienstvoller Manager der evangelischen Kirche der DDR gewesen, sondern er wurde nach der Wiedervereinigung Ministerpräsident des

Landes Brandenburg. Und fast wäre er auch Bundespräsident geworden, wenn da nicht diese Dokumente gewesen wären, die ausgerechnet bei *Spiegel TV* veröffentlicht wurden.

An die 20 Sendungen haben wir über ihn gemacht, mit insgesamt gut 200 Minuten. Wir hatten Akten aufgestöbert oder bei der Gauck-Behörde angefordert, manchmal wussten wir sogar, in welcher Abteilung des ehemaligen Ministeriums für Staatssicherheit sie zu finden sein mussten. Wir kannten die Hierarchie im MfS und wussten, wer für was verantwortlich oder nicht verantwortlich war. Und wir kannten ziemlich viele ehemalige Stasi-Offiziere, die jetzt arbeitslos waren und erbost auf manchen ehemaligen IM schauten, der nun politische Karriere machte.

Darunter war Stasi-Offizier Klaus Rossberg, Führungsoffizier des Kirchenmannes Stolpe alias IM Sekretär. Nach langwierigen Telefonaten erklärte er sich zu einem Gespräch bereit. Es sollte ein Vorgespräch zu einem Interview mit *Spiegel TV* werden.

Dienstag, 26. Mai, 15 Uhr, Ost-Berlin, Stadtteil Lichtenberg. Im elften Stock eines Hochhauses wohnte Stolpes Führungsoffizier. Irgendwie hatten wir den Flug nicht geschafft, und Katrin Klocke rief Rossberg kurz an. Wir könnten erst um 18 Uhr bei ihm sein. Als wir uns im Taxi dem Hochhaus näherten, gerieten wir in einen Stau. Wir stiegen aus und gingen zur Adresse, die Rossberg uns mitgeteilt hatte. Das Haus war abgesperrt. Feuerwehrwagen hatten ihre langen Leitern ausgefahren. Bewohner wurden evakuiert. Flammen loderten aus den oberen Stockwerken, und eine große Rauchwolke stand über dem Plattenbau.

Das Feuer war gegen 15 Uhr im elften Stock ausgebrochen, im Treppenhaus, direkt vor der Wohnungstür des ehemaligem Stasi-Offiziers Rossberg. Der hatte zum Glück eine besonders gesicherte Wohnungstür, durch die das Feuer nicht eindringen konnte. Als wir um 18 Uhr kamen, war der Brand schon gelöscht. Die Polizei fand einen Benzinkanister im Flur. Nachbarn raunten, der Brandanschlag habe dem Stasi-Offizier Rossberg gegolten. Und das genau zu dem Termin, an dem wir uns mit ihm treffen wollten.

Als wir ihn dann doch noch trafen, erzählte er uns, dass seine Rente kurzfristig gesperrt worden war. Als er sich darüber beschwerte, wurde ihm nach einem kurzen Blick in die Akte gesagt: »Aber Sie sind doch als tot gemeldet.«

Der Pressesprecher des brandenburgischen Ministerpräsidenten Stolpe, über den wir immer wieder als IM Sekretär berichtet hatten, war ein alter Kollege vom WDR, den ich aus meiner *Panorama*-Zeit gut kannte. Er verfolgte genauso wie sein Chef unsere Berichterstattung und schlug mir eines Tages vor, mich doch einmal mit Manfred Stolpe zu treffen und mit ihm über unsere Vorwürfe in Sachen MfS und Kirche zu sprechen, am besten auf neutralem Territorium, dem Restaurant des Flughafens Tegel. Wir waren die einzigen Gäste.

Stolpe war sehr freundlich und versuchte, mich davon zu überzeugen, dass er kein Stasi-IM gewesen sei. Das wusste ich besser, ich kannte nämlich seinen Führungsoffizier Rossberg und auch den Chef der Kirchenabteilung der Stasi, Oberstleutnant Rainer Wiegand. Und die Akten kannte ich auch ziemlich gut.

»Sie wollen mich doch nur als Ministerpräsident abschießen«, sagte Stolpe.

»Nein«, antwortete ich. »Ob Sie Ministerpräsident sind oder nicht, ist mir völlig egal. Das ist Sache Ihrer Partei und Ihrer Wähler. Ich bin Journalist, wenn ich neue Erkenntnisse über Ihre Stasi-Tätigkeit habe, mache ich einen neuen Beitrag. Wenn nicht, dann nicht. Und wenn Sie schon nach unserem ersten Beitrag zurückgetreten wären, hätte ich ja keine weiteren machen können. Bleiben Sie ruhig im Amt. Wenn wir wieder etwas haben, senden wir es.«

Da schaltete der Ministerpräsident sein Lächeln wieder ab, erhob sich und sagte zu seinem Sprecher, das habe ja keinen Zweck, mit mir zu reden. Da hatte er recht. Immer wieder kamen wir an Stasi-Unterlagen, aus denen hervorging, wie Stolpe systematisch Kircheninterna an seinen Führungsoffizier berichtet hatte. Doch auch den Wissensdurst der Staatsführung über auswärtige Fragen konnte Stolpe gelegentlich befriedigen.

Beispiel: Volksrepublik Polen, Juli 1981, ein knappes halbes Jahr vor der Verhängung des Kriegsrechtes in Polen. Da war es für die DDR wichtig zu wissen, was man im Westen über Polen dachte. Und so ergriff die Kirchenabteilung »politisch-operative Maßnahmen« unter dem Decknamen »Reaktion«. Manfred Stolpe kam zum Einsatz. Wir zeigten in unserer Sendung den bis dahin unbekannten Maßnahmenplan und zitierten daraus: »Im Rahmen einer kirchlichen Dienstreise begibt sich der IM Sekretär am 16.7.81 nach Bonn. Er trifft dort mit dem Beauftragten der Evangelischen Kirche, Prälat Binder, zusammen. Vonseiten des Bundeskanzleramtes Interesse, mit dem IM zu Gesprächen zusammenzukommen. Der IM wird besonders Informationen zum Parteitag der Polnischen Partei der Arbeit erarbeiten.«

Und wie von seinen Führungsoffizieren geplant, berichtete der IM Sekretär umgehend von den Gesprächen seines kirchlichen Vorgesetzten Bischof Albrecht Schönherr im Bonner Kanzleramt. Auf diesem Wege erfuhr die Staatsführung der DDR, was Bundeskanzler Helmut Schmidt über die krisenhafte Situation in Polen dachte. Unter der Rubrik »Streng geheim« wurden die inoffiziell bekannt gewordenen Informationen in lediglich fünf Exemplaren an Partei- und Geheimdienstspitze weitergereicht.

Inzwischen war durchgesickert, dass Stolpe eine Verdienstmedaille bekommen haben sollte. Er beeilte sich zu versichern, dass die Urkunde vom Ministerpräsidenten der DDR, Willi Stoph, unterschrieben worden sei. Also kein Stasi-Orden. Wenn da nicht ein dreiseitiges Papier aus der Stasi-Abteilung »Kader und Schulung« gewesen wäre. Wir hatten einen Tipp bekommen, wo der Befehl Nr. K3612 vom 7. Oktober 1978 in den Stasi-Unterlagen zu finden sein müsste. Wir beantragten bei der

Gauck-Behörde die Herausgabe des Dokumentes. Ich rief den Direktor Dr. Geiger an, um ihm auch gleich einen Hinweis auf die mögliche Fundstelle zu geben. Der hatte es eilig und verwies mich an seinen Mitarbeiter, der sich im Archiv bestens auskenne. So ließ ich mich auf Anweisung des Direktors der Stasi-Unterlagenbehörde mit Gerd Becker verbinden und sagte ihm: »Herr Dr. Geiger hat mich an Sie verwiesen. Ich soll Ihnen sagen, wo möglicherweise ein Befehl Mielkes zur Verleihung eines Ordens an den IM Sekretär zu finden sein müsste. In den Unterlagen der Abteilung Kader und Schulung vom 7. Oktober 1978. Wir haben die Herausgabe bereits beantragt.« Und siehe da: Das Papier wurde gefunden und an uns herausgegeben. Kein Wunder, der höchstrangige ehemalige Stasi-Offizier, der jetzt in der Gauck-Behörde arbeitete, war, wie gesagt, Oberst in der ZAIG gewesen. Und diese »Zentrale Aufklärungs- und Informationsgruppe«, eine Art Innenrevision des MfS, unterstand Generalleutnant Irmler, der wiederum direkt bei Mielke angesiedelt war. Und dessen Adjutant war Oberst Gerd Becker gewesen.

Der Direktor der Unterlagenbehörde Dr. Geiger hatte sich den besten Kenner der Stasi und ihrer Unterlagen in die Behörde geholt. Postwendend erhielten wir den Befehl zur Ordensverleihung ausgehändigt.

In einer meiner Moderationen hatte ich für Stolpe die Bezeichnung »Stasi-Spitzel« verwendet. Das gefiel dem brandenburgischen Ministerpräsidenten ganz und gar nicht. Er klagte auf Unterlassung. Die *Spiegel*-Juristen fanden die Bezeichnung auch ein bisschen hart und drängten mich, eine Unterlassungserklärung abzugeben. Das lehnte ich ab: »Erstens gibt es keinen Grund dafür. Er war ein Stasi-Spitzel, wahrscheinlich einer der wichtigsten. Und nach der Unterlassung kommt meistens die Aufforderung zum Widerruf und dann die Gegendarstellung. Kommt nicht infrage.«

Ich hatte mehr mit den *Spiegel*-Juristen zu kämpfen, die eher auf Verständigung aus waren und in ihren Schriftsätzen wenig

Kenntnis vom Doppelleben des IM Sekretär alias Stolpe durchblicken ließen. Deshalb nahm ich mir das Recht als Beklagter, meine Verteidigung vor dem Kammergericht selbst zu übernehmen. Den Fall kannte ich inzwischen auswendig und trug ihn auch so vor. Am Ende entschied das Kammergericht in seinem Urteil: Mit der Bezeichnung »Stasi-Spitzel« habe *Spiegel TV* nicht den Boden sachlicher Auseinandersetzung verlassen. Urkunden sprächen eher für als gegen die Annahme, dass Stolpe vom MfS nicht nur als IM Sekretär geführt worden sei, sondern mit ihm auch konspirativ zusammengearbeitet habe. Ich durfte Stolpe auch weiterhin als »Stasi-Spitzel« bezeichnen.

Das Stöbern in der DDR-Vergangenheit war höchst spannend. Aber weiter östlich braute sich etwas zusammen. Zufällig hatten wir ein Kamerateam in Moskau, als dort geputscht wurde.

Putsch in Moskau

»›Ein Gespenst geht um in Europa, das Gespenst des Kommunismus‹«, begann ich meine Moderation. »›Alle Mächte des alten Europa haben sich zu einer heiligen Hetzjagd gegen dieses Gespenst verbündet.‹ So eröffneten Marx und Engels 1848 ihr *Kommunistisches Manifest*. Nun hat es wohl ausgespukt, das Gespenst des europäischen Kommunismus. Am Ende wohl eher ein Gerippe. Nicht erlegt bei der heiligen Hetzjagd des Papstes, des Zaren, Metternichs und der deutschen Polizei, sondern eingegangen an den eigenen Widersprüchen. In Moskau raffte es sich noch einmal zum Staatsstreich auf, der fehlschlagen musste, weil er so trostlos inszeniert war wie das System, das er retten sollte. Wieder einmal hatte der Apparat nicht mit den Menschen gerechnet. Die wollten nicht mehr, das System konnte nicht mehr.«

Es ging um drei Tage und drei Nächte, die nicht nur die Sowjetunion erschütterten. Zum Glück hatten wir ein Kamerateam in Moskau, als der Putschversuch der Generäle gegen Gorbatschow begann. Christel Buschmann wollte eigentlich einen ganz anderen Film machen, aber als die Panzer rollten, schaltete das Team um. Der altgediente Übersetzer des *Spiegel*-Büros Andrej Batrak und das Kamerateam Rainer März und Germar Biester begleiteten die Revolte von Anfang bis Ende – und sogar darüber hinaus.

Die Panzer rückten im Morgengrauen an, so wie es sich für einen ordentlichen Putsch gehört. Am Montag, 4.00 Uhr Ortszeit, begann das vorerst letzte Gefecht des europäischen Kommunismus. Lenins Enkel spielten noch einmal Revolution. Doch kamen sie zu spät mit ihren Tanks. Der Lauf der Zeit war nicht mehr aufzuhalten, nicht mehr mit Panzern und nicht mehr mit Appellen.

Einige Wochen nach dem gescheiterten Staatsstreich konnten wir die Vernehmungen der Putschisten durch die Staatsanwaltschaft betrachten – und bei *Spiegel TV* ausstrahlen, in derselben Sendung, in der wir über den Fund des Ötzi in den Alpen berichteten. Wie durch ein Wunder waren wir in den Besitz der Videokassetten gekommen, die gut abgesichert in einem Tresor der Staatsanwaltschaft in Moskau lagen. Am Sonntagabend konnten die Zuschauer in Deutschland verfolgen, was die Putschisten im Sinn und in ihren Gläsern gehabt hatten.

»Zum Schluss ein paar unfreiwillige Interviews mit Männern, die von ihrer Denkweise her mindestens so alt sind wie der Mann aus dem Eis. Sie stammen aus der politischen Steinzeit des Stalinismus und versuchten vor knapp zwei Monaten, das Rad der Geschichte zurückzudrehen. Bekanntlich scheiterten sie damit ziemlich kläglich, was nicht überrascht, wenn man sie – die Putschisten von Moskau – im Verhör sieht. Zum ersten Mal werden hier die geheimen Videoaufnahmen von den Vernehmungen des ehemaligen Verteidigungsministers, des KGB-Chefs und des Ministerpräsidenten gezeigt, die gegen Gorbatschow putschten.«

Es begann mit Bildern der fehlgeschlagenen Konterrevolution gegen Gorbatschow. Als am Morgen des 19. August die Putschistenpanzer nach Moskau rollten, war der Coup schon so gut wie misslungen. Ein paar Tage später saßen die vermeintlichen Drahtzieher in den Verhörzimmern der russischen Staatsanwaltschaft. Der Untersuchungsrichter erklärte für das Protokoll und vor laufenden Videokameras: »Vernommen wird der ehemalige Verteidigungsminister der UdSSR und Marschall der Sowjetunion Dmitri Timofejewitsch Jasow.«

Dann wandte er sich an den Verhafteten: »Sie werden verhört wegen der Teilnahme an einem Verbrechen, das wir als Hochverrat bezeichnen. Außerdem wegen Verschwörung mit dem Ziel der Machtergreifung sowie Missbrauch Ihrer dienstlichen Vollmachten. Und jetzt möchte ich von Ihnen hören, was Sie zu diesen Vorwürfen sagen.«

Jasow antwortete: »Nun, ich habe eine etwas andere Vorstellung von Hochverrat. Das möchte ich Ihnen nicht verhehlen. Verrat dem Präsidenten gegenüber – sicher, der liegt wohl vor. Aber mein Land, meine Heimat, habe ich niemals verraten.«

Der Richter wandte sich an den KGB-Chef Wladimir Krjutschkow: »Präzisieren Sie bitte, wann, wo und von wem wurde entschieden, dass man zum Präsidenten auf die Krim fliegen sollte?«

»Wir wollten Gorbatschow klarmachen, dass unser Land am Rande des Abgrundes stand, dass einschneidende Maßnahmen dringend notwendig waren.«

Am Sonntag, dem 18. August, trafen sich die Staatsstreicher zur Gründung eines Notstandskomitees. Unsicher und nicht einig über Taktik und Strategie, begannen die Herren, sich Mut anzutrinken. Putschist Walentin Pawlow, immerhin zuvor Premierminister, sagte in seiner Vernehmung: »Die Sitzung fand zu später Stunde statt. Und während der zum Teil recht heftigen Debatte wurde dann Kaffee serviert mit ein bisschen Alkohol. Und kurz danach muss ich wohl so eine Art Filmriss gehabt haben – jedenfalls war ich nicht mehr bei Bewusstsein. Ich war total weggetreten.«

Der Richter wandte sich an den ehemaligen Verteidigungsminister Dmitri Jasow: »Was war das für eine Krankheit bei Pawlow?«

»Ich glaube, zu viel Wodka. Vielleicht war das auch ein Trick, um sich aus der ganzen Affäre herauszuhalten.«

Der Richter erkundigte sich: »Trinkt er ständig, regelmäßig?«

Jasow antwortete: »Ich habe ihn nur selten gesehen, aber dann war er immer betrunken.«

Pawlow war in dieser Hinsicht geständig: »Auf jeden Fall haben mir die Genossen, die für meine Sicherheit zuständig waren, später erzählt, sie hätten mich aus einem Hinterzimmer herausgeholt, wo ich auf einem Sofa lag. Und dass ich mich – gelinde gesagt – nicht mehr selbstständig fortbewegen konnte. Ich war also nicht mehr imstande, an irgendwelchen Diskussionen teilzunehmen, und schon gar nicht, Entscheidungen zu treffen. Dazu war ich einfach nicht mehr in der Lage.«

Auch die anderen beriefen sich auf Trunkenheit. Verteidigungsminister Jasow: »Und dann wurde Schlag auf Schlag im Rausch unterzeichnet.«

Der Richter: »Wieso im Rausch?«

Jasow über seinen Mitputschisten Gennadi Janajew, den ehemaligen Vizepräsidenten der UdSSR: »Janajew war zu diesem Zeitpunkt schon gut abgefüllt.«

Richter: »Woher?«

Jasow: »Weiß der Teufel.«

Richter: »Und Pawlow?«

Jasow: »Der auch. Also, die waren irgendwie richtig lustig.«

Und mit steigendem Pegel fanden die fidelen Putschisten offenbar immer mehr Gefallen an ihrer Idee, dem Volk der Sowjetunion einen kleinen Schrecken einzujagen – mit probaten Mitteln: Panzern, Ausnahmezustand und Zensur, Entmachtung des Präsidenten.

Im Nachhinein fand Jasow das irgendwie lustig: »Wie kann

man das als Staatsstreich bezeichnen? Wir haben Janajew gesagt, stell das Ganze als einen Scherz hin.«

Ex-KGB-Chef Krjutschkow wiegelte ebenfalls ab: »Um eine generelle Entmachtung des Präsidenten ging es uns nie. Sicher, wir wollten ihn vorübergehend neutralisieren. Wenn Sie so wollen, das war schon ein Verbrechen. Aber ich möchte hier noch einmal betonen, zu keiner Zeit, und das ist sehr wichtig für die Analyse, haben wir daran gedacht, ihn physisch zu beseitigen. Ach was, Gott bewahre, was Sie jetzt meinen, wäre uns nie in den Sinn gekommen. Darum ging es nicht. Gorbatschow musste am Leben bleiben. Das war klar.«

Wir schlossen den Beitrag mit der Prognose: »Das Schicksal früherer Geheimdienstchefs wird den Wodkaputschern wohl erspart bleiben. Ihnen droht im Ernstfall nur lebenslanger Knast.«

Dass wir am Sonntagabend die streng abgesicherten Videos gezeigt hatten, sprach sich natürlich auch in Moskau herum und löste einen handfesten Skandal aus. Früh am Montagmorgen wurde der Panzerschrank geöffnet – und, oh Wunder, die Kassetten lagen dort, scheinbar unberührt.

Lenins Leiche

Auch nach dem Putsch nutzte ich jede Gelegenheit, um nach Moskau zu fliegen. Vor allem mit dem russischen Übersetzer Batrak verband mich inzwischen eine gute Freundschaft. Auf dem Markt wurde gegen Dollars reichlich Kaviar eingekauft, und manchen Abend verbrachten wir im Spielcasino – weniger, um dort Geld zu verspielen, als um Leute zu treffen. Batrak kannte jeden und machte mich mit vielen seiner dubiosen Gewährsleute bekannt. Da wollte ich natürlich auch einmal den bekannten Wladimir Iljitsch Uljanow – genannt Lenin – kennenlernen. Der lag im Mausoleum aufgebahrt, seit seinem Tod am 21. Januar 1924.

Ich stand längere Zeit in der Schlange, bis ich das Allerheiligste des Kommunismus betreten durfte. Danach traf ich mich wieder mit Batrak und unserem Moskauer Korrespondenten im *Spiegel*-Büro.

»Kann man im Lenin-Mausoleum nicht mal filmen?«, fragte ich die Kollegen eher scherzhaft, denn dass man mit einem Kamerateam ins Mausoleum vorgelassen würde, konnte ich mir nicht vorstellen.

»Da ist schon gedreht worden«, sagte Batrak. »Neulich waren die Leute hier und wollten das Material verkaufen.«

»Was?«, fragte ich aufgeregt nach. »Und dann?«

»Haben wir sie wieder gehen lassen«, fügte Büroleiter Jörg Mettke hinzu. »Man weiß doch, wie Lenin aussieht, lebendig und auch tot.«

Ich war fassungslos. Da hatte man die ersten Filmaufnahmen des einbalsamierten Lenin angeboten bekommen und die Filmemacher wieder weggeschickt.

»Kannst du die noch mal anrufen?«, fragte ich Batrak. Der versprach, sich darum zu kümmern. Ich musste wieder zurück nach Deutschland. Als ich in der Redaktion angekommen war, rief ich im Moskauer Büro an. Batrak hatte mit den Filmern gesprochen, und die verlangten Unsummen für das Material.

Ich sagte: »Kannst du nicht mal im Mausoleum anfragen, ob wir da auch selbst drehen dürfen. Wenn dort schon einmal Aufnahmen gemacht worden sind, vielleicht lassen die das noch einmal zu. Und so viel, wie ein russisches Kamerateam an Schmiergeld zahlen kann, haben wir dafür auch …«

Kurze Zeit später rief Batrak zurück: »Das geht klar. Du kannst ein Team schicken.«

Ich beauftragte Thomas Schäfer und den Kameramann Dieter Herfurth, nach Moskau zu fliegen. Zur Sicherheit gab ich ihnen 25 000 Dollar in bar mit und bat ihn, das Geld bei der Einreise besser nicht anzugeben. Als sie am Wochenende in Moskau ankamen und sich auf den Dreh vorbereiteten, hatten sie das Gefühl, irgendwie überwacht zu werden. Eines Nachts hielt eine Zivilstreife sie auf einer zugigen Brücke an, und sie mussten in eisiger Kälte stundenlang auf einen Streifenwagen warten, der unserem Redaktionsdolmetscher Andrej Batrak ein Pusteröhrchen hinhalten sollte. Ergebnis: kein Alkohol. Auch ein zweites Pusten führte nicht zu dem erhofften Ergebnis. Das Team verschwand über Stunden in den Katakomben der politischen Polizei und musste weitere Stunden warten, bis endlich ein Arzt Batrak eine Blutprobe entnommen und schließlich für unbedenklich erklärt hatte. Er selbst wusste ziemlich genau, warum er unter Beobachtung der politischen Polizei stand. Er stand nämlich unter dem Verdacht, dass er einige Wochen zuvor in seinem Gepäck Videobänder mit den Verhören der Putschisten in den Westen zum *Spiegel* geschmuggelt hatte. Die Genehmigung, das Lenin-Mausoleum mit der Kamera zu besuchen, war immer noch nicht erteilt worden. Erst am Freitag, als sie schon abreisen wollten, tauchte Batrak frühmorgens im Hotel auf und erklärte Thomas Schäfer, er habe in letzter Minute eine Zusage von der administrativen Ebene erhalten. Sie dürften mittags ins Mausoleum und dort in der Publikumspause ohne Lampen und ohne Stativ ganze 25 Minuten drehen. Gebühr: 12 US-Dollar.

Gespannt fuhren sie zum Roten Platz. Dieter Herfurth schaltete die Kamera noch vor Öffnen des Tores ein und drehte die 25 Minuten in einer einzigen durchgehenden Einstellung. Da lag er nun, der große Lenin in seinem offenen Sarg, von rotorangenen Lampen angestrahlt. Es waren die ersten Aufnahmen eines westlichen Kamerateams in diesem sowjetischen Heiligtum.

Schnell ging es zum Flughafen, die Abreise war am Nachmittag. Andrej Batrak hatte dem Team noch eingeschärft, bei der Ausreise nicht mit ihm in Kontakt zu treten, da er nicht sicher sei, ob sein eigener Flug in den Westen überhaupt genehmigt werden würde. Das Team sollte auch nicht in seinem Fahrwasser erscheinen, um die Ausfuhr des brisanten Filmmaterials nicht zu gefährden.

So liefen die Filmkisten ungehindert an den gelangweilten Zollbeamten vorbei, Thomas und sein Team wurden problemlos durchgewunken. Nur Batrak wurde an der Passkontrolle festgehalten. So zog sich das Warten in die Länge, bis schließlich Dieter Herfurth unbedacht auf Batrak zuging und fragte, was los sei. Blitzschnell reagierten die uniformierten Grenzbeamten. Das komplette Filmgepäck wurde zurückgeordert, die Kassetten beschlagnahmt, die Pässe eingezogen, alle persönlichen Dinge mussten auf den Tisch gelegt werden. So kamen auch die undeklarierten 25 000 US-Dollar zum Vorschein. Wo das Geld herkomme, wollten die Beamten wissen. Und beschlagnahmten es. Was würde noch geschehen? War die ganze Reise, das ganze Projekt gescheitert?

Die Filmkisten gingen noch einmal durch die Röntgenschleusen. Und genau in dem Moment, als die Kiste mit dem geschmuggelten Kaviar an der Reihe war, hielt Thomas die administrative Dreherlaubnis in die Höhe und lenkte damit die Zöllner ab. Das gelang, und nach und nach kamen die Pässe, die möglicherweise gelöschte Kassette und schließlich das Geldbündel zurück. Nachzählen! Das war unmissverständlich, das Geld war noch vollständig. Im Flugzeug kramte Dieter Herfurth die Kassette aus dem Gepäck, legte sie in die Kamera – und sein Gesicht hellte sich auf. Nichts war gelöscht, Lenin lag ruhig in seinem angestrahlten Sarg.

Zwei Tage später zeigten wir dann die Sensation bei *Spiegel TV*. Die ersten Bilder aus dem Heiligtum des Sowjetreiches in Farbe, der unsterbliche Wladimir Iljitsch Lenin in Nahaufnahme.

Aus den Aufnahmen, die Thomas und sein Kamerateam vor dem Dreh im Mausoleum gemacht hatten, konnten wir auch zeigen, wie Lenins Leiche im ansehnlichen Zustand gehalten wurde.

Über Jahrzehnte tüftelten sowjetische Wissenschaftler an einem Überlebenskonzept für die Leiche unter dem Roten Platz. Heute sorgt modernste Technik für das ideale Klima im Prominentensarkophag. Nur zehn auserwählten Wissenschaftlern bleibt es vorbehalten, an Haut und Knochen des einstigen Revolutionärs Hand anzulegen. Zweimal in der Woche bleibt das Mausoleum geschlossen. Dann werden Gesicht und Hände mit einer Tinktur betupft, die wie ein Staatsgeheimnis gehütet wird. Der Wissenschaftler erklärte in seinem Labor vor der Kamera: »In diesem Gefäß befindet sich die Flüssigkeit, mit der Lenins Körper einbalsamiert wird. Damit ist sein gesamter Körper durchtränkt, und seine Hände werden zusätzlich regelmäßig damit benetzt. Die Lösung ist, wie Sie sehen, farblos.«

Alle anderthalb Jahre wird der ganze Lenin in der Balsamlösung gebadet. Zur Unterstützung der Simulation einer frischen Gesichtsfarbe von anno 1924 werden getönte Glühbirnen genutzt, versteckt im Deckel des Kristallsarges.

Das sei ein deutlicher Fortschritt gegenüber der Mumifizierungspraxis vor 4000 Jahren, erklärte der Leiter dem Team: »Das ägyptische Verfahren lief darauf hinaus, dass die Leiche mit Harzen konserviert und dann getrocknet wurde. Doch nach diesem Schrumpfungsprozess hatte die Mumie kaum noch Ähnlichkeit mit der lebenden Person. Und auch die Farbechtheit ging verloren. Unsere Forschung ist viel weiter. Wir haben es nicht mehr mit einem ausgetrockneten Körper zu tun, sondern mit einem Originalgewebe, dessen Eigenschaften, zum Beispiel Farbe und Konsistenz, erhalten geblieben sind. Das ist etwas grundsätzlich Neues.«

Lenins Körper besteht aus mehr als nur Haut und Haaren. Das gesamte Muskelgewebe ist noch erhalten, nur die Eingeweide wurden schon bei der Obduktion 1924 entfernt. Etwas Schminke von Zeit zu Zeit nährt die Illusion: Lenin lebt. Die Faust, zwar nicht mehr erhoben, ist immer noch geballt, wie man auf unseren Filmbildern sehen konnte.

Abschließend fragte Thomas Schäfer den Experten: »Wie lange würde der Körper Lenins bei dieser Behandlung noch erhalten bleiben können?«

Doch da wollte sich der Wissenschaftler nicht festlegen: »Auf diese Frage pflegen wir zu antworten: eine unbestimmt lange Zeit. Ich könnte jetzt schon die Garantie für 100 Jahre übernehmen, oder vielleicht auch 200. Ich werde das nicht mehr erleben, und deshalb gehe ich mit dieser Garantie kein großes Risiko ein. Aber wenn alle Bedingungen eingehalten werden, sind 100 Jahre ganz sicher, oder 200 oder noch mehr.«

Als unser Film gezeigt wurde, gab es in Moskau einen ziemlichen Skandal. Wer hatte die Erlaubnis gegeben, im Mausoleum zu drehen? Und als sich herausstellte, dass vor uns schon ein russisches Kamerateam dort gedreht hatte, wurde deren Material einkassiert und, soweit wir erfuhren, niemals irgendwo gesendet. So blieb unser Dreh beim toten Lenin offenbar der einzige, dessen Bilder veröffentlicht wurden.

Randale in Rostock

An einem Sonntag im August 1992, wir waren schon fast mit der Sendung fertig, meldete sich ein Reporter der Deutschen Fernsehagentur DFA und berichtete, dass er in einem Neubaugebiet bei Rostock einen Nachbarschaftsprotest gegen die Unterbringung von Ausländern gedreht habe. Er kam und zeigte uns das Material. Wir machten sofort einen kurzen Beitrag daraus.

Die Lage spitzte sich in der nächsten Woche zu, und wir schickten einen unserer Reporter mit einem eigenen Kamerateam nach Rostock-Lichtenhagen. Es wurde das Protokoll des ersten großen und gewalttätigen Antiausländer-Aufstands in einem der neuen Bundesländer – und ein Musterbeispiel, wie aus einem Protest mit durchaus nachvollziehbaren Ursachen eine rechtsradikale Gewaltaktion werden kann.

Wir wollten am kommenden Sonntag daraus eine Schwerpunktsendung machen. Ich beauftragte die Magazin-Redakteurin Beate Schwarz, aus den eingetroffenen Materialien schon einmal einen Rohschnitt herzustellen. Gegen Ende der Woche sah ich mir den Entwurf an. Am Ende sagte ich: »Beate, da fehlt doch etwas. Wo sind denn die Szenen, die wir letzten Sonntag schon gezeigt haben, wie das alles losging? Mit dem Protest der Nachbarn gegen die Roma und Sinti, die ihnen von der Ausländerbehörde in diesem Sonnenblumenhaus einquartiert wurden ...« Die Aufnahmen habe sie rausgelassen, erklärte Beate. Da würde man doch beinahe Verständnis für die rechtsradikalen Proteste kriegen. Wir wollten das doch wohl nicht rechtfertigen ... »Nein«, sagte ich. »Nicht rechtfertigen. Aber erklären. Wir dürfen doch nicht etwas weglassen, weil es uns nicht in den Kram passt. Die Szenen kommen wieder rein.«

Ich schnitt den Film noch einmal und schrieb auch den Text, und so wurde er dann auch gesendet. Als Protokoll der Ereignisse, wie sie waren – und nicht, wie sie besser ins politische Konzept passten.

Wir begannen mit zwei kurzen Szenen: Eine Frau aus dem Neubauviertel sagte zu Beginn der Randale: »Es muss gewalttätig werden, weil die Politik in Bonn einfach nicht reagiert.« Und ein weinendes Mädchen sagte eine Woche später, vor den Flammen, die aus dem Neubau loderten: »Die haben alle nur zugeguckt und haben sich gefreut und haben geklatscht. Die haben geklatscht, dass Menschen verbrennen oder was weiß ich.«

Dann begann die Moderation: »Nach der friedlichen Revolution vor knapp drei Jahren folgte vergangene Woche die unfriedliche Reaktion im doppelten Sinne. Der Aufstand im Rostocker Neubauviertel Lichtenhagen galt nur vordergründig den Asylbewerbern, die von einer beschränkten Bürokratie mitten ins soziale Krisengebiet verfrachtet worden waren. Es entluden sich in Gewalt und Brutalität die Ängste und Frustrationen einer Bevölkerung, die tief enttäuscht ist von den Versprechungen der Deutschen Einheit. Die gemeine Wut, die sich an hilflosen Asylbewerbern austobte, ist Ausdruck einer Krise, speziell im Osten, von deren Brisanz das ahnungslose Bonn sich offenbar keinen Begriff macht.

Und es ist nicht das Geld allein, was fehlt. Die alte DDR ließ ihre Bürger bespitzeln. Also musste es irgendwie bedeutsam sein, was sie meinten und sagten. Der SED-Staat sperrte seine Bürger hinter der Mauer ein. Also war er wohl daran interessiert, dass sie dablieben. Heute können sie sagen, was sie wollen, und reisen dahin, wo der Pfeffer wächst, und niemand interessiert sich dafür. Auch nicht, ob sie eine Wohnung haben oder Arbeit, ob sie Alkoholiker sind oder nicht. Das scheint eine Art perversen kollektiven Kulturschock ausgelöst zu haben. 60 Prozent der Jugendlichen, so eine aktuelle Umfrage, sehnen sich nach dem Blauhemd der FDJ zurück. Als Ersatz findet man die fehlende Gemeinsamkeit offenbar zuweilen im Hass auf alles, was anders ist. Eine Woche der Gewalt im Rostocker Stadtteil Lichtenhagen ist ein Beispiel dafür.«

Es war eine kurze Problemanalyse, die im Grunde auch 20 Jahre später bei Pegida und anderen rechten Entwicklungen in der Ex-DDR noch zutreffen sollte.

Rechter Häuserkampf

Wir wollten zeigen »was ist« – und das brachte uns zuweilen heftige Kritik ein. Ein weiterer Fall, in dem eine ARD-Sendung *Spiegel TV* angriff, war ein Beitrag über eine rechtsradikale Wehrsportgruppe, die wir am 20. September 1992 beim »Häuserkampf« in einem stillgelegten Militärlager zeigten. Der Beitrag wurde bei *Fakt* als »*Spiegel TV*-Skandal« bezeichnet. Angeblich hätten wir gegen Honorar rechtsextreme Jugendliche dazu gebracht, vor laufender Kamera ihr Training vorzuführen.

Bezahlt hatten wir nichts. Aber wir hatten durch den Beitrag den jungen Rechtsextremisten die Möglichkeit gegeben, sich der Öffentlichkeit zu präsentieren. Die Alternative wäre gewesen, die entstehende Neonaziszene zu ignorieren. Verschweigen betrachteten wir allerdings nicht als unsere Aufgabe.

Tatsächlich war diese Gruppe durchaus gefährlich, auch wenn ihre Sprengsätze, die sie uns demonstrierten, im Wesentlichen

Chinaböller und kein TNT waren, wie uns *Fakt* vorgeworfen hatte. Das hatten wir aber auch nicht behauptet. Und wir waren auch nicht auf irgendwelche im Grunde harmlosen Spinner hereingefallen oder hatten diese zu ihren militärischen Spielchen veranlasst.

Einer in der Gruppe, der vor der Kamera mit verhülltem Gesicht auftauchte, warf damals einen Sprengsatz in eine Ruine und sagte dann: »Wir werden euch erst mal demonstrieren, wie wir irgendwelche Objekte, die von irgendwelchen Linksextremen besetzt werden oder von irgendwelchen Asylanten, sprich jetzt Asylantenwohnheime, wie wir die jetzt dadurch stören tun.«

Der Vermummte von damals hieß Sven Rosemann und wurde später einer der Anführer der Thüringer Neonaziszene. Und er gehörte zum Umfeld des NSU, des Nationalsozialistischen Untergrundes, auf dessen Konto zwischen 2000 und 2007 neun Morde an Migranten und an einer Polizistin gingen.

Mein Kollege Dirk Laabs und ich schrieben darüber ein inzwischen 1000 Seiten starkes Buch unter dem Titel *Heimatschutz – Der Staat und die Mordserie des NSU* und machten eine lange Dokumentation, die im Bayerischen Fernsehen, in der ARD und dann auch bei Netflix ausgestrahlt wurde, *Der NSU-Komplex*.

Wir besuchten Sven Rosemann dafür 2015 im Gefängnis Hohenleuben, wo er wegen eines Überfalles einsaß. Seine Karriere als rechtsradikaler Straftäter hatte ihn 1990/91 zum ersten Mal in Untersuchungshaft gebracht.

Zu der Truppe auf dem Übungsplatz gehörte auch ein gewisser Thomas Dienel, der sich bei einem Auftritt vor jungen Neonazis von einem *Spiegel TV*-Team filmen ließ. Mit großer Geste verkündete er: »In Auschwitz wurde niemand umgebracht! Und ich sage auch klipp und klar: Leider wurde niemand umgebracht.« Seine Zuhörer klatschten Beifall, und er fuhr fort: »Und wir als junge deutsche Generation haben leider niemanden umgebracht! Wir sagen klipp und klar und eindeutig: Jeder

Neger, jeder Fidschi, der da brennt, ist ein Mensch zu viel. Aber wir sagen auch klipp und klar: Wenn es das Bonner Judenregime nicht anders will, dann brennen eben noch mehr Neger und noch mehr Fidschis!«

Es war eine Rede wie ein Programm zum Töten, und die Ausstrahlung bei *Spiegel TV* brachte Dienel immerhin eine Haftstrafe ein. Im Gefängnis wurde er vom Thüringer Verfassungsschutz als Spitzel angeworben – bis zu 80 konspirative Treffen soll es zwischen V-Mann Dienel und dem Verfassungsschutz gegeben haben. Sein Auftrag: die Bespitzelung der rechten Szene im Freistaat Thüringen. Als Lohn gab es offenbar nicht nur Bares, sondern auch wertvolle Tipps. Zur Freude seiner Kameraden wusste man oft schon vorher von polizeilichen Aktionen oder Hausdurchsuchungen. Das aber kam erst sehr viele Jahre später heraus – als der Nationalsozialistische Untergrund sich selbst enttarnte.

Neben all den Recherchen, Dreharbeiten und Moderationen über den großen Umbruch im Osten Deutschlands und in Russland musste ich dringend einmal wieder etwas anderes als Stasi, KGB und Aufbau Ost vor Augen haben. Und so nahm ich die Chance wahr, als ich auf einer familiären Feier zufällig einen Mitarbeiter des kolumbianischen Konsulats in Hamburg traf, der mir ein Visum, eine Drehgenehmigung und einen Kontakt zum damals regierenden Präsidenten César Gaviria in Aussicht stellte. Ein paar Tage später saßen Kameramann Dieter Herfurth, sein Assistent Bernd Zühlke und ich im Flugzeug nach Bogotá. Vom Start in Hamburg bis zur Landung in der kolumbianischen Hauptstadt spielten wir Skat, wie auf fast allen unseren Reisen zu dritt.

Die Killer von Medellín

Die Zweimillionenstadt im Norden Kolumbiens galt als die Hauptstadt des Kokains, der Drogenmafia und des Mordens. Es war die Stadt der Drogenclans, des Medellín- und des Cali-Kartells.

Wir wollten einen Film über die jugendlichen Killer machen, die im Auftrag der Drogenkartelle für eine Handvoll Dollar mordeten. An die 5000 von ihnen gab es allein in Medellín. Schon in den ersten Monaten des Jahres 1990 waren dort 3300 Mordfälle registriert worden. 60 Prozent davon betrafen Jugendliche zwischen 11 und 22 Jahren. Sich in den Tod verlieben, so nennen die »Sicarios« das Sterben.

Jeden Tag wurden in Medellín etwa 20 Opfer von Gewalttaten zu Grabe getragen. Die Menschen hatten sich daran gewöhnt. Auch für Kinder und Jugendliche waren die Friedhöfe kein fremdes Gebiet. Hier besuchten sie ihre toten Freunde, die von rivalisierenden Gangs, von der Polizei oder von paramilitärischen Todesschwadronen ermordet worden waren.

Der Kokainboom hatte das schnelle Geld und den schnellen Tod in die Stadt gebracht. Die Sarghalle war zu ihrem Treffpunkt geworden. Jeden Tag kamen sie hierher, trotz des süßlichen Leichengestanks, der durch die schlecht vermauerten Ritzen aus den einzementierten Särgen drang. Unter den Jugendlichen von Medellín gab es 5000 berufsmäßige Killer. Im Gefängnis sprach ich mit einem guten Dutzend von ihnen. Ich fragte sie, wie sie dazu gekommen waren, für das Kartell zu morden. Und die Antwort war immer dieselbe. Sie bewarben sich, und als Test mussten sie mit geschlossenen Augen irgendeinen Namen im aufgeschlagenen Telefonbuch von Medellín antippen. Diese Person mussten sie töten. Erst dann gehörten sie dazu.

Viele Jahre später, als wir die Mordserie des Nationalsozialistischen Untergrundes recherchierten, kamen mir diese jugend-

Ein Haus am Strom: am Elbhang von Blankenese, gekauft von Großvater Albert Aust 1900

Der Vater in Kanada: Reinhard Aust in den Zwanzigerjahren

Mit Stehkragen und Prinz-Heinrich-Mütze: Reeder Albert Aust mit etwa 90 Jahren

Mutter mit Baby: Ilse Aust mit ihrem ersten Sohn Stefan 1946

Mutter als Teenager: Ilse Aust geb. Hartig mit 18 Jahren 1941. Heimkehr nach dem Krieg: Vater Reinhard 1945

Lehrer mit Ritterkreuz: Schulklasse Brunshausen *(Stefan Aust erste Reihe, Dritter von rechts)*

Der Treckerfahrer: Stefan Aust mit 12 Jahren auf dem Holder-Diesel

Frisch eingeschult: mit 5 Jahren zum Fototermin

Hauptsache oben bleiben: auf dem Norweger Pony im Kirschen-Hof 1962

Gruppenbild mit Dame: die Kinder Sybille, Stefan, Elisabeth, Christian und Martin mit der Mutter im Wohnzimmer in Brunshausen ca. 1960

Nach der Flut: das Haus in Brunshausen im Sommer 1962

Wir ziehen aus: mit den Schülerzeitungskollegen im Exil 1965

Erster Auftritt bei *Panorama*: mit Freundin Marlies beim Ausfahren der *Wir* 1965

Mit Röhl und Che Guevara: die *konkret*-Redaktion 1968

Prager Frühling mit dunklen Nachwirkungen: mit Rudi Dutschke in Prag 1968

Silvester beim Berliner Kabarettisten: Jahreswende 1968/69 mit Freundin Simone *(vorn)* und deren Schwester Andrea bei Wolfgang Neuss

Hein und Fietje: mit Horst Tomayer bei den St. Pauli Nachrichten 1970

Eine Tageszeitung für die Reeperbahn: mit Verleger Rosenberg und Kollegen 1970

Die Familie im Forsthaus: Sybille, Martin, Stefan, Christian und Elisabeth mit den Eltern 1975

Jungreporter im NDR-Büro: bei *Panorama* ca. 1980

An der Front: im Krieg Iran/Irak 1980

Krieg und Frieden: mit Volker Schlöndorff im filmischen Friedenseinsatz 1982

RAF-Prozess im Kino: mit Regisseur Reinhard Hauff bei der Vorstellung des Filmes »Stammheim«

Bei der Moderationsaufzeichnung für *Spiegel TV*

»Dies ist der Tag, an dem der Zweite Weltkrieg zu Ende ging« – Kommentar zum Mauerfall am 9. November 1989 um ca. 23 Uhr

Die erste und letzte freie Wahl der DDR: mit Rudolf Augstein und Lothar Löwe am Abend der DDR-Wahl 1990 in Berlin

Auf die Zahlen kommt es an: als *Spiegel*-Chefredakteur vor der Verkaufskurve 1994/95

Der Mann, der den Deutschen die Freiheit ermöglichte: Interview mit Gorbatschow 1995

Die schönste Brücke der Welt: bei Dreharbeiten mit Thomas Schäfer auf der Golden Gate Bridge in San Francisco 1997

Die Schimmelreiterin: mit der Freundin und späteren Ehefrau Katrin 1990

Der Herausgeber und sein junger Mann: mit Augstein bei einer *Spiegel TV*-Party 1993

Aus der Hand der Entführer befreit: Feier nach der Rückkehr des *Spiegel*-Redakteurs Andreas Lorenz *(ganz rechts)* von der Insel Jolo 2000

Führungscrew mit Chef: Rudolf Augstein mit Karl Dietrich Seikel, Werner Klatten und Stefan Aust

Hochzeit mit Tochter: Katrin Aust, Stefan Aust, Antonia Aust 1997

Jedem Anfang wohnt ein Zauber inne: Kanzler Gerhard Schröder mit Marius Müller-Westernhagen, Jürgen Flimm, Michael Naumann und Stefan Aust 1998

Politik und Medien in Feierlaune: mit Gerhard Schröder und Alexander Kluge ca. 2000

Das Mosaik aus dem Bernsteinzimmer. Beschlagnahmt und ...

... ins Zarenschloss zurückgebracht: Osterandacht mit Putin 2000

Die große Welle: in Banda Aceh auf Dreharbeiten nach der Tsunami

Betondeckel auf strahlendem Müll: mit Detlef Konnerth bei Dreharbeiten im Atombomben-Testgebiet in der Südsee

Die Bush-Krieger: George W. Bush mit Vizepräsident Dick Cheney präsentiert den *Spiegel*-Titel im Oval Office

Abschiedsparty mit Angela Merkel: Gabor Steingart geht in die USA

In den Gewölben des Führerbunkers: mit Michael Kloft bei Dreharbeiten im Obersalzberg

40 Jahre danach: Gedenkveranstaltung zur Landshut-Entführung mit *(v.l.n.r.)* Birgit Röhl, Stewardess Gabriele von Lutzau (früher Dillmann) und Co-Pilot Jürgen Vietor

Großes Kino: mit Ehefrau Katrin und den Töchtern Antonia und Emilie bei der Premiere des Filmes »Der Baader Meinhof Komplex« in München 2008

Letzter Turnier-Ritt: bei einer Showeinlage auf dem International Dressage and Jumping Festival in Verden 2007

Muss alles tun, was ihr Vater nicht geschafft hat: Tochter Emilie – Reiten, Jura studieren, Flugschein machen

Frauenpower: mit den Töchtern Emilie, Antonia und Ehefrau Katrin beim Turnier in Aachen

Junger Hengst und alter Mann: mit dem Jährling Vasco auf der Weide

Auf dem Gipfel der Anden: mit den Töchtern Antonia und Emilie in Machu Picchu 2015

Am besten immer unterwegs: mit Tochter Antonia in Namibia 2018

lichen Killer noch mal in den Sinn. Könnte es sein, dass es immer wieder ein Mord war, der begangen werden musste, um im engeren Zirkel einer kriminellen Gruppe dazuzugehören?

Engagiert waren die Sicarios von den mächtigen Drogenbaronen. Einer von ihnen, wohl der Gefährlichste, war Pablo Escobar, der sich im Jahr zuvor freiwillig den kolumbianischen Behörden gestellt hatte, zur Zeit unserer Dreharbeiten in einem luxuriösen Privatgefängnis saß und vermutlich von dort aus seine Geschäfte weiterführte.

Zu den Pionieren des großen Koksgeschäftes gehörte auch Carlos Lehder. Auf dem Höhepunkt seiner geschäftlichen Erfolge ließ er dem Beatle John Lennon ein Denkmal in Pereira setzen. Die Statue bestand aus einem nackten Lennon, in der Hand seine Rickenbacker-Gitarre und auf dem Kopf einen deutschen Stahlhelm. Auf dem linken Arm stand das Wort »Paz« für Frieden, und in der Brust hatte er ein großes Loch, dort, wo er im Dezember 1980 tödlich getroffen worden war. Jetzt saß Lehder im Hochsicherheitsgefängnis von Marion im amerikanischen Bundesstaat Illinois. Unsere US-Korrespondentin Karin Assmann hatte die Dreherlaubnis besorgt. Und weil Carlos Lehder viel auf seine deutschen Wurzeln gab, war er bereit, mit uns zu sprechen. Nach mehreren akribischen Kontrollen gelangten wir in den Trakt, in dem Lehder einsaß. Die Zelle war wenige Quadratmeter groß, einmal am Tag gab es Ausgang auf dem betonierten Innenhof, der nicht größer war als ein durchschnittliches Wohnzimmer, mit einem Drahtgitter überdacht. Der Gefangene streckte seine Hände durch ein Loch in der Gitterwand, die Handschellen klickten, und er zog die Hände wieder zurück. Eine Lautsprecherstimme tönte »Open Five«, und die Gitterwand schob sich knarrend zur Seite. Nur unter massiver Bewachung durfte Lehder in die Besucherzelle. Dort bauten wir unsere Kamera auf und interviewten ihn.

Er schilderte uns seine frühen Träume: »John Lennon war der Held meiner Jugend. Mit seiner Musik und dem Rock 'n' Roll gaben die Jugendlichen in Amerika und anderswo die konservativen Ideen ihrer Eltern auf. Diese spontane und natürliche Bewegung, die langen Haare und die ausgeflippte Kleidung der Hippie-Bewegung hatte auch mich infiziert. Ich war von dieser Art westlicher Kultur sehr beeinflusst, war auch so ein Blumenkind in der Flower-Power-Bewegung. Das war aber auch die Zeit der Friedensinitiativen und auch der Meditation und der Stimulation. Überall nahm man Drogen der verschiedensten Art. Erst Haschisch, dann Marihuana, dann LSD und die harten Drogen. Sich anzutörnen galt als Mut und völlig harmlos.«

Auf dem Höhepunkt seiner Karriere war das ehemalige Blumenkind Carlos Lehder stolzer Besitzer einer Insel der Bahamas. Mit eigenem Rollfeld, auch für Jets und mehrere Maschinen, mit denen die weiße Luftfracht befördert worden sein soll: »Ich war ein paar Jahre auf den Bahamas und habe dort einige Grundstücke erworben. Dann begann plötzlich der amerikanische Drogengeheimdienst hier herumzuschnüffeln. Die Bahamas waren ja schon immer das Paradies für Piraten.«

Normans Kay, so vermuteten die amerikanischen Drogenfahnder wohl nicht ganz zu Unrecht, soll Umschlagort für Tonnen von Kokain gewesen sein. Als die amerikanische Drogenpolizei DEA Lehder auf die Schliche kam, floh er zurück nach Kolumbien, wo er noch keine Verfolgung fürchten musste. Er baute sich nahe Medellín eine feudale Ranch und beschloss, Politiker zu werden. »Mit Carlos Lehder kommt das Volk voran«, so lautete sein Wahlkampfmotto. In Wirklichkeit ging es darum, möglichst viel politischen Einfluss zu gewinnen, um den US-amerikanischen Plänen begegnen zu können, Drogenhändler in Kolumbien festnehmen und in die USA ausliefern zu lassen. Davor hatten die Koksbarone wirklich Angst. Zu Hause konnte ihnen dagegen nicht viel passieren.

Nachdem die amerikanische Regierung Druck auf Kolumbien ausgeübt hatte, Lehder zu verhaften und auszuliefern, war dieser erst einmal im Dschungel untergetaucht und hatte sich gegen Bezahlung in den Schutz einer linken Guerillagruppe begeben. Am Ende erwischten sie ihn doch. Vermutlich wurde Lehder verraten. In einer Nacht-und-Nebel-Aktion wurde Carlos Lehder im Januar 1987 in die USA ausgeflogen, vor Gericht gestellt und zu mehrfach lebenslänglich verurteilt. Das Geschäft ging weiter, auch ohne ihn, und er wusste, warum: »Hauptgrund ist der Hunger der amerikanischen Drogensüchtigen. Es ist einfach der Markt.«

Kein Zweifel. Solange die Nachfrage nach Drogen vorhanden ist, so lange wird es auch die Ware geben. Die Prinzipien der Marktwirtschaft, sie gelten auch im Rauschgiftmarkt. Je größer das Risiko, desto höher der Preis, desto höher der Gewinn und desto mörderischer das Geschäft.

Colonia Dignidad im Chilehaus

Nach kaum zwei Wochen Kolumbien war ich wieder in der »Firma«, wie ich die Redaktion von *Spiegel TV* nannte. Die meisten Reisen beendete ich ohnehin vorzeitig, weil wieder mal irgendetwas passiert war, das meine Anwesenheit erforderte – jedenfalls aus meiner Sicht.

Seit dem Start am 8. Mai 1988 hatten wir expandiert. Das Magazin, das auf RTL lief, wurde anfangs am nächsten Abend, montags, bei Sat.1 wiederholt, mit durchaus hohen Zuschauerzahlen. Der damalige Geschäftsführer Werner Klatten wollte auf Dauer nicht ein Magazin der Konkurrenz wiederholen und fragte mich, ob wir nicht lieber eine neue Sendung bei Sat.1 machen wollten. Und ob wir wollten. Ich schlug ihm eine wöchentliche Reportage vor: »Wenn das Themenfeld nicht so sehr eingeschränkt ist, gehen einem auch nicht so schnell die Themen aus.«

Er war einverstanden, und wir bekamen auch mehr Geld. So produzierten wir am Anfang eine Sendereihe über Polizeireviere in aller Welt, von der Davidwache auf St. Pauli bis zu den Slums von São Paulo. Die Quote entwickelte sich gut. Und so hatten wir schon zwei wöchentliche Sendungen, die dank der dctp-Verträge für eine einmalige Ausstrahlung ordentlich finanziert wurden. Aber die Rechte an den Filmen und dem Ausgangsmaterial lagen weiter bei *Spiegel TV*. Das war die Grundlage der Expansion.

Erst ließen wir eine neu zusammengestellte Fassung unserer Magazine auf einem europäischen Satellitenkanal ausstrahlen. Dann kam das Ende der DDR, und zwischen den ersten freien Wahlen und kurz nach der Wiedervereinigung wurde das *Spiegel TV*-Magazin im DDR-Fernsehen ausgestrahlt. Dadurch waren wir das mit Abstand in der gewendeten DDR meistgesehene politische Magazin. Und als einmal ein Kollege des Print-*Spiegel* ein vorher angefragtes Interview machen wollte, fragte ihn der Interviewpartner: »Wo bleibt denn das Kamerateam?«

Der *Spiegel*-Reporter klärte ihn auf: »Wir sind vom Printmagazin *Der Spiegel* und nicht von *Spiegel TV*.«

Daraufhin sagte der Interviewpartner: »Ach, machen die jetzt auch eine Zeitung?«

In einem komplizierten Verfahren hatte Alexander Kluge für seine dctp die Sendeplätze bei RTL und Sat.1 erobert. Grundlage war die sogenannte Westschiene, eine dritte bundesweit flächendeckende Fernsehlizenz. Technisch war es anfangs aber nur möglich, zwei Programme zu verbreiten. Deshalb zog sich die Gründung eines dritten Privatsenders ein paar Jahre hin. Als Ausgleich dafür hatte die dctp die Sendeplätze bei RTL und Sat.1 bekommen.

Dann wurde 1991 der Sender VOX gegründet und ging 1993 auf Sendung. Eigentlich waren es zwei Sender, einmal VOX selbst und dann die dctp mit einem winzigen Anteil. So war Kluge wieder dabei – und damit auch wir. VOX hatte allerdings kein Geld. Gesellschafter waren die West LB, die Stadtsparkasse Köln, Kreissparkasse Köln, Stadtwerke Köln, Bertelsmann über die UFA, der Süddeutsche Verlag und Holzbrinck – sowie die dctp mit 11,5 Prozent. Die Anfangsverluste betrugen im ersten Geschäftsjahr 390 Millionen Mark. Die Anstalten wollten am liebsten einen Privatsender mit öffentlich-rechtlichem Profil und reichlich »Infotainment«. Es wurden einige verdiente ARD-Mitarbeiter eingekauft, ein aufwendiges Korrespondentennetz aufgebaut, jede Menge Geld in Programm investiert, aber der Erfolg wollte sich nicht so recht einstellen. Gerade mal 0,3 Prozent Marktanteil konnten erreicht werden.

Immerhin hatte Kluge einige Programmflächen und dazu einen Vertrag, der VOX verpflichtete, die dctp-Programme auszustrahlen und einen vorher festgelegten Preis für die jeweiligen Sendungen zu bezahlen. Dafür verzichtete die dctp darauf, eigene Werbeflächen zu verkaufen.

Wir durften wieder zuliefern. Ich suchte mir einen Programmplatz aus, für eine halbstündige Reportagesendung unter dem Titel *Spiegel TV Extra*. Allerdings sollten wir dafür gerade mal ein Drittel so viel Geld bekommen wie für die *Spiegel TV-Reportage* auf Sat.1, von dem wirklich gut bezahlten Magazin bei RTL ganz zu schweigen.

Die Kollegen bei *Spiegel TV* fanden das gar nicht komisch. Wieso mussten wir schon wieder eine neue Sendung machen? Wir hatten doch mit den beiden anderen genug zu tun. Und dann für so wenig Geld? Da hatte ich eine Idee. Warum machen wir nicht gleich zwei Sendungen für VOX? Dann kriegen wir auch mehr Geld. Wir saßen auf der Gartenterrasse meines Hauses in Blankenese. Die Kollegen konnten über den Vorschlag noch nicht einmal lachen. Was sollte denn das noch für eine weitere Sendung sein? Ich sagte: »Hundert Minuten am Samstagabend, da hat Kluge nämlich noch eine weitere Programmfläche und weiß auch nicht, wie er die füllen soll.«

»Und was sollen wir da machen?«, fragte Cassian von Salomon, der dazu auserkoren worden war, das VOX-Programm zu organisieren.

»Wir haben inzwischen aus den ersten Jahren des Magazins und der Reportage so viele Programmminuten liegen, damit können wir leicht 100 Minuten wöchentlich neu zusammenschneiden, manchmal etwas dazu drehen, manchmal Reste aus dem Archiv nehmen. Das Material gehört uns. Und dann kriegen wir dafür so viel Geld wie für drei Reportagen. Und es kostet so gut wie nichts.« Ich hatte auch schon einen Titel: *Spiegel TV Spezial*.

»Und wer will am Sonnabend um 22 Uhr eineinhalb Stunden Dokumentation sehen?«, fragte einer der Kollegen. »Da wollen doch alle Spielfilme oder Unterhaltungsshows.«

»Jeder, der am Samstagabend das ARD- und das ZDF-Programm und das Programm von RTL und Sat.1 sterbenslangweilig findet. Ich zum Beispiel.« Und ich fügte meinen Standardspruch hinzu: »Ich bin überdurchschnittlich durchschnittlich.«

Wir konnten Kluge von der Idee überzeugen. Das *Spezial* am Samstagabend wurde für lange Zeit eine der erfolgreichsten Sendungen von VOX.

Praktikanten, und davon hatten wir viele, bekamen von Anfang an bei uns 1000 Mark im Monat. Ich wollte nämlich, dass sie richtig arbeiten und nicht nur rumstehen. Und dafür sollten sie auch Lohn bekommen. Ich sagte ihnen am Anfang nicht, was sie tun sollten, auch nicht, dass bei uns an jedem Wochenende gearbeitet wurde. Das Magazin war die wichtigste Sendung, und die lief nun mal am Sonntagabend. Ein Praktikant, der das nicht von selbst merkte und nicht am ersten Wochenende vor Ort im Chilehaus war, blieb meist nicht lange. Wenn jemand den eher langweiligen Auftrag hatte, zehn Ordner mit Stasi-Akten zu kopieren, und das nicht ohne Murren konnte, sagte ich ihm ziemlich offen: »Dann schaffst du es auch nicht, zehn Stunden vor dem Haus eines Stasi-Offiziers zu stehen und darauf zu warten, dass er vor deine Kamera läuft.«

Manche, die das Chilehaus vorzeitig verließen, verbreiteten die Legende, es würde dort zugehen wie in der deutsch-chilenischen Sektensiedlung »Colonia Dignidad«. Nein, eine Sekte war es nicht. Eher eine Wohngemeinschaft mit harter Arbeit und einer Sendeerlaubnis.

Am Sonntag gegen 19 Uhr war meistens alles fertig, dann ging es ins Wochenende. Bis Montag elf Uhr – da begann die große Konferenz beim *Spiegel*. Und die wollte ich natürlich nicht verpassen.

Vorher ging ich jeden Tag zum Reiten, erst in einem Hof bei Pinneberg, dann bei Achaz von Buchwaldt in Blankenese. Wochentags um sieben Uhr aufstehen, um acht im Sattel, um neun wieder zu Hause, dann noch mal kurz unter die Dusche, dann um zehn in die Ressortleiterkonferenz und danach rüber zu *Spiegel TV*. Eine *stern*-Redakteurin, die kurze Zeit bei *Spiegel TV* gearbeitet hatte, schrieb später einmal, ich sei morgens erst gegen elf Uhr in der Redaktion gewesen, weil ich vorher Reiten gewesen sei. Das stimmte auch. Aber dazwischen war ich noch jeden Tag auf der Konferenz im Büro des *Spiegel*-Chefredakteurs. Ich hatte meinen Stammplatz auf einer Aktenkommode im Rücken des jeweils diensthabenden Chefredakteurs. An den Diskussionen beteiligte ich mich kaum. Ich hörte nur zu und überlegte manchmal, was ich anders machen würde.

Eine Magisterarbeit

»Das Versprechen einiger Politiker, dass mit dem Auftauchen neuer privater Medien die Fernsehwelt lebhafter, spannender und anspruchsvoller werden soll, hat nur ein einziges Programm eingelöst: *Spiegel TV*.« Das schrieb der Medienkritiker Volker Lilienthal am 4. März 1989 im *Tagesspiegel*. Die junge Studentin Caroline Pellmann setzte das Zitat an den Anfang ihrer Abschlussarbeit an der Philosophischen Fakultät der Westfälischen Wilhelms-Universität in Münster. Auf 137 Seiten untersuchte sie »Erklärungen zum Erfolgskonzept eines privaten Fernsehmagazins«.

Ursprünglich hatte sie sich um ein kurzes Praktikum bei uns

beworben, dazu aber auch gleich gesagt, dass sie ihre Magisterarbeit über *Spiegel TV* schreiben wollte. »Das passt nicht zusammen«, erklärte ich ihr. »Bei uns arbeiten und zugleich darüber schreiben geht irgendwie nicht.« Dann solle sie doch erst ihre Arbeit fertig machen – und anschließend für ein Praktikum zu uns kommen. Sie willigte ein, und wir gaben ihr alle Informationen, die sie brauchte, einschließlich eines langen Interviews. Ihre Arbeit war sehr sorgfältig recherchiert und gab einen tiefen Einblick in das, was wir da im Chilehaus so machten.

Sie begann ihren Text nach dem Zitat aus dem *Tagesspiegel* so: »Das TV-Magazin des *Spiegel* gilt, begleitet von solchen Achtungsbekundungen der Medienkritik, aufgrund rasant steigender Einschaltquoten als erfolgreichstes politisches Fernsehmagazin der Neunzigerjahre.« Selbst die privaten Sender RTL und SAT1, denen unsere Sendungen anfangs gar nicht ins Programmkonzept gepasst hätten, hätten ihre ursprüngliche Abneigung mit dem zunehmenden Erfolg des Magazins korrigiert. Wir hatten im Mai 1988 mit durchschnittlich 200 000 Zuschauern pro Sendung bei RTL angefangen. Im November lag die Einschaltquote des Magazins bei RTL am Sonntagabend bereits bei 900 000, eine Quotensteigerung von 280 Prozent im Vergleich zur Startphase, wie sogar unsere Kollegen vom Printmagazin in einer Hausmitteilung schrieben. Damit registrierte *Spiegel TV* »die höchsten Zuschauer-Zuwachsraten aller Sendungen im deutschen Fernsehen«.

1990 hatten wir mit 2 Millionen Zuschauern die vor uns laufende Sendung *Tutti Frutti* mit einer halben Million überholt. 1993 brachten wir es auf durchschnittlich 4,34 Millionen Zuschauer und lagen damit sogar vor den öffentlich-rechtlichen Magazinen *Panorama, Report, Frontal* und *Kontraste*. Nur *Bonn direkt* und *Monitor* hatten noch mehr Zuschauer – bei einer deutlich größeren technischen Reichweite von ARD und ZDF verglichen mit RTL. *Spiegel TV,* so schrieb Caroline Pellmann, habe eine Sonderstellung im dualen Rundfunksystem: »Nur unter den Bedingungen dieses Modells ›Fernsehen ohne Intendant‹ war ein TV-Engagement für den *Spiegel* überhaupt möglich.« Die Autonomie und damit die Möglichkeit zur kritischen, bisweilen zynisch-bissigen Politikberichterstattung sei unsere Marktlücke. Dazu gehöre auch eine Produktion ohne bürokratische Entscheidungsapparate. Der Entscheidungsspielraum der Journalisten sei dadurch größer als bei der öffentlich-rechtlichen Konkurrenz: Eine kleine, weitgehend selbstständige Redaktion sei in der Lage, flexibler zu agieren.

Unsere Reporter, so hatte ich immer wieder gesagt, sollten die Mentalität von Staubsaugervertretern haben: »Die müssen Türen aufkriegen, Gesprächspartner rauslocken, bequasseln, überreden, becircen. Das muss auch jeder, der einen Staubsauger an der Haustür loswerden will.« Der Idealkandidat habe Talent und sei einsatzbereit. Einen Mangel an Talent könne man durch Arbeitseinsatz wettmachen. Und der sei bei *Spiegel TV* »um Klassen größer« als bei einer öffentlich-rechtlichen Anstalt. Die Autorin rechnete nach: »Angesichts der personellen Ausstattung der *Spiegel TV*-Redaktion in Relation zum monatlichen Output verwundert diese Tatsache nicht. 34 Journalisten und sechs Mitarbeiter der Produktion stellen monatlich Sendematerial für etwa 20 Programmstunden her, wobei die Redaktion natürlich Material in den verschiedenen Formaten mehrfach verwendet, fertige Beiträge zukauft, die dann überarbeitet werden, und selbstständige Produzenten und Kamerateams beschäftigt, die zuvor angesprochene Themen im Stil des Hauses umsetzen ... Arbeitszeiten«, so schrieb die Autorin, »gibt es bei *Spiegel TV* nicht.«

Das Entscheidende für die Sendung sei, »mit den Mitteln des Dokumentarfilms Wirklichkeit journalistisch zu verarbeiten und darzustellen«. Und sie zitierte mich mit einem Satz, den ich immer wieder gesagt hatte: »Das Wichtigste ist die Authentizität des Materials.«

Und die wurde manchmal angezweifelt. In solchen Fällen wurde ich, wie ich gern sagte, »zur rasenden Heckenschere«. Manipuliertes Material hätte bei einem unserer Reporter zum sofortigen Rausschmiss geführt. Vorwürfen in dieser Hinsicht bin ich grundsätzlich radikal nachgegangen, und wenn sie sich als falsch herausstellten, bin ich ebenso radikal gegen die schlecht informierten Kritiker vorgegangen.

So stand etwa ein Bericht über »Die Kinder von Marzahn« am 1. September 1991 im Kreuzfeuer der Kritik. In der Sendung *Kulturreport* des SFB, ausgestrahlt in der ARD, wurde behauptet, wir hätten junge Neonazis mit Beiträgen ab 300 Mark zum Randalieren angestiftet, um spektakuläre Bilder zu bekommen. Ich erklärte nicht nur – wahrheitsgemäß –, dass wir »niemanden dafür bezahlen, dass er vor der Kamera irgendetwas tut«. Ich ging mit allen juristischen Mitteln gegen den *Kulturreport* vor. Dazu ließ ich im Gerichtssaal einen Fernseher und einen Rekorder aufbauen und spielte dem Richter die gesamte Aufzeichnung im Rohmaterial vor. Daraus wurde deutlich, dass die Szene, die wir in dem Beitrag gezeigt hatten, nur der Höhepunkt einer Eskalation der Gewalt war, die sich vorher ohne unser Zutun abgespielt hatte. Wir gewannen den Prozess »zu 100 Prozent«, wie ich anschließend verkündete. Dem SFB wurde ein Ordnungsgeld von 500 000 Mark angedroht für den Fall, dass die erhobenen Vorwürfe erneut ausgestrahlt würden.

Operation VOX

Dem Sender VOX ging es inzwischen immer schlechter. Nachdem die *Süddeutsche Zeitung* ausgeschieden war, wollte auch der Hauptgesellschafter Bertelsmann die hohen Programmkosten nicht mehr länger tragen. Im März 1994 zog der Konzern die Notbremse und erklärte, wenn bis zum 31. März kein neuer Investor gefunden werde, würde VOX liquidiert und der Sendebetrieb eingestellt. Doch die Gütersloher Manager hatten nicht mit Kluge gerechnet. Der schaute in die Verträge und kam zu dem Schluss, dass VOX nicht so ohne Weiteres den Sendebetrieb einstellen könnte. Laut Vertrag mussten die Sendungen der dctp innerhalb des Rahmenprogrammes ausgestrahlt und die Sendungen auch finanziert werden. Bei Einstellung des Sendebetriebes wäre ein gewaltiger Schadensersatz fällig.

Da drehte Bertelsmann den Spieß um. Kluge könnte ja den Sender übernehmen, das Filmarchiv stünde ihm zur Verfügung, für Werbung müsste er dann schon selber sorgen – und für einen gewissen Zeitraum wäre man bereit, den Sendebetrieb auch noch zu finanzieren. Kluge handelte einen entsprechenden Vertrag aus, unterschrieb ihn vorsichtshalber aber noch nicht.

Ich war auf dem Sprung zu einer kurzen Reise nach Rio de Janeiro, auf Einladung des dortigen Goethe-Instituts. Am Donnerstagabend rief ich Alexander Kluge an und erkundigte mich nach dem Stand der Verhandlungen mit Bertelsmann. Kluge wirkte ziemlich mutlos. Er habe jetzt den Vertrag abgeschlossen, aber wie sollte die dctp plötzlich den ganzen Sender VOX übernehmen?

»Darauf warte ich die ganze Zeit«, sagte ich. »Da reiten wir morgen ein und übernehmen den Laden.«

»Und wie soll das gehen?«

»Ganz einfach«, sagte ich wie immer, wenn es kompliziert wurde. »Ich sage meine Reise nach Rio ab. Dann rufe ich Werner Klatten an, der weiß ja aus seiner Erfahrung als Chef von Sat.1, wie man einen Sender leitet und an Werbeeinnahmen kommt. Der ist gerade bei Kirch raus und hat nicht so recht was zu tun.«

Kluge faxte den noch nicht von ihm unterschriebenen Vertrag. Ich traf mich abends mit Klatten, der telefonierte noch einmal mit Kluge, und wir verabredeten uns für den nächsten Vormittag in Köln bei VOX.

Cassian von Salomon flog mit, denn er musste mal wieder die organisatorische Arbeit übernehmen. Der von Bertelsmann beauftragte »Liquidator« Dr. Blobel empfing uns gemeinsam mit dem Justiziar des Senders. Beide fanden es ziemlich abenteuerlich, dass wir den Sender übernehmen wollten. Aber Kluge hatte zur Verblüffung der Bertelsmänner den Vertrag unterschrieben.

Das könne sowieso nichts werden, erklärte der Justiziar Dr. Arnold. Der WDR habe nämlich eine Klage gegen VOX laufen, um eine ihm entzogene Frequenz zurückzubekommen. Das Verfahren werde in maximal zwei Wochen vom Bundesverfassungsgericht entschieden. Dann sei die Frequenz weg, und der Sender habe kaum noch Reichweite. Außerdem würden am nächsten Tag, einem Samstag, die Nachrichten eingestellt. Das Personal sei schon entlassen.

»Ja«, sagte ich, »wenn die Nachrichten eingestellt werden, ist VOX ja kein Vollprogramm mehr. Dann entscheiden die Richter in Karlsruhe ganz sicher gegen VOX.« Dann müssten die Nachrichten eben weiterlaufen.

»Haben Sie eine Ahnung, was die Nachrichten täglich kosten?«, fragte der Liquidator und nannte auch gleich die Summe.

»Das machen wir für einen Bruchteil der Kosten von Hamburg aus«, sagte ich und blickte Cassian an. Der nickte.

Dann bat ich Dr. Blobel, die Nachrichtenredaktion noch für eine Woche zu finanzieren, so lange brauchten wir, um die Redaktion in Hamburg aufzustellen. Das tägliche Programm würden wir dann per Glasfaserkabel nach Köln und von dort aus auf den Satelliten schicken.

Die Glasfaserleitung sei viel zu instabil, erklärten die VOX-Leute. Ich widersprach. Wir würden das *Spiegel TV*-Magazin jeden Sonntag per Glasfaser nach Köln zu RTL schicken. Da sei noch nie etwas passiert. »Und wenn die Nachrichten mal unterbrochen werden, was soll's?«

Dr. Blobel fand das irgendwie skurril und erklärte sich prinzipiell bereit, die Nachrichten noch für eine weitere Woche zu finanzieren. Das gesamte Personal sei aber am Samstag nach Ausstrahlung der letzten Nachrichtensendung freigestellt.

»Darf ich mal mit denen reden?«, fragte ich. Der Liquidator war einverstanden. Ich ging in den Newsroom und erklärte den Redakteuren die Lage. Es wurde eine Art »Blut-Schweiß-und-

Tränen-Rede«. Nur wenn die Nachrichtensendung noch für eine Woche in Köln ausgestrahlt werde, könnten wir in Hamburg eine Ersatzredaktion aufstellen. Sonst werde die wichtigste Sendefrequenz ganz sicher an den WDR zurückfallen. Das wäre dann das Ende von VOX. Wir könnten die Arbeitsplätze nicht alle sichern, aber für einige, vor allem in der Technik des Senders, gäbe es weiterhin etwas zu tun.

Die Redaktion machte mit, und wir nahmen den Produktionsleiter der Nachrichtensendung Dirk Pommer gleich mit zu *Spiegel TV* nach Hamburg. Cassian von Salomon schaffte es tatsächlich, innerhalb einer Woche eine neue Nachrichtenredaktion auf Sparflamme aufzubauen. Jeder *Spiegel TV*-Redakteur und jede -Redakteurin, die immer schon mal moderieren wollten, durften nun auf den Bildschirm. Die Nachrichten liefen jeden Tag – und waren auch nicht schlechter als zuvor. Allerdings deutlich billiger.

Jetzt waren wir tatsächlich für den gesamten Sender VOX zuständig. Für das Programm, die Werbung, für alles. Personal gab es nur noch so viel, wie für den Sendebetrieb unbedingt notwendig. Endlich konnte ich bei einem ganzen Sender Programmdirektor spielen. Ich ließ mir eine Aufstellung der Filme und Serien im VOX-Archiv kommen. Dann zeichnete ich eine Art Stundenplan für die gesamte Woche und verteilte die fiktionalen Programme, so gut es ging. Es waren durchaus interessante Spielfilme dabei.

Ich mobilisierte die gesamten Programmreserven von *Spiegel TV*. Wir hatten aus nunmehr sieben Jahren immerhin allein über 300 Magazinsendungen und genauso viele Reportagen, dazu die in den vergangenen zwei Jahren für VOX produzierten Sendungen. Beiträge aus dem Magazin wurden neu verteilt und mit Reportagen zu Themenblöcken zusammengefasst. Dann versuchten wir, Themenblöcke aus Spielfilmen und Dokumentationen zusammenzustellen. Im Archiv gab es etwa den Spielfilm *Apollo 13* mit Tom Hanks, und wir hatten eine sehr gute amerikanische Dokumentation dazu liegen. In der Kombination zwischen Spielfilm und Doku entwickelten sich die Zuschauerzahlen überraschend gut.

VOX hatte in seiner kurzen Geschichte nur in einem einzigen Monat 2 Prozent Marktanteil erreicht, als der Sender im August 1993 die Rechte an den US-Open exklusiv gekauft hatte und Steffi Graf und Boris Becker dort spielten. Sonst dümpelte die Quote bei unter einem halben Prozent. Wir schafften es in wenigen Wochen, mit einem neu zusammengestellten Programm aus dem Archiv von VOX und *Spiegel TV* die Zuschauerzahlen auf 2 Prozent zu kriegen.

Die einzige erfolgreiche regelmäßige Unterhaltungsshow des Senders war die Erotiksendung *Liebe Sünde*. Als VOX abgeschaltet werden sollte, verkaufte der Produzent die Show an ProSieben. VOX durfte nur noch für wenige Wochen am Donnerstagabend Wiederholungen senden. An einem Mittwochnachmittag rief mich der letzte Mann aus der VOX-Werbeabteilung an: »Ich habe hier ein Problem. Die *Liebe Sünde* läuft nächste Woche bei ProSieben. Jetzt habe ich eine Anfrage, ob wir in der letzten Folge einen Werbespot senden wollen, mit dem Hinweis, dass die *Liebe Sünde* in Zukunft bei der Konkurrenz läuft. Wir brauchen jede Mark, aber jetzt noch Werbung dafür zu machen, dass die Sendung ab nächste Woche bei ProSieben läuft ... Sollen wir das Angebot annehmen oder ablehnen?«

»Annehmen«, sagte ich. »Aber sagen Sie denen gleich, dass wir in derselben Sendung einen Werbespot für unsere Nachfolgesendung zeigen.«

Der Kollege war überrascht: »Ja, haben wir denn eine?«

»Noch nicht«, sagte ich, »aber nächsten Donnerstag haben wir eine.«

»Aber ich brauche den Werbespot heute«, sagte er.

»Kriegen Sie.«

Ich legte auf, setze mich an meine Schreibmaschine und tippte den Text: »*Liebe Sünde* geht. *Wa(h)re Liebe* kommt. VOX lässt Sie nicht mit Ihrem Sex allein. Ab Donnerstag, den ... geht es verschärft weiter.« Dann rief ich Cutter Erwin und gab ihm das Blatt Papier: »Erwin, mach mal einen kleinen Film daraus. Irgendwie mit Herzen oder so.« Erwin bastelte kurz herum und rief mich in den Schneideraum. »Sieht gut aus«, sagte ich. »Vertonen und sofort an VOX schicken.«

Am Abend lief der Werbespot. Jetzt hatten wir einen Sendungstitel, aber keine Sendung. Wir hatten uns aber aus England einmal eine eher satirische Sexsendung kommen lassen. Wir sicherten uns kurz die Rechte und hatten jedenfalls etwas zu senden. Aber wer sollte die Sendung moderieren? Ich fragte alle, die gern mal vor einer Kamera auftreten wollten. Niemand drängte sich. Dann ging ich zu Marco Berger: »Mensch, Marco, dann können wir Werbung machen: Wer ist besser als Erika Berger?« – die eine Erotik-Talkshow bei RTL moderierte. »Antwort: Marco Berger.« Aber er wollte partout nicht.

Am Ende fragte ich die Reportageredakteurin Britta Sandberg, ob sie die Moderation nicht wenigstens vorübergehend übernehmen könnte. Sie willigte ein. Am Dienstag sollte die Aufzeichnung sein, am Donnerstag die erste Sendung laufen. Am Montag stand Britta bei mir im Büro: »Du kannst mich jetzt rausschmeißen. Aber ich kann das nicht machen. Ich hätte nicht zusagen dürfen. Aber eine Sexsendung zu moderieren, das werde ich im Leben nicht mehr los.«

Ich hatte Verständnis dafür. Jahre später wurde Britta Sandberg Leiterin des Auslandsressorts beim *Spiegel* – ohne Vorgeschichte als Moderatorin der *Wa(h)re Liebe*. Cassian von Salomon, der in der Kürze der Zeit die Aufzeichnung organisiert hatte, war stinksauer: »Und nun, wer soll das jetzt machen?« Schweigen.

»Kennt jemand Lilo Wanders?«, fragte ich in die Runde. »Den oder die habe ich neulich im Dritten Programm des NDR bei einer Übertragung aus ›Schmidts Tivoli‹ von der Reeperbahn gesehen.« Einer der Kollegen, Christian Paulick, kannte Ernie Reinhardt, der in der weiblichen Rolle als Lilo Wanders auftrat. Es dauerte kaum eine Stunde, da war Ernie im Chilehaus. Damit hatten wir die Moderatorin Lilo Wanders für die

Wa(h)re Liebe gewonnen. Die Sendung lief von 1994 bis 2004 und war die mit Abstand quotenträchtigste Sendung bei VOX. Ich habe sie mir praktisch nie angesehen, dafür war ich einfach zu spießig.

Plötzlich merkte man auch bei Bertelsmann, dass der Sender mit geringem Aufwand eine deutlich höhere Quote erzielte, und man dachte darüber nach, einen kompetenten Partner an Bord zu holen. Der Konzern selbst konnte die Mehrheit nicht übernehmen, weil das damalige Rundfunkrecht es nicht zuließ, dass ein Unternehmen wie Bertelsmann neben RTL auch noch einen anderen Sender beherrsche. So wurde mit den verschiedensten Interessenten verhandelt, auch mit Disney.

Wir saßen im Auftrag der dctp praktisch immer mit am Verhandlungstisch im »War Room« bei VOX. Dabei hatte ich eine ganz andere Vorstellung: Warum sollten dctp und *Spiegel* nicht die Mehrheit von VOX übernehmen? Aber da war natürlich die Mitarbeiter-KG des *Spiegel* davor. Dabei war der Preis für die Mehrheitsanteile durchaus erschwinglich.

Für einen Dollar verkaufte am 1. November 1994 der damalige Bertelsmann-Chef Michael Dornemann den Anteil von 49,9 Prozent von VOX an Rupert Murdochs amerikanische News Corporation. Dafür durfte der Sender dann reichlich Filme und Serien von Murdoch einkaufen. Neuer Chef wurde der Schweizer Markus Tellenbach, der »aus dem Abenteuerspielplatz VOX einen Sender der ersten Liga machen wollte«. Wir blieben mit an Bord und kamen auch hervorragend mit ihm zurecht. Die Nachrichten wurden nach wie vor von uns geliefert, trotz der niedrigen Kosten waren sie ziemlich gut.

Um dichter am Geschehen zu sein, verlagerten wir die Nachrichtenredaktion nach Berlin. Dort hatte der *Spiegel* eine größere Büroetage gemietet, als wir planten, die deutsche Ausgabe des amerikanischen Online-Magazins *Wired* herauszubringen. Aus dem Projekt wurde leider nichts, weil die Amerikaner die redaktionelle Hoheit auch über die deutsche Ausgabe haben wollten. Das konnten wir nicht akzeptieren.

NSU – die Vorgeschichte

Anfang der Neunzigerjahre waren Zehntausende Flüchtlinge in Lagern und Plattensiedlungen untergebracht worden. Regelmäßig wurden sie angegriffen. Manche aus der rechten Szene gaben sich mit niedergebrannten Häusern nicht zufrieden. Sie übten paramilitärische Angriffe auf stillgelegten Stützpunkten der Volksarmee oder der Sowjettruppen in der eben untergegangenen DDR.

In dieser Zeit wurde Sven Rosemann mehrmals inhaftiert. Bei seinem zweiten Gefängnisaufenthalt, in der Justizvollzugsanstalt Hohenleuben, lernte er Gleichgesinnte kennen, darunter den »Herrn Uwe Böhnhardt«, wie Rosemann ihn in einem Interview, das wir für unsere Dokumentation des NSU-Komplex mit ihm machten, respektvoll nennt. Böhnhardt, damals gerade 15, war ins Gefängnis gekommen, weil er ein Kind zusammengeschlagen hatte. Als er in Rosemanns Zelle kam, trug er Stiefel und Bomberjacke, »und so hat man gleich erkannt, dass man ein und derselben Meinung ist«. Rosemann fand, dass sein neuer Zellenkamerad »reif war für sein Alter«, obwohl »politisch nicht sehr bewandert« und voller »Flausen im Kopf«. Doch Rosemann war von seinem Mithäftling beeindruckt: »Als Mensch an sich war er spitze.«

Gemeinsam mit Rosemann quälte er einen Mitgefangenen. Böhnhardt und seine Kameraden schlossen das Opfer in einen Spind ein und urinierten darauf. Schließlich übergossen sie den Jugendlichen mit kaltem Wasser und Reinigungsmitteln, zündeten eine Plastiktüte an und drückten das heiße Plastik auf dessen Rücken aus. Wiederholt bastelte Böhnhardt auch kleine Sprengkörper in der Zelle.

Im Sommer 1993 kam Uwe Böhnhardt frei. Er erpresste sofort wieder Geld von kleinen Kindern, schlug sie, drohte ihnen und schüchterte Zeugen ein, die dachten, Böhnhardt sei ihr Freund. Er verbrachte seine Zeit wieder mit seiner Clique aus

Jena-Lobeda, mit Streunern, Einbrechern und Schlägern. Zu dieser Zeit lernte er auch Beate Zschäpe kennen – und Uwe Mundlos, der schon zu DDR-Zeiten als Neonazi aufgefallen war. Mit dem Ende der alten Autorität versuchten Neonazis wie Mundlos, die Kontrolle über Jena zu gewinnen.

Katharina König, Tochter eines engagierten Pfarrers aus Jena, lernte die beiden Uwes und die sich bildende rechte Szene kennen. Zwei Jahrzehnte später saß sie als Abgeordnete der Linkspartei im Thüringer Landtag – und im zweiten NSU-Untersuchungsausschuss. 1993 war sie nach einem Fußballspiel von Angehörigen der rechten Szene zusammengeschlagen worden: »Auf dem Heimweg von drei Nazis, einer Frau – der besten Freundin von Beate Zschäpe – und zwei Männern, mit Festhalten, Tritt in die Magengrube, Tritt mit Stahlkappenstiefeln ins Gesicht.« Es war »eine Kampfzeit«, so König. Sie und ihre Freunde lernten die Autokennzeichen auswendig, um in keine Falle zu laufen: »Hast du mitbekommen, dass Wohlleben ein neues Auto hat? Und letztens mit dem Auto von Mundlos unterwegs war? Weißt du, was er für ein Auto fährt?« Ralf Wohlleben saß später mit Beate Zschäpe auf der Anklagebank in München.

Sven Rosemann bekennt sich inzwischen offen: »Wir wollten die Linken handlungsunfähig machen. Komplett zurückdrängen, zerschlagen, auflösen.« Das volle Programm rechter Gewalt: »Straßenschlachten, Saalschlachten, Ausspähen der Gegner, Abfangen, Stürmen von irgendwelchen Konzerten.« Es war ein Kampf bis aufs Blut. »Dass es keine großen Toten gegeben hat, das tut mich eh noch wundern«, meint Rosemann rückblickend in seiner Zelle vor laufender Kamera.

Dem hielt Katharina König in unserem Interview entgegen: »Es sind doch Leute zu Tode gekommen, sind ermordet worden von Nazis. In Magdeburg, in Zerbst.« Damals wurden in ganz Deutschland Asylunterkünfte angegriffen, Wohnhäuser in Mölln und Solingen angezündet.

Im Bundesamt für Verfassungsschutz (BfV) in Köln, das

rechten Terror abwehren soll, war man alarmiert. Die rechte Szene schien außer Kontrolle zu geraten, und so brauchte man Menschen aus dem Milieu, um an Informationen zu kommen – V-Männer. Doch Spitzel, V-Leute in der radikalen Szene, gehören dazu, machen mit – und verraten zugleich ihre Kameraden. Niemand weiß, wem sie wirklich dienen.

Vor allem der Todestag von Hitlers Stellvertreter Rudolf Heß wurde Anlass für Aufmärsche von Neonazis aus Ost und West. Immer dabei waren Uwe Mundlos, Beate Zschäpe, Uwe Böhnhardt, die Kameradschaft Jena. Die »Antifa« machte Fotos von den späteren Terroristen. Fast immer mit auf den Bildern: ein kleiner, dicker Junge, der bald eine wichtige Rolle spielen sollte: Tino Brandt.

»Die erste Generation«, erinnert sich Sven Rosemann, »hatte dann keinen großen Bock mehr auf die ganze politische Arbeit und hat das dem Herrn Brandt übergeben. Mit allen Telefonnummern, Kontaktadressen. Ab da hat er dann das Zepter übernommen.«

Der da »das rechte Zepter« übernahm, war gerade 17, als er zu einer Schlüsselfigur der rechten Szene wurde. Tino Brandt, mittlerweile auch in Haft, war ebenfalls zu einem Interview bereit. Er war nach Regensburg gegangen, um dort eine Ausbildung zu beginnen. Der Ausflug in den Westen festigte seine rechte Gesinnung eher: »Man hat den Drogenkonsum gesehen, das Pack, was da rumgelaufen ist. Verlotterte, Penner, ähnliche linke Jugendliche. Das war einfach nicht das, was wir uns vorstellten.«

Von Rudolstadt aus, einem kleinen Ort in Thüringen, organisierte Tino Brandt die rechte Szene. Schon 1992 hatte der Ort Schlagzeilen gemacht. Ungehindert waren dort Hunderte Neonazis marschiert. Organisiert wurde der Gedenkmarsch für Hitlers Stellvertreter von Thomas Dienel, dem Ziehvater von Brandt, der durch einen Auftritt bei *Spiegel TV* ins Gefängnis kam.

Erst nach den Naziaufmärschen begann die Polizei in Thüringen durchzugreifen und versuchte, die Situation unter Kontrolle zu bekommen. Das erinnerte Neonazis wie Tino Brandt an die DDR: »Mit den ersten Hausdurchsuchungen hat man gesehen, dass der Verfolgungsstaat BRD genauso bestand wie früher die Stasi-Verfolgung.« Auch deshalb will Tino Brandt 1995 mit anderen Neonazis den »Thüringer Heimatschutz« gegründet haben. Alle Kameradschaften der Region sollten gemeinsam ihre Ziele verfolgen, es ging ihnen, wie Tino Brandt heute sagt, »um einen nationalen Sozialismus«.

Erstmals wurde der Name »Thüringer Heimatschutz« aktenkundig, als Beate Zschäpe und Ralf Wohlleben eine Demonstration des »Heimatschutzes« anmeldeten. Die Veranstaltung wurde verboten. Die Mitglieder des »Heimatschutzes« provozierten die Behörden fortan, testeten Grenzen aus. Ende 1995 störten sie eine Gedenkveranstaltung für die Opfer des Faschismus, dabei waren auch Uwe Mundlos, Uwe Böhnhardt und Beate Zschäpe. Von da an ermittelte das Landeskriminalamt (LKA) Thüringen gegen die rechtsextremen Jugendlichen.

Das LKA gab der Sonderkommission den Namen Rex. Die Soko machte schnell Uwe Böhnhardt als führendes »Heimatschutz«-Mitglied aus und durchsuchte die Wohnung seiner Eltern regelmäßig.

Beim Besuch des Vorsitzenden des Zentralrats der Juden, Ignatz Bubis, hängten die Jenaer »Heimatschützer« einen Puppentorso samt Judenstern an eine Autobahnbrücke. Die Soko Rex verstärkte in dieser Phase ihre Ermittlungen, observierte und verfolgte die »Heimatschützer« regelmäßig. Das blieb denen nicht verborgen, wie Sven Rosemann heute offen zugibt: »Wir hatten da jemanden auf dem Saalfelder Landratsamt, der hatte Einblick in alle Fahrzeuge der Zivilstreifen in ganz Thüringen. So waren wir immer ziemlich im Bilde, was für Fahrzeuge uns da hinterherfahren.« Manchmal servierten die Rechten den Zivilfahndern sogar Kaffee.

Doch auch die Polizei war schnell gut informiert, denn sie

hatte eine große Schwäche der Naziszene ausgemacht: Es war sehr leicht, Spitzel unter ihnen zu rekrutieren. Die Soko blieb dem »Heimatschutz« hartnäckig auf den Fersen, doch plötzlich kam man mit den Ermittlungen nicht mehr weiter. Und das hatte seine Gründe, wie LKA-Chef Uwe Kranz schon damals feststellen musste: »Wir haben eine Erlaubnis für die Telefonüberwachung von Tino Brandt bekommen, vom Gericht. Und wir haben uns dann gewundert, dass da nichts zu sehen und nichts zu hören war.«

Es waren die rechtsstaatlichen Nachfolger der Stasi, die jetzt den Rechten halfen. Tino Brandt war nach Rechtsrockkonzerten von Verfassungsschützern angesprochen worden. Im Anschluss gab es jeweils Interviews mit der lokalen Presse, und die wurden von den Beamten zur Kontaktaufnahme genutzt. Schnell ließ sich Brandt als V-Mann anheuern, Deckname »Otto«. Der Chef des »Heimatschutzes« wurde jetzt vom Staat bezahlt. So wurde die Arbeit als Neonaziführer für Tino Brandt höchst lukrativ: »Politische Arbeit kostet Geld. Wenn du jedes Wochenende auf Demonstrationen unterwegs bist, auf Veranstaltungen. Das kann man kaum von einem normalen Gehalt bezahlen.« Zu »Heß-Aktionszeiten« habe er Handyrechnungen in Höhe von 1000, 1500 D-Mark gehabt. »Auch die Finanzierung der Anwaltskosten wäre kaum möglich gewesen, wenn das Landesamt diese nicht immer ersetzt hätte.«

Der »Thüringer Heimatschutz« begann, derart geschützt, den Untergrundkampf konkret zu planen. Bei Hausdurchsuchungen wurden sogar detaillierte Sabotageanleitungen gefunden. Sven Rosemann war damals dabei: »Wir haben uns, was jetzt solche Sachen anging, ausgetauscht. Jeder hat gezeigt, was er sich neu gekauft hat, der eine hier ein Gewehr, der nächste die Pistole.« Dann wurde gefachsimpelt, wie man die Waffen umbauen konnte. »Wir haben uns da gegenseitig geholfen, sag ich mal.« Uwe Böhnhardt habe sich einiges von ihm abgeguckt und andersherum. Böhnhardt setzte dieses Wissen um und bastelte in seinem Kinderzimmer Bomben. Doch dabei blieb es nicht. Die »Heimatschützer« trainierten immer wieder auf abgelegenem Gelände, früheren sowjetischen Stützpunkten, wie man schießt, kämpft, angreift.

Beim Bundesamt in Köln hatte man die Entwicklung in Thüringen genau verfolgt. Man startete eine Operation, Codename »Rennsteig«. Das Ziel: noch mehr V-Männer in der Szene zu werben. Nun konnten fünf Spitzel aus dem Inneren des »Heimatschutzes« berichten. Jena war damals voller Geheimdienstler und Polizisten – die einen sammelten V-Männer, die anderen Beweise für eine rechte Verschwörung.

Im Herbst 1997 schien sich die Polizei durchzusetzen, ihr gelang ein Schlag gegen das Hauptquartier des »Heimatschutzes« in Heilsberg. Die Nazis hatten begonnen, sich für den Untergrundkampf zu bewaffnen, wie Sven Rosemann heute freimütig bekennt: »Das Thema wurde angesprochen, ob man nicht langsam mal dazu übergehen könnte, irgendwie einen bewaffneten Arm, ähnlich der RAF, zu bilden.« Eine Braune Armee Fraktion – manchem kam das bekannt vor, so dem Chef des LKA, Kranz: »Meine kriminalpolizeiliche Expertise hat sich gespeist aus diesen Entwicklungsprozessen der RAF. Und die gleichen Prozesse haben wir dann gesehen im rechten Bereich.«

Doch der LKA-Chef konnte nur kurze Zeit öffentlich vor einer rechten Terrorgruppe warnen: »Ich durfte den Begriff ›Braune Armee Fraktion‹ nicht mehr verwenden. Der Staatssekretär hat mir das ausdrücklich verboten. Weil ich angeblich hier ein Monstrum aufzeichnen würde, das gar nicht existiert.« Doch Sprechverbote stoppten den Terror nicht, der »Heimatschutz« machte ernst. Uwe Böhnhardt und Komplizen stellten einen Koffer vor dem Theater in Jena ab, darin eine Bombe, gefüllt mit einigen Gramm TNT. Es war eine voll funktionstüchtige Bombe, nur der Zünder fehlte.

Kurz darauf wurde Böhnhardt in zweiter Instanz zu einer zweijährigen Haftstrafe verurteilt. In einem Telefonat hatte er mit Beate Zschäpe verabredet, Nazi-Rock-CDs zu verkaufen.

Doch in Haft kam Böhnhardt nicht. Die Strafe wurde mal wieder nicht vollstreckt. Die Polizei blieb ihm zwar auf den Fersen. Sie wollte wissen, wo die Bombenwerkstatt des »Heimatschutzes« war. Doch das mobile Einsatzkommando des LKA wurde nach kurzer Zeit abgezogen und durch eine Observationsgruppe des Verfassungsschutzes ersetzt. Und die Agenten des Verfassungsschutzes hatten sofort Erfolg. Schon am ersten Tag sollen Mundlos und Böhnhardt ihre Observierer zu einem geheimen Versteck geführt haben. Obwohl der Verfassungsschutz so auf die mutmaßliche Bombenwerkstatt des »Heimatschutzes« gestoßen war, behielt er sein Wissen für sich. Fast zwei Monate lang. Die Garage wurde – angeblich – nicht durchsucht oder anderweitig überprüft. Und Böhnhardt tauchte unter. Uwe Mundlos und Beate Zschäpe schlossen sich ihm an. Gemeinsam flohen sie aus ihrer Heimatstadt. Ein gutes Dutzend Kameraden half den Flüchtigen in den folgenden Wochen und Monaten mit Geld, Autos und Botengängen. Für den V-Mann des Verfassungsschutzes Tino Brandt war das eine Selbstverständlichkeit: »Für uns haben die zur Kameradschaft gehört, sie haben zu uns gehört. Natürlich haben wir sie dann unterstützt, wenn sie Probleme hatten.« Das alles erfuhren wir erst Jahre später.

Wir hatten bei *Spiegel TV* immer wieder über die rechtsradikale Szene berichtet, aber was sich da tatsächlich zusammenbraute, hatten auch wir nicht genügend im Blick.

Bad Kleinen

Seit der Barschel-Affäre mit all ihren Fragwürdigkeiten hatte es beim *Spiegel* kaum sensationelle Enthüllungen mehr gegeben. Und nach der Watergate-Affäre in den USA lag die Messlatte für Enthüllungsgeschichten ziemlich hoch. Da gab es eine Neigung, nicht nur beim *Spiegel,* aus kleinen Affären große zu machen oder bei Enthüllungen vorschnell zu agieren und Behauptungen aufzustellen, die am Ende nicht ausreichend zu belegen waren.

So gab es an einem Sonntagabend, dem 27. Juni 1993, plötzlich einen neuen Politfall, der die Republik erschütterte. Es war ein grauer Sommertag mit Nieselregen in der Kleinstadt Bad Kleinen in Mecklenburg-Vorpommern. Auf der Plattform zwischen den Gleisen 2 und 3 des Bahnhofs lag das Billard-Café. Kurz vor halb zwei betraten ein Mann und eine Frau die Bahnhofskneipe. Es waren Klaus Steinmetz, 33, und Birgit Hogefeld, 36. Die beiden setzten sich an einen Tisch des gerade frisch renovierten ehemaligen Mitropa-Restaurants.

Kurz vor 14 Uhr verließ Hogefeld das Café und ging durch die Unterführung und dann eine Treppe hinauf zum Bahnsteig 1 und 2. Der Zug aus Lübeck rollte pünktlich um 13.59 Uhr ein, und ein Mann mit Schnauzbart und einem violetten Stoffrucksack stieg aus. Es war Wolfgang Grams, 40 Jahre alt, Hogefelds Freund – und genau wie sie ganz oben auf der Fahndungsliste. Die beiden gingen gemeinsam zurück zum Billard-Café und setzten sich zu Steinmetz an den Tisch.

Um 15.15 Uhr verließen sie das Lokal, gingen gemeinsam die Treppe hinunter in den Durchgang und bogen dann nach rechts ab. Birgit Hogefeld blieb vor einem Fahrplan stehen, während die beiden Männer bis zum Treppenaufgang zu Bahnsteig 3 und 4 weitergingen. In diesem Moment ging ein junger Mann im Seidenblouson und Jeans an Hogefeld vorbei, riss sie zu Boden und brüllte: »Runter, runter!« Dann hielt er ihr eine Pistole an den Kopf: »Hände hoch!«

Acht junge Männer in lockeren Jacken, Jeans und Turnschuhen stürmten heran, Beamte der Sondereinheit des Bundesgrenzschutzes GSG 9: »Halt, stehen bleiben, Polizei!«

Klaus Steinmetz hob die Hände und wurde auf den Boden gedrückt. Wolfgang Grams ergriff die Flucht. Er rannte nach rechts die Treppe zum Bahnsteig 3 und 4 hoch. Sieben Beamte sprinteten hinterher, 20 Stufen hinauf. Zusammen mit einem Kollegen an der Spitze der GSG-9-Kommissar Michael Newrzella, 25. Grams war kaum eine Armlänge entfernt, zog eine Pistole, drehte sich zu seinem Verfolger um und schoss. Der GSG-9-Mann brach zusammen, getroffen von vier Kugeln, davon einer in die Brust. Sein Kollege wurde von drei Kugeln getroffen, im Oberschenkel, am Arm und auf der Magazintasche.

Die Beamten liefen in Deckung, nur einer hockte sich auf den Bahnsteig hinter einen Pfeiler und erwiderte das Feuer. Grams lief über den Bahnsteig und schoss wild um sich. Dann wurde auch er getroffen, im linken Oberbauch, in der linken Flanke und im Bein. Eine Kugel streifte seine Hose und sein Portemonnaie, eine andere blieb in seiner Ersatzmagazintasche und im Gürtel stecken. Insgesamt fielen 39 Schüsse. Doch den Zeugen vor Ort kam es vor wie die Salve aus einer Maschinenpistole. Grams taumelte über den Bahnsteig und stürzte an der Kante auf die Gleise. Wenige Augenblicke später stand ein GSG-9-Beamter neben Grams und richtete seine Pistole »sichernd« auf ihn, kurz darauf ein zweiter. Was in diesen Sekunden und Minuten geschah, führte zu einer der größten Affären der damaligen Zeit.

Kurz darauf landeten zwei Rettungshubschrauber auf dem Bahngelände und brachten Newrzella ins Klinikum Schwerin und Grams nach Lübeck ins Klinikum für Chirurgie. Dort starb Wolfgang Grams um 17.30 Uhr, Newrzella verblutete eine halbe Stunde später, sein Herz und seine Lunge waren von der Kugel zerrissen worden.

Es stellte sich schnell heraus, dass in Bad Kleinen eine groß angelegte Festnahmeaktion tödlich danebengegangen war. Klaus Steinmetz, das ließ sich nicht lange geheim halten, war ein V-Mann des Verfassungsschutzes Hessen, der sich bis in die Spitze der »Dritten Generation« der RAF vorgearbeitet hatte. Für den damaligen Generalbundesanwalt Alexander von Stahl war die Operation Bad Kleinen ein »erster Erfolg gegen die RAF seit sieben Jahren«. Doch von Anfang an war klar, dass hier etwas vertuscht werden sollte. Vor allem eine Frage tauchte umgehend auf: Wie war Wolfgang Grams zu Tode gekommen?

Da konnte Klaus Bednarz, Moderator des ARD-Magazins *Monitor*, helfen. Vier Tage nach der aus dem Ruder gelaufenen Festnahmeaktion präsentierte er eine schockierende Erklärung: »Nach *Monitor*-Recherchen, die durch einen ersten Obduktionsbericht bestätigt werden, gibt es einen neuen fürchterlichen Verdacht: dass Wolfgang Grams nämlich am Tatort regelrecht hingerichtet wurde.« Als Beweis dafür wurde aus der »eidesstattlichen Erklärung« einer Augenzeugin zitiert. Eine Sprecherin las vor: »Ich hörte das Gebrüll eines Mannes: ›Halt, stehen bleiben.‹ Im gleichen Moment wurde geschossen. Ich sah dann einen Mann auf das Gleis beim Bahnsteig 4 stürzen. Dann traten zwei Beamte an den reglos daliegenden Grams heran. Der Beamte zielte auf den Kopf und schoss aus nächster Nähe, wenige Zentimeter vom Kopf des Grams entfernt. Dann schoss auch der zweite Beamte auf Grams, aber mehr auf den Bauch oder die Beine. Auch der Beamte schoss mehrmals.« Klaus Bednarz rundete die Recherche ab mit den Worten: »Alles deutet auf Exekution. Ein ungeheuerlicher Vorgang, der in der Geschichte der Bundesrepublik – zumindest soweit bekannt – nicht seinesgleichen hat.«

Agenturen und Medien überschlugen sich. Bad Kleinen war das Thema Nummer eins – und die *Monitor*-Sendung, die zwar nur auf der eidesstattlichen Versicherung einer bis dahin geheim gehaltenen Zeugin beruhte, hatte die Republik aufgewühlt. Der *Spiegel* plante eine Titelgeschichte. Auch wir hatten bei *Spiegel TV* geplant, einen Beitrag zu den Vorfällen in Bad Kleinen zu machen. Dafür waren mehrere Reporter im Einsatz, hatten auf der Beerdigung des erschossenen GSG-9-Beamten Newrzella gedreht und zu den *Spiegel*-Kollegen Kontakt aufgenommen, vor allem zu Hans Leyendecker, der eigene Recherchen zu dem Titel beigesteuert hatte. Woher er seine Informationen hatte, wussten wir nicht. Aber wir vertrauten ihm als Recherchejournalist Nummer eins beim *Spiegel*. Erst gut 27 Jahre später kam heraus, wie trübe seine Quelle war.

Am 1. Juli 1993 klingelte gegen 19 Uhr sein Telefon. Es meldete sich eine männliche Stimme: »Ich bin Grenzschutzbeamter. Ich bin bei der Festsetzung der Frau Hogefeld beziehungsweise des Herrn Grams anwesend gewesen. Mir persönlich geht das Ganze sehr nahe, zumal wir auch ganz fürchterlich Druck bekommen.« Und dann sagte er: »Die Tötung des Herrn Grams gleicht einer Exekution.«

»War das so?«, fragte Leyendecker nach. Der Anrufer schilderte, wie der flüchtende Wolfgang Grams mehrere Schüsse abgegeben hatte und im Handgemenge von zwei GSG-9-Beamten überwältigt wurde. »Er hat im Prinzip auch gar keine großartigen Fluchtversuche mehr gemacht.«

Leyendecker stellte fest: »Er hat geschossen, und ein GSG-9-Beamter ist getroffen worden.«

Der Anrufer wiederholte: »Ein GSG-9-Beamter ist getroffen worden.«

»Und dann wird er hingerichtet?«, fragte Leyendecker.

»Das Wort Hinrichtung ist sicherlich ein sehr fataler Ausdruck«, sagte der Anrufer. »Der Todesschuss wäre nicht notwendig gewesen. Grams war nicht mehr im Besitz seiner Waffe.«

Leyendecker stimmte dem zu und erwähnte einen Obduktionsbericht, über den am Tag zuvor in der ARD berichtet worden war. Daraus ging hervor, dass aufgrund von Schmauchspuren klar sei, dass der Schuss aus allernächster Nähe abgefeuert wurde. Das wusste der Anrufer angeblich genau: »... der Schuss ist aus einer Entfernung, wenn ich jetzt von der Mündung zur Schläfe gehe, von maximal fünf Zentimetern abgefeuert worden.«

»Ist einer durchgedreht?«, fragte Leyendecker.

»Die Frage möchte ich nicht beantworten. Ich lege nur Wert darauf ...«

»Über das, was Sie jetzt gesagt haben, also, Sie haben gesehen, dass die Waffe nicht mehr da war?«

»Herr Leyendecker, ich war am unmittelbaren Zugriff beteiligt.«

»Das ist ja grauenvoll«, sagte Leyendecker und gleich noch einmal: »Das ist ja grauenvoll.«
Dann ging es um den Schutz des Anrufers selbst.
»Herr Leyendecker, was für mich sehr wichtig ist: Ich verlasse mich darauf, dass Sie die Quelle schützen.«
»Die Quelle ist geschützt«, bestätigte der *Spiegel*-Redakteur.
»Das ist sowohl für mich als auch für die Zukunft meiner Familie lebenswichtig.«
»Das ist klar.«
»Ich wäre da sehr enttäuscht, wenn man sich dazu überhaupt bereit erklärt, wenn Sie mich hinterher ans Messer liefern.«
Leyendecker fragte, ob man ihn ans Messer lieferte, indem er anonym zitiert würde.
»Sie können mich anonym zitieren«, sagte der Anrufer, aber Sie würden mich ans Messer liefern, wenn Sie dieses Gespräch aufzeichnen würden.«
»Gut«, versicherte Leyendecker, »das ist ja nicht aufgezeichnet.«
»Da habe ich auch die Zusicherung, dass ich mich darauf verlassen kann.« Leyendecker bestätigte das, er würde nie aufzeichnen.
Langsam nähert sich das Gespräch den konkreten Abläufen bei der Festnahme von Wolfgang Grams.
»Okay, reden wir recht eindeutig«, sagte der Anrufer. »Ich bin beim direkten Zugriff einer der beteiligten Beamten. Ich werde Ihnen jetzt nicht schildern, in welcher Funktion oder wie auch immer. Aber es ist so ...«
»Ist dieser Beamte, der geschossen hat, ein erfahrener Beamter der GSG 9?«, fragte Leyendecker.
»Er ist auf jeden Fall ein erfahrener Beamter, ein absolut erfahrener Mann.«
»Wird geschrien während dieser ganzen Geschichte?«
»Es wird geschrien, wobei das Schreien ganz, ganz klar den Charakter hat, dass man Verwirrung stiften will.«
»Man macht ein Kriegsgeschrei oder Indianergeheul?«

Man versuche, durch Schreien Verwirrung und Unsicherheit zu schaffen.

»Welche Laute schreit man?«, fragte Leyendecker. »Horrido?«

Dann ging es wieder von der Jagd zurück zum angeblichen Todesschützen. Er sei, so sagte der Anrufer, nach dem Einsatz von seinen Kollegen getrennt worden: »Der Mann war am Ende.«

Dann war das Gespräch zügig vorbei. Abgeschrieben war es 62 Schreibmaschinenseiten lang.

Wir bei *Spiegel TV* wussten nichts über dieses Telefonat mit einem Anonymus. Wir waren auf alles vorbereitet, auch wenn uns *Monitor* mit seiner eidesstattlichen Versicherung der Hinrichtungszeugin meilenweit voraus war. So richtig glauben konnte ich den Scoop der Kölner Kollegen nicht. Eidesstattliche Versicherungen, bei denen noch nicht einmal klar war, wer sie abgegeben hatte und ob der Zeuge überhaupt gesehen haben konnte, was er bezeugte, waren mir schon immer suspekt. Manchmal war die Unterschrift unter der Erklärung das einzig Authentische.

Als die ersten gedruckten Exemplare des neuen *Spiegel* im Chilehaus angeliefert wurden, war ich noch nicht da. Samstagvormittags ging ich meistens zum Reiten und war dann erst gegen Mittag im Büro. Dafür dauerte es abends meistens bis nach Mitternacht.

Vormittags hatte eine alte Bekannte aus der Hamburger linken Szene angerufen und wollte mich sprechen, es gehe um Bad Kleinen, und es sei dringend. Sie erzählte unserer Redakteurin Katrin Klocke, dass sie am Freitag in ihrem Büro bei der PDS in Bonn den Anruf eines GSG-9-Beamten bekommen habe. Der sei bei dem Einsatz in Bad Kleinen dabei gewesen und habe gesehen, wie Wolfgang Grams von einem Kollegen aus kurzer Entfernung erschossen worden sei. Katrin fuhr sofort mit einem Kamerateam zu Ulla Jelpke und interviewte sie zu dem anonymen Anruf, der sich erstaunlich weit mit dem deckte, was sie gerade im neuesten *Spiegel* gelesen hatte.

Am Freitagmittag hatte sich ein Mann telefonisch bei Ulla Jelpke gemeldet. »Ich muss was loswerden«, sagte er der PDS-Abgeordneten. »Ich bin ein Beamter der GSG 9, der beim Einsatz in Bad Kleinen dabei war. Und ich habe gesehen, dass die beiden mutmaßlichen Terroristen nicht bewaffnet waren. Und ich habe gesehen und kann bezeugen, was die Zeugin in *Monitor* ausgesagt hat, dass zwei Beamte auf Grams geschossen haben, aus nächster Nähe.«

Es war – in verkürzter Form – so etwa dasselbe, was in der Titelgeschichte des *Spiegel* stand. Damit hatten wir für die geplante Sendung etwas Eigenes anzubieten. Ich schaute mir das Interview mit Ulla Jelpke mehrmals an. Und dann sagte ich zu der Kollegin: »Ich glaube nichts davon. Das entspricht vollständig dem, was seit der *Monitor*-Sendung als Vermutung in allen Zeitungen steht. Ein anonymer Anrufer, der sich ausgerechnet bei der PDS in Bonn meldet. Das kann nur jemand aus dem Osten sein, niemand anders ruft bei der PDS an – und bei der GSG 9 gibt es, soweit ich weiß, keine Ossis. Das senden wir nicht, auch wenn es genau der *Spiegel*-Titelgeschichte entspricht.«

Wir machten dennoch unseren Beitrag zu Bad Kleinen, waren aber sehr vorsichtig in der Darstellung der Vorgänge. Der Titel des *Spiegel* hingegen zeigte ein Porträt von Wolfgang Grams. Darüber gelegt ein Fadenkreuz und die Zeile: »Der Todesschuss«.

Die Zeile saß. Erst wurde Generalbundesanwalt Alexander von Stahl von seiner FDP-Parteigenossin, der Justizministerin Sabine Leutheusser-Schnarrenberger, entlassen, eine Woche nach der Bahnhofsschießerei trat Innenminister Rudolf Seiters zurück. Die Republik bebte.

Die Kioskverkäuferin Johanna Baron war inzwischen von ihrer Aussage abgerückt. Die *Monitor*-Reporter hätten die eidesstattliche Versicherung selbst verfasst. Hinterher habe sie sich geärgert, weil sie selbst gemerkt habe, dass da etwas nicht stimme: »Ich habe zu schnell unterschrieben.« Das Wort »Kopf« etwa – bei einem Kopfschuss ja durchaus relevant – habe sie nicht in ihren Mund genommen: »Ich habe nie gesagt, er hat auf den Kopf geschossen.«

Die wichtigsten Zeugen der Staatsanwaltschaft waren zwei Reisende, die auf dem Bahnsteig nicht weit von der Schießerei auf ihren Zug gewartet hatten. Einer von ihnen hatte gesehen, wie Grams rückwärts auf die Schienen gefallen war: »Genau zu diesem Zeitpunkt brach die Schießerei ab. Ich kann mit absoluter Sicherheit sagen, dass, nachdem Grams nach hinten umgefallen war, kein weiterer Schuss gefallen ist.«

Die GSG-9-Beamten seien erst eine Minute später gekommen, hätten Grams bewacht, aber nicht mehr geschossen. Ein anderer Reisender sagte als Zeuge: »Der letzte Schuss ist etwa während des Sturzes der Person aufs Gleis gefallen.« Die Spurenlage, so die Staatsanwaltschaft, sei »nur mit einem Suizid des Grams in Einklang zu bringen«.

Selbst in mehreren Gerichtsverfahren konnte die Hinrichtungstheorie niemals konkreter gemacht werden, als sie Johanna Baron in *Monitor* und Hans Leyendecker im *Spiegel* präsentiert hatten. Bei einer mündlichen Verhandlung am 13. und 14. August 1998 in Schwerin wurde auch Hans Leyendecker als Zeuge gehört. Er verwies auf das ihm zustehende Zeugnisverweigerungsrecht und wollte »keine genaueren Angaben« zu der »Darstellung« seines Informanten machen. Die Richter gewannen den Eindruck, so hieß es im Urteil, dass Leyendecker seine eigene Beurteilung hinsichtlich der Glaubwürdigkeit seines Informanten geändert habe: »So hat er ausgesagt, er habe sich vergewissert, dass ein ihm namentlich bekannter Informant tatsächlich an dem Einsatz von Bad Kleinen beteiligt gewesen sei, und einzelne Unrichtigkeiten in der Schilderung des Informanten hätten ihn eher in seiner eigenen Beurteilung der Glaubwürdigkeit dieses Menschen bestärkt.« Erst später habe er entdeckt, dass sein Informant auch in anderen Punkten nicht die Wahrheit gesagt habe.

Damit hatte Leyendecker also vor Gericht den Eindruck erweckt, dass er den Informanten kannte, dass der auch in Bad Kleinen dabei gewesen sei, ihm aber nicht die Wahrheit gesagt habe. Das blieb über Jahrzehnte die Verteidigungslinie Leyendeckers. Zugleich bedauerte er zutiefst, sich nur auf eine Quelle verlassen zu haben.

Es vergingen ein paar Jahre, bis diese Linie ins Wanken kam. Eigentlich war Claas Relotius schuld, ein junger Reporter, der mit Journalistenpreisen geradezu überschüttet wurde. Seine Reportagen im *Spiegel* ein gutes Vierteljahrhundert später galten als das Nonplusultra des modernen Journalismus. Elegant geschrieben, ganz dicht an den Menschen, voll guter Gesinnung und Gefühl für die Ausgestoßenen und Entrechteten dieser Welt. Mangelnde Recherche wurde durch Fantasie ersetzt. Er lieferte das, wovon die Redakteure glaubten, ihre Leser wollten es lesen. Im Sommer 2019 flog der Schwindel auf. Der *Spiegel* hatte seine eigene Affäre, und die neue Chefredaktion versprach gründliche Aufklärung.

Da meldete sich plötzlich der wegen Bad Kleinen aus seinem Amt entlassene ehemalige Generalbundesanwalt Alexander von Stahl. Jetzt forderte er vom *Spiegel*, die Affäre Bad Kleinen ebenfalls ohne Rücksicht auf Verluste aufzuklären. Die Relotius-Kommission wurde erneut auf Innenrecherche geschickt.

Und plötzlich kam ein Vorgang ans Tageslicht, der eigentlich hätte im Dunkeln bleiben sollen. Das geheimnisvolle Telefonat, das Hans Leyendecker am 1. Juli mit seinem Informanten geführt hatte, war von ihm von Anfang bis Ende aufgezeichnet worden. Das Tonband selbst war verschwunden, aber plötzlich tauchte im Archiv eines ehemaligen Ressortleiters die Abschrift auf, 62 Seiten lang. Schon auf der ersten Seite steht, was der Anrufer »X« zu Beginn des Gespräches sagte: »Die Tötung von Herrn Grams gleicht einer Exekution.«

Dieser Schlüsselsatz zog sich später wie ein blutroter Faden durch die Titelgeschichte, schon in der Überschrift hieß es: »Tötung wie eine Exekution«. Im Abschlussbericht der Aufklärungskommission des *Spiegel* hieß es später: »Vergleicht man das Transkript mit den Zitaten in der *Spiegel*-Titelgeschichte und der folgenden Berichterstattung, so fällt auf, dass fast alle Formulierungen übereinstimmen.«

Auch innerhalb des *Spiegel* war einigen Leuten seit Jahrzehnten klar, dass Leyendeckers Geschichte sich auf nichts als einen anonymen Anrufer stützte, so viele weitere Zeugen er im Laufe der Jahre auch auftischte. Eineinhalb Jahre nach der Hinrichtungslegende, die wir bei *Spiegel TV* aus guten Gründen nicht mitverbreitet hatten, wurde ich Chefredakteur des Magazins. Ich fragte einen langjährigen, vertrauten Mitarbeiter von *Spiegel TV*, der jetzt beim *Spiegel* eng mit Leyendecker zusammenarbeitete, ob er denn wisse, wer dessen Quelle gewesen sei.

Er antwortete nur: »Das willst du gar nicht wissen.«

Ich sagte: »Doch, ich muss das wissen. So etwas darf nicht wieder passieren. Wie schlimm ist es?«

»Schlimmer, als du denkst«, antwortete er. Aber sagen wollte er nicht, was er selbst von Leyendecker erfahren hatte. Ich wusste auch so genug und zog meine Konsequenzen daraus. Ich würde bei heiklen Geschichten darauf bestehen, die Quellen zu erfahren.

Jahre später, Leyendecker hatte längst das Haus verlassen, erzählte mir sein früherer Düsseldorfer Bürokollege, was er über den Fall wusste. Danach hatte Leyendecker ihm das Tonband des anonymen Anrufers vorgespielt. Er habe zu Leyendecker gesagt: »Wenn stimmt, was der erzählt, muss er an mehreren Stellen gleichzeitig gewesen sein.« Er machte sich dabei Notizen, die er auch für mich kopierte. Das erinnerte mich sehr an die Aussagen des anonymen Anrufers, über den uns die PDS-Abgeordnete Ulla Jelpke ein Interview gegeben hatte.

Leyendeckers ehemaliger Bürokollege Georg Bönisch erklärte gegenüber der Kommission, dass Rudolf Augstein ihn ein

Jahr vor seinem Tod angerufen habe, um ihm eine Geschichte zu übertragen, die er ursprünglich selbst hatte schreiben wollen. Bei dem Gespräch sei es dann auch um Bad Kleinen gegangen. Augstein sagte laut Bönisch: »Wenn ich damals schon gewusst hätte, was ich heute weiß, dann hätte ich die beiden rausgeschmissen.«

Georg Bönisch war es, der den *Spiegel* vermutlich vor dem noch größeren Desaster bewahrt hatte. Der Kommission berichtete er, am Freitagnachmittag zwischen 15 und 16 Uhr habe der diensthabende Chefredakteur Kilz bei ihm angerufen mit der Frage, ob man die Titelzeile »Die Hinrichtung« machen könne. Bönisch habe abgeraten. So hieß die Zeile nur »Der Todesschuss«.

Ich hätte die Bad-Kleinen-Affäre des *Spiegel* in diesem Buch nicht beschrieben, wenn sie nicht zuvor von der hausinternen Ermittlungsgruppe selbst und von einigen Zeitungen veröffentlicht worden wäre. Hans Leyendecker, den ich trotz mancher Differenzen immer als erstklassigen Journalisten und interessanten Gesprächspartner kennengelernt hatte, litt erkennbar seit Jahren darunter, dass er einer Fehlinformation aufgesessen war. Er hatte sich vielfach dafür entschuldigt – aber die Quelle wollte er auch nicht preisgeben, auch nicht, dass er sie selbst offenbar gar nicht kannte. Vielleicht war das alles unterm Strich betrachtet ganz einfach: Als Leyendecker von dem Anonymus angerufen wurde, kannte er die eidesstattliche Versicherung der Kioskbetreiberin, die *Monitor* veröffentlicht hatte. Als sein Anrufer nun dieselbe Geschichte von einer Exekution erzählte, nahm er an, dass damit eine zweite Quelle die Hinrichtung bestätigt hatte. Doch dann zog die Kioskbesitzerin ihre Aussage zurück. Leyendeckers zweite Quelle war plötzlich die einzige. Und die war auch noch falsch. Und dann taucht 27 Jahre später das Protokoll des Gesprächs mit dem Anonymus auf. Irgendwie auch tragisch.

Teil 3

1994–2009

Im Rücken des Chefredakteurs

Während meiner Zeit als Chefredakteur von *Spiegel TV* hatte ich fast jeden Tag um zehn Uhr an der Ressortleiter-Konferenz im Chefredakteurs-Büro beim Magazin teilgenommen. Immer saß ich auf einem Regal hinter dem Schreibtisch des Chefredakteurs, meistens hörte ich schweigend zu, was in dieser Runde diskutiert wurde. Nur ganz selten meldete ich mich zu Wort, wenn es um irgendein Thema ging, zu dem ich tatsächlich etwas beizusteuern hatte. So hatte ich ein ganz gutes Bild davon, wie die Chefredakteure Erich Böhme, Werner Funk, Hans Werner Kilz und Wolfgang Kaden – zumindest in den Konferenzen – mit den Ressortleitern kooperierten.

Was mir immer wieder aufgefallen war: Um Titelthemen und Titelgeschichten riss sich hier niemand. Nicht selten hatte ich den Eindruck, die Ressortleiter waren froh, wenn der Kelch an ihnen vorüberging. Umgekehrt konnte ich auch nicht erkennen, dass die Chefredakteure sich besonders einfallsreich und energisch für bestimmte Titelthemen aussprachen, Titel in Auftrag gaben oder gar durchsetzten. Auch über die Titelbilder und Titelzeilen wurde nach meinem Empfinden nicht besonders engagiert diskutiert. Das Bild war vor allem Aufgabe der Titelgrafik, die Titelzeile war eher ein Nebenprodukt. Entschieden wurde erst, wenn verschiedene Entwürfe vorlagen. Dann wurde eines von fünf oder zehn Bildern ausgesucht. Manchmal wurde eine – wie ich fand – gute, manchmal eine eher schlechte Wahl getroffen.

Die Titelbilder und Zeilen des gerade abgelaufenen Jahrs 1994 waren nicht besonders verkaufsträchtig gewesen. Geschäftsführer Karl Dietrich Seikel machte sich Sorgen um die sinkende Auflage, und als ich – noch als *Spiegel TV*-Chefredakteur – ihn einmal in seinem Büro besuchte, fragte er mich, was meine Erklärung dafür wäre.

»Stehen Sie mal auf«, sagte ich, »und drehen Sie sich um.« Hinter seinem Schreibtischsessel hatte er an der Wand eine große weiße Tafel hängen mit einer Grafik, auf der die durchschnittlichen Verkaufszahlen eines jeden Jahres durch eine waagerechte Linie dargestellt waren. Oben jeweils das vergangene Jahr, darunter die des Vorjahres. Jeder einzelne Titel, etwa in der Größe einer Streichholzschachtel, zeigte, ob das Heft sich besser, genauso gut oder schlechter verkauft hatte als der Durchschnitt des Vorjahres. War die Unterkante auf der Linie, bedeutete das: Verkauf so hoch wie der Vorjahresdurchschnitt. War der Titel darüber, hieß das: überdurchschnittlich. War das Cover teilweise oder gar ganz unter der Vorjahreslinie, so lag es unter dem Durchschnitt des Vorjahres.

»Jetzt gehen wir mal jeden einzelnen Titel nacheinander durch«, sagte ich dem Geschäftsführer, »und Sie beantworten mir jeweils nur eine Frage: Haben Sie die Titelgeschichte gelesen oder nicht gelesen?«

Er hatte die meisten nicht gelesen – und ich auch nicht. »Sehen Sie«, sagte ich, »Sie haben die Titelgeschichten nicht gelesen und ich auch nicht. Und wir bekommen das Heft umsonst. Andere Leute müssen dafür auch noch Geld ausgeben. Warum sollten sie das? Das ist der Hauptgrund für den Auflagenverfall.«

Die Auflage des *Spiegel* war im Sinkflug – wenn auch noch auf hohem Niveau. *Focus* verkaufte immer mehr Exemplare am Kiosk. Rudolf Augstein, der über die Jahre als Herausgeber der eigentliche Chefredakteur gewesen war, kam nur noch selten ins Haus. Es wurde immer deutlicher, dass die Doppelspitze in der Chefredaktion nur so lange funktionieren konnte, wie Augstein das letzte Wort hatte. Jetzt waren es immer zwei, die sich abwechselten und nicht selten gegeneinander arbeiteten. Jeder der beiden hatte seine Buddys unter den Ressortleitern und Redakteuren, jeder achtete vor allem darauf, dass der andere Fehler machte. Bei Böhme und Funk war das deutlich, bei Funk und Kilz ebenfalls, bei Kilz und Kaden war nicht einmal das noch erkennbar.

Es wurde immer deutlicher, dass es einen geben musste, der die Verantwortung trug. Da bot sich Geschäftsführer Seikel, der die Fäden still in der Hand hielt, plötzlich eine Gelegenheit. Der Chefredakteur des *Manager Magazin* verließ das Haus, und damit ergab sich die Möglichkeit, einen der beiden *Spiegel*-Chefredakteure dorthin zu befördern.

Der frühere Wirtschaftsressortleiter Kaden wechselte, und Kilz konnte zum alleinigen *Spiegel*-Chefredakteur gemacht werden. Dabei wurden die Titel immer langweiliger, und die Auflage sank entsprechend ab. Doch als Grund wurde eher die Konkurrenz des neuen privaten Fernsehens oder die von *Focus* gesehen.

Als Dieter Wild und Jockel Preuss ihr Amt als stellvertretende Chefredakteure übernahmen, sagte Wild in einer kleinen Ansprache: »Viele werden nun fragen, ob die neue Regelung der große Posaunenknall ist, mit dem der *Spiegel* sich an das Jahr 2000 heranschleicht ...« Der *Spiegel* brauche keinen Posaunenknall, die Redaktion müsse sich nur ihrer Kompetenzen bewusst werden.« Und wir müssen ein bisschen den Hauch von Passivität oder gar Defätismus verscheuchen, der hier manchmal auf Konferenzen und in Korridoren spürbar war. Allerdings auch den Geist der Polarisierung ...« Er selbst träte in besonders verbissener Weise dafür ein, »dass der *Spiegel* bleibt, was mal irgendeine ausländische Zeitung so definiert hat: ›Das Zentralorgan des kämpferischen Nonkonformismus‹.« Das war der *Spiegel* aber nur noch in einer Hinsicht: gegen Kohl, was inzwischen auch schon fast einer Mehrheitsmeinung entsprach.

Der Chefredakteur hörte die Säge nicht, die an seinem Stuhl

kratzte. Vielleicht war er auch zu sicher, dass seine alten Kollegen und Freunde in der Mitarbeiter-KG fest zu ihm halten würden. Auslöser wurde ein Kommentar von Olaf Ihlau, Chef des Bonner Büros und Balkanexperte. Als sich nach einem Massaker in Bihać, einer muslimischen Enklave, die Lage zuspitzte, schrieb Ihlau, die westliche Allianz werde auf die Dauer das Beiseitestehen der Deutschen nicht akzeptieren. Die Zeit der Rituale und leeren Gesten sei vorbei: »Bonn muss sich von der Sonderrolle verabschieden.«

Das, so meinte Augstein, sei ein »bellizistischer« Kommentar. Er hielt es eher mit Bismarck, der gesagt hatte, der Balkan sei die Knochen eines pommerschen Grenadiers nicht wert. Deutschland sollte sich nach den Erfahrungen zweier Weltkriege zurückhalten und sich vor Verwicklungen in undurchsichtige Konflikte hüten. Er warf Kilz vor, diesen »verrückten Kommentar« noch selbst redigiert zu haben. Auch habe er mit der Veröffentlichung in seine Herausgeberfunktion eingegriffen, ob »wissentlich oder unwissentlich« sei gleich schlimm. Eine solche Richtungsänderung des Blattes hätte ohne seine Zustimmung nicht vorgenommen werden dürfen. In der nächsten Ausgabe schrieb er massiv dagegen an: »Wer ›immer feste druff‹ schreit, gilt automatisch als Balkan-Fachmann. Es gibt aber auf der ganzen Welt wohl keinen, der sich auf dem Balkan noch oder schon wieder auskennt. Die Deutschen haben am wenigsten Grund, sich da schlechterletzt noch auf das Verliererpodest zu schwingen.«

Doch am Ende ging es nicht nur um diesen Kommentar, den Kilz ins Blatt gelassen hatte. Die Zweifel an Leyendeckers Bad-Kleinen-Geschichte, die Kilz mitgetragen und als Chefredakteur zu verantworten hatte, vor allem aber die Konkurrenz von *Focus*, hatten in Augstein die Zweifel wachsen lassen, ob Kilz noch der richtige Chefredakteur war.

Das *medium magazin* hatte Kilz nach seiner ersten Amtsübernahme auf dem Titel als »Augsteins Enkel« porträtiert. Darunter hieß es: »Die neue Zeitrechnung beim *Spiegel* heißt Hans

Werner Kilz. Er soll das Nachrichtenmagazin in das nächste Jahrtausend führen.« Seit dem 1. Januar war er zusammen mit Werner Funk Chefredakteur, »in der ausgeprägten Hierarchie des Magazins also gleich hinter Rudolf Augstein platziert, sozusagen zur Rechten Gottes.« Hinfort sprach Augstein über Kilz immer als »Chefredakteur des nächsten Jahrtausends«.

Rudolf Augsteins langjährige und engste Mitarbeiterin Irma Nelles beschrieb in ihrem 2015 erschienenen Buch *Der Herausgeber,* was sich damals am Leinpfad abspielte. Augstein habe Tage damit verbracht, sich von ihr die Namen sämtlicher Redakteure aus dem internen roten Ringtelefonbuch des Verlags vorlesen zu lassen. »Offensichtlich handelte es sich um *die Sache*, die Augstein erst vor Kurzem angedeutet hatte: Er war auf der Suche nach einem neuen Chefredakteur.«

»Larry, du wirst es«, habe er gewitzelt, als sein Fahrer Böhme ihm einige Unterlagen des Geschäftsführers übergab. Er blätterte lustlos die Papiere durch, schüttelte ratlos den Kopf und murmelte: »Aber nein doch, so geht das auf keinen Fall.«

Während Irma ihm weitere Namen vorlas, kam es ihr so vor, als wolle er sich vergewissern, dass bei dieser Chefsuche keinesfalls der eine oder andere *Spiegel*-Journalist übersehen würde, der seiner Meinung nach für diesen Posten geeignet sei. Irgendwann, so schrieb Irma in ihrem Buch, habe er entschlossen gesagt: »Stefan Aust wird es können. Einer, der die Kinder von Ulrike Meinhof vor einem Palästinenserlager gerettet hat, wird auch den *Spiegel* in den Griff kriegen.«

Irma war nicht klar, ob er diesen Satz ernst meinte. Doch wenige Tage später rief Rudolf sie gegen Mittag im Büro an und murmelte düster: »Es geht los.« Danach habe er sofort eingehängt: »Er hatte sich angehört, als ziehe ein schweres Gewitter auf.«

Und tatsächlich brach der Sturm los. Fast alle *Spiegel*-Mitarbeiter stemmten sich gegen die Abberufung von Hans Werner Kilz. »Der Flurfunk überschlug sich und meldete den Namen des möglicherweise neuen Chefredakteurs: Stefan Aust. Es wurden Unterschriften von Mitarbeitern gesammelt, die sich für den Verbleib von Hans Werner Kilz einsetzten. Dann meldete sich Augstein telefonisch und jammerte in gespielter Verzweiflung: ›Ach, wäre ich doch als kleines Kind bei Langemarck gefallen. Wenn das so weitergeht, bin ich morgen früh tot.‹« Sie solle doch zu ihm in den Leinpfad kommen, mit ihm gehe es zu Ende.

»Als ich bei ihm eintraf«, schrieb sie in ihrem Buch, »saß er, mit seinem weißen Bademantel bekleidet, bleich und übernächtigt in seiner Sofaecke. Vor ihm auf dem Sofatisch lag ein Fax, das ich gleich als eine Unterschriftenliste der Mitarbeiter erkannte.«

»Ich kriege den Aust nie durch«, habe er statt einer Begrüßung gesagt. »Gerade war eine Abordnung hier. Die Ressortleiter sind dagegen, und die stellvertretenden Chefredakteure wollen ihn auch nicht.« Kilz sei im Hause sehr beliebt, hätten sie übereinstimmend gesagt. Rudolf schien ihr tatsächlich hilflos.

»Dann lass Kilz doch im Amt«, schlug Irma ihm vor.

»Du bist nicht ganz dicht«, bekam sie murrend zu hören, »dann hätten sie wirklich allen Grund, mich rauszuschmeißen. Der ganze Wirbel ist doch viel zu weit fortgeschritten. Liest du keine Zeitungen?«

Sie würden es bereuen, habe er zornig gedroht: »Wenn ich jetzt gehe, geht es mit dem *Spiegel* bergab. Noch brauchen sie mich. Vielleicht nur meinen Namen, aber der ist jetzt wichtiger als vorher.«

Irma Nelles erinnerte sich, dass Rudolfs Stimme bald eine gefährliche Tonlage annahm: »Denen gehört doppelt so viel wie mir. Die Hälfte des Unternehmens habe ich ihnen geschenkt! Geschenkt! Ich hätte damals auch abzischen und Kasse machen können.«

Der Konflikt eskalierte. Die Mitarbeiter-KG weigerte sich, Kilz abzulösen – und dann auch noch durch den Typen vom Analphabetenmedium zu ersetzen. Die Medien stiegen ein, überwiegend auf der Seite von KG und Kilz. Ein Machtkampf zwischen dem Gründer und den Mitarbeitern, denen er die Hälfte des *Spiegel* geschenkt hatte.

Sie wehrten sich mit allen ihnen zu Verfügung stehenden Mitteln, bekundeten ihr ungebrochenes Vertrauen zu Kilz und weigerten sich, dessen Abberufung zuzustimmen. Schließlich konnte Geschäftsführer Seikel sie davon überzeugen, dass die Beziehung zwischen Augstein und Kilz so zerrüttet war, dass eine Zusammenarbeit zwischen Chefredakteur und Herausgeber nicht mehr möglich sei. Die Entlassung von Kilz und die Berufung eines Nachfolgers sollten deshalb getrennt werden. Die KG stimmte nach langen Verhandlungen zu. Damit hatte der *Spiegel* keinen Chefredakteur mehr – und jeder Kandidat konnte sowohl von der KG als auch von Augstein per Veto abgelehnt werden. Seikel ermunterte die KG, selbst mit Vorschlägen zu kommen. Von allen Kandidaten ließ er in der Dokumentation Profile zusammenstellen, auch von mir. Es waren die üblichen Verdächtigen von B wie Bissinger bis W wie Wickert.

Augstein lehnte alle ab und drohte, alles hinzuschmeißen.

Probezeit

Vormittags hatte mich Rudolf Augstein angerufen und mit etwas trauriger Stimme verkündet: »Die Mitarbeiter-KG stimmt deiner Berufung zum Chefredakteur zu, will dir aber nur einen Vertrag für ein Jahr geben. Das kann man dir doch nicht zumuten.«

»Doch«, sagte ich. »Wenn ihr glaubt, ich kann das, dann will ich es gern versuchen. Aber es stellt sich ganz sicher innerhalb eines Jahres heraus, ob ich das schaffe oder nicht. Wenn nicht, dann will ich das auch nicht weiter machen. Da habe ich nur eine Bedingung. Dann möchte ich meinen Job bei *Spiegel TV* wiederhaben.«

Das leuchtete Augstein ein.

Der nächste Anruf kam gegen 16 Uhr, es war der *Spiegel*-Geschäftsführer. Wir feierten gerade im Familienkreis den vierten Geburtstag unser Tochter Antonia. Seikel sagte: »Die Sache ist jetzt klar. Die Mitarbeiter-KG hat zugestimmt. Sie sind ab sofort Chefredakteur. Viel Glück.«

Ich verabschiedete mich vom Geburtstagskind, Katrin und den Gästen und setzte mich ins Auto. Eine halbe Stunde später nahm ich den Dienst auf. Es war Freitagabend, das Heft war praktisch fertig, das Titelbild auch. Es zeigte die Karikatur eines Mannes mit einer leuchtenden Glühbirne als Kopf. Die Zeile lautete: »Wie schlau sind die Deutschen?«

Am Montag berichtete *Focus* mit dem Titel »Augsteins einsamer Kampf« über die »*Spiegel*-Krise«. Der Herausgeber hielt auf dem Titelbild einen zusammengefalteten *Spiegel* in der Hand, darauf mein Bild. Im Text ging es um »Geld, Intrigen, Macht – Dallas an der Waterkant«: »Der einsame *Spiegel*-Patriarch Rudolf Augstein entmachtete die Redaktion und inthronisierte seinen Ziehsohn Stefan Aust als neuen Chefredakteur.«

Das *Focus*-Heft mit dem *Spiegel*-Titel verkaufte sich jämmerlich, ein erster Erfolg im Kampf gegen die Münchner. Dennoch beschloss ich, den Krieg gegen *Focus* einzustellen. Wir waren Konkurrenten um Leser und Anzeigenkunden, nicht mehr.

Erst einmal ließ ich alles beim Alten. Dieter Wild und der zweite stellvertretende Chefredakteur Jockel Preuss waren erst vor wenigen Monaten von Hans Werner Kilz in ihr Amt berufen worden. Knapp zwei Wochen vor dessen Ablösung hatten sie noch eine Delegation von Ressortleitern zum Leinpfad angeführt, um Augstein davon abzubringen, mich zum Nachfolger von Kilz als alleinigem Chefredakteur zu machen. Der Herausgeber und auch Geschäftsführer Seikel wollten es mir überlassen, neue Stellvertreter zu ernennen. Aber ich kannte und schätzte beide und empfand ihre Expedition zu Augstein als Zeichen von Loyalität. Ich beschloss, sie in ihrer Funktion zu belassen. Das hatte auch den Vorteil, dass nicht geklärt werden musste, ob für die Berufung stellvertretender Chefredakteure die Zustimmung der Mitarbeiter-KG notwendig war – wie diese meinte – oder nicht – wie Augstein und Seikel meinten.

Beide, Wild und Preuss, kannten die Redaktion aus jahrelanger Arbeit im Hause sehr viel besser als ich. Sie waren echte *Spiegel*-Journalisten, während ich ja vom Analphabetenmedium, dem Fernsehen, kam. Sie konnten mit Ressortleitern, Redakteuren und Dokumentaristen umgehen, sie konnten – manchmal, stirnrunzelnd – in Titelgeschichten umsetzen, was ich mir so an Themen ausgedacht hatte, immer unter dem Gesichtspunkt: Was ist am nächsten Montag interessant, was würde ich selbst gern lesen?

Es fing allerdings ziemlich kühl an. Preuss und Wild gingen davon aus, dass mein erster Tag als Chefredakteur ihr letzter Tag in der Chefredaktion sein würde. Bei der Themenkonferenz in Wilds Büro war die Stimmung eisig. Mit Mühe und Not wurden die anstehenden Ereignisse abgehandelt; über das, was in Wahrheit alle interessierte, herrschte Schweigen. Irgendwelche Fragen? Keine. Die Konferenz ging zu Ende. Als die Ersten den Raum verließen, wandte sich Dr. Wild über die Köpfe einiger Kollegen an mich. Ohne rechten Anlass sagte er: »Aber mein Pferd springt höher als Ihres.« Das brüllende Gelächter der Umstehenden sorgte für den ersten entspannten Moment an diesem Tag.

Vielleicht war das der Augenblick, der mich dazu brachte, den sehr viel älteren Kollegen Wild als Stellvertreter zu behalten. Auch wenn mein Pferd natürlich deutlich höher sprang als seines. Wir hatten ja beide – neben dem *Spiegel* – noch ein anderes Hobby. Dieter Wild war Dressurreiter, ein ziemlich guter sogar. Ich war eher Springreiter, wenn auch nicht besonders gut. Aber wir beide gingen morgens vor der Konferenz zum Reiten. Ich vermute, es ging ihm ähnlich wie mir: Wenn man morgens bei frischer Luft im Galopp über den Platz fegte, konnte einen in der Konferenz so schnell nichts mehr aus dem Sattel werfen. Und wenn doch, dann stieg man eben wieder auf.

Als Wild von meinem Vorgänger Kilz zum Stellvertreter berufen worden war, hielt er eine kleine Ansprache. Darin zitierte er eine ausländische Zeitung, die den *Spiegel* als »das Zentralorgan des kämpferischen Nonkonformismus« bezeichnet hatte. Auf dieser Basis konnten wir gut zusammenarbeiten.

Von Anfang an war mir klar, dass der größte Hebel, das Sinken der Auflage zu stoppen, bessere Titelthemen, Titelbilder und Titelzeilen waren. Als erste Maßnahme ließ ich das große weiße Verkaufsschaubild, das mein Vorgänger in einen Nebenraum verbannt hatte, wieder an seinem alten Platz im Chefredakteurszimmer aufhängen, direkt an der Wand hinter meinem Schreibtisch. Jeder Besucher, jeder Konferenzteilnehmer sah nun den Chefredakteur vor der Tafel mit den Jahresdurchschnittslinien sitzen – und den jeweiligen Titelbildern darauf, darüber oder darunter. »Sie sind aber mutig«, sagte ein Kollege.
»Nein«, antwortete ich, »ich bin realistisch.«
An meinem ersten Freitagabend in der Redaktion konnte ich das Titelbild mit der Glühbirne nicht mehr ändern. Aber von da an war ich praktisch für jeden Titel selbst verantwortlich.

Mit einigem Nachdenken kam ich auf die glorreiche Idee, dass nach dem zu Ende gehenden Jahr 1994 das nächste Jahr 1995 sein würde. Und nach weiteren intensiven Recherchen fiel mir ein, dass 50 Jahre zuvor etwas durchaus Bemerkenswertes stattgefunden hatte: das Ende des Zweiten Weltkrieges. Dafür mussten meine Vorgänger doch irgendwelche Geschichten in Auftrag gegeben haben? Es gab nicht eine einzige, nicht zum Vormarsch der Roten Armee auf Berlin, nicht zu den Todesmärschen nach der Schließung von Auschwitz, nicht zu den letzten Tagen im Führerbunker, nicht zur Kapitulation am 8. Mai 1945. »Kalenderjournalismus« war bei meinen Vorgängern verpönt.

Der erste Termin zu einem 50. Jahrestag war die Räumung des Konzentrationslagers Auschwitz. Ich gab eine Geschichte dazu in Auftrag, die der Düsseldorfer *Spiegel*-Redakteur Georg Bönisch in kürzester Zeit schrieb. Das Heft erschien am 23. Januar 1995, auf dem Titel ein bekanntes Foto jüdischer Häftlinge vor einem Güterwagen mit der Zeile »Auschwitz – die letzten Tage«. Am Abend war eine Redaktionsparty beim *Manager Magazin*. Chefredakteur Werner Kaden, der zuvor gemeinsam mit Hans Werner Kilz *Spiegel*-Chefredakteur gewesen war, sprach mich an: »Das hätte ich nicht von Ihnen gedacht, dass Sie solche Titel machen. Chapeau. Aber das wird natürlich eine Verkaufskatastrophe.«

»Da bin ich nicht so sicher, Herr Kaden«, antwortete ich. »Aber darum geht es hier auch nicht in erster Linie. Das ist ein wichtiger Titel, fünfzig Jahre danach. Und über die Verkaufszahlen reden wir später.«

Es war dann der bestverkaufte Titel der vergangenen zwölf Monate. Dabei hatten die meisten *Spiegel*-Redakteure offenbar erwartet, dass Augsteins Neuer aus dem *Spiegel* einen zweiten *Focus* machen würde. Vorsorglich hatte Starreporter Cordt Schnibben auch schon einen Text über diesen »Fast-Food-Journalismus« geschrieben, der im ersten Januarheft 1995 des *Spiegel Spezial* erschien. Er prangerte bildhaft an, was viele für den *Spiegel* unter meiner Regie befürchteten: »*Focus* als Blatt ist kein Problem, *Focus* als System ist die Pest. Dass die deutschen Großverlage im McJournalismus die Antwort des Printjournalismus auf das Fernsehen sehen, ist die Seuche. McJournalismus ist gedrucktes Fast Food. Viel Verpackung, viel Farbstoff, und ständig fragt sich der Leser: Where is the beef? McJournalismus hat mit Journalismus so viel zu tun wie McDonald's mit Rinderbraten.« Die Frage sei, wie der Printjournalismus auf die neue Macht des Fernsehens reagieren solle: »Indem er Zeitschriften in die Welt setzt, die die Oberflächlichkeit des Fernsehens kopieren? Die den Reiz des Zapping imitieren?« Der McJournalismus werde von Leuten geschaffen, die nichts zu sagen hätten, die nicht schreiben könnten und die das für modern hielten: »Wie modern eine Zeitschrift ist, wird nicht bestimmt durch die Anzahl der Zahlentorten und durch die Menge der Farbseiten. Wie modern Zeitschriften und Zeitungen sind, entscheidet sich durch das, worüber sie schreiben. Und auch dadurch, wie ernst sie ihre Leser nehmen.«

Cordt Schnibben hatte recht. Und mein Plan war keineswegs, *Focus* zu imitieren. Im Gegenteil. Ich wollte zurück zu den Wurzeln des *Spiegel*, zurück zu intensiven Recherchen, langen Geschichten, Hintergrundberichterstattung. Und intelligenteren Titelthemen, Titelbildern und Titelzeilen. Dem lag eine schlichte Kalkulation zugrunde. Die Hefte verkauften sich unterschiedlich am Kiosk. Eines lief besser, das andere schlechter. Und woran lag das vor allem? Am Titel. Das war so einfach, wie es schwer war, den richtigen Titel zu finden. Aber ich war ja überdurchschnittlich durchschnittlich. Und deshalb ging ich davon aus, dass das, was mich selbst interessierte, auch andere Leute interessieren würde. Wenn nicht, müsste sich der Verlag schnellstens einen neuen Chefredakteur suchen. Etwas anderes als meine eigene Einschätzung hatte ich nicht zur Verfügung.

Fast alle Hefte des Jahres liefen deutlich besser als die Ausgaben des Vorjahres, und das war vor allem ein Ergebnis der Titel. In keinem Ressort verbrachte ich so viel Zeit wie in der Titelgrafik. Oft skizzierte ich die Entwürfe selbst, und meistens dachte ich mir auch die Zeile dazu aus. Die Erfahrung als Defacto-Blattmacher bei *konkret* half dabei sehr.

Der Titel Nr. 1 des Jahres 1995 war ein altes Schwarz-Weiß-Foto von Kriegsheimkehrern, die vor dem Brandenburger Tor in ihren Lumpen saßen. Im Himmel darüber der Teil eines Regenbogens in Schwarz-Rot-Gold. Die Oberzeile »1945 bis 1995 – 50 Deutsche Jahre«. Die Hauptzeile »Aufstieg aus Ruinen«. Die Geschichte über die Deutschen in Krieg und Frieden; dazu hatte Rudolf Augstein geschrieben: »Von Sarajevo nach Sarajevo«. Im Heft danach: »Das Geheimnis der Landshut-Entführung« – ein Gespräch mit der einzigen überlebenden Entführerin Souhaila Sami Andrawes as-Sayeh alias Soraya Ansari, die in Norwegen untergetaucht war. Wir hatten einen gewaltigen Auflagenerfolg mit einem Titel »Milliardengrab Aufschwung Ost«, darauf das Bild des »Sterntaler«-Kindes, dem die Taler durch die Schürze hindurchrieseln. Im März machten wir einen Titel über den »Weltklima-Gipfel der Katastrophen« mit der Zeile »Vor uns die Sintflut«. Das Titelbild war eine riesige Welle, in der der Planet Erde versank. In der Geschichte tauchte alles auf, was auch 20 Jahre später an Katastrophenszenarien errechnet wurde: Noch in diesem Jahrzehnt würde die Erdtemperatur alle Rekorde brechen. Wieder einmal wird die Dritte Welt zu den Verlierern gehören. Eine Fläche, halb so groß wie Europa, wird vom Meer verschluckt. Diesmal war es nicht die drohende Eiszeit, vor der Klimaforscher im *Spiegel* warnten, wie 20 Jahre zuvor, sondern die drohende Erderwärmung.

Wir berichteten über die Warnungen der Klimawissenschaftler, machten uns deren Sichtweise aber nicht zu eigen, was schon durch den ironischen Einschlag der Titelzeilen deutlich wurde. Allerdings wurde – etwa durch den Hinweis auf die noch 1974 angeblich drohende Eiszeit – auch nicht erklärt, warum der rapide Anstieg von CO_2 in den ersten 20 Jahren nach Kriegsende, immerhin dem größten Wirtschaftsaufschwung der Geschichte, zu einer weltweiten Abkühlung geführt hatte und der Anstieg in den 20 Jahren danach zu einem Anstieg der Temperaturen. Ich begann, mich für das Thema zu interessieren, und blieb gegenüber den späteren Katastrophenszenarien der Potsdamer Klimaforscher mit ihren Weltuntergangsszenarien oder den jugendlichen Aktivisten von »Fridays for Future« auch ein paar Jahrzehnte später eher skeptisch.

Als im März der berühmte *Tagesthemen*-Moderator Hanns Joachim Friedrichs krebskrank seinem Tod entgegensah, machte Cordt Schnibben ein langes Interview mit ihm. Ich war gerade mit einer Gruppe reitender Journalisten zu den »Weltmeisterschaften« in Buenos Aires, wo wir immerhin im Team die Bronzemedaille errangen. Jockel Preuss schickte mir das

Interview mit dem sterbenden Friedrichs, und ich entschied von Argentinien aus, das zum Titel zu machen: »Irgendwann ist eben Ende«. Die Auflage ging steil nach oben, ebenso in der Woche darauf, als Fritjof Meyer in einer Titelgeschichte »Hitlers letzte Tage« im Führerbunker beschrieb. Auf meine Frage, ob es denn noch überlebende Zeugen gäbe, antwortete er, alles sei längst bekannt. Da müsse man nicht mehr recherchieren. Ich fand mich damit ab.

Ein paar Jahre später stellte sich heraus, dass Traudl Junge, Hitlers Sekretärin von 1942 bis 1945, noch lebte. Ihre biografischen Aufzeichnungen *Bis zur letzten Stunde* dienten später Bernd Eichinger als Grundlage für seinen Film *Der Untergang*.

Der Hals in der Schlinge

Eine Woche später kamen Georg Mascolo und Hans Leyendecker mit einer neuen Recherche. Im August des Vorjahres war ein illegaler Handel mit Plutonium aufgeflogen, offenbar aus russischen Beständen. Jetzt hatten die *Spiegel*-Redakteure herausgefunden, dass der Bundesnachrichtendienst an dem Deal mitgestrickt hatte. Die beiden legten mir den Text vor, ich las ihn und sagte, das sei ja eine wirklich irre Geschichte, die würde ziemliche Wellen schlagen. Die zitierten Akten würde ich aber gern selbst lesen. Mascolo brachte mir einen ganzen Packen ins Büro, und ich nahm sie mit aufs Land. Am nächsten Montag bat ich die beiden zu mir und sagte: »Eine wirklich dolle Nummer. Da müssen wir uns warm anziehen. Woher stammen die Akten, von wem haben wir die, was sind die Hintergründe, wer hat uns die Materialien aus welchen Gründen gegeben?«

Leyendecker war empört. Quellenschutz gelte auch im Hause. Das, was ich verlangte, hätte es beim *Spiegel* noch nie gegeben. Das sei ein massiver Eingriff in die innere Pressefreiheit. Da war ich ganz anderer Meinung. Als Chefredakteur müsse ich wissen, was wir von wem aus welchen Gründen bekommen hätten. Schließlich hätte ich die Verantwortung. Ich verkniff mir den Hinweis auf den Fall Bad Kleinen und sagte: »Wenn ich meinen Kopf schon in die Schlinge hänge, dann will ich wenigstens wissen, wie haltbar der Strick ist.«

Dann sagte Georg Mascolo, er müsse einmal unter vier Augen mit mir reden. Leyendecker verließ das Büro. Und dann erzählte Georg mir in allen Einzelheiten, woher er die Unterlagen bekommen hatte. Leyendecker wisse das nicht. Er habe nur mit ihm zusammen die Geschichte geschrieben.

Die Quellen waren sauber. Die Unterlagen echt. Wir druckten die Geschichte als Titel: »Der Bomben-Schwindel des BND – Wie deutsche Geheimdienste die Plutonium-Gefahr erfanden«. Es gab einen Untersuchungsausschuss, und Kanzleramtsminister Bernd Schmidbauer, oberster Koordinator der Nachrichtendienste, raunte, Mascolo habe die Unterlagen vom russischen Geheimdienst zugespielt bekommen. Da konnte ich nur lachen. Ich wusste, woher die Akten stammten, aber ich habe niemals mit irgendjemandem, außer mit Georg Mascolo, darüber gesprochen. Doch den windschiefen Vergleich über die Haltbarkeit des Strickes, in dessen Schlinge ich meinen Hals steckte, benutzte ich immer mal wieder. Anlässe dafür gab es genug.

Es war ein bewegtes Jahr, die Titel gaben das wieder. Im Frühjahr brach eine Ebolaepidemie in Afrika aus, und der Film *Outbreak* lieferte die Bilder dazu.

Rudolf Augstein schrieb einen Titel zum 8. Mai vor 50 Jahren und den Umgang mit der Schreckensherrschaft des Dritten Reiches: »Bewältigte Vergangenheit«. Für den Titel hatten wir das Gemälde von Caspar David Friedrich »Der Wanderer über dem Nebelmeer« umgebaut. Der alte Mann mit dem Handstock blickt auf die Schatten der Vergangenheit: Hitler, Hakenkreuz, Krieg, Mauer und Sprung über den Stacheldraht.

Die Auflage hatte sich erholt, und plötzlich kam die Mitarbeiter-KG, die den *Spiegel* so tapfer gegen meine Berufung zum Chefredakteur verteidigt hatte, auf den Gedanken, dass der Einjahresvertrag doch besser verlängert werden sollte. Augstein und Geschäftsführer waren einverstanden und schlugen – wie beim *Spiegel* vor meiner Zeit üblich – einen Fünfjahresvertrag vor, beginnend nach Ablauf meines Jahresvertrages. Nach anfänglichem Murren stimmte die KG zu. Damit hatte ich dann praktisch einen Sechsjahresvertrag bekommen. Am 7. Juli schrieb mir Seikel, das »Paket« sei nun geschnürt: »Ich beglückwünsche Sie – ohne Ihr erstes erfolgreiches Halbjahr beim *Spiegel* wäre alles Weitere jetzt sicher nicht möglich gewesen.«

Offenbar war meine Konzentration auf Titelthema, Titelbild und Titelzeile der richtige und, wie ich fand, auch einzige Weg, den Niedergang der Auflage zu stoppen. Themen gab es genug.

Wir berichteten über die Forschung nach einem Aids-Medikament, und die Meinhof-Töchter Bettina und Regine schrieben über ihre Mutter: »... und seid nicht traurig – Ulrike Meinhofs Töchter über ihre Kindheit im Schatten des Terrorismus«. Es war eine schwere Geburt, wie Bettina Röhl 25 Jahre später in ihrem fiktiven Brief an ihre Mutter schrieb: »1995 – ich war 32 Jahre alt – habe ich auf Bitte von Stefan Aust, den Du aus Deiner *konkret*-Zeit bestens kanntest, die *Spiegel*-Titelgeschichte ›Und seid nicht traurig‹ geschrieben. Ich habe das erste Mal begonnen zu recherchieren und mich mit unser beider Geschichte auseinandergesetzt. Es gab viel betroffene Zustimmung, aber es gab auch hochideologisierte Aggressionen von ganz kleinen Stimmen und auch von recht großen. Es war die Zeit, in der Du bei manchen so etwas wie eine Heilige geworden warst.«

Günter Grass veröffentlichte einen neuen Roman, der von Marcel Reich-Ranicki in einer Titelstory gründlich verrissen wurde. Auf dem Titel hatten wir den Kritiker abgebildet, wie er wutentbrannt das Grass-Buch zerreißt: »Mein lieber Günter Grass ...« Das Titelbild führte zu einer medialen Empörung der

Grass-Freunde – und das waren ziemlich viele. Aber am Montag rief mich Rudolf Augstein an und sagte: »Ich bin stolz darauf, bei einer Zeitschrift zu arbeiten, die solche Titel macht.«

Das Heft 39 trug als Titelbild eine grün gekleidete Kriegerin mit einer Sonnenblume als Krone: »Feldzug der Moralisten – Vom Umweltschutz zum Öko-Wahn«. Die Geschichte stammte von meinem alten Freund und Kollegen aus der Zeit der Schülerzeitung, Henryk M. Broder. Er schrieb: »Sie haben Lustangst und Sündenstolz und leiden an der Wirklichkeit. Immer sind die Deutschen auf der Suche nach der einfachen Moral ... In hohem Ansehen stehen Tugendwächter ...« Ein Thema, das die nächsten Jahrzehnte überdauerte.

Im Herbst befassten wir uns mit dem Hin und Her des halbherzigen Umzuges nach Berlin, »Die fliegende Hauptstadt«, und ahnten nicht, dass es dieses Problem noch 25 Jahre später geben würde. Der Titel der Ausgabe 45 schließlich vermeldete eine wissenschaftliche Sensation: »Planet des ›Pegasus 51‹ – Entdeckung bei der Suche nach Leben im All«. Die Schweizer Astronomen Michel Mayor und Didier Queloz von der Genfer Universität hatten den ersten Planeten außerhalb unseres Sonnensystems entdeckt und erhielten dafür 2019 den Nobelpreis. Zur selben Zeit reiste ich mit einer Gruppe von Wissenschaftlern, darunter auch der deutsche Astronaut Ulf Merbold, durch die Atacamawüste in Chile. Wir besichtigten dort die Weltraumteleskope in 4000 – 5000 Metern Höhe.

Hauptziel der Wissenschaftler dort ist es, weitere Exoplaneten, Planeten außerhalb unseres Sonnensystems, aufzuspüren, auf denen Leben möglich ist. Inzwischen hat man unendlich viele davon entdeckt, Lichtjahre entfernt, für den Menschen also unerreichbar. Ich erkundigte mich bei unserem Reiseführer, dem ehemaligen Begründer und Chef der Observatorien, danach, wie nah man mit dem Weltraumteleskop dem Mond kommen könnte. »Da kannst du eine Kerze erkennen«, sagte er. »Warum richten die das Teleskop nicht mal auf die Landestelle der Mondfähre von 1969, dann müsste man doch die Fußspuren von Neil Armstrong sehen und die US-Fahne, die ja immer noch im Staub des Mondes liegen müsste.«

»Du bezweifelst wohl immer noch, dass die Amerikaner auf dem Mond gelandet sind«, stichelte Astronaut Ulf Merbold.

»Nein, keinesfalls«, sagte ich. »Aber das wäre doch ein Foto, das um die Welt geht.« Das muss nur noch mal arrangiert werden.

Als wir auf dem höchsten Radioteleskop in über 5000 Meter mit Sauerstoffdosen vor der Nase filmten, ließen wir uns erklären, wie die Bilder vom »schwarzen Loch«, die gerade um die Welt gingen, aus gewaltigen Datenmengen entstanden waren. Im Technikraum hing ein großes Foto mit dem schwarzen Loch in Orange. Darunter lag auf einem Schreibtisch ein gutes Dutzend Mandarinen – sie hatten dieselbe Farbe wie das schwarze Loch. Ich traute mich erst bei unserer Abfahrt zu fragen, ob die farbliche Übereinstimmung etwas zu bedeuten hätte. Da erklärte unsere wissenschaftliche Begleiterin, dass die Daten aus dem fernen All ja keine Farbe hätten – das Orange stamme von den Mandarinen.

Veränderungen

Entgegen allen Erwartungen wollte ich das Magazin keinesfalls zum »gedruckten Fernsehen« machen, wie es einige Kritiker warnend prophezeit hatten. Ich wollte dahin zurück, wo der *Spiegel* aus meiner Sicht früher besser dagestanden hatte: Recherchen, um Hintergründe und Zusammenhänge aufzuklären. Gut geschriebene Geschichten, kritisch nach allen Seiten. Ich brachte das dann immer wieder auf den Punkt: »Back to the roots – zurück zu den Wurzeln«, bis ich es selbst nicht mehr hören konnte. Das Lesen der Artikel musste Spaß machen, einen gewissen Lustgewinn bringen, und der bestand in der Sprache und darin, Ereignisse und Zusammenhänge geschildert zu bekommen. Veränderungen, die dringend notwendig waren, führte ich Schritt für Schritt ein. Ich wollte einen langsamen Prozess der Modernisierung, nicht den *Spiegel* neu erfinden.

Ich fing behutsam beim Layout an. Es sollte kein großer Wurf sein, bei dem die Leser das Heimatgefühl zum Blatt verlieren würden, aber ich ordnete einige Ressorts neu, machte kurze Geschichten kürzer und lange länger. Dabei änderte sich einiges, ohne dass es jemand so richtig merkte. Auch die Namenlosigkeit der Artikel war nach meiner Ansicht überholt. Nur Augstein und ein paar sogenannte »Edelfedern« durften ihren Namen vor oder hinter den Text stellen. Neu eingestellte Reporter, die sich bei der *Zeit* oder anderswo buchstäblich einen Namen gemacht hatten, waren nur zum *Spiegel* gewechselt, weil man ihnen vertraglich zugesichert hatte, weiter unter ihrem Namen schreiben zu dürfen. Altgediente exzellente *Spiegel*-Redakteure blieben hingegen anonym. Ich wusste, dass damit ein *Spiegel*-Prinzip gebrochen würde. Jeder Artikel sollte nach dem alten Grundsatzpapier, dem »*Spiegel*-Manifest« von Chefredakteur und Geschäftsführer Leo Brawand, so geschrieben sein, als würde das gesamte Magazin dahinterstehen.

Doch durch die Neueinstellung von immer mehr »Edelfedern«, die man sonst nicht bekommen hätte, war das Prinzip längst aufgeweicht worden. Und dann durften auch altgediente Redakteure ausnahmsweise einen Kommentar mit ihrem Namen schmücken. Das fand ich nun völlig absurd, denn nicht die Kommentare waren das Herzblut des *Spiegel*, sondern die Recherchen und Titelthemen. Manche Redakteure hatten auch den Bogen raus, wie sie mit einer guten Geschichte in die Hausmitteilung kamen. Die Namenlosigkeit der Artikel wurde zunehmend ungerecht.

Wie immer, wenn ich irgendetwas ändern wollte, sprach ich mit Augstein darüber. Und meistens fragte er dann aus mir heraus, was ich für richtig hielt. So war es auch in diesem Fall. Ich bekam grünes Licht, die Namen der Autoren unter die Artikel zu setzen. Doch zunächst wollte ich sehen, wie das aussehen würde. Ich gab dem Layout den Auftrag, das Heft der vergangenen Woche einmal neu zu gestalten – mit den Namen der Autoren. Und plötzlich stellte sich heraus, dass ein vorher viel beschworenes Problem, dass oft eine ganze Reihe von Redakteuren an einer Geschichte mitgearbeitet hatten und dann alle Namen darunterstehen müssten, keines war. Mehrere Namen unter einer Geschichte signalisierten eher sorgfältige Recherche. Aber natürlich gab es auch eine ganze Reihe von Mitarbeitern, die vor allem daran interessiert waren, dass ihr Name mit unter einem Artikel stand, auch wenn sie nur zwei Zeilen zugeliefert hatten. Das war der Beginn eines allwöchentlichen Streits. Und dennoch war es notwendig und unvermeidlich.

Für eine wissenschaftliche Arbeit an der Philosophischen Fakultät der Universität Münster verglich Derek Mösche damals die Visualisierung von *Spiegel*- und *Focus*-Titeln. Der Vergleich der Titelgeschichten – allein von der Länge her – fiel anders aus, als viele erwartet hatten. In der Masterarbeit heißt es dazu: »Quasi mit dem Eintritt Stefan Austs wächst die Länge der Titelgeschichten stark an. Insgesamt werden dem Titelthema unter Aust durchschnittlich über vier Seiten mehr eingeräumt.« Nicht nur von den Redakteuren, sondern auch von den Lesern könne man einiges erwarten, zitierte er mich: »Denn Lesen ist Arbeit. Und die wollen und können wir unseren Lesern nicht abnehmen.«

Mehr Farbe

Tatsächlich sah der *Spiegel* gegenüber dem *Focus* eher blass aus. Nur Titel und Anzeigenseiten waren in Farbe gedruckt, der Rest in Schwarz-Weiß und dazu noch auf eher gräulichem Papier. Die Auflage war bis 1994 langsam, aber stabil im Sinkflug gewesen. Viele Anzeigenkunden hatten sich davongemacht. Es musste sich etwas ändern. Und dafür war ich nun zuständig.

Durch die sinkende Auflage und die immer weniger werdenden Anzeigenseiten der vergangenen Jahre war auch finanziell eine gewisse Schieflage eingetreten. Rücklagen waren kaum vorhanden, denn der Jahresgewinn wurde jeweils fast vollständig an die Gesellschafter ausgeschüttet. Geschäftsführer Adolf Theobald hatte das gelegentlich mit einer fahrenden Musikkapelle verglichen, die am Abend nach der Vorstellung die Erlöse an die Musiker verteilte.

Deshalb waren auch meine Versuche, den Verlag davon zu überzeugen, dass der *Spiegel* in Farbe und auf besserem Papier gedruckt werden müsse, ergebnislos. Immerhin hatte mein Vorgänger Hans Werner Kilz gelegentlich eines der Produkte in Farbe drucken lassen. Dafür wurden dann extra Geschichten in Auftrag gegeben, die Farbbilder nötig machten.

Ich erkundigte mich bei dem neuen Geschäftsführer Seikel, was es denn kosten würde, statt ein Produkt auf beiden Seiten beide Produkte, aus denen das Heft bestand, auf jeweils einer Seite in Farbe zu drucken. Nach kurzen Berechnungen stellte sich heraus, dass das in etwa gleich teuer war. Also schlug ich vor, in Zukunft beide Produkte auf jeweils einer Seite in Farbe zu drucken. Damit war jede zweite Doppelseite im Heft in Farbe – und plötzlich sah das ganze Heft so aus, als sei es farbig gedruckt. Bei den Schwarz-Weiß-Seiten hatte man den Eindruck, die Bilder seien nun einmal nicht in Farbe vorhanden. Das veränderte den optischen Charakter der Hefte gravierend und ohne zusätzliche Kosten.

Volkswagen, Piëch und Cousine Gaby

Focus war in manchen Wochen vom Heftumfang her dicker als der *Spiegel*. Besorgten Hinweisen darauf begegnete ich gern mit der Bemerkung: »Na und, sind doch vor allem Anzeigen.« Aber ein Problem war der Anzeigenschwund schon. Es war auch nicht nur der allgemeine Trend, dass Werbung in das neue Privatfernsehen abwanderte – und in das Magazin, das dem am nächsten kam. Der *Spiegel* hatte plötzlich eine Konkurrenz, und manche Unternehmen, die theoretisch immer für die Meinungsfreiheit eintraten, reagierten höchst gereizt auf Kritik. Jetzt hatten sie eine Alternative und machten auch Gebrauch davon. Besonders harte Maßnahmen ergriff der neue VW-Chef Ferdinand Piëch.

Nach dem ersten *Spiegel*-Titel 1993 »Der Skrupellose – VW-Manager López unter Verdacht: Industrie-Spionage« hatte Piëch das Anzeigenvolumen für den *Spiegel* halbiert, nach dem zweiten Titel »Ein Mann spielt Krieg – VW-Chef Piëch« noch einmal. Da blieb nur wenig, aber niemand konnte sagen, dass VW nur aufgrund der Berichterstattung nun überhaupt keine Anzeigen mehr im *Spiegel* schaltete.

Eines Tages im Frühjahr 1995 sprach mich in der Lufthansa-Lounge auf dem Hamburger Flughafen Klaus Kocks an, damals Pressesprecher der Ruhrgas. Ob ich nicht auf dem jährlichen Management-Treffen des Unternehmens einen Vortrag über den *Spiegel* halten wollte. Da es zu meinen Aufgaben als Chefredakteur gehörte, Kontakte zur Wirtschaft, auch zu potenziellen Werbekunden, zu halten, sagte ich zu. Augstein hatte derartige Gespräche oft geführt und auch Vorträge vor dem Industrieclub in Düsseldorf und anderswo gehalten.

Es dauerte eine Weile, bis der Termin stattfand. Ich sprach über den *Spiegel*, über den Journalismus, die Politik. Dann stand ich mit einigen Managern und dem Vorstandsvorsitzenden der Ruhrgas, Klaus Liesen, an der Bar. Er war im Ruhrgebiet damals einer der wichtigsten Wirtschaftsführer und neben seiner Funktion bei der Ruhrgas auch noch Aufsichtsratsvorsitzender von Volkswagen in Wolfsburg. Beim Rotwein sprachen wir auch über den Konflikt mit VW wegen der Berichterstattung zur López-Affäre und die massive Reaktion von Piëch. Liesen fragte mich, ob ich denn nicht einmal mit Ferdinand Piëch reden wollte. Natürlich wollte ich das.

Es dauerte ein paar Monate, dann rief Liesen mich an. Piëch sei mit einem Gespräch einverstanden, aber nur im kleinen

Kreis und auf neutralem Territorium. Wir verabredeten uns wieder im Gästehaus der Ruhrgas in Essen-Bredeney. Es wurde ein interessanter Abend mit Piëch, Liesen, dessen Pressesprecher Kocks und Werner Klatten, den ich zur Vorsicht mitgenommen hatte.

Zu später Stunde, nach ein paar Flaschen Rotwein, fragte ich den Ruhrgas-Chef: »Herr Liesen, darf ich Ihnen mal eine private Frage stellen?« Er nickte, und ich sagte: »Gibt es bei Ihnen in der Familie einen Architekten?«

»Ja«, sagte er, »mein Onkel Josef, Bruder meines Vaters, war Stadtbaurat in Speyer.«

»Darf ich mal telefonieren?«

Liesen deutete auf das Telefon im Nachbarraum. Ich klingelte meine Mutter aus dem Bett: »Sag mal, der Liesen, von dem du mir erzählt hast, war doch Architekt.«

»Ja«, sagte sie.

»Aus welcher Stadt stammte der?«

»Aus Saarlouis.«

»Das reicht«, sagte ich. »Schlaf weiter.«

Ich kehrte an den Tisch zurück, fragte Liesen: »Stammte Ihr Onkel aus Saarlouis?«

»Ja«, antwortete er. »Woher wissen Sie das?«

Ich nahm mein Rotweinglas und stieß mit ihm an: »Herzlichen Glückwunsch, wir haben eine gemeinsame Cousine.«

Dann erzählte ich der Runde, dass ich nach meiner Einladung zur Management-Tagung der Ruhrgas meine Mutter auf dem Land getroffen hatte. »Was machst du denn so als Chefredakteur?«, hatte sie gefragt.

Ich erzählte ein bisschen aus der Redaktion und sagte dann: »Und neulich habe ich einen Vortrag bei der Ruhrgas gehalten.«

»Ach«, sagte sie, »hast du da auch Klaus Liesen getroffen?«

»Woher kennst du Klaus Liesen?«, fragte ich sie.

»Setz dich mal hin«, sagte meine Mutter. »Ich muss dir eine Geschichte erzählen.«

Und die ging so. Meine Mutter hatte eine inzwischen verstorbene Schwester, Tante Lotte, zehn Jahre älter als meine Mutter. Die hatte eine Tochter, meine Cousine Gaby, Jahrgang 1945. In der Familie hieß es, der Vater sei Offizier im Krieg gewesen und gefallen, bevor er Lotte heiraten konnte. Das stimmt aber nur zum Teil. Er war zwar Offizier, aber nicht im Krieg gefallen, sondern verheiratet und hatte fünf Kinder. Das wurde in beiden Familien, in seiner wie in meiner, für 50 Jahre streng geheim gehalten.

Es wurde ein lustiger Abend, bei viel Rotwein. Vor allem Piëch, der selbst ja Kinder aus Beziehungen mit vier verschiedenen Frauen hatte, amüsierte sich köstlich über die streng katholische Familie des Onkels von Liesen und dessen verschwiegenes uneheliches Kind. Liesen ließ sich die Telefonnummer meiner Cousine geben, besuchte sie und machte sie mit ihren Halbgeschwistern bekannt, deren Eltern längst verstorben waren. Und Piëch beendete seinen Anzeigenkrieg gegen den *Spiegel*. In wenigen Wochen bekamen wir das Werbeaufkommen zurück, das wir vor dem Streit um die López-Affäre von VW gehabt hatten. Und niemand beim *Spiegel* erfuhr jemals, was der Grund für den plötzlichen Kurswechsel von Piëch war. Der Cousine-Gaby-Effekt blieb unser Geheimnis – ganz gleich, welche finsteren Mutmaßungen später im Hause über meine Beziehung zum VW-Patriarchen herumgeisterten.

Das Unternehmen *Spiegel TV*

Als Chefredakteur des *Spiegel* war ich zugleich immer noch Chefredakteur von *Spiegel TV* und Mitglied der Geschäftsführung. Die Moderation des Magazins hatte ich weitgehend abgegeben. Nur alle vier Wochen brachte ich das Wochenende im Chilehaus zu und moderierte die Sendung.

Das Unternehmen *Spiegel TV* war in den vergangenen Jahren ziemlich groß geworden. Aus einer einzigen Halbstundensendung, dem Magazin bei RTL, das anfangs bei Sat.1 wiederholt wurde, war eine ganze Reihe von Formaten entstanden. Für RTL machten wir nach wie vor am Sonntagabend das Magazin, inzwischen 45 Minuten lang. Bei Sat.1 füllten wir den Freiraum, den uns die dctp mit ihrem unabhängigen Fenster zur Verfügung gestellt hatte, mit einer wöchentlichen Reportage. Beim Sender VOX, den wir durch unsere kurzzeitige Übernahme vor dem Abschalten gerettet hatten, bespielten wir fünf Sendeplätze, das *Spiegel TV-Interview* mit Sandra Maischberger, das *Special* von 100 Minuten am Samstagabend; ein neu gegründetes Tochterunternehmen mit dem Namen »Art + Information«, geführt von Werner Klatten unter der redaktionellen Leitung von Cassian von Salomon, produzierte für VOX die Reportagesendung *Extra* und eine Talkshow *Freitagnacht*, ebenfalls mit Sandra Maischberger. Außerdem immer noch die *Wa(h)re Liebe* mit Lilo Wanders. Und vor allem lieferten wir noch die täglichen Nachrichten für den Sender VOX. Wir hatten bei *Spiegel TV* inzwischen 100 fest angestellte Mitarbeiter, davon 69 in der Redaktion und 31 in Verwaltung und Technik, darüber hinaus etwa 50 freie Mitarbeiter.

Allerdings waren die Quoten des Magazins inzwischen nach unten gegangen. »Woran liegt das?«, wollte der Medienredakteur der *Woche* in einem Interview Mitte 1995 wissen.

»Das stimmt so nicht«, antwortete ich. »Die Quoten sind in Anbetracht der abenteuerlich schlechten Programmpolitik von RTL am Sonntag sogar ausgesprochen gut. RTL hat das *Spiegel TV*-Magazin seit geraumer Zeit lizenzwidrig um etwa eine halbe Stunde nach hinten verschoben. Dadurch verliert man automatisch etwa eine Million Zuschauer. Aber der Marktanteil ist sehr stabil, meistens liegen wir beträchtlich vor den davor laufenden Spielfilmen bei RTL; die sind allerdings meistens sehr schlecht und zielen auf ein vollkommen anderes Publikum.«

Es sei mir ein Rätsel, wie diejenigen, die mit ihrer Programmplanung den Erfolg von RTL möglich gemacht hatten, plötzlich solche Fehler machen könnten. Ich hätte seit einem halben

Jahr erst freundliche, inzwischen aber immer gröbere Briefe nach Köln geschrieben und inzwischen über die dctp auch die Landesmedienanstalt informiert. Die Kollegen bei *Spiegel TV* jedenfalls machten ihren Job hervorragend.»Da kann man eben sehen, dass jeder austauschbar ist«, sagte ich, denn bei nahenden runden Geburtstagen neigt man dazu, final zu denken.

Am 1. Juli wurde ich 50 Jahre alt. Rudolf Augstein schickte mir ein Gedicht:

»*Lieber Aust,*
ball die Faust
aber in der Tasche.
Reite fix
zum Grand Prix
sonst greifst Du zur Flasche.

In Liebe Dein getreuer Vater
Rudolf

PS: Nach orientalischen Maßstäben bin ich für Dich so eine Art Vater. Als solcher darf ich Dich nicht im Unklaren darüber lassen, dass Du die Mitte Deines Lebens aller Wahrscheinlichkeit nach überschritten hast. Nicht überschritten hast Du die Hälfte Deines Arbeitslebens, von dem ich hoffe, dass es sich nur im SPIEGEL und den ihm zugeordneten Unternehmen abspielen wird.«

Wir machten eine kleine Party in unserem Haus am Elbhang in Blankenese, wo wir gerade durch den Zukauf von weiteren 25 Prozent an der Erbengemeinschaft am Hause meines Großvaters eine neue Etage erobert hatten und dabei waren, sie zu renovieren. Gerhard Schröder, damals Ministerpräsident von Niedersachsen, kam und auch Peter-Michael Diestel, letzter Innenminister der DDR vor der Wiedervereinigung. John Jahr jr., Miteigentümer des Verlages Gruner + Jahr, der 25 Prozent am *Spiegel* hielt, gab mir für das nächste Jahrzehnt einen Tipp: Zwischen 50 und 60 sei die beste Zeit. Das gab mir etwas Zuversicht beim Überschreiten der Schwelle.

Mit Mauss bei der Guerilla

In der vorletzten Ausgabe des Jahres 1996 druckten wir eine Titelgeschichte über den »Agentenkrimi Mauss/Schmidtbauer« unter der Zeile »Männer ohne Gesetz«. Darin enthüllten wir unter anderem die Hintergründe einer Geschichte, die wir ein gutes Jahr zuvor, im November 1995, gedruckt hatten. Es ging um den Agenten Werner Mauss, über den ich kurz vor meiner *Spiegel TV*-Zeit ein Buch geschrieben hatte.

Außer der kurzen Begegnung in einem Schweizer Hotel hatte ich den Agenten niemals persönlich getroffen, auch als er mit allen juristischen Mitteln versuchte, mein Buch zu stoppen, war er nie persönlich im Gerichtssaal aufgetaucht. Doch unmittelbar nachdem ich Chefredakteur des *Spiegel* wurde, sagten mir die Redakteure Georg Bönisch, Hans Leyendecker und Georg Mascolo, dass sie einen guten Kontakt zu dem Agenten hätten. Wir könnten uns gern mal mit ihm treffen. Das taten wir dann auch. Im September 1995 trafen wir ihn in einem Hotel am Bahnhof in Mainz. Es wunderte mich schon, dass der Agent, den ich in meinem Buch als einigermaßen zwielichtige Gestalt porträtiert hatte, auf so gutem Fuße mit den Investigativjournalisten stand. Aber zumindest erahnte ich jetzt, warum der *Spiegel* Mauss über die Jahre ziemlich pfleglich behandelt hatte.

Mauss erzählte uns von seinen großartigen Operationen im Dschungel von Kolumbien, wo er von den Guerillas der ELN entführte Geiseln befreien würde. Auch wie das geschah, verheimlichte er nicht. Er kaufte sie frei. Im Laufe des Gesprächs wurde deutlich, dass er einen guten Draht zu den Dschungelrebellen hatte und deren revolutionären Kampf durchaus zu schätzen wusste. Er behauptete, die Lage in Kolumbien besser zu kennen als jeder andere: »Guerilla, Unterdrückung, Folter, Sie wissen schon.«

Ich warf den Vorschlag in die Runde, wir könnten doch einmal eine solche Befreiungsaktion begleiten – mit Reportern des *Spiegel* und einem Kamerateam von *Spiegel TV*. Zu meiner Verwunderung zeigte Mauss sich an einer solchen Reportage durchaus interessiert. Zwei Monate zuvor hatte er die Reise einer ENL-Kommission nach Deutschland organisiert, angeblich als »vertrauensbildende Maßnahme«, um die Befreiung eines entführten Ingenieurs zu beschleunigen. Der Trip, auf den er sich vom *Spiegel* begleiten lassen wollte, sah er als eine Art »Gegenbesuch« zu den Chefs der Guerillas an.

Die Dinge zogen sich hin. Eigentlich wollte ich selbst mitfahren, Abenteuern gegenüber war ich immer aufgeschlossen. Doch Geschäftsführer Seikel und Rudolf Augstein legten ihr Veto ein. Ein Chefredakteur des *Spiegel* als Geisel der ENL könnte leicht zu teuer werden. Also flogen Georg Mascolo, Hans Leyendecker und das bewährte *Spiegel TV*-Kamerateam Dieter Herfurth und sein Assistent Andreas Klein ohne mich nach Kolumbien.

Leider hatte Mauss in der Zwischenzeit ein paar Konditionen gestellt, von denen am Anfang nicht die Rede gewesen war. Er dürfe auf keinen Fall im Bild erscheinen, seine Frau, die eine besondere Affinität zu den Guerillas zu haben schien, auch nicht. In dem Artikel dürfe seine Rolle auch nicht erwähnt werden, denn das würde das Leben von weiteren Geiseln gefährden, an deren Freilassung er noch arbeite. Wir hatten trotz einiger Zweifel eingewilligt, denn die Reisevorbereitungen waren schon sehr weit gediehen.

Alles lief wie vereinbart. In zwei klimatisierten Geländewagen ging es in Richtung Rio Magdalena. Bei Kontrollen, so hatte Reiseleiter Mauss den Journalisten eingeschärft, sollten sie sich als eine deutsche Priesterdelegation auf Missionsreise ausgeben. Nach 150 Kilometern Fahrt stiegen sie auf ein Schnellboot, das sie vier Stunden lang durch die Wasserlandschaft des Rio Magdalena fuhr. Dann ging es noch einmal eine Stunde lang im Lastwagen durch den Dschungel zum Guerillacamp.

Die Reporter konnten berichten, wie die Freilassung der Geiseln im Dschungel ablief, und auch *Spiegel TV* bekam seine Story. Doch jeder Hinweis, jedes Bild von Mauss im Guerillacamp wurde herausgeschnitten. So war es vereinbart. Schließlich wollten wir unsere Geschichte, aber wir wollten auch nicht das Leben weiterer Geiseln gefährden. Und Mauss wollte natürlich nicht, dass sein Geiselbefreiungsgeschäft auffiog.

Ganz wohl war mir nicht dabei, die Geschichte in Print und TV zu erzählen, ohne dass Mauss vorkam. Da hatte ich es mit meinem Buch einfacher gehabt. Da ich von ihm nichts bekam, war ich ihm auch nichts schuldig und konnte schreiben, was ich wollte.

Doch dann flog die Geschichte doch noch auf. Mauss wurde bei einer erneuten Befreiungsaktion festgenommen und saß plötzlich im Gefängnis von Medellín. Der Fall erregte global Aufsehen. Und es dauerte nicht lange, da sprach sich herum, dass *Spiegel* und *Spiegel TV* bei einer der Befreiungsaktionen im Dschungel dabei gewesen waren. Ein *Welt*-Redakteur rief mich an und fragte, welche Rolle wir dabei gespielt hatten, und mir wurde schlagartig klar, dass wir jetzt die gesamte Geschichte erzählen mussten. Wir konnten uns die Wahrheit nicht Stück für Stück aus der Nase ziehen lassen.

Ich redete mit den beteiligten Reportern Mascolo und Leyendecker und gab eine Titelgeschichte in Auftrag. Unsere Vereinbarung mit Mauss konnte uns nun, da seine Identität und seine Rolle beim Freikauf der Geiseln ohnehin bekannt geworden waren, nicht mehr daran hindern, alles aufzuschreiben. Sonst würden es andere tun. Hans Leyendecker war strikt dagegen. Wir taten es trotz seiner enormen Empörung.

Auch *Spiegel TV* konnte nun das gesamte Material, das im Dschungel am Rio Magdalena gedreht worden war, senden. Und da kam Mauss reichlich vor. Was fehlte, war ein Foto, das Mauss selbst geschossen hatte, von dessen Existenz ich nichts wusste und das ich ganz sicher auch nicht gesendet hätte. Offenbar in revolutionärem Enthusiasmus hatte Hans Leyendecker eine Kalaschnikow der Dschungelkämpfer in die Hand genommen und sich dabei auch noch von Mauss ablichten lassen. Das gehörte so zu dessen Methoden. Leyendecker war der Einzige, von dem es ein solches Bild gab. Weder Mascolo noch das Kamerateam war in diese Mauss-Falle gegangen. Davon wusste ich noch nicht, als ich den *Spiegel*-Titel und den *Spiegel TV*-Beitrag gegen seinen erklärten Willen in Auftrag gab und am 24. November 1996 anmoderierte: »Der Mann heißt Mauss, aber er nannte sich auch Nelson, Rieck, John, Claude, Möllner oder Lange oder wie auch immer. Und immer hatte er gültige Papiere auf seine diversen Aliasnamen, ganz legal, obwohl er Privatmann war. Jetzt sitzt der deutsche 007 Werner Mauss gemeinsam mit seiner italienischen Ehefrau in einem Gefängnis der kolumbianischen Koksstadt Medellín. Er war nach dem Freikauf einer deutschen Industriellengattin festgenommen worden. Die Befreiung entführter Europäer aus der Hand kolumbianischer Guerillas hatte Mauss geradezu professionell betrieben. Einmal hatte er sogar Journalisten erlaubt, an einer solchen Befreiungsaktion teilzunehmen. Es waren *Spiegel*-Reporter und ein Team von *Spiegel TV*. Deshalb gibt es zum ersten Mal Bilder vom Agenten Mauss während eines Einsatzes. Der Agent und die Rebellen – eine Geld- und Beziehungskiste ganz besonderer Art.«

Dann begann der Film mit imposanten Szenen: Werner Mauss und Gattin Ida im Flugzeug über Kolumbien. Mit an Bord: Redakteure des *Spiegel* und ein Team von *Spiegel TV*. Im Text hieß es: »Mehr als zwei Jahrzehnte lang galt Mauss als Mann ohne Gesicht. Ein einziges Foto, unscharf und verwaschen, war alles, was die Öffentlichkeit in Deutschland von dem Privatdetektiv zu sehen bekam. Zwischenlandung im Busch auf dem Weg in den von der Guerillaorganisation ELN kontrollierten Nordwesten des Landes. Dass der lichtscheue Undercover-Mann sich im November des vergangenen Jahres von Journalisten begleiten ließ, hat einen besonderen Grund. Mauss sieht sich nicht mehr als Detektiv. Er ist in humanitärer Absicht unterwegs. Er will Geiseln befreien, die in den Händen der ELN sind: Frieden stiften zwischen Rebellen und Regierung.«

Es war ein Traum, der eine Woche zuvor in der kolumbianischen Drogenmetropole Medellín ein jähes Ende gefunden hatte. Mauss und seine Frau Ida wurden festgenommen und im Polizeihauptquartier der Weltöffentlichkeit vorgeführt, als angebliche Handlager der Guerillas und als Finanziers des Terrors.

Für die Spezialeinheit zur Bekämpfung des Kidnappings in Kolumbien war die Verhaftung des Ehepaares Mauss einer der größten Erfolge der letzten Jahre. Schon seit Langem wurde unter Insidern der Verdacht geäußert, der deutsche Detektiv treibe die Lösegelder künstlich in die Höhe, zum Wohle der Guerillas und des eigenen Geldbeutels.

Natürlich gefiel es Mauss nicht, dass wir die Geschichte nun vollständig erzählten. Irgendwie war er noch im Besitz eines Mobiltelefons und rief mich immer wieder an. Mal drohte er, mal bat er um Hilfe. Ich erklärte ihm, dass wir uns nach seiner Festnahme nicht mehr an die Vereinbarung halten konnten, seine Identität zu verschweigen. »Ich habe keine Lust, mir die Wahrheit stückweise aus der Nase ziehen zu lassen. Jetzt muss alles auf den Tisch.«

Hans Leyendecker sah das anders. Aber er konnte nicht verhindern, dass *Focus* irgendwann an das Bild des Starreporters mit der Kalaschnikow kam und es veröffentlichte. 1997 verließ er den *Spiegel* und ging zu seinem ehemaligen Ressortleiter und Chefredakteur Hans Werner Kilz, der jetzt an der Spitze der *Süddeutschen Zeitung* saß.

Gefährlich fremd

Anfang Dezember 1996 regte Augstein einen Titel über Ausländer in Deutschland an. Er schrieb an die Chefredaktion: »Ich gebe zu bedenken, ob wir nicht einen Titel über die ›missbrauchte Gesellschaft‹ machen sollten, der sich gründlich und ohne Stammtisch-Denken mit den Beschwerden beschäftigt, die gegen die Ausländer vonseiten betroffener oder nichtbetroffener Deutscher ständig erhoben werden, z. B. fehlende Arbeitsplätze/Arbeitslosigkeit/Wohnraum/Containerdörfer/Bildung/Kriminalität/Drogen. Mir ist die Problematik sehr wohl bewusst. Aber es nützt nichts, vorhandene Konflikte gar nicht erst aufzugreifen. Das werden wir uns auf die Dauer ohnehin nicht leisten können. Wie gesagt, nur eine Anregung.«

Ich schrieb unter die Hausmitteilung: »Das sollten wir tun!«

Der Titel dazu folgte im April und trug die Zeile »Gefährlich fremd – Das Scheitern der multikulturellen Gesellschaft«. Und immer, wenn ich rund 20 Jahre später eines dieser kontroversen Themen aufgriff, dachte ich an Rudolf Augstein und seinen Themenvorschlag – und daran, dass nicht ich meine Sichtweise geändert hatte, sondern die meisten Medien, darunter auch der *Spiegel*.

50 Jahre *Spiegel*-Vergangenheit

1997 war das Jahr, in dem der *Spiegel* 50 Jahre alt wurde. Wir bereiteten uns auf alle möglichen Veranstaltungen vor, um das Jubiläumsfest gebührend zu feiern. Doch dann trübte ein Anruf des Medienjournalisten Lutz Hachmeister die Festlaune. Er fragte, ob wir nicht zum Jubiläum einen Artikel über die alten Nazis in den Anfangsjahren des *Spiegel* drucken wollten. Er habe einen für Manfred Bissingers Zeitung *Die Woche* geschrieben, würde ihn uns aber zuvor anbieten.

Ich rief Augstein an und schilderte ihm den Vorschlag: »Vielleicht sollten wir auch die Vergangenheit des *Spiegel* aufarbeiten.«

»Auf keinen Fall«, sagte er.

»Aber der Text ist fertig und scheint gut recherchiert zu sein. Wir können das ja alles überprüfen«, erwiderte ich.

»Auf keinen Fall«, wiederholte Augstein.

»Na ja«, sagte ich. »Der *Spiegel* hat sich doch immer mit der NS-Vergangenheit von Politikern beschäftigt, da wäre es doch nicht schlecht, wenn wir selbst das im eigenen Hause auch machten. Und im Übrigen, wenn wir es nicht machen, dann steht das in der *Woche* ...«

»Ja«, sagte Augstein. »Aber nicht im *Spiegel*.«

Er wusste, dass der Artikel in der *Woche* kaum Aufmerksamkeit erregen würde, im *Spiegel* schon. Dennoch ließ der Herausgeber mir einige Details zu den infrage kommenden Personen durch eine »telefonische Durchsage« zukommen. Es ginge um einen SS-Chargen im Range eines Hauptmanns. Dr. Horst Mahnke sei von seinem Mitgesellschafter Hans Detlev Becker eingestellt worden, der das Nötigste dazu bereits früher gesagt habe: »Er hatte sich im Sinne nationalsozialistischer Unrechtstaten nichts vorzuwerfen.« Sonst wäre er kaum beim *Spiegel* Redakteur und später bei Springer Chefredakteur geworden.

Den Kriminalrat Bernhard Weber hätte er selbst »nach langen Gesprächen« eingestellt und auch mit ihm gearbeitet. »Er war alles andere als ein Nazi, vielmehr ein an Politik nicht sonderlich interessierter Polizist, den ich auf Reisen schicken konnte, damit er mir Informationen verschaffen konnte.« Später sei er Leiter des Landeskriminalamtes in NRW geworden.

Auch Georg Wolff habe er nach vielen Gesprächen eingestellt. »Sein Entsetzen über die Untaten, von denen er ja nur zum Teil wissen konnte, war echt. Er hielt mich für einen Nationalisten und wurde ein hervorragender Schreiber.« Augsteins Gespräche mit den Philosophen Arnold Gehlen und Martin Heidegger seien von Wolff vorbereitet worden. Am Ende sagte

Augstein: »Wer die damalige Zeit miterlebt hat, wo hohe und höchste Nazis hohe und höchste Posten bekamen, wird dem *Spiegel* schwerlich Vorwürfe machen können.« Sollten noch Chargen aus der NS-Zeit für den *Spiegel* tätig geworden sein, »so habe ich daran, wohl weil sie zu unwichtig waren, keinerlei Erinnerung«.

Der ewige Kanzler

Damals war die Beziehung zwischen dem *Spiegel* und Helmut Kohl ziemlich auf null. Es war eine Feindschaft, wie sie beide brauchten: Kohl, um sich von der Journaille mit ihren unbequemen Fragen und gemeinen Geschichten abzugrenzen, und der *Spiegel*, weil er sich so als Leitmedium der Opposition profilieren konnte. Eigentlich hatte alles ganz harmlos angefangen. Ein *Spiegel*-Redakteur aus Kohls pfälzischer Nachbarschaft führte 1976 mit dem ewigen Kanzlerkandidaten ein Gespräch, in dem dieser sich zu der Bemerkung hinreißen ließ, er sei ein »Generalist«. Das führte medienübergreifend zu Hohngelächter über die angebliche Einfalt des Oggersheimers. Als Kohl dann die Wahl verlor, machte er offenbar in der ihm eigenen Paranoia den *Spiegel* dafür verantwortlich. Er selbst sagte dazu in einem *taz*-Interview: »Es war immer das Gleiche beim *Spiegel*: Der Text des Interviews war in Ordnung, aber drum herum haben sie eine herabsetzende Geschichte geschrieben.«

Es war eine seltsame Koalition gegen den Pfälzer: Der *Spiegel*, dessen Herausgeber Rudolf Augstein im Zuge der *Spiegel*-Affäre mit tatkräftiger Hilfe von Franz Josef Strauß für 103 Tage ins Gefängnis wanderte, und der bayerische Kraftmeier, der selbst gern Kanzler werden wollte und kein gutes Haar an Helmut Kohl ließ. Kohl blieb das nicht verborgen: »Für den *Spiegel* waren meine Auseinandersetzungen mit Franz Josef Strauß natürlich ein gefundenes Fressen.«

So veröffentlichte das Magazin im November 1976 die Abschrift einer Rede, die Strauß in Sonthofen vor Parteifreunden gehalten hatte. Darin hieß es, wortwörtlich abgeschrieben: »Ich halte Herrn Kohl, den ich trotz meines Wissens um seine Unzulänglichkeiten um des Friedens Willen als Kanzlerkandidat unterstützt habe, wird nie Kanzler werden. Er ist total unfähig, ihm fehlen die charakterlichen, die geistigen und die politischen Voraussetzungen. Ihm fehlt alles dafür. Aber man kann ja unter Umständen mit jedem regieren.« Strauß hatte recht, nur in einem nicht: Kanzler wurde Kohl, nicht er selbst. Wobei Strauß eines komplett unterschätzte: den Machtwillen Kohls. Die Vorstellung, er, Strauß, könne mit jedem regieren, war ziemlich daneben. Er unterschätzte den Unterschätzten. Kohl war mindestens so trickreich wie der Mann aus Bayern. Kohl überschätzte sich nicht, er wusste von seinem Mangel an Charisma und glich das dadurch aus, dass er permanent telefonierte und seine Partei auf diese Weise fest hinter sich versammelte. So hielt er die Parteifreunde auf Linie. Ein Durchschnittsmann, der seine durchschnittlichen Parteifreunde in ihrer Durchschnittlichkeit an sich fesselte. Ein Mann ohne spezielle Eigenschaften, so schien es damals. Aber Kohl hatte eine Seele, und die war geprägt durch die Erfahrungen seiner Generation: Krieg in Europa, Verlust des Bruders im Krieg, der Wunsch nach Frieden und Versöhnung. Doch was er auch sagte, in seinem Pfälzer Dialekt wirkte es oft unbeholfen und plump. Der in Wirklichkeit kluge Satz von der »Gnade der späten Geburt« wurde ihm erbarmungslos um den Kopf gehauen.

Bei Auslandsreisen des Kanzlers erhielten *Spiegel*-Redakteure grundsätzlich keine Mitfluggelegenheit. Einmal schickten wir den Reporter Matthias Matussek per Linienmaschine nach Ostasien. So war er bei jedem Auftritt Kohls vor Ort, ohne wie die anderen Journalisten in der Kanzlermaschine mitgeflogen zu sein. Auslandsressortleiter Olaf Ihlau meinte, man müsste juristisch dagegen vorgehen. Justiziar Dietrich Krause sah die Erfolgsaussichten positiv, hatte aber Bedenken wegen eines möglicherweise negativen Medienechos und möglicher Auswirkungen auf Kontakte auf anderen Ebenen. Das sah ich ähnlich und bewegte Augstein dazu, einen Brief an Kohls Sprecher Andreas Fritzenkötter zu schreiben. Mit ihm hatte ich vorher ein kleines Gespräch am Rande des Baden-Badener Medienpreises geführt. Augstein schrieb: »Da der *Spiegel* kein verfassungsfeindliches Blatt ist, sehe ich eigentlich keinen Grund, warum unsere Mitarbeiter von Auslandsmitflügen in der Kanzlermaschine offenbar prinzipiell ausgeschlossen werden. Ich bitte Sie daher freundschaftlich, mit Ihrem hohen Herrn darüber zu reden. Er weiß doch mittlerweile, dass Journalisten ihn nicht wegschreiben können.« An die Rechtslage müsse er ihn ja nicht erinnern.

Fritzenkötter antwortete: »Das offiziell verschwiegene, öffentlich aber bekannte Verhältnis Kohl-*Spiegel* ist mittlerweile zu einer festen Größe im Beziehungsgeflecht zwischen Politik und Medien geworden.« 1996 würde sich der Beginn dieses »Nicht-Verhältnisses« zum zwanzigsten Mal jähren. Das sei kein Jubiläum, aber auch kein Grund, eine Ausnahmeregelung zu schaffen. Redakteur Olaf Ihlau könne allerdings den Kanzler auf seiner Asienreise begleiten, da er Augsteins Behauptung »widerlegen möchte, *Spiegel*-Mitarbeiter würden prinzipiell von Kanzlerreisen ausgeschlossen«. Es ging doch.

Das Bernsteinzimmer-Mosaik

Nach unserer vergeblichen Grabungsaktion im winterlichen Kaliningrad Ende 1989 hatten wir uns natürlich weiter mit dem legendären Bernsteinzimmer beschäftigt. Vor allem Thomas Schäfer, den ich als ersten Redakteur bei *Spiegel TV* angestellt hatte, arbeitete sich unermüdlich an dem Thema ab. Nach dem Ende der DDR wurde bekannt, dass die Stasi über Jahrzehnte nach dem verloren gegangenen Schatz gesucht hatte.

Irgendwie hatte sich auch herumgesprochen, dass ich mich für das Bernsteinzimmer interessierte, nicht als fanatischer

Schatzsucher, sondern einfach als historisch interessierter und von Grund auf neugieriger Journalist. Außerdem war ja Mark Twains *Tom Sawyer* das Lieblingsbuch meiner Jugend gewesen. Und darin stand wie oben geschrieben der schöne Satz: »Jeder Junge möchte einmal einen Schatz finden.« Angesteckt hatte mich Rudolf Augstein, der die erste Expedition 1989 initiiert hatte, als ich mich mit dem Thema noch gar nicht beschäftigt hatte.

Nach unserer Suchexpedition war ich gemeinsam mit dem Kollegen Fritjof Meyer nach St. Petersburg gefahren und hatte mir dort in der Nähe der Ortschaft Puschkin das Sommerschloss des Zaren angesehen. Der Raum, in dem einst die Bernsteinmosaike die Wände in ein warmes Licht getaucht hatten, waren kahl. Dafür arbeiteten in einer kleinen Werkstatt Bildhauer an einer Nachbildung.

Sie waren noch nicht sehr weit, was weniger am mangelnden Rohstoff lag als am mangelnden Geld. Aber man konnte bereits erkennen, dass sie nach den ihnen zur Verfügung stehenden Zeichnungen und Fotos dem Original sehr nahekamen, wenn auch erst in kleinen Teilen. Als wir ihre Werke bestaunt hatten, schenkten sie uns noch einen Kaffee ein. Bei der Verabschiedung fragten sie verschämt nach, ob sie für den Kaffee 50 Cents haben könnten. Sie hätten nämlich seit Wochen keinen Lohn erhalten. Wir zahlten gern und legten noch ein paar Dollars obendrauf.

Als wir kurz danach wieder im kahlen Bernsteinzimmer ohne Bernstein standen, sagte ich zu meinem Kollegen: »Fritjof, wäre das nicht eine Aufgabe für ein deutsches Unternehmen, die Rekonstruktion des Bernsteinzimmers zu finanzieren? Immerhin stammt es aus Deutschland und ist während der Belagerung Leningrads von den Deutschen abmontiert und nach Königsberg gebracht worden. Insofern sind wir auch schuld, dass es jetzt weg ist. Was meinst du?«

Der erfahrene Russland-Experte nickte zustimmend: »Und wer soll das deiner Meinung nach bezahlen?«

Ich dachte einen Augenblick nach, und mir fielen drei Firmen ein, die Geschäfte mit Russland machten – und bei denen ich jemanden an einflussreicher Stelle kannte. Ich nahm mein Mobiltelefon und rief die drei nacheinander aus dem Zarenschloss Zarskoje Selo an.

Tatsächlich war es später die Ruhrgas, die mit gut 5 Millionen Mark die Rekonstruktion des Bernsteinzimmers finanzierte. Das dauerte dann ein paar Jahre, aber zur Eröffnung wurde ich eingeladen. Ob mein Anruf ausschlaggebend gewesen war oder nicht, ließ sich nicht mehr feststellen, inzwischen waren andere Manager am Ruder. Sie hatten das Projekt von ihren Vorgängern geerbt.

Bei diesem Besuch ließ ich mir auch vom Kustos des Schlosses schildern, wie die Evakuierung des Inventars vor der Belagerung Leningrads durch die deutschen Truppen vonstatten gegangen war. In aller Eile wurde das gesamte Mobiliar des Schlosses ausgelagert und an einen sicheren Ort gebracht. Jeder Stuhl, jeder Tisch, jede Kommode und jede Vase waren in einem Inventarverzeichnis mit Nummer, Beschreibung und Bild registriert. Als die Wandpaneele des Bernsteinzimmers abgebaut werden sollten, stellte sich heraus, dass die Mosaike, die auf dicke Eichenholzplatten aufgeklebt waren, splitterten. Also bedeckte man den kostbaren Wandschmuck mit Papier in der Hoffnung, so wenigstens einen gewissen Schutz gewährleisten zu können. Und dann waren die Deutschen auch schnell da. Das Schloss und damit das Bernsteinzimmer lagen außerhalb der von der Wehrmacht eingekesselten Stadt.

Im Mai 1997 bekam ich plötzlich einen Anruf von einem alten Bekannten, der einmal Chefredakteur der größten deutschen Tageszeitung gewesen war. Er sagte: »Du interessierst dich doch für das Bernsteinzimmer. Willst du einen Teil daraus haben?«

»Na klar«, sagte ich. »Was ist das denn für ein Stück?«

»Ich kann dir ein Video davon zeigen. Dann kannst du sehen, was es ist.«

Wir verabredeten uns, und er zeigte mir das Video von einem florentinischen Steinmosaik, das aus dem Bernsteinzimmer stammen sollte. Angeblich gehörte es zu einer Serie von vier Mosaiken, die die fünf Sinne des Menschen darstellten. Je eines hatte in der Mitte einer der Wände des Bernsteinzimmers gehangen. Er habe ein paar Mittelsmänner, die das kostbare Mosaik beschaffen könnten. Es sei gerade auf dem grauen Kunstmarkt zum Verkauf angeboten worden. Bei Sotheby's würde es Millionen einbringen, seine Leute würden es aber lieber sehen, wenn das Bild zu seinem angestammten Platz im Zarenschloss zurückkehren würde. Allerdings hätten sie gern einen Finderlohn. Und schon befanden wir uns in Preisverhandlungen.

Ich traf die Mittelsmänner, die aus der ehemaligen DDR kamen, offenbar gute Beziehungen nach Russland hatten und aus dem Umfeld von Alexander Schalck-Golodkowskis Koko-Abteilung Kunst stammten. Es war viel Geld, das sie verlangten. Meine Bedingung aber war, das Kunstwerk müsse auf jeden Fall echt sein. Eine Fälschung wollte ich ungern mit einem großen Finderlohn finanzieren. Die Hitler-Tagebücher des *stern* waren mir jeden Moment präsent. So etwas wollte ich als *Spiegel*-Chefredakteur niemals erleben. Aber wie sollte das überprüft werden? Ich machte einen Vorschlag: »Als Beweis dafür, dass das Mosaik echt ist, gilt, wenn der *Spiegel* schreibt, es ist echt.«

Meine Gesprächspartner lachten: »Wenn Sie also schreiben, dass es nicht echt ist, müssen Sie auch nicht zahlen. Tolle Idee!«

»Ja«, sagte ich. »Genau so. Warum sollten wir denn schreiben, dass es nicht echt ist. Das ist doch keine Geschichte. Eine Geschichte ist es nur, wenn das Teil echt ist. Und dann zahlen wir gern den Finderlohn.«

Das leuchtete meinen Verhandlungspartnern ein, und wir schlossen einen entsprechenden Vertrag.

Spiegel-Herausgeber Rudolf Augstein und Geschäftsführer Karl Dietrich Seikel stimmten zu. Wir gingen eigentlich davon aus, dass wir nicht zahlen müssten, weil es sich bestimmt um eine Fälschung handelte. Wahrscheinlich hatten die russischen

Künstler in der Schlosswerkstatt beim Nachbau nicht ein, sondern zwei Exemplare angefertigt, von denen eines teuer verkauft werden sollte.

Jetzt musste das Mosaik nur aus der 52-jährigen Versenkung auftauchen. Nachdem wir die Vereinbarung geschlossen hatten, packten die Partner aus. Die Geschichte ging so: Ein deutscher Sanitätsoffizier, der beim Abbau der Wandpaneele 1941 dabei gewesen war, hatte eines der Mosaike geklaut. Er nahm es in seinem Sanitätsfahrzeug auf dem Rückzug mit in die Heimat und lagerte es auf seinem Dachboden. Inzwischen war er gestorben, und sein Sohn hatte das Mosaik über dem Sofa im Wohnzimmer aufgehängt. Dann sah er auf Fotos und im Fernsehen alte Bilder des Bernsteinzimmers – und identifizierte das Wohnzimmerbild als Mosaik aus ebenjenem. Über einen Anwalt versuchte er, Kontakt zum grauen Kunstmarkt aufzunehmen, um das Mosaik zu verkaufen. Der Anwalt aber geriet an einen ehemaligen IM aus Schalck-Golodkowskis Kunstabteilung, der inzwischen in Buxtehude lebte. Dieser wiederum wandte sich an seinen ehemaligen Führungsoffizier. Und der war die zentrale Figur in der Gruppe meiner Verhandlungspartner.

Die Operation konnte beginnen. Leider an einem Freitag, da musste ich die Aktion vom Büro aus koordinieren, konnte also nicht vor Ort dabei sein. Thomas Schäfer fuhr mit dem Kameramann Dieter Herfurth, der auch schon bei der Suche in Kaliningrad dabei gewesen war, nach Bremen. Wir hatten mithilfe unserer Mittelsmänner einen Polizeibeamten aus Brandenburg dabei, der als Käufer für das Mosaik auftreten sollte.

Der Scheinkunde wurde von dem Anwalt an der Tür seiner Kanzlei begrüßt. Unser Kamerateam stand daneben und wurde mit hereingelassen. Dann schlug der Anwalt auf dem Fußboden eine Hundedecke zur Seite. Darunter kam das Mosaik zum Vorschein. Der Polizist gab sich als solcher zu erkennen und beschlagnahmte das Kunstwerk »bis zur Klärung der Besitzverhältnisse«. Jetzt erst realisierte der Anwalt, dass auch ein Kamerateam in seiner Kanzlei stand, und stammelte: »Moment mal, was, was, wer sind Sie denn? Also mit der Kamera, gehören Sie …«

Reporter Thomas Schäfer antwortete: »Ich bin vom *Spiegel*.«

Der Kameramann wiederholte: »Ich ebenso.«

Und auch der Kameraassistent sagte: »Ich ebenso.«

Darauf der Anwalt: »Herrschaften, Sie werden mir's nicht verübeln, dass ich Sie jetzt leider des Hauses verweise. Wie sind Sie denn überhaupt an Informationen gekommen, dass hier was los ist?«

Thomas Schäfer antwortete ebenso höflich: »Also wir pflegen natürlich über unsere Informanten nicht zu reden, was verständlich ist.«

Immerhin hatten wir die Szene aus der Anwaltskanzlei und ein Foto des Mosaiks. Es wurde sehr schnell klar, dass es sich um das Original und nicht um eine Fälschung handelte. Das Mosaik war in der »Opificio delle Pietre Dure«, der Werkstatt der harten Steine in Florenz, im 18. Jahrhundert hergestellt worden. Anna Giusti konnte unserem Reporter sogar vier Ölbilder zeigen, die die fünf Sinne darstellten und als Vorlage für die Mosaike gedient hatten. Nur auf einem Bild waren zwei Sinne dargestellt, der Tast- und der Geruchssinn: »Bei diesem Werk bin ich mir ganz sicher, dass es hier angefertigt worden ist. Es wurden hier so viele verschiedene Steinarten und Farben zusammengefügt.« Diese Auswahl an Halbedelsteinen habe es nur in dieser Werkstatt gegeben.

Als die Nachricht vom sensationellen Auftauchen des Mosaiks durch die Medien ging, bekam ich plötzlich einen Anruf. Ein Berliner Anwalt, den ich seit Langem gut kannte, sprach mich auf den Fund an und fragte: »Willst du noch etwas aus dem Bernsteinzimmer haben?«

Eigentlich war mir der Finderlohn, den wir zweifellos bezahlen mussten, teuer genug.

»Was soll das denn nun wieder sein?«, fragte ich.

»Die Witwe eines früheren Mandanten von mir hat eine Kommode aus dem Bernsteinzimmer. Ihr habt doch Kontakt zu

den Experten von Sotheby's. Die können das Möbelstück doch auch begutachten und feststellen, ob es echt ist.«
»Na gut«, sagte ich. »Wo wohnt die Frau denn?«
»Meine Mandantin will anonym bleiben.«
»Wo wohnt sie denn?«
»In Berlin.«
»Dann bestellt doch einen Möbeltransporter und lasst die Kommode in unser Berliner Büro bringen«, schlug ich ihm vor.

Wir luden für den nächsten Tag einen Gutachter aus London ein. Wie verabredet brachte ein Transporter die Kommode. Als sie in unserem Büro abgestellt wurde, ging ich einmal um das Möbelstück herum und entdeckte auf der Rückseite Zahlen und kyrillische Buchstaben. Wir hatten eine Sekretärin, die Russisch konnte, und ich bat sie, die Buchstabenkombination aufzuschreiben: ZDU 217 und ZOD 3320.

Dann riefen wir im Zarenschloss Zarskoje Selo an und baten die Stellvertreterin des Kustos, ohne ihr den Grund unserer Anfrage zu sagen, sie möge doch bitte im Register des Mobiliars nachsehen, was sich hinter dieser Kombination aus Zahlen und Buchstaben verbarg.

Eine halbe Stunde später rief sie zurück. Es müsse sich um eine Rokokokommode handeln, die im Bernsteinzimmer gestanden hatte. Wir zahlten auch dafür einen Finderlohn. Der verstorbene Ehemann der Frau war Architekt gewesen und hatte die Kommode für 20 000 Westmark von der Abteilung »Kunst und Antiquitäten« der Abteilung Kommerzielle Koordinierung, kurz Koko, gekauft.

Es war schon merkwürdig, dass die einzigen beiden Teile, die nachweislich aus dem Bernsteinzimmer stammten, im Umfeld dieser DDR-Abteilung aufgetaucht waren, wenn auch auf sehr unterschiedlichen Wegen.

Inzwischen war der Auftraggeber des Anwalts identifiziert worden. Es war ein Rentner aus Bremen, der darauf beharrte, dass das beschlagnahmte Kunstwerk sein Eigentum sei. Vor unserer Kamera sagte er: »Das florentinische Steinmosaik, das gehört mir. Das habe ich von meinem Vater geerbt. Und ich verlange das von der Staatsanwaltschaft zurück.«

Der Anwalt stand ihm bei. Sein Mandant habe das Haus seines Vaters vor 19 Jahren geerbt und das Bild nichts ahnend aufgehängt. Damit habe er es nach deutschem Recht »gutgläubig ersessen«. Das sah die Staatsanwaltschaft in Bremen anders und nahm den gesundheitlich angeschlagenen Rentner für mehrere Wochen in Untersuchungshaft, wegen des Verdachtes der Hehlerei, was in jeglicher Hinsicht sehr fragwürdig war. Das Mosaik blieb beschlagnahmt.

So musste ich im August 1997 mit leeren Händen nach St. Petersburg fahren, wo der damalige russische Ministerpräsident Wiktor Tschernomyrdin den Kunsthandwerkern im Zarenschloss größere Mengen beschlagnahmten Bernstein aus den Beständen des Zolls übergeben wollte. Ich hatte nur ein Foto des Mosaiks dabei und übergab es Tschernomyrdin mit dem Versprechen, das Original baldmöglichst nachzureichen.

»Das Mosaik ist unschätzbar«, antwortete der Ministerpräsident. »Der Wert ist nicht zu beziffern. Die Kunstschätze müssen dem Volk des jeweiligen Landes gehören: die russischen den Russen, die deutschen den Deutschen.« Eine etwas voreilige Äußerung, denn kurze Zeit später sollte sich die Duma in der Frage der Beutekunst festlegen. Im Zweiten Weltkrieg verschlepptes Kulturgut, so entschied das Parlament, ginge in den Besitz des russischen Staates über und werde nicht zurückgegeben.

Nach mehreren Wochen in Untersuchungshaft wurde der Bremer Rentner freigelassen und starb kurz darauf an Herzversagen. Der Streit um das Mosaik und die Haft hatte seine ohnehin angegriffene Gesundheit geschädigt. Seine Tochter erbte den Anspruch auf das Mosaik, der nach allen Regeln der Gesetze nicht so ohne Weiteres zu bestreiten war. Doch dann spendete ein Bremer Unternehmer 200 000 Mark, und die Erbin trat dafür ihre Ansprüche an das Land Bremen ab.

Bürgermeister Henning Scherf wollte das Kunstwerk allzu

gern selbst den Russen übergeben, wenn auch nicht ganz uneigennützig. Die Bremer Kunsthalle hatte nämlich während des Krieges Kunstwerke in einen Berliner Flakbunker ausgelagert. Als die Sowjets in Berlin einrückten, wurden die meisten der dort gelagerten Schätze nach Moskau gebracht. Eine Mappe mit 101 wertvollen Bildern aber hatte ein russischer Soldat heimlich eingesteckt und mit nach Hause genommen, darunter ein höchst kostbares Dürer-Aquarell, dessen Wert allein auf 18 Millionen Mark geschätzt wurde, dazu Werke von Toulouse-Lautrec und Francisco de Goya. Im Jahre 1993 gab der alte Mann das Paket reumütig bei der Deutschen Botschaft in Moskau ab. Die Russen verweigerten die Ausfuhrgenehmigung. Dort lag es nun, und aufgrund der Streitigkeiten über die Beutekunst hatte sich der Botschafter nicht getraut, die Bilder etwa im Diplomatengepäck nach Deutschland zu schicken.

Vier Jahre lag die Mappe mittlerweile schon in der Botschaft. Da schien das Mosaik ein guter Tauschgegenstand zu sein. Zunächst sträubte sich die Bundesregierung, und auch die Russen hatten ein Problem, da ja die Duma gerade entschieden hatte, Beutekunst auf keinen Fall zurückzugeben. Es begannen endlose Verhandlungen, bei denen der Bremer Professor Wolfgang Eichwede, Experte in Sachen Beutekunst, eine wesentliche Rolle spielte. Am Ende wurde man einig. Die von dem Soldaten geklaute Mappe mit den Bremer Bildern war keine »offizielle Beutekunst«, und das Mosaik war ja auch von einem deutschen Sanitätssoldaten gestohlen worden. Ein doppelter Diebstahl sozusagen, der durch Tausch ausgeglichen werden konnte.

So wurde die feierliche Übergabe der geraubten Kunstwerke vereinbart. Wir flogen im Frühjahr 2000 mit einer kleinen Delegation, darunter Bremens Bürgermeister Henning Scherf und Gerhard Schröders Kulturstaatsminister Michael Naumann, in einer Regierungsmaschine nach Moskau, im Gepäckraum das Mosaik und die Kommode aus dem Bernsteinzimmer.

Nach einem kurzen Besuch in der Botschaft besichtigten wir die Beutekunst im Puschkin-Museum. Zur Feier des Tages führte uns die jahrzehntelange Chefin des Museums, Irina Antonowa, durch die ehemals deutschen Ausstellungsstücke, darunter den Schliemann-Schatz.

1941 war der »Schatz des Priamos« mit anderen für unersetzbar gehaltenen historischen Edelmetallobjekten in drei koffergroßen Holzkisten aus der Prähistorischen Abteilung des Völkerkundemuseums zur Sicherheit in den unterirdischen Tresorraum der Preußischen Staatsbank verlagert worden, danach in den Flakturm am Tiergarten. Als die Rote Armee in Berlin einrückte, übergab der Direktor des Museums das Gold von Troja am 26. Mai 1945 zwei hochgestellten sowjetischen Kunstexperten, die den Schatz nach Moskau brachten. Doch das wurde streng geheim gehalten.

Der Fund, den Heinrich Schliemann 1873 auf dem Gebiet des Osmanischen Reiches gemacht und heimlich nach Deutschland gebracht hatte, galt seitdem als zerstört oder verschollen. Erst 1987 tauchten erste Informationen auf, dass der Schatz vermutlich in Moskau sei. Die Leiterin des Puschkin-Museum reagierte damals höchst ungehalten und bestritt zunächst, dass der Schliemann-Schatz in ihrer Obhut sei. Erst am 26. Oktober 1994 wurden vier deutschen Vertretern des Berliner Völkerkundemuseums in einem Raum unter dem Dach Tabletts mit dem gesamten Schatz präsentiert. Die Rückgabe wurde jedoch vehement abgelehnt. Erst ab 1996 gab es in Moskau eine ständige Schliemann-Ausstellung.

Irina Antonowa führte uns persönlich an den kostbaren, gut 4000 Jahre alten Schmuckstücken vorbei. Sie war über den Grund unserer Reise gut informiert und erkundigte sich, wie wir an das Bernsteinzimmer-Mosaik geraten waren. Ich erklärte es ihr und versicherte optimistisch: »Nächstes Mal kommen wir mit einer größeren Maschine.« Durch die Übersetzung verstand sie nicht, was ich – etwas ironisch – gemeint hatte, nämlich dass wir beim nächsten Besuch sicher auch den Rest des Bernsteinzimmers mitbringen würden. Sie bezog die Bemerkung auf den Schliemann-Schatz, den wir beim nächsten Mal mitnehmen wollten, und reagierte eher ungehalten. Ich konnte das richtigstellen und fragte sie, was denn mit dem berühmten Goldschatz von Eberswalde sei. Im Puschkin-Museum hätten sie doch jetzt genug antikes Gold. Da lächelte sie nur noch. Aber eine Zeit später kamen wir auf das Thema zurück.

In der Botschaft nahmen wir die Mappe mit den 101 Kunstwerken entgegen und flogen mit der kleinen Luftwaffenmaschine nach St. Petersburg. Dort wurden wir feierlich empfangen. Unsere Mitbringsel, das Mosaik und die Kommode, wurden ausgeladen und ins Zarenschloss nach Zarskoje Selo gebracht.

Es wurde ein Staatsakt mit Pauken und Trompeten. Der gerade frisch gewählte Präsident Putin schwebte per Helikopter an der sensiblen Front des deutsch-russischen Streits um die Beutekunst ein. Putin erklärte im großen Thronsaal des russischen Zaren: »Es ist für uns außerordentlich bedeutsam und wertvoll, dass unsere deutschen Freunde am heutigen Tage die Fragmente des Bernsteinzimmers nach St. Petersburg zurückgebracht haben.«

Seit dem Ende der Zarenherrschaft hatten hier keine Staatsempfänge mehr stattgefunden. Interessiert ließ sich der neue Kreml-Herrscher von mir auf Deutsch die abenteuerliche Geschichte vom Wiederauftauchen und der Beschlagnahme des Steinmosaiks aus dem Bernsteinzimmer schildern.

So waren an diesem 28. April des Jahres 2000 die ersten – und möglicherweise letzten – Originalteile des Bernsteinzimmers zurück im Katharinenpalast angekommen. Dann wurde auf das Ende der langen Odyssee des Mosaiks angestoßen. Und anschließend gingen wir gemeinsam mit Putin in die Schlosskirche zum Ostergottesdienst. Wir durften die Kerzen halten.

Als die Regierungsmaschine am nächsten Mittag nach dem Rückflug aus St. Petersburg in Bremen gelandet war, wurde die kostbare Mappe geöffnet. Es waren die Originale. Für 101 Kunstwerke waren 55 Jahre Kriegsgefangenschaft beendet.

Auf der Suche nach der weißen Stadt

Es gab ja auch noch andere Schätze zu suchen und – nicht – zu finden. Einer davon war die legendenumwobene »Ciudad Blanca«, die Weiße Stadt im Dschungel von Honduras. Unsere Korrespondentin in Los Angeles, Marion Renk-Richardson, hatte die Idee. Wir sollten uns doch an einer Expedition beteiligen, die ein guter Freund von ihr, der Kameramann Steve Elkins, gerade vorbereitete. Er wollte den Schatzsucher Steve Morgan, der sich selbst in Anlehnung an den Piraten »Captain Morgan« nannte, auf der Reise in ein unbekanntes Gebiet begleiten, den menschenfeindlichen Dschungel in Honduras. Dort sollte »La Ciudad Blanca« liegen, die vor Jahrhunderten schon einmal entdeckt und danach wieder vergessen worden war. Angeblich jedenfalls.

Doch auch eine erfolglose Suche im undurchdringlichen Dschungel könnte ja einen interessanten Film abgeben. Die Spanier hatten den Landstrich »La Mosquitia« auch »Portal del Infierno«, »Tor zur Hölle«, genannt und so auf ihren Karten verzeichnet. Es war immer noch einer der wenigen weißen Flecken auf unserem Globus. Eine der unzugänglichsten Gegenden der Welt, gebirgig und bis zu 1500 Meter hoch, mit Schluchten, Wasserfällen, Skorpionen, giftigen Spinnen, Schlangen, Jaguaren und Moskitos.

Tief im Dschungel sollte die Ciudad Blanca liegen, auch »Stadt des Affengottes« genannt, erbaut aus weißen Steinen von einem Volk, das hier noch vor den Mayas gelebt hatte. Es war ein Mythos, so wie das legendäre El Dorado. Drei Jahrhunderte lang hatten Geografen und Abenteurer immer wieder von derartigen verlassenen, vom Dschungel überwucherten Städten berichtet. Das Gebiet der Mayas erstreckte sich vom Süden Mexikos bis nach Honduras. Die Stadt Copán erlebte dort im 8. Jahrhundert ihre Blütezeit, wurde dann von den Mayas verlassen und verfiel wie die meisten anderen ihrer Städte auf der Halbinsel Yucatán.

In einer schrottreifen Maschine flogen wir weiter zu einem Dorf namens Palacios, der nächsten Etappe auf den Spuren der Ureinwohner entgegen. Wir mussten eine Runde um die Graslandebahn drehen, um die grasenden Kühe zu verscheuchen. Von dort aus machten wir uns in zwölf Meter langen Einbäumen aus Mahagonistämmen mit kleinen Außenbordmotoren auf die Reise ins Herz der Finsternis. In jedem der Boote war Platz für sechs Personen und einen Teil der Ausrüstung. Es ging flussaufwärts, und manchmal war das Wasser so flach und voll von herumtreibendem Gestrüpp und Baumstämmen, dass die Motoren hochgeklappt werden mussten und wir die Boote nur noch mit Stangen bewegen konnten. So stakten wir ohne rechte Orientierung Kilometer um Kilometer durch Dickicht und Schlamm.

Über Lagunen und Flüsse ging es so dem verbotenen Land entgegen. Irgendwo hier, im dichten Dschungel, wo nur einzelne Indios mit Pfeil und Bogen oder modernen Kleinkalibergewehren auf Jagd gingen, sollten ein paar unentdeckte Maya-Relikte liegen. Indianische Träger schleppten die Zelte und die übrige Ausrüstung durch die schwüle Dschungelhitze an den Rastplatz. Morgan hatte an alles gedacht. Als moderner Schatzsucher hatte er ein Satellitentelefon dabei, mit dem der Standpunkt automatisch geortet werden konnte, und als Verpflegung MREs, Meals Ready to Eat, Marschverpflegung der amerikanischen Truppen. Zur Sicherheit hatte ich auch noch mein eigenes Satellitentelefon dabei.

Am nächsten Morgen liefen wir stundenlang durch den Dschungel. Durch Matsch und kleine Flüsse, von Ruinen keine Spur. Doch plötzlich stießen wir in einem flachen Wildbach auf einen riesigen Gesteinsbrocken, in dem, aus dem Fels gehauen, ein Indianer mit Kopfschmuck prangte, der gerade die Saat ausbrachte. Unser Reisebegleiter René vom Archäologieministerium, der in Wirklichkeit Polizist war und aufpassen sollte, dass die Morgan-Gruppe keine archäologischen Funde mitnahm, war überrascht. Ein solches Felsenbild in dieser Gegend war bisher in keiner wissenschaftlichen Abhandlung erwähnt worden. Offenkundig ein Zeichen dafür, dass in dieser Region, die jetzt tiefer, menschenleerer Urwald war, einst Menschen gelebt haben mussten.

Unter Führung der Einheimischen setzten wir unsere Suche fort und stapften zu Fuß weiter durch den Urwald. Der Weg wurde uns mit Macheten freigeschlagen. So kamen wir gerade mal zwei bis drei Kilometer am Tag voran. Nachts schliefen wir in winzigen Zelten. Gegen die Moskitos schmierten wir uns mit dem amerikanischen Badeöl »Skin so soft« ein, das Experte Captain Morgan flaschenweise mitgebracht hatte. Er stattete uns mit Frischhaltebeuteln für Tiefkühlkost aus, in denen wir unsere Unterwäsche trocken aufbewahren konnten, und mit Baseballschuhen mit Stollen, damit wir auf dem glitschigen Dschungelboden nicht ausrutschten. Trinkwasser bekamen wir aus abgeschlagenen Pflanzenstängeln, während des Marsches verteilte Morgan Studentenfutter und Cashewnüsse, und am Abend saßen wir, nicht selten bei Regen, am Lagerfeuer und aßen mit großem Appetit unsere US-Militärverpflegung. Alkohol gab es keinen Schluck.

Am frühen Morgen ging es dann weiter, für viele Stunden durch den dichten Urwald, bei Regen und Hitze, durch Schwärme von Moskitos, die der unwirtlichen Gegend ihren Namen gegeben hatten. Irgendwo, einen halben Tagesmarsch entfernt, sollte eine historische Steinmetzwerkstatt liegen.

Endlich erreichten wir die Steinhauerei der Mayas, erkennbar an zahlreichen Scherben. Hier wurden einst flache Schalen hergestellt, in denen die Ureinwohner Mais zu Mehl zerstießen – so, wie es ihre Nachkommen heute noch tun. Schalen dieser Art sind noch immer auf jedem Indiomarkt zu kaufen – zwar nicht ganz so alt, dafür aber heil. Der Rückweg zum Lager bestand wieder aus vielen Stunden Wanderung unter erschwerten Bedingungen. Doch das Entdeckerfieber, angestachelt durch die kleinen Erfolgserlebnisse, trieb uns an. Hier war – soweit man wusste – noch kein Europäer gewesen.

Captain Morgan und seine Truppe hatten uns einen kleinen Vorgeschmack gegeben auf das, was auf sie oder uns zukommen könnte, wenn wir weit in das verbotene Land vorstoßen würden. Dorthin, wo die geheimnisvolle Weiße Stadt liegen sollte – die dann wohl am Ende doch nicht anders aussehen würde als eine hügelige Dschungellandschaft, jedenfalls bis zu ihrer Ausgrabung. Doch für ein weiteres Vordringen in die Wildnis hatten wir noch keine offizielle Genehmigung, und unsere Ausstattung hätte dafür sicher nicht ausgereicht.

Wir ahnten nicht, wie nahe wir der legendären Ciudad Blanca gekommen waren. Das stellte sich erst Jahre später heraus. Unsere Dschungelreise war tatsächlich eine erste Etappe bei der Entdeckung der Weißen Stadt gewesen.

Nach gut drei Wochen auf Dschungeltour erhielt ich plötzlich auf dem Satellitentelefon einen Anruf aus Hamburg. Irgendetwas war wieder passiert, ich musste zurück. Was dann geschah, konnte ich einem Buch entnehmen, dass 2017, 23 Jahre nach unserer Expedition erschien: *Die Stadt des Affengottes*.

»Eilig fuhren sie zum Flughafen, doch als sie ankamen, war das Flugzeug bis auf den letzten Platz ausgebucht und stand bereits auf der Rollbahn. Der nächste Flug sollte erst in einigen Tagen gehen. Heinicke keuchte über die Piste, bestieg das Flugzeug, zog einen 45er-Colt und fragte, wer als Letztes zugestiegen war. Die Pistole auf einen Unglücksvogel gerichtet, rief er: ›Ich brauche deinen Platz. Raus mit dir!‹ Voller Angst stolperte der Mann aus dem Flugzeug. Heinicke steckte die Pistole in den Hosenbund zurück und winkte dem Produzenten zu: ›Hier haben Sie Ihren Platz.‹«

So konnte ich die Rückreise nach Hamburg antreten.

Heinicke hatte die Geschichte viele Jahre später dem Autor Douglas Preston erzählt, der die weitere Beschäftigung Steve Elkins' mit der Ciudad Blanca in einen internationalen Bestseller verwandelte.

Steve Elkins fand nach endlosen Anläufen Sponsoren, erhielt von der Regierung in Honduras die Genehmigung und startete

2012 eine Suchaktion aus der Luft – in jenem Gebiet, in dem wir uns 18 Jahre zuvor durch den Dschungel gekämpft hatten. Und tatsächlich entdeckten sie eine Ruinenstadt – und dann gleich noch eine. »Bei seiner verrückten Suche nach der mystischen Ciudad Blanca hatte Elkins nicht nur eine Stadt gefunden, sondern gleich zwei. Beide waren offenbar von einer nahezu unbekannten Kultur erbaut worden, die einst in der Mosqitia lebte. Aber handelte es sich wirklich um Städte? War eine von beiden die Weiße Stadt, die versunkene Stadt des Affengottes?«, fragte der Autor, der bei der Luftaufklärung dabei gewesen war. »Wobei das die falsche Frage war, denn inzwischen war klar, dass die Weiße Stadt ein Potpourri aus vielen Geschichten war. Wie die meisten Legenden hatte jedoch auch diese einen wahren Kern: Die Lidar-Aufnahmen zeigten, dass in der Mosqitia tatsächlich ein geheimnisvolles Volk gelebt hatte, das große Siedlungen errichtet hatte und schließlich verschwunden war. Es war genau so, wie Cortés es vor fünfhundert Jahren geschrieben hatte.«

Wahljahr

Die Jahrtausendwende rückte näher, und ein sanfter esoterischer Wahn nahm allerorten zu. Auf Teneriffa plante eine Hamburger Psychologin mit ihrer Sekte einen Massenselbstmord. Ufos sollten die Erwählten nach dem Tod auf den Planeten Sirius bringen, ins ewige Leben. US-Präsident Bill Clinton hatte eine Affäre im Oval Office, und in der SPD stritt man darüber, wer als Kanzlerkandidat antreten sollte, Oskar Lafontaine oder Gerhard Schröder. Die meisten Politikredakteure und auch das Bonner Büro waren für Lafontaine. Ich sah das anders. Schon in den Jahren zuvor, als diverse SPD-Größen von Engholm bis Scharping gegen Kohl antreten wollten, hatte ich keinen Hehl daraus gemacht, wem ich am ehesten zutraute, den großen Pfälzer abzulösen. Das konnte nur Gerhard Schröder schaffen. Ich kannte Schröder ganz gut, gehörte aber keinesfalls zu den

»Frogs«, wie sich die »Friends of Gerhard Schröder« gern nannten. Ich kannte viele von ihnen, denn wir waren ja eigentlich alle in derselben politischen Sandkiste aufgewachsen. Aber ich war zu Politikern immer auf Distanz geblieben.

Unser Bonner Büroleiter Olaf Ihlau war auch eher für Lafontaine. Wir sollten doch mal mit ihm essen gehen, meinte er. Ich kannte Lafontaine aus meiner *Panorama*-Zeit, als er noch Bürgermeister von Saarbrücken war. Meine Kollegin Luc Jochimsen hatte ihn damals als den Politiker der Zukunft entdeckt, und wir hatten ihn gemeinsam besucht. Also flogen Olaf und ich nach Saarbrücken und gingen am Abend mit ihm in ein vorzügliches Restaurant im Elsass. Bevor wir Platz nahmen, sagte ich noch kurz: »Übrigens, Herr Lafontaine, wenn Sie wollen, dass die SPD die Wahl verliert, sollten Sie als Kandidat antreten.« Der Abend wurde etwas spröde.

Kurz darauf kündigte Oskar Lafontaine an, dass er Gerhard Schröder den Vortritt lassen wollte, unter der Bedingung, dass er bei den anstehenden Landtagswahlen in Niedersachsen zulegen würde. Wir machten einen Titel »Der Kandidaten-Kandidat«. Das Titelbild zeigte Schröder vor einer schwarz-weißen Hochsprunglatte mit der Zeile: »Testwahl für Bonn: Wie hoch muss Schröder springen?« Im Vorspann hieß es: »Sein Vorbild sind moderne Pragmatiker wie der britische Premier Blair oder US-Präsident Clinton. Doch Schröder muss erst bei der Niedersachsen-Wahl triumphieren, um gegen Kanzler Kohl antreten zu dürfen. Andernfalls stoppt die SPD ihren populärsten Mann.« Immerhin wisse man ja aus der Vergangenheit: »Je besser die Chancen für einen Machtwechsel stehen, desto bereitwilliger zerfleischt sich die SPD.« Dabei waren wir durchaus kritisch dem Kandidaten gegenüber. Schröder hatte sich nämlich für den großen Lauschangriff ausgesprochen. Da waren wir schon aus grundlegenden journalistischen Gründen ganz anderer Ansicht.

Hillary und der große Lauschangriff

Der Herausgeber Rudolf Augstein interessierte sich zu meiner Verwunderung mehr für das Impeachment-Verfahren gegen Präsident Clinton als für den großen Lauschangriff. Dabei fiel ihm die neue Rolle des Internets auf. Er schrieb mir eine Hausmitteilung: »Für diese Woche könnte ich mir einen Titel vorstellen, etwa nach dem Motto ›Das Internet, der neue Pranger‹ oder ›Guillotine Internet‹ usw., denn das ganze Ausmaß dieser neuen weltweiten Waffe ist bestimmt noch nicht erkannt worden. Sie wird erst jetzt offenbar. Gute Hefte bisher! Dein Rudolf.«

Anfang 1998 wollte die Bundesregierung den »Großen Lauschangriff« einführen, der es ermöglichte, auch Journalisten, Redaktionen und Ärzte abzuhören. Im Kern ging es darum, mögliche Quellen durch Abhörmaßnahmen zu ermitteln. Das griff tief in die Pressefreiheit und in den damit verbundenen Informantenschutz ein. Das Gesetz war bereits vom Bundestag verabschiedet worden, jetzt musste nur noch der Bundesrat zustimmen. Es war eine Zweidrittelmehrheit notwendig, weil das Gesetz mit einer Verfassungsänderung verbunden war. Wenn die von Rot-Grün regierten Bundesländer allesamt mit Nein stimmen würden, wäre das Gesetz gescheitert. In Bremen regierte eine rot-schwarze Koalition unter Bürgermeister Henning Scherf – und der hatte sich gegen das Gesetz ausgesprochen.

Schröder war als Ministerpräsident von Niedersachsen dafür. Ich rief ihn an und sagte einen Satz, den ich so oder ähnlich schon öfter angewendet hatte: »Gerhard, du musst dich jetzt entscheiden, ob du Teil des Problems oder Teil der Lösung sein willst.« Wir würden mit allen Waffen, die dem *Spiegel* zur Verfügung stehen, gegen die Verabschiedung des Gesetzes im Bundesrat kämpfen. Schröder ließ sich nicht umstimmen. Wir uns auch nicht. Aber das war knapp.

Wir entwarfen einen Titel mit großen Buchstaben: »Lauschangriff auf die Pressefreiheit«, der rechts unten in der Ecke in Flammen stand, und organisierten, dass jeder Abgeordnete des Bundesrates das Heft sofort nach Erscheinen in seinem Briefkasten fand. Alles war vorbereitet, um den »Großen Lauschangriff« im letzten Moment zu stoppen.

Am Mittwoch kam ich ins Büro, und mein Stellvertreter Jockel Preuss empfing mich mit den Worten: »Das mit deinem Lauschangriff kannst du dir wieder abschminken. Der Herausgeber will das nicht. Wir sollen lieber einen Titel über Hillary Clinton machen.« Ich griff sofort zum Telefon und rief Augstein an: »Preuss hat mir gesagt, du willst den Lauschangriff nicht auf dem Titel?«

»Das verkauft sich doch nicht«, sagte er. »Und bewirken wirst du damit sowieso nichts. Macht Hillary Clinton.«

Ich sagte: »Nein, Rudolf, wir haben alles vorbereitet. Wir haben eine Chance, das Gesetz zu stoppen. Vielleicht springt noch ein Bundesland ab.«

Er blieb bei seiner Position.

»In zehn Jahren«, sagte ich, »wird man uns fragen, was wir gegen den Lauschangriff gemacht haben. Hillary Clinton können wir auch nächste Woche noch auf den Titel setzen. Aber diese Woche sollten wir beim Lauschangriff bleiben.«

Das Gespräch zog sich hin und wurde immer heftiger. Augstein ließ sich nicht beirren. Am Ende lenkte ich ein: »Gut, Rudolf, du bist der Herausgeber, du hast das letzte Wort. Aber du musst mir da schon eine Dienstanweisung geben. Ohne Dienstanweisung mache ich das nicht. Gib mir eine Dienstanweisung, dann machen wir einen Titel über Hillary Clinton, und das wird auch eine gute Geschichte. Aber du musst mir eine Dienstanweisung geben.«

Jetzt lenkte Augstein plötzlich ein: »Aber ich kann dir doch keine Dienstanweisung geben. Das habe ich noch nie gemacht. Dann mach deinen Titel über den Lauschangriff. Bewirken wird er nichts.«

»Gut«, sagte ich, »dann machen wir das jetzt so.«
Und tatsächlich scheiterte der Große Lauschangriff in der folgenden Woche im Bundesrat. Oskar Lafontaine, der gewusst hatte, dass sein Rivale Gerhard Schröder für das Land Niedersachsen dafür stimmte, wechselte die Seite. Er stimmte für das Saarland dagegen und brachte das Gesetz so zu Fall. Als die Nachricht darüber durch die Medien ging, rief Augstein mich an: »Ich wollte dir nur sagen, wie gut es ist, dass du meine Dienstanweisungen befolgst.«

Kohls rot-grüne Erben

Im Wahlkampf 1998 wurde vor allem deutlich, dass es darum ging, den »ewigen Kanzler« abzuwählen. »Dass Menschen, die ja allesamt ersetzlich sind, sich für unersetzbar halten, ist normal«, schrieb Rudolf Augstein kurz vor der Bundestagswahl in einem Kommentar. »Die wenigen Spitzenpolitiker verbrauchen sich schneller als andere Berufsgenossen.« Augstein gab Helmut Schmidt recht, der auch glaubte, dass acht Jahre im Kanzleramt genug, wenn nicht zu viel seien. Ein Thema, das zwei Jahrzehnte später immer noch aktuell war.
Im Wahlkampf scheuten sich alle Politiker, den Wählern zu sagen, was wirklich Sache war. Wir machten einen Titel über den »Verlogenen Wahlkampf – Schwindeln für die Urne«: »Schröders Wahlkampfreden werden täglich verwaschener. Was er in Sachen Steuern, Renten oder Arbeitsmarkt wirklich für richtig hält, wäre für den alten Kern der Genossen-SPD unzumutbar ... Der Realo Joschka Fischer legt tapfer Zeugnis für fünf Mark Benzin oder Tempo 100 ab, obwohl er selbst nicht daran glaubt ... Kohl treibt einen doppelt verlogenen Wahlkampf. Er täuscht die Wähler über die Frage hinweg, dass sie mit ihm eigentlich seinen Nachfolger wählen. Zwar deklarierte er Wolfgang Schäuble als seinen Kronprinzen, doch glaubt der Kanzler wirklich, dass die Deutschen einen Mann im Roll-

stuhl an der Spitze wollen?« Die Wahlkampfformel laute: »Je größer die Probleme in der Realität, desto schlimmer die Verlogenheit.«

Rot-Grün siegte. Und vorbei war es mit dem ewigen Kanzler. Gerhard Schröder hätte sich lieber eine Ampelkoalition mit Grünen und FDP gewünscht. Aber nun musste er mit Joschka Fischer Koch und Kellner spielen. *Focus*-Herausgeber Helmut Markwort mutmaßte, dass der *Spiegel* jetzt wohl das Zentralorgan der Schröder-Regierung werde. Doch war dabei wohl eher der Wunsch der Vater des Gedankens.

Der erste Titel nach der Wahl mit den Porträts der beiden Sieger lautete: »Wagnis Rot-Grün – Die neue Republik«. Wenige Wochen später folgte die Silhouette von Berlin, darüber ein rot-grüner Strahlenkranz: »Alles wird anders. (Aber wird es auch besser?)« In der Woche darauf ging es um den Machtkampf zwischen Schröder und Lafontaine: »Der Kanzler und sein Schatten«. Und in der übernächsten Woche schwebte der Kanzler in einem Wolkenmeer: »Wo ist Schröder?« Während Lafontaine nämlich die rot-grüne Wirtschaftspolitik aushandelte, machte Schröder Antrittsbesuche bei Staatschefs in aller Welt: »Und der Kanzler? Der macht vor allem eine gute Figur. Strahlt optimistisch in die Kamera. Er düst mal mit seinem Außenminister Joschka Fischer von einem Land ins andere, mal ohne ihn.«

Die Titelgeschichte begann so: »Genug gejubelt: Die Schröder-Regierung hat einen schlechten Start erwischt, die Wirtschaft protestiert gegen die Steuerpläne, die Wähler der neuen Mitte wenden sich ab. Der Ruf nach dem Kanzler wird lauter. Die Reformer in der Regierung fühlen sich allein gelassen – und vom Traditionalisten Lafontaine überrollt.« Angesichts der Probleme würde sich die neue Regierung nicht zu forschen Taten durchringen. »Nach 16 Jahren Jagd nach der Verantwortung wirkt die neue Mannschaft merkwürdig lethargisch.«

Zumindest die am Montag auf dem Titelbild gestellte Frage »Wo ist Schröder?« konnte ich schon am Abend, bei einer kurzen Begrüßung der Gäste zum 70. Geburtstag von Rudolf Augstein, beantworten: »Er ist hier auf der Party.«

Es gab damals viele Themen für die Politik und damit auch für den Journalismus. Bei *Spiegel TV* hatten wir die Entwicklung des neuen Rechtsradikalismus in zahlreichen Beiträgen dargestellt und waren dafür auch immer wieder kritisiert worden. Nicht selten hieß es, wir würden den Neonazis nur eine Aufmerksamkeit verschaffen, die sie ohne uns nicht bekommen würden. Da war ich anderer Auffassung. Wir mussten zeigen, was in diesem Land geschah, nicht das, was wir uns wünschten. Als *Spiegel*-Chefredakteur war ich den Ereignissen nicht mehr so nah wie bei *Spiegel TV*. Deshalb bekam auch ich einige Entwicklungen nicht mit, die sich unter der Oberfläche zusammenbrauten. Dabei hatten wir die Szene und einige der handelnden Personen schon seit Jahren im Auge gehabt. Den »Thüringer Heimatschutz« hatten wir nicht wirklich zur Kenntnis genommen und auch nicht, dass einige Mitglieder der rechten Truppe auf der Flucht vor der Polizei abgetaucht waren und einen rechten Untergrund aufbauten. Merkwürdig dabei war schon, dass einer ihrer Kameraden, André Kapke, nicht mit ihnen floh, obwohl auch gegen ihn Ermittlungen liefen. Das Verfahren verlief im Sande.

Der rechte Untergrund

Die drei »Heimatschützer« waren nach ihrem Untertauchen im Herbst 1997 eine knappe Stunde ostwärts gefahren und kamen im sächsischen Chemnitz unter, wo sie viele »Kameraden« hatten. Vor allem die Anführer der Neonazibewegung »Blood and Honour«, Thomas Starke und Jan Werner, halfen den Flüchtigen in Chemnitz. Die beiden hatten intensiven Kontakt zu gewaltbereiten Nazis in den USA und England.

Ein Insider aus dem Umfeld von »Blood and Honour«, Achim

Schmid, lebte in den USA, wo Dirk Laabs ihn viele Jahre später für unseren Film über die Mordserie des »Nationalsozialistischen Untergrunds« interviewte. In den Neunzigerjahren war Schmid ein gefeierter Sänger der rassistischen Rechtsrockszene gewesen. Was wirklich dahintersteckte, lernte er kennen, als er in den radikaleren Teil von »Blood and Honour« Einblick bekommen hatte. Es ging um »White Aryan Resistance«, den »Weißen arischen Widerstand«. Dessen Anhänger bereiteten sich auf einen regelrechten Rassenkrieg vor: »Man war überzeugt: Dieser Rassenkrieg wird bald kommen. Wir wissen nur nicht, wann.«

Auf einen solchen Rassenkrieg setzten auch die Kameraden aus Jena. Was für die Ku-Klux-Klan-Leute in Amerika die Schwarzen waren, das waren für sie die Zuwanderer, etwa aus der Türkei. Die Nazis aus Jena hatten ebenfalls Kreuze verbrannt – in den Wäldern nahe ihrer Heimatstadt. Uwe Böhnhardt zeigte den Hitlergruß. Beate Zschäpe fotografierte.

Der Idee, dass sich eine angeblich überlegene weiße Rasse international auf einen Rassenkrieg vorbereiten müsse, folgten auch die Helfer des Trios in Chemnitz, darunter Jan Werner. Auf ihn war ein V-Mann angesetzt, Carsten Szczepanski, der selbst in den früher Neunzigerjahren einen Ableger des Ku-Klux-Klans in Deutschland gegründet hatte. Szczepanski arbeitete 1998 nebenbei – oder sogar hauptberuflich – bereits mehrere Jahre unter dem Namen »Piatto« für den Brandenburger Verfassungsschutz. Im Sommer 1998 trat der umtriebige Jan Werner an Piatto mit einer Bitte heran: Er suche Waffen für die drei Nazis im Untergrund. Werner und der V-Mann tauschten sich sogar per SMS darüber aus.

Auch der Verfassungsschutz bekam – offenbar durch seine V-Leute in der Szene – Wind von der Waffensuche, verhinderte jedoch, dass die Polizei direkt gegen Piatto vorgehen konnte. Quellenschutz war offenbar wichtiger. Dabei war klar: Das Trio hielt sich in Chemnitz auf, es brauchte Geld, und es suchte Waffen, um damit Überfälle zu begehen.

Im Dezember 1998 war es dann so weit. Zwei junge Männer überfielen kurz vor Ladenschluss einen Chemnitzer Edeka-Markt, ein Mann rannte hinter ihnen her. Die Täter schossen auf ihren Verfolger, trafen aber nicht. Kurz nach dem Überfall wurde eine hohe Bargeldsumme auf das Konto der damaligen Lebensgefährtin von Jan Werner überwiesen. Der pflegte auch enge Kontakte zum Chef von »Combat 18«, dem bewaffneten Arm von »Blood and Honour«.

Es braute sich etwas zusammen in der internationalen Szene des »Weißen arischen Widerstands«, und das Bundesamt für Verfassungsschutz bekam es mit. In dieser Phase, es war mittlerweile das Jahr 2000, warnten Analysten des Amtes, rechte Terroristen könnten nicht in strukturierten Großgruppen, sondern als Untergrundzellen zuschlagen, auch beim BfV kannte man dieses Konzept für den Untergrundkampf: »Leaderless Resistance«, führerloser Widerstand. Der Untergrund wurde immer gefährlicher – und niemand schien das mitzubekommen, obwohl die Szene nur so von V-Leuten wimmelte. Entweder berichteten die Spitzel nicht ausreichend, oder ihre Auftraggeber wollten lieber abwarten und an der Entwicklung dranbleiben, um dann im richtigen Moment zuzuschlagen. Eine solche Taktik von Geheimdiensten wäre nicht neu – und es wäre auch nicht das erste Mal, dass dadurch ein geplanter Anschlag geradezu unter den Augen des Verfassungsschutzes oder anderer Behörden stattfinden konnte. So war das im Mordfall Ulrich Schmücker 1974 in Berlin und auch im Fall des Terroristen Anis Amri, der im Dezember 2016 mit einem Sattelschlepper Besucher eines Weihnachtsmarktes in Berlin niederwalzte.

Am 15. Dezember 1999 wurde der wegen »versuchten Mordes« zu acht Jahren Haft verurteilte Carsten Szczepanski vorzeitig aus dem Gefängnis entlassen. Er hatte gerade mal die Hälfte seiner Strafe abgesessen. Ein gutes halbes Jahr später enthüllten wir im *Spiegel*, dass der zur Tatzeit 21-Jährige unter dem Decknamen »Piatto« vom brandenburgischen Verfassungsschutz als Spitzel geführt wurde. Schon kurz nach seiner Verurteilung wurde er, ungewöhnlich bei der Schwere der Tat, Freigänger und bewegte sich wie früher in der rechten Szene. Das Gericht hatte bei ihm eine »tief verfestigte rechtsradikale, neofaschistische, gewaltverherrlichende und menschenverachtende Gesinnung« festgestellt und ihn als »Führer der Meute« bezeichnet. Er hatte eine Gruppe Neonazis angefeuert, einen Asylbewerber, einen Lehrer aus Nigeria, zusammenzuschlagen und anschließend im Scharmützelsee zu versenken. In letzter Sekunde wurde das Opfer vom Türsteher einer Diskothek aus dem Wasser gerettet.

Gegen regelmäßige Bezahlung für seine Spitzeldienste lieferte Piatto monatlich Informationen an den brandenburgischen Verfassungsschutz. Auch zum »Thüringer Heimatschutz« hatte er seine Kontakte und wurde nach Aktenlage offenbar direkt auf die Untergetauchten Böhnhardt und Mundlos angesetzt.

Als der *Spiegel* darüber berichtete, dass ein Rechtsradikaler, der immerhin wegen Mordversuches an einem Asylbewerber verurteilt worden war, als Spitzel für den Geheimdienst arbeitete, war die Neonaziszene schockiert. Im engen Umfeld des »Thüringer Heimatschutzes«, aus dem Böhnhardt und Mundlos stammten, sann man darüber nach, wie man sich gegen Spitzel schützen könnte. Ein ganz enger Kreis musste geschaffen werden. Und auch ein Begriff dafür war schnell zur Hand: »Die Gruppe der zwölf«. Angeblich wurde aus der Idee nichts, wie ein Insider aus dem »Thüringer Heimatschutz« Dirk Laabs und mir bei den Recherchen über die Mordserie des »Nationalsozialistischen Untergrunds« mehr als 15 Jahre später sagte.

Das weckte bei mir plötzlich Erinnerungen an den Film über die »Sicarios« in Kolumbien, den ich Jahre zuvor gemacht hatte. Es ging um junge Männer, die im Auftrag der Drogenkartelle Morde begangen hatten. Mit einigen von ihnen konnte ich im Gefängnis von Medellín Interviews machen. Und bei jedem hatte ich nachgefragt, wie ihre Laufbahn als Killer für das Medellínkartell begonnen hatte. Jeder erzählte mir praktisch dieselbe Geschichte.

Um in den engen Kreis der Killerbande aufgenommen zu werden, wurde ihnen das Telefonbuch von Medellín vorgelegt, sie mussten auf irgendeinen Namen tippen und diese Person erschießen. Erst dann gehörten sie zum erlauchten Kreis der »Sicarios«. Derartige Aufnahmerituale gab es schon immer bei kriminellen oder auch politisch-kriminellen Organisationen – auch bei rechtsradikalen Gruppen und Rockern in Deutschland. So auch bei einer mit dem Namen »Hammerskins«.

Etwa zum Zeitpunkt der Entlarvung von »Piatto« im Frühjahr 2000 hatte Bundesinnenminister Otto Schily die rechtsradikale Organisation »Blood and Honour« verboten. Das Bundesamt für Verfassungsschutz war strikt dagegen, man hatte Sorge um seine Quellen. Doch Schily setzte sich durch.

Nach dem Verbot von »Blood and Honour« machte sich eine andere Organisation breit, die »Hammerskins«. 1986 in Texas unter dem eher banalen Motto »Hammerskins forever, forever Hammerskins« gegründet, gab es inzwischen viele Ableger in verschiedenen Ländern. Rassistisch und antisemitisch gepolt, bekannte sich diese internationale nationalsozialistische Gruppe zu den sogenannten »14 words« des amerikanischen Rechtsterroristen David Lane: »Wir müssen die Existenz unseres Volkes und die Zukunft für die weißen Kinder sichern.« Lane, geboren 1938 in Iowa, schloss sich in den Siebzigerjahren dem Ku-Klux-Klan an, wurde aufgrund von Führungsstreitigkeiten ausgeschlossen und anschließend Mitglied diverser anderer rechtsradikaler und rassistischer Organisationen. Schließlich landete er in einer terroristischen Gruppe namens »The Order« und beteiligte sich an der Ermordung des jüdischen Radiomoderators Alan Berg. Dafür wurde er zu einer Freiheitsstrafe von 190 Jahren verurteilt, die er aufgrund verschiedener Ausbruchsversuche in Hochsicherheitsgefängnissen verbringen musste.

Die »Hammerskins«, die sich auf Lanes Ideologie beriefen, galten als eine der gefährlichsten Neonazi-Organisationen überhaupt. Am stärksten in den USA vertreten, existierten Gruppierungen in Kanada, Großbritannien, Irland, den Niederlanden,

Griechenland, Frankreich, Portugal, Italien, der Schweiz, Polen, der Tschechischen Republik, Australien und Neuseeland. Der deutsche Zweig der »Hammerskins« war den Behörden seit Anfang der Neunzigerjahre bekannt. 1993 wurde im sächsischen Sebnitz die erste Hammerskin-Gruppe in Deutschland gegründet, andere kamen dazu und wurden in »Chapter« gegliedert, ähnlich wie bei Rockerbanden.

Zwischen 1992 und 1998 erschien das einflussreichste Sprachrohr der Hammerskins, das Fanzine *Hass Attacke,* während das offizielle Organ der Organisation das in Berlin verbreitete Fanzine *Wehrt Euch* war. Das Bundeskriminalamt schätzte die Zahl der Mitglieder der Hammerskins Deutschland auf knapp 200.

Die Aufnahmeprozeduren bei den Hammerskins erinnern an die Rituale von Rockerbanden, die zur Absicherung gegen Spitzel und Verräter in ihren Reihen strenge Hierarchien einhalten. Jedes neue Gruppenmitglied muss sich einem besonderen Auswahlprozess unterwerfen. Der Anwärter muss seit mehreren Jahren in der rechtsradikalen Szene sein und dann noch eine Probezeit absolvieren. »Dies hat zur Folge, dass die Mitglieder der Hammerskins oft ältere Personen sind, die nicht selten schon als Führerpersonen anerkannt sind«, heißt es in einem als »Geheim« gestempelten Bericht des Bundesamtes für Verfassungsschutz, bei dem dieses Zitat für den Untersuchungsausschuss auf »VS-vertraulich« herabgestuft wurde.

Hammerskins mussten »reinrassig« und »kameradschaftlich« sein, körperlich und psychisch belastbar, durften keine Drogen nehmen und volle Kontrolle über ihren Alkoholkonsum haben. In der rechtsradikalen Zeitschrift *Stormfront 88,* zitiert im Verfassungsschutzbericht Sachsen, hieß es zudem: »Aber nicht jeder kann Hammerskin werden. Hierfür bedarf es einer Reihe an Proben und Bedingungen. Aber wer einmal zu dieser verschworenen Bruderschaft dazugehört, der kann verdammt stolz auf sich sein. Es ist wirklich nicht einfach, Hammerskin zu werden … Die Hammerskins sind eine Gemeinschaft der Elite.«

Laut einer Skinhead-Broschüre erfolgt die Anerkennung als Anwärter, genannt »Prospector of The Nation«, sowie die einstimmige Ernennung zum Mitglied auf dem »European Officers Meeting« (EOM). Symbol der Hammerskins sind zwei gekreuzte Zimmermannshämmer, die für die Kraft der »weißen Arbeiterklasse« stehen, wie der Bericht des Verfassungsschutzes Thüringen, offenbar gut im Bilde, erklärte. Im sächsischen Verfassungsschutzbericht wurde zitiert, was ein »einflussreiches Mitglied der Hammerskins« über die Bedeutung, in den erlauchten Kreis aufgenommen zu werden, geschrieben hatte: »HS bedeutet für mich persönlich Bruderschaft und zu einer verschworenen Gemeinde elitärer NS zu gehören, die bereit sind, durch Taten etwas zu verändern. Es ist für mich der höchste Ausdruck einer Gemeinschaft und des Kampfes für unsere R...e. HS vereint weiße Nationen und baut eine eigene Nation aller!«

Das riecht nach organisierter Kriminalität. Auch im organisierten Verbrechen, von der Mafia oder Camorra, von Chicago bis Neapel, von den Drogenkartellen in Mexiko bis zum kolumbianischen Kali- oder Medellínkartell und zu Rockerbanden spielen Aufnahmerituale eine große Rolle. Bis hin zum Mord. Auch bei den Hells Angels gab und gibt es krasse Hierarchien und Funktionen, die streng festgelegt sind. Der »Seargent at Arms« ist vor allem für die Sicherheit und die Waffen des Clubs zuständig, dazu zählen auch kugelsichere Westen, Nachtsichtgeräte und gegebenenfalls Sprengstoff. »Im Bedarfsfalle«, so schreibt der ehemalige Hells Angel Ulrich Detrois in seinem Buch *Bad Boy Uli*, hat der Seargent at Arms »dafür zu sorgen, dass innerhalb kürzester Zeit benötigte Waffen vor Ort und nach Gebrauch genauso schnell wieder verschwunden sind«. Auch die Aufstellung von Ausspähposten bei Veranstaltungen sowie die Planung von »unfreundlichen Aktionen« gehören zu seinem Aufgabenbereich.

Eine Arbeitsteilung, die möglicherweise auch in der radikalen rechten Szene mit ihren vielen Berührungspunkten zu Rockern und Skinheads nicht ganz unbekannt war.

Auch bei den »Hammerskins« gab es Symbole, die heimlich getragen wurden. Ein Ärmelband als Erkennungszeichen sowie ein graues T-Shirt für Anwärter und ein schwarzes für Mitglieder, das entnahm der Ausschuss einem geheimen Bericht des Militärischen Abschirmdienstes der Bundeswehr. Der MAD schien in Sachen »Hammerskins« überhaupt gut informiert. Aus seinen Berichten sowie einem »Erkenntnistausch mit dem BfV« schöpften die Parlamentarier einen Großteil ihrer Informationen über das geheime Netzwerk. Die Ermittlungen im Umfeld des NSU-Trios ergaben enge Verbindungen von Mundlos, Böhnhardt, Zschäpe und ihren Unterstützern zu »Blood and Honour« und zu den »Hammerskins«.

Im September 2000 entdeckten Uwe Böhnhardt und Uwe Mundlos nahe beim Nürnberger Reichsparteitagsgelände einen Mann, der an einem Straßenstand Blumen verkaufte. Mit zwei Waffen feuerten die Täter auf den Türken Enver Şimşek, der in seinem Lieferwagen stand. Şimşek, getroffen von acht Kugeln, überlebte noch zwei Tage. Er war das erste von zehn Opfern.

Nach dem Mord an dem Blumenhändler Şimşek wohnten Zschäpe, Mundlos und Böhnhardt weiter am Rande von Zwickau in einem Plattenbau. Hier stellten sie die erste Version eines Bekennervideos her, das unter anderem Enver Şimşek in seinem Blut auf dem Boden eines Lieferwagens zeigt. Doch das sollte erst zehn Jahre später veröffentlicht werden.

Wer hinter dem Mord an dem türkischen Blumenhändler steckte, blieb verborgen. Die Polizei ermittelte im Umfeld des Opfers. Auch der Verfassungsschutz bekam angeblich nichts mit, obwohl in Zwickau zu dieser Zeit auch einer der wichtigsten V-Männer des Bundesamtes für Verfassungsschutz lebte. Sein Name war Ralf Marschner, Deckname »Primus«. Seit Jahren berichtete er aus der militanten rechten Szene. Einst hatte er Propagandavideos von »Blood and Honour« in Thüringen vertrieben. Im Jahr 2000 verdiente er sein Geld mit einer kleinen Baufirma für Abrissarbeiten in Zwickau, die wiederum für andere Unternehmen arbeitete. Wer aus dem rechtsradikalen Umfeld für ihn arbeitete, kam erst 17 Jahre später heraus.

Ein Sänger und Produzent aus dem Umfeld der »Hammerskins« besang 2010 sogar die Mordtaten in seinem »Döner-Killer-Song«, noch bevor öffentlich bekannt wurde, dass die Migrantenmorde von Mitgliedern der rechten Szene begangen worden waren. Die Gruppe hieß »Gigi und die Braunen Stadtmusikanten«, der Text ging so:
»Neun Mal hat er es jetzt schon getan,
Die Soko Bosporus, sie schlägt Alarm,
Die Ermittler stehen unter Strom.
Eine blutige Spur und keiner stoppt
das Phantom.«
Von »Angst und Schrecken am Dönerstand« war in dem Stück die Rede und davon, dass neun Opfer nicht genug seien.

Nach zahlreichen Untersuchungsausschüssen und einem langwierigen Prozess waren die Täter dann zwei Tote: Uwe Böhnhardt und Uwe Mundlos, und die Dritte im Bunde Beate Zschäpe. So richtig glauben konnte ich das alles nicht, auch nicht nach Jahren der Recherche, nach Aktenstudium, einem Tausend-Seiten-Buch und der zweiteiligen Dokumentation »Der NSU-Komplex«.

Vielleicht war es eher so, wie ich es bei den Sicarios in Kolumbien gehört hatte: eine unwiderrufliche Tat als Eintrittsritual in eine hoch geheime Gruppe. Bei den ersten beiden Morden, bei denen jeweils eine zweite Waffe eingesetzt wurde, waren es vielleicht Böhnhardt und Mundlos. Und dann waren die beiden möglicherweise so etwas wie die »Sergeants at Arms«, die potenzielle Opfer ausspionierten, aus denen sich dann ein Mitglied der Gruppe seine Zielperson aussuchen konnte, die dann den Tatort auskundschafteten, die Česká mitbrachten und anschließend wieder beiseiteschafften. Und dann war wieder einer in den engsten Kreis aufgenommen worden.

Vielleicht wollte man sich so die V-Männer vom Halse halten. Aber vielleicht war auch der eine oder andere Spitzel dabei, der es schaffte, in die Kerngruppe aufgenommen zu werden. Und vielleicht war genau das die Befürchtung der Geheimdienstler, die lieber Akten vernichteten, als den Fall rücksichtslos aufzuklären, wie es Bundeskanzlerin Angela Merkel versprochen hatte.

Aber das sind keine Behauptungen oder gar Beweise, sondern nur die logischen Schlussfolgerungen aus merkwürdigen Ermittlungsergebnissen, die sonst kaum zusammenpassen. Während der Recherchen diskutierten Dirk Laabs und ich eine solche Möglichkeit mit fast allen mit dem Fall befassten Experten – und niemand hielt eine solche Konstellation für unmöglich, hätte aber niemals auch nur laut darüber nachgedacht. Es kann auch alles so einfach und schlicht sein, wie die Bundesanwaltschaft behauptete und das Gericht in München in seinem Urteil bestätigte: zwei Täter, die inzwischen tot waren, unterstützt von Beate Zschäpe. Sie müsste wissen, was sich damals um die Jahrtausendwende wirklich abgespielt hatte.

Nummer eins der Wochenmagazine

Inzwischen hatten wir es geschafft, in der über Abonnement und Kiosk verkauften Auflage den *stern* zu überrunden. Dazu mussten wir nur die Auflage stabil halten, was in diesen Zeiten schwer genug war. Die ewige Nummer eins der Wochenmagazine kam uns von oben entgegen. Auch *Focus* konnte seinen Höhenflug der vergangenen Jahre nicht weiter fortsetzen. Plötzlich war der *Spiegel* die Nummer eins. Ihn an der Spitze der Wochenmagazine zu halten sah ich als meine wesentliche Aufgabe an. Und dass am Ende die Quote der Qualität folgt, wusste ich aus nunmehr zwölf Jahren *Spiegel TV* ziemlich gut.

Am Freitag, ungefähr Viertel nach drei, bekam ich die Verkaufszahlen der laufenden Woche auf den Tisch und erfuhr, wie sich das jüngste Heft verkauft hatte. Der zweite aufregende

Moment der Woche war jener Augenblick, in dem ich das frisch gedruckte Exemplar zum ersten Mal in der Hand hielt. Da stellte sich sofort ein Empfinden dafür ein, ob der Titel gelungen war oder nicht.

Eine der Damen aus dem Sekretariat legte das neue Heft dann in meinem Büro auf den Couchtisch, da lag es die gesamte Woche. Und es war ein gutes Zeichen, wenn das Heft die ganze Zeit mit dem Titel nach oben dort liegen blieb. Manchmal drehte ich das Heft im Laufe der Woche aber auch um, weil ich den Titel irgendwie nicht mehr sehen konnte.

Zu dieser Zeit beschäftigte sich Augstein, der körperlich zunehmend fragil wurde, mit dem Gedanken, wie es nach ihm mit dem *Spiegel* weitergehen würde. Nach der Satzung mussten seine Erben von den 25 Prozent, die ihnen zufielen, nach seinem Tod je ein halbes Prozent an G+J sowie an die Mitarbeiter-KG abgeben. Damit hatten die vier Nachkommen Maria Sabine, Franziska, Jakob und Julian keine Sperrminorität mehr.

Als der Gesellschaftervertrag 1971 geschlossen worden war, wollte Augstein damit erreichen, dass nach seinem Ableben ein starker Partner die Geschicke des Unternehmens steuern könnte – falls die Mitarbeiter-KG ihre Rolle so spielen würde, wie Augstein möglicherweise erahnte. Wenn also eines seiner beiden Kinder, die im Journalismus tätig waren, in seine Fußstapfen treten sollte, ging das nur über eine Position im Blatt. Gelegentlich spielte er mit dem Gedanken, seine Tochter Franziska in eine Herausgeberrolle hineinwachsen zu lassen, dann wiederum sagte er, sie dürfe niemals eine führende Position beim *Spiegel* bekleiden, denn sie sei »hochmütig«. Dann wieder wollte er Jakob als Redakteur im Berliner Büro unterbringen. Auf diese Idee wiederum reagierte ich ablehnend. Ein Augstein, so sagte ich, könne beim *Spiegel* nur als Chefredakteur arbeiten. Als normaler Redakteur sei er kein normaler Redakteur, der dem Chefredakteur unterstellt ist, außerdem würden sich sofort andere Redakteure an ihn heranschleimen.

Eine solche Redaktion sei nicht mehr zu führen. Ich hätte da einen besseren Vorschlag: Ein Jahr lang würde ich versuchen, dem jungen Augstein alles beizubringen, was nötig wäre, um eine Redaktion zu organisieren, Titelbilder zu entwerfen, Titelzeilen zu machen usw. Dann solle er die Chefredaktion übernehmen, und ich würde das Haus verlassen. Das wäre kein Problem, mir sei immer klar, dass ich ein angestellter Manager mit einem Zeitvertrag sei. Den könne man jederzeit beenden.

Am 10. November 1999 hatte sich Dieter Wild mit fast 69 Jahren aus der Chefredaktion zurückgezogen. Ich hatte ihn als Stellvertreter meines Vorgängers Kilz übernommen und über das Rentenalter hinaus behalten. Er verabschiedete sich mit einem Essen im Landhaus Scherrer und sagte in einer kleinen Rede: »39,5 *Spiegel*-Jahre. Von zehn Chefredakteuren neun ausgesessen und den zehnten immerhin ausgesessen bis zum Jahr 1999! Stimmt da was nicht mit dem Neuen oder mit mir?« Als der »zu lustige Preuss« und der »zu alte Wild« dann 1994 von Kilz zu seinen Stellvertretern erkoren wurden, habe die Mitarbeiter-KG nur mit 3:2 für sie gestimmt. »Dass sich dieses in der Tat seltsame Gespann dann doch als ein ganz passables Pärchen entpuppte, ist wohl anerkannt, auch wenn die gewaltige Abwehrschlacht gegen den herandrängenden zehnten Chefredakteur dann knallend verloren ging.«

Als Nachfolger von Dieter Wild suchte ich den Ressortleiter von D II, Martin Doerry, aus, den ich als klugen, geraden und unglaublich fleißigen Redakteur kennengelernt hatte. In der Redaktion hieß es über seine nächtlichen Arbeitseinsätze im menschenleeren Ressort: »Martin allein zu Haus.«

Ich besuchte ihn in seinem Büro und sagte: »Herr Doerry, wenn ich Sie fragen würde, ob Sie die Position des stellvertretenden Chefredakteurs haben wollten, was würden Sie dann antworten?«

»Ja«, sagte er.

»Dann frage ich Sie jetzt: Wollen Sie stellvertretender Chefredakteur werden?«

»Ja«, sagte er. Damit war er es.

Entführung auf den Philippinen

»Wasser wunderbar, Tauchrevier hervorragend, Bungalows herrlich«, das faxte Marc Wallert nach Hause, nach Göttingen. Kurz darauf war es mit dem Traumurlaub im Taucherparadies zu Ende. Für den Deutschen, seine Eltern und 18 weitere Geiseln begann ein Albtraum: Entführt am Ostersonntag, waren die Touristen seit zwei Wochen in der Hand muslimischer Rebellen im Dschungel der philippinischen Insel Jolo. Militär und Polizei hatten das Gelände weiträumig abgeriegelt. Wir schickten den Reporter Peter Hell und das Kamerateam Jochen Blum und Bianca Jöster für *Spiegel TV* auf die Philippinen.

Mit Terror, Menschenraub, Erpressung und dem rechten Glauben schafften sich die muslimischen Gotteskrieger im Inselreich ihre Operationsbasis. Abu Sajaf galt als die gewalttätigste unter den zahlreichen philippinischen Guerillagruppen. Was einst als Unabhängigkeitskampf gegen die Zentralregierung begann, war längst zu gewöhnlichem Banditentum verkommen, das der Staat mit aller Härte verfolgte. Jetzt nahm die Welt erstmals Notiz von diesem jahrzehntelangen Bürgerkrieg.

Während sich Kidnapper und Armee-Einheiten schwere Gefechte lieferten, schleusten die Rebellen Journalisten zum Versteck der Geiseln. *Spiegel TV*-Reporter Peter Hell war vor Ort. Er begleitete einen Unterstützertrupp der Armee auf der Fahrt ins Rebellengebiet. Am Samstag rief er mich von seinem Satellitentelefon an. Die Geiselnehmer hätten ein paar Journalisten in ihr Lager eingeladen, um mit der entführten Familie Wallert zu sprechen.

»Soll ich dahin fahren?«, fragte er mich.

»Was meinst du selbst? Wie hoch schätzt du das Risiko ein?«

»Hoch«, antwortete Peter.

»Dann fährst du nicht in das Camp. Keine Geschichte ist es wert, dass wir selbst eine Geisel haben.«

»Und die sonstige Lage?«

»Irgendwie wird es brenzlig«, meinte Peter.
»Dann nimm den nächsten Flieger und komm zurück. Du hast so viele gute Stücke gemacht, da kommt es auf eines mehr oder weniger nicht an. Komm zurück.«
Er nahm das nächste Flugzeug.
Am folgenden Montag trug der stellvertretende Ressortleiter Ausland die geplanten Themen vor. Für die weitere Berichterstattung von der Insel Jolo habe das Ressort den *Spiegel*-Korrespondenten aus Peking losgeschickt. Andreas Lorenz wäre dann vor Ort.
»Oh«, sagte ich, »ob das eine gute Idee war? Den *Spiegel TV*-Reporter habe ich gerade zurückgerufen.«
Es kam, wie es nicht kommen durfte.

Das Entführungsdrama hatte am 21. April begonnen, als Rebellen der Abu Sajaf, was so viel heißt wie »Schwert Gottes«, 21 Touristen von der 380 Kilometer entfernten malaiischen Taucherinsel Pulau Sipadan entführten und in ihre Dschungelcamps nach Jolo brachten. Ihre Macht dort war so groß, dass sie es sich sogar leisten konnten, Journalisten zu den Geiseln zu lassen. Auch Andreas Lorenz durfte am 24. Mai die als Geiseln festgehaltenen Deutschen, die Familie Wallert, im Camp besuchen. Er berichtete später: »Jolo ist eine besondere Situation. Dort waren ursprünglich 21 Geiseln von einer verrückten Truppe festgenommen. Die Gefahr bestand bei diesen langen Geiselnahmen, dass die in Vergessenheit geraten. Und ich denke, dass Journalisten die Pflicht haben, zu versuchen zu verhindern, dass dies passiert.«

Und so versuchte der *Spiegel*-Redakteur, zehn Tage später erneut zu den Geiseln zu gelangen. Gemeinsam mit mehreren Fernsehteams und einer Ärztin fuhr er erneut in das Lager. Sie stellten fest, dass sich der Zustand der Gefangenen von Tag zu Tag verschlechterte. Auf dem Rückweg wurden die Journalisten von Moslemrebellen mit vorgehaltener Waffe ausgeplündert – und nicht nur das.

Mit 25 000 Dollar konnten sie sich freikaufen. Daraufhin verließen die meisten die Insel. Vier Wochen später – in die Geiselaffäre war wieder Bewegung geraten – kehrte Lorenz zurück nach Jolo. Ins Rebellenlager wollte er aber nicht noch einmal, trotz Einladung.

Doch dann meldete sich ein Kontaktmann namens »Philip«, den Lorenz drei Tage zuvor in der Residenz des Gouverneurs getroffen hatte. Er bat den Reporter, ein Tonband, Dokumente und eine Nachricht vom Entführerchef »Robot« an die deutsche Regierung entgegenzunehmen. Man verabredete sich in einem Café unweit des Hotels. Es war eine Falle, wie Lorenz später erzählte: »Kurz nach der Abfahrt sprangen zwei mir unbekannte Männer auf. Ich hab versucht, noch vom Wagen abzuspringen, es kam zu einer kurzen Schlägerei, der ich unterlag, weil die zu viele waren und bewaffnet. Dann, nach einer relativ kurzen Fahrt, stoppte der Wagen, und mehr Leute warteten dort schon an dieser Stelle auf uns. Die zerrten mich dann in den Urwald rein, und dort kam ich dann in dieses Lager, wo ich dann auch die nächsten Tage verbracht hab.«

Lorenz hatte keine Ahnung, von welcher Gruppe oder Abspaltung der Moslemrebellen er gekidnappt worden war. Keiner seiner Entführer sprach Englisch. Sie nahmen ihm Uhr, Geld und das Taschenmesser ab. Forderungen stellten seine bewaffneten Bewacher zunächst keine.

»Am Anfang musste ich auf dem Boden schlafen, auf einer Bohle, was nicht so sehr angenehm war, auch mitten unter meinen Bewachern. Später haben sie mir ein Bett gebaut, aus Bambusholz und aus Baumrinde. Über dieses Bett haben sie eine Plastikplane gehängt, sodass ich also gegen Regen relativ geschützt war.«

Erst nach Tagen erfährt Lorenz, welche Gruppe ihn verschleppt hat. Sie nennt sich »Lost Command«, ihr Führer sei »Daga«, Kampfname: »die Ratte, die die Katze frisst«. Sie standen mit Abu Sajaf und der Armee zugleich im Krieg.

In der Hamburger *Spiegel*-Zentrale waren inzwischen Informationen über die Entführer eingegangen. Angeblich war es nicht dieselbe Gruppe, die die übrigen Geiseln gefangen hielt.

An diesem Abend verabschiedete sich ein langjähriger Redakteur mit einer kleinen Party im Berliner *Spiegel*-Büro in den Ruhestand. Auch Außenminister Joschka Fischer hatte sein Kommen zugesagt. Als ich ihn am Eingang begrüßen wollte, schnauzte er mich erst mal an. Wie könnten wir Leute in solche Krisengebiete schicken? Er hätte jetzt die Mühe, die wieder rauszukriegen. Ich blieb ganz ruhig, wie meistens, wenn es ernst wird: »Darüber können wir gern sprechen, wenn Lorenz wieder frei ist. Aber jetzt müssen wir ihn da erst mal wieder rauskriegen.«

Die Hilfe des Auswärtigen Amtes war eher bescheiden. Auch der Bundesnachrichtendienst, mit dem ich in den folgenden Wochen täglichen Kontakt hielt, konnte nicht mit vielen Informationen dienen. Da beschlossen wir, Geschäftsführer Karl Dietrich Seikel, Auslands-Ressortleiter Olaf Ihlau und ich, nach Absprache mit Rudolf Augstein, den Fall selbst in die Hand zu nehmen. Irgendjemand musste auf die Philippinen fahren und versuchen, selbst Kontakt zu den Entführern aufzunehmen.

Olaf Ihlau war sofort bereit dazu. Ich auch – aber Augstein und Seikel hielten den Chefredakteur mal wieder für eine zu teure Beute für Geiselnehmer. Also blieb ich zu Hause und koordinierte die Operation via Satellitentelefon.

Gemeinsam mit Ihlau flog der *Spiegel*-Reporter Klaus Brinkbäumer. Was damals in ihm vorging, schilderte er anlässlich meines 70. Geburtstages: »Stefan, damals noch Herr Aust, legte mir eine Hand auf die Schulter und sagte, der *Spiegel* stehe zusammen, wir würden einander helfen, und wenn ich jemals in Not käme, würde der *Spiegel* da sein. Er sagte kein falsches Wort. Meine Angst vor diesem Geiselbefreiungskommando kann ich heute noch fühlen. Aber das Vertrauen und die Ernsthaftigkeit dieses Chefs auch noch.«

Um den Kollegen aus der Hand der Geiselnehmer zu befreien,

waren wir zu allem bereit – auch zur Kooperation mit dem Agenten Werner Mauss. Der hatte nach seiner Freilassung in Medellín nicht mehr so richtig Fuß fassen können im internationalen Befreiungsbusiness. Er meldete sich und bot seine Hilfe an. Daraufhin traf ich mich mit ihm auf dem Frankfurter Flughafen. Er behauptete, einen Kontakt zu dem Entführten *Spiegel*-Redakteur herstellen zu können. Ich war skeptisch und stellte ihm eine Liste mit Fragen zusammen, die nur Lorenz beantworten konnte. Etwa den Namen einer gemeinsamen Bekannten in Jakarta und ein paar weitere intime Dinge, die wirklich nur er beantworten konnte. Außerdem schloss ich mit Mauss eine schriftliche Vereinbarung: Er würde die Kontaktaufnahme unentgeltlich vornehmen. Wenn er eine Verbindung zu dem Entführten herstellen könnte, würden wir über die Konditionen – und die Kosten – einer von ihm organisierten Befreiungsaktion neu verhandeln. Dieses Schriftstück sorgte 20 Jahre später für seine Entlastung vom Vorwurf der Steuerhinterziehung – da er damit nachweisen konnte, kein Geld für die Operation bekommen zu haben.

Lieber war mir zwar eine Befreiungsaktion ohne Mauss. Aber im Notfall hätte ich einen Deal mit des Teufels Großmutter gemacht. Tatsächlich konnte Mauss schon nach wenigen Tagen meinen Fragebogen ins Entführerlager übermitteln lassen. Und Andreas Lorenz beantwortete alle Fragen korrekt. Es gab sogar ein Foto von dieser Szene. Damit war klar, Mauss hatte Kontakt – wie ich später erfuhr, über den malaysischen Geheimdienst.

20 Jahre später erklärte er mir seine Version der Geschichte: »Zum Einsatz gehörten auch die mir von Ihnen übermittelten Lebensbeweisfragen und die richtigen Antworten, die ich von Herrn Lorenz aus dem Terroristencamp mithilfe meiner geheimen Mitarbeiter übermittelt bekommen hatte. Diese haben damals Herrn Lorenz dabei fotografiert, als er die Fragen las. Die im Camp gemachten Fotos mit den ersten Antworten wurden mir damals per Satellitentelefon übermittelt. Das Gerät

hatte ich meinen geheimen Mitarbeitern vor ihrem Einsatz auf den Philippinen in Malaysia übergeben.« Und noch eines habe er schaffen können: »Ich konnte in letzter Sekunde verhindern, dass Herrn Lorenz die Hände amputiert wurden.«

Mit der Auftragsvergabe an den Agenten ließ ich mir Zeit. Erst einmal wollten wir sehen, ob unser Ressortleiter Ihlau, begleitet von Reporter Klaus Brinkbäumer, selbst einen Zugang zu den Geiselnehmern finden könnte. Nach einer Woche erreichte den *Spiegel* über Umwege ein Lebenszeichen des Entführten: ein Tonband. »Mein Zustand ist nicht so gut, aber in Ordnung. Ich bin gesund, und ich weiß nicht, was sich draußen abspielt. Aber ich bin zuversichtlich, dass Sie das Beste für mich tun, um die Situation so schnell wie möglich zu regeln.«

Auf dem Tonband aus dem Dschungel gab sich auch Commander Daga, »die Ratte«, zu erkennen. Er forderte eine absurd hohe Summe für die Freilassung von Andreas Lorenz und drohte damit, ihm beide Hände abzuhacken. Das war dem Entführten bewusst, wie er später schilderte: »Ich hatte mir am Anfang vorgenommen, dass ich mich da nicht unterkriegen lassen werde, dass ich nicht meine Würde verlieren werde, dass ich nicht mein Selbstbewusstsein verlieren werde. Die Drohung, mir die Hände abzuschneiden, und die Aussicht, dass das dann möglicherweise im Urwald geschehen würde, da war mir klar, dass ich das möglicherweise, wenn die wirklich Ernst machen, nicht überleben würde.«

Mehr als zwei Wochen waren inzwischen vergangen. Die *Spiegel*-Redakteure flogen mit einem gecharterten Flugzeug nach Jolo. An Bord: zwei Bodyguards und eine Sporttasche mit kleinen Scheinen.

Nach endlosen Verhandlungen mit diversen Mittelsmännern konnten sie Lorenz' Freiheit erkaufen. Am 26. Tag seiner Gefangenschaft im Dschungelcamp kam ein älteres Mitglied der Gruppe auf ihn zu, sagte ein paar freundliche Wort und schlug dann mit seiner Machete die Regenplane über seinem Lager ab. Lorenz erzählte später: »Also da wusste ich, sie waren dabei, das Lager abzubrechen. Große Hektik, sie luden die Gewehre durch, gaben mir eine Skimaske, mit der ich mein Gesicht verbergen sollte, und dann verließen wir relativ schnell das Lager im Laufschritt. Und dann kam es zu der Übergabe.«

Als ich den Beitrag über die Entführung im Magazin abmoderierte, sagte ich: »Erleichterung – und ein bitterer Nachgeschmack: Geiselnahme ist ein schmutziges Geschäft – auf Jolo, wie überall auf der Welt. Der Erpressung nachzugeben ist problematisch – nicht nachzugeben tödlich.«

Nach Andreas Lorenz' Rückkehr machten wir ein kleines Willkommensfest. Ich hielt eine kurze Ansprache und sagte: »Herr Lorenz, es gibt eine gute und eine schlechte Nachricht für Sie. Die schlechte zuerst. Das Lösegeld wird Ihnen vom Gehalt abgezogen, monatlich 1000 Dollar. Nun die gute Nachricht: Ihr jetziger Redakteursvertrag wird um 125 Jahre verlängert.«

Er blieb dann doch nur bis an die Pensionsgrenze.

Das gefährliche Wrack der »Estonia«

Es war am 29. September 1994 gewesen, als morgens früh auf dem Weg zum Flughafen im Auto mein Telefon klingelte. Am Apparat war Cutter Erwin Pridzuhn, der Tag und Nacht das Weltgeschehen verfolgte. Er wusste immer als Erster, wenn irgendwo etwas passiert war. In der Nacht war das Fährschiff »Estonia« in der Ostsee gesunken. Es war das größte Schiffsunglück in Europa zu Friedenszeiten.

Zufällig hatten wir eine freie Mitarbeiterin, die gerade in Finnland für uns drehte. Wir schickten sie sofort los, um für die nächste Sendung einen Beitrag zu machen. Es wurden insgesamt 13 Filme zum Untergang des Fährschiffes – und beinahe wären wir selbst mit untergegangen, sieben Jahre nach der Katastrophe selbst.

Sechs Jahre war der Untergang der »Estonia« inzwischen her.

852 Menschen waren ums Leben gekommen, und noch immer war nicht klar, was den Untergang herbeigeführt hatte. Warum die Ostseefähre in der Nacht zum 28. September 1994 versank, darüber gab es inzwischen mehr Spekulationen als über den Untergang der »Titanic«. In der kommenden Woche sollte dem Gericht in Stockholm, das die Ursachen des Unglücks untersuchte, ein neues Gutachten übergeben werden. Die deutsche Werft, die das Schiff gebaut hatte, legte Indizien vor, nach denen die »Estonia« vorsätzlich versenkt worden sein könnte – mithilfe von Bomben.

Jutta Rabe, die den Fall für uns über nunmehr sechs Jahre begleitet hatte, und Thomas Schäfer führten mir im Schneideraum einen neuen Film dazu vor. Kurz nach sieben Uhr abends war die Ostseefähre mit mehr als 1000 Menschen an Bord vom estnischen Hafen Tallinn aus in See gestochen. Ziel: Stockholm. Kurz nach Mitternacht: die Katastrophe. Nur 137 Menschen konnten lebend aus der eiskalten See gerettet werden. Mehr als 800 Menschen versanken mit dem Schiff. Und dort im Wrack sollten sie – nach dem Willen der schwedischen Regierung – auch bleiben.

In Stockholm wollte man den Fall »Estonia« so schnell wie möglich begraben. Die Bergung der Leichen und die Hebung des Wracks wurden abgelehnt. Die Unglücksursache sei auch klar. Nach drei Jahren eher schlampiger Recherche legte eine skandinavische Untersuchungskommission den finalen Bericht vor: Schuld sei neben dem schlechten Wetter eine Fehlkonstruktion der Visierschlösser. Kein Wunder, dass die deutsche Meyer Werft, die das Schiff 1983 gebaut hatte, den Bericht der Kommission nicht akzeptierte.

Die renommierte Werft stellte eine eigene Expertengruppe zusammen, um den Untergang der »Estonia« zu erklären. Es gab nicht viel, an dem sich die deutschen Experten orientieren konnten. Selbst das Videomaterial vom Wrack war vielfach kopiert und vor allem lückenhaft. Und doch ließen sich darauf ungewöhnliche Löcher erkennen. Die Form der Ausbuchtungen, so die deutschen Fachleute, deute auf Explosionen hin – ausgerechnet dort, wo das Bugvisier verriegelt wird.

Es war eine wirklich aufregende Geschichte. Viele der von Jutta Rabe gezeigten Indizien und Interviews deuteten auf diese Möglichkeit hin. Doch wie konnte das bewiesen werden? Die Kollegin war inzwischen eine »Estonia«-Expertin, sie hatte sich in die mysteriösen Einzelheiten des Unterganges vertieft, kannte alle Einzelheiten der Metallverformung durch den Einfluss von Explosionen. Wenn man ein paar Stücke der zerrissenen und verbogenen Stahlplatten rund um die möglichen Explosionslöcher hatte, könne man die Ursachen feststellen.

»Na gut«, sagte ich. »Ganz einfach. Runtertauchen, was absägen und untersuchen.« Jutta Rabe nahm das als Ermunterung, es tatsächlich zu versuchen. Sie organisierte eine abenteuerliche Tauchaktion, 80 Meter tief zum Grund der Ostsee, wo das Wrack lag. Nur mit Trimix-Atemgasgemisch aus Sauerstoff, Stickstoff und Helium konnte so tief getaucht werden.

Jutta Rabe hatte inzwischen den Plan, aus ihren Recherchen einen Spielfilm zu machen. Sie schaffte es tatsächlich, das Spezialschiff »One Eagle« des US-Tauchunternehmers Gregg Bemis, ausgestattet mit allem für eine solche Expedition notwendigen Equipment und erfahrenen Amateurtauchern, auszurüsten und in See zu stechen. Als sie im Morgengrauen eines Tages im August 2000 das Meeresgebiet erreichten, in dem das Wrack der »Estonia« in 80 Meter Tiefe lag, wurden sie schon von der finnischen und schwedischen Küstenwache erwartet. Am Katastrophenort herrsche Tauchverbot, es sei ein gesetzlicher »Grabfrieden« für das Gebiet verhängt worden. Weil das Wrack aber in internationalen Gewässern lag, galten diese Regeln nur für Staatsangehörige der Länder, die dieses Abkommen ratifiziert hatten. Deutschland und die USA gehörten nicht dazu. Belangt werden konnten sie nur, wenn sie schwedischen Boden betraten.

Die schwedische Küstenwache beschränkte sich darauf, die Tauchaktion zu beobachten. Und tatsächlich schafften es die

Taucher, Metallstücke von den Rändern der Löcher im Rumpf der Estonia abzutrennen und mit nach oben zu bringen.

Wir hatten uns an der Expedition finanziell beteiligt, aber mit Jutta Rabe fest vereinbart, dass wir nur dann an die Öffentlichkeit gehen würden, wenn die Metallteile einwandfrei untersucht worden waren und das Ergebnis bombensicher sei. Nach der erfolgreichen Tauchfahrt hatte Jutta Rabe eine der beiden Proben dem Materialprüfungsamt des Landes Brandenburg vorgelegt. Dieses Institut hatte bereits Erfahrungen mit detonationsverformten Metallen gesammelt. An drei Stellen trennten die Wissenschaftler daumengroße Teile heraus. An einer Probe von der Spitze entdeckten sie unter dem Mikroskop »weitestgehend veränderte« Gefügebestandteile. »Diese plastischen Veränderungen im Mikrobereich weisen auf extrem schlagende Beanspruchung hin, wie sie bei einer Beeinflussung durch detonative Stoffe erfolgt«, so das amtliche Gutachten. Außerdem hatten die Brandenburger an mehreren Stellen parallele, mikroskopisch kleine Linien entdeckt, die sogenannten Neumannschen Bänder oder auch Zwillinge im Ferrit. Für die Wissenschaftler war das ein deutlicher Hinweis auf eine Explosion. »Für diese Härtesteigerung sowie für die ermittelten Gefügeveränderungen«, so die Experten, »ist eine detonative Beeinflussung wahrscheinlich.«

Eine weitere Probe und das zweite »Estonia«-Teil wurden dem Institut für Materialprüfung und Werkstofftechnik in Clausthal-Zellerfeld vorgelegt. Hier konnte mittels Röntgenbeugung nachgewiesen werden, ob sich durch extreme Hitzeentwicklung Martensit gebildet hat. Dies würde ebenfalls auf eine Detonationsverformung hinweisen. Auch das vom Leiter der Tauchaktion Gregg Bemis beauftragte Institut im texanischen San Antonio ging von Sprengstoffeinwirkungen auf die Metallproben von der »Estonia« aus. Alle Anzeichen deuteten also darauf hin, dass die Geschichte vom Untergang der »Estonia« neu geschrieben werden musste.

Ich hatte die Untersuchungsergebnisse vorliegen, Jutta Rabe

drängte auf Veröffentlichung. Verschiedene Medien hatten schon über den Bombenverdacht berichtet. Ich überlegte: Was würde geschehen, wenn wir die Beweise veröffentlichen und damit nahelegen würden, dass die »Estonia« durch eine Bombe versenkt worden war? Die Antwort war einfach: Die Bundesanwaltschaft müsste Ermittlungen aufnehmen, denn unter den Opfern des Unterganges waren auch fünf Deutsche. Und natürlich würde die Bundesanwaltschaft uns auffordern, die Beweismittel herauszugeben. Dem würden wir Folge leisten und die Eisenteile sowie alle Untersuchungen darüber an die staatlichen Behörden herausgeben.

Ich grübelte weiter: Was würde Karlsruhe mit den vom Wrack der »Estonia« abgetrennten Eisenstücken machen? Sie noch einmal untersuchen lassen. Wen würde die Bundesanwaltschaft damit beauftragen? Das Bundeskriminalamt. Wem würde das BKA den Auftrag zur wissenschaftlichen Untersuchung geben? Ich rief beim Bundeskriminalamt an und fragte nach. Die Antwort war eindeutig. Eine solche Untersuchung könne nur das Bundesamt für Materialforschung übernehmen.

Also rief ich bei BAM in Berlin an und fragte, ob man dort in unserem Auftrag die Eisenteile untersuchen könne. Das gestaltete sich als schwierig. Die Behörde durfte eigentlich nur Aufträge staatlicher Institutionen annehmen. Also sprach ich an höchster Stelle mit der rot-grünen Bundesregierung. Könnte man nicht das BAM veranlassen, für uns eine Ausnahme zu machen, schließlich ging es um einen gravierenden Fall, den Untergang der »Estonia« und die Frage, ob eine Bombenexplosion die Katastrophe verursacht haben könnte?

Die Bundesanstalt bekam grünes Licht und war zu einer Untersuchung bereit. Allerdings nur, wenn der Fall auch nach allen wissenschaftlichen Kriterien untersucht werden könnte. Dazu würde es nicht ausreichen, nur die Metallteile von der »Estonia« zu untersuchen. Man müsse auch Vergleichssprengungen machen. Das wäre nicht billig. Und man brauche dazu auch Muster genau jener Stahlplatten, aus denen Schiffe wie die

»Estonia« gebaut wurden. Die Kosten beliefen sich auf deutlich über 100 000 DM. Das war mir die Sache wert, und wir besorgten von der Meyer Werft in Papenburg Vergleichsstücke. Die Untersuchung konnte losgehen.

Wir begleiteten jeden Schritt mit der Kamera. Nach drei Monaten legte die BAM am 19. Januar 2001 ihr 113 Seiten starkes Gutachten vor. Bei insgesamt 26 Versuchen kamen fast alle bekannten Sprengstoffe zum Einsatz, darunter der übliche Terroristen-Sprengstoff Semtex, TNT, Hexogen und Donarit.

Die Berliner Experten untersuchten zunächst die gelieferten Stahlplatten der Meyer Werft und analysierten sie. Damit stellten sie sicher, dass es sich um den gleichen Werkstoff wie bei den Metallstücken von der »Estonia« handelte. Dann zerstörten sie den Stahl auf jede denkbare Weise, zunächst in 15 mechanischen Experimenten. Die Platten wurden gebogen, durchstoßen, zerschlagen und zerrissen. Dann sprengten sie auf dem Versuchsgelände in Horstwalde bei Berlin 26 Mal Stahlplatten und Konstruktionen in die Luft, die dem Frontschott der »Estonia« glichen.

Das sah spektakulär aus. Der Sprengstoff hatte ein Loch mit 50 Zentimetern Durchmesser in den Stahl gerissen. Das Metall war zerfetzt, mit herausgedrückten spitzen Ecken. Es sah fast genauso aus wie die verdächtigen Löcher im Bug des Schiffes. Dann wurden die Verformungen untersucht und mit den »Estonia«-Proben verglichen.

Eines stimmte mit den vorherigen Untersuchungen weitgehend überein. Die Berliner Wissenschaftler fanden Nester von »Zwillingen« im Schiffbaustahl der Meyer Werft. Allerdings auch bei dem Stahl, der zu keinem Sprengversuch benutzt worden war.

Der BAM-Professor Dietmar Klingbeil, dem wir den Auftrag übergeben hatten, rief mich an und teilte mir das merkwürdige Resultat mit. Die Zwillinge, Hauptbeweis der beiden vorherigen Untersuchungen für eine Explosion, waren von ihnen ebenfalls entdeckt worden. Aber eben nicht nur bei den Metallteilen, die bei der Tauchaktion unter Wasser von den Rändern der Löcher im Bug der »Estonia« abgetrennt worden waren, sondern auch auf den Ausgangsmaterialien, die wir von der Meyer Werft besorgt hatten. Wurden diese etwa schon vor dem Bau eines Schiffes einer Explosion oder einem Dauerbeschuss ausgesetzt? Das klang ziemlich verrückt.

Ich rief selbst bei der Meyer Werft an und erkundigte mich bei den Fachleuten, die uns das Material geliefert hatten, was die Ursache dafür sein könnte. Das Ergebnis war einigermaßen simpel. Bevor ein Schiff aus Stahlplatten zusammengeschweißt oder genietet wurde, musste der Rost beseitigt werden. Dazu benutzte man früher Sandstrahlgebläse. Das erzeugte eine Menge Dreck, eine Mischung aus Sand und Rost, die man aufwendig entsorgen musste. Deshalb war man schon vor Jahren dazu übergegangen, die Stahlplatten mit Tausenden von Stahlkugeln zu beschießen. Diese konnte man später mithilfe von Magneten aus dem Rost fischen und wiederverwenden.

Die etwa einen Millimeter großen Kugeln wurden aus weniger als einem Meter Entfernung mit einer Geschwindigkeit von bis zu 80 Metern pro Sekunde auf die Bleche abgefeuert. Kein Wunder, dass der Stahl an der Oberfläche diese »Zwillinge« gebildet hatte, was die Experten in Brandenburg und Clausthal-Zellerfeld als Anzeichen von Explosion oder Beschuss richtig interpretierten. Allerdings nur bis 0,4 Millimeter unter der Oberfläche. Bei einer Explosion wären solche Zwillinge im gesamten Querschnitt der verformten Teile festzustellen gewesen – wie bei dem Sprengstoffexperiment des BAM. Damit war die Beweiskraft der drei früheren Gutachten dahin. Die spektakuläre Geschichte von einem Bombenanschlag als Ursache für den Untergang der »Estonia« ebenfalls. Die Eisenplatte als Vergleichsteil für das Bugschott der »Estonia«, in das die Experten der BAM das Loch gesprengt hatten, ließ ich mir schicken. Es steht seitdem bei uns auf dem Land. Ein verrostetes Mahnmal der Vorsicht bei Recherchen.

Augstein, Hitler und die Paulskirche

An einem Freitag im Oktober 2000 kam ich ins Chefredakteurssekretariat und sah, wie Meike Rietscher mit dem Herausgeber telefonierte. Sie winkte mich heran und sagte: »Der Herausgeber fragt, warum er die Fahne von seinem Kommentar noch nicht hat.«

Ich griff zum Hörer und sagte: »Rudolf, das tut mir leid, ich wusste nicht, dass du diese Woche einen Kommentar schreiben wolltest. Aber das ist kein Problem, den Platz schaffen wir schon. Ich kläre das und melde mich sofort wieder.«

Dann rief ich in Augsteins Büro im zwölften Stock an und fragte nach dem Kommentar. Seine Sekretärin Frau Werth antwortete etwas zögernd. Es gebe keinen Kommentar. Da müsste der Herausgeber etwas verwechseln. Er habe ihr einen Text diktiert, der als Vorlage für seine Rede zur Verleihung des Börne-Preises dienen sollte, sie habe den Text wie immer in die Layout-Vorlage des Kommentars getippt. Als Kommentar sei das aber nicht gedacht gewesen und sei dazu auch nicht geeignet. Sie wirkte etwas verlegen.

»Können Sie mir die Fahnen mal runterschicken«, sagte ich, »dann weiß ich, worum es geht, und spreche mit ihm.« Sie schickte mir die Fahnen. Schon der erste Satz ließ mir das Blut in den Adern gefrieren. Deshalb will ich ihn hier auch nicht zitieren. Bei allem, was er in seinem gegenwärtigen Zustand in der letzten Zeit am Telefon gesagt hatte, wirkte dies, schriftlich niedergelegt, nicht mehr nur als ein Zeichen augenblicklicher Verwirrung, sondern als wirres Manifest. Das durfte auf keinen Fall gedruckt werden.

Ich rief ihn an und sagte, ich hätte den Text jetzt gelesen, und ich glaubte, es müsse noch daran gearbeitet werden: »Darin sind Formulierungen enthalten, die zu Missverständnissen führen könnten. Und ich weiß nicht, ob ihr das heute noch hinbekommen könnt. Lass dir noch etwas Zeit damit, nächste Woche können wir den Kommentar dann doch gut drucken.«

Augstein willigte ein. Er schien beruhigt zu sein und sagte nur noch: »Dann sorge doch dafür, dass du die Fahnen von meinem Kommentar das nächste Mal früher bekommst – und ich auch.«

Ich versprach, dafür zu sorgen. Damit schien der Fall zumindest verschoben. Doch am Samstagmorgen, als Augstein das Vorausexemplar des *Spiegel* in den Leinpfad geliefert bekam, stellte er fest, dass sein Kommentar nicht im Blatt war. Unser Telefonat hatte er offenbar vergessen. Dass er gar keinen Kommentar, sondern nur einen wirren Redetext am Telefon diktiert hatte, wusste er offenbar auch nicht mehr.

Er entschied: Ein Chefredakteur, der seine Kommentare aus dem Blatt schmeißt, wird gefeuert. Augstein rief Fried von Bismarck und Karl Dietrich Seikel an und verlangte, dass umgehend eine Gesellschaftersitzung einberufen würde, um den Chefredakteur abzusetzen. Dann rief er meine Frau Katrin an und sagte ihr, ich würde jetzt gefeuert, weil ich seinen Kommentar nicht gedruckt hätte. Sie sollte mir das aber erst am Sonntag sagen, dann hätte sie noch eine schöne Nacht mit mir.

Seikel rief mich an, und wir entschieden gemeinsam, das Corpus Delicti, den Kommentar, der kein Kommentar, sondern ein wirrer Redeentwurf war, dem Sprecher der Mitarbeiter-KG zum Lesen zu geben. Er müsste wissen, worum es ging, wenn er der Abberufung des Chefredakteurs zustimmen sollte.

Am Montag tagte dann die Gesellschafterversammlung in Augsteins Haus am Leinpfad – und dann ließ sich die KG bis Donnerstag Zeit, um der Abberufung des Chefredakteurs »vorerst«, wie es ausdrücklich in ihrem Beschluss hieß, nicht zuzustimmen.

Ich machte mich weiter an die Arbeit. Und wir versuchten alles, um zu vermeiden, dass bekannt wurde, in welchem bemitleidenswerten Zustand der Herausgeber war.

Am 30. Oktober rief Rudolf Augstein an und verlangte, wir sollten sofort einen Titel über Magda Goebbels machen. Ich versuchte, ihm zu erklären, dass wir gerade eine lange Geschichte über die Frauen der Nazis gemacht hatten. Wenn wir das Thema noch einmal aufnehmen sollten, müssten wir irgendeinen neuen Aspekt haben. Ich würde aber sofort mit den Historikern im Hause darüber reden. Irgendjemand musste dem Herausgeber gesagt haben, dass gerade ein neues Buch dazu erschienen war. Wir sollten das doch als Serie abdrucken, meinte Augstein. Ich versprach ihm, mich sofort darum zu kümmern, und rief unseren Haushistoriker Klaus Wiegrefe an. Der fand schnell heraus, welches Buch Augstein meinte. Es war der zweite Band über *Die Frauen der Nazis,* das gerade erschienen war. Der erste Band war schon länger auf dem Markt und eher kritisch rezensiert worden. Das Material für die Veröffentlichung stammte, so erfuhr Wiegrefe aus diversen Telefonaten mit Historikern, offenbar nicht durchweg aus Archiven, sondern fasste zusammen, was an verschiedenen Stellen bereits veröffentlicht war.

Damit keine Unklarheiten auftreten konnten, fasste ich unsere Recherchen zusammen und schrieb Augstein, der erste Band sei bereits 1998 erschienen und in der *Welt am Sonntag* ausführlich in Form einer Buchgeschichte gewürdigt worden. Für den zweiten Band habe noch kein Medium die Rechte eingekauft, ich hätte aber veranlasst, dass uns für diesen Band eine Option eingeräumt werde. Die interessanteren Frauen seien aber in dem vor zwei Jahren erschienenen Band porträtiert worden.

Ich schilderte Augstein die Zweifel an den Büchern und schrieb dann: »Alles in allem erscheint es nicht ratsam, aus diesen beiden Bänden, die ja schon seit geraumer Zeit auf dem Markt sind, mehrere Folgen abzudrucken.« Deshalb würden wir (Spörl, Wiegrefe und ich) vorschlagen, uns des Themas Hitler und die Frauen bzw. die Frauen der Nazis selbst anzunehmen. Ich schloss mit den Worten: »Ich bin der Meinung, dass das Thema in der Tat hochinteressant ist und auch einen gut verkäuflichen Titel abgeben könnte. Ich denke auch, dass man ein solches Projekt in relativ kurzer Zeit darstellen und dabei historisch genau bleiben kann. So weit mein Vorschlag.«

Ob Rudolf Augstein diese Hausmitteilung überhaupt zur Kenntnis genommen hatte, blieb mir verborgen. Wir telefonierten ein paarmal, und das, was er in diesen Gesprächen erzählte, behielt ich lieber für mich. Er war aufgrund seiner gesundheitlichen Situation ganz offenkundig auch geistig ziemlich angegriffen. Er hatte nur noch ein Thema. Das hing auch damit zusammen, dass er am 5. November, seinem Geburtstag, in der Frankfurter Paulskirche den Börne-Preis überreicht bekommen sollte. Dabei musste er eine Rede halten, und er tat sich damit noch schwerer als in den Monaten zuvor mit seinen Kommentaren.

Am Donnerstag vor der Preisverleihung rief Rudolfs Frau Anna seine Assistentin Irma Nelles mit erschöpfter Stimme im Büro an: »Ich weiß nicht mehr weiter. Wir müssen die Veranstaltung in der Paulskirche absagen. Rudolf geht es sehr schlecht. Er ist unruhig und marschiert immer wieder ganz merkwürdig in der Wohnung auf und ab.«

Irma Nelles dürfte schlagartig klar gewesen sein, was das bedeutete.

»Hast du einen Arzt angerufen?«, fragte sie Anna.

»Du kennst doch Rudolf, er würde zuerst den Arzt, dann mich hinauswerfen.«

Irma fragte, ob sie irgendetwas tun könne.

»Er wird auch dich sofort rausschmeißen.«

Irma Nelles fuhr trotzdem zum Leinpfad.

In ihrem Buch schrieb sie: »Rudolf lag im Bett und redete unausgesetzt vor sich hin. Ganz so, als rasten ihm sämtliche Sätze, Themen und Zusammenhänge durch den Kopf, über die er irgendwann einmal nachgedacht hatte. Weder Anna noch ich waren auch nur annähernd in der Lage zu begreifen, was in Rudolf gerade vorging.

Wie von regelmäßig wiederkehrenden Schlagschatten getroffen, schien ihn sein Gehirn mit vergangenen Qualen zu erregen. Manchmal stieß er leise die Namen Hitler, Goebbels oder auch Himmler hervor.«

Davon erfuhr ich zu diesem Zeitpunkt nichts. Doch am Morgen des 4. November erschien Augsteins Schwester, die Zoologieprofessorin Ingeborg Villwock, in meinem Büro und schilderte die Lage. Sie habe ihren Bruder in völlig verwirrtem Zustand angetroffen, er habe konfus und durcheinander gewirkt und dabei Dinge gesagt, die er in der Paulskirche vortragen wollte. Wir müssten unbedingt seine Teilnahme an der Preisvergabe verhindern. Er würde sich und den *Spiegel* damit ruinieren. Die Gefahr war mir durchaus bewusst. Ich kannte den ersten Entwurf seiner Rede, die er als Kommentar gedruckt haben wollte, was ich ihm damals ausgeredet hatte und wofür ich gefeuert werden sollte.

Ich hatte in diesen Tagen und Wochen mehrmals mit ihm telefoniert und eine Ahnung davon, welche wirren Gedanken durch seinen Kopf spukten. Wenn er auch nur wenige Worte von dem, was ich am Telefon von ihm gehört hatte, in der voll besetzten feierlichen Paulskirche sagen würde, es wäre das Ende der Legende Augstein gewesen. Und ich hatte die ganze Zeit gehofft – und angenommen –, dass seine Familie die Gefahr, die er inzwischen für sich selbst darstellte, erkannt hatte. Eingemischt hatte ich mich nach den Erfahrungen mit seinem Redemanuskript, das er für seinen Kommentar gehalten hatte, nicht.

Nachdem mir seine Schwester in allen Einzelheiten geschildert hatte, in welchem körperlichen und geistigen Zustand Rudolf war und welche Katastrophe da auf uns zurollte, blieb mir nichts anderes übrig, als selbst aktiv zu werden. Ich rief Seikel an und Verlagsleiter Fried von Bismarck, der den engsten Kontakt zu Augstein gehalten hatte. Dazu kamen Fritjof Meyer und Ressortleiter Gerhard Spörl. Augsteins Schwester schilderte den Versammelten noch einmal, in welchem Zustand ihr

Bruder war und welche Gefahr auf ihn und auf den *Spiegel* zurollte, wenn er zur Preisverleihung fahren würde.

Zunächst betretenes Schweigen. Was nun? Niemand hatte eine Antwort. Ich wandte mich an Bismarck, der die Reise nach Frankfurt organisiert hatte. »Wäre es nicht das Einfachste, den Flieger abzubestellen?«

»Dann lässt er sich von Larry mit dem Auto hinfahren.« Larry Böhme war Augsteins ergebener Fahrer.

»Aber wenn du ihm die Anweisung gibst, nicht zu fahren?«

»Dann fährt er trotzdem. Er tut alles, was Rudolf will.«

Es blieb nichts anderes übrig, als die Veranstaltung abzusagen. Alle Versammelten nickten zustimmend. Und wie? Ratlosigkeit. Ich schlug vor, die Veranstalter anzurufen und mit Marcel Reich-Ranicki und Frank Schirrmacher zu sprechen, der als Preisträger des Vorjahres satzungsgemäß den nächsten Preisträger vorgeschlagen hatte. Das wurde mir dann überlassen. Aber zunächst wollte ich mit Franziska Augstein sprechen. Ich ließ mich mit ihr verbinden und erklärte die Lage. Sie schien geradezu erleichtert, denn auch sie hatte sich schwere Sorgen über die für den übernächsten Tag vorgesehene Preisverleihung gemacht.

Dann rief ich Schirrmacher, Reich-Ranicki und die Veranstalter des Börne-Preises an. Augstein, so sagte ich ihnen, sei körperlich in einer so schlechten Verfassung, dass es aus medizinischen Gründen unverantwortlich sei, ihn nach Frankfurt zur Preisverleihung reisen zu lassen. Schirrmacher erzählte ich etwas mehr. Wir entschieden, die Veranstaltung kurzfristig abzusagen. Die Veranstalter ließen mir eine Liste mit den Gästen zukommen, und die Redaktion des *Spiegel* übernahm es, die Eingeladenen wieder auszuladen.

Als das in die Wege geleitet war, ging ich zurück in mein Büro, wo die Runde immer noch saß. Ich erklärte ihnen, dass die Veranstaltung abgesagt war, und stellte fest: »Jetzt muss irgendjemand das auch Rudolf Augstein schonend beibringen.« Ich sah Bismarck an, der in der letzten Zeit den besten Draht zum Leinpfad gehabt hatte. Der winkte entsetzt ab. Auch Verlagsgeschäftsführer Seikel wollte die unangenehme Aufgabe nicht übernehmen. Also der Chefredakteur.

Irma Nelles erinnerte die Szene so: »Nachdem einer nach dem anderen als Überbringer der schlechten Nachricht vorgeschlagen worden war und einer nach dem anderen sich mit einem entschiedenen ›ich nicht‹ aus der Affäre gezogen hatte, sagte der Geschäftsführer schließlich: Larry muss es machen. Es entstand eine längere verblüffte Pause.«

»Rudolfs Fahrer?«, hätte ich lachend in die angespannte Stille hinein gesagt und damit sofort alle Blicke auf mich gezogen. Daraufhin rang ich mich dazu durch, mich selbst als Überbringer der Nachricht anzubieten. »Na gut. Ich mache es. Ich werde es Rudolf sagen.«

Als wir im Aufzug nach unten fuhren, wurde, wie Irma Nelles erinnert, »gewitzelt und gelacht: Wem wird wohl als Nächstem, gekündigt. Aust lachte nicht.«

Nein, zum Lachen war mir nicht zumute, als ich mich auf den Weg zum Herausgeber machte. Vorher wollte ich noch mit Rudolfs behandelndem Arzt sprechen, um dessen Meinung über die bevorstehende Reise seines Patienten einzuholen. Auch er war der Auffassung, dass Augstein schon aus medizinischer Sicht auf keinen Fall fahren dürfte. Das sei lebensgefährlich. So mit allen Zustimmungen ausgestattet und begleitet von Seikel, Fritjof Meyer und Gerhard Spörl fuhr ich zum Leinpfad.

Augstein machte in der Tat einen sehr geschwächten Eindruck, auch konnte er uns kaum folgen. Er wollte nicht einsehen, dass er gesundheitlich so angeschlagen war, dass er auf keinen Fall nach Frankfurt fahren dürfte. Er erklärte uns, dass er wie El Cid auch als Toter noch auf seinem Pferd in die Schlacht ziehen würde. Ich versuchte, ihm klarzumachen, dass die Veranstaltung abgesagt worden war. Das wollte er erst nicht zur Kenntnis nehmen und dann nicht glauben. Am Ende schlug ich ihm vor, selbst mit Frank Schirrmacher zu sprechen. Ich rief ihn an und reichte den Hörer weiter. Jetzt erst begriff Augstein, dass die Preisverleihung auf einen späteren Termin verschoben worden war.

Zu seiner Beruhigung blieben Fritjof Meyer und Gerhard Spörl am Leinpfad. Ich fuhr zurück die Redaktion. Im Auto erreichte mich ein Anruf von Frank Schirrmacher. »Das wäre eine Katastrophe geworden, wenn Augstein in dem Zustand nach Frankfurt gekommen wäre«, sagte er.

Ende November dann schrieb Augstein mir einen – wie ich fand versöhnlichen – Brief, in dem es hieß: »Du kannst Dich nicht ändern – und ich ebenso wenig. Künftige Perspektive: Aust bleibt vorschnell, wie er ist, ich aber will ihn unbedingt halten und begnüge mich mit dem obligaten Anschiss. Auf dieser Basis können wir noch lange zusammenarbeiten, zumal ich derzeit keine neue Chefredaktion installieren kann, es im Übrigen gar nicht will ... Du weißt, dass die Mitarbeiter-KG Dich (nur) ›vorerst‹ behalten will. Meine Aufgabe ist es also, Dich vor Dir selbst zu schützen.« Aust als Chefredakteur und Franziska als Herausgeberin, dessen sei er sich sicher, ergäbe ein schwieriges Gespann, denn die Chemie zwischen den beiden stimme nicht. Und es deutete einiges daraufhin, dass an dieser Chemie von außen und innen herumexperimentiert wurde.

Inzwischen hatte Rudolf Augstein sich so weit erholt, dass er die verschobene Preisverleihung wahrnehmen konnte. Am 13. Mai 2001 kam es zu dem Festakt in der Frankfurter Paulskirche. Protestler hatten sich angemeldet, denn die Verleihung des Preises, der nach einem Mann benannt wurde, der als Juda Löb Baruch im Frankfurter Getto zur Welt gekommen war und sich erst nach seiner christlichen Taufe als Erwachsener Ludwig Börne nannte, ließ alte Antisemitismusvorwürfe gegen Augstein und den *Spiegel* aufleben. Immer wieder hatte der Kolumnist gegen die Political Correctness verstoßen. Als etwa Martin Walser in einer Rede in der Paulskirche vor der »Auschwitz-Keule« gewarnt hatte, die zur »Instrumentalisierung unserer Schande zu gegenwärtigen Zwecken« missbraucht würde, hatte

Augstein ihm zugestimmt. Und bei der heftigen Diskussion über das Holocaust-Mahnmal in Berlin hatte er geschrieben, man ahne, »dass dieses Denkmal der Schande gegen die Hauptstadt und das in Berlin sich neu formierende Deutschland gerichtet ist«. Augstein konnte nicht damit rechnen, dass sein Wort vom »Denkmal der Schande« aus dem Mund des AfD-Mannes Höcke später eine ganz andere Bedeutung bekommen sollte.

Die Preisverleihung an ihn in der Paulskirche war sein letzter großer Auftritt in der Öffentlichkeit. Weil er kaum noch sehen konnte und auch die Stimme versagte, las Fried von Bismarck seine Rede vor. Es waren Bilder, Szenen und Erlebnisse aus seiner Kindheit, die Überzeugung seines Vaters, dass der Krieg »finis Germaniae« bedeute. Er erwähnte auch die »antijüdische Sprache«, die seine nichts ahnende Mutter gelegentlich benutzte und die ihr sein Vater nach der Übernahme der Macht durch die Nationalsozialisten verboten hatte. Antisemitismus habe es in seiner Familie nicht gegeben. Aber von einer Israel-kritischen Linie lasse er sich nicht abbringen, seine überschäumende Begeisterung für den Staat Israel sei wegen des hochgesteckten Ziels eines »das ganze Westjordanland zu beherrschenden Groß-Israel« schnell in Enttäuschung umgeschlagen.

Wenn er selbst das Wort ergriff, sprach er frei, aber stockend. Trotz seiner Sehschwäche erkannte er den *Focus*-Gründer Helmut Markwort unter den Gästen und bedankte sich ironisch dafür, dass der ihn einmal einen »bekennenden Zyniker« genannt hatte: »Sie wissen gar nicht und können als junger Mensch auch gar nicht wissen, welche Ehre Sie mir damit angetan haben, denn die bekennenden Zyniker waren ein Kreis um Sokrates, des ersten Rechercheurs der Weltgeschichte überhaupt.« Und im Übrigen könne man das Spiel der ganz Großen ohne Zynismus nicht betrachten. Womit er beim *Spiegel* seiner Wahl war.

Nachdem er die Preisverleihung überstanden hatte, wurde Augstein wieder etwas ruhiger. Irma Nelles schrieb darüber:

»In den folgenden Wochen schwand der manische Furor, der Rudolf vor diesem Ereignis ergriffen hatte, allmählich wie ein Gewitter; verzog sich, in immer längeren Abständen dunkel grollend, nur ab und zu begleitet von einem unvermutet aufscheinenden Wetterleuchten. Das Neuronenfeuer in seinem Gehirn – der Arzt sprach von einer kurzzeitigen Dissoziation – war wohl niedergebrannt.«

Der eigene Sender

Seit dem Frühjahr 1994 produzierten und sendeten wir nun bereits die täglichen Nachrichten für VOX. Wir waren nach Berlin umgezogen und hatten die Redaktion in eine Etage am Ostbahnhof verlegt, wo der Verlag etwas voreilig Räume für das Projekt »Wired« angemietet hatte, aus dem am Ende nichts geworden war. Die aktuelle Berichterstattung musste aus der Hauptstadt erfolgen und live auf Sendung geschickt werden.

Am 8. Mai 2001 begannen *Spiegel TV* und Alexander Kluges dctp dort einen eigenen Fernsehsender. Wir nannten ihn XXP, weil der *Spiegel*-Verlag den Namen für ein Fotoarchiv, aus dem nichts geworden war, geschützt hatte. Irgendwie fand ich diese Buchstabenkombination interessant und erklärte das mit einer Anekdote aus den USA. »Was ist die Hinterlassenschaft von Richard Nixon?«, fragte ich in die Runde und lieferte die Antwort gleich mit: »Dass der Ölkonzern Esso sich in Exxon umgetauft hat.«

Das doppelte XX in XXP verwandelten wir in einem Werbevideo in die gekreuzten Längen- und Breitengrade auf dem Globus. Und das P stand für Programm.

Endlos hatten wir mit den Eignern eines kleinen Berliner Fernsehsenders, FAB, Fernsehen aus Berlin, verhandelt, um dort die Mehrheit zu übernehmen. Auch der irische Popstar Bob Geldof wollte dabei mitmachen und hatte uns oft in Hamburg besucht. Aber am Ende wollten alle Eigner zu viel Geld für ihre Anteile. Also gaben wir unsere Prozente ab und starteten unser eigenes Projekt. Den Ausschlag dazu gab eigentlich Suse Schäfer, meine engste Mitarbeiterin in der *Spiegel TV*-Produktion. »Lass den Quatsch mit diesen Blödmännern bei FAB«, sagte sie. »Das Geld, das die für diesen lausigen Stadtsender haben wollen, können wir auch in unser eigenes Projekt stecken.«

Ich erstritt mir bei den Gesellschaftern die Erlaubnis, 50 Prozent des Gewinns von *Spiegel TV* auf der Basis einer Umsatzrendite von 8 Prozent zu investieren. Dafür finanzierten wir die Hälfte des Senders. Die andere Hälfte übernahm Alexander Kluge mit seiner dctp. Aber wir hatten die Programmvorräte aus mehr als zehn Jahren *Spiegel TV*. Das war das wirkliche Investment in den Sender. Alles wurde noch einmal neu zusammengestellt, ausgeweitet und ergänzt.

Die Programmstruktur entwickelten wir an einem Wochenende bei uns auf dem Land. Jeder Tag hatte seinen Schwerpunkt. Montag: Gegenwart; Dienstag: Vergangenheit; Mittwoch: Zukunft; Donnerstag: Lebensart; Freitag: Länder, Menschen, Abenteuer; Samstag: Gesellschaft; Sonntag: Kultur.

Stück für Stück besorgte unser Produktionsleiter Thorsten Pollfuß gemeinsam mit Kluges Berater Paul Leo Giani Sendeplätze in den verschiedenen Kabelsystemen, manchmal geteilt mit anderen Anbietern. Und nach und nach eroberten wir eine flächendeckende Sendestruktur. Die Werbeabteilung des *Spiegel* konnte nun zusätzlich zu Anzeigen auch Werbevideos verkaufen. Das war alles noch nicht kostendeckend, aber wir sahen uns auf einem guten Weg: endlich ein eigener Sender.

Im Juni 2002 machte ich ein Interview mit dem *medium magazin*. Auf dem Titel war das *Spiegel*-Gebäude an der Ecke Ost-West-Straße zur Brandstwiete abgebildet. Ich hatte mich geweigert, für den Titel zu posieren. Ich konnte mich nämlich gut daran erinnern, wie Rudolf Augstein darauf reagiert hatte, als mein Vorgänger Hans Werner Kilz sich vom *medium magazin* als Chefredakteur des neuen Jahrtausends hatte abbilden lassen.

Ich ließ mir von der Chefredakteurin Annette Milz zusichern, kein Bild von mir auf den Titel zu setzen, sonst hätte ich das Interview abgebrochen.

»Die Stimme des *Spiegel* erscheint heute nicht mehr so tonangebend im Konzert der Medien wie früher«, sagte die Interviewerin.

»Der *Spiegel* hat in der Tat manchmal ein Problem, das darin besteht, dass wir nur einmal in der Woche erscheinen«, antwortete ich. »Das ist übrigens einer der Gründe, warum wir *Spiegel Online* so intensiv ausgebaut haben, um uns nicht Themen unter der Woche von tagesaktuellen Medien wegnehmen zu lassen.«

Seit Einführung des privaten Fernsehens und der Onlinemedien hätte sich die Darstellung der Aktualität sehr verändert. Jetzt würden auch die Tageszeitungen sich um die Hintergrundberichterstattung kümmern. Deshalb müssten wir noch mehr Informationstiefe bieten.

»Der *Spiegel* ist bereits im zweiten Quartal Auflagenspitzenreiter der Wochenmedien. Aber in der Reichweite liegt er nur auf Platz 3 hinter *stern* und *Focus*. Woran fehlt's?«

»Ich glaube, dass die Reichweiten nicht das Leseverhalten, sondern das Blätterverhalten messen.« Der *Spiegel* sei nun einmal kein Heft, bei dem man sich mit Durchblättern schnell einen Überblick verschaffen könne. Beim *Spiegel* seien die Geschichten auch nicht kürzer, sondern länger geworden.

Dann wollte die Medienredakteurin etwas über die Zukunft des Unternehmens erfahren. »Nach Willen der Verlagsführung soll die Abhängigkeit vom Mutterschiff in Zukunft nur noch 50 Prozent betragen. Welche Auswirkungen hätte das für die Redaktion?«

Ich antwortete vorsichtig: »Da ich nicht den Verlag, sondern nur die Redaktion verantworte, kann ich zu solchen Plänen nichts sagen. Es ist für mich keine Frage, dass der *Spiegel* Kern des gesamten Unternehmens bleiben wird.«

Bei *Spiegel TV* hätten wir eine vorsichtige Expansionspolitik betrieben, Schulden vermieden und die Investitionen aus laufenden Einnahmen bezahlt.»Das gilt auch für unseren neuen Sender XXP, den wir mit unserem Partner dctp im letzten Jahr aufgemacht haben. Man kann sich allerdings fragen, ob dieses Unternehmen nicht sehr viel früher ein bisschen Geld in die Hand hätte nehmen müssen, um sich einen größeren Anteil am Fernsehmarkt zu sichern.«

Aber manchen war schon unser kleiner Fernsehsender zu teuer. Zeit für ein kurzes Verschnaufen.

Pferdezeit

Meine Wochenenden hatte ich mir, so gut es ging, für das Land aufgehoben. Jeden Freitag blieb ich bis etwa 19 Uhr zur Layout-Abnahme im Büro. Dann übernahm der jeweils diensthabende stellvertretende Chefredakteur, und ich fuhr mit Katrin und den Kindern, die mich oft im *Spiegel*-Gebäude abholten, aufs Land. Dort kochte ich dann meistens Spaghetti all'arrabbiata, und wenn diese auf dem Tisch standen, war auch meistens mein Bruder Martin mit Frau und Kindern im Anmarsch. Am Abend ließ ich mir dann die langsam eintrudelnden Artikel faxen, las sie und gab am Telefon Korrekturen durch oder diskutierte die aktuelle Lage. So ging das meistens bis Mitternacht. Einmal im Monat blieb ich in Hamburg und machte Dienst bei *Spiegel TV*. Oder es gab irgendeine dienstliche Reise.

So war ich im Monat jeweils zwei oder drei Wochenenden auf dem Hof. Die Zahl der Pferde war im Laufe der Jahre gewachsen, aber es wurden auch Pferde verkauft, was zu den unangenehmeren Seiten des Züchtens gehört. Aber wer Pferde züchtet, sollte auch Pferde verkaufen, sonst lässt er das mit der Züchterei besser. Ein Grundsatz, den ich bis heute leider nicht konsequent genug verfolgt habe. Es war ein nicht endendes Abenteuer von Erfolg und Misserfolg, von Freud und Leid, Geburt und Tod.

So bekam eines unserer Fohlen unmittelbar nach seiner Geburt eine Kolik. Wir holten den örtlichen Tierarzt Dr. Klute, und der diagnostizierte einen Darmverschluss, ausgelöst dadurch, dass das embryonale Darmpech nicht abgegangen war. Das Fohlen müsste sofort operiert werden. Wir holten also von meiner Mutter ein großes Bettlaken, breiteten es in der Box aus, das Fohlen wurde narkotisiert, und Dr. Klute schnitt ihm den Bauch weit auf. Dann drückte er am Dickdarm herum, bis das feste Darmpech in kleine Klumpen zerteilt war.

Mein Bruder Christian, Medizinstudent, und ich spielten die Operationsassistenten. Als alles zerbröselt war, drückte der Tierarzt die auf dem Bauch getürmten Gedärme wieder zurück und nähte die lange Schnittwunde zu. Kaum war die Narkose abgeklungen, stand das Fohlen wieder auf. Die Pechbröckchen verließen den Darm auf natürlichem Wege, und das Fohlen begann, bei der Mutter zu trinken. Ich versprach ihm: Wenn du das überlebst, wirst du nicht verkauft. Trotz mancher Angebote habe ich mich daran gehalten und ritt ihn lieber selbst auf kleinen Turnieren und durch den Wald. Er blieb bei uns, bis er fast 30 war. Ich nannte ihn »Grimaldi« – nach der Burg in Haut-de-Cagnes, wo mein Freund, der Nachrichtenhändler, Frank Peter Heigl nebenan wohnte.

Durch Grimaldi nahm der Betrieb eine neue Wende. Ein Freund, der damals die Vermarktung des Derbys in Hamburg-Flottbek organisierte, schenkte mir zum Geburtstag eine Trainingsstunde bei dem englischen Olympiareiter John Whitaker. Ich solle mein Pferd einfach aufladen, zum Derbyplatz kommen, und dann würde John mir ein paar Tipps geben. Eigentlich ziemlich verrückt – während des Turniers als Amateur auf dem Abreiteplatz in Flottbek, Übungsstunde bei einem Weltklassereiter. Aber man muss Geschenke ja auch annehmen. Ich ritt also meine Runden, die Stangen blieben liegen.

Dann sagte John: »May I ride the horse?« Ich stieg ab und musste die Stangen höher legen, sehr viel höher. Sie blieben liegen. John stieg ab und sagte: »Do you want to sell the horse?«

Ich schüttelte den Kopf: »No.«

Die Szene fand vor reichlich Publikum statt, darunter Elisabeth von Buchwaldt, die Frau des zweimaligen Derbysiegers Achaz von Buchwaldt. Nicht lange danach stellte ich das Pferd in ihren Stall. Aber ganz abgeben wollte ich es nie.

Im Jahr darauf ritten wir zusammen ein Profi-Amateurspringen auf dem großen Turnierplatz in Flottbek. Achaz und ich als Profi-Amateur-Paar gewannen, und als ich mich bei der Siegerehrung umblickte, standen hinter uns die Weltklassereiter Ludger Beerbaum und Nelson Pessoa. Natürlich war das nur eine kleine Rahmenveranstaltung, und die Hindernisse waren nicht sehr hoch. Aber wir waren eben schneller als die anderen Paare aus jeweils einem Profi und einem Amateur. Die Siegesrunde auf dem großen Derbyplatz führten wir an. Am Sonntag darauf gewann Achaz das große Derby. Diesmal allein mit seinem Pferd.

Ich stellte ein weiteres Pferd zu Achaz von Buchwaldt, eine Stute, deren Namen sich meine damals dreijährige Tochter Antonia ausgedacht hatte. »Will Pony haben. Pony heißt Abilaly.« Also hieß die Stute Abilaly (Amani/Garibaldi) und gewann zunächst mit Achaz, dann mit Ulf Plate, so manches S-Springen. Als sie auf dem Dobrock-Turnier S-platziert wurde und ich voll Züchterstolz war, sagte Paul Schockemöhle trocken: »Nun bilde dir mal nicht zu viel ein, du hast ja auch Europas schnellsten Reiter für deine Krücke.«

Was den Reiter anbetraf, hatte er recht. Ulf Plate gewann dann im Winter mit Abilaly das große Verdener Turnier: Freitag Zweiter, Samstag Erster und Sonntag im Großen Preis ebenfalls Erster – vor der amerikanisch-deutschen Weltklassereiterin Meredith Michaels-Beerbaum.

Im Jahr darauf verkaufte ich die Stute in die Schweiz. Und das kam so: Gemeinsam mit zwei Kollegen vom *Spiegel* war ich wieder einmal in Sachen Bernsteinzimmer unterwegs im alten Ostpreußen, der heutigen Enklave Kaliningrad, die umgeben von EU-Staaten zum Gebiet der Russischen Föderation gehört. Als Pferdeliebhaber musste ich natürlich auch das ehemalige Landstallmeisterhaus des Trakehner Zuchtverbandes besuchen.

Wir rückten dort an und wurden vom Direktor der Schule, die dort inzwischen residierte, freundlich empfangen. Er hielt einen kleinen Vortrag über die Geschichte des Hauses und wies besonders auf den Torbogen hin, der die Einfahrt überspannte. Dieser sei mit Unterstützung des Deutschen Trakehner-Zuchtverbandes renoviert worden. Mit diesem Torbogen, so fügte er hinzu, habe es eine besondere Bewandtnis. Wenn man zu einer bestimmten Zeit unter dem Bogen durchginge und sich etwas wünschte, dann ginge der Wunsch in Erfüllung. Ich meldete mich sofort und erkundigte mich nach diesem Zeitpunkt. Der Direktor wiegelte ab: »Dazu später.«

Ich ließ mich vertrösten und sah mir stattdessen die Aufführung der Schulkinder an, die für uns die Geschichte des Schlosses vorspielten. Danach verteilten die Kinder Postkarten mit dem Torbogen in den verschiedenen Jahreszeiten. Wir durften jeder eine ziehen. Ich zog die Sommerkarte. »Schade«, sagte der Direktor. »Ihr Wunsch wird nicht in Erfüllung gehen. Der Zauber des Tores funktioniert nur in der Zeit, in der im Trakehner Landgestüt die Stuten gedeckt wurden, im Winter und im Frühling.«

Enttäuscht blickte ich auf meine Karte. Ich hatte mir schon einen der Situation angemessenen Wunsch zurechtgelegt: einmal ein teures Pferd verkaufen! Und wieder nichts! Doch dann schossen mir zwei Gedanken durch den Kopf. Erstens ist das natürlich sowieso totaler Quatsch. An solchen abergläubischen Unsinn glaube ich generell nicht. Und zweitens kommt es natürlich nicht darauf an, welche Postkarte man gezogen hat. Über die Erfüllung des Wunsches entscheidet die tatsächliche Jahreszeit. Und da war es erst Mitte Juni, also immer noch Frühling. Ich beschloss, meiner Ungläubigkeit zum Trotz, es zu versuchen. Also stellte ich mich unter den Torbogen und wünschte mir ganz fest, einmal ein teures Pferd zu verkaufen. Dann verließen wir den Gestütswärterhof und steuerten ein weiteres Gestüt in der Stadt Insterburg an.

Als wir auf das Gelände rollten, klingelte mein Mobiltelefon. Eine Schweizer Stimme meldete sich. Es war der bekannte Springreiter Willi Melliger. Er sagte: »Sie haben doch diese Stute Abilaly. Wollen Sie die verkaufen? Was wollen Sie denn dafür haben?«

Ich sagte: »200 000 Euro?«

Er sagte: »Wie wäre es mit 150 000?«

Ich willigte ein. Ein paar Tage später war das Pferd verkauft. Leider habe ich in den folgenden Jahren den Torbogen nicht mehr besucht.

In Zucht und Pferdegeschäft sind Wunder wirklich nötig, um einigermaßen über die Runden zu kommen. Oder wie man in Züchterkreisen sagt: Wie kann man mit Pferden ein kleines Vermögen machen? Indem man vorher ein großes Vermögen hatte.

9/11 – Angriff auf die USA

Es war ein Dienstag. Ich lief durch die Abflughalle des Münchner Flughafens, als mich Cassian von Salomon von *Spiegel TV* anrief: »Da ist gerade ein Flugzeug in einen der Türme des World Trade Center geknallt. Wahrscheinlich ein Sportflugzeug.«

Ich bestieg die Maschine nach Hamburg. Nach der Landung telefonierten wir wieder, und da war klar, dass es kein Sportflugzeug gewesen war, das in die Zwillingstürme gerast war. Wir setzten alle Redakteure darauf an, so viel wie möglich für die Titelgeschichte zusammenzutragen. In Krisensituationen funktionierte die *Spiegel*-Redaktion wie die Einsatztruppe einer Armee. Je größer das Ereignis war, desto kleiner machte ich die Titelzeile. Auf einem Foto, das zeigte, wie die zweite Maschine in den zweiten Turm flog, stand in kleinen Schreibmaschinenbuchstaben nichts anderes als: »9/11 – Der Krieg im 21. Jahrhundert«.

Es wurde der mit 1 446 325 Exemplaren am meisten verkaufte *Spiegel*-Titel der Geschichte. Und ausgerechnet für diese Woche hatten wir seit Monaten eine Preiserhöhung geplant. Journalismus profitiert von Katastrophen, da darf man sich keine Illusionen machen.

Immerhin waren Geschäftsführer Seikel und ich den lautstark und im Befehlston vorgetragenen Wünschen des Sprechers der Mitarbeiter-KG nicht nachgekommen, als wir im Mai das monatliche Magazin *Reporter* eingestellt hatten. Es hatte sich gut, aber nicht so gut verkauft, wie es den waghalsigen Prognosen des Verlages und der Gesellschafter entsprach.

Nur 80 000 statt der gewünschten 150 000 Exemplare hatten wir bei den ersten Ausgaben abgesetzt. Ich hatte auch nicht mit mehr gerechnet. Aber bevor wir von den Gesellschaftern gezwungen würden, das Heft einzustellen, hatte ich nach einem Gespräch mit dem Chefredakteur Cordt Schnibben selbst vorgeschlagen, das Experiment zu beenden.

Die von Schnibben sorgfältig ausgesuchten und mit viel Überzeugungskraft abgeworbenen und zum *Spiegel* geholten Reporter wieder zu entlassen hielt ich jedoch für einen großen Fehler. Das brachte den Sprecher der Mitarbeiter-KG Dr. Thomas Darnstädt auf die Palme. »Alle entlassen!«, brüllte er mich an. Aber dafür war die KG nicht zuständig. Wir behielten sie alle, und ich richtete ein neues Ressort ein: »Gesellschaft«. Dirk Kurbjuweit, Ulrich Fichtner, Alexander Osang und Alexander Smoltczyk konnten bleiben.

Cordt Schnibben schrieb darüber später: »Seit wir als Ressort im *Spiegel* einen festen Platz hatten, war die Zusammenarbeit mit Stefan Aust enger; nach dem – im Nachhinein glücklichen und weitsichtigen – Untergang des *Spiegel Reporter* waren wir eine das Blatt beeinflussende Gang, die auch die Aufmerksamkeit und den Zuspruch von Rudolf Augstein fand.«

Als 9/11 New York und die Welt erschütterte, hatten wir außer den erfahrenen Auslands- und Inlandsredakteuren die besten Reporter der Republik in der Redaktion. Unter Cordt Schnibbens Leitung setzten sie sich auf die Spur der Terroristen und lieferten eine beispiellose Serie über die Vorgeschichte und den Ablauf des Anschlages auf die Zwillingstürme in New York. Am liebsten wollten wir daraus ein Buch machen, das zeitgleich auf Deutsch und auf Englisch erscheinen sollte. Doch zunächst fanden wir keinen amerikanischen Verlag, der in so kurzer Zeit den Text übersetzen und als Buch herausgeben konnte. Also entschieden wir kurzerhand, das Manuskript selbst übersetzen zu lassen. Als der Text auf Englisch vorlag, fand sich sofort ein Verlag.

Das Buch *Inside 9-11 – What Really Happened* erschien in den USA als erstes zum Thema 9/11, lange bevor die amerikanischen Verlage die Geschichte der Geschichten recherchiert, geschrieben und herausgebracht hatten. Das *Spiegel*-System funktionierte auch bei diesem Buchprojekt. Mehrere Autoren recherchierten und schrieben, ein Redakteur machte daraus einen Titel oder wie in diesem Fall ein Buch.

Das Gesellschaftsressort wurde eine der wichtigsten Neuerungen. Als reines Nachrichtenmagazin wäre der *Spiegel* in einer Zeit der Nachrichtenüberflutung durch Print, Fernsehen und Hörfunk nicht überlebensfähig gewesen – im heraufziehenden digitalen Zeitalter erst recht nicht. Jede sensationelle neue Nachricht war tausend Mal um die Welt gegangen, bevor eine Druckmaschine überhaupt angelaufen war, von der Auslieferung des Magazins zum Kiosk ganz abgesehen.

Also musste das Blatt ein »Lesevergnügen« anbieten, durch gut geschriebene Texte und die spannende Darstellung von Zusammenhängen und Hintergründen. Auch Erkenntnis konnte »Lesevergnügen« sein. Deshalb stellten wir bei Neueinstellungen intern durchaus die Frage, ob der Kandidat oder die Kandidatin auch »schriftstellerisch« gut genug war. Durch die Arbeit beim Fernsehen hatte ich gelernt, dass die unmittelbare Recherche, das direkt geführte Interview Basis jeder Geschichte war. Ein schreibender Journalist kann schon mal Zitate aus Interviews verwenden, die jemand anders gemacht hatte, kann sich aus Gesprächen einiges zusammenbasteln. Beim Fernsehen war jeder gesendete Satz original. Deshalb reagierte ich auch allergisch darauf, wenn etwa in einer Reportage Passagen vorkamen, die der Reporter gar nicht wissen konnte, etwa, was die betreffende Person gerade gedacht oder gar gefühlt hatte. Dann schickte ich einen Text nicht selten zurück mit der Frage: »Woher können Sie das eigentlich wissen?« Auch bei der Erzählung im Präsens war ich skeptisch. In einer Fernsehreportage ist das möglich, denn die Kamera zeigt, was gerade geschieht: »Er steigt aus dem Auto und sagt ...« In einer geschriebenen Reportage spiegelt das Präsens etwas wieder, was längst geschehen ist, also in der Vergangenheit liegt.

Ich selbst recherchierte damals immer noch gern mit, schrieb aber kaum, sondern versuchte, die Redaktion so zu organisieren und zu motivieren, dass der bestmögliche *Spiegel* dabei herauskam. Zwar stimmte nicht, was in verschiedenen Artikeln immer wieder auftauchte, in meinem Chefredakteursvertrag sei ein Passus enthalten, dass ich nicht im *Spiegel* schreiben dürfe. Aber tatsächlich schrieb ich in 13 Jahren als *Spiegel*-Chefredakteur fast gar nichts. Nur, wenn ich am Wochenende wieder mal Dienst bei *Spiegel TV* machte, dann tippte ich meine Moderationen und manche Filmtexte selber.

Beim *Spiegel* gab es bessere Schreiber als mich selbst – und ich hatte auch genug zu tun als Manager einer großen Redaktion, aus der ich die bestmöglichen Leistungen herausholen musste. Wie mein Vater schon immer gesagt hatte: Ein guter Antreiber ist mehr wert als zehn schlechte Arbeiter. Was musste dabei herauskommen, wenn es keine Schlechten, sondern die Allerbesten waren, die auf dem Journalistenmarkt zu haben waren! Aber es waren natürlich auch nicht alle einfache Personen, die als *Spiegel*-Rechercheure oder -Reporter auf die Spur von Affären gesetzt wurden. Ich nannte sie immer »Fehlerkucker«, die bei anderen Menschen, bei Politikern, Wirtschaftsführern, Gewerkschaftern, bei Medizinern, Beamten, bei Pferde- oder Waffenhändlern, nach Missetaten suchten. Und diese Eigenschaft, für die wir sie eingestellt hatten, gaben sie ja nicht an der Garderobe des Verlagshauses ab.

Manchmal kam ich mir vor wie ein Dompteur im Zirkus, der die Löwen und Tiger dazu bringen muss, durch den Feuerring zu springen, dabei nicht über das Publikum herzufallen und sich auch nicht gegenseitig zu zerfleischen. Und dann musste er sie auch noch im Auge behalten und durfte ihnen niemals den Rücken zudrehen.

Erst zehn Jahre später, als ich längst weg war, stieg ich selbst noch einmal in die Geschichte des Anschlages auf das World Trade Center ein und machte für die ARD einen Film über die Folgen des Angriffs: *Die Falle 9/11*.

Schröders zweite Wahl

Am 22. September 2002 wurde gewählt. Gerhard Schröders SPD verlor 2,4 Prozent, hatte aber mit 38,5 Prozent gerade noch 6000 Stimmen mehr als die CDU/CSU und ihr Kandidat Edmund Stoiber. Schlau, wie sie ist, hatte Angela Merkel ihm die Kandidatur angetragen. Die Grünen gewannen 1,9 Prozent der Stimmen dazu und kamen auf 8,6 Prozent. Da die FDP mit 7,4 Prozent hinter ihnen lag, konnte Schröder mit Rot-Grün weiterregieren. Er hatte es geschafft, die PDS mit 4 Prozent aus dem Bundestag herauszuhalten. Das war vor allem sein Erfolg, weil er Deutschland aus dem Irakkrieg herausgehalten hatte.

Er begann seine neue Regierungszeit eher müde. Die Titelgeschichte im *Spiegel* (47/2002) »Vorwärts und vergessen« begann so: »An dieser Stelle müsste eine Vermisstenanzeige stehen. Gesucht wird jener Sozialdemokrat, dessen Markenzeichen es einst war, laut und deutlich – und notfalls eben überdeutlich – zu sagen, was los ist im Lande.«

Dieser Mann, Gerhard Schröder, der seinen Aufstieg als Modernisierer in bewusster Abkehr vom Katechismus der Partei organisierte, sei den Deutschen abhandengekommen. Spätestens seit dem 22. September habe er sich irgendwo zwischen Beinahe-Niederlage und Dann-doch-noch-Sieg verlaufen.« »Die Erkenntnisse von einst sind nicht völlig vergessen, aber wohl gründlich verdrängt.« Der Regierungschef, das erlebe jeder, der ihm gegenübertrete, sei »im Zustand ziemlicher Ermattung«.

Irgendwie glaubten wir wohl immer noch an einen Gerhard Schröder, an den er selbst nicht mehr so richtig glaubte. Die Agenda 2010 sollte seiner Regierung eine neue Bedeutung geben – über das Jahr der nächsten Bundestagswahl hinaus. Und in gewissem Sinne kam das auch so.

Augsteins Tod und die Mähne des Löwen

Die Nachricht erreichte mich in Hanoi: Rudolf Augstein war zwei Tage nach seinem 79. Geburtstag gestorben. Ich nahm das nächste Flugzeug zurück nach Hamburg. In der Maschine schrieb ich eine Art Nachruf, den wir dann in der Ausgabe am Montag als Hausmitteilung druckten. Oft genug hatten wir über seinen Tod und den Tod an sich gesprochen, wenn der »Große Uhrmacher« den Apparat abstellt. Ich hatte mir einige Texte von ihm mit auf die Reise genommen, für den Fall der Fälle.

»11. November 2002 – Betr.: Rudolf Augstein
›Der hier liegt, starb zu früh‹, das sollte auf seinem Grabstein stehen. Oder: ›Er hat seine Pflicht und Schuldigkeit getan‹. Aber: ›Von mir aus bedarf es überhaupt keines Steines. Mir würde es genügen, wenn einige Leute den Gedanken hegen, der *Spiegel* sei diesem Lande mehr nützlich als schädlich gewesen und sei es noch.‹

Jetzt ist er tot. Rudolf Augstein starb am Morgen des 7. November. Zwei Tage zuvor, am 5., war er 79 geworden. ›Remember, remember the 5th of November‹, das hatte er immer gesagt, zum Guy-Fawkes-Day. Im Jahre 1605 wollte dieser englische Katholik mit 36 Fass Schießpulver das House of Lords in die Luft sprengen. Der Plan flog auf, und Guy Fawkes sowie sieben weitere Verschwörer wurden hingerichtet.

So weit wollte die Staatsmacht im Fall Rudolf Augstein denn doch nicht gehen. Aber immerhin 103 Tage Gefängnis hatte im Oktober 1962 die vorübergehend kurzgeschlossene zweite und dritte Gewalt des Adenauer-Staates zu bieten. Genau 40 Jahre ist das her – und die *Spiegel*-Affäre ging ein in die Geschichte der Bundesrepublik.

Rudolf Augstein wurde zum Symbol für journalistischen Widerstand gegen die aus dem demokratischen Ruder laufende Staatsmacht. Er wurde ein Held wider Willen. Als er mit der Carl-von-Ossietzky-Medaille geehrt werden sollte, lehnte er das ab: ›Mir schien ein Missverständnis vorzuliegen. Nur weil auch ich, wie Ossietzky, wegen unterstellten Landesverrats im Gefängnis gesessen hatte, durfte ich mich doch nicht mit diesem von den Nazis im KZ um den Tod misshandelten Friedensnobelpreisträger des Jahres 1935 an die Seite stellen.‹

Die Presse als vierte Gewalt? Gern erzählte Augstein die Geschichte vom ungarischen Schuster, der einst in einem kleinen Dorf sein Einmonatsblatt redigierte und glücklich vor sich hin murmelte: ›Was wird der Zar sich am Montag ärgern!‹

Und doch freute er sich jeden Samstag nach Druck des *Spiegel* darauf, ›wo der Torpedo am Montag einschlagen würde‹. (…)

Rudolf Augstein wollte Öffentlichkeit herstellen, nicht mehr, aber auch nicht weniger: ›Ich gebe mich der Hoffnung hin, wir hätten dazu mehr beigetragen als viele andere.‹

›Sturmgeschütz der Demokratie‹ hatte er in jungen Jahren den *Spiegel* genannt. Das Zitat aber, das seither dem Nachrichtenmagazin als Etikett anhängt, war durchaus ironisch gemeint und lautet in der Fassung von 1963: ›In der Ära Adenauer waren wir das Sturmgeschütz der Demokratie, mit verhängten Sehschlitzen. Im ärgsten Kampfgetümmel, wo man uns manche Hafthohlladung appliziert hatte, erreichten wir nicht entfernt die Wirkung wie in dem Moment, da man uns wie mit einem Natz auf den Trockenboden schleppte und die Armierung zu demontieren gedachte.‹ Er meinte damit die *Spiegel*-Affäre. Als Opfer der Staatsmacht war er einflussreicher geworden als je zuvor.

Und später, als 70-Jähriger, fügte er hinzu: ›Sturmgeschütze sind nur in Zeiten angebracht, wo es etwas zu stürmen gibt.‹ Auf das erstaunte ›Wie bitte?‹ junger *Spiegel*-Redakteure antwortete er: ›Das Land ist im Kern gesund‹, um gleich danach die Position zu wechseln: ›Wenn ich sage, Deutschland ist ein kerngesundes Land, dürfen Sie die Ironie, die mitschwingt, da das Zitat schließlich von Heine stammt, nicht außer Acht lassen.‹

Das war seine Dialektik. Er ließ sich nie auf etwas festnageln, was man in den Neunzigerjahren als Political Correctness zu bezeichnen begann: ›Wenn ich meiner Sache sicher bin, ist mir egal, was andere Leute dazu sagen und schreiben.‹

Er war unabhängig und kritisch, vor allem gegen die Regierenden aller Couleur, zuweilen auch unberechenbar, aber nie zu instrumentalisieren. (…)

Er blieb die Seele des ›Unternehmens Aufklärung‹, das der *Spiegel* war und ist, und er war keiner, der das Magazin als politisches Kampfinstrument begriff. ›Der Journalist‹, schrieb er, ›hat nicht das Mandat, Wahlen zu gewinnen und Parteien zu promovieren. Er gerät auf die Verliererstraße, wenn er versucht, Kanzler und Minister zu machen, große oder kleine Koalitionen zu begünstigen, kurz, wenn er der Versuchung erliegt, Politik treiben zu wollen. Unternimmt er es dagegen, Erkenntnissen zum Durchbruch zu verhelfen und zu sagen, was ist, dann ist er mächtig.‹ Das war keine falsche Bescheidenheit, sondern Einsicht in die wirkliche Wirksamkeit der Presse: ›Richtig informieren heißt auch schon verändern.‹ (…) Und: ›Wenn Einfluss auf die Geister Macht ist, dann hat der Journalist Macht.‹ Die aber hielt er für ›ziemlich begrenzt‹.« Aus diesem Zitat stammt der Satz: »Sagen, was ist«, den ich als Titel für ein Buch mit

Spiegel-Reportagen auswählte und der heute als Augsteins journalistisches Motto an der Wand des Foyers im *Spiegel*-Gebäude steht.

Ich schloss meine Hausmitteilung zum Tod von Rudolf Augstein mit den Worten: »Er hat durchgehalten bis zum letzten Atemzug. Einer, dessen Lebensaufgabe identisch war mit seiner Person. Rudolf Augstein war der *Spiegel*, der *Spiegel* war Rudolf Augstein – und so bleibt es. ›Wird es nach Ihnen noch einen Herausgeber geben?‹, fragten ihn Mitarbeiter, als er 70 wurde, und er antwortete: ›Das ist nicht zwingend für die Zukunft.‹

Nein, es ist nicht zwingend. Denn Rudolf Augstein wird bleiben, solange es den *Spiegel* gibt.

Nach ihm kann und wird es keinen Herausgeber geben, der diesen Titel verdient. Die Schuhe sind zu groß. Sie sich anzuziehen wäre eine Anmaßung. So wird der Gründer und Herausgeber des *Spiegel*, Rudolf Augstein, auch weiterhin die Richtlinien vorgeben. Tot und doch lebendig.«

Es war der erste und zugleich letzte längere Text, den ich im *Spiegel* geschrieben hatte. Nach Augsteins Tod, das war mir absolut klar, waren meine Tage dort gezählt. Der gescheiterte Versuch Rudolf Augsteins, ein Prozent der Anteile, das sie für eine Sperrminorität brauchten, von Gruner + Jahr zurückzubekommen, war gescheitert. Die Gesellschafter machten auch keine erkennbaren Anstalten, Franziska oder Jakob in eine Chefredakteurs- oder gar Herausgeberrolle zu berufen. Zum Leidwesen Franziska Augsteins wurde dann auch noch ihr Bruder Jakob Sprecher der Erbengemeinschaft in der Gesellschafterversammlung. Vermutlich wusste sie auch, dass Jakob noch nicht einmal das leibliche Kind von Rudolf war. Sein Vater ist Martin Walser, was Rudolf nach meiner Kenntnis bis zu seinem Tod nicht gewusst hat. Bekannt wurde es erst Jahrzehnte später, als Jakob selbst darüber sprach.

Augsteins Tod war eine Zäsur für den *Spiegel*. Der Streit um sein journalistisches Erbe ging schon bei der Trauerfeier in der Hamburger Michaeliskirche los. Verlagsgeschäftsführer Seikel hatte mit allen Beteiligten ausgehandelt, wer bei der feierlichen Veranstaltung sprechen sollte. Bundespräsident Rau, Publizist und Historiker Joachim Fest und der Hamburger Bürgermeister Ole von Beust waren die weltlichen, Hauptpastor Helge Adolphsen der geistliche Redner. Weder vom Verlag noch von der Redaktion oder von der Familie sollte es weitere Trauerredner geben. Nur eine hielt sich nicht an die Vereinbarung, Franziska Augstein.

Sie hatte sich sorgfältig auf diesen Scoop im Michel vorbereitet. Das Büro des Bundespräsidenten war unterrichtet worden, außerdem hatte sie sich von den Organisatoren der Trauerfeier im Hamburger Senat einen Platz ganz vorn am Gang reservieren lassen. Dann schritt sie ans Mikrofon.

Sie sprach davon, dass in der Sonderausgabe zum Tode ihres Vaters der Name falsch gedruckt sei. Er hieße nicht Rudolf Karl, sondern Karl Rudolf. Das sei nicht wichtig, aber Ordnung müsse sein. Sie redete davon, dass den toten Löwen auch die Hasen an der Mähne zupften, dass ihr Vater mehr Achtung vor den Kleinen als vor den Großen gehabt habe und dass er Abgesandte der Deutschen Bank im Bademantel empfangen hätte, die mit ihm über das Bernsteinzimmer reden wollten.

Viel ist in die Rede hineininterpretiert worden, und das war wohl auch die Absicht des unangemeldeten Auftritts. Niemand hätte es ihr als Tochter verwehrt, eine Trauerrede zu halten, wenn sie darum gebeten hätte. Nun schüttete sie Spitzen aus. »Pfeilschnell – die Schlacht geht los« titelte ihre ehemalige Zeitung, die *FAZ*, und meinte: »Hier wurde mit treffsicheren Worten die Schlacht um die Nachfolge von Rudolf Augstein als Herausgeber des *Spiegel* freundlich, aber mit amazonenhafter Sicherheit eingeleitet.« Die Zeitung mutmaßte, dass die Worte der Tochter »treffsicher auch gegen Stefan Aust gerichtet waren«. Auch der *Tagesspiegel* meinte, sie hätte »gezielte Spitzen gegen den *Spiegel*-Chefredakteur Stefan Aust abschießen wollen«. Und *Die Welt* schrieb: »Ihre kurze, im Programm nicht vorgesehene Rede erwähnte den *Spiegel*-Chef Stefan Aust nicht – und attackierte ihn doch überdeutlich: »Er (Augstein) wusste, den toten Löwen zupfen auch die Hasen an der Mähne.«

Ich empfand das nicht so. Dass ich je wie ein Hase an der Mähne des toten Löwen gezupft hätte, daran konnte ich mich nicht erinnern – so lange war er ja auch noch nicht tot. Für die falsche Reihenfolge der Vornamen ihres Vaters war – wenn überhaupt – die Dokumentation und nicht der Chefredakteur zuständig. Dass man dafür einen recherchierenden Blick in die Geburtsurkunde hätte werfen müssen, leuchtete mir nicht ein. Und die Anekdote, dass Augstein Abgesandte der Deutschen Bank im Bademantel empfangen hatte, um deutlich zu machen, dass ihn das Bernsteinzimmer kein bisschen interessierte, war ziemlich weit hergeholt, jedenfalls wenn sich das auf mein Interesse daran beziehen sollte. Der morgendliche Empfang lag lange vor meiner Zeit beim *Spiegel,* und im Übrigen hatte Augstein sich für das Bernsteinzimmer interessiert, lange bevor ich von ihm angesteckt wurde.

Franziska Augstein zu unterstellen, sie hätte die Trauerfeier im Michel als Bühne zur Beanspruchung der Herausgeberrolle genutzt und um Pfeile auf den amtierenden Chefredakteur abzufeuern, fand ich eher abwegig. Ich fühlte mich nicht angegriffen. Es war ihr gutes Recht als trauernde Tochter, sich so in Szene zu setzen, wie sie es getan hatte. Das sollten die Geschwister unter sich ausmachen. Ich beanspruchte die Herausgeberrolle jedenfalls nicht. Die Schuhe waren mir zu groß. Wenn andere sie sich anziehen wollten, nur zu. Ich war ein Angestellter und kein Erbe. Sollten sie sich doch um die Mähne des Löwen streiten.

Im Testament und in der *Spiegel*-Satzung hatte Rudolf Augstein festgelegt, dass seine Erben ein Prozent der Anteile am *Spiegel* abgeben mussten und fortan nur noch über 24 Prozent verfügen sollten. Das eine Prozent ging je zur Hälfte an die

Mitarbeiter-KG und an den Teilhaber Gruner + Jahr, der nun über 25,5 Prozent verfügte. Augstein wollte immer, dass sich seine Kinder Franziska und Jakob durch eigene Leistung in den *Spiegel* hineinschrieben und nicht dadurch, dass er ihr Vater war.

Alle wesentlichen Entscheidungen beim *Spiegel* mussten mit 75 Prozent Mehrheit getroffen werden. Damit hatten die Erben praktisch nur noch das Recht, bei den Gesellschaftersitzungen mitzureden. Entscheiden konnten sie nichts, hatten keinen Einfluss auf Inhalt, Ausrichtung und Personal des *Spiegel*. »Was lag da näher«, schrieb Manfred Bissinger später, »als den Schulterschluss mit der Mitarbeiter-KG zu proben. Der Fuß sollte in der Tür bleiben, und die erbitterte Gegnerschaft zu Stefan Aust eskalierte. Denn der hatte im *Spiegel* nach dem Tod des Gründers geschrieben: ›Nach ihm kann und wird es keinen Herausgeber geben, der diesen Titel verdient. Die Schuhe sind zu groß. Sie sich anzuziehen wäre eine Anmaßung.‹« Damit sei der Traum der Kinder, einmal selbst als Herausgeber des *Spiegel* zu amtieren, fürs Erste erledigt gewesen.

Da Rudolf Augstein mich gegen alle Widerstände als Chefredakteur durchgesetzt hatte, war mir also klar, dass meine Tage dort gezählt waren. Es wurden mehr, als ich erwartet hatte. Aber dass Augsteins Kinder und KG die Herrschaft übernehmen wollten, war klar. Sie mussten nur noch Gruner + Jahr auf ihre Seite ziehen. Da kam ihnen später eine besondere Fehlbesetzung entgegen, die G+J sehr, sehr viel Geld kostete und anschließend beim *Spiegel* für eine noch größere Fehlbesetzung sorgte.

Der angekündigte Krieg

Ich flog in diesen Tagen und Wochen häufig nach Washington, wo der deutsche Botschafter Wolfgang Ischinger uns immer interessante Gesprächsrunden zusammenstellte. Meistens waren es Politiker der Demokraten oder Wissenschaftler von Think-tanks. Durchweg waren sie – genau wie George W. Bush – für einen Kriegseinsatz gegen Saddam Hussein und erklärten überzeugend, was für ein grausamer Despot der irakische Diktator sei. Da hatten sie zweifellos recht, aber ich erlaubte mir die Frage, warum die Amerikaner und ihre saudischen Verbündeten denn Saddam Hussein im Krieg gegen den Iran unterstützt hatten. Damals war ich für die ARD auf der iranischen Seite auf dem Kriegsschauplatz gewesen.

Nachdem der Irak Kuwait überfallen und besetzt hatte, war Präsident Bush senior in den Krieg gegen Saddam gezogen, hatte ihn aus Kuwait vertrieben, war aber davor zurückgeschreckt, den Machthaber zu stürzen. War das vielleicht die bessere Strategie? In einem Krieg, so »gerecht« er auch sei, sollte man zwei Dinge nicht ganz vernachlässigen: Konnte man ihn gewinnen? Und was war danach? Aber in der andauernden Empörung über den Terroranschlag von 9/11 spielten diese Fragen offenbar keine Rolle mehr.

Auch die Frau, die später einmal deutsche Bundeskanzlerin werden sollte, neigte eher einem militärischen Einsatz unter deutscher Beteiligung zu. Als Gerhard Schröder 2003 ein kompromissloses Nein zu einer deutschen Beteiligung am Irak-Einsatz aussprach, erschien in der *Washington Post* ein Gastbeitrag von Angela Merkel. Unter der Überschrift »Schröder spricht nicht für alle Deutschen« schrieb sie: »Die wichtigste Lektion der deutschen Politik – nie wieder deutsche Alleingänge – wird mit scheinbarer Leichtigkeit von einer Bundesregierung beiseitegewischt, die genau das aus wahltaktischen Gründen getan hat. Jeder, der militärisches Handeln auch als letztes Mittel ausschließt, schwächt den Druck, der auf Diktatoren ausgeübt werden muss, und macht Krieg nicht unwahrscheinlicher, sondern wahrscheinlicher.« Dass eine Oppositionsführerin sich in einer ausländischen Zeitung so kritisch über die Politik des Bundeskanzlers aussprach, war eher ungewöhnlich.

Wenige Tage nach dem Beginn des Irakkrieges legte Merkel noch einmal nach. Trotz der weitverbreiteten Bedenken an der

CDU-Basis und in der deutschen Öffentlichkeit verteidigte sie den amerikanisch-britischen Angriff ausdrücklich als unumgängliche Schadensbegrenzung. In der ARD sagte sie: »Man hatte einen Punkt erreicht, an dem der Krieg unvermeidbar geworden war. Bei einem Nichthandeln wäre der Schaden noch größer geworden.«

Und der Rückschluss war nicht ganz von der Hand zu weisen, dass Merkel als Kanzlerin damals eben nicht Nein zu einer deutschen Beteiligung am Irakkrieg gesagt hätte.

Der Goldschatz von Eberswalde

Es waren acht Goldschalen, goldene Ringe und Spiralen, von denen in Deutschland nur die Replik auf einer Drehscheibe im Berliner Museum für Völkerkunde ausgestellt werden konnte. Jahrzehnte schwieg die große alte Dame des russischen Kulturbetriebes, die Leiterin des Puschkin-Museums, zum Thema Goldschatz. Sie hütete das Staatsgeheimnis seit Kriegsende. Damals hatte die 24-Jährige die Holzkisten mit dem Schatz in Berlin persönlich in Empfang genommen. Seitdem hatte kein Deutscher mehr das prähistorische Gold zu Gesicht bekommen. Erst wenige Wochen zuvor waren Teile des legendären Fundes aus einem geheimen Museumsdepot geholt worden.

Im Auftrage der Stiftung »Preußischer Kulturbesitz« mühte sich der Wissenschaftler Klaus Goldmann seit Jahren, von den Russen wenigstens eine Bestätigung dafür zu bekommen, dass sie den Goldschatz in Verwahrung hatten. Doch für Irina Antonowa war Schweigen Gold.

Bei der Errichtung des Fundamentes eines Wohnhauses in Eberswalde waren Arbeiter 1913 auf ein Tongefäß gestoßen, in dem knapp drei Kilo Gold lagerten, insgesamt 81 Teile. Erst die genaue Untersuchung des Gefäßes erlaubte die Rückdatierung auf die Bronzezeit. Es war der bis dahin älteste prähistorische Fund auf deutschem Boden. Der damalige Eigentümer des Geländes übergab den Fund dem deutschen Kaiser, auch er ein erklärter Hobbyarchäologe.

Während des Krieges wurden die Kisten zunächst in den Tresorräumen der Preußischen Staatsbank und danach hinter betondicken Mauern im Zoo eingelagert. Als die Rote Armee im Mai 1945 einrückte, ließen die sowjetischen Kunstexperten den Flakturm räumen, bevor er zum Teil der britischen Zone erklärt wurde. Der Goldschatz wurde gemeinsam mit dem Schatz von Troja umgehend nach Moskau ausgeflogen und im Puschkin-Museum eingelagert. Der Verbleib war ein Staatsgeheimnis.

Genau 90 Jahre nach der Entdeckung und 58 Jahre und sieben Monate nach dem Verschwinden tauchte der Schatz wieder auf. Im Dezember 2003 wurden nach monatelangen Vorverhandlungen meine Kollegin Anna Sadownikowa und ich nach Moskau eingeladen, um über den Goldschatz zu reden. Und das taten wir dann – stundenlang. Doch plötzlich gab der stellvertretende Museumsleiter grünes Licht. Wir sollten die Kamera aufbauen und weiße Handschuhe anziehen. Dann wurde ein Teil des Goldschatzes hereingetragen, und wir durften ihn in die Hand nehmen, bestaunen – und vor allem filmen.

Die russische Geste sollte nur ein Anfang sein – und blieb es leider auch. Irina Antonowa wollte ihre Schätze allenfalls ausstellen. An eine Rückgabe dachte sie nicht: »Wenn wir anfangen würden, unsere Kunstsammlungen zu verteilen, dann müssten konsequenterweise alle Museen der Welt ihre Bestände entsprechend neu sortieren. Das führt nur ins Chaos. Denn es wäre ungefähr so, als würde man die derzeitigen Grenzverläufe neu bestimmen wollen. Man muss das so belassen, wie es historisch entstanden ist.«

Wir zeigten den Beitrag über den Goldschatz von Eberswalde in der folgenden Sendung von *Spiegel TV*. Die Wissenschaftler der »Stiftung Preußischer Kulturbesitz«, die sich jahrelang vergeblich bemüht hatten, den Schatz zu Gesicht zu bekommen, waren nicht begeistert. Immerhin hatten wir sie zuvor ausführlich über den Schatz befragt und die Replik gefilmt, aber nichts davon gesagt, dass wir das Original möglicherweise zu sehen bekämen. Nein, das hatten wir nicht. Aber wir hatten es auch nicht gewusst, bevor uns das Gold in Moskau präsentiert wurde. Es war ein kleines, verspätetes Dankeschön für das Steinmosaik aus dem Bernsteinzimmer.

Gute Botschaften und Sandkastenspiele

Auch der *Spiegel*-Verlag hatte ein goldenes Jahr hinter sich. Im Dezember 2003 schrieben die Sprecher der Mitarbeiter-KG, Dr. Thomas Darnstädt und Karl Gill, an die stillen Gesellschafter: »Lange haben wir zum Jahresende nicht mehr so gute Botschaften überbringen können. Unser Anteil am Gewinn des Geschäftsjahres 2003 wird mehr als doppelt so hoch sein wie im Jahr zuvor. Es gibt fast so viel wie 1999 – wenn auch immer noch weniger als im Superjahr 2000. Die Geschäfte unseres Unternehmens entwickeln sich nach der Flaute der vergangenen beiden Jahre langsam besser. Der *Spiegel* verkauft sich deutlich besser denn je, die Abo-Auflage, die besonders gute Erlöse bringt, steigt.« Auch bei den Anzeigen gehe es – nicht nur bei uns – bergauf. Die Krise scheine überwunden. Das läge an den Sparprogrammen. »Und an der Chefredaktion, die ein Produkt verantwortet, das sich toll und teuer verkaufen lässt.« Das Jahr 2003 sei das erste ohne Rudolf Augstein. »Es hat sich gezeigt, dass Gesellschafter und Geschäftsführung für die Zukunft des Hauses gleiche Ziele verfolgen.« Es hätte keine großen Turbulenzen und auch keine übergroßen Machtkämpfe gegeben. »Der Platz des Herausgebers bleibt unbesetzt – wer sollte ihn auch ausfüllen können?«

Auch *Spiegel TV* habe bei den Umsätzen deutlich zugelegt. Ein Teil des guten Ergebnisses von *Spiegel TV* würde vereinbarungsgemäß und im geplanten Umfang noch immer für XXP investiert. »Der kleine Sender, so die Hoffnung, wird sich stabilisieren, wenn er sein Programm über einen analogen Satelliten ausstrahlen kann.«

Tatsächlich war es so, dass ich bei der Gründung unseres kleinen Senders XXP eine Genehmigung der Gesellschafter eingeholt hatte, die Hälfte der laufenden Einnahmen von *Spiegel TV* – auf der Basis einer Umsatzrendite von 8 Prozent – in den neuen Sender zu investieren. Daran hatten wir uns gehalten – und nur noch die Hälfte, also 4 Prozent, an die Gesellschafter ausgeschüttet, die das Geld dann unter sich verteilten: etwa 50 Prozent an die Mitarbeiter-KG, also die stillen Gesellschafter, zu denen nur die Print-Mitarbeiter gehörten, sowie an Gruner + Jahr und die Augstein-Erben. Die Mitarbeiter von *Spiegel TV*, damals etwa 350, bekamen davon nichts ab.

Schon damals wurde im Print-*Spiegel* – und vor allem in der Mitarbeiter-KG – gelegentlich darüber gesprochen, wie lange man sich den Luxus des Senders XXP noch leisten wollte. Ohne die Investition könnte man ja nicht nur die Hälfte, sondern den gesamten Gewinn an die *Spiegel*-Gesellschafter ausschütten. Und im Übrigen seien das sowieso nur Sandkastenspiele des Chefredakteurs, der sich den Traum eines eigenen Senders erfüllen wolle.

Ich war da anderer Auffassung. Die Sendeplätze der dctp, die uns eine unabhängige, eigenverantwortliche Ausstrahlung bei RTL, Sat.1 und VOX garantierten, waren möglicherweise nicht unendlich sicher. Da blieb uns kaum etwas anderes übrig, als einen eigenen Sender aufzubauen, nachdem alle Versuche einer Beteiligung von VOX bis ProSieben und Sat.1 von den Gesellschaftern abgelehnt worden waren.

Das musste auch zügig gehen, solange Fernsehen noch analog ausgestrahlt wurde. Nur so konnte man einen Platz unter den ersten 30 Sendern haben. Später, wenn Fernsehen digital ausgestrahlt würde, wäre es billiger, auf Sendung zu gehen, aber man würde dann ganz hinten auf der Programmskala sitzen, ohne Aussicht auf eine nennenswerte Zahl von Zuschauern.

Und tatsächlich war XXP der letzte neu gegründete Sender unter den analogen Programmen. Deshalb wurde der ein paar Jahre später auch richtig teuer und bescherte den Gesellschaftern des *Spiegel* einen gewaltigen Profit. Für *Spiegel TV* war das ein Ende der Zukunftschancen. Aber dazu später.

Der Windkraftwahn

Im März gab ich einen Titel in Auftrag, der mir heute noch vorgeworfen wird: »Der Windmühlen-Wahn – Vom Traum umweltfreundlicher Energie zur hoch subventionierten Landschaftszerstörung«. Ich erlebte einen Shitstorm, auch wenn dieser Begriff damals noch nicht gebraucht wurde. Was Autoren und Chefredakteur damals erlebten, war ein Vorgeschmack auf das, was in den nächsten 15 Jahren passieren sollte. Und was in der Titelgeschichte stand, nahm einiges vorweg.

In der Hausmitteilung hieß es: »Nicht nur Umweltschützer freuten sich, als vor Jahren die ersten Windkrafträder aufgestellt wurden, die Hoffnung auf saubere und unversiegbare Energie war groß. Inzwischen ragen republikweit mehr als 15 000 Türme in die Luft, die Stimmung ist gekippt: Bürgerinitiativen protestieren gegen das teure, hoch subventionierte Energieprojekt der rot-grünen Regierung. Natur- und Umweltschützer haben sich ihnen angeschlossen.« Die Windmühlen-Betreiber würden Kommunen und Bauern nicht nur mit Argumenten auf ihre Seite zu bringen versuchen, »die Grenze zur Korruption ist vielerorts fließend«. Die Überschrift der Titelgeschichte lautete: »Die große Luftnummer«.

»Erneuerbare Energien sollen die Menschheit mit Strom versorgen. Quellen, die nie versiegen und nichts verschmutzen«, hieß es in dem Artikel. »Das ist der Grund, warum sich die rot-grüne Bundesregierung dem Ökostrom – vor allem der Windkraft – verschrieben hat.« Doch halte die schöne Vision auch der Realitätsprüfung stand? Oder ist es am Ende eine Fehlinvestition, die Milliarden verschlingt? Sind Sonne und Wind tatsächlich geeignet, den Energiebedarf der Zukunft zu decken – oder eine schöne, teure Illusion?

Vorkämpfer der Windenergie war damals der ehemalige Hamburger Umweltsenator Fritz Vahrenholt, der die Windkraft-Firma REpower vertrat und in dem Artikel umfangreich zitiert wurde. Der *Spiegel* erklärte ihn gar zum »Prophet seiner jungen Branche«.

Nachdem die Titelgeschichte erschienen war und ich mit Anschuldigungen überhäuft wurde, gab Vahrenholt eine Pressekonferenz, auf der er behauptete, ich sei nur gegen die Windparks, weil die Pferde auf meinem Hof Angst davor kriegen könnten. Damals gab es keinen Windpark und kein solches Projekt bei uns in der Nähe, jedenfalls keines, von dem ich wusste. Und auch die Recherchen eines *Spiegel*-Redakteurs, der auch noch eine Position in der Mitarbeiter-KG hatte, konnten keine persönlichen Interessen meinerseits herausfinden. Eine Redakteurin bei der *Niederelbe-Zeitung* in Cuxhaven erzählte mir, dass dieser Kollege bei ihr angerufen und gefragt hätte, ob ich möglicherweise in einer Bürgerinitiative gegen Windmühlen engagiert sei, irgendeinen Aufruf unterzeichnet hätte – oder umgekehrt vielleicht an einem Windparkprojekt finanziell beteiligt wäre. Ich schrieb ihm daraufhin eine Hausmitteilung.

Ich würde ihm gern bei seinen Recherchen helfen. Ich sei an keiner Bürgerinitiative gegen Windmühlen beteiligt – ich würde mich nämlich grundsätzlich nicht an Bürgerinitiativen beteiligen. Ich hätte auch keine Petition gegen Windparks unterschrieben – ich würde grundsätzlich keine Petition unterschreiben. Ich sei auch an keinem Windpark finanziell beteiligt und hätte auch keine Anteile an irgendeiner Firma, die Windparks baut oder betreibt – ich hätte nämlich überhaupt keine Aktien oder Anteile irgendeiner Firma.

Fritz Vahrenholt traf ich einige Jahre später auf einer Buchvorstellung von Peer Steinbrück in einem Berliner Restaurant. Ganz am Schluss kam er an meinen Tisch und fragte, ob er sich kurz zu mir setzen könne.«Gern«, sagte ich.»Aber dann müssen wir eine Sache klären. Sie haben mir damals öffentlich vorgeworfen, ich hätte einen *Spiegel*-Titel in Auftrag gegeben, weil man mir einen Windpark vor den Hof bauen wollte. Das stimmte nicht. Und es war eine Sauerei von Ihnen, mir das zu unterstellen.«

»Deshalb bin ich hier«, sagte er.»Ich wollte mich bei Ihnen dafür entschuldigen. Da hat mir jemand etwas Falsches gesagt. Und auch in der Sache hatten Sie recht.«

Vahrenholt war inzwischen ein Kritiker der »Verspargelung« der Landschaft durch Windmühlen. Kurze Zeit später stellte ich sein Buch *Kalte Sonne* vor, in dem er erhebliche Zweifel daran erhob, dass der Klimawandel allein durch den Menschen verursacht sei.

Das hätte ich mir nicht vorstellen können, ein Buch von Fritz Vahrenholt zu präsentieren, das sich kritisch mit der herrschenden Meinung von der drohenden Klimakatastrophe befasste, und ich sagte bei dieser Veranstaltung:»Ich kann mich nämlich gut erinnern, wie Fritz Vahrenholt – neben vielen anderen – über mich hergefallen ist, als wir im *Spiegel* vor Jahren einen kritischen Titel über den Windkraft-Wahn veröffentlicht haben. Seitdem gelte ich als Klimaleugner – obwohl ich noch nie etwas darüber geschrieben habe. Nun hat er eine deutliche Positionsveränderung vorgenommen, und ich kann ihm schon mit Luther voraussagen: Mönchlein, du gehst einen schweren Gang. Der feste Glaube an die Klimakatastrophe ist nämlich so etwas wie ein Glaubensbekenntnis aller Umweltschützer. Wer Zweifel anmeldet, gilt als Klimaleugner, woraus der Begriff abgeleitet ist, kann man sich denken. Wer das CO_2 von der Erderwärmung ganz oder teilweise freispricht, gilt als hoffnungsloser Rechter, als Knecht der Industrie, der Automobilwirtschaft, als Umweltschädling, als blinder Anhänger des Expansionswahns einer auf fossilen Brennstoffen basierenden kapitalistischen Wirtschaft. Was, wenn die Sonne beim Klima eine Rolle spielt? Wäre ja so revolutionär auch nicht.«

Kurz bevor wir 2004 unseren Windkrafttitel veröffentlichten, hatte der Wissenschaftsredakteur Harald Schumann einen kritischen Artikel über die Stromkonzerne geschrieben. Die Leitung des Wirtschaftsressorts fand ihn ziemlich dürftig. Auch der stellvertretende Chefredakteur Jockel Preuss, ohnehin kein großer Anhänger der Wirtschaftstheorien von Schumann, fand den Artikel nicht druckbar. Weil ich mich aber einige Zeit vorher beim Vorabdruck eines Buches von Harald Schumann sehr für diesen eingesetzt hatte, legte er mir den Text vor: »Scheißartikel, wenn du meine Meinung hören willst. Aber du bist der Chefredakteur, entscheide du.«

»Was sagt die Ressortleitung?«, erkundigte ich mich.

»Findet den Artikel nicht druckbar.«

»Gut«, sagte ich, »dann drucken wir ihn eben nicht.«

Gelesen hatte ich den Text nicht, mich nur auf das Votum der zuständigen Redakteure verlassen. Harald Schumann, der durch den Erfolg seines Buches *Die Globalisierungsfalle* ohnehin auf höheren Pfaden wandelte, verließ den *Spiegel*. Und später hieß es immer wieder, ich hätte Schumanns Text verhindert und stattdessen die Abrechnung mit der Windenergie ins Blatt befohlen.

Tatsächlich gehörten wir zu den Ersten, die den immer stärker werdenden Windmachern und Spargelbauern kritisch entgegentraten. Und das vor allem, weil die Kombination aus mangelnder Effektivität und Schaden für Menschen, Tiere und Umwelt von Anfang an ziemlich deutlich erkennbar war. Eine große, hoch subventionierte Luftnummer.

Gut 15 Jahre später hatten die Windparks praktisch das Land erobert. Eine Massenbewegung namens »Fridays for Future« trieb die Politik zu immer neuen Milliardenprogrammen, um das Klima durch CO_2-freie Energieerzeugung zu retten. Ich war da immer skeptisch – vor allem, was den angeblich so gewaltigen Einfluss vom CO_2 betrifft.

Die große Welle

Am Ende des Jahres stand eine Katastrophe nie bekannten Ausmaßes. Am zweiten Weihnachtstag rollte eine Tsunamiwelle durch die Inselwelt des Indischen Ozeans. *Spiegel*- und *Spiegel TV*-Reporter flogen ins Katastrophengebiet und filmten die von dem Seebeben ausgelöste Spur der Verwüstung. Es starben 230 000 Menschen. Und weil in Thailand und Indonesien auch viele Urlaubsgebiete betroffen waren, gab es viele Opfer aus Europa – und zahlreiche Videoaufnahmen von der Wand aus Wasser, die über die Strände und durch die Hotels und Urlaubsorte raste. Wir berichteten in Schwerpunktsendungen und einem Titel über die große Todeswelle.

Danach flog ich mit meinen Freunden der Organisation »Luftfahrt ohne Grenzen« nach Banda Aceh auf der Nordspitze von Sumatra, die von dem Tsunami fast vollständig zerstört worden war. Gleich nach der Rückkehr erhielt ich für *Spiegel TV* die »Goldene Kamera«. Sie wurde von der *Hörzu* vergeben, und diese gehörte damals noch zum Springer-Verlag.

Tatsächlich hatten die alten Feindschaften zwischen den Medienkonzernen abgenommen. Die Alternative »Freiheit oder Sozialismus«, die Franz Josef Strauß 1980 zum Slogan seines Wahlkampfes gemacht hatte, schien nach dem Zusammenbruch des Ostblocks irgendwie in der historischen Versenkung verschwunden zu sein. Parteien wechselten die Koalitionen, Journalisten die Zeitungen und manchmal auch ihre politischen Positionen – oder behielten sie auch unter einem anderen Verleger oder Chefredakteur bei. Die Grenzen zwischen den zwei Welten, die es früher in der Medienstadt Hamburg zwischen dem Springer/Bauer-Lager und dem Spiegel/Zeit-Lager gegeben hatte, lösten sich langsam auf. Und wenn eine Große Koalition zwischen den Erzfeinden CDU/CSU und SPD möglich war, warum sollten die dem einen oder anderen politischen Umfeld näher stehenden Journalisten ständig auf Konfrontationskurs miteinander sein?

Das gefiel manchem gar nicht – bis er dann selbst mal die Fronten wechselte. Da landete schon mal der eine oder andere *taz*-Redakteur oder das Mitglied einer ehemaligen K-Gruppe bei Springer.

Allianz gegen die Rechtschreibreform

Vor allem eine gemeinsame Aktion des Springer-Chefs Mathias Döpfner, des Herausgebers der *Frankfurter Allgemeinen Zeitung* und des *Spiegel*-Chefredakteurs trieb manche zur Weißglut. Dabei hatten wir über alle Konkurrenz und alle unterschiedlichen Positionen und Interessen hinweg ein gemeinsames Anliegen – und das hatte direkt mit unserem Beruf zu tun. Es ging um die Rechtschreibreform.

Der *Spiegel* hatte im Laufe der Jahre einiges, was in den neuen Fassungen des Duden nach endlosen Kultusministerkonferenzen an neuen Schreibweisen festgelegt worden war, übernommen. Wir waren aber immer, wenn das laut Duden noch »offiziell zugelassen« war, bei der alten Schreibweise geblieben. Springers *Welt* war zum Leidwesen Döpfners voll auf den neuen Kurs eingeschwenkt, die *FAZ* blieb stur bei den alten Schreibweisen.

Dann sollte die Reform plötzlich in den Schulen verbindlich eingeführt werden, und die Deutsche Presseagentur wollte mitziehen. In dieser Situation trafen mehr oder weniger zufällig Mathias Döpfner, Frank Schirrmacher und ich uns in der »Paris Bar« in Berlin. Bei ein paar Gläsern Wein regten wir uns über das bürokratische Rechtschreibdiktat auf und beschlossen, gemeinsam aktiv zu werden. Wir wollten einige Änderungen akzeptieren – so die Abschaffung des »ß« bei »daß« –, aber sonst würden unsere Zeitungen einfach nicht mitmachen. Wir wollten auch mit einigen Ministerpräsidenten darüber reden, damit deren Kultusminister den Unsinn stoppen könnten. Sonst würde die *FAZ* bei der alten Schreibweise bleiben, die

Welt dorthin zurückkehren und der *Spiegel* die neuen Änderungen gar nicht erst einführen.

Vorsichtshalber holte ich mir die Zustimmung der Gesellschafter Mitarbeiter-KG und Jakob Augstein als Sprecher der Erben. Es gelang uns, die Ministerpräsidenten Stoiber, Bayern, und Rüttgers, NRW, auf unsere Seite zu ziehen. So war die Rechtschreib-Einheitsfront der Zwischenstaatlichen Kommission erst einmal durchbrochen. Dann verhandelten wir mit dem ehemaligen Bayerischen Kultusminister Hans Zehetmair, der inzwischen den Vorsitz eines »Rates für deutsche Rechtschreibung« übernehmen sollte. Er war für eine massive Reduzierung der geplanten Rechtschreibveränderungen, denn auch ihm war aufgefallen, welche bürokratische Eigendynamik und Beschäftigungstherapie für Interessengruppen das Reformvorhaben inzwischen angenommen hatte. Wie der Medienjournalist Lutz Hachmeister schrieb: »Ob man nun ›Eis laufen‹ getrennt schreiben sollte oder ›Schiffahrtsbehörde‹ mit drei ›f‹, all das war zu einer Causa des groben Unfugs geworden.«

Im August 2004 sei es dann in Sachen Rechtschreibreform zu einer »Kriegserklärung der Elitejournalisten« gegen die Politiker gekommen, als der *Spiegel,* die Blätter des Springer-Konzerns und mit Einschränkungen auch die *Süddeutsche Zeitung* verkündeten, sie wollten dem Beispiel der *FAZ* folgen und zur klassischen Rechtschreibung zurückkehren. Hachmeister schrieb: »*Spiegel*-Chefredakteur Stefan Aust sprach von ›staatlich verordneter Legasthenie‹. Es war vermutlich das erste Mal seit der *Spiegel*-Affäre von 1962, dass ein Verbund von Medienhäusern gemeinsam gegen eine politische Maßnahme opponierte.«

Es konnte nach meiner damaligen Auffassung nicht angehen, dass eine kleine Gruppe von Experten eine Neufassung der deutschen Sprache beschloss, ohne zu berücksichtigen, ob die Bevölkerung das eigentlich will. »Was maßen die sich an, die Sprache für uns alle neu regeln zu wollen! Kinder sollen in der Schule eine Schreibweise lernen, die sie in den Büchern, die sie lesen sollen, nicht wiederfinden«, sagte ich in einem Interview. »Grass zum Beispiel besteht ja auf der alten Schreibweise. Die Reform ist eine zwangsneurotische Bürokratenlösung.« Der Schritt dagegen sei ein Signal, dass wir nicht alles mit uns machen ließen, »ein Akt des zivilen Ungehorsams«.

Einige Journalisten sprangen der Politik zur Seite. Im *Tagesspiegel* echauffierte sich der langjährige Chefredakteur der *Badischen Zeitung* über den »Putsch bei der Rechtschreibreform«. Er zeige, dass Journalisten »von Beobachtern zu Akteuren der Politik« würden. In der Geschichte der Bundesrepublik gebe es wohl nicht viele Beispiele »einer solchen journalistischen Grenzüberschreitung, mit der die Politik unter Druck gesetzt werden« solle. Im Übrigen sei der Zug längst abgefahren, und wir ähnelten mit dem »Mut zum späten Widerstand« der »Beherztheit eines Mannes, der sich entschlossen hinter den fahrenden Zug wirft«. Da hatte sich der »erfahrene Chronist der alten Bonner Zeiten«, wie Hachmeister ihn nannte, einigermaßen getäuscht.

Wir schafften es, den größten Blödsinn der Rechtschreibreform dadurch zu verhindern, dass wir uns gemeinsam auf eine Linie einigten, nach der sich dann der *Spiegel*, die *FAZ* und die Springer-Zeitungen abstimmten. Das galt vor allem für die Neuregelungen bei der Getrennt- und Zusammenschreibung. So war etwa ein »vielversprechender« Politiker etwas anderes als ein »viel versprechender« Politiker oder »wohlverdienter Ruhestand« etwas anderes als ein »wohl verdienter« Ruhestand. Jetzt waren unterschiedliche Schreibweisen wieder erlaubt. Am Ende wurden von den rund 10 000 reformierten Duden-Einträgen etwa 4000 nochmals geändert, wie der Erlanger Germanistikprofessor und Reformgegner Theodor Ickler ausrechnete. Die drei f bei »Schifffahrt« blieben, davon geht ein Schiff auch nicht unter. Quatsch ist es dennoch. Es dürfte wohl kaum eine Schriftsprache der Welt mit einer Folge von drei gleichen Buchstaben in einem Wort geben.

Die letzte Phase der gemeinsamen Anstrengung erwischte

mich auf einem Segelboot in der Mitte des Atlantiks. Gemeinsam mit Freunden war ich auf der Segeljacht »Palmyre« unterwegs auf der »Columbus-Route«, dem 15. Breitengrad von den Kapverdischen Inseln nach Santa Lucia in der Karibik. Normalerweise hat man hier einen stabilen Passat, der das Boot geruhsam über die sechs Meter hohen, aber breiten und nicht sehr steilen Wellen schiebt. Das war bei meiner ersten Atlantiküberquerung aber nicht der Fall. Ausläufer eines Hurrikans trieben den Wind auf Orkanstärke. Die Wellen schlugen manchmal vom Heck her hoch über das ganze Boot. Als es einmal etwas ruhiger war, telefonierte ich über mein Satellitentelefon mit dem für die neue Schreibweise zuständigen Herausgeber der *FAZ*. Wir handelten Wort für Wort aus, wie *FAZ, Spiegel* und Springer in Zukunft bestimmte umstrittene Begriffe schreiben würden.

Verglichen mit dem heutigen Streit um »gendergerechte Sprache« war das Ganze damals eher harmlos. Als *Spiegel*-Chefredakteur hätte ich heute wohl einen Titel mit der Zeile gemacht: »Der Mensch ist tot. Es lebe die Mensch*in!«

Die neue Verständigung zwischen Döpfner, Schirrmacher oder auch Giovanni di Lorenzo gefiel manchem – vor allem in der Politik – ganz und gar nicht. Einmal Strauß-Freund, immer Strauß-Freund, einmal Strauß-Gegner, immer Strauß-Gegner, einmal SPD-Journalist, immer SPD-Journalist. Verlässliche journalistische Statthalter in Redaktionen und Chefetagen sitzen zu haben sah man in allen Parteizentralen gern. So hatte ich meine Rolle niemals gesehen. Nicht bei *Panorama,* nicht bei *Spiegel TV* und auch nicht beim *Spiegel*. Kein Wunder, dass mancherorts darüber nachgedacht wurde, wie man das ändern könnte.

Nach seinem Tod war Augstein aus der Sicht seiner journalistischen Erben posthum immer weiter nach links gerückt. Und alle Kritik an den Rot-Grün-Regierenden galt als nah am Verrat.

Operation Heldentod

Tatsächlich waren wir im Jahre 2004 und in den ersten Monaten 2005 mit Schröder und seiner rot-grünen Koalition nicht gerade zimperlich umgegangen. Im Februar hatten wir in einer Titelgeschichte beschrieben, wie die Visapolitik des Außenministeriums unter Joschka Fischer den Menschenhandel beförderte. Scheinfirmen organisierten angebliche Urlaubs- oder Bildungsreisen von Migranten, denen dafür – mit offiziellem Segen aus Berlin – zu Tausenden bei den deutschen Botschaften Visa ausgestellt wurden. Innenminister Otto Schily war außer sich, und wir machten einen Titel unter der Zeile: »Fischers ›Schleuser-Erlass‹: Grünes Licht für Menschenhändler«.

Das gefiel wiederum Joschka ganz und gar nicht. Kurz zuvor war er auf der Jubiläumsveranstaltung zum zehnjährigen Bestehen von *Spiegel Online* als Festredner eingeladen worden. Er landete mit dem Helikopter am Sandtorkai und sagte dann in seiner Rede, *Spiegel Online* sei ja heute das, was der *Spiegel* einmal gewesen war. Das gefiel mir nicht besonders gut, aber ich ließ es mir nicht anmerken. Doch ich will nicht verhehlen, dass mir diese Szene durch den Kopf ging, als ich spontan entschied, aus der Visaaffäre einen Titel zu machen.

Zwei Wochen später sah sich der grüne Außenminister wieder auf dem Cover: »Joschka Fischer Superstar: Unerfreuliche Begegnung mit der Wirklichkeit«. Die Visaaffäre hatte Kreise gezogen, und Fischer war aus dem Tritt gekommen: »Da trat plötzlich ein anderer Außenminister vor die Deutschen. Ein Fischer, der lavierte, der vor Unsicherheit flach atmend den Reportern gewundene Rechtfertigungen in die Blöcke diktierte, der sich selbst ins Wort fiel, der zurechtrückte und sich nur ungenau erinnern konnte.« Es war, als hätten wir mit der ersten Geschichte zwei Wochen zuvor ein Schleusentor geöffnet. Der Mann, der bis vor wenigen Wochen als Deutschlands stärkster Politiker galt – beliebt, gefürchtet, unersetzbar –, zog jetzt geradezu ein Trommelfeuer der Kritik auf sich. Längst ginge es nicht mehr nur um ein paar Hunderttausend Ukrainer oder Russen, die großzügig mit Visa versorgt wurden.

Im März war ich auf einem kurzen Trip in Südafrika, als mich Gabor Steingart anrief und auf die – trotz oder wegen Hartz IV – massiv gestiegenen Arbeitslosenzahlen hinwies. Ob wir das nicht zum Titel machen wollten? Es war in der Tat das beherrschende Thema, und ich willigte ein. »Hat Schröder dazu nicht einmal einen sehr bemerkenswerten Satz gesagt? Wenn wir die Arbeitslosenquote nicht spürbar senken, dann haben wir es nicht verdient, wiedergewählt zu werden ...«

»Ja«, stimmte Steingart zu, »im Dezember 1998.«

»Dann setzen wir den Satz doch auf den Titel«, sagte ich. Und wir taten es. Als ich nach meiner Rückkehr das Heft in der Hand hielt, wurde mir etwas mulmig. Die weiße Schrift auf dem schwarzen Grund sah aus wie ein Grabstein. Aber bis zu den Wahlen waren ja noch mehr als eineinhalb Jahre hin, beruhigte ich mich. Doch dann ging alles ziemlich schnell. Schröder wurde von seinen linken Parteifreunden und von den Gewerkschaften demontiert – so wie auch Helmut Schmidt die Basis seiner Partei mehr und mehr verloren hatte, bis ihm dann die FDP die Koalition aufkündigte und Kohl zum Kanzler machte.

Ich war kurz zum Skifahren in Zürs, als mir auf dem Sessellift eine Idee kam. Sofort rief ich vom Handy aus in der Titelgrafik an. »Herr Kiefer, machen Sie mal ein Titelbild, eine rote Sonne versinkt im grünen Meer. Darunter die Zeile ›Der lange Abschied von Rot-Grün‹.«

Zweieinhalb Monate später war es dann so weit. Am Wochenende der Wahl im Bundesland Nordrhein-Westfalen stand auf dem Titelbild des *Spiegel* das Symbol des Bundesamtes für Arbeit in leicht veränderter Form. Aus dem A wurde der Mittelbalken nach vorn gezogen und so zu einer optischen Täuschung. Die Zeile lautete: »Die total verrückte Reform – Milliardengrab Hartz IV«.

Schröders Biograf Gregor Schöllgen interpretierte das später so: »Für Aust ist die Streichung der Arbeitslosenhilfe das letzte Signal zum Angriff. Es mag ja sein, dass beim *Spiegel* niemand die ›Devise ausgegeben‹ hat, ›die amtierende Bundesregierung aus dem Amt schreiben zu wollen‹, wie der Chefredakteur den ›sehr geehrten Herrn Bundeskanzler‹ und ›lieben Gerhard‹ nach dem ersten Fischer-Titel im Februar wissen ließ, aber dieser Devise bedarf es auch gar nicht mehr.« Als der *Spiegel* seine Ausgabe vom 23. Mai, die um einen Tag vorgezogen zur Wahl in Nordrhein-Westfalen erschien, mit dem Titel »Die total verrückte Reform« versah, sei längst klar gewesen, »wohin die Reise geht«. Bis Anfang Juli, also während der folgenden sechs Wochen, so stellt der Biograf fest, habe der Kanzler sich beziehungsweise seine Reformpolitik »sage und schreibe viermal auf dem Titelblatt« gefunden.

In der Woche nach der NRW-Wahl hatte Schröder verkündet, die Bundestagswahl vorzuziehen. Unser Titel lautete: »Flucht in den Kampf«. Das bessere Titelbild wollte ich Schröder – und mir – ersparen. Fotorealistisch gemalt zeigte es Gerhard Schröder, der sich das Hemd aufriss, als wolle er sich dem Erschießungskommando stellen. Die Zeile lautete: »Operation Heldentod«. Ich hatte Bild und Zeile in Auftrag gegeben, es aber am Ende nicht als Titel verwendet, weil das ja deutlich gemacht hätte, dass wir von seiner Niederlage ausgingen. Das wollte ich mir nicht vorwerfen lassen. Aber ich hielt das Vorziehen der Bundestagswahlen für einen großen Fehler. Plötzlich war Wahlkampf – und alle unsere kritischen Titel und Artikel der vergangen Monate waren plötzlich Teil der Vorwahlkampf-Berichterstattung.

Ich hatte Gerhard Schröder in den vergangen Monaten nicht mehr gesehen. Irgendwie hatte ihm unsere Berichterstattung offenbar nicht gefallen. Zu seiner gewaltigen Party zum 60. Geburtstag am 7. April 2004 war ich nicht eingeladen gewesen – wo doch mein alter Freund Henryk Broder und sogar Wladimir Putin kommen durften.

Deshalb, schrieb Lutz Hachmeister in seinem Buch *Nervöse*

Zone, »wird aus Hamburg kolportiert«, sei ich »tödlich beleidigt gewesen«. Schröders Biograf Gregor Schöllgen hingegen kommt der Wirklichkeit etwas näher. Dem *Spiegel*, so schrieb er, sei Schröders 60. noch nicht einmal eine dürre Mitteilung wert gewesen. »Stefan Aust weiß natürlich, warum er dieses Mal nicht geladen ist, und nimmt das sportlich. Hingegen versteht seine Redaktion die Nichteinladung als Signal: Fortan, glauben sie dort, steht der Kanzler nicht mehr unter dem Schutz des Chefredakteurs. Also haben sie freie Bahn, und Stefan Aust kann, selbst wenn er es denn gewollt hätte, kaum noch gegensteuern.«

Das war vielleicht etwas übertrieben. Eingreifen konnte ich schon, aber jeden Artikel vor dem Druck darauf zu untersuchen, ob Gerhard Schröder nun freundlich und fair genug behandelt wurde, betrachtete ich nicht als meine Hauptaufgabe. Es gab auch so genügend zu tun.

Das BMK-Projekt

Im Sommer 2005 meldete sich der Kulturchef des NDR-Fernsehens, Thomas Schreiber, bei mir. Er hatte den Plan, zum 30. Jahrestag des Deutschen Herbstes 2007 eine große zweiteilige Dokumentation für das ARD-Programm produzieren zu lassen. Er besuchte mich beim *Spiegel* und fragte, ob ich das machen könnte, schließlich hätte ich ja das Standardwerk zur RAF verfasst. Und ob ich wollte!

Kurz danach war ich zum Sommerfest der Fernsehmoderatorin Sabine Christiansen ins Berliner Restaurant »Borchardt« eingeladen. Dort stieß ich auf den Filmproduzenten Bernd Eichinger, mit dem ich in diesem Szenetreffpunkt schon so manchen langen Abend verbracht hatte. Er fragte mich, was ich denn gerade so machte. Begeistert erzählte ich ihm davon, dass ich für die ARD zwei große Dokumentationen zum Thema Baader-Meinhof herstellen sollte.

»Nein«, sagte Eichinger, »das machst mit mir!«

»Das hättest du dir auch schon ein paar Jahre früher einfallen lassen können«, sagte ich. »Wie oft haben wir hier schon an diesem Tisch im ›Borchardt‹ gesessen und über die RAF geredet?«

Ich hatte zwar noch keinen Vertrag mit dem NDR, aber normalerweise halte ich meine Abmachungen ein, auch ohne schriftliche Vereinbarung. Eichinger ließ nicht locker, wie immer, wenn er für etwas brannte. Ich erzählte dem NDR-Abteilungsleiter von Eichingers Interesse an einer Verfilmung meines Buches. Und statt pikiert zu sein, hatte Thomas Schreiber plötzlich eine Idee: »Warum machen wir nicht beides?«

Wir besuchten Bernd Eichinger bei den Dreharbeiten zu *Das Parfum* in den Bavaria Studios in München. Alle Überlegungen, vielleicht eine Art Dokudrama zu machen, waren schnell vom Tisch, als wir im Biergarten zum Mittagessen saßen. Bernd wollte den *Baader-Meinhof-Komplex* als großen Spielfilm inszenieren. Die beiden Dokumentationen könnten wir ja trotzdem machen. Bei mir rannte er damit offene Türen ein. »Ich hatte schon 20 Jahre darauf gewartet, dass Bernd Eichinger mir anbietet, den *Baader-Meinhof-Komplex* zu verfilmen«, sagte ich seiner Frau Katja für ihr Buch zum Film.

Die zweiteilige Dokumentation wie verabredet für die ARD – und vielleicht würde sich ja die Spielfilmabteilung des NDR an dem Kinofilm beteiligen, der dann später auch im Fernsehen gezeigt werden könnte. Am Ende stellten NDR, BR und WDR die Hälfte des 20-Millionen-Euro-Etats bereit. Damit sicherten sich die Sender die Ausstrahlung des Films als verlängerten Zweiteiler. Hinzu kamen etwa 6,5 Millionen aus Filmförderungsprogrammen und einiges aus Vorverkäufen an ausländische Verleiher.

Wahl zwischen Schröder und Merkel

Die von Schröder plötzlich vorgezogenen Wahlen brachten uns tatsächlich in eine neue Situation. Deshalb schrieb ich einen Brief an Schröder, in dem ich ihm vorschlug, das Verhältnis zwischen dem *Spiegel* und dem Kanzler in der vor uns liegenden Zeit des Wahlkampfes zu normalisieren. Wir könnten jederzeit ein *Spiegel*-Gespräch mit ihm führen, gern auch als Titel. Den Termin könne er sich aussuchen. Jede Woche fragte Gabor Steingart bei Schröders Pressesprecher Béla Anda nach, wann wir mit einem Termin rechnen könnten. Der aber vertröstete uns von Woche zu Woche.

Natürlich hatten wir auch bei der Herausforderin nach einem Interviewtermin gefragt. Als Merkels Pressestelle kurzfristig einen Termin nannte, sagten wir zu. Unmittelbar darauf meldete sich auch Schröders Büro und wollte mit dem *Spiegel*-Gespräch in dasselbe Heft. Steingart war ratlos, sollten wir jetzt Merkel wieder absagen? Da war ich ganz anderer Auffassung. Wochenlang hatte Béla Anda uns hingehalten. Jetzt hatten wir einen Termin mit Merkel, den würden wir nicht wieder absagen. »Sagen Sie Béla Anda ganz offen, wie die Lage ist. Wir haben jeden Termin für den Kanzler freigehalten. Er wollte sich nicht festlegen. Jetzt haben wir einen Termin mit Merkel. Den sagen wir nicht mehr ab. Wenn Schröder in dasselbe Heft will, machen wir beide Interviews für dieselbe Ausgabe. Wir sagen das aber auch Merkel. Wenn sie dann nicht mehr will, machen wir Schröder allein. Wenn Merkel in dieselbe Ausgabe will wie Schröder, ist das für uns okay. Aber wir machen die einmal gegebene Zusage für Merkel nicht mehr rückgängig. Dann hätte Béla Anda uns früher einen Termin nennen müssen.« Schröders Pressesprecher lehnte es ab, mit einem Kanzlerinterview im selben Heft wie Merkel zu erscheinen. So kam es, dass am Ende kein Gespräch mit Schröder vor der Wahl im *Spiegel* erschien. Aus SPD-nahen Kreisen wurde verbreitet, ich hätte ein *Spiegel*-Gespräch mit Schröder verhindert.

Die Titelgeschichte zwei Wochen später trug die Überschrift »Rot-Grün a. D.«. Dann begann der Wahlkampf – mit dem Bild der Herausforderin auf dem Titel: »Was will (kann) Angela Merkel?« Die Titelgeschichte präsentierte sie als »Reformerin light«. Die »Kettensägen-Kandidatin«, die Joschka Fischer prognostiziert hatte, blieb aus. Der Linksruck im Lande, hieß es im Vorspann, habe auch Deutschlands Konservative beeindruckt: »Ihr Mut schwindet, das Ungefähre hat Konjunktur.« Merkels Wahlprogramm entsprach nicht dem, was sie 21 Monate zuvor schroff gefordert hatte: »Ein Kurs des Streichens, Kürzens, Sparens ist unverzichtbar. Es wird Heulen und Zähneklappern geben, aber es muss sein.« Damals, bei einer Grundsatzrede im Deutschen Historischen Museum, habe sie den »Geist des Aufbruchs, des Mutes, der Entschlossenheit« gefordert, heute mahne sie zur Gelassenheit und dazu, die Menschen nicht zu überfordern. »Aus dem Instrumentenkasten der Oppositionsführerin sind die scharfen Werkzeuge verschwunden. Auch Frau Dr. Merkel arbeitet nun mit den Methoden der Homöopathie.« Dafür attestierte der *Spiegel* ihr einen tüchtigen Machtinstinkt: »Ihre ganze Kraft hat sie nach innen gerichtet, um dorthin zu gelangen, wo sie nun ist. Sie hat erst Helmut Kohl beiseitegeschoben, dann Wolfgang Schäuble und den Finanzexperten Friedrich Merz. Eigentlich ist sie noch mit jedem fertiggeworden, der sich ihr in den Weg gestellt hat. Das wiederum macht sie etwas unheimlich.«

Unsere Berichterstattung in dem Jahr vor der vorgezogenen Wahl war kritisch gegenüber der rot-grünen Regierung, aber davon, dass wir Schröder und Fischer »runterschreiben« wollten, war nicht die Rede.

Wir überschätzten unsere Macht nicht – und vor allem gab es keine große Neigung, ausgerechnet Angela Merkel zur Kanzlerin zu machen. Ich hatte, noch bei *Spiegel TV*, die Wende und die Nachwendezeit tagtäglich begleitet. Wir hatten mitbekommen, dass alle gewendeten oder neu gegründeten Parteien an der Spitze Personen hatten, die als inoffizielle Mitarbeiter von der Stasi geführt wurden: Lothar de Maizière alias »IM Czerny« bei der Ost-CDU, Ibrahim Böhme alias »IM Maximilian« und Manfred Stolpe alias »IM Sekretär« bei der Ost-SPD, Axel Viehweger alias »IM Jens Grabowski« bei der LDPD, Gregor Gysi alias »IM Notar« bei der PDS und Wolfgang Schnur alias »IM Dr. Schirner« beim Demokratischen Aufbruch. Die junge Angela Merkel war vor ihrer Karriere bei der wiedervereinigten CDU zweimal Pressesprecherin bei gewendeten Stasi-IMs, erst bei Schnur im Demokratischen Aufbruch und dann bei Lothar de Maizière. Das bedeutete keinesfalls, dass sie selbst irgendeine Rolle bei der Stasi gespielt hatte, aber die Nähe zu den Stasi-Spitzeln, die in der Wendezeit kurz Karriere gemacht hatten, galt für mich nicht gerade als Freibrief für eine politische Laufbahn in der gesamtdeutschen Demokratie. Insofern gingen alle Verdächtigungen, ich hätte den *Spiegel* genutzt, um Schröder »wegzuschreiben« und um Merkel ins Kanzleramt zu befördern, an der Wirklichkeit – und auch an meiner Sicht der Dinge – vollständig vorbei. Und gegenüber Pastorenkindern hatte ich sowieso immer eine gewisse Skepsis. Deren Positionen waren mir zu »alternativlos«, um demokratisch zu sein. Allzu großes Sendungsbewusstsein war mir immer suspekt.

Suche nach Schuldigen

Noch in der Wahlnacht erklärte Schröder seinen enttäuschten Anhängern, woran er gescheitert war: »Wir haben einen Wahlkampf geführt gegen vermachtete Medien, wie es das in Deutschland noch nie gegeben hat.« Jetzt wurden Schuldige gesucht. Zunächst die Demoskopen, die Schröder eine krachende Niederlage vorausgesagt hatten – und deren Prophezeiungen am Ende doch nicht ganz so übel ausgegangen waren. Oder schlimmer noch, die ganz knapp recht behalten hatten. Wenn sie und ihre Multiplikatoren in den Medien den Wahlausgang für die Sozialdemokraten nicht so schwarzgemalt hätten, wäre er wahrscheinlich auch nicht so finster geworden. Meinungsforscher und Medien waren also schuld.

Dass Wähler sich im Laufe einiger Monate anders entscheiden könnten, passte da nicht ins Konzept. Doch am Ende war es so, dass dieselben Wähler, die im Mai die SPD bei den Landtagswahlen in Nordrhein-Westfalen böse abgestraft hatten, bei der Bundestagswahl im September reumütig zu den Sozialdemokraten zurückgekehrt waren, wenn auch nicht in ausreichender Zahl.

Blieben die Journalisten, vor allem die im elften Stock des Hochhauses in der Brandstwiete in Hamburg. Heribert Prantl von der *Süddeutschen Zeitung*, Lebensgefährte der Augstein-Tochter Franziska, sah es am Tag nach der Wahl so, dass sich nicht nur die Springer-Blätter, sondern auch »dem Kanzler früher leidlich zugeneigte Medien gegenseitig bei seiner verfrühten Verabschiedung überboten«. Drei Tage später meldete sich auch Hans Leyendecker in der *Süddeutschen* zu Wort und stellte fest, dass in den Medien nun allmählich eine Debatte über einen der wirklich großen Verlierer der Wahl beginne, »die sehr freie, äußerst selbstbewusste, angeblich der Aufklärung verpflichtete deutsche Presse, die Umfragen zur Grundlage von Kommentaren machte und so tat, als seien die Zahlenspiele der Institute das Orakel von Delphi ... Groß-Publizisten verwechselten die eigene Wechselstimmung mit der Stimmung der Bevölkerung«. Selbstsuggestion habe die Recherche ersetzt. Zwei der Haupttäter seien der Neoliberale Gabor Steingart und der »geübte Rechthaber« Stefan Aust: »Das Klima zwischen Schröder und seinem langjährigen Duz- und Rotweinfreund Aust ist kaputt.«

Wolfgang Clement, selbst ehemals Journalist, behauptete, Demoskopen und Journalisten hätten ein Meinungsklima geschaffen, »das in seiner Falschheit ohne Beispiel« gewesen sei. Und selbst Otto Schily bemerkte, es hätte sich im Gegensatz zu früheren Wahlkämpfen im *Spiegel, stern,* der *Zeit* oder der *Süd-*

deutschen »keine oder nur vereinzelte Zustimmung zu einer neuen Koalition von SPD und Grünen erkennen lassen«.

Giovanni di Lorenzo, Chefredakteur der *Zeit*, nahm das eher als Anzeichen für einen neuen Typ von Journalisten in Deutschland: »Der politische Korrespondent, der sich über Dekaden auf seine Partei und wenige Politiker spezialisiert habe, ihnen gar zum Duzfreund und zeitweiligen Berater werde, sterbe aus, im Grunde ein Fortschritt, denn gefragt sei ›Loyalität gegenüber den Lesern, nicht gegenüber der Partei‹.« Problematisch aber werde diese Haltung, wenn sie in ein »ohrenbetäubendes Meinungs-Hopping« ausarte, wenn Reformen erst herbei- und dann niedergeschrieben würden, wenn als Gesamteindruck beim Leser nur »Politik als Lachnummer« hängen bleibe.

Ein Korrespondent des Fernsehsenders RTL, Gerhard Hofmann, verstieg sich in einem Buch sogar in eine finstere Verschwörungstheorie – bevor dieser Begriff Jahre später zum Totschlagargument für jede abweichende Meinung wurde: »Merkels Musketiere schreiben den Wechsel herbei – der *Spiegel* ficht unerschrocken in der ersten Reihe.« Oder: »Bereits das Über-Logo des *Spiegel* im Internet für die Vorwahlberichterstattung macht klar, wohin die Reise gehen soll: Merkel lächelnd, Schröder ratlos-skeptisch, am Ende eben.«

Ich antworte auf all diese Verschwörungstheorien am 1. Oktober 2005 in einer Hausmitteilung, die mit einem Zitat von Rudolf Augstein begann: »Ein Journalist kann Freund des Politikers auf Dauer nicht sein.« Das hatte der Herausgeber im Oktober 1999 geschrieben, als Gerhard Schröder gerade ein Jahr im Amt war. »Kritische Berichterstattung über Regierende jeglicher Couleur«, so schrieb ich, »führt regelmäßig zu derartigen Kampagnenvorwürfen. Sei's drum. Die kritische Distanz zu den Gewählten ist das Betriebskapital einer unabhängigen Zeitschrift. Das war beim *Spiegel* früher so und wird auch in Zukunft so sein. Gleichgültig, wer regiert, in Berlin und anderswo.«

Gregor Schöllgen kam 2015 zu dem Resultat: »Schröder weiß natürlich, dass Aust seit Mai 1988 als Chefredakteur des *Spiegel*

TV Magazin und vor allem seit Dezember 1994 als Chefredakteur des *Spiegel* eine mediale Macht verkörpert, an der kein Kanzlerkandidat vorbeikommt. Im Herbst 2005, als es um alles oder nichts geht, wird er nicht zuletzt am *Spiegel* und seinem Chefredakteur scheitern.« Jahre später sagte Gerhard Schröder gern im Scherz: »Du hast Merkel zur Kanzlerin gemacht – jetzt sieh zu, dass du sie wieder loswirst.«

In seinen Memoiren, aus denen wir im *Spiegel* einen Vorabdruck veröffentlichten, sah er die Gründe für sein Scheitern aber etwas anders: »Die schlechten Umfragewerte für die SPD und den politischen Druck, der auf mir lastete, wollten Teile der Gewerkschaftsführung ausnutzen, indem sie systematisch auf meinen Sturz hinarbeiteten.«

Vielleicht war aber auch Oskar Lafontaine mit seinem Wechsel von der SPD zur Linkspartei damals schuld. Das hatte möglicherweise dazu beigetragen, die Linkspartei über die 5-Prozent-Hürde zu bekommen. Sonst hätte Rot-Grün wohl wieder für die Mehrheit gereicht.

So gibt es viele Ursachen für Sieg und Niederlage.

Flimmern und rauschen

Wie fast jedes Jahr ging es im November beim *Spiegel* wieder rund. Die Nachwirkungen der für Schröder verlorenen Bundestagswahl reichten bis in den Herbst. Die *taz* hörte das »Flimmern und Rauschen« schon am 31. Oktober: »Beim *Spiegel* bahnt sich ein Richtungswechsel an. Nach dem Pro-Merkel-Kurs wollen die Gesellschafter über die politische Linie des Blattes sprechen.« Termin sei die nächste Gesellschafterversammlung am 16. November.

»Nun geht es, drei Jahre nach Augsteins Tod, im *Spiegel* drunter und drüber«, schrieb die *Süddeutsche Zeitung* am 2. November. »Vieles wird geboten: Intrigen und innige Feindschaft, Machtkämpfe und Muskelspiele, Komplott und Konfusion.«

Das erinnere an die »Berliner Chaostage«, als es um die Frage ging, in welcher Koalition wer Kanzler würde, die das Magazin so passioniert beschrieben hätte.

Die *FAZ* berichtete am 2. November über den »Machtkampf im *Spiegel*«. Das sei ein Vorgang, wie man ihn sonst nur von Provinzzeitungen kenne. »Die seltsame Debatte, die der scheidende Bundeskanzler und der scheidende Innenminister über die vermeintliche Schuld der Medien am Ausgang der Bundestagswahl am 18. September heraufbeschworen haben, hat ein schwerwiegendes Nachspiel: Die *Spiegel*-Gesellschafter haben versucht, den Chefredakteur Stefan Aust einzuladen, damit dieser zur politischen Linie des Blattes Rede und Antwort stehe.« Das hätte ich abgelehnt.

Das stimmte nicht ganz, aber fast. Es war Karl Dietrich Seikel, der die freundliche Einladung des Chefredakteurs zu Kritik und Selbstkritik unter Hinweis auf die *Spiegel*-Satzung ablehnte. Der KG-Sprecher Darnstädt erklärte gegenüber der *FAZ*: »Wir nehmen die Absage des Chefredakteurs mit Bedauern zur Kenntnis.« Doch sei es mitnichten darum gegangen, die politische Linie des Magazins infrage zu stellen. »Das ist dummes Zeug.« Es sollte lediglich darum gehen, sich über mögliche »Qualitätsmängel in der Berichterstattung« zu verständigen.

Das machte die Sache nicht besser – auch nicht, als die KG am 4. November in einer Intranet-Mitteilung unter der Überschrift »Alles falsch« zurückruderte. Der Chefredakteur sei nicht »vorgeladen«, sondern »eingeladen« worden. Die KG trete allen Versuchen entgegen, die politische Linie zum Thema unter den Gesellschaftern zu machen. Ich lud Dr. Darnstädt, den die *Süddeutsche Zeitung* als »schärfsten Anti-Aust-Aktivisten« bezeichnete, in mein Büro ein und fragte ihn, welche Qualitätsmängel er denn meinte. Er nannte zwei Fälle. Die wollte ich gern klären, aber dann schon vor versammelter Mannschaft.

Ich nahm die Redaktionskonferenz am 7. November zum Anlass, um nach den Ereignissen, Diskussionen und Veröffentlichungen der vergangenen Wochen ein paar Dinge nachzutragen, die mir wichtig waren. Vorsichtshalber hatte ich alles vorher aufgeschrieben, damit ich nachher nicht falsch zitiert werden konnte.

»Niemand soll glauben, der Angriff ginge ihn nichts an«, sagte ich. »Er geht alle an. Am wenigsten übrigens den Chefredakteur. Der hat seine vertraglich festgelegten Kompetenzen. Es geht um die Frage, wie der *Spiegel* mit Informationen von innen draußen dargestellt wird. Was hier geschehen ist, schadet allen.« Der Vorwurf des Sprechers der Mitarbeiter-KG Thomas Darnstädt, es müsse in der Gesellschafterversammlung über »Qualitätsmängel« beim *Spiegel* gesprochen werden, sei eindeutig geschäftsschädigend. Und es sei ein Angriff auf jene Ressortleiter, in deren Verantwortungsbereich Fehler passiert sind. Es habe keine Fehler gegeben, die nicht unmittelbar nach dem Erscheinen des Heftes erkannt worden seien. »Keine, die nicht zu sofortigen Konsequenzen vonseiten der Chefredaktion geführt hätten. Es waren zwei Fehler, die diesen Namen verdienen«, sagte ich.

Und dann beschrieb ich das, was Thomas Darnstädt mir als jene Fehler mitgeteilt hatte, für die er den Chefredakteur vor die Gesellschafterversammlung zitieren wollte: »Zum einen die falschen Zahlen in einer Grafik der Kirchhof-Geschichte.« Die hatte das Wirtschaftsressort mir nach dem Erscheinen des Heftes gebeichtet, und ich hatte dafür gesorgt, dass wir mit der Richtigstellung sofort an die Öffentlichkeit gingen. Ich hatte die dpa-Meldung sogar selbst getippt. »Zum anderen die in Teilen unrichtige Meldung über eine SPD-Wählerinitiative zur Wahl. Interessanterweise waren einige Intellektuelle, die sich vehement gegen ihre Nennung gewandt hatten, knapp 14 Tage später doch dabei.«

Diese beiden Vorgänge, so sagte ich, rechtfertigten es meiner Ansicht nach nicht, im Stil eines Staatsanwaltes die Gesellschafter über die Medien zum Einschreiten aufzufordern. »Den Begriff ›Qualitätsmängel‹ werden wir in Zukunft in jeder gegen den *Spiegel* gerichteten Geschichte wiederfinden.« Die Mitarbeiter müssten sich selbst entscheiden, wie sie damit umgehen wollten, wenn ein so pauschaler Vorwurf gegen ihre, nicht gegen meine Arbeit erhoben werde.

»Die politische Diskussion innerhalb der Redaktion findet jeden Tag in den Konferenzen der Ressorts und auf denen in der Chefredaktion statt. Bevor wir über Titel und über Geschichten entscheiden, diskutieren wir. Dabei spielen die Ressortleiter traditionell beim *Spiegel* eine herausragende Rolle. Aus den daraus resultierenden Veröffentlichungen entsteht die ›politische Linie‹ des Blattes.« Die könne je nach Faktenlage variieren.»Es gibt beim *Spiegel* keinen Politkommissar, und es sollte ihn auch nicht geben.«

Dazu hätte ich eine klare Haltung: »Wer versucht, an der Redaktion vorbei, neben ihr oder über ihr publizistische Macht oder Kontrolle über den *Spiegel* zu erlangen, wird auf meinen erbitterten Widerstand stoßen. Über die politische Linie wird hier in der Redaktion entschieden, frei und unabhängig und durchaus kontrovers. Aber es wird hier entschieden. Nicht in Madrid und nicht in Berliner Privathäusern.« In der vergangenen Woche sei versucht worden, auf einer Welle parteipolitisch motivierter Kritik am *Spiegel* zu surfen. Persönliche Motive seien dabei nicht ganz zu übersehen. »Auf einer Informationsveranstaltung der KG hat deren Sprecher gesagt, der *Spiegel* sei wie die Stadt Rom, ewig und unvergänglich. Das ist ein Irrtum. Man kann ihn kaputt machen. Das sollten wir nicht zulassen. Der *Spiegel* ist ein sensibles Gebilde. Er kann sehr leicht in eine Krise hineinintrigiert werden.«

Da wollte dann Augsteins Tochter Franziska nicht ganz abseits stehen. Am 10. November hielt sie auf der Berliner Zeitungskonferenz einen Vortrag über die Medienlandschaft, aus dem es nur eine einzige Passage in die Zeitungen schaffte: »Man kann von dem Chefredakteur des *Spiegel* halten, was man will. Die Berufsbezeichnung des Chefredakteurs und die des Heiligen decken sich nicht. Ein objektiver Befund ist aber, dass unter der

Ägide des jetzigen *Spiegel*-Chefredakteurs das Blatt seinen Platz als Leitmedium verloren hat.«

Der Akzent auf Wirtschaftsthemen, die Vernachlässigung politischer Entwicklungen und Probleme zugunsten der Personalisierung, die Verlagerung auf die sogenannten weichen Themen: All das kennzeichne heutzutage den *Spiegel* und habe das Magazin zu einem »geschwätzigen Blatt« unter vielen gemacht. »Der Fisch stinkt vom Kopf.«

Das war dann auch einigen Ressortleitern zu viel. Sie hätten mit Befremden zur Kenntnis genommen, dass Franziska Augstein als Erbin und Mitbesitzerin des *Spiegel*-Verlages die Arbeit der Redaktion öffentlich kritisiert habe. In einer Erklärung hieß es: »Ihre Hauptargumente zeigen, dass sie wenig versteht von dem, wie ein Nachrichtenmagazin im Allgemeinen und der *Spiegel* im Besonderen zu berichten hat.« Rudolf Augstein habe seinen Kindern keine publizistische Macht über den *Spiegel* vererben wollen. »Dass Franziska Augstein diese Enttäuschung nun zu einem Rundumschlag gegen diejenigen treibt, die seit Jahrzehnten durch ihre Qualitätsarbeit den *Spiegel* zu dem gemacht haben, was er ist, und so allen Gesellschaftern kontinuierlich üppige Millionengewinne sichern, lässt uns an ihrer Verantwortung gegenüber den Mitarbeitern dieses Hauses zweifeln. Eigentum – auch wenn man es geerbt hat – verpflichtet.«

Die Ressortleiter forderten die Gesellschafter auf, sich zum geschäftsschädigenden Verhalten der Miterbin zu äußern. Und selbst die KG, deren Sprecher das ganze Theater inszeniert hatte, bekam plötzlich kalte Füße und erklärte: »Die Mitarbeiter-KG distanziert sich von der unverständlichen Kritik Franziska Augsteins an der *Spiegel*-Berichterstattung.« Die KG würde alles tun, das Ansehen der Redaktion und ihres Chefredakteurs zu schützen. Doch in Wirklichkeit brodelte es unter der Oberfläche weiter. Ich ging derweil meiner normalen Arbeit nach, gab Titelgeschichten in Auftrag, entwickelte Titelbilder und -zeilen und kümmerte mich nebenbei auch noch um *Spiegel TV*.

Neun Wochen lang rangen die Parteien um Strategien und Personen, dann stand die Große Koalition, und Angela Merkel zog als erste Frau ins Kanzleramt ein. Wir setzten sie als Goldelse auf den Titel. Sie krönte die Berliner Siegessäule. Darunter die Zeile: »Eine kam durch – Merkels Weg zur Macht«.

Die Auflage war stabil, aber ich wusste, dass jeder schlechte Titel ausreichte, um sie sinken zu lassen. Der Trend für Wochenmagazine zeigte eher nach unten, wie an *stern* und *Focus* leicht zu beobachten war. Der Titel war meine Geheimwaffe. Er musste schon in sich eine Bedeutung haben, musste einen Denkimpuls auslösen wie ein guter Witz, der ja eine Geschichte erzählt, die dann durch die Pointe eine neue Aussage bekommt. Das Verstehen verursacht dann den Lacher. Bei uns sollte der Funke des Verstehens am besten Neugier und am allerbesten einen Kaufimpuls auslösen. Das Titelbild war die Geschichte und die Zeile die Pointe.

Die letzten beiden Titel des Jahres 2005 waren »Mozart – das himmlische Kind«, balancierend auf der Sichel des Mondes, und »Gott gegen Darwin – Glaubenskrieg um die Evolution«, auf dem Titel ein Bild von Darwin im Streit mit Adam und Eva.

Gerade bei Weihnachtstiteln machten wir häufig Glaube und Wissenschaft zum Thema. »Die Erfindung Gottes« (2002), »Abschied vom Mittelalter« über Luther und die Reformation (2003), »Der Glaube der Ungläubigen – Welche Werte hat der Westen?« (2001), »Jenseits des Wissens – Warum glaubt der Mensch?« (2000) oder »Gottes Urknall – Kosmologie an der Grenze zur Religion« (1998).

Der Film

Über Weihnachten 2005 hatte ich eine »Projektbeschreibung« von gut 20 Seiten verfasst und an Bernd Eichinger geschickt. Der reichte sie an die Fernsehspielchefin des NDR Doris Heinze weiter und merkte an: *Der Baader-Meinhof-Komplex* von Stefan

Aust sei das Standardwerk über zwei Jahrzehnte Terrorismus in Deutschland.

Ich hatte darauf bestanden, nicht nur die Filmrechte an meinem Buch zu verkaufen, sondern aktiv am Drehbuch mitzuwirken. Ich würde eine Vorlage schaffen, aus der Eichinger dann das endgültige Drehbuch zusammenschreiben könnte. Er war einverstanden, und so machte ich mich neben meiner Tätigkeit als *Spiegel*-Chefredakteur an die Arbeit. In der »Szenenfolge«, wie ich die Vorlage nannte, baute ich Episoden aus meinem Buch zu Filmszenen um, mit Dialogen und allem, was dazugehörte.

Immer wenn ein Teil fertig war, schickte ich ihn an Eichinger, der dann daraus das Drehbuch entwickelte. Manche Szenen übernahm er fast genauso, wie ich sie im Buch oder in der Szenenfolge aufgeschrieben hatte, manche verflocht er, manche schrieb er dazu. Eichingers Drehbuch, das den Arbeitstitel »Moby Dick« trug, war eine »Fetzendramaturgie«, wie er später sagte. Der Film wechselte in rasender Geschwindigkeit Handlungen, Schauplätze, Ereignisse und Szenen. Er hatte insgesamt etwa doppelt so viele Sprecherrollen wie ein normaler Film und entwickelte seinen Sog über diese Collageform, über die Aneinanderreihung dieser »Fetzen«.

Das alles zog sich über Monate hin, und ich kam mit meiner Zulieferung seinen Forderungen kaum nach. Immer wenn er aus meiner Vorlage seine Version gestrickt hatte, schickte er sie mir zur Beurteilung zurück. Und fast jedes Mal war ich erstaunt, wie er aus dieser diffusen Folge der Ereignisse einen spannenden Ablauf konstruierte und fast alle Dinge übernahm, die ich selbst für wichtig hielt.

Eigentlich bin ich ein Anhänger des Originalmaterials, der Originalszene. Aber einen so komplizierten Sachverhalt, der nicht durchgängig dokumentiert worden ist, kann man nicht anders darstellen, als reale Szenen mit fiktiven zu kombinieren. Es gibt Szenen, die genauso inszeniert worden sind, wie man sie von Fotos oder Fernsehaufnahmen kennt, sodass der Zuschauer den Eindruck hat, diejenigen dazwischen seien genauso real. Aber es finden auch Dialoge statt, die es so nicht gegeben hat, die aber gut erfunden oder nachempfunden sind. Wenn man das Material nicht kennt, weiß man nicht, was dokumentarisch belegt ist und was erfunden. Es ist etwa so wie eine große Brücke: Die Pfeiler stehen fest im Boden, dazwischen hängt die Fahrbahn, etwas luftig und etwas schwankend, aber dennoch stabil. Am Ende muss ein der inneren Wahrheit der Geschichte entsprechendes Kunstwerk daraus entstehen. Diesem Anspruch ist der Film weitgehend gerecht geworden, finde ich jedenfalls auch noch Jahre später.

Nicht selten bedauerte ich, dass ich auch noch meiner Hauptaufgabe beim *Spiegel* nachkommen musste. Und die wurde nicht einfacher. Gleichzeitig mussten wir noch die beiden 90-Minuten-Dokumentationen für die ARD machen. Dazu holte ich mir Hilfe aus der Redaktion von *Spiegel TV*, und zwar meinen alten Kollegen Helmar Büchel, mit dem ich das Projekt gemeinsam machen wollte. Es gab viel zu tun.

Der nicht vorhandene Hut

Aus unserer Berliner Redaktion in der Köpenicker Straße sendeten wir noch immer die Nachrichten für den Sender VOX, und mit derselben Technik und praktisch demselben Personal strahlten wir den Sender XXP aus. Wir hatten eine technische Reichweite von rund 90 Prozent im analogen System. Das war ein großer Wert an sich, denn damit waren wir unter den ersten 30 Plätzen auf den meisten TV-Geräten in Deutschland. Wir erzielten auch ordentliche Werbeerlöse, und die *Spiegel*-Werbeabteilung konnte jetzt nicht nur Anzeigen verkaufen, sondern auch Bewegtbildwerbung anbieten. Die Zuschauerzahlen waren dafür, dass wir mit bescheidenen Mitteln gerade auf den Markt der privaten Fernsehkanäle gekommen waren, durchaus beachtlich. Gemeinsam mit Alexander Kluges dctp hatten wir etwa 11 Millionen in den vergangenen vier Jahren in den Sender investiert – wir sechs, Kluge 5 Millionen. Das wesentliche Investment war allerdings unser Programm, das wir auf immer neue Arten verwerteten.

Montags hatten wir eine Gesprächsrunde zum Titelthema des *Spiegel,* bei der jeweils ein oder zwei Redakteure mit Fachleuten oder Betroffenen des jeweiligen Themas diskutierten. Gemeinsam mit dem Wochenmagazin, mit *Spiegel Online,* den verschiedenen Sendeflächen bei RTL, Sat.1 und VOX waren wir nun im Verbund mit einem eigenen Sender bestens aufgestellt. Meine Vereinbarung mit der Geschäftsführung und den Gesellschaftern, dass wir auf der Basis einer Umsatzrendite von 8 Prozent die Hälfte der jährlichen Gewinne von *Spiegel TV* in den neuen Sender stecken, hatten wir konsequent eingehalten. Meistens hatten wir sogar mehr als 4 Prozent des Umsatzes an die Gesellschafter des *Spiegel* ausgeschüttet. Doch manchen reichte das nicht. Vor allem KG-Sprecher Dr. Darnstädt ließ keine Gelegenheit aus, das Projekt eines eigenen Fernsehsenders schlechtzureden. Das würde doch nie etwas, es seien doch nur Sandkastenspiele des Chefredakteurs. Geldvernichtung ohne Aussicht auf Gewinn. Da müsste man schnellstens »den Stecker ziehen«. Irgendwann konnte ich das nicht mehr hören und sprach ihn darauf an.

Wenn die KG das Projekt eines eigenen Senders, das ich für perspektivisch dringend notwendig halten würde, lieber beenden wollte, dann sollten wir XXP doch besser verkaufen. Wer das denn wohl kaufen würde, fragte Dr. Darnstädt. Und setzte noch nach: »Wenn Sie das Ding verkaufen, ziehe ich meinen nicht vorhandenen Hut vor Ihnen.« Dabei hatte ich längst Interessenten.

Seinen nicht vorhandenen Hut zog Dr. Darnstädt allerdings nicht, als wir den Sender im Januar 2006 an das amerikanische Discovery-Network verkauften. Lieber wäre mir gewesen, wenn *Spiegel TV* den Sender behalten hätte. Es war der letzte in Deutschland gegründete analoge Sender. Jetzt hieß er DMAX und wurde einer der erfolgreichsten Dokumentarsender.

Gegen die Bedenken des Geschäftsführers Seikel legte ich Wert darauf, bei der Gesellschafterversammlung am 26. April 2006 eine Stellungnahme zur Situation von *Spiegel TV* nach dem Verkauf des Senders XXP vorzutragen. Ich schrieb dazu einen 17-seitigen Text, den ich anschließend an die Gesellschaftervertreter aushändigte. Ich wollte nicht falsch zitiert werden.

Ich erklärte die finanzielle Entwicklung von *Spiegel TV* bis hin zu einem Betriebsvermögen von gegenwärtig mehr als 33 Millionen Euro, die Risiken für die »Fensterprogramme« der dctp und den gefährlichen Weg als Programmzulieferer für öffentlich-rechtliche Anstalten. Dabei würden mal viele, mal wenige Mitarbeiter gebraucht. Eine ökonomisch sinnvolle, gleichmäßige Auslastung des Betriebes sei deshalb nicht leicht und könne zu Risiken führen. Ich plädierte dringend dafür, den Großteil des Geldes aus dem Verkauf von XXP nicht auszuschütten, sondern beiseitezulegen. Vielleicht gäbe es irgendwann für *Spiegel TV* die Gelegenheit, doch noch einen Sender zu kaufen. Ohne eigene Abspielstätte hätte *Spiegel TV* auf Dauer keine Chance. Ich hatte auch schon einen Sender im Visier. Aber den kaufte ich dann später notgedrungen selbst. Und ich habe mich danach bei allen *Spiegel*-Größen herzlich dafür bedankt, dass sie mir die Gelegenheit dazu gegeben hatten.

Bei der »Ordentlichen Versammlung der stillen Gesellschafter« des *Spiegel* am 9. Mai 2006 konnte ihr Sprecher Dr. Thomas Darnstädt eine frohe Kunde vortragen: »Beim *Spiegel*-Verlag haben wir ein Jahresergebnis von 38,4 Millionen Euro, das ist eines der besten Ergebnisse, das der *Spiegel* überhaupt je gehabt hat.« Das sei ein wirklich beachtlicher Erfolg »der Geschäftsführung und der Redaktion und des Verlages«. Dabei sei der Erlös für den Sender XXP noch nicht eingerechnet: »Die Verkaufsgeschichte von XXP spielt rechnerisch in 2006.« Sonst wären zum Jahresgewinn des *Spiegel*-Verlages noch gut 30 Millionen hinzugekommen. Und noch eine gute Nachricht hatte

Darnstädt zu verkünden: »Wir haben zum ersten Mal in diesem Geschäftsjahr 2005 das Vergnügen, dass wir nicht 50 Prozent, sondern 50,5 Prozent des Gewinnes bekommen.« Laut Firmenstatut und Testament mussten die Augstein-Erben je ein halbes Prozent an Gruner + Jahr und die KG abgeben.

Bei der nachfolgenden Aussprache erkundigte sich der Archivar Hunger, was denn an den Spekulationen über die Zukunft der Chefredaktion dran sei. Darauf hatte Dr. Darnstädt gewartet: »Na ja, die Frage musste ja kommen. Es ist im Augenblick mit Gerüchten die Pest. Es ist einfach nicht totzukriegen, die tollsten Dinge geistern, ich sei angeblich schon hier in benachbarten Medienhäusern unterwegs gewesen, um mit neuen Chefredakteuren, die namentlich genannt werden, alles Quatsch.«

Dabei war die Suche nach einem Nachfolger längst im Gange.

Das Sommermärchen

Anfang Juni flogen Katrin und ich mit unserem alten Freund Ernst Langner und seiner Frau nach Alaska. Wie immer, wenn ich auf Reisen ging, hatte ich zuvor einen oder mehrere Titelbilder und Geschichten in Auftrag gegeben, meinen Stellvertretern aber gesagt, sie müssten vor Ort entscheiden, was am Ende gedruckt würde. Von unterwegs aus fehlte mir das letzte Gespür dafür, was am Montag wirklich aktuell war. Ich brauchte die Zeitungen, das Fernsehen, die Diskussion in der Redaktion, um zu entscheiden, mit welchem Titel wir richtigliegen würden.

Am Freitag rief ich den diensthabenden Stellvertreter von meinem Satellitentelefon aus an. Martin Doerry schilderte mir die Lage. Sie hätten die von mir in Auftrag gegebene Titelgeschichte und auch das Titelbild fertig. Beides sei auch gut geworden. Aber die Stimmungslage in Deutschland sei so, dass er doch einen anderen Titel vorschlagen würde. Es sei Fußballweltmeisterschaft, bei strahlendem Sonnenschein und in einer unglaublich fröhlichen Atmosphäre. Es sei wie in einem anderen Land: Hunderttausende in den Stadien, Millionen vor den Fernsehern und auf den Straßen feierten den Fußball und sich selbst – mit mediterranem Frohsinn und unverklemmtem, weltoffenem Patriotismus. Ob wir nicht lieber einen Titel darüber machen sollten?

»Na ja«, sagte ich, »das kann ich von hier aus nicht entscheiden. Wenn Sie das so sehen, dann machen Sie das doch. Haben Sie denn auch schon eine Titelzeile?«

Die hatte er noch nicht, aber er werde darüber nachdenken, und wir könnten ja später noch einmal telefonieren.

»Ich denke auch mal darüber nach, vielleicht fällt mir etwas ein, was die Stimmung wiedergibt, die Sie geschildert haben.«

Nach wenigen Minuten rief ich ihn wieder über das Satellitentelefon an: »Wie wäre es mit der Zeile: ›Deutschland, ein Sommermärchen‹?«

Doerry war skeptisch, er würde schon verstehen, was ich meinte. Anklingend an Heinrich Heines *Deutschland, ein Wintermärchen* ... – aber würden das die Leser auch verstehen? Sie hätten sich in der Redaktion auch schon eine Titelzeile ausgedacht: »Die Deutschland-Party«.

»Ich finde mein Sommermärchen besser. Aber Sie haben das Kommando vor Ort. Dann nehmen Sie Ihre ›Deutschland-Party‹ auf den Titel, aber meine Zeile wenigstens für die Titelgeschichte im Inneren des Heftes.«

Und so erschien der *Spiegel* am 19. Juni mit der Titelzeile »Die Deutschland-Party«. Und auf Seite 26 begann die Titelgeschichte mit der Zeile »Deutschland, ein Sommermärchen«. In dem Artikel, vor allem verfasst von Dirk Kurbjuweit, hieß es: »Deutschland wirkt dieser Tage einig wie selten zuvor, aber es ist nicht nur die innere Einheit, die sich hier vollzieht. Denn während sich Deutschland zur WM eint, öffnet es sich nach außen und sucht die Einheit mit der Welt.«

Im *Spiegel* wurde es weniger einig. Dafür sorgte vor allem die

Mitarbeiter-KG unter Führung des gelernten Staatsanwalts Dr. Darnstädt.

Erst einmal musste der Geschäftsführer Karl Dietrich Seikel in den verdienten Ruhestand geschickt werden. Man legte ihm nahe, selbst für einen Nachfolger zu sorgen, dann könnte er selbst sein Ausscheiden festlegen. Als Seikel dem Sprecher der Mitarbeiter-KG seinen Kandidaten, einen in der Branche überaus anerkannten Verlagsmanager aus Hamburg, präsentierte, druckste der erst herum und bekannte dann, dass die KG bereits einen Headhunter engagiert hätte und dieser fündig geworden sei.

Der Kandidat Dr. Mario Frank war Verlagsleiter und Geschäftsführer der Dresdner Druck- und Verlagshaus GmbH & Co. KG, in der unter anderem die *Sächsische Zeitung* erscheint. In der Gesellschafterversammlung des *Spiegel*-Verlages spielte sich dann – so wurde jedenfalls kolportiert – ein Drama ab. Der Sprecher der Mitarbeiter-KG Darnstädt habe erklärt, die KG sei bei der Suche nach einem neuen Geschäftsführer bereits erfolgreich gewesen. Daraufhin sei der Chef von Gruner + Jahr aufgesprungen, habe irgendetwas von »Kindergarten« gebrüllt und mit knallender Tür den Raum verlassen.

Später hätte man sich bei Gruner + Jahr lachend auf die Schenkel geklopft, denn man war bestens im Bilde. Schließlich arbeitete der Headhunter, den die Mitarbeiter-KG engagiert hatte, vornehmlich für G+J. Und das Dresdner Druck- und Verlagshaus gehörte zu 60 Prozent Gruner + Jahr und zu 40 Prozent der SPD-Medienholding. Da dürfte es beiden Gesellschaftern gut gepasst haben, dass Geschäftsführer Dr. Mario Frank nun zum *Spiegel* wechseln sollte. Auf »Super Mario« warteten vor allem zwei große Aufgaben, die man leicht erraten konnte: erst den einen und dann den anderen loszuwerden ...

Seikel stellte mir seinen Nachfolger vor. Sie besuchten mich an einem sonnigen Samstag unangemeldet auf unserem Hof. Wir saßen auf der Veranda vor unserer Reithalle, es gab Kaffee und Kuchen. Meine jüngere Tochter trainierte mit ihrem Pferd auf dem Grasplatz daneben. Sie sprang über Hindernisse, das lenkte mich etwas von dem Gespräch mit dem neuen Mann ab. Seikel plauderte mit meiner Frau. Aber das alles reichte »Super Mario« nicht. Als Seikel mit ihm wieder im Auto saß, tobte er los. Er war beleidigt – ich hätte seine Persönlichkeit missachtet, sei unhöflich und hätte kein Benehmen. Immerzu sei ich während des Gespräches aufgestanden, als wäre mir das Springtraining meiner Tochter wichtiger als der neue Geschäftsführer. Seikel war besorgt, behielt den Auftritt seines designierten Nachfolgers aber zunächst für sich, was er später bedauerte.

Der Sechzigste

Kurz darauf wurde ich 60 Jahre alt und veranstaltete auf unserem Hof eine ziemlich große Party. Die Reithalle wurde zum Festsaal für rund 900 Gäste. Es war eine bunte Mischung aus Familie, alten und neuen Freunden, Nachbarn aus dem Dorf, Reitern, Kollegen aus den Medien, Wirtschaftsmanagern, Künstlern, Filmregisseuren – und ganz wenigen Politikern. VW-Patriarch Ferdinand Piëch und seine Frau waren angereist, Porsche-Chef Wendelin Wiedeking, Bundesbahn-Chef Hartmut Mehdorn, Filmproduzent Bernd Eichinger, Regisseur Volker Schlöndorff, *FAZ*-Herausgeber Frank Schirrmacher ...

Zum Geburtstag hatte ich mir selbst ein nachhaltiges Geschenk gemacht. Gemeinsam mit meinem Freund und Kollegen Daniel Bäumler machte ich den Sportbootführerschein und kaufte mir ein Motorboot, sieben Meter lang, ausgestattet mit zwei starken Außenbordmotoren, die das Boot auf gut 80 Stundenkilometer bringen konnten. Ab Wedel in Richtung Cuxhaven galt keine Geschwindigkeitsbegrenzung – außer der natürlichen durch Wellengang. Da hatte ich jahrelang für eine Autobahn zwischen Hamburg und Stade plädiert – und hier war sie, direkt vor unserem Haus. So folgte ich den Spuren meines Großvaters und seiner »Stader Dampfer« nun auf der Elbe. Der Liegeplatz für mein Boot in Stadersand lag auf dem Gelände unseres alten Hofes an der Schwinge. Manchmal, nachdem ich mein Boot angelegt hatte, ging ich über die leichte Anhöhe, auf der das Haus meiner Kindheit stand, jetzt überwuchert von Gestrüpp und Brombeersträuchern. Doch davor steht immer noch die alte Trauerbuche, in den Jahren so dick geworden, dass zwei ausgewachsene Männer sie mit ausgestreckten Armen nicht umfassen können. Ich kannte noch jede Wölbung und jede Furche in der Rinde, an denen wir uns als Kinder festgehalten hatten, wenn wir zum Entsetzen meiner Mutter wieder einmal auf den Baum geklettert waren.

Zum 60. hielten meine alten Freunde Jürgen Flimm und Uli Wickert längere Reden und meine Frau Katrin eine sehr kurze. Darin versprach sie, in einem zweiten Leben als sehr gutes Springpferd auf die Welt zu kommen. Doch davon hatte ich genug – aber nur eine Katrin.

Am Ende sang Christiana Pohl, Redakteurin und ausgebildete Sängerin, mit der Band aus *Spiegel TV*-Mitarbeitern »Fields of Gold«. Da wurde es etwas kitschig. Und irgendwie war mir klar, dass die »Fields of Gold«, jedenfalls bei *Spiegel TV*, langsam zu Ende gingen.

An Geschenken gab es vor allem Wein. Der hielt ziemlich lange vor. Noch länger aber hielt ein Geschenk meines *Spiegel TV*-Kollegen Michael Kloft. Von ihm bekam ich ein altes Buch, das ich im Partytrubel gar nicht richtig zur Kenntnis nahm. Es wanderte in meinen Bücherschrank auf dem Land. Irgendwann, gut zehn Jahre später, suchte ich dort, bevor ich ins Bett ging, irgendetwas zu lesen. Plötzlich hatte ich ein antiquarisch erscheinendes Buch in der Hand. Darin eine Widmung:

»Lieber Stefan,
zu Deinem 60. Geburtstag die herzlichsten Glückwünsche!
Ich freue mich schon sehr auf unsere Arbeit an dem großen

Projekt. Diese erste Alt-Biografie erschien 1936/37 in der Schweiz.
Hamburg 1/7/2006
Michael.«

Auf dem Titel stand:
»Konrad Heiden. Hitler – Das Leben eines Diktators«
Ich begann es zu lesen und hörte bis vier Uhr morgens nicht mehr auf, so genau, lebendig, kritisch und sarkastisch beschrieben hatte ich Hitlers Aufstieg zur Macht noch nicht gelesen. Ein paar Tage später war ich mit dem Buch durch – und elektrisiert. Wer war dieser Konrad Heiden, von dem ich vorher noch niemals etwas gehört hatte?

Ich begann zu recherchieren, unterstützt von meiner Mitarbeiterin Charlotte Krüger. Sie kannte sich in Recherchen über das Dritte Reich aus, weil sie selbst ein Buch über eine »Spurensuche in der NS-Zeit« geschrieben hatte: *Mein Großvater, der Fälscher.* Der SS-Sturmbannführer Bernhard Krüger hatte die Fälscherwerkstatt im Konzentrationslager Sachsenhausen geleitet, wo KZ-Häftlinge unter strengster Geheimhaltung 100 Millionen britische Pfund gedruckt hatten.

Wir beschafften alle Veröffentlichungen von Konrad Heiden, seine Bücher und Broschüren und seine Artikel in der *Frankfurter Zeitung* und später in der Exilzeitschrift *Deutsche Freiheit,* trugen seine Manuskripte und Notizen aus verschiedenen Archiven zusammen. Und am Ende trafen wir sogar noch zwei Menschen, die ihn gekannt hatten. Es wurde eine Zeitreise mit einem besonderen Journalisten – durch Aufstieg und Untergang des Dritten Reiches. Und am Ende wurde ein Buch daraus: *Hitlers erster Feind.*

Im Vorwort schrieb ich: »Dieses Buch ist auch ein Buch über Journalismus, über einen Reporter, der aufschrieb, was er sah, der sich niemals damit rühmte, ein ›investigativer Journalist‹ zu sein, bescheiden war, nur aufklären wollte, mit Worten, nicht mehr, aber auch nicht weniger. Der eine Haltung hatte, diese aber nicht mit Sendungsbewusstsein überfrachtete. Nicht seine Meinung war für ihn das Wichtige, sondern die Geschichte, die er erzählte. Und zugleich war er ein Teil der Historie. Das ist die Geschichte, die ich erzählen möchte. Mit meinen Worten – aber vor allem mit denen Konrad Heidens.«

Wahlkampf um die Macht im *Spiegel*

Mein Vertrag war vom Geschäftsführer Seikel mühsam auf eine Laufzeit von fünf Jahren durchgesetzt worden. Mit der Sonderklausel, dass er nach drei Jahren kündbar war. Dazu würde die Mitarbeiter-KG die Zustimmung von Gruner + Jahr brauchen, doch der Vertreter von G+J Rolf Wickmann hatte mir hoch und heilig versprochen, dass er und sein Verlag in der Gesellschafterversammlung niemals für eine Kündigung nach drei Jahren stimmen würden. Sonst hätte ich nicht unterschrieben. Ich hatte mir nämlich überlegt, dass es besser wäre, sich mit 60 einen neuen Job zu suchen als mit 63. Im Vertrauen auf G+J hatte ich also zugestimmt. Nun konnte ich jede einzelne Etappe der Verhandlungen in den Mediendiensten lesen, bevor ich offiziell davon unterrichtet wurde.

Im Dezember 2006 begann der Wahlkampf um die Macht im *Spiegel*. Auch der Berliner Büroleiter Gabor Steingart hatte sich bei den Sprecherwahlen der Mitarbeiter-KG beworben und verschickte am 17. Dezember ein Bewerbungsschreiben an die Mitarbeiter des Verlages. Darin wies er auf die – seiner Meinung nach – problematische Entwicklung seit Augsteins Tod hin: »Was den *Spiegel* über all die Jahrzehnte auszeichnete – publizistische Durchschlagskraft, Ertragsstärke und die Sicherheit der Arbeitsplätze –, ist für die kommenden Jahre nicht garantiert.« Der Erfolg müsse in schwierigen Zeiten neu gesichert werden, deshalb käme der Wahl zur Geschäftsführung der Mitarbeiter-KG eine besondere Bedeutung zu. Ein Neuanfang sei notwendig, denn die Funktion der Mitarbeiter-KG sei heute eine andere als zu Lebzeiten von Augstein.»Einst verstand sie sich als Gegengewicht zum Firmenpatriarchen und der von ihm berufenen Chefredakteure. Die kleine oder große Stichelei gegenüber der Obrigkeit erfreute sich allgemeiner Beliebtheit.« Doch ein Weiter-so könne heute alles gefährden: den Ruf, die Erträge, den Erfolg der Firma. Der Gesellschaftervertreter der KG sei für die Berufung und die Abberufung der Chefredakteure zuständig, er unterstützt den Chefredakteur, oder er feuert ihn. Ein Dauerkonflikt, hinter und vor den Kulissen ausgetragen, schwäche den *Spiegel*:»Wer die eigene Firma schlechtredet, wer halblaut eine Nachfolgerdebatte befeuert, wer Sondierungen zur Errichtung eines Herausgebergremiums unternimmt, der schadet dem *Spiegel* und nutzt niemandem, nicht mal sich selbst.«

Einige Kollegen hielten »gezielte Illoyalität für ein Kavaliersdelikt oder sogar für eine Mutprobe«. Aber das sei es nicht. »Der *Spiegel* lässt sich vom Hinterzimmer beschädigen, aber er lässt sich nicht von dort führen.«

Auch das von der KG betriebene Ausscheiden von Karl Dietrich Seikel aus der Position des Geschäftsführers sei falsch.»Er hat diesem Unternehmen in den 17 Jahren an der Spitze einen geradezu beispiellosen Erfolg beschert. Unter seiner kaufmännischen Leitung wurden den Gesellschaftern Gewinne präsentiert, von denen andernorts nur geträumt wird.« Hinzu komme, dass Seikel den Vorrang des Publizistischen vor dem Kaufmännischen verkörpere:»Deshalb hat ihn Augstein geholt, und deshalb hat er ihn behalten. Warum er jetzt, da der Firmengründer nicht mehr da ist, gehen muss, ist bis heute unklar. Warum jetzt? Wieso so hastig? Wieso überhaupt?« Die Geschäftsführung der Mitarbeiter-KG agiere mitunter wie eine Geheimloge.

Worum es tatsächlich ging, wusste Gabor Steingart vermutlich genauso gut wie alle Beobachter mit etwas Einblick: Es ging um die Macht in der Nach-Augstein-Ära. Und da mussten alle schleunigst entsorgt werden, die der Gründervater selbst eingesetzt hatte. Das war eher normal.

Das Jahr der Höhen und der Tiefen

Im Januar 2007 erklärte Dr. Darnstädt auf einer Wahlveranstaltung zur Geschäftsführung der Mitarbeiter-KG, beim *Spiegel* werde »Woche für Woche die Auflage nach oben gelogen«. Ich schrieb ihm: »Eine solche Bemerkung ist erstens sachlich falsch und zweitens geschäftsschädigend. Sie unterstellen damit, dass die Vertriebszahlen, die der *Spiegel*-Verlag meldet, manipuliert sind. Der *Spiegel* ist in puncto Auflagenehrlichkeit absolut korrekt. Wenn ausgerechnet der Sprecher der Mitarbeiter-KG, also des größten Gesellschafters, eine solche Aussage macht, ist dieses in höchstem Maße unverantwortlich.« Auch im Wahlkampf seien derartig falsche Behauptungen nicht akzeptabel. Er würde damit potenzielle Wähler in die Irre führen und den *Spiegel* beschädigen: »Wahrhaftigkeit nach innen und nach außen ist das höchste Gut des *Spiegel*.« Als Chefredakteur hätte ich nicht vor, mich in den Wahlkampf einzumischen, müsse aber derartige Äußerungen mit Nachdruck zurückweisen: »Ich möchte Sie bitten, bei Ihren zukünftigen Auftritten bei der Wahrheit zu bleiben.« Dann wies ich ihn noch darauf hin, dass dieser Brief keine Abmahnung im arbeitsrechtlichen Sinne sei, »da ich der Auffassung bin, dass arbeitsrechtliche Maßnahmen gegen Kandidaten im Wahlkampf fehl am Platze sind«.

Vielleicht war das ein Fehler. Vielleicht hätte man besser mit allen juristischen Maßnahmen dagegen vorgehen müssen. Es war klar, woher der Wind wehte.

Der KG-Komplex

Es wurde im *Spiegel*-Hochhaus langsam eng, das war mir durchaus klar. Die KG hatte die Macht, ihr gehörte der Laden – jedenfalls solange Gruner + Jahr sich als Minderheitsgesellschafter mit Vetorecht den Herren Darnstädt & Co. unterwarf.

Im März wurde gewählt – und weder Darnstädt noch Steingart schafften es an die Spitze der KG. Stattdessen wählten die 250 wahlberechtigten Mitarbeiter der Redaktion die Leiterin der Kulturbeilage Marianne Wellershoff und den Ressortleiter der Wirtschaft Armin Mahler. Der Medienredakteur der *FAZ* Michael Hanfeld sah darin ein Signal, dass der *Spiegel* wieder »in ein ruhiges Fahrwasser gerät«.

Mahler und Wellershoff trauten die Kollegen offenbar zu, »den *Spiegel*, der in den vergangenen Jahren der allgemeinen Pressekrise wie ein Solitär auf einem erfolgreichen Kurs blieb und, als andere Verluste machten, den stillen Teilhabern am Ende des Jahres immer noch eine schöne Gewinnbeteiligung bescherte, intern zu festigen«. Es sei eine Niederlage für den bisherigen KG-Geschäftsführer Darnstädt, der sich als »Konterpart von Aust verstand« und die »harsche Kritik aufnahm, die Franziska Augstein an dem Magazin und dem Chefredakteur geübt hatte«. Dabei sei aus dem Blick geraten, um wie vieles erfolgreicher der frühere Geschäftsführer Seikel und die Redaktion die Herausforderungen gemeistert hätten, die der Printjournalismus durch das Internet erfahren habe: »*Spiegel Online* ist Marktführer, *Spiegel TV* ist der erfolgreichste und angesehenste private Anbieter und Produzent dokumentarischer Programme im Fernsehen, und der *Spiegel* selbst ist eine Macht nach wie vor.«

Der neue Geschäftsführer Dr. Mario Frank hatte eine Expansion des Verlages in »Brand Extensions« vor, neue Verlagsobjekte. In einem Interview mit der *FAZ* erklärte er, dass er beim *Spiegel* »ganz gelassen Evolution betreiben und das Unternehmen weiterentwickeln« wolle. Der Printmarkt schrumpfe, der *Spiegel* habe sich hervorragend gehalten, aber Wachstum gebe es nicht.

»Wie wichtig ist die *Spiegel*-Auflage?«, fragte Michael Hanfeld. »Ich frage auch, weil kolportiert wurde, Sie hätten gesagt, dass ein Auflagenverlust von 20 000 Exemplaren eventuell weniger schwer wiege als ein neues, erfolgreiches Produkt.«

»Was ich gesagt habe, war etwas anderes«, antwortete Dr. Mario Frank. »Ich habe gesagt, dass, wenn ein neues Printprodukt so erfolgreich ist, dass es zusammen mit dem *Spiegel* ein deutliches publizistisches Mehr und deutlich mehr Leser erreicht, also einen wirtschaftlichen Erfolg für das Haus bietet, ich bereit wäre, Auflageneffekte hinzunehmen.« In der Bildunterschrift zum Artikel hieß es: »Privat hat Mario Frank eine Vorliebe für historische Schreibmaschinen und Studien zu deutschen Diktatoren des vergangenen Jahrhunderts.« Mit seinen schwarzen Schreibmaschinen hatte er das große Wandregal im Büro beim *Spiegel* vollgestellt. Manche *Spiegel*-Redakteure machten inzwischen einen kleinen Scherz daraus; vielleicht sei das ein unterschwelliges Signal, was Journalisten für ihn waren: Schreib-Maschinen.

Dreharbeiten BMK

Im Frühjahr 2007 wurde das Drehbuch langsam fertig. Bernd Eichinger, der die Zeit in seinem Haus in Los Angeles zugebracht hatte, kam zurück nach Deutschland, und wir setzten uns mehrere Tage hin, um das Werk durchzuarbeiten. Gemeinsam mit dem von ihm ausgewählten Regisseur Uli Edel gingen wir jede Szene, jeden Dialog durch, änderten, kürzten, schrieben dazu.

Anfang August sollten die Dreharbeiten beginnen. 74 Drehtage standen zur Verfügung, um an 140 Schauplätzen einen Film mit 120 Sprechrollen zu drehen. Allzu gern wäre ich bei den Dreharbeiten für die Verfilmung meines Buches, mit dem ich Jahre meines Lebens zugebracht hatte, dabei gewesen.

Aber bei dem neuen Geschäftsführer Dr. »Super Mario« Frank konnte ich mir eine häufige Abwesenheit nicht leisten. Deshalb verpasste ich die Dreharbeiten fast vollständig. Nur bei ganz wenigen Terminen war ich dabei. So etwa bei den Dreharbeiten im Prozesssaal von Stammheim. In der »Mehrzweckhalle«, wo der Prozess gegen Ulrike Meinhof, Andreas Baader, Gudrun Ensslin und Jan-Carl Raspe geführt worden war, saßen nun Martina Gedeck, Moritz Bleibtreu, Johanna Wokalek und Niels Bruno Schmidt auf denselben Plätzen wie vor mehr als 30 Jahren die Angeklagten, deren Rolle sie nun spielten. Sogar das Mobiliar war weitgehend das alte. Man hatte das Gefühl, die Zeit wäre für drei Jahrzehnte stehen geblieben.

Aus nächster Nähe konnte ich nun verfolgen, was die Angeklagten, ihre Verteidiger, Bundesanwälte und Richter teilweise schreiend miteinander ausfochten – wortwörtlich aus den Protokollen des Prozesses entnommen, dargeboten von Schauspielern, die eine frappierende Ähnlichkeit mit den damaligen Prozessbeteiligten hatten. Die Darsteller mussten es noch neun weitere Tage in diesem neuen »Stammheim« aushalten. In den Bavaria Studios in München war der Hochsicherheitstrakt detailgetreu nachgebaut worden.

Die meisten Drehtage gab es in Berlin. Im Audimax der Technischen Universität wurde der Vietnam-Kongress mit 1200 Komparsen, die »Ho-Ho-Ho Chi Minh!« skandierten, täuschend echt nachgespielt – nur nicht in Schwarz-Weiß, wie damals auf Fotos und Fernsehmaterial zu sehen, sondern in 35 Millimeter Farbe. Leider war ich auch hier bei den Dreharbeiten nicht dabei. Ich hätte mich gern an den Rand der grölenden Studenten gestellt, wie damals, am 17. Februar 1968.

Noch gewaltiger war die Inszenierung des Schah-Besuches vom 2. Juni 1967. Für die Dreharbeiten vor der Deutschen Oper Berlin hatte der Regierende Bürgermeister Klaus Wowereit eine Drehgenehmigung für drei Tage durchgesetzt, an denen die Bismarckstraße weiträumig abgesperrt wurde. Es waren Tausende von Komparsen angeheuert worden, eine ganze Reihe davon waren auch damals beim Schah-Besuch dabei gewesen, wenn auch in einer anderen Rolle. Weil sie inzwischen 40 Jahre älter geworden waren, mussten sie Leute spielen, die dem Schah bei seiner Ankunft zujubelten. Unter den Mitwirkenden war auch ein Polizist, der kurz vor seiner Pensionierung stand und am 2. Juni 1967 seinen ersten Einsatz gehabt hatte. Immer wieder tauchten Passanten auf und erzählten, dass sie selbst damals dabei gewesen waren und dass der Anblick der Dreharbeiten für sie ein echtes Déjà-vu-Erlebnis sei. Die Komparsen schrien sich unermüdlich die Seele aus dem Leib und ließen sich weder vom plötzlich einsetzenden Regen noch von den Komparsen in Polizeiuniform vertreiben. Am zweiten Tag wurde ein Wasserwerfer eingesetzt. Es war das Originalfahrzeug, aus dem am 2. Juni 1967 die echten Demonstranten mit einem heftigen Wasserstrahl bis auf die Haut durchnässt worden waren. Und da niemand anders dieses antiquierte Fahrzeug bedienen konnte, saß derselbe Mann wieder am Steuer des Wasserwerfers, der schon am 2. Juni im Einsatz war.

Die Schlacht vor der Deutschen Oper wurde so genau wie möglich nach den Fotos und Filmen von diesem Tag im Jahr 1967 inszeniert. Da stimmte jedes Nummernschild an den Autos, selbst die Werbeplakate an den Bauzäunen waren nachgedruckt worden. Doch es gab eine Ausnahme: Polizeireiter wurden nicht vor der Oper eingesetzt, sondern nur bei der Demonstration vor dem Schöneberger Rathaus – so war aus zwei Demos am 2. Juni 1967 im Film eine geworden. Auch der Moment, in dem der Polizist Kurras den Studenten Benno Ohnesorg erschossen hatte, wurde originalgetreu nachgespielt, genau nach der Vorlage der Fernsehbilder und der Fotos dieses Tages.

Bei den Dreharbeiten wurde viel geschossen. Aber auch die Schüsse waren authentisch – wenn man davon absieht, dass beim Dreh keine scharfe Munition verwendet wurde. Platzpatronen mussten reichen. Und doch waren jede Kugel und jeder Schuss entsprechend den Polizeiberichten genau abgezählt. Uli Edel sagte Katja Eichinger für ihr Buch zum Film: »Es wird wahrscheinlich so sein, dass die Leute uns nicht glauben werden, wie viel da geschossen wurde. Aber bei der Schleyer-Entführung etwa wurden am Tatort 197 Patronenhülsen gefunden und in den Körpern der Toten bis zu 30 Einschüsse. Bei Buback waren es 15 Schüsse, und genau die habe ich gezeigt, nicht 20 und nicht 30.«

Alle Schauspieler, die RAF-Mitglieder spielten, wurden vorher zum Schießtraining geschickt, damit sie ein Gefühl dafür bekamen, was es bedeutet, mit scharfer Munition zu schießen oder gar mit einer Maschinenpistole zu feuern. Für die Dreharbeiten im Hochsicherheitstrakt in Stammheim wurden die meisten Hauptdarsteller auf Hungerstreikdiät gesetzt, um sie ihren abgemagerten Vorbildern anzugleichen.

Nach 56 Tagen waren die Dreharbeiten an verschiedenen Schauplätzen in Berlin beendet, dann ging es nach Stammheim, danach einen Tag nach Rom und am Ende in die Wüstenstadt Ouarzazate in Marokko, wo das militärische Training der RAF im Militärcamp der El Fatah nachgespielt wurde.

Wenigstens beim letzten Drehtag wollte ich dabei sein. Ich nahm meine Tochter Antonia mit und flog nach Marokko. Aber die Flüge hatten Verspätung, sodass wir erst ankamen, als die Abschlussparty schon vorbei war. So musste ich mir von Katja Eichinger schildern lassen, wie der letzte Drehtag verlief: »In einer eiskalten Wüstennacht wurde die letzte Szene gedreht. Es war die Szene, in der Gudrun Ensslin, Andreas Baader, Ulrike Meinhof und Horst Mahler mit dem palästinensischen Lagerkommandanten eine Besprechung abhalten.«

Es ging darum, die Töchter Ulrike Meinhofs in ein palästinensisches Camp für Kinderguerillas zu schicken – und Peter Homann umzulegen.

»Niemand am Set konnte so recht glauben, dass es gleich vorbei sein würde«, erinnerte sich Katja. »Aber dann fiel die Klappe für die letzte Einstellung, und ein letztes Mal wurde gedreht. Nach zwei Minuten war es vorbei. Alle umarmten sich, Champagner und Bier standen bereit, ein riesiges Lagerfeuer brannte, über uns der Wüstenhimmel voller Sterne. Vielleicht weil man in der Dunkelheit streunende Hunde heulen hörte, vielleicht weil fast alle Darsteller immer noch in Maske und Kostüm am Lagerfeuer saßen oder einfach nur weil wir so lange in einer Zwischenzeit zwischen Filmrealität und Gegenwart gelebt hatten, fühlte sich diese Nacht für mich sehr irreal an. Aber das änderte nichts an der Tatsache: Bernd, Uli, Darsteller und Crew hatten es geschafft, *Der Baader Meinhof Komplex* war im Kasten.« Das hatten wir verpasst.

Immerhin trafen Antonia und ich Bernd Eichinger, Uli Edel, den Kameramann und die Schauspieler noch am nächsten Morgen zum Frühstück. Dann flogen wir alle gemeinsam in einem gecharterten Flugzeug zurück nach Deutschland.

Bernd Eichinger ging für vier Monate in den Schnitt. Ich ging zurück an meinen Arbeitsplatz beim *Spiegel*. Doch zwischendurch musste ich mich noch kurz um die Landwirtschaft kümmern.

Die Auktion

Eine Urenkelin des von mir ganz zu Beginn der Siebzigerjahre gekauften Stutfohlens, die vierjährige Argentinia, bewegte sich ungewöhnlich gut und erregte viel Aufmerksamkeit unter dem Reiter Marco Bührig, dem ich das Pferd zur Ausbildung überlassen hatte.

Eine Kundin von ihm wollte das Pferd kaufen, ich verlangte 100 000 Euro, der Deal kam zustande. Doch die Röntgenuntersuchung des Pferdes ergab sogenannte »Chips«, kleine Knorpelteile in Gelenken, damals wie heute eine der vielfältigen Ursachen, einen Verkauf zunichtezumachen. Das Geschäft kam nicht zustande.

Die Stute wurde zur Operation in eine Spezialklinik geschickt, um die Chips zu entfernen, ein häufiger Eingriff, der in der Regel auch gut geht. Nach einigen Wochen begann die Arbeit mit dem Pferd erneut. Argentinia wurde immer besser. Sie schlug in Reitpferdeprüfungen gekörte Hengste, startete auf dem Bundeschampionat, und schließlich meldeten sich die verhinderten Kunden wieder. Ob ich das Pferd jetzt doch verkaufen wollte? Eigentlich wollte ich nicht.

Ich war immer noch Chefredakteur des *Spiegel,* verdiente gut und konnte mir das Pferdehobby immer noch leisten. Es machte ja auch durchaus Spaß, bei Turnieren mal auf der Siegerseite zu stehen. Der Reiter meinte, wenn der Preis stimmte, würde er sich von dem Pferd trennen. Ich ließ mich überzeugen und sagte: »Na gut, immerhin hatten die das Pferd ja schon mal gekauft. Aber billiger wird es jetzt nicht. Im Gegenteil. Es ist jetzt älter und besser ausgebildet, hat auch schon viel gewonnen. Jetzt kostet es 150 000. Wann wollen die denn zum Ausprobieren kommen?«

»Am Donnerstag«, sagte Marco.

»Gut«, sagte ich. »Dann haben die bis Sonntagabend Zeit, sich zu entscheiden. Und kein Handeln.«

Die Kunden wollten das Pferd zu diesem Preis kaufen, riefen aber erst am Montag an.

Ich sagte: »Nein. Heute ist Montag und nicht Sonntag.«

Wenige Wochen später bekam ich einen Anruf von der Frau, die für die Auswahl der Dressurpferde für die Eliteauktion im Herbst in Verden zuständig war: »Wir haben Ihre Stute auf mehreren Turnieren gesehen und hätten sie gern für die Eliteauktion.«

Ich zögerte: »Wissen Sie, wenn ich Ihnen jetzt erzählen würde, zu welchem Preis ich das Pferd kürzlich hätte verkaufen können, würden Sie mir das sowieso nicht glauben. Deshalb sage ich es Ihnen auch gar nicht erst. Aber ich muss darüber mal mit meiner Frau und mit dem Ausbilder sprechen.«

Beide erklärten mich für vollkommen irre, bei 150 000 Nein zu sagen und das Pferd dann auf die Auktion zu schicken. Da könnte ich die Hälfte oder weniger bekommen – oder ich müsste mitbieten und die hohen Auktionsgebühren zahlen. Aber es kribbelte bei mir: »Man muss sich dem Markt stellen.«

Vielleicht war es für den Zuchtbetrieb auch besser, ein Pferd auf der großen Bühne für 100 000 Euro zu verkaufen als im Stall für 150 000. Das glaubte einem sowieso niemand.

Wir brachten das Pferd nach Verden, um es für die Auktion vorbereiten zu lassen. Zwischendurch fuhren der Reiter Marco und ich an einem Wochenende zur Niedersachsenhalle, um uns – gemeinsam mit potenziellen Bietern – den Ausbildungsstand der Stute anzusehen. In allen drei Grundgangarten, Schritt, Trab und Galopp, zeigte sie sich geradezu fantastisch und wurde von den Zuschauern mit Beifall entlassen. Ich war überrascht, so gut hatte ich sie vorher noch nie gesehen. Ich sagte zu Marco: »Kann es sein, dass wir unter den zehn Besten landen?«

Er zeigte zwei Finger: »Unter den ersten beiden.« Im Auswahllot war nämlich noch ein großartiger vierjähriger gekörter Hengst, der beim Bundeschampionat Dritter geworden war.

Beim Galaabend vor der Auktion wurde ich von einem bekannten Dressurtrainer angesprochen: »Ich weiß nicht, ob Sie morgen das teuerste Pferd verkaufen, das beste ist es auf jeden Fall.« Und der Vorsitzende des Vereins Hannoverscher Warmblutzüchter sagte: »Sie wissen, was Sie machen müssen, wenn Sie das teuerste Pferd verkaufen?«

»Nein, das weiß ich nicht.«

»Dann müssen Sie am Sonntagmorgen das gesamte Personal zum Frühstück einladen.«

Damit konnte ich leben.

Argentinia kam als Nummer 52 in die Halle. Vorher waren schon eine ganze Reihe Pferde zu hohen Preisen verkauft worden. Die Spannung stieg. Ich hatte – wie so oft – mehr Glück als Verstand. Der Zuschlag kam bei 400 000 Euro. Es war der bis dahin höchste Preis, der bei der Eliteauktion in Verden jemals für ein Reitpferd – nicht für einen Hengst – erzielt worden war.

Bild veröffentlichte den Verkaufserfolg in der Rubrik »Gewinner der Woche« auf der Titelseite. Bei manchen Kritikern kam das nicht gut an. Aber das ist eine andere Geschichte. So hatte zum Beispiel der Journalist Frank A. Meyer, Berliner

Repräsentant des Ringier Verlags aus Zürich, in einem Artikel nach der Abwahl Gerhard Schröders geschrieben: »Ich finde den Aust persönlich nicht unsympathisch, aber ich kann mir nicht vorstellen, dass jemand ein Pferdegut hat und Chefredakteur ist, irgendwie beißt sich das. Sie machen Geschäfte.« Ausgerechnet mit Pferden. Dafür konnte Meyers Verleger Ringier Gerhard Schröder nach dessen verlorener Wahl als Berater unter Vertrag nehmen, bevor der dann lukrativere Tätigkeiten ausüben konnte.

Für mich hatte der Hof mit den Pferden eine ganz andere Bedeutung. Die Aufgabe und die Verantwortung, sich um einen ganzen Stall von Pferden zu kümmern, den Unterhalt zu finanzieren, auszumisten, Heu zu machen und Zäune zu reparieren, sorgt für Bodenhaftung und frische Luft. Hätte ich nicht zumeist am Wochenende gemeinsam mit meinen Brüdern, Freunden und Freundinnen Ausritte gemacht, abends gekocht und Karten gespielt – in welchen Kneipen der Hansestadt wäre ich wohl versackt?

Seikel verlässt den *Spiegel*

Nach Augsteins Tod und den veränderten Gesellschafterverhältnissen hatte de facto die Mitarbeiter-KG die Macht über den *Spiegel* gewonnen. Gruner + Jahr wurde zwar mit seinen nunmehr 25,5 Prozent für jede Entscheidung benötigt, doch der G+J-Vorstand nahm offenbar an, mit seinem Super-Mario bestens vertreten zu sein. Das Ziel bestand offenkundig darin, erst einmal die noch von Augstein eingesetzten Manager loszuwerden. Der Erste war Geschäftsführer Karl Dietrich Seikel. Er machte am 1. Januar 2007 Platz für Dr. Mario Frank.

Zu seiner kleinen Abschiedsfeier am 14. Dezember 2006 sollte ich ein paar Worte sagen. An diesem Tag war es gerade zwölf Jahre her, dass Seikel mich von der Geburtstagsfeier meiner Tochter weggerufen und in den elften Stock beim *Spiegel* abkommandiert hatte. »Da sitze ich nun immer noch und Karl Dietrich Seikel nimmermehr«, sagte ich und wusste, dass es so eine Art Abschiedsrede für mich selbst war. »Seikel ist der letzte Geschäftsführer des *Spiegel,* der noch von Augstein selbst eingesetzt worden ist. Deshalb fühlte er sich allein ihm und dem *Spiegel* verpflichtet. Das gab ihm eine besondere Stärke und Unabhängigkeit – auch Augstein gegenüber, der eine solche Gradlinigkeit auch bei Meinungsverschiedenheiten zu würdigen wusste.« Als Geschäftsführer habe er gewusst, was seine Aufgabe sei, nämlich den Verlag zu leiten und nicht die Redaktion. »Er hat die Trennung von Verlag und Redaktion anerkannt. Er hat die Unabhängigkeit der Redaktion respektiert. Und das nicht nur formal. Seikel hat sich nie in die komplizierten Entscheidungsprozesse eingemischt, was Titelgeschichte wird, was auf den Titel kommt, wie die Zeile lautet.« Er habe gewusst, was für ein Drahtseilakt das ist, dass auch der Chefredakteur nicht mit Bestimmtheit sagen kann, ob die jeweilige Titelentscheidung richtig ist. »Er wusste, dass in einem Klima des Misstrauens, des Hineinredens, der ewigen Nörgelei keine Kreativität gedeihen kann, dass Unsicherheit tatsächlich Fehler produziert. Er hat sich in den bekloppteste Debatten in der Redaktionskonferenz zurückgehalten, hat sich schweigend jeden Unsinn angehört, denn er wusste, dass der Geschäftsführer in der Redaktion nichts zu sagen hat, wenn er deren Unabhängigkeit respektiert.« Es würden turbulente Zeiten vor uns liegen. Ein neuer Geschäftsführer müsse sich in die Seele des *Spiegel* einarbeiten. Die Mitarbeiter würden eine neue Geschäftsführung der KG wählen und damit die Weichen für die Zukunft des *Spiegel* stellen. »Ich hoffe, dass alle Beteiligten sich ihrer Verantwortung für den *Spiegel* bewusst sind. Bei Karl Dietrich Seikel war das immer so.« Und ich schloss mit den Worten: »Ich hoffe, wir werden ihn nicht allzu oft vermissen müssen.«

Seikel hatte seinem Nachfolger prall gefüllte Kassen überlassen. Ich wusste, es würden schwierige Zeiten. Und mir war klar, dass ich als Nächster dran sein würde.

Nach dem Verkauf des Senders XXP 2005 wurden 8 Millionen aus dem Erlös an die Gesellschafter des *Spiegel*-Verlages, die Mitarbeiter-KG sowie Gruner + Jahr und die Augstein-Erben ausgeschüttet. 6,5 Millionen wurden zurückgestellt. Das schrieb jedenfalls damals die *FAZ*. In diesem Jahr solle der Gewinn von *Spiegel TV* bei einem Umsatz von 47 Millionen bei mehr als 3 Millionen Euro liegen, durch Investitionen in die Bebilderung von *Spiegel Online* von rund 2,6 Millionen Euro könne man ihn aber auf 430 000 Euro herunterschneiden.« Wenn man will.«

Man wollte. Da nun der Sender wegfiel und inzwischen auch RTL die seit gut zehn Jahren von *Spiegel TV* bezogenen Nachrichten für VOX lieber selbst herstellen wollte, mussten wir entweder neue Geschäftsfelder aufbauen oder Personal abbauen. Ich war dafür, erst einmal etwas Geld in neue Filme zu stecken, sodass wir unsere Sendeplätze etwa bei VOX mit einigen neuen Produktionen anreichern konnten, anstatt vor allem Wiederholungen zu senden. Das Geld bei *Spiegel Online* zu versenken fand ich eher sinnlos.

Geschäftsführer Frank wollte möglichst zügig diejenigen entlassen, die den Erfolg von XXP geschaffen und damit für den Geldsegen gesorgt hatten. Und Verlagsleiter Fried von Bismarck, sehr schnell sehr eng mit Dr. Frank, wollte erst einmal *Spiegel TV* in eine Holding umbauen, bestehend aus vier Bereichen: Lizenz-, Fremd- und Eigenproduktionen sowie Studiotechnik. Von dieser Struktur, erklärte von Bismarck dem Branchendienst *Kontakter,* müsse nur der Chefredakteur Aust überzeugt werden. » Womit der Konflikt sehr zurückhaltend beschrieben wäre«, meinte Hanfeld in der *FAZ*.

Auch die Mitarbeiter von *Spiegel TV* machten sich Sorgen und schrieben einen Brief an den neuen Geschäftsführer: » Wir wissen nicht, ob es einen Zusammenhang zwischen Ihren Umbauplänen und den Querelen in der Geschäftsführung gibt, aber falls es so ist, wollen wir als Mitarbeiter keinesfalls zum Spielball solcher Machtkämpfe werden. Bestürzt und erschrocken haben wir in den vergangenen Wochen erlebt, wie Sie das Unternehmen öffentlich herabgewürdigt haben.«

Veröffentlicht wurde das in der *FAZ*, was die neue Spitze des Hauses offenbar auf die Palme brachte – und vermutlich zu der Annahme, der Gründer und immer noch Geschäftsführer von *Spiegel TV* habe etwas mit der Veröffentlichung zu tun.

Das war nicht der Fall. Mir war klar, dass man nur auf einen Fehler von mir wartete. Ich hatte mit keinem einzigen Journalisten über die Meinungsverschiedenheiten zur Zukunft von *Spiegel TV* oder den Umbau der Gesellschaft gesprochen, Anfragen für Interviews generell abgelehnt oder um schriftliche Fragen gebeten, die ich dann auch schriftlich beantwortete. Da war es noch nicht einmal nötig, dass mir Gabor Steingart einen wohlmeinenden Hinweis gab: »Ich weiß nicht, ob ich mir anmaßen darf, Ihnen einen Rat zu geben. Aber es gibt in Amerika einen Grundsatz, wenn man von der Polizei angehalten wird – don't heat yourself up.« Er sei der Meinung, die gesamte Operation an *Spiegel TV* hätte nur ein einziges Ziel: mich so zu provozieren, dass ich irgendeinen Fehler machen würde. Und es dauerte nicht lange, bis es zu diesem Punkt kam – allerdings nur scheinbar.

Wieder war es Michael Hanfeld, der in der *FAZ* mit neuen internen Informationen aus dem Hause *Spiegel TV* aufwarten konnte. Am 3. Juli 2007 schrieb er, dass die Mitarbeiter-KG »Leitlinien« formuliert habe, nach denen sie der Auslagerung von Unternehmensteilen eine Absage erteilte. Das dürfe, so Hanfeld, als »Wink mit dem Zaunpfahl in Richtung *Spiegel TV*« gelten.

Doch dann kam es ganz dicke. Das Controlling des *Spiegel*-Verlages habe festgestellt, dass die geplante Holding steuerrechtlich nicht ohne Probleme sei. Es gäbe das Risiko, dass Gewinne, die bisher als stille Reserven gebildet werden konnten, aufgedeckt würden. Zudem sei es notwendig, bei Einnahmen und Kosten in der Holding für Gleichgewicht zu sorgen, sonst entstehe an einigen Stellen eine Unterdeckung. Ich kannte die Analyse, die im Wesentlichen von der Wirtschaftsberatungsfirma stammte, die den *Spiegel*-Verlag seit Jahren beriet. Ich wusste, das war eine Bombe.

Ich war in den ersten Julitagen auf dem CHIO-Turnier in Aachen gewesen. Als ich zurückflog, bekam ich einen Anruf meines Sekretariats. Ich solle mich nach der Rückkehr sofort bei Herrn Dr. Frank einfinden. Ich tat, wie vom Geschäftsführer gewünscht. Er war gemeinsam mit Fried von Bismarck in seinem Büro. Kaum hatte ich die Tür hinter mir geschlossen, brüllte er mich in gewaltiger Lautstärke an: »Sie haben interne Informationen weitergegeben. Das führt zu Ihrer sofortigen Ablösung als Geschäftsführer von *Spiegel TV*! Sie können jetzt sofort freiwillig zurücktreten oder werden sofort entlassen! Die Genehmigung der Gesellschafter habe ich dafür!«

Ich wurde ganz ruhig, wie immer, wenn es gefährlich wurde: »Worum geht es?«

Dr. Frank tobte wieder los. Es ginge um den Artikel in der *FAZ*.

Ja, sagte ich, den hätte ich gelesen. Ich würde auch Herrn Hanfeld kennen. Aber ich hätte mit ihm seit längerer Zeit nicht geredet, ich hätte ihm auch keinerlei Informationen irgendwelcher Art oder Papiere über *Spiegel TV*-Interna gegeben. Ich wüsste auch nicht, woher Hanfeld seine Informationen hatte. Und im Übrigen sei das mit dem Rücktritt oder der Entlassung als Geschäftsführer nicht ganz so einfach. Ich hätte nämlich auf Verlangen der Mitarbeiter-KG keine zwei separaten Verträge als Chefredakteur des *Spiegel* und als Geschäftsführer von *Spiegel TV* bekommen, sondern nur einen Vertrag für beide Funktionen. Wenn man eine Funktion kündigen wolle, müsse man wohl den ganzen Vertrag kündigen. Darüber möge er doch bitte mit meinem Anwalt verhandeln. Dann verabschiedete ich mich und ließ die beiden Herren allein.

Ich rief meinen Anwalt Prinz an und sagte: »Matthias, es ist so weit. Kannst du bitte vorbeikommen?«

In den Tagen und Wochen zuvor hatte ich Prinz die Lage

geschildert und ihm vorsorglich schon mal meinen Dienstvertrag übergeben. Es gab einiges Hin und Her, bei dem Fried von Bismarck den Kurier zum Geschäftsführer spielte. Und irgendwann steckte mein Stellvertreter Jockel Preuss, der gerade die Geschäfte führte, seinen Kopf heraus: »Was ist hier eigentlich los?«

»Ich glaube, ihr habt morgen keinen Chefredakteur mehr.«

Dann wollte er von mir wissen, was sich da gerade abgespielt hatte, und ich sagte es ihm. Daraufhin ergriff Jockel die Initiative und trommelte die Ressortleiter zusammen. Gemeinsam suchten sie den Geschäftsführer Dr. Frank auf und solidarisierten sich mit dem Chefredakteur.

Das ließ mir kaum eine andere Wahl, als mich auf irgendeine Weise zu einigen und die Geschäftsführung von *Spiegel TV* abzugeben. Großen Spaß hätte das mit dem neuen Frank-Regime ohnehin nicht mehr gemacht. Und ein ewiger Streit in der Geschäftsführung wäre für das Unternehmen, das auf eine nunmehr fast 20-jährige Erfolgsgeschichte zurückblicken konnte, auch nicht gut gewesen.

Aber in dem Moment, als ich den Rückzug von der *Spiegel TV*-Geschäftsführung unterzeichnete, wusste ich, dass ich einen Fehler gemacht hatte. Demnächst würde die nächste Sau durchs Dorf getrieben – und dann wäre der Fall vielleicht viel komplizierter.

Ich wusste nämlich inzwischen, wer das Papier mit der internen Analyse der Neustrukturierung von *Spiegel TV* an den *FAZ*-Redakteur weitergegeben hatte. Er meldete sich bei mir und sagte, er hätte angenommen, es sei in meinem Sinne gewesen, das vernichtende Gutachten über den absurden Plan zu veröffentlichen. Er sei bereit, das zuzugeben – auch in einem Gerichtsverfahren, in dem dieser Vorgang als Grund für meine fristlose Entlassung verhandelt würde. Ich verzichtete darauf, sonst wäre er auf der Strecke geblieben. Und ich später sowieso.

Begegnung mit Giftschlangen

Im Herbst 2007 flogen wir mit Freunden nach Südostasien. Wir wollten dort zwei Wochen auf einem traditionellen Holzschiff vor Indonesien von Insel zu Insel fahren und dort jeden Tag ein paar Tauchgänge absolvieren. Ich hatte vor Jahren auf Hawaii den Tauchschein gemacht und in allen möglichen Meeren unter Wasser die Fische und die Korallen beobachtet, die scheinbare Schwerelosigkeit genossen und die Enge der Atemmasken ertragen. Ganz wohl war mir dabei nie, jedenfalls nicht zu Anfang. Das Wasser vor Borneo war warm und klar, und wir sahen große und kleine Fische, Schildkröten und bunte Schlangen, denen wir hinterherschwammen und nach denen wir griffen. Erst nach dem Auftauchen sahen wir in unsere Bilderbücher über die verschiedenen Meeresbewohner und stellten fest, dass wir hochgiftige Seeschlangen mit den Händen gepackt hatten. Es waren nicht die einzigen.

Jeden Tag rief ich ein paarmal mit meinem Satellitentelefon in der Redaktion an, um mich auf dem Laufenden zu halten. Kurz vor der Zehn-Uhr-Konferenz der Ressortleiter sprach ich mit Jockel Preuss, der in dieser Woche die Geschäfte führte.

»Was gibt es Neues, Jockel?«, wollte ich mal wieder von ihm wissen.

»Gerhard Spörl war eben bei mir«, sagte Jockel. »Den hat ein alter Bekannter aus Washington angerufen, der da Korrespondent für die *Zeit* war und jetzt für irgendeine Stiftung arbeitet. Der hat ihm gesagt, Mario Frank hätte ihn angerufen und gefragt, ob er deine Nachfolge als Chefredakteur antreten will. Ist da irgendetwas, was ich nicht weiß?«

»Ich habe keine Ahnung«, sagte ich.

»Das werde ich gleich mal in der Ressortleitersitzung zur Sprache bringen«, sagte Jockel. »Das geht doch nicht, dass der Geschäftsführer hinter dem Rücken des Chefredakteurs einen Nachfolger sucht.«

»Ich weiß nicht, ob das eine gute Idee ist«, sagte ich. »Aber wenn du meinst ...«

Damit nahm die Geschichte ihren Lauf.

Ich beendete meine Urlaubsreise zügig und flog zurück. Nach zahlreichen Satellitentelefonaten war mir klar, dass Mitarbeiter-KG und Geschäftsführung einen neuen Chefredakteur suchten und den alten loswerden wollten. Das wäre einfach gegangen, aber warum schlicht und einfach, wenn es auch kompliziert und unangenehm geht. Es traf mich ja nicht aus heiterem Himmel. Dass die KG unter Führung des Dr. Darnstädt nach Augsteins Tod die vom Herausgeber eingesetzten Manager, den Geschäftsführer Seikel und den Chefredakteur Aust, möglichst zügig loswerden wollten, war mir ja nicht entgangen. Auch die Nachfolger verfolgten offenbar diesen Kurs weiter. Die Rolle des Sprechers der KG hatte inzwischen Wirtschaftsressortleiter Armin Mahler übernommen. Da hätte ein kurzes Gespräch gereicht. Etwa bei einer Tasse Kaffee so: »Wie lange wollen Sie den Job eigentlich noch machen?«

Meine Antwort wäre gewesen: »Solange Sie wollen. Sie kennen ja meinen Vertrag. Wenn ich morgen nicht mehr kommen soll, dann bleibe ich zu Hause. Wenn ich Ihnen noch helfen soll, einen Nachfolger zu finden, gern. Wenn ich ihn kurz einarbeiten soll, auch okay. Aber ich muss morgen auch nicht mehr in der Redaktion erscheinen. Sagen Sie, was Sie wollen. Ich bin ein Angestellter. Sie sind Vertreter der Gesellschafter. Sagen Sie, was die Gesellschafter entschieden haben. Kein Problem. Sie müssen nur meinen Vertrag ausbezahlen. Ob ich dann für das Geld noch arbeite oder nicht, müssen Sie entscheiden.«

Aber so einfach wollten es die Gesellschafter nicht haben. Außerdem hatten sie noch keinen Nachfolger. Und merkwürdigerweise standen die Bewerber auch nicht gerade Schlange, nachdem das Thema urplötzlich die Medien beschäftigte.

Am 22. November schrieb Michael Hanfeld in der *FAZ*: »Vor einigen Wochen war Stefan Aust als Geschäftsführer von *Spiegel TV* hinausgedrängt worden. Es war das Vorspiel zu seiner Kündigung als *Spiegel*-Chefredakteur. Die Gesellschafter des *Spiegel* wollen Austs Nachfolge schnell regeln.«

Das dauerte aber. Am 8. Dezember konnte die *FAZ* vermelden, dass Claus Kleber, Nachrichtenmann des ZDF, Chefredakteur des *Spiegel* werden sollte. Der nahm das Angebot aber nicht an. Alle paar Tage wurde ein neuer Name gehandelt. Ich arbeitete währenddessen weiter, saß mit dem Geschäftsführer und den Vertretern der KG in Konferenzen, als sei nichts gewesen.

Natürlich hätte ich meinen gesammelten Resturlaub nehmen und darauf warten können, dass ein Nachfolger meinen Schreibtisch übernimmt. Aber das wollte ich nicht. Ich war von Rudolf Augstein eingesetzt worden und würde meine Aufgabe bis zum letzten Tag erfüllen. Ich wollte meinem Nachfolger auch keinen leeren Kühlschrank hinterlassen, deshalb gab ich eine Titelgeschichte nach der anderen in Auftrag. Mein Nachfolger hätte für seine ersten Wochen genügend Titel und Titelgeschichten parat. Anders als ich damals, vor 13 Jahren. Das dauerte gut zwei Monate.

Am 25. November 2007 hatte ich zum letzten Mal das *Spiegel TV*-Magazin moderiert. Es war seit Beginn am 8. Mai 1988 nach knapp 20 Jahren die 945. Sendung. Ich verabschiedete mich mit den Worten: »Das war es dann bei *Spiegel TV*. Guten Abend.«

Bis zum 5. Februar 2008 ging ich dann noch regulär meinem Dienst als Chefredakteur nach. Ich leitete Konferenzen, gab Titelgeschichten in Auftrag, entwarf Titelbilder und Titelzeilen. Währenddessen suchte der Geschäftsführer, unterstützt von der Mitarbeiter-KG, seit nunmehr zwei Monaten nach einem oder mehreren Nachfolgern für mich. Den Stand der Recherche konnte ich alle paar Tage in den Mediendiensten nachlesen. Es machte mir sogar ein gewisses Vergnügen, bei Konferenzen und Besprechungen mit denen zu sitzen, die inzwischen geradezu krampfhaft nach einem neuen Chefredakteur suchten und sich dabei so manche Absage einholen. Ich gab kein Interview, äußerte mich auch nicht in Hintergrundgesprächen, verhielt mich so wie in den 13 Jahren zuvor an der Spitze des *Spiegel*. Das brachte mir Ende Dezember sogar ein kurzes Anerkennungsschreiben des ehemaligen Bundeskanzlers Helmut Schmidt ein. Er schrieb mir am 21. Dezember 2007: »Dieses Briefchen soll Ihnen nur sagen: Ich empfinde Ihre gelassene Zurückhaltung als wohltuend.«

Ich ließ zusätzlich zu den aktuellen Titeln eine Titelgeschichte nach der anderen produzieren, weil ich, wie gesagt, meinem Nachfolger keinen »leeren Kühlschrank« überlassen wollte – so, wie ich ihn bei meiner Übernahme der Chefredaktion 13 Jahre zuvor vorgefunden hatte.

Dann war das absurde Theater endlich vorbei. Mit den *Spiegel*-Redakteuren Georg Mascolo und Mathias Müller von Blumencron hatte man nach monatelanger Suche außerhalb des Hauses endlich geeignete Nachfolger innerhalb des Hauses gefunden.

Am ersten Montag im Februar wurde ich ins Büro des Geschäftsführers Dr. Frank gerufen. Dort gab er mir mein Kündigungsschreiben, erklärte, dass man sich jetzt auf meine Nachfolge geeinigt hätte, es waren wieder zwei wie vor meiner Zeit. Dann stellte er mich vom Dienst frei. Ich holte meine Jacke aus der Garderobe vor dem Chefredakteursbüro und ging in Richtung Aufzug. Georg Mascolo, den ich 20 Jahre zuvor vom privaten Radiosender FFN zu *Spiegel TV* geholt hatte und der jetzt einer meiner beiden Nachfolger geworden war, kam mir entgegen. »Wollen wir noch einen Kaffee trinken?«, fragte er. Aber da hatte ich schon meine Jacke an.

Es war eine große Erleichterung, das *Spiegel*-Hochhaus nach den letzten Horrormonaten verlassen zu können.

Ein kurzer Blick zurück

Ein paar Monate später wurde ich von Giovanni di Lorenzo und Christoph Amend für das *Zeit-Magazin* interviewt. Auf dem Titel prangte ein etwas blass gefärbtes Porträt mit meiner grünblauen Pilotenbrille, den Blick etwas nach oben in die Ferne gerichtet.

»Denken Sie manchmal freitags, kurz vor Redaktionsschluss des *Spiegel*, noch über das richtige Titelthema nach?«

»Nee. Damit habe ich aufgehört am ersten Tag, an dem ich nicht mehr da war. Wissen Sie, warum? Ich habe früher die ganze Woche darüber nachgedacht, und es war nie so, dass mir sonnenklar war, was wir machen sollten. Ich habe mir die Entscheidung so lange wie möglich offengehalten, damit ich das notfalls freitags um 18 Uhr noch ändern konnte. Was ich auch öfter gemacht habe.«

»Sie denken wirklich nicht mehr über den *Spiegel* nach? Glauben wir nicht!«

»Natürlich sehe ich mir die Titel meiner Nachfolger an. Du musst auf dem Titel eine Zeile haben, die den Lesern zu denken gibt, du musst einen gewissen Zauber auf die erste Seite bringen, der im Kopf des Lesers etwas auslöst. Das Heft ist jetzt politically correct gemacht, und das wird eine ganze Weile gut gehen. Aber auf Dauer droht so Langeweile – der *Spiegel* muss immer gegen den Strich bürsten, sonst bröckelt die Auflage.«

»Aus dem *Spiegel* heißt es dafür seit Ihrem Abschied: Die Angst ist weg.«

»Welche Angst? Wir erwarten von unseren Mitarbeitern, dass sie sich mit den Regierenden anlegen, dass sie in Krisengebiete reisen. Wer das tut, hat keine Angst vor einem Chefredakteur, der ja auch nur ein Angestellter ist. Und wer vor ihm Angst hat, ist beim *Spiegel* fehl am Platz. Ich glaube, das ist auch nur eine der Legenden, gestreut von Leuten, die generell Angst vor einem offenen Wort haben, die lieber intrigieren und aus dem Hinterhalt agieren. Davon gibt es aber natürlich beim *Spiegel* niemanden. Nicht mal in der Mitarbeiter-KG ...«

»... die Ihre Absetzung betrieben hat. Kennen Sie das Zitat, das von Rudolf Augstein überliefert ist: ›Ich habe ein langes Gespräch mit Stefan gehabt. Es dauerte fast zwei Minuten.‹?«

Das hatte ich noch nie gehört: »Mag sein, aber solche Geschichten wurden natürlich gestreut, um den Eindruck zu erwecken: So eng sind die gar nicht.«

»Und?«

»Ich habe ihn in wichtigen Fragen oft angerufen und gefragt: Rudolf, wie denken wir darüber? Ich habe nach seinem Tod versucht, auch wenn sich das jetzt etwas dicke anhört, den *Spiegel* in seinem Sinn zu leiten. Immer wieder habe ich mich gefragt: Was würde Rudolf denken? Ich merke, dass mich diese Frage auch seit meinem Abschied vom *Spiegel* beschäftigt. Ich denke oft an Rudolf.«

»Sie hatten den ›schönsten Job der Welt‹, wie Sie gelegentlich sagten.«

»Ja, den hatte ich.«

»Sie waren mächtig. An welchem Punkt beginnt man zu vergessen, dass es geliehene Macht ist?«

»Das habe ich nie vergessen. Ich habe das jeden Tag und in jeder Konferenz gewusst. Ich hatte auch eine gewisse Ehrfurcht vor dem Laden.«

»So haben Sie nicht gewirkt.«

»Doch, ich habe diese Ehrfurcht immer gespürt. Mag sein, dass es mir gelungen ist, sie gut zu verstecken. Mein Gott, ja, ich bin vielen Leuten auf die Füße getreten, habe Leute auch rausgeschmissen, also ich will mich bei meinem Abgang nicht empfindlich zeigen, selbst wenn es wirklich nicht lustig war.«

Der *Weltwoche* hätte ich im vergangenen Jahr verraten: »Ich bedaure am meisten in meinem Leben, dass ich immer nur ein lumpiger Angestellter war.« Ob ein *Spiegel*-Chefredakteur denn so schlecht verdiene?

»Nein«, sagte ich, »und es ist natürlich sehr angenehm, ein ordentliches Gehalt zu verdienen. Aber mich hat schon lange gestört, dass ich so stark mit dem Spiegel und mit Spiegel TV identifiziert wurde. Man war immer Funktion, immer Repräsentant des wichtigen Spiegel, kaum man selbst. Mein Auflösungsvertrag läuft noch bis zum 31. Dezember diesen Jahres, Punkt Mitternacht. Ab 00:01 Uhr bin ich wieder ein freier Mann.«

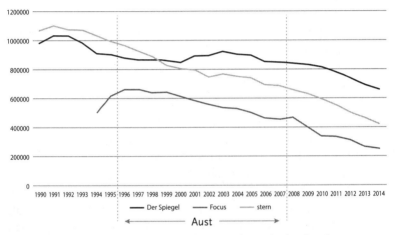

Spiegel, stern *und* Focus *im Langzeit-Auflagentrend/Einzelverkauf + Abos (Quelle: MEEDIA)*

Die große Leinwand

Noch im selben Jahr wurde unser Film *Der Baader Meinhof Komplex* als deutscher Beitrag in das Rennen um den Oscar für den besten fremdsprachigen Film geschickt. Kurz darauf war Premiere in München, und am 25. September lief der Film in zahlreichen deutschen Kinos an. Gemeinsam mit Bernd Eichinger und Uli Edel fuhr ich zum Kinostart von Premiere zu Premiere. Und es meldeten sich die letzten Gralshüter der RAF zu Wort.

Nach der Premiere in Hamburg schlichen vier bis fünf maskierte Gestalten zu unserem Haus in Blankenese. Sie zündeten ein Feuer vor der Tür, warfen mit Farbe gefüllte Flaschen gegen die Fassade und handliche Steine durch die Fenster. Splitter und Brocken landeten vor und in den Betten meiner Frau Katrin und unserer beiden Töchter Emilie und Antonia, damals elf und 18 Jahre alt. Verletzt wurde niemand. Ich selbst war während des Angriffs bei der Schweizer Premiere unseres Films in Zürich.

Am Tag darauf traf bei der *Hamburger Morgenpost* ein Bekennerschreiben ein. Unter der Überschrift »Anschlag auf Aust-Villa in Blankenese« hieß es da: »Am 25. 9. 2008, dem Tag des Kinostarts der Verfilmung von *Der Baader-Meinhof-Komplex,* haben wir die Villa von Stefan Aust in Hamburg (...) mit Farbflaschen und Steinen beworfen und vor der Tür ein Rauchfeuer entzündet ... Der Film ist eine Fortschreibung der Verdrehungen und Lügen des Stefan Aust, er visualisiert die von ihm entworfenen psychopathologischen Muster der GenossInnen der RAF wirkungsmächtig – er denunziert bewaffneten, militanten Widerstand gegen Imperialismus und Staatsterrorismus als wahnsinnig. Diese Behauptung, dass Menschen verrückt sein müssen, um bewaffnet zu kämpfen, zieht sich wie ein roter Faden durch die Arbeiten von Aust ... Austs Buch gilt als Standardwerk, seine Fernsehproduktionen ... seine journalistische Tätigkeit bei *Panorama, Spiegel TV* und als Chefredakteur des *Spiegel* haben ein verzerrtes, aber wirklichkeitsmächtiges Bild vom bewaffneten Kampf der RAF und anderer militanter Gruppen geprägt.« Am Ende hieß es: »Die Revolution sagt: Ich war, ich bin, ich werde sein. R. Luxemburg.«

Mit diesem Satz hatten sich – ausgerechnet am 20. April – 1998 die letzten Kader der RAF vom bewaffneten Kampf verabschiedet.

Einige Fenster unseres Hauses waren zersplittert, an der

Wand liefen rote und schwarze Farbkleckse herunter. Als meine jüngere Tochter am nächsten Morgen vor der Tür stand, rief sie mich an und sagte: »Papi, unser Haus sieht jetzt aus wie die Villa Kunterbunt.« Wir hatten das Gebäude gerade frisch gestrichen. Glücklicherweise stand das Gerüst noch.

Ende Januar 2009 wurde unser Film tatsächlich für den Oscar nominiert. In der Kategorie des besten nicht englischsprachigen Films waren wir damit unter den letzten drei. Das hatte es bis dahin nur dreimal gegeben – zuletzt hatte das Stasi-Drama *Das Leben der Anderen* die Trophäe auch noch gewonnen.

Seit dem Kinostart am 25. September 2008 hatten inzwischen mehr als 2,4 Millionen Besucher den Film gesehen. Angehörige der Opfer urteilten sehr unterschiedlich über den Film. So sagte Jörg Schleyer, Sohn des entführten und ermordeten Arbeitgeberpräsidenten, er zeige »die ganze Brutalität der RAF, ohne das Andenken an ihre Opfer zu beschädigen«. Die Witwe des von der RAF ermordeten Bankiers Jürgen Ponto dagegen gab aus Protest gegen die Darstellung des Attentates ihr Bundesverdienstkreuz zurück. Ihren Antrag auf eine einstweilige Verfügung wies das Landgericht Köln jedoch zurück. Der Film verletze nicht die Persönlichkeitsrechte der Witwe. Und im Übrigen hatten wir die entsprechende Szene so weit wie möglich nach ihrer Darstellung, so wie sie im Gerichtsurteil festgestellt worden war, inszeniert.

Auch für den Kritikerpreis des »Golden Globe Award« wurde *Der Baader Meinhof Komplex* nominiert und gelangte unter die ersten drei, ebenso beim British Academy Film Award und am Ende sogar beim deutschen Filmpreis. Jedes Mal waren wir unter den letzten drei. Gewonnen haben wir ihn nie.

Gemeinsam waren wir nach Hollywood zur Oscar-Verleihung geflogen. Wir waren sicher, dass der israelische Beitrag gewinnen würde. Uli Edel war mit seiner Frau, die gerade eine schwere Krankheit hinter sich gebracht hatte, zur Oscar-Verleihung gegangen. Wir blieben gemeinsam mit Bernd Eichinger im Hotel und schauten der Verleihung im Fernsehen zu. Es gewann der Japaner mit einem ziemlich langweiligen Film über einen Beerdigungsunternehmer. Da feuerte Bernd Eichinger sein Weinglas auf den Boden. Er wusste damals nicht, dass der *BMK* seine letzte Chance auf einen Oscar gewesen war – am 24. Januar 2011 starb er. In Hollywood.

Der Film wurde ein großer Erfolg, und meine Nachfolger beim *Spiegel* machten sogar einen Titel dazu: »Hört auf, sie so zu sehen, wie sie nicht waren – Ein Film zerstört den Mythos RAF«. In der Hausmitteilung hieß es, der Film zeichne ein realistisches Bild des Geschehens. Ich selbst steuerte zu dem Heft gemeinsam mit Helmar Büchel, mit dem ich gemeinsam im Jahr zuvor die zweiteilige Dokumentation in der ARD über die RAF gemacht hatte, einen weiteren Artikel bei. Wir berichteten darin über neue Aktenfunde, aus denen immer deutlicher hervorging, dass die Stammheimer Gefangenen während der Schleyer-Entführung – und damit möglicherweise auch in der Todesnacht – heimlich abgehört worden waren.

Ich fuhr mit Bernd Eichinger und Uli Edel zur Premiere nach Rom, stellte den Film in Washington und New York im Kino vor, führte Diskussionen mit den Zuschauern, darunter viele Künstler, Schriftsteller und Schauspieler. Es war nach dem unerfreulichen letzten Jahr und dem Abschied vom *Spiegel* eine große Erleichterung. Wenn ich auf Partys angesprochen wurde, dann nicht auf den *Spiegel,* Super-Mario, auf Intrigen und Abfindungen, sondern auf den Film und das Buch, das ich noch einmal um ein paar Hundert Seiten ausbaute. So kam *Der Baader-Meinhof-Komplex* nach der schwarzen und der roten Fassung nun mit einem weißen Umschlag heraus – und schaffte es nach über 20 Jahren noch einmal ganz oben auf die *Spiegel*-Bestsellerliste.

Teil 4

2009–2021

Auf ein Neues

Am liebsten wollte ich sofort weiterarbeiten. Da ich aber bis Ende des Jahres 2008 noch beim *Spiegel* angestellt war, wurde ich zwar bezahlt, durfte aber nicht woanders arbeiten. Deshalb konnte ich das Angebot eines großen Berliner Verlages, die Chefredaktion einer großen Wochenzeitung zu übernehmen, nicht annehmen – damals nicht.

Ich wollte mich selbstständig machen, ein Leben als – wenn auch gut bezahlter – Lohnabhängiger hatte mich immer irgendwie gestört. Schon das Ausfüllen eines »Urlaubsantrags« empfand ich als Demütigung, und ich habe auch niemals einen eingereicht. Auf Urlaub hat man einen Anspruch – dafür muss man keinen Antrag stellen, der dann freundlicherweise genehmigt wird. Mit dem Angestelltenverhältnis war ich durch. Und ein paar Kollegen von *Spiegel TV* ebenfalls.

Da lag es nahe, gemeinsam eine Produktionsfirma zu gründen, um private und öffentlich-rechtliche Sender zu beliefern. Der ehemalige Produktionsleiter von *Spiegel TV* Thorsten Pollfuß und Redakteur Thomas Ammann waren von Anfang an dabei. Im Laufe der nächsten Monate stießen noch einige andere ehemalige *Spiegel TV*-Mitarbeiter dazu, die entweder keine Lust mehr hatten, bei dem inzwischen etwas rückläufigen Unternehmen zu arbeiten, oder die großzügige Abfindung akzeptierten. Irgendwie waren Quote und Ertrag des Unternehmens gesunken. Man musste abbauen. So kam der Reporter und

Kameramann Detlev Konnerth dazu und kurz danach der studierte Architekt Daniel Bäumler, der lieber Filme machen als Häuser bauen wollte. Auch holte ich Adrian Geiges, der als *Spiegel TV*-Reporter aus Russland und Hongkong berichtet hatte und später viele Jahre China-Korrespondent des *stern* war.

Wir produzierten einige Dokumentationen, einen Film über die Globalisierung für das ZDF, den Zweiteiler *Die Insel West-Berlin*, einen Zweiteiler über die Vorräte und die Zukunft von Öl und Gas, *Die Porsche Saga* für VOX und eine Sendung über Geheimdienste, eine Dokumentation über Hitlers Menschenhändler für Arte und eine über die Privatisierung von öffentlichen Aufgaben. Wir hatten gut zu tun.

Einer unserer ersten größeren Aufträge kam vom NDR – es war die 90-Minuten-Doku zum zehnten Jahrestag der Anschläge auf das World Trade Center in New York, Die Falle 9/11. Das Thema war immer noch aktuell, die Kriege in Afghanistan und Irak noch lange nicht zu Ende.

Die Falle 9/11

Es waren neunzehn Flugzeugentführer, bewaffnet mit Teppichmessern, die den ersten Krieg im 21. Jahrhundert auslösten. Es war ein Tag, der die Welt veränderte, an einem sonnigen Septembermorgen im Jahr 2001. Zwei Flugzeuge durchbohrten die Zwillingstürme des World Trade Center. Eine mörderische Provokation, vor den Augen der Welt. Die US-Geheimdienste wussten sofort, wer die grausamen Anschläge geplant und ausgeführt hatte: bin Ladens al-Qaida.

Es war ein Terroranschlag wie aus dem Bilderbuch des Schreckens. Ein Flugzeug raste in einen der beiden Zwillingstürme, als alle Kameras auf den brennenden Wolkenkratzer gerichtet waren, folgte ein zweites Flugzeug und bohrte sich in den zweiten.

Es war das Musterbeispiel einer Propaganda des Terrors –

mit echten Toten. Bin Laden hatte gelernt, wie man eine terroristische Message verbreitete. Bei einer Diskussion mit Terrorismusforschern in Washington fragte mich einer der Wissenschaftler, ob es sein könnte, dass die RAF als erste Gruppe dieser Art die Medien für ihre Zwecke so eingespannt hätte wie jetzt al-Qaida. Ich konnte dem nicht widersprechen: »Ja, vielleicht waren Baader, Meinhof und Ensslin wirklich Pioniere darin, ihre politischen Ideen über spektakuläre Terroranschläge zu verbreiten«. Und dazu gehörte auch die einkalkulierte Reaktion des Staates. Wie schon erwähnt, stand schon auf der ersten Seite des »Konzept Stadtguerilla« der RAF das Mao-Zitat: »Wenn der Feind uns bekämpft, ist das gut und nicht schlecht...; denn es zeugt davon, dass wir nicht nur zwischen uns und dem Feind eine klare Trennungslinie gezogen haben, sondern dass unsere Arbeit auch glänzende Erfolge gezeitigt hat.«

Der ehemalige Berliner Regierende Bürgermeister und frühere Pfarrer Heinrich Albertz bekam einen Einblick in die Denkwelt der Terroristen, als er freigepresste Häftlinge auf ihrem Flug nach Aden begleitet hatte. In einem Interview, das ich nach dem Selbstmord Ulrike Meinhofs mit ihm führte, sagte er: »Da kam eben die klassische Antwort: Diese bundesrepublikanische Gesellschaft ist verrottet, marode und was weiß ich. Sie muss verändert werden, mit Gewalt. Der Staat wird darauf mit brutaler Gewalt antworten. Er wird ein Polizeistaat werden. Und dann, wenn wir die Opfer geworden sind in dieser Auseinandersetzung, wird sich das Volk erheben, und es wird die Revolution kommen.«

Die globale, religiöse Version dieser Taktik war der Krieg bin Ladens. Und die Reaktion der amerikanischen Regierung dürfte von ihm mit einkalkuliert worden sein. Da war die Grundidee für unsere 90-Minuten Dokumentation *Die Falle 9/11*.

Am 11. September 2001 waren die US-Amerikaner noch Opfer, und selbst vom Erzfeind Iran wurde ihnen Mitgefühl übermittelt. Ein ganzes Land war im Schock – und im Schock auch seine Regierung; doch die Tat alles, um sich aus der Opferrolle zu befreien.

»Beim Terrorismus geht es nicht primär ums Töten« erklärte uns CIA Terrorspezialist Riedel. »Das ist nur Mittel zu einem sehr viel wichtigeren Zweck. Die Menschen sollen mit den Bildern der Taten terrorisiert werden. Bin Laden wusste wahrscheinlich nicht, dass die Zwillingstürme so dramatisch im Fernsehen einstürzen würden, aber das war genau der visuelle Effekt, auf den er gehofft hatte.«

Es war der perfekte Anschlag. Der Tod live.

Unmittelbar nach seiner Amtseinführung war Präsident George W. Bush von Richard Clarke vor der Gefahr durch al-Qaida gewarnt worden, der schon unter Präsident Clinton im Weißen Haus zuständig für die Terrorismusbekämpfung war. Ich lernte den sogenannten Terror-Zar des Weißen Hauses kennen, als er in Deutschland war, um sein Buch über »Cyber War« vorzustellen. Wir verabredeten uns zu einem Interview in Washington, und er erzählte uns einiges, was er vorher nie öffentlich gesagt hatte: »Als Bush und seine Leute antraten, wurden sie von mir und von Präsident Clinton gewarnt, dass ganz oben auf der Liste von Problemen, vielleicht an erster Stelle, al-Qaida stand. Sie wollten das nicht glauben und haben das nicht verstanden. Selbst als wir sie in allen Einzelheiten informierten, wollten sie es nicht zur Kenntnis nehmen.«

Auch George W. Bush hatte einen Plan, und der ging weiter über die Bekämpfung hinaus.

Er hörte auf seine Berater, allesamt Neokonservative mit einem starken politischen Sendungsbewusstsein, und legte die Strategie entsprechend fest: »Wir werden keinen Unterschied machen zwischen den Terroristen und jenen, die sie beherbergen.«

Damit war klar: keine Kommandoaktion gegen al-Quaida, sondern Krieg. Wo auch immer.

Richard Clarke erinnerte sich: »Am 11. September nachts im Weißen Haus, das Pentagon brannte noch und man konnte durch das Fenster die Flammen sehen, sagte Verteidigungsminister Rumsfeld: ›Jetzt sollten wir den Irak angreifen.‹ Zuerst dachte ich, er würde einen Witz machen. Das war abwegig. Ich war auf al-Quaida fokussiert und wirklich beunruhigt, als ich merkte, dass er das ernst meinte. Ich sagte zu Außenminister Colin Powell: ›Das ist verrückt, diese Leute sind ernsthaft dieser Meinung‹. Und er sagte: ›Ja, ich glaube das sind sie wirklich.‹«

Donald Rumsfeld hielt das auch zehn Jahre später für vollkommen logisch. In unserem Interview sagte er: »Saddam Hussein war einer von denen, die keinerlei Mitgefühl für all das ausdrückten, was den Vereinigten Staaten zugestoßen war. Eins von zwei oder drei Ländern der Welt, die negative Bemerkungen machten.«

Ein hoher Beamter notierte auf einem Zettel, was Rumsfeld gesagt hatte: Hit S. H. – Saddam Hussein – at same time – not only UBL – Osama bin Laden.

Richard Clarke interpretierte diese Linie so: »Und so hieß es nach dem 11. September: Wir müssen den größten Feind nehmen, den wir finden können und diesen vernichten. Wenn wir dabei Verluste erleiden, ist das ok, denn wir müssen zeigen, dass wir hart sind und Verluste ertragen können.«

Das entsprach genau der Stimmung im Land. Nicht stille Trauer, sondern Empörung, Wut und der Wunsch nach Rache diktierten die politische Agenda. Jetzt sollte den Terroristen ein für alle Mal das Handwerk gelegt werden. Um jeden Preis.

Über 3000 Tote, die Symboltürme des Welthandels, des freien Kapitalismus – ein Trümmerhaufen. Präsident George W. Bush musste reagieren, er schickte Truppen nach Afghanistan, um die al-Quaida-Stützpunkte auszuräuchern – aber handelte sich damit einen lang andauernden Krieg ein, der bis heute nicht zu Ende ist.

Und dann Irak. Dessen Diktator Saddam Hussein hatte nichts mit den Anschlägen auf New York und Washington zu tun, war sogar Gegner von al-Quaida. Doch 9/11 war für Bush eine Chance, ein für alle Mal mit dem blutrünstigen Despoten abzurechnen. So dachte man im Weißen Haus – und stürzte sich in den nächsten Krieg. Es sollte ein Blitzkrieg sein, schnell und effektiv. Doch dann geriet man in einen hinterhältigen Guerillakampf, bei dem der Gegner die Methoden bestimmte.

Ein militärischer und moralischer Albtraum begann, ein Blitzkrieg, der nicht enden wollte und der den gesamten Zerfall des Nahen Ostens zur Folge hatte. Auf den Trümmern des Saddam-Hussein-Regimes wuchs der der Islamische Staat (IS) noch unkalkulierbarer, noch mörderischer als bin Ladens al-Quaida, und machte aus Teilen des Irak, Syriens und Libyens ein Kriegs- und Terrorgebiet, ein politisch-religiöses Beben, dessen Auswirkungen bis ins Zentrum Europas reichen.

Der inzwischen verstorbene damalige Verteidigungsminister Peter Struck meinte in unserem Interview zehn Jahre später:

»Dass wir in Situationen geraten könnten wie die Sowjetunion oder die Briten als Besatzungsmacht, das hat niemand im Kopf gehabt, niemand! Wir haben auch gedacht, wir sind in 2 oder 3 Jahren wieder draußen.«

Ein Irrtum, wie so oft zu Beginn eines Krieges. Und Teil eines perfiden Plans. Der US-Amerikanische Terrorspezialist, der langjährige CIA-Mitarbeiter Bruce Riedel, meinte rückblickend dazu:

»Der 11. September war in vielerlei Hinsicht eine Falle. Es war der Versuch, die USA zu einer Invasion von Ländern wie Afghanistan zu verleiten, um mit den Amerikanern das zu tun, was nach Ansicht al-Qaidas die Mudschaheddin in den 80er-Jahren mit der Sowjetunion gemacht hatten: ausbluten, niederringen, ihren Willen brechen.«

Obamas Krieg

Nach zwei Wahlperioden und sieben Jahren Krieg machte George Bush Platz für Barack Obama. Der hatte seinen Wahlkampf gegen den Krieg geführt und machte schon in seiner

Antrittsrede als Präsident klar, was er ändern wollte: »Wir weigern uns, unsere Sicherheit und unsere Ideale als Gegensätze anzusehen.« Jetzt sollte der Krieg anständig geführt und am besten zu Ende gebracht werden. Doch es ist schwer, aus einer Falle wieder herauszukommen. Vor allem, wenn der Gegner nicht mitmacht.

Für unsere Dokumentation *Die Falle 9/11* hatten wir eine Reihe Interviews gemacht, darunter mit Donald Rumsfeld, der sich Mühe gab, die »verschärften Vernehmungsmethoden« gegenüber Verdächtigen zu rechtfertigen. Auch der ehemalige NSA- und spätere CIA-Chef Michael Hayden erklärte mir, dass es beim »Waterboarding« und anderen verschärften Verhörmethoden vor allem auf deren Wirksamkeit ankam: »Warum haben wir verschärfte Verhörtechniken eingesetzt? Ganz klar, um den Widerstand hochwertiger Gefangener zu brechen. Bedenken Sie, das sind keine normalen Fußsoldaten.«

Und dann wurde Hayden grundsätzlich: »Sie haben das Recht zu sagen, ich möchte nicht, dass ihr das tut. Aber die Behauptung, das wirkt nicht, ist schlichtweg falsch. Es funktioniert. Anders hätten wir manche Informationen nicht bekommen.«

Das erinnerte mich plötzlich an einen Film, den ich mir kurz vorher angesehen hatte. Tom Hayden, nicht verwandter Namensvetter des Geheimdienstmannes Michael Hayden, hatte mir nach der Premiere unseres Filmes *Der Baader Meinhof Komplex* in Los Angeles geschrieben, das sei der beste Film über Terrorismus und Revolution seit *The Battle of Algiers*. Daraufhin hatte ich mir den Film besorgt.

Ich sagte zu Michael Hayden: »General, jetzt sprechen Sie genauso wie der französische General Massu in dem Film *The Battle of Algiers*. Da gibt es eine Pressekonferenz, auf der eine Journalistin den General auf die Folter anspricht, die der französische Geheimdienst gegen algerische Terroristen oder Freiheitskämpfer eingesetzt hatte.«

Hayden kannte den Film: »Ja, ich weiß, was er geantwortet

hat. ›Hier gibt es nur eine Frage: Wollen Sie, dass Algerien französisch bleibt oder nicht?‹«

So ähnlich sah er das auch im Fall Al-Qaida. Im Kampf gegen den Terror durften auch sonst verpönte Verhörmethoden angewendet werden.

Obamas neue Strategie war es, Herz und Verstand der Afghanen zu gewinnen. Und dazu passten Verhöre unter Folter nicht mehr. Also verkündete er bei der CIA eine neue Linie: »Ich habe die Verhörmethoden, wie sie in den Richtlinien stehen, beendet. Ich bin da sehr klar und direkt. Es gibt einen simplen Grund dafür: Ich glaube, dass unsere Nation stärker und sicherer ist, wenn wir sowohl unsere militärische Macht als auch die Macht unserer Werte entfalten, darunter die Macht des Gesetzes. Ich weiß, dass ich bei diesem Vorhaben auf Sie zählen kann.«

Diese neue Strategie wurde jeden Tag vor Ort in Afghanistan zum gefährlichen Experiment. Denn dieser Krieg hat keine klaren Fronten, der Feind ist allgegenwärtig. Mein langjähriger *Spiegel TV*-Kollege Detlev Konnerth begleitete für den Film mit seiner Kamera einen Trupp amerikanischer Soldaten auf ihrer gefährlichen Patrouille.

Ganz wohl fühlten sich die GIs in ihrer neuen Rolle nicht. Aber sie lernten inzwischen, Zeichen zu deuten: »Wenn viele Kinder draußen sind und ältere Leute draußen sind oder so, dann wagt sich selbst der Taliban oder der Feind nicht raus und riskiert das, weil er danach nicht mehr in das Dorf zurückkommen kann.«

Auch im deutschen Feldlager Kunduz konnten wir drehen. Hier wurde Eigensicherung zur wichtigsten Aufgabe der Soldaten. Doch selbst dafür war und ist die Truppe nur sehr unzureichend ausgerüstet. Zeitweise wurde das Lager Tag und Nacht von den Taliban mit Raketen angegriffen, ohne dass die Bundeswehr die Rebellen mit Artillerie auf Distanz halten konnte. Kampfhubschrauber gab es schon gar nicht. Immer wieder wurden Streifen aus dem Hinterhalt angegriffen oder fuhren mit ihren schlecht gepanzerten Fahrzeugen in Sprengfallen. Und immer wieder verloren Soldaten ihr Leben. Robustere Ausrüstung hätte nach Krieg ausgesehen, und das wollten die deutschen Politiker ihrer Bevölkerung lange nicht zumuten. Aber den Soldaten.

Der erste mit der Waffe in der Hand gefallene deutsche Soldat nach dem Zweiten Weltkrieg war Sergej Motz, gefallen in Kunduz, als eine Granate die dünne Panzerung seines Schützenpanzers durchschlug. Sein Vater, ein Russlanddeutscher, hatte selbst mit der Sowjetarmee in Afghanistan gekämpft. Wir interviewten ihn und seine Frau für unseren Film.

Viktor Motz hatte beim Abschied zu seinem Sohn gesagt: »Das ist keine Friedensmission ... Ich hab gesagt: Sergej, das ist Krieg.« Es war ein Krieg, auch wenn die Deutschen immer noch von einer Friedensmission sprachen. In das Kondolenzbuch für Sergej Motz trug sich auch dessen Truppenkommandeur ein.

Es war dieser Oberst Georg Klein, der die Illusionen der Deutschen von einer Friedensmission in Afghanistan abrupt zunichtemachte. Kurz nach seinem Dienstantritt in Kunduz gerieten seine Soldaten ständig in Gefechte. Sogar auf die Sanitätsfahrzeuge wurde geschossen, sodass er die Rotkreuzzeichen übermalen ließ. Einem Reporter erklärte er: »Wir sind auch öfter angegriffen worden. Ich bin stolz, wie sich die Soldaten in dieser Situation bewährt haben. Und wichtig ist auch, dass bei einem Kampfeinsatz bei allem Reagieren auf den Angriff die Soldaten Rücksicht nehmen auf die Bevölkerung, das wird auch sehr positiv wahrgenommen.«

Das änderte sich schlagartig, als die Taliban zwei Tanklastwagen entführten und als fahrende Bomben in Richtung des deutschen Feldlagers Kunduz steuerten. Auf einer Sandbank fuhren sie sich fest, und die Taliban luden die Dorfbewohner ein, sich am Sprit zu bedienen. Oberst Klein hatte Sorge, die Laster könnten freikommen und im wenige Kilometer entfernten deutschen Lager zur Detonation gebracht werden. Klein forderte Unterstützung durch US-Bomber an. Dann gab er den Befehl, zwei Bomben abzuwerfen. Sie töteten die Taliban, aber auch zahlreiche Dorfbewohner, die sich bei den Lastwagen aufhielten.

Bis zu 140 Menschen kamen bei dem Bombenabwurf ums Leben. Darunter auch Kinder und Jugendliche, wie sich am nächsten Tag herausstellte. Die zivilen Opfer eines Bombenabwurfes auf deutschen Befehl katapultierten den verdrängten Krieg am Hindukusch ins Bewusstsein der Deutschen. Dass deutsche Soldaten zu Opfern des Einsatzes werden konnten, hatte man in der Öffentlichkeit stillschweigend hingenommen, dass Deutsche aber auch zu Tätern werden konnten, das hatte man nicht auf dem Friedensplan von 9/11.

Plötzlich wurde von Krieg gesprochen, und sogar die Bewaffnung wurde dem angepasst. Für manche zu spät.

Um das Gebiet wieder unter Kontrolle zu bekommen, startete ein halbes Jahr danach die Bundeswehr eine Offensive. Immerhin wurden viereinhalb Kilometer Gelände gewonnen und einige Dörfer von Taliban und ihren Sprengsätzen geräumt. Die Seedorfer Fallschirmjäger konnten mit ihrer Bilanz zufrieden sein. Doch mit kurzzeitigem Geländegewinn war dieser Krieg nicht zu gewinnen. Und niemand wusste, wie man aus der Falle herauskommen konnte – weder in Berlin noch in Washington. Nur die Waffen wurden modernisiert.

Der Einsatz Waffen tragender Drohnen wurde unter dem Friedensnobelpreisträger Präsident Barack Obama erheblich verstärkt. Gezieltes Töten aus dem sicheren Unterstand an jedem beliebigen Ort zu jeder beliebigen Zeit war nun die Strategie, um aus der Falle 9/11 herauszukommen. Es war die technologische Antwort auf den asymmetrischen Krieg.

Es hatte sich einiges verändert seit dem 11. September 2001. Michael Hayden, ehemals NSA-Chef, war 2006 CIA-Direktor geworden. Er setzte darauf, Al-Qaida durch eingeschleuste Agenten auszuspionieren, um nicht mehr auf die unerfreulichen und nur bedingt tauglichen Befragungen von Gefangenen angewiesen zu sein. Doch auch die Infiltration mit Agenten und der auf ihren Informationen beruhende Einsatz von Drohnen war riskant.

Das zeigt der Fall des CIA-Agenten Darren LaBonte. Er war Polizist, hatte geheiratet, ein Haus gekauft, als in New York die Türme einstürzten. Seine Mutter Camille LaBonte sagte uns im Interview: »Am 11. September konnte man sehen, wie mein Sohn zu einem anderen Menschen wurde. Er konnte einfach nicht verstehen, wie Menschen so etwas tun konnten.« Er wollte am Kampf gegen den Terrorismus teilnehmen und erhielt einen Posten in Washington im Bereich der Terrorismusbekämpfung, erst beim FBI, später bei der CIA. Gemeinsam mit einem jordanischen Geheimdienstkollegen sollte er von der Basis Camp Chapman aus Spitzel in die Taliban-Szene einschleusen. Doch ihr Spion, ein zuvor inhaftierter jordanischer Islamist, offenbarte sich denen, die er ausspähen sollte. In einem Video erklärte er: »Der Geheimdienstoffizier mit dem Namen Ali Bin Zeid aus der Anti-Terrorismus-Abteilung war ein Idiot. Allah machte dessen Plan durch die eigene Hilfe dieses Idioten zunichte. Er hatte mich beauftragt, mit den Sicherheitsorganen zu arbeiten und die Mudschaheddin in Wasiristan und Afghanistan auszuspionieren.«

Plan der CIA-Agenten: Der eingeschleuste Spion sollte Ziele für Drohnenangriffe auskundschaften. Doch der wurde erneut umgedreht und auf die Amerikaner angesetzt.

In dem Video, das später von Al-Qaida ins Netz gestellt wurde, erklärte der Doppelagent Balawi: »Das Erstaunliche war, dass Ali Bin Zeid ein ganzes CIA-Team, verantwortlich für Drohneneinsätze, überzeugen konnte, hierherzukommen.« Nach Base Chapman, dem CIA Stützpunkt in Ost-Afghanistan. Hier wurden die Ziele für Drohnenangriffe festgelegt. Und hier erklärte der designierte Selbstmordattentäter Humam Al-Balawi, in einem Auto sitzend, seinen Plan: »Der beste Weg, dem jordanischen Geheimdienst und der CIA eine Lehre zu erteilen, ist mit dem Märtyrer-Gürtel. Indem wir dieses Material, Original C4, benutzen, werden wir die Ungläubigen töten.«

Der Doppelagent Al-Balawi hatte die CIA mit einem großen Namen in die Falle gelockt. Er könne al-Zawahiri, den zweiten Mann der Al-Qaida, ans Messer liefern.

Auf Base Chapman war man elektrisiert. Alle mussten antreten, um den Informanten zu begrüßen. Doch der wollte nur eines: töten. Das hatte er in seinem Video kurz vor der Explosion erklärt: »Das hier ist für euch. Es ist keine Uhr. Es ist der Zünder, um so viele wie möglich zu töten, euch und euren jordanischen Partner. Und so Gott will, werde ich ins Paradies kommen, und ihr fahrt zur Hölle.«

Am Eingangstor wurde er nicht kontrolliert. Als der Attentäter das Tor passiert hatte, zündete er den Sprengsatz. Al-Balawi riss neun Menschen mit in den Tod, darunter fünf CIA-Agenten, einer davon: Darren LaBonte.

Der Vater erklärte trotz seiner Trauer um den Sohn: »Ich habe niemals einen Groll gegen den Selbstmordattentäter empfunden. Er hatte seinen Glauben und unser Sohn seinen.« Und die Mutter ergänzte: »Es war falsch, aber aus seiner Sicht und der seiner Familie war er ein Held. Aus unserer Sicht ist Darren ein Held. Also, wer hat recht und wer nicht? Ich weiß es nicht.«

Opfer des Anschlages war auch die 30-jährige CIA-Agentin Elizabeth Hanson. Ihre Aufgabe in der Base Chapman war es gewesen, aus Internetdaten der Al-Qaida mögliche Drohnenziele herauszusuchen.

Als Detlev Konnerth und Charlotte Krüger den Bruder der Getöteten für unseren Film besuchten, bekam der plötzlich einen Anruf von einem CIA-Mitarbeiter, der ihm mitteilte, dass Osama bin Laden gerade getötet worden war. Detlev rief mich sofort an, und ich gab die Information an unseren Sender N24 weiter. Doch wenige Minuten später ging die Nachricht vom Tod bin Ladens um die Welt.

So konnten die USA zum Jahrestag des Anschlages auf die Zwillingstürme von New York wenigstens einen Erfolg für sich verbuchen. In der pakistanischen Garnisonsstadt Abbottabad war Osama bin Laden von einer Sondereinheit der US-Armee aufgespürt und erschossen worden. Der Fundort sagte Experten einiges. Der langjährige Terroristenfahnder Cofer Black hatte uns schon Monate zuvor gesagt: »Wenn du auf lange Sicht bei der Fahndung keinen Erfolg hast, dann gibt es nach meiner Erfahrung nur einen Grund: Der Terrorist wird von einem Staat unterstützt.« Er meinte Pakistan.

Auch der langjährige pakistanische Geheimdienstchef Asad Durrani, der uns in Hamburg besuchte, hatte da seinen Verdacht: »Mein persönlicher Eindruck ist, dass wir ihn hatten, wussten, wo er war. Und dass wir ihn zum richtigen Zeitpunkt austauschen wollten.«

Vielleicht wurde bin Laden ja auch verkauft. In der Nacht zum 2. Mai 2011 konnten Präsident Barack Obama und sein Kabinett im Weißen Haus, live auf dem Bildschirm, die letzte Aktion gegen bin Laden, Codename »Geronimo«, verfolgen – benannt nach einem legendären Indianerhäuptling, der fast genau 100 Jahre zuvor die USA herausgefordert hatte.

Die Symbolfigur war tot, aber der Krieg ging weiter – und rückte immer näher, in die Randzonen und die Zentren des verhassten gottlosen Westens. Es war die Explosion eines religiösrevolutionären Wahns im Internetzeitalter. Heilige Selbstverwirklichung im Namen Allahs. Jetzt nicht mehr im Namen der Terrororganisation Al-Qaida, sondern als IS, Islamischer Staat. Ein Krieg, der mit einem Angriff auf die Symboltürme des amerikanischen und des globalen Kapitalismus begann – und inzwischen alle Anzeichen eines neuen Dreißigjährigen Glaubenskrieges trägt. Ausgelöst von religiösen Fanatikern, denen eine tumbe amerikanische Regierung auf den mörderischen Leim ging. Wer auf Rache sinnt, so heißt es, muss zwei Gräber ausheben. Mindestens.

Projekt »Die Woche«

Im Sommer 2008 meldete sich plötzlich der inzwischen vom Bauer-Verlag zur *WAZ*, zur Westdeutschen Zeitungsgruppe (heute Funke-Gruppe), gewechselte Manfred Braun bei mir. Er fragte, ob ich nicht für die WAZ-Gruppe ein neues Wochenmagazin entwickeln könnte. Ich schrieb ihm: »Wer heute eine Zeitschrift, vor allem ein wöchentliches anspruchsvolles Nachrichtenmagazin neu auf den Markt bringen will, muss mit seinem Scheitern rechnen. Das Unterfangen ist vollkommen aussichtslos, deshalb sollte man es wagen.«

Zu meiner Zeit beim *Spiegel* hatte ich in jedem Vortrag über Journalismus gesagt: »Wir handeln nicht mit Holz, sondern mit Informationen.« Damit wollte ich deutlich machen, dass es nicht darauf ankommt, Papier zu bedrucken, sondern dass man die Kommunikationstechnologien benutzt, die der Verbreitung von Informationen am besten, am billigsten, am schnellsten und am wirkungsvollsten dienen. Das können Print, Fernsehen oder das Internet sein. Am besten eine Kombination aller drei Wege. Ein neues Magazin müsse aus allen Schwächen der etablierten Titel lernen und eigene Stärken entwickeln, ohne auf die traditionellen Tugenden eines soliden Journalismus wie etwa im *Spiegel* zu verzichten.

Der Name stand für mich sofort fest: »Die Woche«. Das hatte zwei Gründe. Erstens hatte mein langjähriger Freund Manfred Bissinger für den Ganske-Verlag mehrere Jahre eine Wochenzeitung unter diesem Titel herausgegeben und leider wieder einstellen müssen. Zweitens war der *Spiegel* ursprünglich unter dem Titel »Diese Woche« aus der Taufe gehoben worden. Es wurde Zeit, dass ein neues Magazin mit diesem Namen herauskam.

Und dann hatte ich auch noch vor, nach dem Motto »Online First«, gleich ins Internet zu gehen: »Es empfiehlt sich für das Projekt, mit einem Onlinemagazin zu beginnen und erst später die Printversion auf den Markt zu bringen.«

Manfred Braun und sein Verlag gaben mir den Auftrag und stellten auch das notwendige Kapital zur Verfügung, wollten uns allerdings zunächst eine Printversion entwickeln lassen. Wir mieteten wunderbare Büroräume am Holzhafen in Hamburg-Altona und engagierten Redakteure und Reporter, vor allem aber einen großartigen Grafiker, Uwe C. Beyer, mit dem ich Jahre zuvor schon einmal das Erscheinungsbild des *Spiegel* erneuert hatte. Wie damals schon legte ich besonderen Wert auf Titelgeschichte, Titelbilder und Titelzeilen. Die Hefte waren mit jeweils 180 Seiten, mit Texten, Bildern und Anzeigen absolut vollständig. Wir stellten im Monat etwa ein Heft her, nach der Probephase sollte es dann wöchentlich weitergehen.

Den ersten Dummy machten wir im Januar 2009, kurz nach der Wahl von Barack Obama zum Präsidenten. Er trug die Weltkugel auf den Schultern. Die Zeile lautete »Der Hoffnungsträger« – und im Heft hatten wir eine durchaus kritische Geschichte über den Aufstieg des Rechtsanwalts aus Chicago zum 44. Präsidenten der USA. Wir machten einen Titel über die von Guido Westerwelle angeprangerte »Spätrömische Dekadenz: Die Hartz-IV-Orgie oder: Wer arbeitet, ist der Dumme«. Als ein Vulkan in Island und ein Computerprogramm Europa lahmlegten, titelten wir »Die Panik-Wolke«; wir enthüllten mit neuen Dokumenten, wie die DDR in West-Berlin einmarschieren wollte, »Plan B«, und beschrieben, wie Verteidigungsminister Guttenberg sich in der Afghanistan-Falle aufführte: »Im Krieg der Lügen«. Als Titelbild wählten wir ein vielsagendes Agenturbild aus, auf dem ein stolzer Minister mit Schlips und Kragen, umgeben von Soldaten im Kampfanzug, in einer Militärmaschine posierte. Das Bild hätte ich ganz sicher auch auf einen *Spiegel*-Titel gesetzt. Eine zweite Titelgeschichte über Obama hatte die Zeile »Im Auftrag des Präsidenten: Lizenz zum Töten. Die Jagd der Geheimdienste auf Terroristen«. Ich würde heute noch behaupten, dass praktisch jeder unserer Dummys in der entsprechenden Woche mit den Ausgaben von *Spiegel*, *stern* und *Focus* mithalten konnte.

Wir hatten außerdem eine für damals ziemlich neue Idee umgesetzt. Das Layout des jeweiligen Heftes wurde über Nacht an einen Programmierer nach Neuseeland geschickt. Der wandelte unser Printlayout in ein digitales Layout um. Wenn das Magazin dann wie geplant einmal in der Woche erscheinen würde, könnten wir den Inhalt sofort online stellen, und Artikel konnten je nach Lage auch aktualisiert werden. Alle Bilder und Überschriften blieben am selben Platz, nur die Buchstaben des Textes wurden größer. So wurde der Bildschirm des Computers praktisch eine Doppelseite, die man umschlagen konnte wie ein Printmagazin. Der durch die größere Schrift entstandene Übersatz wurde dann jeweils am Ende der Geschichte im Heft per Scroll angehängt. Auf diese Weise hätte man die Werbung des Heftes praktisch eins zu eins übernehmen können. Auch hatten wir schon probeweise Fotos im Layout für die Internetversion durch Videos ausgetauscht. Es war eine ziemlich praktische Art, eine Zeitschrift in ein digitales Angebot umzubauen. Als plötzlich das iPad auf den Markt kam, wussten wir, für welche Technik wir das Projekt entwickelt hatten.

Wir stellten praktisch ein Jahr lang fast jeden Monat ein Magazin fertig, mit Layout, Texten, Fotos; in wenigen Exemplaren – aber eigentlich hätte man auch jede Nummer probeweise am Kiosk verkaufen können. Doch der Verlag war noch nicht so richtig entschlossen, ob er sich nun in das Abenteuer eines neuen Wochenmagazins stürzen wollte oder nicht.

Sender zu verkaufen

Während wir an einem neuen Heft arbeiteten, las ich plötzlich im Medienteil der *Süddeutschen Zeitung* eine kleine Meldung, dass der Chef der Sendergruppe ProSiebenSat.1 den Nachrichtensender N24 verkaufen wollte. Es war der 3. Dezember 2009. Das elektrisierte mich, und ich rief Torsten Rossmann, den Geschäftsführer von N24, an. Ich hätte gerade in der *SZ* gelesen, dass Thomas Ebeling N24 verkaufen wollte. Ja, sagte er, es hätte auch schon so etwas wie ein Management-Buy-out im Raum gestanden.

»Wollen wir das nicht zusammen machen?«, sagte ich. »Der weiß aber genau, was er will«, dachte Torsten Rossmann, wie er später zu meinem 70. Geburtstag schrieb. »Gefragt hatten auch andere. Aber niemand war so zielbewusst und in seiner nüchternen Art so zuversichtlich wie der Ex-Chefredakteur des *Spiegel*. Das machte die Entscheidung einfach.« Wir verabredeten uns für den nächsten Tag in Berlin. Ich nahm Thorsten Pollfuß mit, immerhin hatte er ja damals zusammen mit Alexander Kluges Anwalt Giani die Sendelizenzen für unseren *Spiegel*-Sender XXP besorgt. So kam er mit ins Boot.

Wenige Tage später hatten wir in München einen Termin mit dem ProSiebenSat.1-Chef Ebeling. Der erklärte uns, dass er den Sender tatsächlich abgeben und künftig die Nachrichten von dem neuen Betreiber des Senders beziehen wollte. Allerdings zu einem deutlich niedrigeren Preis. Und natürlich müsse das Angebot für den Verkauf des Senders öffentlich ausgeschrieben werden.

Wir warfen unseren Hut in den Ring. Die konkurrierenden Anbieter waren durchaus ernst zu nehmende Medienhäuser. Wir waren eine Gruppe von Privatpersonen, Manager aus dem Sender selbst und Pollfuß und ich von außen. Das Anbieterverfahren zog sich über Monate hin. Inzwischen arbeiteten wir weiter an unserem Wochenmagazin.

Die Funke-Gruppe hatte damals mit vielen internen Konflikten zu tun, deshalb musste ich das Projekt, das teuer war und noch teurer werden würde, praktisch allen Gesellschaftern vorführen. Das Ergebnis war, dass sie einen Partner brauchten, um *Die Woche* finanzieren zu können.

Und auch da musste ich selbst aktiv werden. Ich führte die Dummys und die Onlineversion Mathias Döpfner vom Springer-Verlag vor, und der war begeistert. Danach präsentierte ich das Projekt dem versammelten Vorstand, und der zeigte ebenfalls reges Interesse. Dann ging ich mit zwei hochrangigen Managern des Springer-Verlages auf Tour zu den größten Werbeagenturen. Und überall bekamen wir große Zustimmung. Doch dann stieg Springer plötzlich aus dem Projekt aus. Man glaubte doch nicht so recht an den Erfolg, vor allem in der Werbewirtschaft. Vielleicht hatte man bei *Bild* und *Welt am Sonntag* auch eine gewisse Abneigung dagegen, sich eine Wochenendkonkurrenz ins Haus zu holen. Das Projekt wurde eingestellt. Und das war am Ende auch gut so. Denn ein anderes Projekt funktionierte plötzlich. Und da hätte eine Verbindung mit einem großen Verlag leicht Anteile kosten können.

Wir hatten uns ja seit Ende 2009 in aller Stille um den Nachrichtensender N24 beworben. Der hatte ein Programm aus News und Dokumentationen, war damit ziemlich erfolgreich und lag in den Zuschauerzahlen vor der Konkurrenz ntv aus Köln, die zur RTL-Gruppe gehört. Das Bieterverfahren war zwar öffentlich, aber wer sich alles beworben hatte, wurde streng geheim gehalten. Trotz zahlreicher Verhandlungen mit Anwälten, Steuerberatern und Managern der Senderkette ProSiebenSat.1 erfuhren wir während der Gespräche nie, wer unsere Mitbewerber waren. Und doch sickerte einiges durch. Anfang Januar 2010 konnte der Mediendienst *textintern* das Neueste von der Nachrichtenfront mitteilen: »Die Zukunft des Nachrichtensenders N24 soll bis Ende März endlich geklärt sein.« ProSiebenSat.1 denke an einen Verkauf: »Für ein Management-Buy-out stehen Geschäftsführer Dr. Torsten Rossmann und Ex-*Spiegel*-Chefredakteur Stefan Aust bereit.« Gemeinsam mit fünf weiteren Mitstreitern wollten wir eine Beteiligungsgesellschaft gründen und N24 samt der Tochter MAZ & More, die das Frühstücksprogramm für Sat.1 produzierte, übernehmen.

Der Vorstandsvorsitzende der Senderkette Thomas Ebeling hatte in einem Zeitungsinterview die jährlichen Verluste des Newskanals auf einen zweistelligen Millionenbetrag beziffert.

Potenzielle Käufer von N24 sollten auch künftig die Nachrichten liefern – wenn auch zu deutlich niedrigeren Kosten. Nachrichten, so der Senderchef, seien vielleicht für das Image bei Politikern wichtig, aber nicht bei allen Zuschauern. Das erregte in Kreisen der Medienpolitiker einige Empörung, und es kam die Idee auf, private Kanäle zu verpflichten, einen bestimmten Teil der Einnahmen für Nachrichtensendungen auszugeben. Das wiederum brachte Ebeling in Zugzwang, schnell für eine tragbare Lösung für den Verkauf und die damit verbundene Zulieferung von Nachrichten für die Senderkette zu sorgen. Der Mediendienst *textintern* erkannte auch gleich die verlockende Seite unseres Angebotes: »Wenn jetzt der Geschäftsführer mit dem ausgewiesenen Fachmann Aust übernehmen will, wäre dies für die Mitarbeiter und die Eigenständigkeit des Senders wahrscheinlich positiv. Aust ist ein Pionier das privaten Informationsfernsehens.«

Da konnten auch wir uns nicht mehr total bedeckt halten. Gegenüber der *FAZ* erklärte ich: »Wir glauben, dass wir den Sender mit unserer Erfahrung gut fortentwickeln können. Ich sehe unsere Initiative auch als Beitrag zur Qualität und zur journalistischen Vielfalt im Fernsehen.«

Ein wenig hatte ich schon von Alexander Kluge gelernt. Ich wusste von einem ehemaligen Topmanager eines der Fonds, dass die Gesellschafter »KKR« und »Permira« in der Käufergruppe einen »Weißen Ritter« bräuchten. Das war ja mal eine ganz neue Rolle für mich.

Wir bekamen den Zuschlag. Und plötzlich gehörte uns ein Sender. Endlich – das wollte ich schon immer: einen eigenen Sender. Torsten Rossmann und ich hatten jeder 26 Prozent, drei weiteren Kollegen aus dem Management von N24, der Geschäftsführer Produktion und Technik, Frank Meißner, der kaufmännische Geschäftsführer Karsten Wiest und Maria von Borcke, Geschäftsführerin des Tochterunternehmens MAZ & More, das für Sat.1 das Frühstücksfernsehen herstellte, bekamen je 12 Prozent, ebenfalls Thorsten Pollfuß, den ich mit in das Projekt gebracht hatte. Zusammen mit dem Sender erhielten wir auch den Auftrag für die Herstellung der Nachrichten für die ProSiebenSat.1-Sendergruppe und für das Frühstücksfernsehen von Sat.1.

Das waren gewaltige Volumina, aber die Kosten sollten auf fast die Hälfte der früheren abgesenkt werden. Das war der Hintergrund der Idee von Thomas Ebeling, dem Chef der Sendergruppe. Bisher hatte N24 munter die Nachrichten und das Frühstücksfernsehen produziert und die Rechnung dafür an ProSiebenSat.1 geschickt. So war N24 immer in den schwarzen Zahlen, doch die Kosten waren ziemlich hoch. Wenn er die Nachrichten deutlich billiger haben wollte, musste der Chef der Senderkette reichlich Leute entlassen. Davor grauste es ihm. Das würde nicht nur teuer, es könnte auch Schwierigkeiten mit den Landesmedienanstalten geben. Möglicherweise könnte es dazu kommen, dass rundfunkrechtlich ein bestimmter Teil des Umsatzes eines Senders für Information vorgeschrieben würde. Schließlich waren es öffentliche Lizenzen, die den Sendern die Reichweite ermöglichten. Würde er den Sender verkaufen und sich zugleich die Nachrichten weiter zuliefern lassen, wären die Kosten nicht sein Problem, sondern das der neuen Besitzer.

Zum 1. Juli 2010 übernahmen wir den Sender, rückwirkend zum 1. Januar des Jahres. Ich betrachtete das als Geburtstagsgeschenk. Aber es war ein Abenteuer. Alle Zahlen deuteten darauf hin, dass es nicht gut gehen konnte. Wir hätten ziemlich viel Geld gebraucht, um das erste Jahr ohne Pleite zu überstehen. Aber alle Gespräche, die wir mit potenziellen Interessenten einer Beteiligung an unserem neuen Sender führten, liefen ins Leere. Entweder sie wollten überhaupt nicht, oder sie forderten für ihr Investment zu viele Anteile.

Dann wollten wir es lieber selbst versuchen. Torsten Rossmann, unsere Werbechefin Kristina Faßler und ich machten uns auf die Reise zu allen großen Agenturen und einigen großen Werbekunden. Zum Glück kannte ich aus meiner *Spiegel*-Zeit viele der Spitzenmanager, und gemeinsam konnten wir trotz der Werbekrise, die im Gefolge der Finanzkrise entstanden war, unser Werbevolumen beträchtlich aufstocken. Am Ende des Jahres waren wir in den schwarzen Zahlen – ohne Anteile abgeben zu müssen.

Torsten Rossmann leitete weiter den Sender. Wir stellten mit unserer kleinen Produktionsfirma »Agenda Media« neben den öffentlich-rechtlichen Aufträgen gut 150 Sendungen für N24 her, die alle auch häufig wiederholt wurden. So ging es dreieinhalb Jahre lang und machte auch reichlich Spaß.

Expedition Antarktis

In den großen Verlagen ging es mit dem Papier derweil ziemlich bergab. Vorsorglich verkaufte der Axel Springer Verlag schon einmal einen Großteil seiner Printprodukte, die das Unternehmen einmal groß gemacht hatten, darunter das *Hamburger Abendblatt* und die *Hörzu*. Vorstandschef Mathias Döpfner setzte voll auf die digitale Welt der Informationen – da brauchte er eigentlich dringend einen Fernsehsender. Die Kombination aus einer Tageszeitung, einer Wochenzeitung und einem Nachrichtensender, alles gebündelt durch ein Onlineportal, würde dem Verlag eine herausgehobene Position bescheren.

Inzwischen hatten wir den Sender dank sparsamster Wirtschaft und gestiegener Werbeerlöse in die schwarzen Zahlen gebracht. Dann gab es plötzlich ein Interesse mehrerer Verlage daran. Einer war Axel Springer. Eigentlich wollte ich meinen Anteil an N24 nicht verkaufen. Aber wenn, dann hatte ich eine genaue Preisvorstellung; schließlich hatte ich schon einmal einen Sender verkauft, wenn auch nicht auf eigene Rechnung. Als wir handelseinig waren, fragte Mathias Döpfner mich, ob ich nun in den Ruhestand gehen und Pferde züchten oder weiterarbeiten wollte, und bot mir an, Herausgeber der *Welt*-Gruppe zu werden. Das passte.

Ich wollte sehr gern dabei mitwirken, genau das zu tun, was ich schon beim *Spiegel* für dringend notwendig gehalten hatte: ein Onlineportal, eine Tageszeitung und ein Wochenmagazin mit einer Fernsehproduktion und einem Informationssender zu einem multimedialen Auftritt zu verschmelzen.

Während der Due Diligence, der wirtschaftlichen Untersuchung des Senders, verabredete ich mich mit Freunden zu einer Reise in die Antarktis. Als wir in Kapstadt auf besseres Wetter für den Flug auf die russische Antarktis-Station Nowolasarewskaja warteten, erhielt ich eine SMS von Döpfner. Er wolle jetzt zügig den Herausgebervertrag abschließen. Er schlug eine Summe vor. »Laufzeit?«

Meine Antwort lautete: »Summe o. k. Laufzeit egal.«

Dann flogen wir in einem riesigen russischen Frachtflugzeug vom Typ Antonow gemeinsam mit Prinz Harry und einer Gruppe von britischen Kriegsveteranen auf den weißen Kontinent. Wir saßen auf provisorischen Sitzen zwischen festgebundenem Stückgut für die russische Antarktis-Station. Die Toilette war ein angeschnalltes Dixi-Klo, wo ich beim Warten, dass sie endlich frei wurde, ein längeres Gespräch mit dem von einem Bein aufs andere hüpfenden Prinz Harry führte. Ich ließ ihn nicht vor, so weit ging mein Respekt vor den britischen Royals nicht.

Auf dem arktischen Festland angekommen, landete die Maschine in dichtem Schneegestöber, und wir brauchten einige Zeit, um mit schweren Geländewagen in unsere igluartige Unterkunft an der Schirmacher-Oase, einem Hügelplateau mit über 100 zugefrorenen Süßwasserseen, zu gelangen. Diese war nicht etwa nach dem Herausgeber der *FAZ* benannt, sondern nach dem Flugkapitän Richardheinrich Schirmacher, der bei der Antarktis-Expedition von 1939 von seinem Flugboot aus Luftaufnahmen gemacht hatte. Auch hier am Ende der Welt entkam man der deutschen Geschichte nicht.

Der Kapitän des Flugbootes »Boreas« Richardheinrich Schirmacher hatte das Gebiet am 3. Februar 1939 vom Flugzeug aus entdeckt. Gestartet war er vom Katapultschiff »Schwabenland« der Deutschen Arktischen Expedition, deren Aufgabe es war, Gebiete der Antarktis für das Reich zu okkupieren, um durch Walfang die »Fettlücke des Reiches« zu schließen. Wegen des gerade begonnenen Zweiten Weltkrieges wurde daraus am Ende nichts. Nur die deutschen Namen vieler Berge und Buchten blieben. Und eine skurrile Legende. Das Forschungsschiff hatte den Namen »Schwabenland«, und danach sollte das durch die Expedition neu erforschte und somit eroberte Gebiet am anderen Ende der Welt »Neuschwabenland« heißen. Hierin, so eine bis heute kursierende irre Verschwörung, habe sich die Spitze der NSDAP inklusive Hitler am Ende des Krieges abgesetzt und in nuklear beheizten Höhlen versteckt. Leider kannte ich diese Theorie am Anfang unserer Reise noch nicht, sonst hätten wir sicher nach den im permanenten Frost untergetauchten Nazis und ihren Überresten gesucht – und vielleicht dabei auch noch das Bernsteinzimmer gefunden.

Das Wetter war – trotz des arktischen Sommers – ziemlich kalt, und es schneite immer noch. Deshalb verschob sich unser Abflug zum Südpol mit der einzigen zur Verfügung stehenden zweimotorigen Propellermaschine von Tag zu Tag. Als es losgehen konnte, bekam Prinz Harry mit seinen Soldaten den Vorzug. Sie sollten 300 Kilometer vom Südpol entfernt abgesetzt werden und den Rest der Strecke auf Skiern zurücklegen. Bei der Landung gab es jedoch einen kleinen Crash, und die Maschine musste vor dem nächsten Flug erst einmal instand gesetzt werden. Aus unserem Abstecher zum Südpol wurde nichts. Aber da sah es im Prinzip auch nicht anders aus als bei dem russischen Antarktis-Posten, wo wir in der Nähe untergekommen waren: weiß – wohin man die Augen auch richtete. Allerdings hatten wir es nicht bis zum Südpol gebracht, jenem einzigen Punkt auf der Erde, wo es in jeder Richtung nach Norden geht. Stattdessen besuchten wir die Kolonie der Kaiserpinguine etwa zweieinhalb Flugstunden entfernt.

Abends, in unserem Iglu, rief ich regelmäßig mit dem Satellitentelefon in Berlin an und erkundigte mich bei Torsten Rossmann nach dem Stand der Finanzuntersuchung unseres Senders. Alles verlief nach Plan. Aber eine endgültige Entscheidung über den Kauf war aufseiten des Springer-Verlages noch nicht gefallen.

Meine Freunde wollten nach zehn kalten Tagen und dem Rückflug nach Kapstadt noch zu einer Safari nach Botsuana fliegen. Aber ich musste nach Hause, denn ich hatte am 3. Dezember einen Interviewtermin mit Helmut Schmidt. Für eine ARD-Dokumentation wollte ich ihn zur *Spiegel*-Affäre befragen. Immerhin war er damals schon fast 96 Jahre alt, und wer weiß, wie lange man ihn noch interviewen konnte.

Zurück in Hamburg fand ich einen unterschriebenen Herausgebervertrag für die *Welt*-Gruppe vor. Ich unterzeichnete und schickte ihn mit einer kurzen Bemerkung zurück: »Freu mich.«

Torsten Rossmann später: »Seinen Arbeitsvertrag hat er unterschrieben, noch bevor klar war, dass wir wirklich verkaufen. Ein typischer Aust. Wer weiß, was passiert wäre, hätte er das nicht gemacht.«

Dann besuchte ich Helmut Schmidt in seinem Büro bei der *Zeit,* wo er immer noch als Herausgeber tätig war. Ich erklärte ihm noch einmal unser Filmprojekt, eine Dokumentation für die ARD über die *Spiegel*-Affäre. Helmut Schmidt, der damals Hamburger Innensenator gewesen war, hatte die Titelgeschichten des *Spiegel,* »Bedingt abwehrbereit«, vor der Veröffentlichung vom Autor, seinem Freund Konrad Ahlers, zu lesen bekommen. Daraufhin war im Zuge der Ermittlungen gegen den *Spiegel* auch gegen Schmidt ermittelt worden – wegen des Verdachtes der Beihilfe zum Landesverrat.

Wir sprachen eine gute Stunde lang über den Fall, über den Rüstungswettlauf der damaligen Zeit, über die mögliche Atombewaffnung der Bundeswehr und über Franz Josef Strauß. Nachdem Helmut Schmidt mindestens eine Packung Zigaretten weggeraucht hatte, sagte er: »Jetzt holen Sie mal Ihr Kamerateam.« Wir bauten zügig auf, und dann führten wir über eine gute Stunde ein Interview zur *Spiegel*-Affäre, und der 95-jährige Helmut Schmidt konnte jedes Detail in geschliffener Sprache erklären.

Die Zeiten ändern sich

Inzwischen hatte der Aufsichtsrat des Springer-Verlages dem Kauf des Senders N24 zugestimmt. Am 2. Januar 2014 fand ich mich auf meinem neuen Arbeitsplatz im Newsroom der *Welt* im Springer-Haus ein. Es war gerade »Capital-Day« der Axel Springer AG, und Döpfner bat mich, in meiner neuen Funktion als Herausgeber ein paar Worte an die versammelten internationalen Banker und Fondsmanager zu richten. Ich begrüßte sie mit den Worten »Dear capitalists« und hatte damit einen ersten kleinen Lacher. Dann deutete ich auf das Fenster: »Da draußen habe ich am Gründonnerstagabend 1968 in einer großen Menschenmenge gestanden, zusammen mit Ulrike Meinhof. Wir wollten damals hier rein. Man ließ uns nicht. Aber jetzt bin ich drin.« Auch das erregte eine gewisse Heiterkeit.

Dann erklärte ich mit kurzen Worten, was alle hören wollten, wieso jemand, der einmal bei der linken Zeitschrift *konkret* gearbeitet und bei der Demonstration nach dem Attentat auf Rudi Dutschke vor dem Springer-Haus gestanden hatte und dann auch noch 13 Jahre *Spiegel*-Chefredakteur gewesen war, jetzt plötzlich hier arbeitete.

»Die Zeiten ändern sich«, sagte ich. Man hätte sich ja damals auch nicht vorstellen können, dass Axel Springer, der immer an den Fall der Mauer und die deutsche Wiedervereinigung geglaubt hatte, einmal recht bekommen würde. Und: »Hätten Sie gedacht, dass der Springer-Verlag einmal an der Rudi-Dutschke-Straße liegen würde?«

Ja, die Zeiten ändern sich eben. Und bei einem der ersten

Gespräche im Verlag sagte ich zu einem Kollegen, der in den Siebzigerjahren beim linken *Pflasterstrand* gearbeitet hatte, und zu einem anderen, der als Student Trotzkist gewesen war: »Ich muss nicht so rechts werden wie ihr, weil ich nie so links war wie ihr.«

Und etwas später fiel mir ein, was Angela Merkel gesagt hatte, als sie am 12. Mai 2003 in der Handelskammer Hamburg eine Laudatio auf den Preisträger der »Goldenen Feder« des Bauer-Verlages hielt. Das war merkwürdigerweise ich, damals Chefredakteur des *Spiegel*.

»Stefan Aust, den interessiert in seiner journalistischen Arbeit vor allem der Wandel«, sagte die damalige CDU-Vorsitzende. »Heute sind Sie nicht der Chronist des Wandels. Sie sind mittendrin im Wandel. Vor wenigen Jahren hätten Sie sich nicht träumen lassen, dass eine CDU-Vorsitzende Ihnen die Laudatio spricht. Aber, wenn sonst schon nicht, da sind wir uns ähnlich: Ich hätte es mir umgekehrt auch kaum träumen lassen.« Sie hätte gelesen, dass für mich die Einführung des Privatfernsehens neben der Wiedervereinigung das Wichtigste in der Geschichte der Bundesrepublik gewesen sei. Es sei mir gelungen, dieses Terrain des Privatfernsehens für den *Spiegel* abzustecken und dabei ein völlig neues Genre zu schaffen. »Ich frage hier, ob Sie sich mal hineinversetzt haben, wie es ist, wenn Ihnen ein ganzes Wochenende lang ein Team von *Spiegel TV* auf den Fersen ist und immer wieder dieselbe Frage stellt? Und nur darauf wartet, dass Sie entnervt abbrechen. In meinem Fall wurde der Beitrag nicht gesendet. Ein Erfolg.« Übrigens sei es die CDU gewesen, die uns das Privatfernsehen ermöglicht habe: »Sozusagen – ohne Kohl kein Kabel.« Und sie fuhr fort: »1994 wurden Sie Chefredakteur des berühmt-berüchtigten Magazins, das manche nur ›das Magazin aus Hamburg‹, andere ›die Hamburger Kampfpresse‹ nannten. Viel Feind, viel Ehr. Es gibt wenige Arbeitsplätze in diesem Land, auf die das so zutrifft wie auf Ihren, Herr Aust. Aber die Zeit bleibt nicht stehen. Nicht nur die Optik des Heftes, auch in die Inhalte ist mehr Farbe getreten. Ideologische Zuspitzung ist nicht mehr das, was unsere Gesellschaft verlangt. Es ist ein Fortschritt, dass vor dem Blick in den *Spiegel* niemand mehr sicher ist – weder Regierung noch Opposition.«

Da hatte sie recht. Wir waren mit dem amtierenden Kanzler Gerhard Schröder und seiner Regierung durchaus kritisch umgegangen; ganz im Gegensatz zu manchen Erwartungen – und manchen Hoffnungen –, der *Spiegel* würde zum Sprachrohr der rot-grünen Koalition werden. Ihre launige Laudatio führte bei mir umgekehrt auch nicht dazu, Angela Merkel nun publizistisch mit Samthandschuhen anzufassen. Und aus jetziger Sicht dürften es weitgehend dieselben sein, die damals behaupteten, wir würden zu freundlich mit Merkel umgehen, und die heute jede Kritik an der Bundeskanzlerin und ihrer Politik als Majestätsbeleidigung betrachten.

Als Herausgeber der *Welt* und der *Welt am Sonntag* musste ich nun etwas tun, was ich beim *Spiegel* immer vermieden hatte: Kommentare schreiben. Doch Kommentare zur jeweiligen politischen Wetterlage waren und wurden nicht mein journalistisches Hauptinteresse, aber immerhin konnte ich die Erkenntnisse, die ich mir zu den meisten Themen im Laufe der Jahre angeeignet hatte, in die Meinungsartikel einbringen. Fast alle aktuellen Ereignisse, von Migration bis Klima, waren nicht wirklich neu und hatten ihre Vorläufer in früheren Jahren gehabt.

Das Interessanteste für mich aber blieb die Aufklärung ungeklärter Fälle, auch wenn diese ziemlich lange zurücklagen. Immerhin hatte ich jetzt mit der *Welt,* der *Welt am Sonntag* und *Welt-Online* die Möglichkeit, auch große Hintergrundgeschichten zu veröffentlichen, ohne ständig bei öffentlich-rechtlichen Redakteuren anzuklopfen, um irgendein Projekt unterzubringen.

Ich holte Dirk Laabs dazu, mit dem zusammen ich das Buch *Heimatschutz* über den Staat und die Mordserie des »Nationalsozialistischen Untergrundes« gemacht hatte. Wir recherchierten weiter, unterstützt von meinem alten *Spiegel TV*-Kollegen Helmar Büchel, und schrieben zahlreiche Artikel über die immer noch weitgehend unaufgeklärte Mordserie, deren Hintergründe und den Prozess gegen Beate Zschäpe in München vom 6. Mai 2013 bis zum 11. Juli 2018.

Dass am Ende immer noch viele Fragen offenblieben, machte die Geschichte für mich nicht weniger interessant – so wie die nach wie vor offenen Fragen in der Barschel-Affäre oder das Rätsel um die Abhörmaßnahmen im Hochsicherheitstrakt der Justizvollzugsanstalt Stammheim.

In all diesen Fällen zeigten oder schrieben wir nur, was wir wirklich wussten und belegen konnten. Spekulationen waren nicht meine Sache – und doch kann es am Ende von Recherchen einmal nützlich sein, die festen Punkte mit geraden Linien zu verbinden, um deutlich zu machen, wie es auch hätte gewesen sein können. Nur als Denkmodell, nicht mehr, aber auch nicht weniger. Zum Beispiel im Fall NSU.

NSU – das mörderische Mysterium

Ein kurzer Rückblick: Zwischen September 2000 und April 2007 hatten deutsche Rechtsterroristen neun Migranten und eine Polizistin erschossen. Die Ermittler suchten jahrzehntelang erfolglos im Bereich der organisierten Kriminalität unter türkischen Geschäftsleuten. Die Fälle blieben ungelöst, bis man am 4. November 2011 nach einem Banküberfall in Eisenach zwei Tote in einem brennenden Camper fand: Uwe Böhnhardt und Uwe Mundlos – und dazu ein Video, in dem sich der »Nationalsozialistische Untergrund« (NSU) zu den Morden bekannte.

Der letzte Mord der »Česká-Serie« war besonders rätselhaft, war doch ein Beamter des hessischen Verfassungsschutzes während der Tatzeit am Tatort gewesen. Dirk Laabs und ich recherchierten weiter, aber je mehr wir herausfanden, umso rätselhafter wurden die Vorgänge.

Am 6. April 2006 war mit der Česká der 21-jährige Halit Yozgat in seinem Kasseler Internetcafé erschossen worden. Der Mörder feuerte Yozgat zweimal in den Kopf. Sechs Personen waren zur Tatzeit in dem engen Internetcafé. Sie alle machten Aussagen – bis auf einen Mann, den ein 14-jähriger Junge gesehen und beschrieben hatte. Die Polizei wertete den Rechner aus, an dem der Mann gesessen hatte, und stieß auf einen Verdächtigen: Der Mann hatte mehrere Wohnungen, unter anderem im Haus seiner Eltern am Rand von Kassel. Die Polizisten fanden dort mehrere Waffen – und geheime Unterlagen des Verfassungsschutzes. Der Name des Verdächtigen: Andreas Temme. Er war Beamter des Verfassungsschutzes und gehörte zu jenen V-Mann-Führern, die sich ein paar Wochen zuvor auf Anregung des BKA und im Auftrag ihrer Vorgesetzten bei ihren V-Männern nach den Česká-Morden umhören sollten. Jetzt war er – angeblich zufällig – zur Mordzeit an einem dieser Tatorte gewesen.

Gemeinsam mit Verfassungsschützer Temme stellten die Mordermittler die Situation am Tatort nach. Der Mann behauptete, er habe im hinteren Raum am Computer gesurft und hätte nach wenigen Minuten zahlen wollen. Zunächst habe er am Tresen, dann vor der Tür den Besitzer des Cafés gesucht und nicht gefunden. Zu diesem Zeitpunkt, so waren die Ermittler sicher, lag Halit Yozgat jedoch schon tot am Boden.

Die wirkliche Rolle des Verfassungsschützers Temme blieb ungeklärt. Damit wollten wir uns nicht abfinden und klagten gegen das Hessische Landesamt für Verfassungsschutz auf Herausgabe von Akten. Ein NSU-Untersuchungsausschuss in Wiesbaden hatte nämlich herausgefunden, dass der Verfassungsschutz intern überprüft hatte, ob er zwischen 1992 und 2012 Hinweise auf den NSU übersehen haben könnte. Das Ergebnis: Es habe zwar keinen Bezug zum NSU gegeben, doch das Amt sei manchen Informationen über Waffen- und Sprengstoffbesitz bei Rechtsextremen nicht zügig genug nachgegangen. Die interne Analyse selbst könne dem Untersuchungsausschuss allerdings nicht übergeben werden, weil der Vorgang für 120 Jahre geheim sei. Als Begründung für die epochale Sperrfrist erklärte der Verfassungsschutz, es ginge um den Schutz von Informanten, die bei einer Enttarnung gefährdet seien. Die Spanne von 120 Jahren solle auch deren potenzielle Nachkommen schützen. Eine juristisch offenbar mögliche, aber extrem seltene Geheimhaltungsmaßnahme. Vermutlich nicht ohne Grund.

Gegen diese Verschlusssache klagte in unserem Auftrag seit Oktober 2017 der Berliner Anwalt Christoph Partsch. Mit der Person des ehemaligen Mitarbeiters des Verfassungsschutzes Andreas Temme, so machte der Anwalt die Dringlichkeit des Antrages überdeutlich, sei möglicherweise der schmale Grat zwischen klammheimlicher Unterstützung und aktiver Beteiligung überschritten worden. Er habe in dem Internetgeschäft gerade mal drei Meter entfernt gesessen, als Yozgat erschossen wurde, und angeblich weder die Schüsse gehört, den Schmauch gerochen noch die Leiche unmittelbar hinter dem Tresen gesehen. Temmes wirkliche Rolle sei für die Aufklärung der Mordserie von großer Bedeutung. Der Anwalt wies auf die Grundfrage des gesamten NSU-Komplexes hin: Wurden die insgesamt zehn Morde tatsächlich nur von zwei Personen, Uwe Böhnhardt und Uwe Mundlos, begangen? Die Verwendung ein und derselben Waffe bei allen neun Morden an ausländischen Geschäftsbetreibern könne, so schrieb der Anwalt, einen speziellen Grund haben, nämlich »die Česká-Pistole diente als Initiationswaffe und Mutprobe für den Eintritt in den NSU-Komplex«. Dann müsse es »neben den drei bekannten NSU-Tätern aber noch sechs andere geben«. Da der Staat sich unwillig gezeigt habe, die NSU-Taten zu verfolgen, bestehe ein erhebliches Eilbedürfnis an der Aufklärung, bevor diese verbliebenen NSU-Mitglieder möglicherweise weitermachen könnten.

Die Klage wurde zunächst vom Verwaltungsgericht Wiesbaden zurückgewiesen. Doch dann gab uns der Hessische Verwaltungsgerichtshof in Kassel, höchste Instanz des Bundeslandes, teilweise recht und verpflichtete das Land Hessen, einen Teil unserer Fragen zu beantworten. In dem Urteil hieß es: »Ob und inwieweit sie möglicherweise in die Morde des NSU – in welcher Weise auch immer – verwickelt gewesen sein könnten, ist von ebenso hohem öffentlichen Interesse wie etwaige Unterlassungen oder Verfehlungen des Landesamtes für Verfassungsschutz oder einzelner seiner Mitarbeiter in diesem Zusammenhang.« Dieser Beschluss, so der Verwaltungsgerichtshof, »ist unanfechtbar«. Die Fragen seien vom Landesamt für Verfassungsschutz zeitnah zu beantworten. Heraus kam nicht viel, und auch die Rolle des Verfassungsschutzbeamten Temme beim neunten Mord der Serie blieb ungeklärt.

Auch der zehnte Mord warf immer mehr Fragen auf. Am 25. April 2007 war die Polizistin Michèle Kiesewetter auf der Theresienwiese in Heilbronn erschossen worden, ihr Kollege wurde lebensgefährlich verletzt. Die Täter hatten die Dienstwaffen der Beamten mitgenommen.

Der Fall passte nicht in das Schema der bisherigen Morde. Zum einen waren die Schüsse nicht aus der Česká abgegeben worden, dem Erkennungszeichen des »Nationalsozialistischen Untergrundes«, auch hatte die Polizistin keinen Migrationshintergrund. Michèle Kiesewetter stammte aus Oberweißbach. Der kleine Ort liegt nahe bei Rudolstadt, wo der NSU seine Wurzeln hat. Mitten im Herzland des »Thüringer Heimatschutzes« wurde die Polizistin Kiesewetter beerdigt, ihre Kollegen der Bereitschaftspolizei Böblingen standen Spalier.

Wir recherchierten intensiv und konnten zahlreiche Merkwürdigkeiten aufdecken – aufklären aber konnten wir den Fall nicht. Wenn man jedoch feststehende Punkte gleichsam mit geraden Linien verband, kam eine gewisse Logik der Ereignisse zum Vorschein.

In ihrer Anklageschrift gegen Beate Zschäpe ging die Bundesanwaltschaft davon aus, dass Michèle Kiesewetter ein reines Zufallsopfer war, möglicherweise, um in den Besitz der Polizeipistolen von ihr und ihrem Kollegen zu gelangen. Doch für ein Zufallsopfer gab es einige Zufälle zu viel – die in irgendeiner Beziehung zum Täterkreis um Böhnhardt und Mundlos standen.

Der erste Zufall ist, dass ihr Einsatzleiter an diesem Tage ihr Kollege Timo Heß war. Er war gegen 14.25 Uhr unter den ersten Polizisten am Tatort. Heß hatte etwa eine Viertelstunde zuvor im Polizeifunk von den Schüssen auf der Theresienwiese gehört. Der Polizeibeamte hatte sich früher in der rechten Szene bewegt, er war Mitglied im Ku-Klux-Klan Sektor Böblingen des ehemaligen V-Mannes Achim Schmid, den wir in den USA interviewen konnten.

Achim Schmid kannte ihn gut und sagte uns: »Timo Heß war Mitläufer. Definitiv. Er war sehr jung.« Aber: »Er wusste definitiv, um was es geht. Er wusste, in was er eintritt. Alles andere ist ganz einfach eine Schutzbehauptung. Wenn ich in einen Klub eintrete, wo ich eine Abhandlung über das Thema ›Rasse‹ abgeben muss, und dann sage, ich wüsste nicht, was das gewesen sein soll – bitte!?« Der Polizist schrieb damals einen Aufsatz über Politik und Rasse im Geiste weißen arischen Widerstands. Dies aber war die Ideologie der Mörder seiner Kollegin, die sich auf ihrer DVD auch zum Kiesewetter-Mord bekannten.

In der Ku-Klux-Klan-Einheit Böblingen arbeitete außer dem »Chef« Achim Schmid auch ein gewisser Thomas Richter für den Verfassungsschutz. Der V-Mann mit dem Decknamen »Corelli« hatte seit seiner Bundeswehrzeit Kontakt zu Uwe Mundlos und starb, bevor er eine Zeugenaussage zum Fall »NSU« machen konnte, an einem zuvor nicht bei ihm erkannten Diabetes.

Eine Woche nach der Tat wurde Michèle Kiesewetter auf einem kleinen Friedhof in ihrem Heimatort Oberweißbach im Thüringer Wald beerdigt. Dabei war auch ihr Onkel Mike Wenzel, ein Polizist, der bei der Drogenfahndung arbeitete. Früher war er beim polizeilichen Staatsschutz gewesen, ausgerechnet in Saalfeld, das gerade mal zwölf Kilometer von Rudolstadt entfernt ist. Dort hatte der »Thüringer Heimatschutz« seine Basis. Und Michèle Kiesewetters Onkel hatte auch schon einmal gegen die Truppe um Böhnhardt und Mundlos ermittelt, die beiden waren ihm also seit gut sieben Jahren bekannt.

Auch seine ehemalige Kollegin und Freundin Anja Wittig, zugleich Freundin von Michèle Kiesewetter, hatte über einige Umwege eine Verbindung zu den beiden Uwes. Nach ihrer Trennung von Mike Wenzel heiratete sie einen Mann aus der Szene, der gemeinsam mit André Kapke und Ralf Wohlleben eine Wanderausstellung des Bundesamtes für Verfassungsschutz mit dem Namen »Die braune Falle« in Jena gestürmt hatte und deshalb wegen Landfriedensbruchs angezeigt worden war. Beide gehörten zum engeren Umfeld von Böhnhardt und Mundlos. Bei seiner Vernehmung sagte er, »den Uwe Böhnhardt schon mal irgendwo gesehen zu haben«.

Anja Wittig wiederum erzählte uns bei den Recherchen zu der Dokumentation über den NSU, dass sie bei der Polizei gemeinsam mit Mike Wenzel an der Aufklärung eines Mordfalles in einem Wald bei Schwarzberg gearbeitet hatte. Dort waren zwei Leichen gefunden worden, und man vermutete die Täter im Umfeld osteuropäischer Großdealer. Weil es sich um Morde an Ausländern handelte, hätten sie die Fahndungsakten anderer Fälle herangezogen, bei denen es um Tötungsdelikte an Ausländern gegangen war. Dabei hätte sie auch die Akten der »BAO Bosporus« eingesehen.

Und tatsächlich machte Mike Wenzel unmittelbar nach dem Mord an seiner Nichte eine bemerkenswerte Aussage: »Aufgrund meiner Berufserfahrung muss ich sagen, dass es für mich aussieht wie aus dem Bereich der organisierten Kriminalität … Meiner Meinung besteht … ein Zusammenhang mit den bundesweiten Türkenmorden. Soweit ich weiß, soll auch ein Radfahrer bei den Türkenmorden eine Rolle gespielt haben.« Er legte aber Wert auf die Feststellung: »Ich sage nicht, dass ein

Zusammenhang besteht.« Ein Kollege aus der Kripo habe ihn nur darauf angesprochen, dass »ein Zusammenhang bestehen könnte«.

Die Ermittler fragten nicht weiter nach. Als sich der NSU jedoch Jahre später auch zum Mord an der Polizistin Michèle Kiesewetter bekannt hatte, ging die Polizei dieser Aussage noch einmal nach. Tatsächlich hatte Wenzel mit einem Kollegen über die mögliche Verbindung zu den Türkenmorden gesprochen – jedoch erst Wochen nach seiner Aussage bei der Kripo. Bei allen späteren Vernehmungen sah man Mike Wenzel an, dass es ihn noch immer quälte, über das Thema zu reden. Oder wusste er mehr, als er sagen wollte?

Michèle Kiesewetter hatte gelegentlich die Wochenenden in ihrem Heimatort Oberweißbach verbracht. Dort verkehrten auch enge Kameraden der beiden Uwes. David Feiler, der Schwager von Beate Zschäpes späterem Mitangeklagten Ralf Wohlleben, war dort sogar gemeldet. Er lebte im Zentrum des kleinen Ortes, nur ein paar Hundert Meter von der Wohnung von Kiesewetters Großmutter entfernt, in einem Gebäude, das manche in Oberweißbach das »Assihaus« nannten. Es handelte sich um die »Bergbahn«, eine etwas heruntergekommene Kneipe mit Pensionszimmern, die Feiler gemietet hatte. Dort trafen sich gelegentlich rechte Kameraden, und ein junger Mann aus dem Ort, Mitglied der Freiwilligen Feuerwehr, erklärte später den Ermittlern, dass er dort auch Uwe Böhnhardt gesehen hatte.

Vielleicht war Michèle Kiesewetter wirklich ein Zufallsopfer, aber in ganz anderem Sinne, als es die Bundesanwaltschaft später meinte. Vielleicht war sie ihren späteren Mördern zufällig in Oberweißbach begegnet und hatte mehr erfahren, als gut für sie war. Und vielleicht hatte der BKA-Präsident später durchaus recht, als er in einer Pressekonferenz sagte, alles deute auf eine »Beziehungstat« hin. Zufälle sehen anders aus.

Die Ermittler kamen nicht weiter. Wenige Monate nach dem Mord an Michèle Kiesewetter stellte die »BAO Bosporus« ihre Arbeit ein. Der Aufwand war vergebens. Auch Böhnhardt, Zschäpe und Mundlos schienen genug zu haben. Ein Jahr nach dem Kiesewetter-Mord zog das Trio in einen bürgerlichen Stadtteil von Zwickau. Ihre Wohnung bauten sie zu einem Lager für Waffen, Munition und Trophäen ihrer Taten aus. Das Versteck wurde mit Kameras überwacht, die aufzeichneten, wie sie ein und aus gingen und Freunde aus der rechten Szene empfingen. Warum sich Zschäpe, Böhnhardt und Mundlos so absicherten, ist ungeklärt.

Dann, nach vier Jahren Pause, im September 2011, bereiteten sie wieder einen Banküberfall vor. Sie mieteten einen Camper und verstauten darin Fahrräder für die Flucht. In Sachsen erkannten Ermittler, dass der Überfall in das Muster einer Serie von bis dahin 13 Banküberfällen passte, und gaben den Thüringer Kollegen einen Tipp. Die Täter müssten mit einem Transporter oder einem Camper geflohen sein. Der Chef der Polizeidirektion Gotha, Michael Menzel, erwartete, dass die Bankräuber bald wieder zuschlagen würden. Über Wochen hielt er Polizeikräfte bereit. Der Kriminalist hatte den richtigen Instinkt – und Glück. Am 4. November 2011 war es so weit. Die Bankräuber wurden wieder aktiv, erbeuteten knapp 72 000 Euro, flohen zunächst mit ihren Rädern und luden sie dann in ein Wohnmobil. Doch diesmal wurden sie von einem Rentner gesehen. Der merkte sich teilweise ihr Nummernschild und rief die Polizei.

Die Täter fuhren in ein Neubaugebiet und warteten in ihrem Camper. Dort wurden sie von einer Polizeistreife entdeckt. Die Beamten sagten später aus, dass sie Schüsse gehört hätten und der Camper kurz darauf in Flammen gestanden habe. Im Camper lagen die Beweise für zehn Morde: die Bekenner-DVDs und die Waffen der ermordeten Polizistin Kiesewetter und ihres Kollegen.

Das letzte Versteck des Trios verriet dann die Dritte im

Bunde, Beate Zschäpe, indem sie das Haus in der Frühlingsstraße in Flammen aufgehen ließ. In den rauchenden Trümmern fand sich schließlich der letzte Beweis: die Česká, mit der neun Menschen erschossen worden waren. Beate Zschäpe stellte sich – nach einer tagelangen Flucht – am 8. November 2011 gegen 13 Uhr in Jena in Begleitung eines Anwalts der Polizei.

Zwei Stunden später wurde ein Referatsleiter im Bundesamt für Verfassungsschutz aktiv. Der Mann mit dem Decknamen Lothar Lingen suchte ab 15.14 Uhr in der Datenbank des Verfassungsschutzes nach Informationen über V-Männer, also Informanten, die aus Thüringen über die rechtsradikale Szene berichtet hatten. Die V-Mann-Akten sollten auf seine Anweisung hin so schnell wie möglich vernichtet werden. Und so geschah es dann auch. Den Grund für die eilige Aktenvernichtung schildert der Beamte drei Jahre später, im Oktober 2014, auch der Bundesanwaltschaft. Und diese Aussage lässt tief blicken. Er habe sich gedacht, wenn nicht bekannt werde, wie viele Quellen das BfV in Thüringen habe, »dass dann die Frage, warum das BfV von nichts gewusst hat, vielleicht gar nicht auftaucht«. Seine entwaffnende Analyse: »Vernichtete Akten können aber nicht mehr geprüft werden.«

So blieb auch nach fünf Jahren im Dunkeln, was der Verfassungsschutz oder seine Informanten tatsächlich über die drei Untergrundterroristen gewusst hatten, wie nah die vielen V-Männer ihnen gekommen waren und ob der »Nationalsozialistische Untergrund« tatsächlich nur aus dem Trio oder aus einer größeren Gruppe bestand, ist nach wie vor offen.

Der Geheimdienstkoordinator im Kanzleramt, Klaus-Dieter Fritsche, früher Vizepräsident des Bundesamtes für Verfassungsschutz, erklärte im Parlamentarischen Untersuchungsausschuss in Berlin ganz unverblümt: »Es dürfen keine Staatsgeheimnisse bekannt werden, die Regierungshandeln unterminieren.« Und die Kanzlerin, die eine rücksichtslose Aufklärung der Mordserie versprochen hatte, ließ den Geheimdienstkoordinator im

Amt. Wir wandten uns anderen Themen zu, behielten die unaufgeklärte Mordserie aber immer im Blick.

Vier Jahre, die Europa verändern sollten

Migration hat es schon immer gegeben. Zumindest solange es Menschen gibt. Sie kamen als Jäger und Sammler, als Siedler und als Eroberer. Jetzt kamen sie als Schutzsuchende, als Kriegsflüchtlinge, als Asylbewerber. Viele hatten Schreckliches erlebt, viele integrierten sich reibungslos. Viele kamen mit guten und manche mit weniger guten Absichten. Sie alle waren auf der Suche nach einem besseren Leben. Der Krieg in Syrien trieb die Zahl der Flüchtlinge nach oben. Und in ihrem Schatten machten sich immer mehr Migranten auf den Weg nach Deutschland. Der Asylparagraf war gleichsam der Schlüssel für das Betreten der Europäischen Union.

Während des Jugoslawienkrieges von 1991 bis 2001 hatten wir bei *Spiegel TV* viele Beiträge darüber gemacht – auch über die Kriegsflüchtlinge, die damals in großer Zahl nach Deutschland strömten. Sie durften bleiben, solange der Krieg andauerte. Dann mussten sie in der Regel zurück. Wir hatten eine junge Frau aus dem Kriegsgebiet Bosnien als Praktikantin in der Redaktion, sie konnte nach mehreren Jahren im Exil sehr gut Deutsch. Sie wollte nicht zurück, und wir wollten sie gern behalten. So setzten wir alle Hebel in Bewegung, ihre Abschiebung zu verhindern, vergeblich. Am Ende heiratete einer unserer Redakteure sie. Dann erst durfte sie bleiben.

Der gewaltige Zustrom von Kriegsflüchtlingen zeigte damals in aller Deutlichkeit, dass der bestehende Asylparagraf gleichsam der Schlüssel für die deutschen Grenzen war. Sowohl die damalige CDU-Regierung unter Helmut Kohl als auch die SPD-Opposition erkannten, welche Probleme das auf Dauer nach sich ziehen würde, und sie verhandelten über eine Veränderung der bestehenden Gesetzeslage. Zu einer Grundgesetzänderung konnte man sich nicht durchringen, also schloss man den sogenannten »Asylkompromiss«.

Es waren vor allem Wolfgang Schäuble und Oskar Lafontaine, die den Kompromiss aushandelten, der dann zur Grundlage einer europäischen Regelung wurde. Danach mussten Asylbewerber ihren Aufnahmeantrag in dem Land stellen, auf dessen Boden sie in Europa zum ersten Mal ihren Fuß gesetzt hatten. Das war für die Bundesrepublik Deutschland ziemlich bequem, ist sie doch weitgehend von europäischen Grenzstaaten, allesamt Mitglieder der EU, umgeben. Insofern musste ein Asylbewerber schon vom Himmel gefallen sein, um in Deutschland seinen Asylantrag stellen zu können. Wer etwa an der deutschen Grenze zu Österreich als illegal Einreisender festgenommen wurde, konnte nach Österreich – und von dort aus gegebenenfalls nach Italien und von dort aus in seine Heimat – zurückgeschickt werden, jedenfalls theoretisch. Deshalb wurden auf den deutschen Flughäfen auch »außerstaatliche Bereiche« eingerichtet, damit man Asylbewerber im Zweifel zurückschicken konnte, ohne dass sie formal deutschen Boden betreten hatten.

In Wirklichkeit hatten die Deutschen mit dem Asylkompromiss, der von den anderen europäischen Staaten akzeptiert wurde, die Probleme an die europäischen Grenzstaaten, vor allem Ungarn, Italien und Griechenland, ausgelagert. Die entsprechende europäische Vereinbarung wurde in Dublin ratifiziert.

Dann kam das Schengener Abkommen: die Abschaffung der innereuropäischen Grenzen. In der Theorie sollten stattdessen die Außengrenzen der EU geschützt werden, doch die Hoheit lag immer noch bei den Grenzstaaten selbst. Dass jetzt Italien, Griechenland, Ungarn, Polen etc. allein für die Sicherung ihres Stückes der europäischen Außengrenze verantwortlich waren, wurde dabei nicht so recht realisiert.

Das Problem wurde erst deutlich, als sich im Zuge des Syrienkrieges plötzlich Hunderttausende auf den Weg nach Europa machten, vor allem nach Deutschland – und nicht nur Kriegsflüchtlinge. Es waren vor allem junge Männer aus Nordafrika, Zentralafrika oder Afghanistan. Sie wurden in provisorischen Unterkünften über das Land verteilt. Das führte – vor allem in den neuen Bundesländern – zu erheblichen Protesten. Und wie immer gesellten sich zu aufgebrachten Bürgern rechte Gruppen.

Die typischen Mechanismen kannte ich allzu gut aus meiner Zeit bei *Spiegel TV*, aus Rostock-Lichtenhagen und anderen Orten, in denen Asylbewerber untergebracht worden waren. Aus den Erfahrungen der Neunzigerjahre konnte ich mir gut vorstellen, dass der ungebremste Zustrom auf ungebremste rechte Gewalt stoßen würde. Wie schon damals schickten wir unsere Kamerateams los, und gemeinsam mit Helmar Büchel produzierte ich eine Dokumentation und später eine ganze Serie über diese »neue Völkerwanderung«, die alle bisherigen Dimensionen in der Geschichte der Bundesrepublik sprengen würde.

Es ging im August 2015 im sächsischen Ort Heidenau los, als Hunderte Rechtsextremisten, aber auch unpolitische Jugendliche, sich Straßenschlachten mit der Polizei lieferten. Sie warfen Steine und sogenannte Polenböller und errichteten Barrikaden. Die Menge protestierte gewaltsam gegen die Unterbringung von 250 Asylbewerbern in einem verlassenen Baumarkt. Am Vortag waren die ersten Migranten dort angekommen. Insgesamt wurden 600 Flüchtlinge erwartet. Sigmar Gabriel, damals SPD-Vorsitzender, Vizekanzler und Außenminister, reiste in die Sächsische Schweiz. »Was wir auch tun müssen, ist, dafür sorgen, dass Klarheit ist. Keinen Millimeter diesem rechtsradikalen Mob!«, sagte Gabriel. »Bei uns zu Hause würde man sagen, das ist Pack, was sich hier herumgetrieben hat.«

Die Kanzlerin fuhr hinterher. Es wurde ein akustischer Spießrutenlauf. Angela Merkel erklärte den mitgereisten Journalisten: »Es gibt keine Toleranz gegenüber denen, die die Würde anderer Menschen infrage stellen.« Bei der Abfahrt wurde sie beschimpft. Man zeigte ihr den erhobenen Mittelfinger. Es war überdeutlich, dass sich hier etwas zusammenbraute.

Ein schönes Sommermärchen neigte sich erkennbar dem Ende zu, und das hieß jetzt Dunkeldeutschland. Dem gegenüber, so hatte es Bundespräsident Joachim Gauck gepredigt, stehe das helle Deutschland, das da steht für Menschlichkeit, Humanität, Hilfsbereitschaft und eine Willkommenskultur.

Die Bundesmarine rettete die von Schlepperbanden gegen Bares aufs Mittelmeer verfrachteten Armuts- oder Kriegsflüchtlinge, bevor sie in akute Seenot gerieten, und brachte sie sicher an Land. Den Rest regelte dann der Asylparagraf des Grundgesetzes. In der Theorie jedenfalls. In Wirklichkeit rollte eine Völkerwanderung an, die mit dem Asylparagrafen nur schwer geregelt werden konnte. Denn kurz nach der schönen Theorie kommt gemeinhin die bittere Praxis. Und die besteht aus überforderten Behörden, umständlichen Asylverfahren, Legionen von Anwälten, die auch aus aussichtslosen Verfahren Zeit und Geld schinden, Platzmangel in Städten und Gemeinden. Und schließlich den gemeinen Rechtsradikalen und ausgewiesenen Neonazis, die das schöne Sommermärchen als Konjunkturprogramm für ihre ausländerfeindlichen, menschenverachtenden Strategien missbrauchten. Wie Sigmar Gabriel so menschenfreundlich sagte: Pack, das ins Gefängnis gehört. Angela Merkel formulierte, etwas dezenter, es sei beschämend und abstoßend, was wir hier erleben mussten.

Der aus den bitteren Erfahrungen der mörderischen Nazizeit ins Grundgesetz geschriebene Asylparagraf war als Regelung für derartige Migrationsströme offenkundig ungeeignet. Und die Regelung, dass Asylbewerber, deren Asylantrag abgelehnt wurde, in ihre europäischen Ankunftsländer oder nach Hause zurückgeführt werden konnten, funktionierte schon lange nicht mehr. Warum sollte Griechenland auch Menschen zurücknehmen, die auf dem Weg nach Deutschland waren? Und müsste nicht eigentlich die Bundesmarine, nachdem sie Flüchtlinge an

Bord genommen hat, gleich den Asylantrag für Deutschland ausfüllen lassen, bevor man die Menschen in Italien an Land absetzt? Machte man es den Schlepperbanden nicht besonders leicht, wenn man sich de facto als deren Helfershelfer anbot? Das zynische Geschäft der organisierten Schlepperbanden kalkulierte auch unerlässliche humanitäre Hilfe ein.

Dies war eine Zeit von Konflikten, die Deutschland und Europa auf lange Sicht prägen werden. Und ich erlebte sie als Journalist aus einer neuen Perspektive: Nicht mehr nur als Reporter an Brennpunkten, wie fast mein ganzes Leben lang, sondern auch als Herausgeber, der Stellung zu beziehen hatte. Auch dabei blieb ich nonkonformistisch, auch wenn das inzwischen ziemlich aus der Mode war. In einem Kommentar für die *Welt am Sonntag* schrieb ich: »Keine Frage: Der Asylparagraf im Grundgesetz ist heilig, nicht nur aus der deutschen Geschichte heraus. Es gehört zu den wichtigsten humanitären Grundsätzen, politisch Verfolgten Schutz und Asyl zu gewähren. Auch Kriegsflüchtlingen, etwa aus Syrien, muss schnell und umfassend geholfen werden. Aber eine globale Völkerwanderung aus den ärmeren in die reicheren Regionen der Welt kann damit nicht geregelt werden, so bitter das für die Betroffenen ist. Und so schwierig es mit Gesetzen zu regeln ist. Die Politik macht es sich hierzulande zu leicht. Auf militante Neonazis zu schimpfen reicht bei Weitem nicht aus. Die Probleme müssen geregelt, nicht die Folgen unerledigter Probleme beklagt werden.«

»Deutschland hilft, wo Hilfe geboten ist«, hatte die Bundeskanzlerin beim Besuch in der Flüchtlingsunterkunft von Heidenau erklärt. Aber sie hatte nicht gesagt, wie sie die Probleme von 800 000 Zuwanderern lösen wollte, ohne dafür zu sorgen, dass zeitnah geklärt wird, wer woher kommt und ob überhaupt ein Asylverfahren infrage kommt. »Man kann ein Grundrecht auch dadurch zerstören«, schrieb ich, »dass man es überdehnt.«

Ich schien einen Nerv getroffen zu haben. Mehr als 1000 Leser schrieben zustimmende Kommentare.

Anruf in New York

Zweimal hatte ich nun schon den Atlantik mit dem Segelboot überquert, beide Male auf der »Columbus-Route«, dem 15. Breitengrad von den Kapverdischen Inseln in die Karibik. Das hatte jeweils zwölf Tage und Nächte gedauert, bei der ersten Reise durch Sturm und Regen und Wellen, die vom Heck her über das Boot schwappten. Das zweite Mal war es eher ruhig und besinnlich. Aber eigentlich wollte ich den Atlantik auch einmal von West nach Ost passieren, höher im Norden. Und es musste auch nicht unbedingt ein Segelboot sein. Da passte es gut, dass ich eine Einladung zu Lesungen auf der »Queen Mary 2« bekam, auf der Reise von New York nach Hamburg. Ich willigte ein, und meine tapfere Frau Katrin wollte mich trotz möglichen Seegangs begleiten. Wir flogen nach New York, trafen dort ein paar Freunde und wollten am nächsten Tag an Bord gehen. Es war wunderbares Septemberwetter.

Um drei Uhr nachts klingelte mein Telefon. Ich lag in unserem New Yorker Hotel im Bett und schlief. Mathias Döpfner war am Apparat und machte mir einen Vorschlag. Ob ich zusätzlich zur Herausgeberschaft der *Welt*-Gruppe auch noch die Chefredaktion übernehmen könnte? Ich war sofort wach.

»Ja«, sagte ich. »Aber nicht auf Dauer. Nur kommissarisch.« In wenigen Tagen sei ich zurück in Berlin.

Döpfner war einverstanden. Und wir machten uns auf die Rückfahrt nach Deutschland. Auf der »Queen Mary 2« hielt ich ein paar Vorträge über Journalismus, Baader-Meinhof und den »Nationalsozialistischen Untergrund«. Der große Saal war immer voll, und es gab auf hoher See heftige Diskussionen zu den angesprochenen Themen.

Viel zu sehen gab es im Nordatlantik auch nicht – außer grauen Wolken, Regen und hohen Wellen. Eisbergen begegneten wir nicht. Wie es schon bei *Moby Dick* heißt: »Oben der Himmel, unten das Meer und dazwischen der Horizont.«

An Bord gab es nur britisches Fernsehen – und nur ein Thema: die Flüchtlingspolitik Angela Merkels und ihrer Deutschen. Die »Refugees Welcome«-Politik wurde in den Sendungen der BBC geradezu fassungslos kommentiert. Die Deutschen würden sich aufführen wie eine Hippiekommune im Marihuanarausch.

Bei einem kurzen Aufenthalt in Southampton besuchten wir die Steinmonumente von Stonehenge und fuhren dann die Elbe hinauf. Leider bei Nacht. Die Passage vorbei an unserem Haus in Blankenese verschliefen wir. Mein Vater war im Jahre 1924 auf dem umgekehrten Weg über den Atlantik nach Nordamerika gefahren – als Auswanderer, heute würde man sagen, als Migrant. Während wir auf der »Queen Mary 2« über den Atlantik fuhren, hatte sich hier einiges getan.

Auf dem Weg zu Mama

Die Kollegen von N24 hatten wieder Kamerateams für die Nachrichten losgeschickt, so auch auf die Hauptroute der Flüchtlinge und Migranten nach Ungarn. Sie filmten, wie Hunderte am Bahnhof von Budapest einen Sprechchor intonierten: »We want to go to Germany!« Ein Mann zeigte ein Plakat mit dem Bild von Angela Merkel: »Das ist unsere Mama. Sie wartet auf uns. Wir gehen zu ihr. Sie wird für uns sorgen!« Die Flüchtlinge riefen: »Germany! Germany! Germany!«

2000 am Keleti-Bahnhof in Budapest gestrandete Flüchtlinge hatten sich organisiert und beschlossen, zu Fuß loszuziehen. Zur Grenze nach Österreich und dann weiter nach Deutschland. Bis zum Übergang im burgenländischen Nickelsdorf sind es 174 Kilometer. Das sollte die erste Etappe sein. Flüchtlinge aus anderen Teilen Budapests schlossen sich an, Kamerateams und Journalisten aus aller Welt stießen dazu. Mittlerweile waren es wohl über 5000 Menschen, die nach Westen drängten. Eine Polizeisperre wurde von der Menge durchbrochen.

In Köln hatte sich die Bundeskanzlerin zur 70-Jahr-Feier der CDU Nordrhein-Westfalen angekündigt. Als Angela Merkel erschien, war sie über die Migrantenkarawane informiert, ließ sich aber nichts anmerken. Im Kanzleramt hatte man Angst vor den Fernsehbildern für den Fall, dass die Ungarn den »Marsch der Hoffnung« mit Gewalt stoppen sollten. Merkel telefonierte mit Österreichs Kanzler Werner Faymann, der drang auf die Aufnahme der Flüchtlinge in Deutschland. Merkel stimmte zu. Daraufhin gab Faymann das Okay der Kanzlerin an Ungarns Staatschef Viktor Orbán weiter. Dublin war endgültig Geschichte.

Gegen 13 Uhr am 5. September rollte der erste Zug mit Flüchtlingen aus Ungarn in den Hauptbahnhof München ein. Die 400 Migranten wurden von Medien und Einheimischen begeistert begrüßt. Die Euphorie war grenzenlos, und nebenbei feierte man die eigene Großherzigkeit. Das beeindruckte auch die Kanzlerin. »Es macht mich stolz und dankbar, zu sehen, wie unzählige Menschen in Deutschland auf die Ankunft der Flüchtlinge reagieren«, erklärte sie im Fernsehen.

Wenige Tage später besuchte Angela Merkel eine Erstaufnahmeeinrichtung und ließ bereitwillig Selfies mit sich machen. Die Fotos gingen als Willkommenszeichen um die Welt und ließen den Flüchtlingsstrom weiter anschwellen.

10 000 Menschen strömten inzwischen pro Tag nach Deutschland. Meist über Österreich, das seine Südgrenze geöffnet hatte und die Ankömmlinge möglichst zügig nach Bayern weiterwinkte, etwa über die grüne Grenze bei Kollerschlag. Unübersehbare Markierungen mit Pfeilen und der Aufschrift »Deutschland« entlang der Route sorgten dafür, dass möglichst niemand die Orientierung verlor und womöglich versehentlich in Österreich blieb.

Nach meiner Rückkehr über den Atlantik war ich in der Redaktion im ständigen Gespräch mit den Reportern, die über die tägliche Lage an den Grenzen und über die Auseinandersetzungen in der Politik und den Behörden berichteten. Auch zu den Spitzen der Sicherheitsbehörden hatte ich intensiven Gesprächskontakt und stellte fest, dass diese die Flüchtlingspolitik ihrer Kanzlerin äußerst kritisch sahen. Alle diese Informationen fanden ihren Weg in die *Welt* und die *Welt am Sonntag*. Wir waren ziemlich allein auf weiter Flur bei der Berichterstattung, über die im September 2015 die *Neue Zürcher Zeitung* schrieb: »In moralischen und emotionalen Exzessen steigerten sich die deutschen Medien mit wenigen Ausnahmen in einen Überbietungswettkampf um Empathie und Willkommenseuphorie hinein.«

Das nahm der Medienwissenschaftler Michael Haller 2017 zum Anlass einer umfangreichen Studie für die Otto-Brenner-Stiftung und kam nach der Auswertung von über 30 000 Zeitungsberichten bis zurück ins Jahr 2005 zu dem Ergebnis: »Statt als neutrale Beobachter die Politik und deren Vollzugsorgane kritisch zu begleiten und nachzufragen, übernahm der Informationsjournalismus die Sicht, auch die Losungen der politischen Elite.« Mancher Rezensent der Untersuchung, so Haller im Vorwort seiner zweiten Studie 2019, *Zwischen »Flüchtlingskrise« und »Migrationspakt«*, »schien von der Überzeugung beflügelt, die Hilfsbereitschaft der Deutschen müsse auch von Journalisten unterstützt und verstärkt werden«.

Da fielen wir ziemlich aus der Reihe. Auch als Herausgeber und zu dieser Zeit Chefredakteur der *Welt*-Gruppe wollte ich das journalistische Grundprinzip, das ich einmal bei Rudolf Augstein gelernt hatte, nicht aus den Augen verlieren: »Sagen, was ist.«

Am 13. September 2015 untersagte Innenminister Thomas de Maizière nach kurzen Telefonaten mit der Kanzlerin dem Präsidenten der Bundespolizei, die Grenze nach Österreich zu kontrollieren und Asylbewerber, die aus einem sicheren Drittland kamen, dorthin zurückzuweisen. Auch als später Spitzenbeamte des Innenministeriums in einem sogenannten Non-Paper feststellten, dass es keine juristischen Hindernisse für eine

Rückweisung gegeben habe, wurde diese Politik nicht geändert. Das Papier wurde geheim gehalten. Auf Wunsch des für Tageszeitung und den Onlinebereich zuständigen stellvertretenden Chefredakteurs Ulf Poschardt schrieb ich für die Samstagsausgabe der *Welt* einen Kommentar, den diese als Titelgeschichte druckte – mit einer enormen Resonanz.

Kanzlerin ohne Grenzen

»Angela Merkel gilt als die mächtigste Frau der Welt, in der Flüchtlingsfrage gibt sie sich machtlos. Ihre These, es läge nicht in unserer Hand, wie viele Flüchtlinge zu uns kommen, ist ebenso falsch wie gefährlich«, schrieb ich damals. »Es ist ein politischer Offenbarungseid.« In Anbetracht einer andauernd hohen Zahl von Flüchtlingen könne auch eine hohe Moral die Grundrechenarten nur schwer aushebeln. »Die Aussage, dass es beim Asyl keine Begrenzung nach oben gibt, dürfte die Reisewilligkeit der Menschen aus den Kriegs- und Elendsländern dieser Welt nicht gerade bremsen. Willkommen motiviert zum Kommen; und ein zur Vereinfachung von Verwaltungsverfahren für drei Monate im Voraus ausgezahltes Begrüßungsgeld in der Hand, als Foto per Selfie um die Welt geschickt, sieht in Afghanistan, Pakistan oder Bangladesch nicht aus wie ein reduziertes Hartz IV, sondern wie ein halbes oder auch ganzes Jahresgehalt. Weder Deutschland insgesamt noch die Kanzlerin im Besonderen sind schuld an den Kriegen und Katastrophen unserer Zeit – und damit auch nicht Ursache für die Flüchtlingsströme in Richtung Deutschland. Aber es gibt auch so etwas wie Katalysatoren für Massenbewegungen, zumal im Neuland des Internet.«

Schon 26 Jahre zuvor löste – auch ohne Internet – ein gestammelter Satz des Günter Schabowski am 9. November 1989 ein Trabbi-Rennen Richtung Bornholmer Straße aus. Keine Frage, politisch Verfolgte müssen Asyl bekommen, Kriegsflüchtlingen muss eine sichere Heimstatt gewährt werden können. Doch als die Väter des Grundgesetzes nach dem Krieg den schlichten Satz »Politisch Verfolgte genießen Asyl« in die Verfassung geschrieben haben, hätten sie sich sicher nicht träumen lassen, dass dieser Artikel einmal zum Sesam-öffne-dich für alle Menschen dieser Welt werden könnte – einklagbar durch mehrere deutsche Verwaltungsgerichtsinstanzen. Die ebenso schön klingende wie naive Ansage der Kanzlerin, es gäbe beim Asyl keine Obergrenze, führt den Artikel 16 ad absurdum, weil sie die Realität ausblendet. Die unkontrollierte Zuwanderung zerstört die humanitäre Verpflichtung, und allzu viel des Gutgemeinten wird zum Feind des Guten.«

Die endlosen Kolonnen der Flüchtlinge wurden immer größer – und sie bestanden zu 70 bis 80 Prozent nicht aus syrischen Frauen und Kindern, wie im Fernsehen vorwiegend gezeigt, sondern aus jungen Männern aller Herren Länder, die – verständlicherweise – aus den politisch und wirtschaftlich verrotteten Regionen dieser Welt ins gelobte Deutschland emigrieren wollten.

In einer Art Regierungserklärung im Fernsehinterview bei Anne Will demonstrierte Merkel ihre Abgehobenheit. Ich, die Moral und das Volk: Hier sitze ich, ich will nicht anders. Beeindruckend und beängstigend zugleich. Am nächsten Tag machten wir in der *Welt am Sonntag* einen Titel, wie er wohl früher beim *Spiegel* gedruckt worden wäre. Über einer endlosen Schlange von Migranten schwebt der Engel Angela, über ihren Kopf hält sie mit spitzen Fingern einen Heiligenschein am Stil. Sie strahlt.

Irgendwie erinnerte mich die Stimmungslage dieser Zeit an eine Passage aus dem Science-Fiction-Roman *Stern der Ungeborenen*, das letzte Werk von Franz Werfel. 1945, ein Jahr vor seinem Tod, hatte er noch im amerikanischen Exil erahnt, wie sich die Deutschen nach dem Krieg verhalten würden: »Zwischen Weltkrieg Zwei und Weltkrieg Drei drängten sich die Deutschen an die Spitze der Humanität und Allgüte. (…) Die meisten der Deutschen nahmen auch, was sie unter Humanität und Güte verstanden, äußerst ernst. Sie hatten doch seit Jahrhunderten danach gelechzt, beliebt zu sein. Humanität und Güte erschienen ihnen jetzt der beste Weg zu diesem Ziel. Sie fanden ihn sogar weit bequemer als Heroismus und Rassenlehre.«

Der neue Job

Weil der amtierende Chefredakteur der *Welt*-Gruppe Jan-Eric Peters seine neue Aufgabe bei dem Onlineportal *Upday* umgehend antreten sollte, musste ich etwas früher vom Herausgeber in die zusätzliche Rolle des Chefredakteurs für die *Welt*, *Welt-Online*, *Welt am Sonntag* und den Fernsehsender N24 schlüpfen. Knapp 70 Jahre alt, verabschiedete ich meinen gerade 50-jährigen Vorgänger mit den Worten: »Jan-Eric Peters hat wirklich große Verdienste bei der *Welt,* es wird dennoch höchste Zeit für einen Generationenwechsel.«

In meinem ersten Kommentar an die »Lieben Leserinnen und lieben Leser!« schrieb ich am 6. Dezember 2015: »Die Zeiten sind aufregend, ja beunruhigend: Terror in Paris, in San Bernardino, wer weiß, wo morgen, Krieg in Syrien, demnächst vielleicht unter Beteiligung der Bundeswehr. Russische Flugzeuge, die vom Himmel geholt werden, und russische Kampfflugzeuge, die Rebellen und Zivilisten bombardieren. Eine religiöse Mordsekte, die vor den Kameras von Smartphones Menschen die Köpfe abschneidet und die Bilder in HD-Qualität ins Internet stellt. Eine Million Flüchtlinge in Deutschland, eine Koalition, bei der jeder in der Öffentlichkeit etwas anderes sagt als unter vier Augen. Und eine Bevölkerung, die nicht mehr so recht weiß, wen sie eigentlich wofür gewählt hat.

Das Privileg, in langweiligen Zeiten zu leben, scheint vorbei zu sein. Wichtige Zeiten für die Medien, zu informieren, aufzuklären, Zusammenhänge herzustellen, den Regierenden auf die

Finger zu schauen. Ein aufregender Zeitpunkt, eine neue Aufgabe zu übernehmen. Nach zwei Jahren als Herausgeber der ›Welt‹-Gruppe übernehme ich zusätzlich die Chefredaktion.«

Jan-Eric Peters, der die Welt ins digitale Zeitalter geführt habe, würde nun in die globale News-Welt wechseln. »Wir handeln nicht mit Papier, sondern mit Inhalten«, schrieb ich wieder einmal. Dafür sei die Welt-Gruppe mit einer Tageszeitung, einer Wochenzeitung und einem Fernsehsender bestens aufgestellt. »Eine größere Chance und eine größere Herausforderung gibt es hierzulande für einen altgedienten Journalisten nicht. Damit Sie, die Leser, die Zuschauer und die Onlinenutzer, die Welt so sehen, wie sie ist, versuchen wir, sie so zu recherchieren und zu beschreiben, wie sie ist. Jenseits parteipolitischer Voreingenommenheit oder modischer Angepasstheit an den wechselnden Mainstream: konkret, offen, kritisch – nach allen Seiten. Besser eine gute Frage als eine schlechte Antwort. Ein verspätetes Kind der Aufklärung eben. Mehr nicht. Aber auch nicht weniger.«

Irgendwie hatte ich wohl die unterschwellige Absicht, Rudolf Augstein in den Springer-Verlag einzuschleusen.

Die gefährlichste Spezies der Welt

Die letzte Nacht des Jahres trübte die Begeisterung des Welcome-Herbstes deutlich. Hunderte Migranten, junge Männer überwiegend aus Nordafrika, schossen Raketen in die Menge auf der Kölner Domplatte, raubten Passanten aus, kesselten junge Frauen ein, begrapschten und missbrauchten sie. In der offiziellen Pressemitteilung der Polizei stand davon am nächsten Morgen kein Wort, da hieß er nur lapidar: »Wie im Vorjahr verliefen die meisten Silvesterfeierlichkeiten (…) friedlich.«

Was offiziell nicht zur Sprache kam, schlug sich in internen Berichten einzelner Beamter nieder: »Im Einsatzverlauf erschienen zahlreiche weinende und schockierte Frauen und schilderten sexuelle Übergriffe durch mehrere Migrantengruppen. Maßnahmen der Kräfte begegneten einer Respektlosigkeit, wie ich sie in 29 Dienstjahren noch nicht erlebt habe.« Die Polizeiberichte der Kölner Silvesternacht gaben einen nüchternen Einblick in die Wirklichkeit. Da erklärte ein Festgenommener: »Ich bin Syrer. Sie müssen mich freundlich behandeln. Merkel hat mich eingeladen.« Ein anderer zerriss sein Ausweis-Ersatzpapier der Bundesanstalt für Flüchtlinge und Migration (BAMF) vor den Augen der Beamten und erklärte: »Morgen hole ich mir ein neues.« Eine Zeile in einem der polizeilichen Lageberichte der Kölner Silvesternacht brachte die Problematik auf den Punkt: »Zu viele zur selben Zeit am selben Ort.« Wir benutzten den Satz als Titelzeile für die *Welt am Sonntag*.

Das galt für die Nacht von Köln – und das galt auch für die Gesamtlage. Im gerade abgelaufenen Jahr 2015 waren etwa eine Million Flüchtlinge nach Deutschland gekommen, davon etwa zwei Drittel junge Männer im »wehrfähigen Alter«. Das waren inzwischen etwa so viele, wie Bundeswehr und Nationale Volksarmee der DDR zur Hochzeit des Kalten Krieges zusammen unter Waffen hatten.

Ich stellte mir eine solche Gruppe von jungen Deutschen vor, untergebracht in Turnhallen und Zeltstädten, gelangweilt; darunter Rechts- und Linksradikale, Autonome und Skinheads, Rocker und Punks, friedliche und gewalttätige Jugendliche, gebildete und ungebildete, Fans von Borussia oder Bayern, Bett an Bett, nebeneinander in der Schlange vor dem Gruppen-Duschraum und der Lebensmittelausgabe wie heute Sunniten und Schiiten, Anhänger und Gegner von Assad, Anhänger und Gegner des IS, Flüchtlinge und Migranten aus Afrika, Asien, aus Pakistan und Afghanistan. Das Ergebnis würde vermutlich die Ereignisse der Silvesternacht von Köln in den Schatten stellen. Ich schrieb: »Es sind nicht unbedingt Hautfarbe und Religion, die zu gewaltsamen Ausbrüchen führen. Junge Männer, zumal in der Masse, sind bekanntlich die gefährlichste Spezies der Welt.«

Eine Sonderausgabe zum Siebzigsten

Zum 70. Geburtstag gab es in der Reithalle auf dem Hof wieder eine Party mit ein paar Hundert Gästen. Mathias Döpfner und Ulf Poschardt hatten sich eine Überraschung ausgedacht, die mich wirklich überrumpelte. Hinter dem Rücken des Chefredakteurs hatten sie eine Sonderausgabe der *Welt* hergestellt, in der es nur um diesen ging.

»Das Leben ist ein Rennstall« war die Titelzeile, und darunter prangte mein Foto aus dem Jahre 1980, mit Pilotenbrille unter längeren Haaren, gekleidet in eine Bomberjacke – dasselbe Bild wie auf diesem Buch. Der Aufmacher war von Springer-Chef Mathias Döpfner. Im Vorspann hieß es: »Stefan Aust, der unbedingte Journalist, wird 70. Gefühlsduseleien liegen ihm nicht, Recherche ist seine Religion. Es gibt viel zu tun, und dieser Mann hat noch viel vor.« Dann zitierte Döpfner sich selbst, aus einem Artikel, den er im Dezember 1994 anlässlich meiner Berufung zum Chefredakteur des *Spiegel* geschrieben hatte. Darin hieß es: »Die Presse begleitet den Wechsel mit einer Hysterie, als gehe es um eine Staatskrise. ›Focus‹ macht das Thema triumphierend zur Titelgeschichte. In der ›Tageszeitung‹ konstatierte Antje Vollmer allen Spielregeln der Privatwirtschaft zum Trotz, dass ›Der Spiegel‹ ›Eigentum der ganzen Republik ist‹. ›Die Zeit‹ grübelt in einem Dossier über die Spiegelfrage, und in dem Leitartikel der gleichen Ausgabe sah Theo Sommer ›das Überleben einer seriösen Presse‹ gefährdet. Der Trubel wäre angemessen gewesen, wenn Gründer Rudolf Augstein sein Herausgeber-Amt niedergelegt hätte. So aber waren es journalistische Spiegelfechtereien. Aust käme vom Fernsehen und stehe – völlig klar und kein Widerspruch bitte – für eine Banalisierung des Blattes. Das Gegenteil könnte richtig sein.«

Was, wenn der *Spiegel* künftig profilierter werde? Die Mitarbeiter fürchteten wohl vor allem eine unbequeme Persönlichkeit. »Augstein glaubt seit Langem«, so meinte Döpfner, »dass der napoleonische Aust der richtige Mann ist, das trudelnde Blatt zu revitalisieren.«

Und dann konnte der Springer-Chef auch noch eigene, neue Erfahrungen beisteuern: »Das Unbehagen gegen den eigenwilligen Kopf gab und gibt es auch bei der *Welt*. Als Herausgeber oder Chefredakteur habe Aust zu ruppige Umgangsformen, hört man dann manchmal. Und vor allem: Er sei zu rechts. Dass mir das in meiner beruflichen Laufbahn noch passieren würde: Der ehemalige Chefredakteur des linksliberalen *Spiegel* kommt zur angeblich konservativen *Welt*, und die Redaktion und die Öffentlichkeit beklagen sich über einen Rechtsruck. Ruppig und rechts? Stefan Aust ist weder das eine noch das andere. Er denkt und redet und handelt nur einfach unglaublich direkt und geradeaus, ja fast schon empathiearm ... Klares, geradliniges Denken und Handeln und das, was man gesunden Menschenverstand nennt, haben ihn bei jeder Aufgabe in seiner langen und noch lange nicht beendeten Karriere begleitet und erfolgreich gemacht.« Nur wenige Menschen hätten diese Gabe. »Es ist zwar richtig, aber wir können doch nicht ...« Diese Denkfigur gäbe es bei mir nicht. Es ist richtig, also machen oder sagen oder schreiben wir es.» Unerschrockene Political Incorrectness ist sein Wesensmerkmal und Erfolgsgarant. Und wenn das anderen nicht passt? Nun ja: ›Das Leben ist kein Ponyhof.‹«

Er wolle sich kurz fassen, denn Gefühlsduselei würde mir nicht liegen, auch nicht zum eigenen Jubiläum. Und Rückblicke erst recht nicht. Da hatte er recht.

America First

In keinem Land der Welt war ich im Laufe der Jahrzehnte häufiger und länger gewesen als in den USA. Nordamerika war für mich der Kontinent schlechthin, vielleicht auch, weil mein Vater zwischen den Kriegen 15 Jahre in Kanada zugebracht hatte. Die Weite, die große Freiheit, die amerikanische Verfassung und der Grundsatz des »Pursuit of Happiness«, das Streben nach Glück und die eigene Verantwortung dafür, lagen mir einfach. Dabei habe ich immer auch die Schattenseiten des Landes wahrgenommen.

Irgendwann im Sommer 2014 wollten wir ein paar Freunde besuchen, die auf Long Island lebten. Wir flogen nach Newark und fuhren von dort aus mit dem Auto Richtung Long Island. Unterwegs wunderte sich meine jüngere Tochter Emilie über den erbärmlichen Zustand der Straßen und der Brücken, unter denen wir durchfuhren, über die Ruinen stillgelegter Fabriken am Straßenrand. Das sollte nun das reiche Amerika sein?

Ich war zu oft in den USA gewesen, um mich noch über die verlotterte Infrastruktur zu wundern. Der Supertrain Amtrak zwischen New York und Washington rattert über Schienen, die den Zug zum Schlingern bringen. Manchen Tunnel und manche Brücke möchte man lieber schnell passieren, aus Sorge, das Bauwerk könnte den Anforderungen nicht länger gewachsen sein. Die Gefängnisse sind voll, in den schwarzen Gettos schießen nicht nur weiße Polizisten auf unbewaffnete Schwarze, und jeder, der von Polizisten angehalten wird, ist gut beraten, die Ruhe und die Hände auf dem Lenkrad zu behalten. Auf der anderen Seite dürfen die Megareichen im Fernsehen bestaunt werden, die Könige aus dem Silicon Valley und die Wölfe der Wall Street, von denen manche sich, nachdem sie ihre Milliarden am besten an der Steuer vorbei verdient haben, als überirdische Menschenfreunde gerieren und sich als Wohltäter in Afrika und anderswo feiern lassen.

»Mach dir keine Sorgen«, sagte ich. »Bei den nächsten Wahlen trete ich hier als Präsidentschaftskandidat an. Und wenn ich gewinne, wird das alles geändert.« Meine Frau Katrin und Tochter Emilie lachten: »Hast du denn auch schon einen Slogan für den Wahlkampf?«

»Na klar«, sagte ich. »America First!«

Dann lachten wir alle gemeinsam, und ich erklärte ihnen, wie die gesamte Infrastruktur der USA seit Jahren auf den Hund gekommen sei. Es wäre für die Amerikaner wirklich Zeit, mal vor der eigenen Haustür zu kehren. Der Slogan »America First« lag wirklich und buchstäblich auf der Straße. Es musste ihn nur jemand aufheben. Dass es dieser Typ sein würde, den ich gut 25 Jahre zuvor einmal kurz kennengelernt hatte, konnte ich mir nicht vorstellen.

Im Dezember 1990 hatte ich einen Film über die Eiskunstläuferin Katarina Witt gedreht und sie dafür in die USA begleitet, wo sie ein Star war. Bei uns galt sie als das schönste Gesicht des Sozialismus, als Stern am trüben Himmel des DDR-Entertainments. Weit vor Erich Honecker war die Eiskunstläuferin wahrscheinlich die weltweit bekannteste Bürgerin der DDR. Bei mehreren Olympischen Spielen und Weltmeisterschaften hatte sie Gold gewonnen und die Ehre ihres sozialistischen Heimatlandes weltweit aufs Eis gebracht.

Ihre Eisshow gastierte auch im Madison Square Garden, und alles, was in New York Rang und Namen hatte, war dort – von Liza Minnelli bis Donald Trump. Am Abend gab es eine Party im Hotel, und auch Trump tauchte auf. Er hatte Katarina schon früher einmal getroffen und ihr seine Telefonnummer gegeben. Jetzt beschwerte er sich darüber, dass sie ihn nicht angerufen hatte. »Das wird ja auch mal Zeit, dass jemand nicht zurückruft«, sagte sie.

Daraufhin benahm er sich so, wie man es später während seiner Präsidentschaft immer wieder beobachten konnte: wie ein arroganter, verzogener Bengel aus einer reichen Familie, der ausrastete, wenn er nicht bekam, was er wollte.

Die Wahl Trumps im Jahr 2016 zeigte dann, dass die Vereinigten Staaten von Amerika nicht nur aus der Traumfabrik Hollywood und dem Silicon Valley im Westen und der Wall Street im Osten bestanden. In der breiten Mitte des Landes gab es reichlich abgehängte Bürger der unteren Mittelklasse, »Blue-collar workers« ohne Job und eine Infrastruktur wie in einem Land Osteuropas vor dem Zusammenbruch des Kommunismus.

Da konnte der Slogan »America First« auch etwas weniger kriegerisch interpretiert werden – als Rückbesinnung darauf, dass erst einmal die eigenen Schienen, Straßen, Tunnel, Schulen, Innenstädte und verlassenen Industriegebiete saniert werden müssten, bevor die Welt gerettet werden kann. Dass Trump seinen großen Worten auch Taten folgen lassen würde, konnte ich mir allerdings auch nicht vorstellen. Seine wirkliche Agenda war wohl eher mit dem Slogan »Trump First« zu etikettieren. So sucht sich das Unwohlsein mit der herrschenden Politik zuweilen schräge Hoffnungsträger, wovor ja auch die Deutschen bekanntlich nicht gefeit sind.

Nach seinem Wahlsieg und seiner Amtseinführung als Präsident führte Donald Trump sich immer noch so auf, als sei er im Endkampf um den letzten vertrottelten Wähler des Mittleren Westens oder des »Rust Belt«, der Ruine ehemaliger Glanzzeiten amerikanischer Industrie im Nordosten des Landes. Aber keine Verbalattacke gegen die europäische, also deutsche Automobilindustrie, würde den Cadillac wieder zum Glanzstück machen.

Trumps Attacken gegen China beschworen Erinnerungen an die Angst vor der »gelben Gefahr«. Doch das Handelsbilanzdefizit der USA gegenüber der fernöstlichen Weltmacht dürfte sich dadurch nicht verringern. Und natürlich war die Kanzlerin beleidigt, wenn ihre Flüchtlingspolitik als »katastrophal« bezeichnet wurde – und das aus dem Munde eines großmäuligen Wichtigtuers, der dummerweise ins Oval Office gewählt worden war. Da klang sein »America First« wie eine Kriegsansage an den Rest der Welt, die amerikanische Version von »Deutschland, Deutschland über alles«.

Manche Historiker hatten das Ende des Kommunismus etwas vorschnell mit dem Ende der Geschichte gleichgesetzt. Der Erzfeind war untergegangen, jetzt sollte eine Epoche der Blüte von Wirtschaft, Humanität, Freizügigkeit und demokratischen Idealen folgen. Und tatsächlich führte die Globalisierung dazu, dass Länder sich selbst aus dem Elend vergangener Jahrzehnte befreien konnten, aus eigener Kraft – ohne Entwicklungshilfe, die ja nicht selten das Geld der Armen aus den reichen Ländern an die Reichen in den armen Ländern verteilt.

Für eine solche Befreiung waren offene Grenzen nötig, samt einem Welthandel ohne hemmende Zollschranken. Doch auch die glänzende Medaille der Globalisierung, Handelsfreiheit und der Europäischen Union hatte ihre Kehrseite. Dass in Großbritannien eine Mehrheit für den Austritt aus der EU stimmte, war ein Symptom dafür, dass einiges faul war im Staatenbund Europas. Dass die Briten dann nach dem Brexit schneller an Impfstoff gegen die Corona-Pandemie kamen, ebenfalls.

Terroranschlag mit Ansage

Durch die breite Weihnachtsmarktgasse auf dem Breitscheidplatz raste am Abend des 19. Dezember 2016 ein Lkw. Die Meldung erreichte meinen Kollegen Helmar Büchel und mich, als wir gerade im Restaurant »Borchardt« saßen. Wir fuhren sofort in den Newsroom der *Welt* und erörterten die Lage. Schnell stellte sich heraus, dass der »Unfall« ein gezielter Mord war, am Steuer saß ein islamistischer Attentäter, der so viele »Ungläubige« wie möglich töten wollte.

Die Kamera eines Taxis speicherte den Moment, als der Sattelzug durch den Weihnachtsmarkt pflügte. Der schwarze Lastwagen vom Typ Scania kam nach wenigen Metern zum Stehen. Weihnachtsgirlanden hatten sich in den Achsen verfangen. Sonst hätte es noch mehr Tote gegeben.

Der fliehende Täter ließ seinen Ausweis im Führerhaus liegen. Dessen Falschname war in den Fahndungssystemen gespeichert. Seit zehn Monaten kannten die Behörden die wahre

Identität des Mannes. Sein Name war Anis Amri. Wie gefährlich er war, wussten sie schon länger – mehr als ein Jahr vor dem Anschlag auf dem Weihnachtsmarkt.

Wir wollten einen Film für den Sender N24 machen und zugleich einen Titel für die *Welt am Sonntag* und das Ganze dann als *Welt-Online*-Text im Internet publizieren, jene Kombination aus drei Medien, die mir schon immer vorgeschwebt hatte.

Unmittelbar nach dem Anschlag machten wir uns auf die Spurensuche und gingen vor allem den vielen Merkwürdigkeiten des Falles nach. Anis Amri war monatelang nach allen Regeln der polizeilichen und geheimdienstlichen Kunst überwacht worden. Es hätte genügend Anlässe gegeben, Amri festzunehmen oder auszuweisen. Aber man ließ ihn gewähren, bis er schließlich seine Mordfahrt mit dem Lastwagen auf dem Breitscheidplatz durchziehen konnte. Irgendein Plan schien dahinterzustecken, irgendeine Geheimdienstoperation, die gründlich schiefgegangen war.

Als Erstes flog Helmar Büchel nach Oueslatia in Tunesien, dem Ort, von dem aus Anis Amri aufgebrochen war. Als er mit der Familie sprechen wollte, wurde er von Geheimdienstlern, die vor dem Haus Position bezogen hatten, rüde gestoppt. Erst einen Tag später gelang ihm für wenige Minuten die Kontaktaufnahme zur Familie. Die Geschwister wollten ihn darauf hinweisen, dass die Meldungen über die angeblich lange Zeit ungeklärte Staatsbürgerschaft ihres Bruders nicht stimmen konnten. Zum Beweis zeigten sie den im Haus verwahrten Personalausweis von Anis Amri. Dieser Ausweis mit Foto und Fingerabdruck sei 2009 ausgestellt worden und den tunesischen Behörden selbstverständlich bekannt gewesen. Schon 2011 habe man über das tunesische Außenministerium ganz offiziell die korrekte Identität von Anis nach Italien übermittelt. Weiter kam die Familie nicht. Der Geheimdienstchef war ins Haus eingedrungen und stoppte das Gespräch abrupt. Büchel und sein Dolmetscher wurden festgenommen und auf die Polizeistation gebracht. Für eine knappe Stunde. So lange, bis man die Familie wieder auf Kurs gebracht hatte.

Schon damals drängte sich der Verdacht auf, dass die Geschichte von Anis Amri auch ein Fall der Geheimdienste sein könnte. Nicht nur der tunesischen. Der »Islamische Staat« hatte den Bürgerkrieg in Libyen genutzt, um sich dort einzunisten. Einige islamistische Freunde Amris aus seiner Heimatstadt Oueslatia schlossen sich den Gotteskriegern an, und auch Anis Amri besuchte sie in ihrem libyschen Lager. Das Geld für Waffen beschaffte sich der IS mit dem Schmuggel von Öl – und von Flüchtlingen. US-Geheimdienste und Militär hatten die libyschen IS-Ableger seit Jahren im Visier. Und das war vermutlich der Hintergrund der späteren Ereignisse.

Ob er über Libyen oder ob er direkt aus Tunesien kam, ist nicht geklärt. Jedenfalls traf Anis Amri am 4. April 2011 auf der völlig überfüllten italienischen Flüchtlingsinsel Lampedusa ein. Bereits drei Tage später wurde er nach Sizilien gebracht und gemeinsam mit sieben tunesischen Gefährten nach Belpasso geschickt. Amri hatte keine Papiere dabei, aber seinen richtigen Namen angegeben. Allerdings machte er sich zwei Jahre jünger. Somit galt er als Minderjähriger und wurde im Sava-Jugendheim untergebracht. Aber Amri wollte unbedingt nach Norden weiter. Doch weil sich die Bürokratie auf Sizilien mit den Ersatzpapieren Zeit ließ, versuchte Amri, Druck zu machen. Auf seine Weise: mit Gewalt. Er legte Feuer in seinem Zimmer und griff seinen Betreuer an. Die alarmierten Carabinieri verhafteten ihn und seine Mittäter.

Amri saß unter anderem im Gefängnis des sizilianischen Bergstädtchens Enna ein. Um Hafterleichterungen zu erreichen, wirkte er in einer Theatergruppe mit, die im Gefängnis eine Art komische Oper aufführte. Bei der Premiere lief eine Kamera mit. Anis Amri geht in dem Stück »Rinaldo im Kampf« als Trommler mit dem Tamburin voran.

Nach seiner Entlassung reiste er über Mailand nach Deutschland. In Freiburg im Breisgau ließ sich Amri erstmals registrieren. Am 6. Juli 2015 tauchte er dort auf dem Polizeirevier auf und meldete sich als Flüchtling aus Tunesien, der leider keine Papiere habe. Amri wurde erkennungsdienstlich behandelt, seine Finger- und seine Handflächenabdrücke genommen und in die polizeilichen Fahndungssysteme eingespeist.

Von Freiburg wird Amri einer Erstaufnahme in Karlsruhe zugewiesen, dann einer in Ellwangen. Aber er fährt auf eigene Faust nach Berlin. Dort hat er Kontakte in die salafistische Szene. Im gigantisch anschwellenden Flüchtlingsstrom des Jahres 2015 war die Lage nirgendwo unübersichtlicher als in der Bürokratie Berlins. Vor dem Landesamt für Gesundheit und Soziales, auch LaGeSo genannt, stauten sich Tausende Flüchtlinge. Amri lässt sich allein in Berlin zweifach registrieren. Unter verschiedenen Falschidentitäten.

Ende Juli fährt Anis Amri mit dem Bus nach Dortmund. Auch dort meldet er sich als neu angekommener Asylsuchender mit falschen Identitäten an. Und auch in Dortmund fällt das nicht weiter auf. Amri zieht weiter durch Nordrhein-Westfalen. In Emmerich wird ihm eine Unterkunft zugewiesen. Bei der Ausländerbehörde holt er monatlich 160 Euro ab – für nur eine Identität. Amri prahlt im Heim mit Fotos, die ihn und Familienangehörige mit Waffen und IS-Flaggen zeigen. Amris Zimmernachbar verständigt die Heimleitung, und die informiert die Polizei. Die Beamten sind sich sofort sicher, dass Amri gefährlich ist.

Der Fall wird ganz oben angesiedelt. Die Bundesanwaltschaft hatte am 8. Oktober 2015 Ermittlungen gegen das salafistische Umfeld aufgenommen, in dem Amri sich jetzt bewegte, die sogenannte »Abu-Walaa-Gruppe«. Dabei wurden Observationen, Wanzen, Peilsender und ausländische Abhörspezialisten eingesetzt – das ganz große Abwehrbesteck. Das Landeskriminalamt Düsseldorf war für das BKA unterstützend tätig und setzte seit Juli 2015 einen V-Mann auf die Gruppe an, die Vertrauensperson »VP01«, einen Spitzel türkischer Herkunft, der sich »Murat« nannte und zuvor im Mafiamilieu geschnüffelt hatte.

Die Gotteskrieger um Abu Walaa galten, betrachtet man den technischen und personellen Aufwand, mit dem sie seit Monaten polizeilich bearbeitet wurden, offenbar als die gefährlichsten unter den etwa 700 »Gefährdern« in Deutschland. Und genau in diesen brisanten Zirkel stieß Anis Amri vor.

Ich hatte eine Idee, woher man möglicherweise interne Akten bekommen könnte. Helmar Büchel ging der Spur nach und schaffte es tatsächlich, sie zu besorgen. So konnten wir erstmals Tausende Seiten aus Akten und Observationsberichten zum Fall Amri auswerten, welche selbst den Geheimdienstkontrolleuren des Bundestages bis dahin vorenthalten wurden. Nach diesen Unterlagen hatte Polizeispitzel Murat, die »VP01«, bereits mindestens seit November 2015 intensiven Kontakt zu Anis Amri. Aus den sogenannten »Quellenvernehmungen« geht hervor, dass »Murat« schon am 24. November 2015 von Terrorplänen Amris erfuhr, 13 Monate vor dem Anschlag in Berlin. Er gab zu Protokoll: »Anis ist von Tunesien aus nach Italien gereist. Dort hat er in Napoli gewohnt. Er sagte, er könnte für 1500 Euro in Napoli problemlos eine Kalaschnikow besorgen.« Und weiter: »Anis macht auf mich einen sehr radikalen Eindruck, er will unbedingt für seinen Glauben kämpfen.«

Die Bundesanwaltschaft war offensichtlich höchst alarmiert. Unmittelbar nach diesem Spitzelbericht erwirkte sie beim Bundesgerichtshof einen Abhörbeschluss gegen Amri. Am 3. Dezember 2015 wurde die erste Telekommunikationsüberwachung (TKÜ) aufgeschaltet. Sie registrierte auch Amris Handy-Surfverhalten. Am 14. Dezember – ein Jahr vor dem Anschlag – lud Amri im Netz chemische Formeln für die Herstellung des Sprengstoffs TNT und Anleitungen für den Bau von Bomben und improvisierten Handgranaten herunter.

Das LKA listet alles auf und schickt zunehmend nervösere Berichte an die Staatsschutzabteilung des BKA und an die Terrorismusabteilung der Bundesanwaltschaft. Offenbar ohne Folgen für Anis Amri. Die Beamten der Abu-Walaa-Ermittlungskommission »Ventum« – ventum ist lateinisch für Wind, und enges Überwachen heißt im Fahnderjargon »unter Wind nehmen« – wussten natürlich genau, wann Amri wieder nach Berlin pendelte. Meistens ging er dann zur radikalen Fussilet-Moschee in der Perleberger Straße. Sie liegt exakt 41 Meter neben der Polizeidirektion 3. Gelegentlich wurde Amri sogar vom Polizeispitzel »Murat« hingefahren oder von dort abgeholt; vor der Moschee wurde er von Polizeikameras beobachtet.

Die bis dahin sorgsam kaschierte Aufmerksamkeit der Nachrichtendienste lag wohl an Amris Kontakten. Schon am 2. Februar 2016 chattete Amri mit einem Mann, der sich bezeichnenderweise »Malekisis« nannte und ein libysches Handy nutzte. Von Malekisis sicherten die Fahnder sogar ein Profilfoto aus dessen Telegram-Account. Später chattete Amri mit Achref Abdaoui, seinem Facebook-Freund aus Oueslatia. Was die Überwacher beunruhigte: Amri nutzte in den Chats mit Abdaoui den arabischen Begriff »Duqma«, der im Code von IS-Kämpfern für »Selbstmordattentat« steht.

Die Staatsschützer notieren wiederholt »explosionsartige Geräusche«, »schussähnliche Geräusche« und wieder ein »explosionsartiges Geräusch« in der Sprachnachricht. Offenbar befanden sich die Chatpartner von Anis Amri, während sie die Audiobotschaft aufnahmen, inmitten eines Gefechts.

Die natürliche Aufgabe des Bundesnachrichtendienstes wäre nun internationale Kooperation gewesen. Doch der BND sei im Fall Amri nicht operativ tätig gewesen, behauptete die Regierung später auf Anfragen. Auf Einzelheiten könne man allerdings nicht eingehen, ohne das Staatswohl zu gefährden.

Das lag auch an »VP01«. Während die Berliner Polizisten in ihrem inzwischen breit diskutierten Amri-Verfahren wie zum Schein vor sich hin ermittelten, war »Murat« Amri dicht auf den Fersen. So auch am 12. Februar 2016, als er seinem V-Mann-Führer mitteilte: »Ich hatte den Eindruck, dass er sich innerlich mit seinem Glauben zurückzieht. Ich persönlich werte das so, dass er irgendetwas vorhat und mit sich ins Reine kommen möchte ... Man könnte meinen, dass er sichergehen will, ins Paradies zu kommen.« Was das bedeutete, war jedem Sicherheitsexperten klar: Amri plante einen Selbstmordanschlag. Die Nachricht ging an alle zuständigen Behörden. Man wusste ziemlich genau Bescheid, was Amri im Schilde führte, und ließ ihn trotzdem weitgehend unbehelligt. Später redeten sich Regierung, Polizei, Staatsanwälte, Mitarbeiter von Ausländerbehörden im Bund und in Berlin, Nordrhein-Westfalen, Niedersachsen und Baden-Württemberg konsequent mit Überlastung, Inkompetenz oder Desinteresse ihrer Beamten heraus.

Das wird besonders an einer Busreise Amris von Dortmund nach Berlin deutlich. Als er am 18. Februar 2016 in Berlin ankam, wurde Amri vom dortigen LKA kurz in Gewahrsam genommen. Sein Handy wurde beschlagnahmt. Angeblich ein Versehen, durch das er nun leider gewarnt worden sei, behaupteten die Behörden später. Eine von vielen angeblichen Pannen im Fall Amri. Doch in Wahrheit war die Aktion wohl geplant, wie die uns vorliegenden Akten zeigten. Nur durch die Sicherstellung des Handys konnten die Ermittler an Amris Chats mit den libyschen IS-Kadern herankommen, von denen sie kurz zuvor bei der Telefonüberwachung erfahren hatten.

Wie geplant zog sich Amri nach seiner Freilassung am 18. Februar in die Berliner Fussilet-Moschee zurück. Dort hatte er ein weiteres Handy deponiert, das aber ebenfalls abgehört wurde. Die Behörden zeichneten Wort für Wort auf. Amri: »Sie haben alles von mir beschlagnahmt, das ist eine neue Nummer.« Sein Gesprächspartner: »Ich werde diese Nummer speichern, die alte löschen.«

Vermutlich hielt auch Anis Amri in diesem Moment die Beschlagnahme seines Handys für ein Versehen der Polizei, die ihm damit einen Hinweis auf seine Überwachung gegeben habe. Tatsächlich wollten die Fahnder Amri offenbar dazu verleiten, sein »verbranntes« Handy gegen ein neues Gerät zu tauschen. Der Plan ging auf: Amri fuhr nach Dortmund zurück und traf sich dort mit dem V-Mann »Murat«. Amri bat ausgerechnet den Polizeispitzel, ihn beim Kauf eines neuen internetfähigen Handys zu begleiten und zu beraten. Die VP01, so heißt es in dessen anschließender »Quellenvernehmung«, habe dann »in einem Real-Markt ein neues Handy für den AMRI erworben«.

Die Staatsschutz-Abteilung des BKA hatte nun die Chance, auch Amris eigentlich verschlüsselte Chats bei den Kommunikationsdiensten Telegram und WhatsApp zu knacken. Um die Dienste mit seinem bestehenden Account und seinen bisherigen Chat-Kontakten wieder nutzen zu können, musste Amri nämlich sein Handy dort neu registrieren, was Fahnder und Geheimdienstler in aller Welt inzwischen zum Eindringen in die vermeintlich sichere Kommunikation nutzen. Die Staatsschützer hatten inzwischen Amris neue SIM-Karte kopiert und sein Mobiltelefon auf diese Weise unbemerkt »gespiegelt«. So konnten sie ihr im Fachjargon »Ermittlerhandy« genanntes Telefonduplikat zwischenschalten und Amris Geheimchats in Echtzeit mitlesen.

Die auf dem beschlagnahmten Handy gespeicherten Chats mit den libyschen IS-Kadern wurden in der Zwischenzeit beim BKA akribisch ausgewertet. Etwa 12 000 Datensätze wurden aus dem von Amri größtenteils bereits gelöschten Handyspeicher rekonstruiert, eine Goldgrube an Daten, aus der sich Hunderte Kontaktpersonen herausholen ließen. Eine Erfolgsgeschichte, die vor der Öffentlichkeit sorgsam verborgen wurde: Zehn Monate vor dem Anschlag auf den Breitscheidplatz war das BKA über den späteren Attentäter so gut informiert, wie es wohl keine andere Polizeibehörde der Welt je über einen Terroristen vor dessen Anschlag war.

Die angebliche Kette von Pannen, Versäumnissen und Schlampereien in Berlin und anderswo war vermutlich nichts anderes als die Vernebelung einer hochprofessionellen Geheimdienstoperation mit dem Ziel, Anis Amris Kontakte zum IS in Libyen auszuforschen. In der Tat ergibt es für Nachrichtendienste mehr Sinn, die IS-Hintermänner der vielen Amris auszuschalten, als jedem einzelnen Amri aufwendig hinterherzujagen. Dafür muss jeder einzelne Amri allerdings so lange wie möglich in Freiheit bleiben, nach Möglichkeit so »eng unter Wind«, dass er seine mörderischen Pläne nicht umsetzen kann. Doch eine vollständige Rundumüberwachung ist fast unmöglich. Und in diesem Jahr der vielen eingereisten potenziellen Gewalttäter umso mehr.

Am 22. März 2016 verübten vom IS in Syrien oder Irak gesteuerte Selbstmordattentäter in Brüssel Anschläge auf den Flughafen und die U-Bahn. 33 Menschen wurden getötet, über 300 verletzt. Zwei Tage später spricht VP01 mit Amri über die Anschläge. Der V-Mann berichtete über das Gespräch: »Er strahlte dabei und zeigte seine Freude über die Anschläge.« Danach fasste Amri um seinen Bauch, als wolle er einen Gürtel schließen. VP01 kannte die Geste: »Er wollte mir damit ganz eindeutig signalisieren, dass er uns beiden zwei Sprengstoffgürtel besorgen würde.«

Doch zunächst stellte Amri seine Anschlagspläne in Deutschland zurück und schloss sich in Berlin dem Drogendealer-Milieu an. Am 11. Juli 2016 überfiel er zusammen mit einem tunesischen Kumpan die Bar eines konkurrierenden Araberclans.

Amis' Kumpel stach einen Mann mit dem Messer nieder. Er selbst schlug mit einem Gummihammer zu. Die Ermittler hatten dank der Telefonüberwachung eindeutige Hinweise. Amri fürchtete seine Verhaftung und die Rache des Clans. Die Beamten hörten mit, wie Amri am Telefon ankündigte, sich nach Tunesien oder Libyen abzusetzen. Das wäre schlecht für die Überwachung seiner Kontakte zum IS gewesen. Wenn Amri Deutschland verlassen würde, könnte er die überwachten Handys wechseln. Die Verbindung zu den IS-Kadern wäre damit verloren. Die Überwacher schlugen Alarm. Sie kannten zwar Amris Pläne, sich aus Deutschland abzusetzen, nicht aber seine exakte Reiseroute. Deshalb schalteten sie an diesem 30. Juli 2016 erstmals eine sogenannte Live-TKÜ, bei der ein Dolmetscher die Telefonate simultan übersetzt. Tatsächlich erfuhren die Abhörer auf diese Weise, dass Amri über München und Friedrichshafen nach Zürich und dann nach Turin reisen wollte.

Die Beamten alarmierten die Bundespolizei in Friedrichshafen, die Amri kurz nach Mitternacht am Bahnhof in Friedrichshafen abpasste, festnahm und auf ihr Revier brachte. Amris neues Telefon wurde beschlagnahmt, und er bekam eine förmliche »Ausreiseuntersagung« ausgehändigt. Ein grotesker Vorgang: Nach offizieller Behördendarstellung versuchte man zu diesem Zeitpunkt bereits seit Monaten vergeblich, Amri endlich abzuschieben.

Da Amri, der als Gefährder mit IS-Bezug in den Polizeicomputern warnend hervorstach, zudem zwei gefälschte italienische Personalausweise bei sich trug, hätte die Gelegenheit bestanden, ihn bis zur Abschiebung über Monate in Untersuchungshaft zu nehmen. Doch die Staatsanwälte verweigerten zur Überraschung des Bereitschaftsrichters einen Haftantrag. Um Amri wenigstens über das Wochenende festzusetzen, griff der zuständige Richter zu einer Notlösung, einer vorläufigen Haft »zur Sicherung der Abschiebung«. Das ging auch ohne Staatsanwalt – nach einer richterlichen Anhörung Amris. Amri brachte laut Vernehmungsprotokoll die Sachlage etwas unbeholfen auf den Punkt: »Die Abschiebung ist zu 100 Prozent sicher, wenn ich jetzt gehe.«

Doch Anis Amri durfte Deutschland nicht verlassen. Stattdessen wurde er in die nahe gelegene JVA Ravensburg gebracht. Die Beamten der Ermittlungskommission »Ventum« waren durch direkte Kontakte zur Polizei und die Standortdaten des überwachten Handys stets unterrichtet. Amri blieb weniger als 44 Stunden in Zelle 32. Schon am Montagmorgen wurde behördlicherseits alles unternommen, um den staatlich anerkannten Gefährder, IS-Kontaktmann und Anschlagsplaner schnellstmöglich in die Freiheit zu entlassen.

Dass er im Land blieb, war offenbar im Sinne des Innenministeriums in Düsseldorf. Ein Beamter von dort teilte mit, dass weitere Haft nicht möglich sei. Deshalb müsse »der Ausländer heute um 18 Uhr auf freien Fuß gelassen werden«.

Anis Amri macht sich per Flixbus auf den Rückweg nach Berlin. Seine mit großem technischen und personellen Aufwand der Sicherheitsbehörden verhinderte »Selbstabschiebung« endete dort, wo sie begonnen hatte: in Berlin. Man ließ ihn laufen, glaubte man doch, ihn fest im Blick zu haben.

Das aber merkte offenbar auch Anis Amri und schritt nach seinen vielen Ankündigungen zur Tat. Vermutlich am 31. Oktober nahm er auf der Kieler Brücke in Berlin das Bekennervideo für seinen Anschlag auf: »Ich unterwerfe mich Abu Bakr al Baghdadi, dem Gläubigsten der Gläubigen aus der Familie des Propheten, dem ich Gefolgschaft schwöre – in guten wie in schlechten Zeiten. Ich werde niemals seine religiöse Autorität anzweifeln und schwöre, dem Islamischen Staat treu zu dienen und den Heiligen Krieg gegen die Ungläubigen mit allem, was in meiner Macht steht, zu führen. Allah ist mein Zeuge!«

Davon bekamen die Überwacher offenbar nichts mit. Auf dem Weg zum Friedrich-Krause-Ufer chattete Anis Amri am 19. Dezember 2016 erneut mit seinem Anleiter vom Islamischen Staat.

Amri: »Bleib in Kontakt mit mir!«

IS-Anleiter: »So Gott will!«

Amri entdeckte einen Lkw, der ihm für seinen Plan passend erschien. Es war ein schwarzer Scania-Sattelzug, voll beladen mit Stahl, der einem Unternehmen aus Polen gehörte. Anis Amri war mit einer alten Kleinkaliberpistole bewaffnet, einer Erma EP 552. Am Steuer des Lastwagens saß der 37-jährige Łukasz Urban aus Rożnowo in Polen. Amri tötete ihn mit einem Schuss in die Schläfe. Dann setzte er sich selbst ans Lenkrad. Auf seinem Handy tippte Amri die Hardenbergstraße in Google-Maps ein und machte sich mit dem Scania vertraut. Dann sendete er seinem IS-Anleiter ein Handyfoto aus dem Führerhaus.

Der Sattelzug setzte sich in Bewegung. Um 19.32 Uhr sendete Amri einen neuen Chat: »Bruder, alles hat Erfolg!« Minuten später schickte er eine Audionachricht hinterher: »Bruder, alles ist in Ordnung, gepriesen sei Allah. Ich bin jetzt in der Karre, verstehst du? Bete für mich, Bruder!« Der IS-Anleiter antwortet knapp: »So Gott will!«

Sekunden vor dem Anschlag verschickte Anis Amri noch eine letzte Sprachnachricht: »Mach für mich Bittgebete! Bitte, mein Lieber, bete für mich!«

Anis Amri walzte elf Menschen auf dem Weihnachtsmarkt nieder, über 60 wurden verletzt. Dann kletterte er aus der Fahrerkabine und floh in dem Chaos von Blut, Hilferufen und Panik. Eine Überwachungskamera im U-Bahnhof Zoo zeichnete auf, wie er im Vorbeigehen in Dschihadistenmanier den rechten Zeigefinger hob: »Es gibt nur einen Gott!« Anis Amri hatte sein Werk im Namen Allahs vollbracht.

In ihrer Neujahrsansprache sagte Bundeskanzlerin Angela Merkel: »Es ist besonders bitter und widerwärtig, wenn Terroranschläge von Menschen begangen werden, die in unserem Land angeblich Schutz suchen. Die genau deshalb die Hilfsbereitschaft unseres Landes erlebt haben und diese nun mit ihren Taten verhöhnen.«

Aber an ihrer Politik der unkontrollierten Einreise änderte sie nichts. Dafür nahm das amerikanische Verteidigungsministerium knapp vier Wochen nach dem Anschlag auf den Weihnachtsmarkt die Telefonkontakte und Chatpartner Anis Amris in Libyen ins Visier. Und dieses Mal nicht nur mit Drohnenkameras.

Auf der Whiteman Air Force Base in Missouri wurden drei Tarnkappenbomber vom Typ B2 mit »JDAMs«, satellitengelenkten Präzisionsbomben, beladen, Einzelgewicht: 227 Kilogramm. Die Operation trug den Namen »Odyssey Lightning« und unterlag strengster Geheimhaltung. Zwischenstopps sollte es deshalb nicht geben. Die Air Force ließ die drei B2-Bomber während der 18 000 Kilometer bis nach Sirte und zurück mehrfach in der Luft betanken. Der gesamte Einsatz dauerte 32 Stunden. Ein Tarnkappenbomber zirkelte in großer Höhe über dem Einsatzraum. Die beiden anderen ließen ihre sogenannten »intelligenten Bomben« ins Zielgebiet gleiten. Am frühen Morgen des 19. Januar 2017, genau einen Monat nach dem Anschlag auf den Weihnachtsmarkt in Berlin, griffen amerikanische Kampfdrohnen die IS-Stellungen in der libyschen Wüste mit Hellfire-Raketen an. Niemand sollte hier überleben.

Auf einer Pressekonferenz erläuterte der damalige US-Verteidigungsminister Ashton Carter den Einsatz: »Unser African Command hat Luftschläge gegen zwei IS-Lager südlich von Sirte ausgeführt. Wir gehen von mehr als 80 getöteten IS-Kämpfern aus. Wichtig ist, dass sich diese Angriffe gegen Anschlagsplaner des IS richteten, die aktive Operationen gegen unsere Alliierten in Europa vorbereiteten.«

Die Militäraktion galt also vor allem den Anschlagsplanern des IS in Libyen, den Planern von Anschlägen in Europa. Doch davon gab es wohl nur einen – den von Anis Amri auf dem Weihnachtsmarkt in Berlin. Und das »African Command« der US-Streitkräfte, unter dessen Befehl der Angriff auf die beiden IS-Camps in Libyen erfolgte, hat sein Hauptquartier in den Kelley Barracks in Stuttgart-Möhringen. Vielleicht hatte Anis Amri – ohne es zu wollen – durch den ausgedehnten Chat-Verkehr mit seinen Auftraggebern vom IS in Libyen mit dazu beigetragen, dass die Amerikaner sie ins Visier nehmen konnten. Und es ist eher unwahrscheinlich, dass die deutschen Sicherheitsdienste ihre umfangreichen Informationen nicht mit ihren amerikanischen Partnern teilten.

Anis Amri war 13 Monate lang von Polizei und Geheimdiensten bearbeitet, beschattet und abgehört worden. Man könnte sagen: eine erfolgreiche Überwachungsaktion – wenn Anis Amri am Ende nicht doch noch sein mörderisches Ziel, über das er so viel geredet und gechattet hatte, erreicht hätte.

Der Zauber des Abschieds

Nach einem Jahr hatte ich, wie vorher ausgemacht, die kommissarische Leitung der *Welt*-Chefredaktion an Ulf Poschardt abgegeben und war wieder Herausgeber. Dadurch konnte ich mich, befreit von ständigen Konferenzen, wieder mehr eigenen Recherchen oder Kommentaren widmen. Seitdem ich bei der *Welt* war, hatte ich wohl mehr geschrieben als jemals zuvor – abgesehen vielleicht von Moderationen und Filmtexten bei *Spiegel TV*. Und durch die Veröffentlichung bei *Welt-Online* konnte man die Reaktion der Leser sofort sehen. Oft waren deren Kommentare klüger als die Texte selbst. Nicht selten schrieben über tausend Leser, was sie selbst über den angesprochenen Sachverhalt dachten. Und man konnte sofort mit ihnen Kontakt aufnehmen.

Da konnte ich mir ersparen, wie andere Journalisten ständig zu twittern. Zwar hatte ich vor einiger Zeit einen Account eröffnet, aber nur aus einem einzigen Grund, den ich auch bei meinem ersten Tweet nannte: »Nachdem mehrere Leute unter meinem Namen unsinnige Mitteilungen verschickt haben, werde ich das jetzt selber übernehmen.«

Meine Aktivitäten bei Twitter hielten sich in Grenzen. Wenn, dann wies ich auf einen Artikel oder Film hin, den ich gerade gemacht hatte. Damit erreichte ich allerdings eine ziemlich große Zahl von Followern, wie mir unser *Welt-Online*-Chefredakteur Oliver Michalski zu meinem 70. Geburtstag vorrechnete: »Inzwischen hat @stefanaust 60 200 Follower. Mehr als manche gestandene Zeitung.« Er verglich die Zahl der Tweets (Stand 1. Juli 2016) mit der Zahl der Follower. So habe der ehemalige Chef einer großen Boulevardzeitung zwar doppelt so viele Follower wie ich, habe dafür aber 14 600 Tweets gebraucht, ich nur 33!

Irgendwie war diese ständige Twitterei eher eine Spielwiese für Leute, die zu viel Zeit haben. Es gab auch so genug zu tun.

»Jedem Anfang«, so hatte Angela Merkel bei ihrem Amtsantritt als CDU-Vorsitzende Hermann Hesse zitiert, »wohnt ein Zauber inne.« Inzwischen war sie fast 17 Jahre CDU-Vorsitzende und seit knapp 12 Jahren Kanzlerin.

Ich hatte in meinem Leben bisher sieben von acht Kanzlern kommen und sieben gehen sehen. Adenauer nicht bei seinem Amtsantritt und Merkel nicht bei ihrem Abschied.

Eine zu lange Kanzlerschaft, das war mir beim Rückblick immer deutlicher geworden, war weder für den Kanzler selbst noch für das Land gut. Jetzt stellte sich die Frage, ob Angela Merkel nach dem Ende ihrer dritten Amtszeit noch einmal antreten würde. Ich machte mir meine Gedanken.

Einmal Kanzler, immer Kanzler

Die Friedhöfe, so heißt es bekanntlich, liegen voll von Menschen, die glaubten, dass ohne sie die Welt nicht existieren könnte. Das gilt insbesondere für Führungspersönlichkeiten jeder Branche – vor allem der Politik. Hat jemand erst einmal den Gipfel erklommen, umgeben von den Sherpas, die ihm das permanente Gefühl vermitteln, der größte Gipfelstürmer aller Zeiten zu sein, ist schon der Blick in den Abgrund für ihn der Beweis, über allem zu schweben. Das macht den freiwilligen Abschied von der Macht so schwer.

Angela Merkel habe, so sagte sie am 20. November 2016 auf einer Pressekonferenz, »unendlich viel darüber nachgedacht« und sich dann entschieden, bei der Bundestagswahl 2017 wieder anzutreten. Damit hatte sie offenbar schon 1998 angefangen, als sie gerade zur Generalsekretärin der CDU gewählt worden war. Der Fotografin Herlinde Koelbl sagte sie damals: »Ich möchte irgendwann den richtigen Ausstieg aus der Politik finden. Das ist viel schwieriger, als ich mir das früher immer vorgestellt habe. Ich will dann kein halbtotes Wrack sein, sondern mir nach einer Phase der Langeweile etwas anderes einfallen lassen.«

Das war vor 18 Jahren; jetzt war es der Zustand der Welt, der sie dazu zwang, noch einmal für vier Jahre die Last der Kanzlerschaft zu tragen: die Wahl von Trump, die Krisen und Konflikte in Europa, der Krieg in Syrien und so weiter.

Meistens müssen Premierminister, Präsidenten oder Kanzler mehr oder weniger aus dem Amt getragen werden; freiwillig räumen sie nur selten ihre Machtzentrale. Wer um Himmels willen soll denn sonst ihren Job machen? Fast immer haben sie machtlüsterne Rivalen im Laufe ihrer Amtszeit gut abgewehrt oder entsorgt. Da ist dann im näheren Umfeld nicht mehr viel an Regierungskompetenz übrig. Das ist gut für die Machtposition des Chefs, für die Firma aber eher schlecht, denn eine ordentliche Auswahl an Führungskräften sichert die Zukunft besser als die Abhängigkeit von der einen, unersetzbaren Lichtgestalt.

Adenauer glaubte auch mit 87 und nach 14 Jahren Amtszeit noch, den Job besser machen zu können als sein designierter Nachfolger, Wirtschaftsminister Ludwig Erhard. Helmut Kohl trat nach 16 Jahren im Amt noch einmal an und musste eine schmerzliche Niederlage gegen Gerhard Schröder hinnehmen. Und dann auch noch Rot-Grün – da drohte der Untergang des Abendlandes. Und Angela Merkel? Waren zwölf Jahre für sie genug? Gegen meine eigentliche Überzeugung schrieb ich in einem Kommentar für die *Welt*: »Aber vielleicht ist Angela Merkel viel klüger als ihre gläubigen Anhänger und hat durchaus gemerkt, dass es weder für sie noch für das Land besser wird, wenn sie noch einmal antritt, dass sie die anstehenden Probleme vielleicht selbst viel schlechter in den Griff bekommt als mögliche Nachfolger, dass sie sich vor einem Jahr mit ihrer Politik der offenen Grenzen Probleme ins Land geholt hat, an denen sie – oder ihre Nachfolger – noch lange werden arbeiten müssen.«

Aussitzen funktioniert eine gewisse Zeit, wie man am Beispiel des ewigen Kanzlers Helmut Kohl feststellen konnte. Irgendwann glaubt der Inhaber der weltlichen Macht, er sei von Gott oder mindestens dem Schicksal gesandt.

Dass man aufhören soll, wenn es am schönsten ist, weiß der Volksmund seit ewigen Zeiten. Und keiner der am Sessel klebenden Regierungschefs dürfte nach seinem erzwungenen Abschied von der Macht – ob durch eine Affäre, eine parteiinterne Intrige, einen Seitenwechsel des Koalitionspartners oder eine Abwahl ausgelöst – rückblickend nicht bedauert haben, dass er die Zeichen der Zeit übersehen hat.

Natürlich trat Angela Merkel wieder an – und schaffte es, das Ergebnis der Union um 8,6 Prozent abzusenken. Die SPD blieb im Abwind treu dabei und landete mit einem Minus von 5,2 Prozent bei immerhin noch 20,5 Prozent. Die Grünen legten mit 0,5 Prozent leicht auf 8,9 Prozent zu. Auch die FDP erholte sich um 5,9 Prozentpunkte auf 10,7 Prozent.

Gewinner wurde die AfD, die »Alternative für Deutschland«, und bewies damit auf erschreckende Weise, dass die Behauptung der Kanzlerin, ihre Politik sei »alternativlos«, bei 12,6 Prozent der Wähler nicht so recht ankam.

Grüne dürfen träumen

Irgendwie kamen wir ja alle aus derselben Sandkiste der Sechziger- und Siebzigerjahre. Gerhard Schröder, Joschka Fischer, Otto Schily, Jürgen Trittin … – sie in der Politik, ich als Beobachter am Rande. Beim Gründungsparteitag der Grünen am 13. Januar 1980 in der Karlsruher Stadthalle hatte ich gemeinsam mit Volker Schlöndorff für unseren Film *Der Kandidat* gedreht. Als wir den Saal betraten, kam Otto Schily auf mich zu und sagte vorwurfsvoll: »Ihr habt doch nur Angst, dass durch die Grünen die SPD Stimmen verliert.« Dabei war mir die SPD damals ziemlich egal – und Otto Schily wechselte dann irgendwann zur SPD.

Als er in der rot-grünen Regierung Innenminister war, bestand er darauf, dass ich bei *Spiegel*-Gesprächen mit ihm dabei war. Und als wir den viel gescholtenen Titel über den »Windkraft-Wahn« machten, gab er uns bei einem Abendessen in der Sache recht. Viele Jahre später erhielt ich den Niedersächsischen Staatspreis – und Otto Schily hielt die Laudatio. Das war für mich die eigentliche Ehre.

Und merkwürdigerweise sind wir bis heute in den meisten Themen so ziemlich einer Meinung. Alte weiße Männer haben möglicherweise schon zu viele politische Träumereien gesehen, die wie Seifenblasen platzen. Manche halten erschreckend lang.

»*Franzosen und Russen gehört das Land*
Das Meer gehört den Briten
Wir aber besitzen im Luftreich des Traums
Die Herrschaft unbestritten.«

Das wusste schon Heinrich Heine, damals 1843, als er *Deutschland, ein Wintermärchen* schrieb. Das »Luftreich des Traums« steht allerdings immer noch, genauso wie sein Pendant, das »Luftreich des Albtraums«. Träume und Albträume sind aus demselben Stoff, der Abwendung von der Wirklichkeit.

»Irrationalität, häufig wissenschaftlich untermauert, ist geradezu das Kennzeichen der Gegenwart geworden, im Land der Träumer und Albträumer. Wenn der Himmel einstürzt, sind bekanntlich alle Spatzen tot. Und dieses Drohszenario erlaubt ja nicht nur das kollektive Schulschwänzen am Freitag. Die Rebellion gegen das Aussterben macht alles andere zur Nebensache. Not kennt kein Gebot und keine Grenze.« Das schrieb ich, als ein junges Mädchen aus Schweden, gerade 16 Jahre alt, eine weltweite Bewegung ins Leben rief: »Fridays for Future«.

Jetzt hatten die Schreckensträumer auch noch eine Ikone, die weltweit berühmt wurde, als sie gegen den Weltuntergang im menschengemachten Treibhaus konsequent freitags die Schule schwänzte. Quasi über Nacht hatte Greta Thunberg die Regie auf der apokalyptischen Horrorbühne übernommen.

Alles eben zu seiner Zeit; von militanten Revolutionsträumen bis zum »Töpfern für den Frieden« und dem »Stricken ohne Angst« hatte ich ja seit den Sechzigerjahren schon so einiges miterlebt. Ohne das große »End is at Hand« – der Untergang naht, wir werden alle sterben – ist noch keine religiöse und politische Erweckungsbewegung ausgekommen.

So wurde Greta Thunberg so etwas wie die heilige Johanna der Generation »No CO_2«, die nach der zügigen Abschaffung von Braunkohle, Steinkohle, Gas und Öl unter Vermeidung der Atomkraft voll auf regenerative Energien umschalten wollte. Jetzt hatte sie sogar den Segen der Kirche, der Berliner Bischof verglich Greta Thunbergs Auftritt mit dem Einzug Jesu nach Jerusalem, wobei er dessen tragisches Ende unterschlug. Kein Himmel ohne Hölle.

Die Politik hatte der Bevölkerung seit Jahren die Schrecken des Treibhauseffektes eingeimpft. Unterlegt mit dem Computer-Zahlenwerk der Klimagurus von Potsdam nahm und nimmt der drohende Weltuntergang durch das menschengemachte Kohlendioxid seinen verhängnisvollen Lauf. Ich war da immer skeptisch. Im Laufe der Zeit hatte sich das Klima schon öfter gewandelt, so gab es eine Wärmeperiode zur Zeit des Römischen Reiches und eine rund 1000 Jahre später, als die Wikinger Grönland besiedelten – und sich in der »kleinen Eiszeit« ein paar Hundert Jahre später wieder von dort zurückzogen. Aus den Bohrungen in der Arktis lassen sich über Jahrtausende ziemlich genau die jeweilige Temperatur sowie der CO_2-Gehalt der Atmosphäre ablesen. Als Kurve ausgedrückt verlaufen Temperatur und CO_2 scheinbar parallel auf und ab. Doch immer steigt oder sinkt erst die Temperatur – und der CO_2-Anteil in der Luft folgt. Nicht umgekehrt. Manchmal liegen ein paar Hundert Jahre dazwischen. Die Erklärung ist relativ einfach: Wenn die Meere kalt sind, können sie mehr CO_2 aufnehmen, als wenn sie warm sind.

Aber fossile Brennstoffe einzusparen ist ja allemal sinnvoll, denn sie werden knapper und damit teurer. Es ist ja auch besser, das Richtige aus den falschen Gründen zu tun, als das Falsche aus den richtigen Gründen.

Niemand, der heute nicht Grün sein will. Auch die sogenannten etablierten Parteien stimmen ein in den Chor der Weltenretter. Energie ist nur noch in ihrer erneuerbaren Variante erlaubt. Wie realistisch das Ganze ist, wird sich herausstellen. Aber im Notfall kann man seine Energie von den Nachbarn beziehen, Atomstrom von den Nachbarn zur Linken und Kohlestrom von den Nachbarn zur Rechten. Gas am besten nicht aus Putins Russland, dann schon lieber aus den USA, aber bitte nicht durch Fracking erzeugt.

Wenige Jahre zuvor galten fossile Energien eher als eine vom Aussterben bedrohte Art. »Peak Oil« hieß das Untergangsszenario für Öl und Gas. Das hieß, die Menschheit habe jetzt den Höhepunkt des Ölverbrauches erreicht, bald seien die Vorräte erschöpft. Gemeinsam mit meinem Kollegen Claus Richter machte ich zwei Filme über das Thema der abnehmenden Reserven an fossilen Brennstoffen. Das Ergebnis war weniger dramatisch als gedacht. Die Reserven waren immer noch ziemlich groß, und mithilfe neuer Techniken konnten sie immer neu erschlossen werden. Es kommt nur auf den Preis an. Irgendwann könnte das Fördern von Öl so teuer werden, dass es sich nicht mehr lohnt. Vielleicht wären alternative Energien dann wirklich effizient und nicht vor allem ein Subventionsmodell.

Wir reisten für die beiden Reportagen zu Gazprom nach Sibirien, nach Feuerland, wo im Südatlantik, 80 Kilometer von der Küste entfernt, Bohrtürme stehen, nach Kanada, wo im Staat Alberta aus Teersänden das Öl herausgewaschen wird. Eine teure und schmutzige Angelegenheit, da die Sände mit großen Baggern direkt unter der Oberfläche abgezogen werden. Nachdem das Öl-Sand-Gemisch unter Einsatz von viel Energie zu Rohöl konvertiert, wird der Sand wieder auf den Abbauflächen verteilt – und entsprechend den von Umweltschützern verlangten Gesetzen wieder begrünt. Dann riecht die Gegend übrigens weniger nach Öl als vorher.

Die Recherchen und die Dreharbeiten an beiden Teilen von *Das Blut der Welt* waren auch eine dreimonatige Lehrstunde in

Sachen Energie – zwischen Traum und Wirklichkeit. Das wurde mir besonders deutlich, als wir auf der Bohrinsel Mittelplate in der Elbmündung vor Friedrichskoog drehten.

Die Plattform liegt im Naturschutzpark Wattenmeer und liefert etwa die Hälfte des Öls, das in Deutschland überhaupt gefördert wird – pro Tag ungefähr so viel, wie in eine kleine Schulturnhalle passen würde. Kämen Umweltschützer nun auf den naturschonenden Gedanken, die Bohrinsel im Wattenmeer zu schließen und dort stattdessen Windmühlen aufzustellen, dann würde der Windpark, um die gleiche Leistung zu liefern, aus gut 4000 (viertausend) Windrädern bestehen. Die Mittelplate allein liefert nämlich ein Siebtel der Energieleistung aller Windräder in Deutschland zusammen – berechnet in Petajoule, dem Vergleichsmaßstab für die verschiedenen Energiearten.

Von den erneuerbaren Energien entfällt fast die Hälfte auf Biomasse, was am gesamten Primärenergieverbrauch 7,48 Prozent ausmacht. Die Produktion von Biomasse will man inzwischen wieder reduzieren, weil die dafür notwendigen schier endlosen Maisfelder zwischen den Windmühlen auch nicht gerade dem Traum einer ökologischen Landwirtschaft entsprechen. Allein die dazwischen herumlaufenden und streng geschützten Wölfe zeigen dann, dass die Natur wieder in Ordnung ist, so wie Lachse im Rhein Zeugnis von der Reinheit des Wassers ablegen.

Die große grüne Fantasie der sauberen Energieversorgung ist zum flächendeckenden Geschäftsmodell des gigantischen Abzockens von Subventionen geworden. Und diese werden vom Verbraucher bezahlt. Kein Wunder, dass Deutschland beim Strompreis europaweit ganz vorn liegt. Die Effektivität der Windräder ist dafür eher lau, hoch bezuschusst und hoch ineffizient.

Windenergie trägt mit gerade mal 3,1 Prozent (2018, gegenüber 2,8 Prozent 2017) zum Primärenergieverbrauch bei. Dazu waren knapp 30 000 Windmühlen nötig. Bei einer Gesamtfläche der Bundesrepublik Deutschland von 357 386 Quadratkilometern kommt damit eine Mühle auf knapp 12 Quadratkilometer. Und nicht immer drehen diese sich – dafür muss eine gewaltige Reservearmee an konventionellen Kraftwerken in Bereitschaft gehalten werden. Oder man muss eben den Atomstrom aus Frankreich oder Tschechien importieren. Eine echte Luftnummer, bezahlt durch Mondpreise für Strom.

Wollte man – bei heutiger Technik – den Anteil der Windenergie etwa verzehnfachen, bräuchte man bei der gegenwärtigen Durchschnittsgröße 300 000 Windräder, bei 100 Prozent Windenergie also etwa eine Million. Das wären dann auf jedem Quadratkilometer Bodenfläche in Deutschland knapp drei Windräder; in den landwirtschaftlichen Gebieten, den Wäldern, Bergen, Seen und Städten, überall.

Diese absurde Rechnung, diesmal nicht von den Klima-Hochrechnern aus Potsdam, ist nicht weniger absurd als die Annahme, nach dem Atomausstieg auch noch aus den fossilen Energien auszusteigen und mit CO_2-freien Energien den Bedarf eines dicht besiedelten Industriestaates wie der Bundesrepublik Deutschland decken zu können.

»Grüne dürfen träumen, das gehört zu ihrer DNA. Sie dürfen sich auch in apokalyptischen Visionen gruseln. Doch wenn der Rest der politischen Klasse mitträumt, wird es ernst. Und Gretas ansteckende Panik wird unser Problem«, schrieb ich zu ihrem Auftritt beim UN-Klimagipfel am 23. September 2019 in New York.

Am Straßenrand der Geschichte

»Immer, wenn ich merke, dass ich grämliche Falten um den Mund bekomme, immer wenn müder, nieselnder November meine Seele erfüllt, wenn ich mich dabei ertappe, wie ich unwillkürlich vor Sargmagazinen stehen bleibe und hinter jedem Leichenzug hertrotte, der mir begegnet; ganz besonders aber, wenn Gift und Galle in mir so überhandnehmen, dass ich all meine moralischen Grundsätze aufbieten muss, um nicht auf die Straße hinauszulaufen und den Leuten mit vollem Bedacht ihre Hüte herunterzuschlagen – dann halte ich's für allerhöchste Zeit, zur See zu gehen, und zwar sofort. Das ersetzt mir den Pistolenschuss.«

Was für den Erzähler Ismael in *Moby Dick* der nieselnde November, war für mich schon immer der endlose Februar, zum Glück wenigstens ein kurzer Monat. Wer im lausigen Monat Februar keine Depression hat, so pflegte ich zu sagen, der hat einen psychischen Schaden. Deshalb machte ich mich seit Jahrzehnten im Februar auf die Reise in wärmere Gefilde.

Asien, Afrika, Karibik, Mittel- und Südamerika, Australien, Neuseeland oder die Südsee waren meine Februareskapaden. Im beginnenden Jahr 2020 war es zunächst ein Besuch – verbunden mit Dreharbeiten – bei meinem alten Freund und Nachrichtenhändler Frank Peter Heigl auf der Karibikinsel St. Barth, die er sich für seinen Ruhestand ausgesucht hatte. Dann ging es kurz zurück ins Februar-Deutschland, nur um schnell wieder die Flucht zu ergreifen, diesmal nach Washington, D. C., wo ein Freund von mir mit einigem Aufwand heiraten wollte.

Corona lag schon in der Luft, und so wollte meine Frau Katrin lieber zu Hause bleiben. Tochter Antonia, reiselustig wie eh und je, wollte mal wieder mit. Eigentlich hatten wir geplant, anschließend nach Honduras zu fahren und den überwucherten Ruinen der legendären »Weißen Stadt« im Dschungel von La Mosquitia einen Besuch abzustatten. Immerhin hatte Antonia zwei Jahre zuvor auf der Terrasse eines Hotels in Windhoek das Buch *Die Stadt des Affengottes* gelesen und plötzlich entdeckt, dass die Beschreibung eines »Produzenten aus Hamburg«, der bei der ersten Suchexpedition einen Film gedreht hatte, irgendwie auf ihren Vater passte.

Leider war die Möglichkeit, sich im Dschungel von Mosquitia mit der Tropenkrankheit Leishmaniose zu infizieren, inzwischen bekannt. Im Gegensatz zu meiner ersten Dschungeltour im Jahr 1994 ließ man sich mittlerweile von der Infektionsgefahr abschrecken. Also flogen wir nach Washington – da meldete sich Corona. Wir nahmen noch ohne Mund- und Nasenschutz an der Hochzeit von Teresa Carlson und André Pienaar teil, und ich wäre gern noch nach Florida oder in die Karibik gefahren, doch meine vernünftige Tochter wollte in Anbetracht der anrollenden Corona-Welle lieber nach Hause.

Das war es dann mit den Reisen. Immerhin konnte man gut auf dem Land sitzen, die Vergangenheit Revue passieren lassen und die in den vergangenen Jahren erlebte Zeitreise rekonstruieren. Und nebenbei verfolgte ich die Entwicklung einer Pandemie und ihrer gesundheitlichen, politischen, gesellschaftlichen und wirtschaftlichen Nachfolgewellen, die immer höher, immer unkalkulierbarer und immer maßloser wurden.

Ich selbst war privilegiert in diesem Jahr. Niemals zuvor hatte ich eine so lange Zeit auf unserem Hof zugebracht, ein paar Dinge dort in Ordnung gebracht, ein paar Pferde verkauft, konnte jeden Tag ausreiten und zwischendurch am Schreibtisch sitzen und mich in die Berge von Aktenordnern mit Briefen, Notizen, Recherchen, Filmtexten und Artikeln der eigenen Vergangenheit vertiefen. Und häufig fielen mir dann Szenen und Ereignisse ein, die ich längst vergessen zu haben glaubte. Manchmal reicht ein kleiner Schlüssel aus, um den Speicher des Gedächtnisses zu öffnen. Es wurde mir von Tag zu Tag deutlicher bewusst, welches Privileg es war, als »so eine Art Journalist«, wie ich immer gern gesagt hatte, am Straßenrand der Geschichte zu stehen. Ein wenig wie Forrest Gump in dem gleichnamigen Film, ein bisschen doof – aber immer dabei.

Die Töchter Antonia und Emilie waren inzwischen erwachsen und selbstständig geworden, Antonia machte Filme wie ihr Vater, und Emilie musste alles durchziehen, was ihr Vater nicht geschafft hatte, und das auch noch freiwillig: Pferde über hohe Hindernisse reiten, Jura studieren und dann noch einen Flugschein machen. Katrin war inzwischen Beziehungstherapeutin geworden und konnte dabei von gut 40 Jahren eigener Erfahrung profitieren.

Durch die ungewohnt lange Zeit, die ich nun – dank Corona – auf dem Hof mit den Pferden zubrachte, wurde mir langsam klar, dass sich die Freude daran über die Jahre auch ganz wesentlich in meinem Kopf abgespielt hatte. So wie der Spaß an einem Oldtimer, den man einmal im Jahr in der Garage bewundert und über den man sich den Rest des Jahres freut. Aus der Entfernung verklärt sich das Bild. Da gab es einiges zu tun, und ich dachte, ich könnte mich jetzt endlich einmal dem eigenen Betrieb widmen.

Dann bekam ich plötzlich eines Abends im August 2020 eine E-Mail von Nico Hofmann, für dessen UFA ich gemeinsam mit meinem Kollegen Daniel Bäumler eine lange Dokumentation über Hannelore Kohl gemacht hatte. Der Film lief am 1. Mai 2020 in der ARD und hatte eine enorme Resonanz gehabt. Nico schrieb: »Ich habe eine Anfrage zum Thema Angela Merkel für eine mehrteilige Serie; meines Erachtens geht das Ganze allerdings nur dokumentarisch.« Ob ich Lust auf ein solches Vorhaben hätte?

»Na klar«, antwortete ich spontan, ohne so richtig darüber nachzudenken, was ich mir da wieder aufgehalst hatte. Ich schrieb ein Exposé – in der Annahme, dass es im kommenden Jahr, dem letzten ihrer Amtszeit, schon möglich sein müsste, die Kanzlerin bei ihren öffentlichen Auftritten zu begleiten. Der Film würde mit Dokumentarmaterial, angereichert durch Interviews mit Wegbegleitern, Angela Merkels Weg in die Politik, ihren Aufstieg zur Macht, ihre Politik und die Veränderungen des Landes während dieser Zeit beschreiben. Zum einen wollten wir das letzte Jahr ihrer Kanzlerschaft so nah wie möglich mit der Kamera begleiten. Ein Reporter und Kameramann würde sich akkreditieren und »Das letzte Jahr« auf allen Ereignissen, bei denen aktuelle Berichterstattung möglich war, filmen. Anfang des Jahres 2021 wollten wir beginnen und Angela Merkel als Kanzlerin bei offiziellen und inoffiziellen Ereignissen, öffentlichen Auftritten und durch den Wahlkampf beobachten – und mit ihrem Abtritt als Kanzlerin enden. Diese Aufnahmen sollten sich wie ein roter Faden durch alle vier oder sechs Teile ziehen, unterbrochen von Rückblicken auf die verschiedenen Phasen ihres Lebens.

Ich hatte nicht die Absicht und nicht die Illusion, irgendeinen speziellen Zugang in die Nähe der Kanzlerin zu bekommen, auch wollte ich nicht um ein Interview nachfragen. Was und wie sie antwortet, wusste ich aus früheren Interviews, auch aus einigen, die ich selbst gemacht hatte. Ich wollte aus der Distanz heraus ihre Geschichte erzählen, eine Geschichte, die ich selbst aus meiner eigenen journalistischen Perspektive über Jahre beobachtet hatte. Deshalb wollte ich gar keine Sondergenehmigungen; allzu viel Nähe bedeutet bei Politikern auch allzu viel Kontrolle. Abgesehen davon konnte ich mir auch nicht vorstellen, dass Merkel nun ausgerechnet mich mit einem Kamerateam in ihren abgeschirmten inneren Kreis hineinlassen würde. Also musste ich gar nicht erst anfragen.

Interviewpartner wollte ich nur danach auswählen, ob sie Teil der Geschichte waren. Es sollten Beteiligte befragt werden, keine politischen Analytiker. Manches musste neu recherchiert werden, anderes hatte ich schon in meiner Zeit bei *Spiegel* TV, dann beim *Spiegel* und danach als Kolumnist und Herausgeber der *Welt* miterlebt, beschrieben oder kommentiert.

Über ihre Kindheit, Schule und Studium in der DDR, ihre Beziehung und die ihrer Familie zum Machtsystem der SED gibt es verhältnismäßig wenig. Die Wendezeit, beginnend mit dem Bürgerprotest bis zum Fall der Mauer, kannte ich aus der *Spiegel TV*-Zeit recht gut. Und nirgendwo dürfte es so viel hervorragend gedrehtes Filmmaterial geben wie im Archiv von *Spiegel TV*. Von Anfang an war für mich klar, dass es ohne meine alte Firma nicht möglich war, ein solches Projekt filmisch umzusetzen.

Wie hat Angela Merkel die Kanzlerschaft der Bundesrepublik übernommen, wie hat sie das Land geführt, wie wird sie das

Land hinterlassen? Welche Rolle spielen die permanenten Meinungsumfragen, die vom Kanzleramt ständig ausgewertet werden – mehr als jemals zuvor. Diesen Fragen würde die Serie in einem erzählerischen Ton auf den Grund gehen, mit Achtung vor Angela Merkels Leistungen und zugleich kritisch. Das politische Abenteuer einer Frau aus dem Osten mit einem kirchlich-sozialistischen Hintergrund, angepasst an das System der DDR, die in der Wendezeit ihre Chance ergreift und sich nach oben an die Spitze einer Partei kämpft, mit der sie ursprünglich kaum Übereinstimmungen hatte.

Über das Projekt informieren wollten wir das Kanzleramt schon. Ich schrieb an Regierungssprecher Steffen Seibert, skizzierte kurz den Inhalt und die geplante Vorgehensweise und fragte nach öffentlich zugänglichen Terminen. Seibert antworte: »Es ist bislang leider noch nicht absehbar, wann im kommenden Jahr wieder Termine oder Reisen der Bundeskanzlerin stattfinden, die eine Pressebegleitung vorsehen.« Er nannte uns einen Ansprechpartner im Kanzleramt und fügte handschriftlich hinzu: »Mit bestem Gruß und guten Wünschen für eine gesunde und friedliche Weihnachtszeit Ihr Steffen Seibert.«

Da waren wir schon im Lockdown. Und das Projekt, das die Tätigkeit der Kanzlerin im letzten Jahr ihrer Amtszeit als roten Faden haben sollte, musste zunächst auf die neue Lage eingestellt werden. Eine Begleitung der Kanzlerin bei Reisen und öffentlichen Auftritten wurde schon in Ermangelung von Reisen und öffentlichen Auftritten obsolet. Wir entschieden uns, erst einmal das vorhandene Material über Merkels Weg zur Macht zu verarbeiten.

Plötzlich war ich mit meiner alten Firma wieder in einem Boot – und damit auch mit einigen meiner alten Kollegen, der Cutterin Ute Kampmann, die sei 1990 bei *Spiegel TV* arbeitete, und Katrin Klocke, seit 1988 dabei. Gemeinsam waren wir damals in die Untiefen der DDR-Vergangenheit abgetaucht, hatten recherchiert und manches über die Stasi-Vergangenheit von

Politikern wie Wolfgang Schnur, Lothar de Maizière und Manfred Stolpe ans Licht befördert. Viele der Materialien, die wir für die Geschichte um und mit Angela Merkel brauchten, hatten wir zusammen oder gemeinsam mit anderen *Spiegel TV*-Reportern in gut 20 Jahren zu Sendungen verarbeitet. Und alle Rohmaterialien waren noch da, sorgfältig archiviert von Ulrich Meyer, dem Hüter der Schätze aus Beta-Videokassetten von 1988 bis 2020. Also stürzten wir uns erst einmal in die Archivarbeit.

In dem neuen *Spiegel*-Gebäude hatte ich bis dahin nie gearbeitet. Es war erst nach meinem Ausscheiden aus dem Verlag bezogen worden. Jetzt stand es fast vollständig leer: Homeoffice. Nur mit einer Sondergenehmigung durfte ich mit der Cutterin Ute Kampmann vor Ort im Schneideraum arbeiten. Katrin Klocke wurde aus ihrer Wohnung zugeschaltet. Nur gelegentlich tauchte in den Büro- und Schneideräumen irgendein gut maskierter *Spiegel TV*-Redakteur auf. Einen Redakteur des Printmagazins sah ich den gesamten Januar und Februar hindurch nicht.

Aber Archivar Ulli Meyer stand jederzeit zur Verfügung, um Filmmaterial aus den letzten drei Jahrzehnten bereitzustellen. Alle Magazin- und Reportagesendungen seit Beginn von *Spiegel TV* am 8. Mai 1988 waren vorhanden und nach Minuten und Sekunden genauestens archiviert. War irgendein Bild in einem Beitrag so interessant, dass wir sehen wollten, was der Kameramann damals vor oder nach der Szene noch gedreht hatte, so fragten wir nach dem Ursprungsmaterial. Binnen weniger Minuten hatte Ulli Meyer die Kassette parat.

So wurde der Schnitt zu einer weiteren Zeitreise: in die Vergangenheit von *Spiegel TV*. Manchmal entdeckten wir Szenen oder Interviews, die wir längst vergessen hatten. Als wir etwa die Filme aus dem Jahr 1993 durchsahen, stießen wir auf einen Beitrag über die damalige Wirtschaftskrise in St. Petersburg, als Lebensmittel aus Deutschland für die Bedürftigen dort gespendet wurden. Der Stellvertretende Bürgermeister sprach im

Interview recht gut Deutsch und kam uns irgendwie bekannt vor. Es war Wladimir Putin – vor seiner Kreml-Karriere.

Manchmal sahen wir uns auch eine ganze Sendung im Schnellgang an und stoppten, wenn wir auf irgendeine schräge Passage stießen, die unser besonderes Interesse weckte. So hatten wir gelegentlich Schwerpunktsendungen gemacht und dabei den Bereich des reinen Fernsehjournalismus bewusst verlassen. Manchmal hatten wir zwischen den einzelnen Episoden Chöre auftreten lassen oder Interviews zur Lage der Nation in öffentlichen Saunen oder sonst wo gemacht. Wir hatten eine Spielwiese auf realpolitischem Untergrund, die wir Woche für Woche nutzten – und die Möglichkeit, die politischen Entwicklungen so zu skizzieren, wie es uns in den Sinn kam. So etwa am Wahlabend des 16. Oktober 1994, als ich die Sendung mit den Worten anmoderierte: »Das ist ja eine schöne Wahl, alle sind glücklich: Kohl, weil er wohl weiterregieren kann, Scharping, weil er nicht regieren muss, Kinkel, weil die FDP noch gut am Fallbeil vorbeigekommen ist. Die Bündnis-Grünen, weil sie wieder drin sind – und wie! –, und natürlich Gysi, weil das rötliche Erbe noch nicht ganz unter den Hammer gekommen ist. Wähler und Wählerinnen scheinen flexibel geworden zu sein, vielleicht weil ihnen auch ziemlich wurscht ist, wer gerade regiert, denn große strategische Zukunftsentwürfe stehen ohnehin nicht zur Debatte. Ein seltsam unbeachteter Wahlkampf dröhnte durch die Republik, und am Rande fand das Leben statt.«

Aus all diesen Materialien von *Spiegel TV* und anderen Quellen bauten wir die chronologische Grundstruktur einer Dokumentation. Im Rohschnitt waren es schon einmal sieben Stunden – ohne ein einziges Interview. Damit würden wir wohl bis zum Ende des Lockdowns warten müssen. Aber auch so ist das Rätsel Merkel rätselhaft genug. Mehr sei hier nicht verraten.

Nur vielleicht, wie das Merkel-Epos beginnen könnte, im Sommer 2017 in ihrer Geburtsstadt Hamburg. Dorthin hatte sie die Regierungschefs der wichtigsten Nationen der Welt zum

G20-Gipfel eingeladen. Zur Begrüßung ließ das Protokoll die Gäste einen nach dem anderen nach Nennung des Namens und der Funktion zum Fototermin aufmarschieren. Raute, lächeln, weiter, der nächste: Angela Merkel, die wichtigste Frau der Welt ließ bitten.

Es war ein Treffen der aktuellen Machthaber aus aller Welt. Einer kam aus den USA und hantierte gern mit Tomahawks, wenn er nicht gerade per Fake-Video auf CNN-Journalisten eindrosch. Ein anderer hat seinen Amtssitz in Moskau, ist Judomeister und unterstützt gern Milizen in der Ukraine und anderswo. Einer war aus Peking angereist, bei ihm werden Oppositionelle gern drangsaliert, eingeschüchtert und eingesperrt; die Todesstrafe wird laut Regierung streng kontrolliert und nur »behutsam« angewandt. Einer kam aus Ankara, hatte im vergangenen Jahr gut 40 000 Leute eingesperrt, einige davon wurden offenbar schwer misshandelt, wenn auch nicht von ihm persönlich. Manche Gäste aus Afrika hatten ihre Macht auch nicht ganz gewaltfrei erobert und ausgeübt. Und einer aus der reichsten Öldynastie der Welt missachtete erkennbar das Vermummungsverbot, ihm wurden schwere Verstöße gegen den Gleichheitsgrundsatz von Mann und Frau sowie Hinrichtungen und Folter vorgeworfen.

Gemeinsam trafen sie sich in der Elbphilharmonie, um den Klängen und dem Libretto von Beethovens 9. Sinfonie zu lauschen: Freude schöner Götterfunken, Tochter aus Elysium.

Es wurde eine Sinfonie der Gewalt.

Die Geheimdienstler hatten das Schlachtszenario korrekt vorausgesagt, ihre V-Männer und V-Frauen in der Roten Flora und anderen humanitären Stützpunkten der linken Szene berichteten detailliert, was sie selbst und ihre Genossen für das große Gewaltfestival vorbereiteten, wobei sie nicht wissen konnten, welche der Genossen echte Genossen, und welche verdeckte Ermittler anderer Dienststellen waren. Dass die Rote Flora brodelte wie ein Vulkan kurz vor dem Ausbruch, war klar. Doch niemand hörte auf die Schlapphüte.

Dafür ging es um zu viel. Die Herrscher der wichtigsten 20 Nationen dieser Welt sollten die Perle an der Elbe vor allem besuchen, um den Weltfrieden, den Welthandel und das Weltklima zu retten.

Für die 20 Potentaten aus aller Welt und ihren Anhang von weiteren etwa 20 000 Sherpas sollten 20 000 Polizisten reichen, was rein rechnerisch einleuchtet – wenn da nur die demokratische Wirklichkeit nicht gewesen wäre: das Demonstrationsrecht. Man wollte nämlich nicht nur alle Konflikte dieser Welt mal eben zwischen Elbe und Alster in Ruhe besprechen, sondern auch noch dagegen demonstrieren lassen. Friedlich natürlich, wie es im Grundgesetz für alle einsehbar steht.

Doch manche wollten nicht lesen, und andere konnten nicht lesen, etwa diejenigen, die aus England, Griechenland oder Italien angereist waren, um mal maßgebend gegen die gewalttätigen Machthaber dieser Welt aufzutrumpfen. Nach der Eröffnung der Elbphilharmonie war der Gipfel schließlich die größte touristische Attraktion, die Hamburg seit Langem zu bieten hatte. Hier gab es nicht nur einen »König der Löwen« zu bestaunen, sondern mindestens ein Dutzend. Und jeder durfte mitsingen und mittanzen. Ein hanseatisches Happening der multikulturellen Vielfalt, bei dem alle fröhlich mitmachen konnten. Zwischen Regenbogen und schwarzem Block verschwammen die Grenzen.

Die Sonne schien, und in der Hitze der Sitzblockaden erschienen polizeiliche Wasserwerfer, ihre H_2O-Kanonen auf sanften Duschmodus gestellt, und brachten Erfrischung. Derweil schwitzten die 20 000 Polizistinnen und Polizisten in ihren Rüstungen für den Straßenkampf, mussten sich als Bullinnen und Bullen titulieren lassen, und entwickelten sich aufgrund der mangelnden Erreichbarkeit der wirklichen Gegner zum Ersatzfeind. Standen sie am Rande, dann bedrohten sie die Demonstrationsfreiheit und verkörperten in ihrer Massierung den Polizeistaat. Griffen sie zu oder an, so wurden sie von tausenden auf Videomodus gestellten Smartphones dabei beobachtet. Big

Brotherhood entgeht nichts. Griffen sie nicht an oder ein, beschwerten sich gleich oder hinterher die Auto- oder Ladenbesitzer, deren Eigentum demonstrativ abgefackelt wurde.

Und die friedlichen Demonstranten der großen Regenbogen-Koalition für das Gute in der Welt, gegen Kohle und für die Liebe, für Klimaschutz und gegen Massentierhaltung, für die Dekonstruktion der Geschlechtergrenzen und die Abschaffung des globalen Kapitalismus, sie lieferten die Kulisse für einheimische und zugereiste Gewaltpazifisten. In kleinen Rucksäcken hatten diese modernen Wandervögel ihre Wendejacken, Sonnenbrillen und Stahlkugel-Zwillen dabei, zogen sich blitzschnell um und verwandelten sich so wie ein Chamäleon vom friedlichen Demonstranten zum Hass-Subjekt. Und umgekehrt. Vereint marschieren, getrennt schlagen. Oder frei nach Schillers *Ode an die Freude*: Alle Guten, alle Bösen folgen dieser Rosenspur.

Und während die Staatsgäste in der Elbphilharmonie dem Götterfunken der 9. Sinfonie Beethovens lauschten, zündelten die Brüder draußen – feuertrunken von offenbar vorher zumindest mental getrunkenen Molotowcocktails. Es war die passende Musik zum großen Spiel. Schiller hatte das Gedicht mit 26 Jahren geschrieben und angeblich vor Begeisterung über sich selbst fünf Weingläser aus dem Fenster geworfen. Sein Bewunderer Beethoven vertonte das Gedicht dann, angeblich aus Verehrung für alles, was er sich von seiner Musik erträumte: Radikalität, Freiheitsrausch und den hohen Ton.

Als der Kampfnebel sich zum Ende des Wochenendes lichtete, begann die Suche nach den Schuldigen. Immerhin, und dafür konnten alle Beteiligten und Unbeteiligten echt dankbar sein: Es gab keine Toten. Und das war pures Glück.

Wir hatten für unseren Sender, inzwischen auf *Welt* umgetauft, eine lange Reportage über diese »Sinfonie der Gewalt« gedreht, von Anfang bis Ende unterlegt mit Ton und Musik des Konzertes für Angela Merkels Gäste.

Damit wollten wir die filmische Reise durch das Leben der

Kanzlerin beginnen – in Kooperation mit *Spiegel* TV und gemeinsam mit Katrin Klocke, meiner langjährigen journalistischen Wegbegleiterin.

So war ich in der aktuellen Phase meiner persönlichen Zeitreise wieder da angekommen, wo ich vor nunmehr 30 Jahren meine journalistisch aufregendste Zeit verbracht hatte, bei *Spiegel TV*. Und draußen war Lockdown, mit all seinen Freiheitsbeschränkungen. Gerade war beim jüngsten Corona-Gipfel eine neue Inzidenzmarke ausgerufen worden, die jetzt für Öffnungen bei der Zahl 35 lag. Das kam mir inzwischen vor wie beim Sport, wo die Messlatte immer höher gelegt wird, damit man sich noch mehr anstrengen muss. Fast konnte man glauben, dass mancher Politiker eine heimliche Freude an diesem Lockdown entwickelt hatte, solange er für die Bevölkerung galt und nicht für ihn selbst. Tatsächlich war es aber wohl so, dass es sehr viel einfacher war, über Verordnungen und Richtlinien zu regieren anstatt über praktisches Handeln, mit dem zum Beispiel bestimmte Altersgruppen zwar nicht vollständig, aber doch sehr viel besser hätten geschützt werden können.

Alters- und Pflegeheime sind nicht durch eine Anordnung von oben zu schließen wie Kindertagesstätten, Schulen, Restaurants oder Geschäfte. Aber die Infektionsgefahr verringern könnte man schon, wenn Insassen und Besucher regelmäßig getestet würden, wenn das Personal in ohnehin leer stehenden Hotels zeitweise wie in Quarantäne untergebracht würde. Das wäre aufwendig und teuer – aber nichts im Vergleich zu den Folgekosten eines flächendeckenden Lockdowns. Aber pragmatisches Handeln ist offenbar nicht mehr so angesagt. Die Erfahrungen aus der Corona-Pandemie dürften noch viel Stoff für Recherchen geben.

Die Corona-Krise verstärkte auch eine Entwicklung, die mich seit Jahrzehnten beschäftigt: Die Achse der Welt verlagert sich von West nach Ost. Immer wieder habe ich deshalb China besucht und dort sowohl mit einfachen Leuten als auch mit der bekanntesten Schauspielerin des Riesenreichs und mit einem Staats- und Parteichef gesprochen. Im chinesischen Wuhan hat die Pandemie ihren Ausgang genommen. Doch während der Westen zwischen Lockdowns und Lockerungen pendelt, feiern die Chinesen wieder und läuft ihre Wirtschaft besser denn je. Der mächtigste Mann der Welt ist heute nicht mehr der Präsident der USA, sondern Chinas Führer Xi Jinping. Stoff für ein eigenes Buch. Deshalb habe ich genau dies geschrieben, gemeinsam mit meinem Freund und Kollegen, dem China-Experten Adrian Geiges: *Xi Jinping – der mächtigste Mann der Welt* erscheint in Kürze.

Es sind Entwicklungen, die unsere Zukunft prägen werden – auch die Zukunft unseres liberalen demokratischen Systems. Angesichts unserer hiesigen Corona-Maßnahmen ist eine gewisse Faszination mancher Medien, mancher Wissenschaftler und mancher Politiker, mit der die drastischen Einschränkungen der Freiheit in China betrachtet werden, unübersehbar. Sicherheit scheint vielen wichtiger als Freiheit. Wie leichtfertig mit den Grundrechten und der Freiheit des Einzelnen umgegangen wird und wie viele das, ohne zu murren, akzeptieren, ist für mich – neben der realen Gefahr durch das Virus – die erschreckendste Erfahrung des Corona-Jahres. Als Angehöriger des Jahrgangs 1946 gehöre ich zur »Generation Glück gehabt«. Gezeugt und geboren im Frieden, aufgewachsen mit mehr Freiheit als je eine Generation der Deutschen zuvor, groß geworden in einer Zeit wachsenden Wohlstandes, ausgestattet mit allen Chancen für einen individuellen Aufstieg, gereist durch fast alle Länder der Welt. Da werden wir uns auch durch COVID-19, seine Mutanten und deren Panikapostel nicht unterkriegen lassen.

Bis Mitte des Jahres 2021 soll der Film über Angela Merkel fertig sein, ebenfalls eine Zeitreise. Und dann? »I'll cross the bridge when I reach it.« Das war einer meiner Grundsätze, seit Jahren. Und: »Man is a problem solving animal«, der Mensch ist ein problemlösendes Tier. Und an Problemen gibt es ja genug. Langweilig wird es nie auf dieser Zeitreise, die das Leben ist, bei den Beobachtungen am Rande der Geschichte.

Bildnachweis

Seite 1, 2, 3, 4, 5, 6, 7, 8 oben, 15 oben, 20 oben, 22 oben, 30, 31, 32 unten: © privat
Seite 8 unten: aus *Panorama*-Beitrag
Seite 9: © *konkret*-Redaktion
Seite 10: © Rami Cohen
Seite 11: © Gisela Groenewold
Seite 12: © Günter Zint
Seite 13: © Sigrid Rothe
Seite 14: picture-alliance/dpa | Cornelia Gus
Seite 15 unten: picture alliance/dpa | Konrad Giehr
Seite 16 oben: picture-alliance/dpa | Chris Hoffmann
Seite 17 oben: aus dem Kommentar zum Mauerfall bei RTL Aktuell
Seite 18: Teutopress
Seite 19 oben: © Pavel Kassin
Seite 19 unten: © Thomas Schäfer
Seite 20 unten: *Spiegel*-Archiv
Seite 21: *Spiegel*-Archiv
Seite 22 unten: *Hamburger Morgenpost*
Seite 24 oben: © Monika Zucht
Seite 24 unten: © Pavel Kassin
Seite 26 oben: Archival Operations Division, NARA
Seite 25 oben: © Frank Franke
Seite 25 unten: © Detlef Konnerth
Seite 28: © Sean Gallup/Getty
Seite 29: © Sean Gallup/Getty
Seite 32 oben: © Michael Poliza

Wir haben uns bemüht, alle Rechteinhaber ausfindig zu machen. Leider ist dies nicht in allen Fällen gelungen. Rechteinhaber, die nicht ermittelt werden konnten, bitten wir, sich beim Verlag zu melden. Berechtigte Ansprüche werden selbstverständlich angemessen abgeglichen.

Personenregister

Abdaoui, Achref 611
Abu Walaa 609 ff.
Adenauer, Konrad 46, 179, 620 f.
Adolphsen, Helge 479
Affolter, Therese 233
Aga Khan, Karim 144
Ahlers, Konrad 574
Ahmadinedschad, Mahmud 209–212
Al-Balawi, Humam 561 f.
Albertz, Heinrich 53, 553
Albrecht, Susanne 144, 306 f.
al-Gaddafi, Muammar 220
al-Zawahiri, Ayman 562
Alt, Franz 253
Amend, Christoph 543
Amri, Anis 431, 607–618
Anda, Béla 501
Andang, Ghalib 443
Anders, Bill 70 ff.
Antonowa, Irina 417, 483 f.
Arafat, Jassir 176

Armstrong, Neil 90, 390
as-Sayeh, Souhaila Sami Andrawes 385
Assmann, Karin 337
Augstein, Anna 457
Augstein, Franziska 439, 459 ff., 478–481, 504, 509 f., 525
Augstein, Friedrich 462
Augstein, Gertrude-Maria 462
Augstein, Jakob 439, 478, 481, 493
Augstein, Josef 112 f.
Augstein, Julian 439
Augstein, Maria Sabine 439
Augstein, Rudolf 31, 91, 99, 111–114, 117–122, 126, 171, 175 f., 218, 252–255, 261 f., 286, 290, 304 f., 369 f., 374, 377–380, 384, 387 ff., 398 ff., 404 ff., 409 ff., 425–429, 444, 456–464, 471, 475–481, 485, 505, 510, 541, 544, 595, 599 ff.

Aust (Familie)
- Albert (Großvater) 11–17, 21 ff., 26 ff., 36 f., 70, 229
- Antonia (Tochter) 229, 304, 380, 468, 529 f., 546, 628 f.
- August Hartig (Großvater mütterlicherseits) 22
- Christian (Bruder) 25
- Curt Müller (angeh. Onkel) 16 f., 21
- Elisabeth (Schwester) 25
- Elisa (geb. John, Großmutter mütterlicherseits) 22
- Elsa (Großmutter mütterlicherseits) 40
- Emilie (Tochter) 229, 546, 603, 629
- Erika (Tante) 21
- Helmut (Onkel) 18–21, 36, 235
- Hinrichs-Aust, Katrin (Ehefrau) 228, 235, 380, 455, 466, 516, 520, 546, 592, 603, 628 f.
- Ilse (Familie) 117
- Ilse (Mutter) 21–25, 29 f., 38, 70, 90, 114 ff.
- Ilse (Tante) 16, 21, 36
- Jan (Vetter) 19, 262
- Martha (Großmutter väterlicherseits) 36
- Martin (Bruder) 25
- Peter (Vetter) 21
- Reinhard (Vater) 15–27, 30 ff., 35 ff., 42, 70, 90, 116
- Reinhard (Vetter) 16, 21
- Roland (Onkel) 22
- Rolf (Onkel) 22, 36
- Ruth (Tante) 22 f., 36
- Sybille (Schwester) 25
- Thomas (Vetter) 16, 21
- Valerie (angeh. Tante) 22

Ayers, Bill 87

Baader, Andreas 64 f., 98–102, 105–114, 125, 129 ff., 138, 155, 179 f., 230, 233, 527 ff., 553
Bachmann, Josef 57 ff.
Bäcker, Hans-Jürgen 108, 112
Balogh, Chandor 302
Baron, Johanna 366 f.
Barschel, Uwe 237–250, 257, 263, 359, 578
Bartels, Dr. (Schuldirektor) 39
Barth, Ariane 297, 302
Barzel, Rainer 111, 118
Basson, Wouter (»Dr. Death«) 250 f.
Batrak, Andrej 287, 323, 326–329
Baumann, Bommi 50 f., 234
Baum, Gerhart 151, 198 f.
Bäumler, Daniel 519, 552, 630
Beate, Schwarz 332
Becker, Boris 350
Becker, Claus 307
Becker, Gerd 314 f., 321
Becker, Hans Detlev 405
Becker, Jillian 227
Bednarz, Klaus 253, 362

Beer, Henning 193
Beer, Wolfgang 190–193
Beerbaum, Ludger 468
Bemis, Gregg 449 f.
Berenson, Marisa 143 f.
Berg, Alan 433
Berg, Sven 258
Berger, Erika 351
Berger, Marco 351
Bergmann, Simone 70, 74, 83, 86, 89, 100 f., 104, 107 f.
Beust, Ole von 479
Beyer, Uwe C. 565
Biester, Germar 323
Binder, Heinz Georg 320
Bin Laden, Osama 552–556, 562 f.
Bin Zeid, Ali 561
Bismarck, Fried von 455, 458 f., 462, 535–538
Bissinger, Claudia 258
Bissinger, Manfred 52, 95, 379, 404, 481, 564
Black, Cofer 563
Blair, Tony 424
Bleibtreu, Moritz 527
Blobel, Klaus Peter 347 f.
Blum, Jochen 441
Bogdanski, Günter 161, 213
Böhme, Erich 176, 255 ff., 373 ff.
Böhme, Ibrahim 317, 503
Böhme, Larry 377, 459
Böhnhardt, Uwe 353–359, 430 ff., 436 f., 578–585

Bölling, Klaus 234
Bölsche, Jochen 264
Bönisch, Georg 369 f., 383, 399
Boock, Peter Jürgen 144 f., 154
Borcke, Maria von 569
Börne, Ludwig (Juda Löb Baruch) 461
Bortfeldt, Wolfram 258
Bott, Gerhard 122
Brandt, Tino 355–359
Brandt, Willy 111, 122
Brasch, Thomas 226–229
Brauer, Max 14
Braun, Manfred 564 f.
Braun, Wernher von 71 f.
Brautlecht, Steffen 258
Brawand, Leo 391
Brinkbäumer, Klaus 444 ff.
Brock, Nicole 307
Broder, Henryk M. 41, 389, 498
Bruch, Volker 65
Buback, Siegfried 180, 529
Bubeck, Horst 155
Bubis, Ignatz 356
Büchel, Helmar 138, 258, 513, 548, 578, 589, 606 f., 610
Buchwaldt, Achaz von 343, 468
Buchwaldt, Elisabeth von 468
Buddenberg, Wolfgang 124
Bührig, Marco 530
Burda, Hubert 305
Burgdorf, Stephan 259
Burger, Marléne 250

Buschmann, Christel 323
Bush, George sen. 482
Bush, George W. 482, 554 ff.

Carlos (Ilich Ramírez Sánchez) 220–223
Carlson, Teresa 629
Caroline, Larry 75
Carter, Ashton 618
Castro, Fidel 148
Ceaușescu, Nicolae 273, 298, 301
Chávez, César 83
Christiansen, Sabine 499
Clarke, Richard 554 f.
Cleaver, Eldridge 82 f., 93 f.
Cleaver, Kathleen 82
Clement, Wolfgang 504
Clinton, Bill 423 ff., 554
Clinton, Hillary 426
Cohn-Bendit, Daniel 234
Cordes, Rudolf 247
Cortés, Hernan 423

Dahl, Harry 182–187, 193
Darnstädt, Thomas 471, 485, 507 f., 514–518, 524 f., 540
Deckenbrock, Maggie 274
Deffarge, Marie-Claude 148
Detrois, Ulrich 435
Deutsch, Maria 302
Dienel, Thomas 334 f., 355
Diestel, Peter-Michael 306, 398
Dillmann, Gabriele (verh. von Lutzau) 149–153

Doerry, Martin 440, 516 f.
Dohrn, Bernardine 87
Domnick, Hans 79
Döpfner, Mathias 492, 495, 567, 571 f., 575, 592, 601
Dornemann, Michael 352
Dubček, Alexander 54
Durrani, Asad 563
Dutschke, Gretchen 54 f., 59 f.
Dutschke, Hosea-Che 54, 58
Dutschke, Rudi 45, 54–61, 575
Duve, Tamara 258
Dylan, Bob 87, 172

Ebeling, Thomas 567–570
Ebeling, Werner 28 ff.
Edel, Uli 526–530, 545–548
Eichinger, Bernd 48, 65, 386, 499 f., 511 f., 519, 526, 530, 545–548
Eichinger, Katja 500, 528 f.
Eichwede, Wolfgang 416
Elkins, Steve 419, 422 f.
Engelhardt, Heinz (Generalmajor) 292
Engholm, Björn 237–242, 249, 423
Ensslin, Gudrun 50–53, 64 f., 101 f., 113, 125, 129 ff., 137–140, 155, 180, 230, 233, 527 ff., 553
Ensslin, Helmut 64 f.
Eppelmann, Rainer 293 f., 313 f.
Erhard, Ludwig 621

Eschwege, Alexander von 171f., 177
Escobar, Pablo 337

Falin, Walentin 286, 289
Farah Diba, Kaiserin von Persien 47ff.
Fassbinder, Rainer Werner 156
Faßler, Kristina 570
Faymann, Werner 594
Feiler, David 584
Fernstädt, Hans 124f.
Fest, Joachim 39, 479
Fichtner, Ulrich 471
Filbinger, Hans 159–164
Fink, Betina 258
Fischer, Joschka 427f., 444, 496ff., 502, 622
Flimm, Jürgen 232f., 520
Fonda, Jane 76
Frank, Mario 518f., 525f., 533–539, 548
Franz, Horst 220ff.
Friedrichs, Hanns Joachim 281, 385f.
Fritsche, Klaus-Dieter 586
Fritzenkötter, Andreas 408
Fröhder, Christoph Maria 255
Funk, Werner 255, 275, 373–377

Gabriel, Sigmar 589f.
Gagarin, Juri 71
Gatter, Peter 237
Gauck, Joachim 314, 590
Gaus, Günter 121
Gaviria, César 335
Gedeck, Martina 527
Gehlen, Arnold 405
Geiger, Hansjörg 315, 321
Geiges, Adrian 552, 639
Geldof, Bob 463
Gelli, Licio 248
Genscher, Hans-Dietrich 112, 120, 194, 269
Georgiades, Elisa 249
Georgiades, Tony 249
Gerassimow, Gennadi 271
Giani, Paul Leo 464, 567
Gill, Karl 485
Giusti, Anna 413
Goebbels, Joseph 458
Goebbels, Magda 456
Goldmann, Klaus 483
Gonzales, Martin B. 80
Gorbatschow, Michail 270f., 283, 286f., 323–326
Gould, Chandré 250
Goya, Francisco de 416
Grabowski, Holger 259
Gracia Patricia, Fürstin von Monaco 248
Graf, Steffi 350
Grams, Wolfgang 360–368
Grass, Günter 388f., 494
Gresz, Maria 258–261
Groenewold, Kurt 217, 231
Gröger, Walter 158f., 162
Guevara, Che 89, 148
Gundlfinger, Anton 213

Guttenberg, Karl-Theodor zu 565
Gysi, Gregor 503, 634

Haberbusch, Kuno 202, 256
Hachmeister, Lutz 404, 493, 498
Haig, Alexander 189
Haller, Michael 595
Hanfeld, Michael 525, 535 ff., 540
Hanks, Tom 349
Hanna (K.) 102–106
Hano, Horst 122
Hanson, Elizabeth 562
Happel, Ulli 122
Harms, Adolf 159
Harry, Herzog von Sussex 572 f.
Hartig, August
 siehe Aust (Familie)
Hartung, Klaus 257
Hasse, Edgar (Major) 315 f.
Hasselmann, Wilfried 264
Hauff, Reinhard 232
Hayden, Michael 557, 560
Hayden, Tom 76 f., 557
Heidegger, Martin 405
Heidemann, Gerd 212–219
Heiden, Konrad 521 f.
Heigl, Frank Peter 156 ff., 164–168, 173–177, 223, 236, 244, 248, 467, 628
Heine, Heinrich 477, 517, 623
Heinze, Doris 511

Hell, Peter 441
Herfurth, Dieter 202, 258, 327 ff., 335, 400, 412
Herold, Horst 190, 198 f.
Herrendörfer, Christian 40
Herres, Sabine 259
Herzog, Marianne 99
Heß, Rudolf 355 ff.
Heß, Timo 582
Hesse, Hermann 620
Heuer, Rolf 40 f.
Hewitt, Ray 84, 93
Hilliard, David 82
Hilton, Barron 70, 143
Himmler, Heinrich 458
Hinrichs, Gaby 396
Hinrichs, Lotte 396
Hirsch, Ralf 313
Hitler, Adolf 71, 212–219, 355, 386 f., 411, 454–458, 573
Hobbes, Thomas 131
Hochhuth, Rolf 159
Höcke, Björn 462
Hoffman, Abbie 77
Hofmann, Gerhard 505
Hofmann, Nico 630
Hogefeld, Birgit 360, 363
Homann, Peter 51 ff., 68, 86, 92, 98–103, 107–113, 529
Honecker, Erich 269–274, 604
Huber, Britt 174
Huber, Georg Dieter Joachim 173–177
Hussein, Saddam 206, 482, 555 f.

Ickler, Theodor 494
Ihlau, Olaf 376, 407 f., 424, 444 ff.
Irmler, Werner 314, 321
Irving, David 216
Ischinger, Wolfgang 481

Jäckel, Eberhard 214–217
Jacobs, Bernd 236 f., 256–259, 306
Jaeger, Richard 172
Jäger, Harald 277–281
Jahr, John, jr. 398, 402, 467
Janajew, Gennadi 325 f.
Jasow, Dmitri 324 f.
Jelpke, Ulla 365 f., 369
Jochimsen, Luc 223 f., 424
Johannes Paul II., Papst 187
Jöster, Bianca 441
Junge, Traudl 386
Junkersdorf, Eberhard 173
Jurtschitsch, Erwin 258

Kaden, Werner 373 ff., 383
Kaiser, Manhard 412–415
Kampmann, Ute 259, 632 f.
Kapke, André 429, 583
Kennedy, John F. 76
Kiefer, Stefan 497
Kiesewetter, Michèle 581–585
Kilz, Hans Werner 238, 264, 369 f., 373–383, 393, 403, 440, 464
King, Martin Luther 69
Kinkel, Klaus 634

Kirch, Leo 347
Klar, Christian 144, 187–190, 193, 196–200, 204 ff.
Klatten, Werner 339, 347, 395 ff.
Klaus, Alfred 147, 233
Klausmann, Rainer 530
Kleber, Claus 541
Klein, Andreas 400
Klein, Georg 559
Klerk, Willem de 249, 303
Klingbeil, Dietmar 452
Klocke, Katrin 258, 291 f., 307, 318, 365 f., 632 f., 638
Kloft, Michael 520 f.
Kluge, Alexander 155, 171 f., 177 ff., 251 f., 340 ff., 346 f., 463 f., 513 f., 567 ff.
Klute, Karl Hans 467
Knauer, Sebastian 246
Koch, Dirk 175 ff.
Koch, Heiner 624
Koch, Peter 175, 214
Kocks, Klaus 394 f.
Koelbl, Herlinde 620
Kohl, Hannelore 630
Kohl, Helmut 293 ff., 311, 317, 375, 406 ff., 423 f., 427, 497, 502, 576, 587, 621, 630, 634
Kohl, Walter 407
Köhler, Otto 73 f.
Kolle, Oswalt 42
Kollmar, Hans 177
König, Katharina 354
König, Lothar 354

Konnerth, Detlev 32 f., 297, 303 f., 552, 558, 562
Kopp, Magdalena 220 f.
Kranz, Uwe 357 f.
Krause, Dietrich 407
Krenz, Egon 274 f.
Krjutschkow, Wladimir 324 ff.
Kroesen, Frederick J. 181, 200 f., 204 f.
Krüger, Bernhard 521
Krüger, Charlotte 521, 562
Kubrick, Stanley 143
Kuby, Clemens 54, 57 ff.
Kuby, Erich 54
Kühn, Thomas 236
Kujau-Fischer, Konrad 214–219
Kurbjuweit, Dirk 471, 517
Kurras, Karl-Heinz 49 ff., 528

Laabs, Dirk 334, 430 ff., 438, 577 f.
LaBonte, Camille 561 f.
LaBonte, Darren 561 f.
LaBonte, David 562
Lafontaine, Oskar 423 f., 427 f., 506, 587 f.
Lancaster, Burt 78
Lane, David 433
Langemann, Hans 157
Langner, Ernst 516
Latsch, Gunther 258, 297–300, 308
Latsis, Spiro 248 f.
Lauterbach, Robin 281

Leakey, Luise 303
Leakey, Meave 303 f.
Leakey, Richard 303
Lehder, Carlos 337 ff.
Lehmann, Lutz 64 f., 122
Lenin, Wladimir (Wladimir Iljitsch Uljanow) 323, 326–331
Lennon, John 337
Leutheusser-Schnarrenberger, Sabine 366
Leyendecker, Hans 362–370, 386 f., 399–403, 504
Liesen, Josef 395
Liesen, Klaus 394 ff.
Lilienthal, Volker 343
Lindgren, Marie 158
Lingen, Lothar 586
Linke, Georg 98 ff., 112
Lochte, Christian 198
Lollobrigida, Gina 234
López, José Ignacio 394 ff.
Lorenz, Andreas 442–447
Lorenzo, Giovanni di 495, 505, 543
Lorenz, Peter 180
Lummer, Heinrich 203
Luther, Martin 489, 511
Lutzau, Rüdiger von 152 f.
Luxemburg, Rosa 546

Mahler, Armin 525, 540
Mahler, Horst 45, 50, 105–112, 129 f., 529
Mahlerwein, Lutz 141

Mahmud 149, 152
Mahnke, Horst 405
Maischberger, Sandra 397
Maizière, Lothar de 294 f.,
 312–317, 503, 633
Maizière, Thomas de 595
Makeba, Miriam 93
Markwort, Helmut 305, 428, 462
Marschalck zu Bachtenbrock, Hubertus Freiherr von 117
Marschner, Ralf (»Primus«) 436
Marx, Karl 131
März, Rainer 79 ff., 258, 285, 323
Mascolo, Georg 258, 263–266, 275, 283 ff., 292, 308–312, 316, 386 f., 399–402, 542
Massu, Jacques 557
Matussek, Matthias 407
Mauss, Alida 245, 400–403
Mauss, Werner 158, 164–168, 190 ff., 236, 244–248, 255, 399–403, 445
Mayor, Michel 389
McKenzie, Scott 76
Mehdorn, Hartmut 519
Mehlis, Detlev 220
Meier, Christiane 258, 271
Meier, Richard 198
Meinhof, Ulrike (verh. Röhl) 41–48, 53, 59–69, 73 f., 86, 89, 92 ff., 98–103, 113, 124–129, 138–141, 179, 217, 226, 230–233, 377, 388, 527 ff., 553, 575
Meins, Holger 125, 129 f.
Meisel, Kurt 161
Meißner, Frank 569
Melliger, Willi 470
Melville, Herman 112, 129–132, 135, 592, 627 f.
Menzel, Michael 585
Merbold, Ulf 389 f.
Merkel, Angela 293–296, 438, 474, 482 f., 501–506, 511, 576 f., 589 f., 593–597, 600, 617, 620 ff., 630–637, 640
Merseburger, Peter 118, 122 f., 126, 148, 223, 290
Merz, Friedrich 502
Metternich, Klemens Wenzel Fürst 322
Mettke, Jörg 287, 327
Meyer, Frank A. 532 f.
Meyer, Fritjof 286, 289 f., 386, 409, 458–461
Meyer, Till 180 ff.
Meyer, Ulli 633
Michaels-Beerbaum, Meredith 468
Michalski, Oliver 619
Mielke, Erich 292 f., 307, 314, 317, 321
Milz, Annette 465
Minnelli, Liza 604
Mock, Flora 78
Mock, Kathy 78
Mock, Laurie 78

Mohnhaupt, Brigitte 144, 154, 187 f.
Möhring, Lutz 207
Morell, Theodor 218
Morgan, Steve 419–422
Mösche, Derek 392
Motz, Galina 559
Motz, Sergej 559
Motz, Viktor 559
Müller, Curt
  siehe Aust (Familie)
Müller, Gerhard 126, 129 ff.
Müller, Rudolf 245
Müller von Blumcron, Mathias 542
Mundlos, Uwe 354 ff., 359, 432, 436 f., 578–585
Murat, Cem 610–613
Murdoch, Rupert 352
Mussolini, Benito 20

Nagel, Ivan 178
Nannen, Henri 95
Naumann, Michael 416
Neiber, Gerhard 278
Nelles, Irma 377 f., 457, 460 ff.
Nettelbeck, Uwe 68 f., 93
Neuss, Wolfgang 96
Newrzella, Michael 361 f.
Newton, Huey P. 82
Nickerson, Thomas 133 f.
Nirumand, Bahman 45
Nixon, Richard 97, 238, 463
Nordhausen, Petra 212

Oarcea, Pavel 303
Obama, Barack 556–560, 563 ff.
Ohnesorg, Benno 49 ff., 528
Opitz, Daniel 134
Orbán, Viktor 594
Osang, Alexander 471
Osjanow, Awenir 287
Ossietzky, Carl von 476

Palmers, Walter 183 f.
Partsch, Christoph 580
Paulick, Christian 351
Pawlow, Walentin 324 f.
Pellmann, Caroline 343 ff.
Pennebaker, D.(onn) A.(lan) 172
Pessoa, Nelson 468
Peters, Inge 43 f.
Peters, Jan-Eric 598 f.
Petschull, Jürgen 175
Pfeiffer, Reiner 238–243, 247 ff.
Piatto
  siehe Szczepanski, Carsten
Piëch, Ferdinand 394 ff., 519
Piëch, Ursula 519
Pienaar, André 629
Plambeck, Juliane 190 ff.
Plate, Ulf 468
Pleitgen, Ulrich 233
Pohl, Christiana 520
Pohl, Helmut 193
Pollard, George 132–135
Pollfuß, Thorsten 464, 567 ff.
Pommer, Dirk 349

Ponto, Ignes 547
Ponto, Jürgen 144, 180, 306, 547
Porn, Sabine 203
Poschardt, Ulf 596, 601, 619
Pötzl, Norbert 265
Powell, Colin 555
Prantl, Heribert 504
Preston, Douglas 422, 628
Preuss, Joachim (Jockel) 375, 380 f., 385, 426, 440, 490, 538 f.
Pridzuhn, Erwin 258 ff., 350, 447
Priesack, August 216 f.
Prinzing, Theodor 139, 233
Prinz, Matthias 537
Putin, Wladimir 418, 498, 625, 634

Queloz, Didier 389

Rabe, Jutta 448 ff.
Raspe, Jan-Carl 99, 129 ff., 138, 155, 180, 230, 527
Rath, Laszlo von 264–268
Rattay, Klaus-Jürgen 202 f.
Rau, Johannes 479
Räuker, Friedrich Wilhelm 128
Reagan, Ronald 85
Regnier, Constanze 89 ff.
Regnier, Henri 91, 99, 114
Reich-Ranicki, Marcel 388
Reinhardt, Ernie
  siehe Wanders, Lilo

Relotius, Claas 368
Renk-Richardson, Marion 419
Reza Pahlavi, Schah von Persien 47 ff.
Richter, Claus 625
Richter, Gerhard 44
Richter, Thomas 582
Riedel, Bruce 554 ff.
Rietscher, Meike 454
Ringier, Michael 533
Rocholl, Karin 52
Rodewald, Fritz 125
Röhl, Bettina 53, 69, 92, 101–107, 128, 141, 377, 388, 529
Röhl, Klaus Rainer 41–44, 47 f., 52 f., 65–69, 89, 93, 101, 104–107, 140 f.
Röhl, Regine 53, 69, 92, 101–107, 141, 377, 388, 529
Röhl, Wolfgang 41, 66
Rolofs, Brigitte 302
Rosemann, Sven 334, 353–358
Rosenberg, Helmut 95 f.
Rossberg, Klaus 318 f.
Rossmann, Torsten 566–571, 574
Roth, Karl Heinz 63 f., 107 f.
Rubin, Jerry 77
Rudd, Mark 87 ff.
Rühmkorf, Peter 53, 115
Rumsfeld, Donald 555 ff.
Rüttgers, Jürgen 493

Sadownikowa, Anna 484
Salomon, Cassian von 258, 307, 341, 347–351, 397, 470
Sandberg, Britta 351
Sanders, Ed 226
Schabowski, Günter 273 f., 277 f., 596
Schäfer, Susanne (Suse) 258, 464
Schäfer, Thomas 79 ff., 236 f., 256 ff., 327 ff., 408, 412 f., 448
Schalck-Golodkowski, Alexander 411 f.
Scharlau, Winfried 157, 223
Scharping, Rudolf 423, 634
Schäuble, Wolfgang 427, 502, 588
Scherf, Henning 415 f., 425
Schiess, Karl 127
Schill, Walter 248 f.
Schily, Otto 45, 137, 234, 433, 496, 504, 622 f.
Schirmacher, Richardheinrich 572
Schirrmacher, Frank 459 ff., 492, 495, 519
Schleyer, Hanns Martin 136, 145–149, 154 f., 180, 184, 192, 230, 233, 528, 547 f.
Schleyer, Hans-Eberhard 136
Schleyer, Jörg 547
Schliemann, Heinrich 417
Schlöndorff, Volker 155 f., 172, 177 f., 519, 622
Schmid, Achim 429 f., 582

Schmidbauer, Bernd 387
Schmidt, Alfred 247
Schmidt, Helmut 11, 30, 146, 149, 153 f., 171, 193 f., 198 f., 234, 320, 427, 497, 542, 574 f.
Schmidt, Niels Bruno 527
Schmitt, Ferdinand 146 f.
Schmücker, Ulrich 157, 180, 226, 229, 431
Schneider, Peter 45, 226
Schnibben, Cordt 239, 383 ff., 471
Schniewind, Otto 158
Schnur, Wolfgang 293 ff., 317, 503, 633
Schockemöhle, Paul 468
Schöllgen, Gregor 497 ff., 505
Schönherr, Albrecht 320
Schorlemmer, Friedrich 293
Schreiber, Thomas 499 f.
Schröder, Gerhard 108, 398, 416, 423–428, 474 f., 482, 496–506, 533, 577, 621 f.
Schröder, Manfred 236
Schubert, Ludwig 227
Schuldt, Reinhard 313 f.
Schulz, Adelheid 193, 198
Schulz, Peter 239
Schumann, Harald 490
Schumann, Jürgen 148 f.
Schwarz, Beate 331
Schwarzenegger, Arnold 143
Schwarzer, Alice 123
Seale, Bobby 77, 82 ff.
Seibert, Steffen 632

Personenregister 653

Seikel, Karl Dietrich 259,
 374 f., 379 ff., 388, 393, 400,
 411, 444, 455, 458 ff., 471,
 479, 507, 515, 518 f., 522–525,
 533 f., 540
Seiters, Rudolf 366
Semler, Christian 45
Sens, Manfred 279
Şimşek, Enver 436
Skorzeny, Otto 20
Smoltczyk, Alexander 471
Söhl, Marlies 39 f., 43 ff.
Sommer, Theo 601
Spörl, Gerhard 456–461, 539
Springer, Axel 575
Stadler-Euler, Maja 96
Stahl, Alexander von 361,
 366 ff.
Starke, Thomas 429
Steinbrück, Peer 488
Steingart, Gabor 497, 501, 504,
 522–525, 536
Steinmetz, Klaus 360 f.
Stelly, Gisela 91, 103 f., 111,
 114
Stiefel, Fritz 214 ff.
Stoiber, Edmund 474, 493
Stolpe, Manfred 294, 317–322,
 503, 633
Stoltenberg, Gerhard 257
Stoph, Willi 320
Strauß, Franz Josef 171–179,
 199, 261, 406 f., 491, 495, 574
Strauß, Marianne 172
Ströbele, Christian 45

Struck, Peter 556
Svenson, Ken 265 ff.
Szczepanski, Carsten
 (»Piatto«) 430–433

Tabori, George 233
Tamm, Peter 238
Tellenbach, Markus 352
Temme, Andreas 579 ff.
Theobald, Adolf 254
Thielke, Thilo 258, 296 ff.,
 303 f.
Thunberg, Greta 623 f., 627
Tomayer, Horst 96 ff.
Toulouse-Lautrec, Henri de
 416
Trittin, Jürgen 622
Troeller, Gordian 147–150
Trump, Donald 604 f., 621
Tschernomyrdin, Wiktor 415
Tukur, Ulrich 233

Unterlauf, Angelika 276
Urbach, Peter 62, 113
Urban, Łukasz 616

Vahrenholt, Fritz 488 f.

Varga, Tiberius 299
Veronika B. 190 ff.
Vetter, Heinz Oskar 136
Viehweger, Axel 503
Vietor, Jürgen 148 f.
Viett, Inge 182–190, 193, 200
Villwock, Ingeborg
 (geb. Augstein) 458

Voigt (Offizier) 180–190, 193–201, 204 ff., 220 ff.
Vollmer, Antje 601
Voscherau, Henning 10

Wagner, Joachim 264
Wallert, Marc 441 f.
Wallert, Renate 441 f.
Wallert, Werner 441 f.
Wallraff, Günter 240
Walser, Martin 461, 478
Wanders, Lilo (Ernie Reinhardt) 351, 397
Wandruszka, Marina 226
Weber, Bernhard 405
Wegener, Ulrich Klaus 153
Weinrich, Johannes 220–223
Weizsäcker, Richard von 311
Wellershoff, Marianne 525
Wenzel, Mike 582 ff.
Werfel, Franz 597
Werner, Jan 429 ff.
Westerwelle, Guido 565
Whitaker, John 467
Wickert, Ulrich 379, 520
Wickmann, Rolf 522
Wiedeking, Wendelin 519
Wiegand, Rainer 319
Wiegrefe, Klaus 456
Wiest, Karsten 569

Wild, Dieter 96, 297, 375, 380 ff., 440
Wild, Gisela 96 f.
Will, Anne 597
Wille, Heinrich 244
Winkler, Willi 172
Wischnewski, Hans-Jürgen 152
Wittig, Anja 583
Witt, Katarina 604
Wohlleben, Ralf 354 ff., 583 f.
Wokalek, Johanna 527
Wolfe, Tom 141 f.
Wolff, Georg 405
Wowereit, Klaus 527

Xi Jinping 639

Yeager, Chuck 142
Yozgat, Halit 579 f.

Zehetmair, Hans 493
Ziegenhorn, Rudolf (Oberst) 278–281
Zilberkweit, Ute 256–259
Zilligen, Dieter 115
Zint, Günter 95
Zschäpe, Beate 354–359, 430, 436 ff., 578, 581, 584 ff.
Zühlke, Bernd 258, 335

Personenregister

Das Standardwerk der RAF-Geschichte

Stefan Aust
Der Baader-Meinhof-Komplex
Piper Taschenbuch, 992 Seiten
€ 18,00 [D], € 18,50 [A]*
ISBN 978-3-492-23628-7

Stefan Austs Buch ist unbestritten die wichtigste Dokumentation der Geschichte der RAF. Die umfassende Chronik setzt 1967 zur Zeit der außerparlamentarischen Opposition ein, zeichnet das Aufkeimen des Terrorismus nach, von seinen Anfängen bis zum Stammheim-Prozess und zum »Deutschen Herbst« 1977, der geprägt wurde von der Ermordung des Arbeitgeberpräsidenten Hanns Martin Schleyer, der Entführung der Lufthansa-Maschine »Landshut« und dem kollektiven Selbstmord der inhaftierten RAF-Mitglieder.

Leseproben, E-Books und mehr unter **www.piper.de**